여러분의 합격을 응원하는
해커스공무원의 특별 혜택

JN355020

FREE 공무원 국어 특강

해커스공무원(gosi.Hackers.com) 접속 후 로그인 ▶ 상단의 [무료강좌] 클릭하여 이용

해커스공무원 온라인 단과강의 **20% 할인쿠폰**

4BA34EB93E77GKNM

해커스공무원(gosi.Hackers.com) 접속 후 로그인 ▶ 상단의 [나의 강의실] 클릭 ▶
좌측의 [쿠폰등록] 클릭 ▶ 위 쿠폰번호 입력 후 이용

* 등록 후 7일간 사용 가능(ID당 1회에 한해 등록 가능)

합격예측 **온라인 모의고사 응시권 + 해설강의 수강권**

C3FAEC49367CCDDP

해커스공무원(gosi.Hackers.com) 접속 후 로그인 ▶ 상단의 [나의 강의실] 클릭 ▶
좌측의 [쿠폰등록] 클릭 ▶ 위 쿠폰번호 입력 후 이용

* ID당 1회에 한해 등록 가능

해커스 매일국어 **어플 이용권**

IU8ZR53JMBL7ETH4

구글 플레이스토어/애플 앱스토어에서 [해커스 매일국어] 검색 ▶
어플 다운로드 ▶ 어플 이용 시 노출되는 쿠폰 입력란 클릭 ▶ 쿠폰번호 입력 후 이용

▲ 매일국어 어플 바로가기

* 등록 후 30일간 사용 가능(ID당 1회에 한해 등록 가능)
* 해당 자료는 [해커스공무원 국어 기본서] 교재 내용으로 제공되는 자료로, 공무원 시험 대비에 도움이 되는 유용한 자료입니다.

쿠폰 이용 관련 문의 **1588-4055**

단기 합격을 위한 해커스공무원 커리큘럼

입문
탄탄한 기본기와 핵심 개념 완성!
누구나 이해하기 쉬운 개념 설명과 풍부한 예시로 부담없이 쌩기초 다지기
TIP 베이스가 있다면 **기본** 단계부터!

기본+심화
필수 개념 학습으로 이론 완성!
반드시 알아야 할 기본 개념과 문제풀이 전략을 학습하고
심화 개념 학습으로 고득점을 위한 응용력 다지기

기출+예상 문제풀이
문제풀이로 집중 학습하고 실력 업그레이드!
기출문제의 유형과 출제 의도를 이해하고 최신 출제 경향을 반영한
예상문제를 풀어보며 본인의 취약영역을 파악 및 보완하기

동형모의고사
동형모의고사로 실전력 강화!
실제 시험과 같은 형태의 실전모의고사를 풀어보며 실전감각 극대화

마무리
시험 직전 실전 시뮬레이션!
각 과목별 시험에 출제되는 내용들을 최종 점검하며 실전 완성

PASS

* 커리큘럼 및 세부 일정은 상이할 수 있으며, 자세한 사항은 해커스공무원 사이트에서 확인하세요.

단계별 교재 확인 및 수강신청은 여기서!
gosi.Hackers.com

2026

공무원 국어
출제 경향
완벽 분석

핵심 전략

변화된 출제 기조가 적용된 9급 공무원 국어 시험이 시행되었습니다. 인사혁신처에서 예고한 대로 암기형 문제는 출제되지 않았으며, 실무에 필요한 기본적인 국어 능력을 측정하는 문제들로 구성되었습니다. 독해 영역에서는 사고력을 검증할 수 있는 추론형 문제가 중심을 이뤘고, 논리 영역에서는 기본적인 논리 추론 규칙을 숙지해야 풀 수 있는 문제들이 출제되었습니다. 문법 영역은 지문에 제시된 문법 개념을 정확히 이해해야 풀 수 있는 문제들이, 어휘 영역에서는 공공언어 바로 쓰기와 세트 문제에서 다소 높은 난이도의 문제가 출제되었습니다.

공무원 국어 최신 출제 경향 및 대비 전략

영역별 출제 문항 수

9급 공무원 시험은 총 20문항으로 구성되어 있으며, 크게 4개 영역(독해, 논리, 문법 어휘)으로 나눌 수 있습니다. 영역별 출제 문항 수는 독해 영역 10~13문항, 논리 영역 5문항, 문법 영역과 어휘 영역은 각각 1~3문항이 출제되었습니다.

시험 구분	총 문항 수	영역별 출제 문항 수			
		독해	논리	문법	어휘
출제기조 전환 1차 예시 문제	총 20 문항	11 문항	5문항	2 문항	2 문항
출제기조 전환 2차 예시 문제	총 20 문항	13 문항	5문항	1 문항	1 문항
25년 국가직 9급	총 20 문항	10 문항	5 문항	3 문항	2 문항
25년 지방직 9급	총 20 문항	12 문항	5 문항	1 문항	2 문항

영역별 세부 출제 경향 및 대비 전략

독해 추론형 독해 문제의 비중이 증가했으며, 신유형 문제들이 출제됩니다.

신유형 출제 경향

공문서 활용 문제	· 업무 연관성을 높이기 위해 <공공언어 바로 쓰기 원칙>에 따라 공문서 등에 포함된 올바르지 않은 표현을 수정해야 하는 문제가 출제됩니다.
세트형 문제	· 하나의 지문을 읽고 두 개 이상의 문항을 풀어야 하는 문제가 출제됩니다.
문학 제재 글을 읽고 추론하는 문제	· 문학 제재를 활용한 지문을 읽고 빈칸에 들어갈 적절한 단어를 추론하거나, 선택지에 제시된 내용이 타당한지 판단해야 하는 문제가 출제됩니다.

신유형 대비 전략

유형별 문제 풀이 훈련을 통해 독해력을 길러야 합니다.
· 엄선된 기출 문제와 양질의 예상 문제를 풀어보며 글을 정확하고 빠르게 읽는 연습을 해야 합니다.
· 문제 유형별로 지문의 정보가 선택지로 구성되는 원리를 파악하고 문제 유형에 맞는 독해 전략을 학습해야 합니다.

논리 기본적인 논리학 이론을 활용해야 하는 문제들이 출제됩니다.

신유형 출제 경향

명제의 전제 및 결론 추론하는 문제	· 가언 명제, 선언 명제와 같은 복합 명제나 정언 명제를 활용해 도출되는 결론이나, 결론을 도출하기 위해 추가해야 하는 전제를 찾아야 하는 PSAT형 문제가 출제됩니다.
논증의 강화 및 약화 평가하는 문제	· 선택지 및 보기로 제시된 사례가 지문에 제시된 이론이나 주장 등을 강화하거나 약화하는지 판단해야 하는 PSAT형 문제가 출제됩니다.

신유형 대비 전략

▍논리·논증에 대한 기본 이론과 명제를 기호화하는 방법을 익히고 여러 유형의 문제를 접해보아야 합니다.
- '정언 명제', '복합 명제', '연역 논리', '귀납 논리' 등 논리 문제에 출제되는 기본적인 용어의 의미를 암기한 뒤, 논리 명제를 간단하게 표시하는 기호화를 연습해야 합니다.
- 기본적인 논리 추론 규칙을 익혀 두고, 문제 풀이에 바로 적용할 수 있도록 연습해야 합니다.
- 논리 문제에 익숙해지도록 다양한 문제를 풀면서 유형별 문제 풀이 실력을 기르는 것이 중요합니다.

문법, 어휘 지엽적인 암기형 문제가 아닌 독해형 문제들이 출제됩니다.

신유형 출제 경향

문법 개념을 활용해 추론하는 문제	· 지문에 제시된 문법 개념이나 이론을 바탕으로 선택지의 내용을 추론하거나 적절한 사례를 판단해야 하는 유형의 문제가 출제됩니다. · 암기형 문제는 더 이상 출제되지 않습니다.
어휘의 문맥상 의미 파악하는 문제	· 어휘 영역은 단독 문제가 아닌 독해와 결합된 세트형 문제로 출제되었습니다. 지문에 제시된 단어와 바꿔 쓸 수 있는 단어를 고르거나 비슷한 의미로 사용된 단어를 골라야 하는 유형의 문제가 출제됩니다. · 한자 표기 관련 문제는 더 이상 출제되지 않습니다.

신유형 대비 전략

▍빈출된 문법 이론을 익히고 기본적인 어휘의 의미를 정리해야 합니다.
- 문제 풀이 시간을 단축을 위해 문법 개념을 압축적으로 학습한 뒤, 문제 풀이를 통해 학습한 개념을 적용해 보는 훈련을 해야 합니다.
- 문맥을 바탕으로 지문에서 어휘가 어떤 의미로 사용되었는지를 정확히 파악하고, 유의어나 다의어, 동음이의어를 구별하는 능력이 필요합니다. 독해 문제를 풀며 잘 모르는 단어를 정리하는 등 어휘력을 향상시키는 훈련을 해야 합니다.

해커스공무원에서 제공하는 합격 가능성을 높이는 프리미엄 콘텐츠!

01 공무원 국어 특강 (gosi.Hackers.com)

공무원 국어를 쉽고 효과적으로 학습할 수 있도록 무료 독해·논리·문법·어휘 특강 제공!

02 해커스공무원 온라인 단과강의 20% 할인 쿠폰

공무원 1위 해커스 강사진의 다양한 단과강의를 20% 할인된 가격으로 제공!

03 합격예측 온라인 모의고사 응시권 + 해설강의 수강권

최근 출제경향을 완벽 반영해 출제 유력 적중 문제를 선별한 고퀄리티 모의고사 제공

04 해커스 매일 국어 어플 이용권

시험 전 반드시 알아두어야 할 어휘를 언제 어디서나 학습 가능!

해커스공무원

국어
유형별 기출공략
333제

해커스

이 책의 목차

이 책의 특징과 구성 ... 4

1편 | 독해

유형 01	중심 내용 및 핵심 논지 파악하기	8
유형 02	세부 내용 파악하기	18
유형 03	주장 및 견해 파악하기	34
유형 04	글의 전략 및 전개 방식 파악하기	44
유형 05	글의 순서 파악하기	52
유형 06	숨겨진 내용 추론하기	66
유형 07	빈칸 내용 추론하기	86
유형 08	사례 추론하기	100
유형 09	말하기 전략 파악하기	104
유형 10	공문서·개요·글 고쳐쓰기	110
유형 11	문학 제재 글을 읽고 추론하기 [신유형]	124

해커스공무원 국어 **유형별 기출공략 333제**

2편 | 논리

유형 12 명제의 전제 및 결론 추론하기 [신유형]   136

유형 13 논증의 종류 및 오류 판단하기   142

유형 14 논증의 강화 및 약화 평가하기 [신유형]   146

3편 | 문법 / 어휘

유형 15 문법 개념을 활용해 추론하기 [신유형]   156

유형 16 어휘의 문맥상 의미 파악하기 [신유형]   168

[책속책] 약점 보완 해설집

이 책의 특징과 구성

1 공무원 국어 시험을 완벽하게 파악하는 유형별 문제 풀이

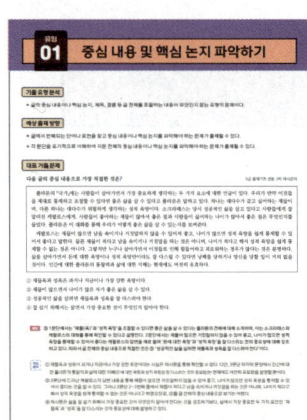
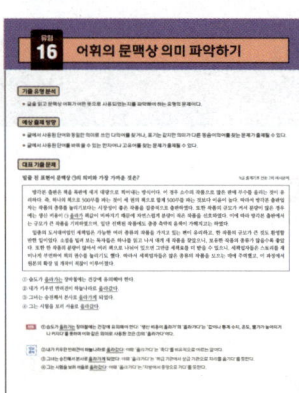

- 최신 출제 경향을 철저하게 분석하여 공무원 국어 시험에서 출제되는 문제들을 16개의 유형으로 분류했습니다.
- '기출 유형 분석'과 '예상 출제 방향'을 통해 공무원 9급 시험의 문제 유형을 효율적으로 파악할 수 있습니다.
- '대표 기출 문제'를 통해 각 유형의 특징을 학습하고 유형별 문제 접근법을 익힐 수 있습니다.

2 출제자의 관점에서 선별한 엄선 기출문제 333제 풀이

- 2025년 시행된 공무원 9급 국어 기출 문제 모두와 최근 11개년(2025년~2015년) 공무원 국어 기출 문제 중 최신 출제 경향에 부합하는 양질의 문제만 엄선하여 수록하였습니다.
- 기출 문제를 유형별로 수록하였기 때문에 문제를 풀면서 자연스럽게 유형별 문제 풀이 방법을 익히고 취약점을 파악할 수 있습니다.

3. 신유형 문제까지 확실하게 대비할 수 있는 **PSAT, 수능 기출**

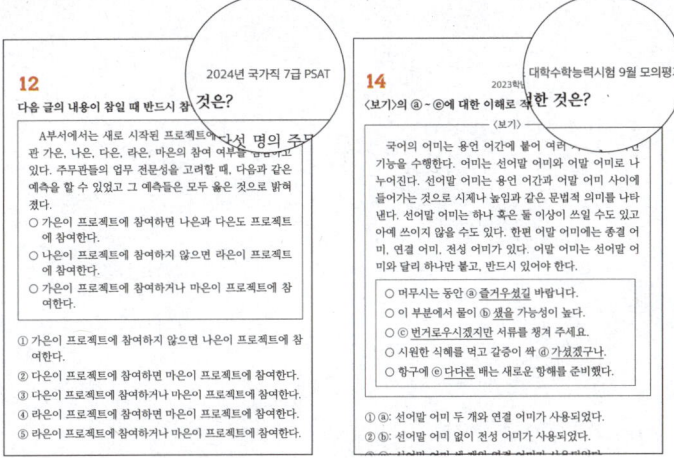

- PSAT 언어논리시험과 대학수학능력시험 기출문제 중 앞으로의 9급 공무원 수준에 적합한 난도의 문제를 골라 수록하였습니다.

- 명제의 전제 및 결론 추론, 논증의 강화 및 약화 평가 등의 신유형 문제를 충분히 풀어 보며 문제 해결 능력을 기를 수 있습니다.

4. 정답과 오답의 이유부터 관련 지식까지 통달하는 **상세한 해설**

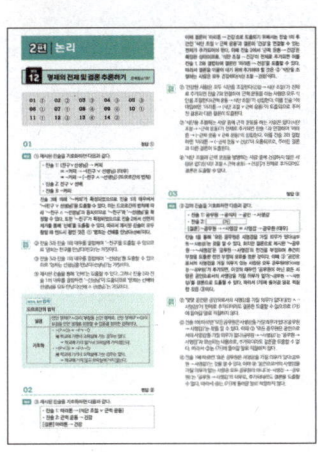
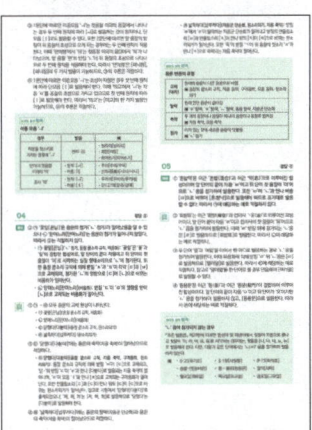

- 정답 해설+오답 분석: 정답의 이유는 물론 오답까지 명쾌하게 설명해 주는 해설로 빈틈없는 학습이 가능합니다.

- 이것도 알면 합격: 추가로 알아두어야 할 주요 이론을 해설 하단에 정리하여 출제 가능성이 높은 연관 개념까지 완벽하게 학습할 수 있습니다.

해커스공무원학원·공무원인강
gosi.Hackers.com

해커스공무원 국어 **유형별 기출공략 333제**

1편
독해

- **유형 01** 중심 내용 및 핵심 논지 파악하기
- **유형 02** 세부 내용 파악하기
- **유형 03** 주장 및 견해 파악하기
- **유형 04** 글의 전략 및 전개 방식 파악하기
- **유형 05** 글의 순서 파악하기
- **유형 06** 숨겨진 내용 추론하기
- **유형 07** 빈칸 내용 추론하기
- **유형 08** 사례 추론하기
- **유형 09** 말하기 전략 파악하기
- **유형 10** 공문서·개요·글 고쳐쓰기
- **유형 11** 문학 제재 글을 읽고 추론하기 신유형

유형 01 중심 내용 및 핵심 논지 파악하기

기출 유형 분석
- 글의 중심 내용이나 핵심 논지, 제목, 결론 등 글 전체를 포괄하는 내용이 무엇인지 묻는 유형의 문제이다.

예상 출제 방향
- 글에서 반복되는 단어나 표현을 찾고 중심 내용이나 핵심 논지를 파악해야 하는 문제가 출제될 수 있다.
- 각 문단을 유기적으로 이해하여 지문 전체의 중심 내용이나 핵심 논지를 파악해야 하는 문제가 출제될 수 있다.

대표 기출 문제

다음 글의 중심 내용으로 가장 적절한 것은?　　　　　　　　　　　　　　　　　　　　9급 출제기조 전환 2차 예시문제

> 플라톤의 『국가』에는 사람들이 살아가면서 가장 중요하게 생각하는 두 가지 요소에 대한 언급이 있다. 우리가 만약 이것들을 제대로 통제하고 조절할 수 있다면 좋은 삶을 살 수 있다고 플라톤은 말하고 있다. 하나는 대다수가 갖고 싶어하는 재물이며, 다른 하나는 대다수가 위험하게 생각하는 성적 욕망이다. 소크라테스는 당시 성공적인 삶을 살고 있다고 사람들에게 잘 알려진 케팔로스에게, 사람들이 좋아하는 재물이 많아서 좋은 점과 사람들이 싫어하는 나이가 많아서 좋은 점은 무엇인지를 물었다. 플라톤은 이 대화를 통해 우리가 어떻게 좋은 삶을 살 수 있는지를 보여준다.
>
> 케팔로스는 재물이 많으면 남을 속이거나 거짓말하지 않을 수 있어서 좋고, 나이가 많으면 성적 욕망을 쉽게 통제할 수 있어서 좋다고 말한다. 물론 재물이 적다고 남을 속이거나 거짓말을 하는 것은 아니며, 나이가 적다고 해서 성적 욕망을 쉽게 통제할 수 없는 것은 아니다. 그렇지만 누구나 살아가면서 이것들로 인해 힘들어하고 괴로워하는 경우가 많다는 것은 분명하다. 삶을 살아가면서 돈에 대한 욕망이나 성적 욕망만이라도 잘 다스릴 수 있다면 낭패를 당하거나 망신을 당할 일이 거의 없을 것이다. 인간에 대한 플라톤의 통찰력과 삶에 대한 지혜는 현재에도 여전히 유효하다.

① 재물욕과 성욕은 과거나 지금이나 가장 강한 욕망이다.
② 재물이 많으면서 나이가 많은 자가 좋은 삶을 살 수 있다.
③ 성공적인 삶을 살려면 재물욕과 성욕을 잘 다스려야 한다.
④ 잘 살기 위해서는 살면서 가장 중요한 것이 무엇인지 알아야 한다.

해설 ③ 1문단에서는 '재물(욕)'과 '성적 욕망'을 조절할 수 있다면 좋은 삶을 살 수 있다는 플라톤의 견해에 대해 소개하며, 이는 소크라테스와 케팔로스의 대화를 통해 확인할 수 있다고 설명한다. 2문단에서는 재물이 많으면 거짓말하지 않을 수 있어 좋고, 나이가 많으면 성적 욕망을 통제할 수 있어서 좋다는 케팔로스의 답변을 예로 들며 '돈에 대한 욕망'과 '성적 욕망'을 잘 다스리는 것의 중요성에 대해 강조하고 있다. 따라서 글 전체의 중심 내용으로 적절한 것은 ③ '성공적인 삶을 살려면 재물욕과 성욕을 잘 다스려야 한다'이다.

오답분석
① 재물욕과 성욕이 과거나 지금이나 가장 강한 욕망이라는 사실은 제시문을 통해 확인할 수 없다. 다만, 2문단 마지막 문장에서 인간에 대한 플라톤의 통찰력과 삶에 대한 지혜(돈에 대한 욕망과 성적 욕망을 잘 다스리는 것의 중요함)는 현재에도 여전히 유효함을 설명할 뿐이다.
② 2문단에 드러난 케팔로스의 답변 내용을 통해 재물이 많으면 거짓말하지 않을 수 있어 좋고, 나이가 많으면 성적 욕망을 통제할 수 있어서 좋다는 것을 알 수 있다. 그러나 2문단 2~3번째 줄에서 재물이 적다고 남을 속이거나 거짓말을 하는 것은 아니며, 나이가 적다고 해서 성적 욕망을 쉽게 통제할 수 없는 것은 아니라고 하였으므로, ②를 글 전체의 중심 내용으로 보기는 어렵다.
④ 제시문은 삶을 잘 살기 위해서 가장 중요한 것이 무엇인지 알아야 한다는 것을 강조하기보다, 삶에서 가장 중요한 두 가지 요인인 '재물욕'과 '성욕'을 잘 다스리는 것의 중요성에 대해 설명하고 있다.

실전 문제

01   2025년 국가직 9급
다음 글의 중심 내용으로 가장 적절한 것은?

> 동물이 신체의 내부 온도를 정상 범위 안에서 유지하는 과정을 '체온조절'이라고 한다. 체온조절을 위하여 동물은 신체 내부의 물질대사를 통해 열을 발생시키거나 외부 환경에서부터 열을 획득한다. 조류나 포유류는 체내의 물질대사에 의하여 생성된 열로 체온을 유지하기 때문에 '내온동물'이라고 부른다. 대부분의 내온동물은 외부 온도가 변화해도 안정적으로 체온을 유지한다. 추운 환경에 노출되어도 내온동물은 충분한 열을 생성해서 주변보다 더 따뜻하게 체온을 유지할 수 있다.
>
> 이와 달리 양서류나 많은 종류의 파충류와 어류는 열을 외부에서부터 획득하기 때문에 '외온동물'이라고 부른다. 외온동물은 체온조절을 위한 충분한 열을 생성하지는 않지만 그늘을 찾거나 햇볕을 쬐는 것과 같은 행동을 통해 체온을 조절한다. 외온동물은 열을 외부에서 얻기 때문에 체내의 물질대사를 통해 큰 에너지를 생성할 필요가 없어서 동일한 크기의 내온동물보다 먹이를 적게 섭취한다.
>
> 한편 체온의 안정성을 기준으로 동물을 '항온동물'과 '변온동물'로 구분하기도 한다. 주위 환경과 관계없이 비교적 일정한 체온을 유지하는 동물을 항온동물, 주위 환경에 따라서 체온이 변하는 동물을 변온동물이라고 부른다. 한때는 내온동물과 외온동물을 각각 항온동물과 변온동물이라고 부르기도 했다.
>
> 그런데 체온조절을 위해 열을 획득하는 방식과 체온의 안정성을 유지하는 것은 별개의 문제이다. 외온동물에 속하는 많은 종류의 해양 어류는 일정한 온도가 유지되는 물에서 서식하기 때문에 체온이 크게 변하지 않는다. 반대로 어떤 내온동물은 체온의 변화가 급격하게 일어나기도 한다. 예컨대 박쥐 중에는 겨울잠을 자면서 체온을 40°C나 떨어뜨리는 종류도 있다. 내온동물과 외온동물을 구분하는 방식과 항온동물과 변온동물을 구분하는 방식 사이에는 어떠한 상관관계도 없다.

① 내온동물과 외온동물의 특징을 통해 항온동물과 변온동물의 특징을 밝힐 수 있다.
② 체온조절을 위한 열 획득 방식과 체온의 안정성은 동물을 분류하는 서로 다른 기준이다.
③ 동물을 내온동물과 외온동물로 구분하는 기준은 항온동물과 변온동물로 구분하는 기준보다 모호하다.
④ 체온조절을 위한 열 획득 방식보다 체온의 안정성을 유지하는 방식이 동물을 분류하는 더 적합한 기준이 된다.

02   9급 출제기조 전환 2차 예시문제
다음 글의 핵심 논지로 가장 적절한 것은?

> 판타지와 SF의 차별성은 '낯섦'과 '이미 알고 있는 것'이라는 기준을 통해 드러난다. 이 둘은 일반적으로 상반된 의미를 갖는다. 이미 알고 있는 것은 낯설지 않고, 낯선 것은 새로운 것을 의미하기 때문이다.
>
> 판타지와 SF에는 모두 새롭고 낯선 것이 등장하는데, 비근한 예가 현실에 존재하지 않는 괴물의 출현이다. 판타지에서 낯선 괴물이 나오면 사람들은 '저게 뭐지?' 하면서도 그 낯섦을 그대로 받아들인다. 그렇기에 등장인물과 독자 모두 그 괴물을 원래부터 존재했던 것으로 받아들이고, 괴물은 등장하자마자 세계의 일부가 된다. 결국 판타지에서는 이미 알고 있는 것보다 새로운 것이 더 중요한 의미를 갖는다. 이와 달리 SF에서는 '그런 괴물이 어떻게 존재할 수 있지?'라고 의심하고 물어야 한다. SF에서는 인물과 독자들이 작가의 경험적 환경을 공유하기 때문에 괴물은 절대로 자연스럽지 않다. 괴물의 낯섦에 대한 질문은 괴물이 존재하는 세계에 대한 지식, 세계관, 나아가 정체성의 문제로 확장된다. 이처럼 SF에서는 어떤 새로운 것이 등장했을 때 그 낯섦을 인정하면서도 동시에 그것을 자신이 이미 알고 있던 인식의 틀로 끌어들여 재조정하는 과정이 요구된다.

① 판타지와 SF는 모두 새로운 것에 의해 알고 있는 것이 바뀌는 장르이다.
② 판타지와 SF는 모두 알고 있는 것과 새로운 것을 그대로 인정하고 둘 사이의 재조정이 필요한 장르이다.
③ 판타지는 새로운 것보다 알고 있는 것이 더 중요하고, SF는 알고 있는 것보다 새로운 것이 더 중요한 장르이다.
④ 판타지는 알고 있는 것보다 새로운 것이 더 중요하고, SF는 알고 있는 것과 새로운 것 사이의 재조정이 필요한 장르이다.

03
2024년 지방직 9급

다음 글의 중심 내용으로 가장 적절한 것은?

　범죄소설이 지닌 이데올로기의 뿌리는 죽음에 대한 공포이다. 범죄소설의 탄생은 자본주의의 출현이라는 사회적 조건과 맞물려 있다. 자본주의가 출현하자 죽음을 대하는 태도가 근본적으로 변화했다. 원시사회에서는 죽음이 자연스러운 결과로 받아들여졌다. 죽음은 사람들이 스스로 준비해야 하는 것이면서, 가족과 사회로부터의 관심과 도움이 필요한 것이었다. 그러나 부르주아 사회에서는 인간이 소외되고, 소외된 인간은 노동을 하고 돈을 버는 데 없어서는 안 될 도구인 육체에 얽매이게 된다. 그에 따라 인간은 죽음에 강박관념을 갖게 되었다. 게다가 죽음은 불가피한 삶의 종결이 아니라 파국적 사고라는 견해를 갖게 된다. 죽음은 예기치 않은 사고라고, 강박적으로 바라보게 되면 폭력에 의한 죽음에 몰두하게 되고, 결국에는 살인과 범죄에 몰두하게 된다. 범죄소설에서 죽음은 인간의 운명이나 비극이 아니라 탐구의 대상이 되어버린다.

① 범죄소설은 자본주의의 출현 이후 죽음에 대한 달라진 태도에 기반을 두고 있다.
② 범죄소설은 부르주아 사회의 인간소외와 노동 문제를 다루는 문학 양식이다.
③ 범죄소설은 원시사회부터 이어져 온 죽음에 대한 보편적 공포로부터 생겨났다.
④ 범죄소설은 죽음을 예기치 못한 사고가 아닌 자연스럽고 불가피한 것으로 받아들인다.

04
2024년 군무원 9급

다음 글의 제목으로 가장 적절한 것은?

　우리는 건축가가 된 다음에 집을 짓거나, 거문고 연주가가 된 다음에 거문고를 타게 되는 것은 아니다. 집을 지어봄으로써 건축가가 되고, 거문고를 타봄으로써 거문고 연주가가 되는 것이다. 마찬가지로 우리는 옳은 행위를 함으로써 옳게 되고, 절제 있는 행위를 함으로써 절제 있게 되며, 용감한 행위를 함으로써 용감하게 되는 것이다. 그런데 제비가 한 마리 날아왔다고 봄이 오는 것이 아니다. 실천은 성향이 되고 성향은 습관이 될 때 비로소 성품이 탄생하게 되는 것이다. 남과 사귀는 과정에서 우리가 늘 행하는 행위에 의해 우리는 올바른 사람이 되거나 옳지 못한 사람이 되며, 또 위험과 맞닥뜨렸을 때 무서워하거나 태연한 마음을 지니거나 하는 습관을 얻게 됨으로써 혹은 용감한 이가 되고 혹은 겁쟁이가 된다. 욕망이나 분노 같은 것도 이와 마찬가지이다. 즉 자기가 당한 처지에서 어떻게 행동하는가에 따라, 절제 있고 온화한 사람이 되기도 하고 혹은 방종하고 성미 급한 사람이 되기도 한다.

① 상황 판단의 합리성
② 올바른 성품의 중요성
③ 실천과 습관의 중요성
④ 자기반성과 자아실현의 의의

05
2023년 지방직 9급

다음 글의 중심 내용으로 가장 적절한 것은?

교환가치는 거래를 통해 발생하는 가치이며, 사용가치는 어떤 상품을 사용할 때 느끼는 가치이다. 전자가 시장에서 결정된다는 점에서 객관적이라면, 후자는 개인에 따라 다르다는 점에서 주관적이다. 상품에는 사용가치와 교환가치가 섞여 있는데, 교환가치가 아무리 높아도 '나'에게 사용가치가 없다면 해당 상품을 구매하지 않을 것이다.

하지만 이 같은 상식이 통하지 않는 경우를 종종 볼 수 있다. 예를 들어 보자. 인터넷 커뮤니티에서 백만 원짜리 공연 티켓을 판매하는데, 어떤 사람이 "이 공연의 가치는 돈으로 환산할 수 없어요." 등의 댓글들을 보고서 애초에 관심도 없던 이 공연의 티켓을 샀다. 그에게 그 공연의 사용가치는 처음에는 없었으나 많은 댓글로 인해 사용가치가 있을 것으로 잘못 판단한 것이다. 안타깝게도, 그는 그 공연에서 조금도 만족하지 못했다.

이 사례에서 볼 때 건강한 소비를 위해서는 구매하려는 상품의 사용가치가 어떤 과정을 거쳐 결정된 것인지 곰곰이 생각해봐야 한다. '나'에게 얼마나 필요한가에 대한 고민 없이 다른 사람들의 말에 휩쓸려 어떤 상품의 사용가치가 결정될 때, 그 상품은 '나'에게 쓸모없는 골칫덩이가 될 수 있다.

① 사용가치보다 교환가치가 큰 상품을 구매해야 한다.
② 상품을 구매할 때 사용가치와 교환가치를 두루 고려해야 한다.
③ 상품에 대한 다른 사람들의 평가를 반영해서 상품을 구매해야 한다.
④ 상품을 구매할 때 사용가치가 자신의 필요에 의해 결정된 것인지 신중하게 따져야 한다.

06
2023 군무원 7급

다음은 〈보기〉에 제시된 글의 핵심 내용을 정리한 것이다. 가장 잘 이해한 것은?

〈보기〉

'무엇인가', '어떠한 것인가'라는 물음에 대응하는 내용이 '질'이고 '어느 정도'라는 물음에 대응하는 내용이 '양'이다. '책상이란 무엇인가' 또는 '책상이 어떠한 것인가'를 알기 위해 사전에서 '책상'을 찾으면, "책을 읽거나 글을 쓰는 상"으로 나와 있다. 이것이 책상을 의자와 찬장 및 그 밖의 유사한 사물들과 구분해 주는 책상의 '질'이다. 예를 들어 "이 책상의 높이는 어느 정도인가?"라고 물으면 "70cm이다"라고 답한다. 이때 말한 '70cm'가 바로 '양'이다. 그런데 책상의 높이는 70cm가 60cm로 되거나 40cm로 된다고 하더라도 그것이 책상임에는 변함이 없다. 성인용 책상에서 아동용 책상으로, 의자 달린 책상에서 앉은뱅이책상으로 바뀐다고 하더라도 그것이 '책을 읽거나 글을 쓰는 상'으로서의 기능은 수행할 수 있기 때문이다. 그러나 책상의 높이를 일정한 한도가 넘는 수준, 예컨대 70cm를 1cm로 낮추어 버리면 그 책상은 나무판에 가까운 것으로 변하여 책상의 기능을 수행할 수 없게 되어 더 이상 책상이라 할 수 없게 될 것이다.

① 양의 변화는 질의 변화를 초래하고 질의 변화는 양의 변화를 이끈다.
② 양의 변화가 누적되면 질의 변화가 일어나므로 양의 변화는 변화된 양만큼 질의 변화를 이끈다.
③ 양의 변화는 일정한 한도 내에서 질의 변화를 이끌지 못하지만 어느 한도를 넘으면 질의 변화를 초래한다.
④ 양의 변화든 질의 변화든 변화는 모두 본래의 상태로 환원되는 과정이기 때문에 두 변화는 본질적으로 동일하다.

실전 문제

07
2022년 지방직 9급

다음 글의 주제로 가장 적절한 것은?

　　예전에 '혐오'는 대중에게 관심을 끄는 말이 아니었지만, 요즘에는 익숙하게 듣는 말이 되었다. 이는 과거에 혐오가 존재하지 않았다는 말이 아니다. 단지 최근 몇 년 사이에 이 문제가 폭발하듯 가시화되었다는 뜻이다. 혐오 현상은 외계에서 뚝 떨어진 괴물이 만들어 낸 것이 아니라, 거기엔 자체의 역사와 사회적 배경이 반드시 선행한다.
　　이 문제를 바라볼 때 주의 사항이 있다. 혐오나 증오라는 특정 감정에 집착해선 안 된다는 것이다. 혐오가 주제인데 거기에 집중하지 말라니, 얼핏 이율배반처럼 들리지만 이는 매우 중요한 포인트다. 왜 혐오가 나쁘냐고 물어보면 많은 사람들은 이렇게 답한다. "나쁜 감정이니까 나쁘다.", "약자와 소수자를 차별하게 만드니까 나쁘다." 이 대답들은 분명 선량한 마음에서 나온 것이다. 하지만 문제의 성격을 오인하게 만들 수 있다. 혐오나 증오라는 감정에 집중할수록 우린 '달을 가리키는 손가락만 바라보는' 잘못을 범하기 쉬워진다.
　　인과 관계를 혼동하면 곤란하다. 우리가 문제시하고 있는 각종 혐오는 자연 발생한 게 아니라 사회적으로 형성된 감정이다. 사회 문제의 기원이나 원인이 아니라, 발현이며 결과다. 더 정확히 말하자면 혐오는 증상이다. 증상을 관찰하는 일은 중요하지만 거기에만 매몰되면 곤란하다. 우리는 혐오나 증오 그 자체를 사회악으로 지목해 도덕적으로 지탄하는 데서 그치지 말아야 한다.

① 혐오 현상에는 인과 관계가 존재하지 않는다.
② 혐오 현상은 선량한 마음으로 바라보아야 한다.
③ 혐오 현상을 만들어 내는 근본 원인을 찾아야 한다.
④ 혐오라는 감정에 집중할수록 사회 문제는 잘 보인다.

08
2022년 서울시 9급 (2월)

〈보기〉에서 말하고자 하는 바로 가장 적절한 것은?

──〈보기〉──

　　기존의 대부분의 일제 시기 근대화 문제에 관한 연구는 다양한 입장 차이에도 불구하고 대단히 대립적인 두 가지 주장으로 정리될 수 있다. 즉 일제가 조선을 지배하지 않았다면 조선에서는 근대적 변혁이 제대로 이루어지지 않았을 것이라는 주장과, 일제의 조선 지배는 한국 근대화를 압살하였기 때문에 결국 근대는 해방 이후부터 시작될 수밖에 없었다는 주장이 그것이다. 두 주장 모두 일제의 조선 지배에도 불구하고 조선인들이 주체적으로 대응했던 역사가 탈락되어 있다. 일제 시기의 역사가 한국 역사의 일부가 되기 위해서는 민족 해방 운동 같은 적극적인 항일 운동뿐만 아니라, 지배의 억압 속에서도 치열하게 삶을 영위해 가면서 자기 발전을 도모해 나간 조선인의 역사도 정당하게 평가되지 않으면 안 된다.

① 일제의 조선 지배는 한국에게서 근대화의 기회를 빼앗았다.
② 일제의 지배에 주체적으로 대응한 조선인의 역사도 정당하게 평가되어야 한다.
③ 일제가 조선을 지배하지 않았다면 조선에서는 근대화가 이루어지지 않았을 것이다.
④ 조선인들은 일제하에서도 적극적인 항일 운동으로 역사에 주체적으로 대응해 나갔다.

09
2022년 지역인재 9급

다음 글의 중심 내용으로 가장 적절한 것은?

> 과거 농경 사회에서는 한 사람이 태어나서 죽을 때까지 반경 10킬로미터를 벗어나지 않았다고 한다. 그렇다 보니 마을 사람들은 서로 다 아는 사이였다. 이런 작은 마을에서는 일거수일투족이 감시를 당하고 뉴스거리가 될 수 있다. 반면 지금의 도시민들은 어디를 가든 내가 모르고 나를 모르는 사람들에게 둘러싸여 있다. 그래서 우리가 해외여행을 가서 느끼는 그런 편안함이 일상 속에 있는 것이 사실이다. 누군가는 이런 모습을 '군중 속의 외로움'이라고 했지만, 사실 이는 '군중 속의 자유'이기도 하다. 1980년대에 우리가 아파트로 이사 갔던 큰 이유 중 하나는 문을 잠그고 외출하는 게 가능했기 때문이다. 이는 다른 말로 하면 내가 집에 있으나 없으나 무슨 일을 하든지 주변인들이 간섭하지 않는 자유를 가졌다는 뜻이다. 그게 우리의 도시 생활이다.

① 과거에 비해 현대인들은 더 넓은 반경의 공간을 경험하고 있다.
② 자유를 누리기 위해 살던 곳을 벗어나 해외여행을 떠나야 한다.
③ 현대인들은 주로 아파트에서 살고 있고 이웃에 대해 잘 알지 못한다.
④ 도시에 살게 되면서 익명성에 따른 자유를 누릴 수 있게 되었다.

10
2021년 지방직 9급

다음 글의 결론으로 가장 적절한 것은?

> 인공지능(AI)은 비즈니스 패러다임을 획기적으로 바꾸고 있다. 인공지능은 생물학 분야에도 광범위하게 영향을 미칠 것이며, 애완동물이 인공지능(AI)으로 대체될 수도 있을 것이다. 인공지능(AI)은 스스로 수학도 풀고 글도 쓰고 바둑을 두며 사람을 이길 수도 있다. 어느 영화에서처럼 실제로 인간관계를 대신할 수도 있다. 인공지능(AI)은 배우면서 성장할 수도 있다. 인공지능(AI)이 사람보다 똑똑해질 수 있을지도 모른다.
>
> 인공지능(AI)이 사람보다 똑똑해질 수 있는지는 차치하고, 인공지능(AI)이 사람을 게으르게 만들 수도 있지 않을까? 이 게으름은 우리의 건강과 행복, 그리고 일상생활의 패턴을 바꿔 놓을 수도 있다.
>
> 인공지능(AI)이 앱을 통해 좀 더 편리한 삶을 제공하여 사람의 뇌를 어떻게 바꾸는지를 일상에서 보여 주는 대표적 사례가 바로 GPS다. 불과 몇 년 전만 해도 지도를 보고 스스로 거리를 가늠하고 도착 시간을 계산했던 운전자들은 이 내비게이션의 등장으로 어디에서 어떻게 가라는 기계 속 음성에 전적으로 의존하기 시작했다. 예전의 방식으로도 충분히 잘 찾아가던 길에서조차 습관적으로 내비게이션을 켠다. 이것이 없으면 자주 다니던 길도 제대로 찾지 못하고 멀쩡한 어른도 길을 잃는다.
>
> 이와 같이 기계에 의존해서 인간이 살아가는 사례는 오늘날 우리의 두뇌가 게을러진 것을 보여 주는 여러 사례 가운데 하나일 뿐이다. 삶을 더 편하게 해 준다며 지름길을 제시하는 도구들이 도리어 우리의 기억력과 창조력을 퇴보시키고 있다. 인간을 태만하고 나태하게 만들어 뇌의 가장 뛰어난 영역인 상상력을 활용하지 않도록 만드는 것이다.

① 인간의 인공지능(AI)에 대한 독립성은 지속적으로 증가하게 될 것이다.
② 인공지능(AI)으로 인해 인간의 두뇌가 게을러지는 부작용이 발생하게 될 것이다.
③ 인공지능(AI)은 인간을 능가하는 사고력을 가질 것이다.
④ 인공지능(AI)은 궁극적으로 상상력을 가지게 될 것이다.

실전 문제

11
2020년 지방직 9급

다음 글의 주장으로 가장 적절한 것은?

> 우리에게 친숙한 동물들의 사소한 행동을 살펴보면 그들이 자신의 환경을 개조한다는 것을 알 수 있다. 가장 단순한 생명체는 먹이가 그들에게 헤엄쳐 오게 만들고, 고등 동물은 먹이를 구하기 위해 땅을 파거나 포획 대상을 추적하기도 한다. 이처럼 동물들은 자신의 목적을 위해 행동함으로써 환경을 변형시킨다. 이러한 생존 방식을 흔히 환경에 적응하는 것으로 설명한다. 그러나 이러한 설명은 생명체들이 그들의 환경 개변(改變)에 능동적으로 행동한다는 중요한 사실을 놓치고 있다.
>
> 가장 고등한 동물인 인간도 다른 생명체와 마찬가지로 생존이나 적응을 넘어서 환경에 대해 적극성을 보인다. 이는 인간의 세 가지 충동—사는 것, 잘 사는 것, 더 잘 사는 것—으로 인하여 가능하다. 잘 살기 위한 노력은 순응적이기 보다는 능동적인 모습으로 나타나게 된다. 인간도 생명체이다. 더 잘 살기 위해서는 환경에 순응할 수만은 없다.

① 인간은 환경에 적응해 왔다.
② 삶의 기술은 생존을 위한 것이다.
③ 생명체는 환경을 능동적으로 변형한다.
④ 인간은 잘 사는 것을 삶의 목표로 한다.

12
2020년 지방직 9급

다음 글의 주장으로 가장 적절한 것은?

> 예술 작품의 복제 기술이 좋아지고 있음에도 불구하고 원본을 보러 가는 이유는 무엇인가? 예술 작품의 특성상 원본 고유의 예술적 속성을 복제본에서는 느낄 수 없다고 생각하는 경향이 강하기 때문이다. 사진은 원본인지 복제본인지 중요하지 않지만, 회화는 붓 자국 하나하나가 중요하기 때문에 복제본이 원본을 대체할 수 없다고 생각하는 사람들이 많다.
>
> 그러나 이러한 생각은 잘못이다. 회화와 달리 사진의 경우, 보통은 '그 작품'이라고 지칭되는 사례들이 여러 개 있을 수 있다. 20세기 위대한 사진작가 빌 브란트가 마음만 먹었다면, 런던에 전시한 인화본의 조도를 더 낮추는 방식으로 다른 곳에 전시한 것과 다른 예술적 속성을 갖게 할 수 있었을 것이다. 이것은 사진의 경우, 작가가 재현적 특질을 선택하고 변형할 수 있는 방법이 다양함을 의미한다.

① 복제본의 예술적 가치는 원본을 뛰어넘을 수 없다.
② 복제 기술 덕분에 예술의 매체적 특성이 비슷해졌다.
③ 복제본의 재현적 특질을 변형하는 방법은 제한적이다.
④ 복제본도 원본과는 다른 별개의 예술적 특성을 담보할 수 있다.

13
2020년 지방직 7급

다음 발화에 나타난 주장으로 가장 적절한 것은?

신어(新語)에 대해 말할 때, 보통 유행어나 비속어, 은어와 같은 한정된 대상을 떠올리는 경우가 많습니다. 그런데 신어 연구의 대상은 특정한 범주의 언어, 소수 집단의 언어에 한정되지 않습니다. 어려운 전문 용어는 의사소통의 효율성이나 교육적 목적을 위해 순화된 신어로 대체할 필요가 있는데, 특히, 상당수의 전문 용어는 신어에 대한 정책적인 고려가 필요해 보입니다. 예를 들어 '좌창(痤瘡)'이라는 의학 용어를 대체한 '여드름'은 일상생활뿐만 아니라 전문 분야에서도 신어로 자리를 잡았습니다. 이와 같은 신어는 전문 용어의 순화에도 일정한 역할을 하고 있습니다. 이는 신어 연구가 단지 새로운 어휘와 몇 가지 주제를 나열하는 연구를 넘어서 한국어 조어론 전반에 대한 연구로 확장되어야 하는 이유이기도 합니다. 이러한 신어의 영역은 대중이 생산하는 '자연 발생적 신어'의 영역과 더불어 '인위적인 신어'의 영역으로 논의되어야 합니다.

① 신어에서 비속어나 은어가 빠져야 한다.
② 신어는 연구 대상과 영역을 확장해야 한다.
③ 자연 발생적인 신어에 대한 정책적 고려가 필요하다.
④ 신어는 의사소통의 효율성을 위해 그 범주를 특정해야 한다.

14
2020년 소방직 9급

다음 글의 화제로 가장 적절한 것은?

'낯선 그림'의 대명사인 르네 마그리트가 우리에게 아주 친숙한 미술가로 자리 잡았다. 십여 년 전 서울의 한 백화점 새 단장 당시 그의 작품 「골콘다」가 커다란 가림막 그림으로 사용된 것과 〈르네 마그리트〉전이 서울의 미술관에서 대규모로 열려 많은 관람객을 불러 모은 것이 중요한 계기가 되었다.

초현실주의 화가 마그리트가 관심을 끌게 되면서 그의 주된 창작 기법인 데페이즈망(dé paysement)도 덩달아 관심의 대상이 되었다. 특히 창의력과 상상력이 시장과 교육계의 화두가 되어 버린 요즘, 데페이즈망은 창의력과 상상력을 높여 주고 잠재력을 개발해 주는 의미 있는 수단으로 받아들여지고 있다. 어린이 미술 교육에 활용되고 있고, 기업인을 위한 창의력 교육에도 심심찮게 도움을 주고 있다.

데페이즈망은 우리말로 흔히 '전치(轉置)'로 번역된다. 이는 특정한 대상을 상식의 맥락에서 떼어 내 전혀 다른 상황에 배치함으로써 기이하고 낯선 장면을 연출하는 것을 말한다. 초현실주의 문학의 선구자 로트레아몽의 시에 "재봉틀과 양산이 해부대에서 만나듯이 아름다운"이라는 표현이 있는데, 바로 이것이 전형적인 데페이즈망의 표현법이다. 해부대 위에 재봉틀과 양산이 놓여 있다는 게 통념에 맞지 않지만, 바로 그 기이함이 시적·예술적 상상을 낳아 논리와 합리 너머의 세계에 대한 심층의 인식을 일깨운다.

① 르네 마그리트의 생애
② 초현실주의 유파의 탄생
③ 현대미술과 상상력의 소멸
④ 데페이즈망에 대한 관심과 의의

실전 문제

15
2020년 소방직 9급

윗글의 제목으로 가장 적절한 것은?

　사회가 발달하면서 화법과 작문의 윤리에 대한 관심과 요구가 점점 커지고 있다. 화법과 작문의 윤리를 잘 지키지 않으면 사회적 의사소통의 바탕이 되는 상호 신뢰가 깨질 수 있으므로 이를 준수하기 위해 노력한다.
　그런데 청자나 독자를 존중하고 배려하는 자세를 갖추어야 한다. 말을 하거나 글을 쓸 때에는 상대방의 인격을 모욕하거나 상대방에게 상처를 주는 언어 표현을 사용하지 않아야 한다. 상대방을 존중하고 배려하는 표현을 사용함으로써 화법과 작문의 윤리를 지킬 수 있다.
　다음으로, 다른 사람의 글이나 아이디어 등을 표절하거나 도용하지 않아야 한다. 다른 사람의 글이나 아이디어 등을 인용할 때에는 저작자의 허락을 얻거나 인용의 출처를 제출해야 하며, 내용의 과장·축소·왜곡 없이 정확하게 인용해야 한다. 또한 출처를 명시하더라도 과도하게 인용하지 않아야 한다. 과도한 인용은 출처 명시와는 무관하게 화법과 작문의 윤리를 어기는 것이기 때문이다.
　화법과 작문의 윤리를 준수한다면 화자나 필자는 청자나 독자로부터 더욱 큰 신뢰를 얻을 수 있다. 그러므로 화자나 필자는 화법과 작문의 윤리를 잘 인식하고 있어야 하며, 말을 하거나 글을 쓸 때 이를 지키고 준수하는 태도를 가져야 한다.

① 화법과 작문의 절차　② 화법과 작문의 목적
③ 화법과 작문의 기능　④ 화법과 작문의 윤리

16
2019년 지방직 9급

다음 글의 제목으로 가장 적절한 것은?

　계몽주의 사상가들은 명백히 모순되는 두 개의 견해를 취했다. 그들은 인간의 위치를 자연계 안에서 해명하려고 애썼다. 역사의 법칙이란 것을 자연의 법칙과 동일한 것으로 여겼다. 다른 한편, 그들은 진보를 믿었다. 그렇다면 그들이 자연을 진보하는 것으로, 다시 말해 끊임없이 어떤 목적을 향해서 전진하는 것으로 받아들인 데에는 어떤 근거가 있었던가? 헤겔은 역사는 진보하는 것이고 자연은 진보하지 않는 것이라고 뚜렷이 구분했다. 반면, 다윈은 진화와 진보를 동일한 것으로 주장함으로써 모든 혼란을 정리한 듯했다. 자연도 역사와 마찬가지로 진보하는 것으로 본 것이다. 그러나 이것은 진화의 원천인 생물학적인 유전(biological inheritance)을 역사에서의 진보의 원천인 사회적인 획득(social acquisition)과 혼동함으로써 훨씬 더 심각한 오해에 이를 수 있는 길을 열어 놓았다. 오늘날 그 둘이 분명히 구별된다는 것은 익히 알려진 것이다.

① 자연의 진보에 대한 증거
② 인간 유전의 사회적 의미
③ 역사의 법칙과 자연의 법칙
④ 진보와 진화에 관한 견해들

17
2019년 국가직 7급

다음 글의 주장으로 가장 적절한 것은?

　사람은 일곱 자의 몸뚱이를 지니고 있지만 마음과 이치를 제하고 나면 귀하다 할 만한 것은 없다. 온통 한 껍데기의 피고름이 큰 뼈 덩어리를 감싸고 있을 뿐이다. 배고프면 밥 먹고 목마르면 물 마신다. 옷을 입을 줄도 알고 음탕한 욕심을 채울 줄도 안다. 가난하고 천하게 살면서 부귀를 사모하고, 부귀하게 지내면서 권세를 탐한다. 성날 때는 싸우고 근심이 생기면 슬퍼한다. 궁하게 되면 못 하는 짓이 없고, 즐거우면 음란해진다. 무릇 백 가지 하는 바가 한결같이 본능에 따르니, 늙어 죽은 뒤에야 그만둘 따름이다. 그렇다면 이를 짐승이라 말하여도 괜찮을 것이다.

① 근심과 슬픔은 늙기 전까지 끊이지 않는다.
② 빈부 격차는 인간 삶의 지향성에 영향을 준다.
③ 마음으로 본능을 다스리는 삶의 자세가 필요하다.
④ 자연의 이치를 알고자 하는 욕구는 사람에게 본능적이다.

18
2019년 지방직 7급

다음 글에서 결론적으로 주장하는 바로 가장 적절한 것은?

> 사회 관계망 서비스(SNS)는 개인의 알 권리를 충족하거나 사회적 정의 실현을 위해 생각과 정보를 공유할 수 있도록 돕는다는 면에서 긍정적인 가치를 인정받는다. 그러나 도덕적 응징이라는 미명하에 개인의 신상 정보를 무차별적으로 공개하는 범법 행위가 확산되면서 심각한 사회 문제가 일고 있는 것이 사실이다. 법적 처벌이 어렵다면 도덕적으로 응징해서라도 죄를 물어야 한다는 누리꾼들의 요구가, '모욕죄'나 '사이버 명예 훼손죄' 등으로 처벌될 수 있는 범죄 행위 수준의 과도한 행동으로 이어지는 경우를 우려해야 하는 상황인 것이다.
>
> 특히 사회적 비난이 집중된 사건의 경우, 공익을 위한다는 생각으로 사건의 사실 여부를 제대로 확인하지도 않은 채 개인 신상 정보부터 무분별하게 유출하는 행위가 끊이지 않고 있어 문제의 심각성이 커지고 있다. 그로 인해 개인의 사생활 침해와 인격 훼손은 물론, 개인 정보가 범죄에 악용되는 부작용이 발생하고 있다. 따라서 사회 관계망 서비스를 이용하여 정보를 공유할 때에는, 개인의 사생활을 침해하거나 인격을 훼손하는 정보를 유출하는 것은 아닌지 각별한 주의를 기울일 필요가 있다.

① 정보 공유를 통해 사회 정의를 실현할 수 있다.
② 정보 유출로 공공의 이익이 훼손되는 경우는 없다.
③ 공유된 정보는 사실 관계를 확인할 수 있어야 한다.
④ 정보 공유 과정에서 개인의 인권이 침해당해서는 안 된다.

19
2017년 국가직 9급 (10월)

다음 글의 중심 내용으로 가장 적절한 것은?

> 책 없이도 인간은 기억하고 생각하고 상상하고 표현한다. 그런데 책과 책 읽기는 인간이 이 능력을 키우고 발전시키는 데 중대한 차이를 가져온다. 책을 읽는 문화와 책을 읽지 않는 문화는 기억, 사유, 상상, 표현의 층위에서 상당히 다른 개인들을 만들어 내고, 상당한 질적 차이를 가진 사회적 주체들을 생산한다. 누구도 맹목적인 책 예찬자가 될 필요는 없다. 그러나 중요한 것은 인간을 더욱 인간적이게 하는 소중한 능력들을 지키고 발전시키기 위해서는 책은 결코 희생할 수 없는 매체라는 사실이다. 그 능력의 지속적 발전에 드는 비용은 싸지 않다. 무엇보다도 책 읽기는 손쉬운 일이 아니다. 거기에는 상당량의 정신 에너지가 투입돼야 하고, 훈련이 요구되고, 읽기의 즐거움을 경험하는 정신 습관의 형성이 필요하다.

① 인간의 기억과 상상
② 독서의 필요성과 어려움
③ 맹목적인 책 예찬론의 위험성
④ 책 읽기 능력 개발에 드는 비용

20
2017년 서울시 7급

다음 글의 주제로 가장 적절한 것은?

> 합리성이 인간의 본래적인 특성이기는 하지만, 더 나아가 이러한 합리성을 표현할 줄 알아야 한다. 인간은 사회적인 동물이기 때문에 나와 다른 관점을 지닌 무수한 사람들과 부딪히며 어울려 살아야 하기 때문이다. 합리적인 공동체의 합리적인 시민이 되고자 한다면, 단순히 합리적으로 사고하는 것을 넘어 다른 사람들이 자신의 견해를 수용할 수 있을 만큼 타당한 논리를 제시할 줄 알아야 한다. 그러한 주장에 사람들이 동의하지 않는다 하더라도 최소한 존중해 줄 수 있을 정도는 되어야 한다. 합리적으로 보이는 근거를 제시하고 진정으로 사려 깊게 논증한다면 상대방은 입장을 바꿔서 생각해 볼 것이고, 이로써 당신의 생각을 인정할 수도 있다. 어떤 사람의 논증이 일관되고 견고해 보일 때 사람들은 그 사람을 생각이 깊은 올바른 사람이라고 기억할 것이다.

① 합리적인 공동체의 미래 ② 합리적 사고의 의미
③ 인간의 사회적 특성   ④ 합리적 논증의 필요성

유형 02 세부 내용 파악하기

기출 유형 분석
- 글의 내용을 정확히 이해했는지 묻는 유형의 문제이다.
- 글에 드러난 세부적인 정보가 선택지의 내용과 일치하는지 불일치하는지를 판단해야 하는 문제가 출제된다.

예상 출제 방향
- 2개 이상의 정보를 종합하여 일치·불일치 여부를 판단해야 하는 문제가 출제될 수 있다.
- 선택지는 글에서 제시한 정보와 동일한 의미를 담고 있지만 다른 표현으로 바뀌어 구성될 수 있다.

대표 기출 문제

다음 글을 이해한 내용으로 적절하지 않은 것은?

9급 출제기조 전환 2차 예시문제

> 조선시대 기록을 보면 오늘날 급성전염병에 속하는 병들의 다양한 명칭을 확인할 수 있는데, 전염성, 고통의 정도, 질병의 원인, 몸에 나타난 증상 등 작명의 과정에서 주목한 바는 각기 달랐다.
>
> 예를 들어, '역병(疫病)'은 사람이 고된 일을 치르듯[役] 병에 걸려 매우 고통스러운 상태를 말한다. '여역(厲疫)'이란 말은 힘들다[疫]는 뜻에다가 사납다[厲]는 의미가 더해져 있다. 현재의 성홍열로 추정되는 '당독역(唐毒疫)'은 오랑캐처럼 사납고[唐], 독을 먹은 듯 고통스럽다[毒]는 의미가 들어가 있다. '염병(染病)'은 전염성에 주목한 이름이고, 마찬가지로 '윤행괴질(輪行怪疾)' 역시 수레가 여기저기 옮겨 다니듯 한다는 뜻으로 질병의 전염성을 크게 강조한 이름이다.
>
> '시기병(時氣病)'이란 특정 시기의 좋지 못한 기운으로 인해 생기는 전염병을 말하는데, 질병의 원인으로 나쁜 대기를 들고 있는 것이다. '온역(溫疫)'에 들어 있는 '온(溫)'은 이 병을 일으키는 계절적 원인을 가리킨다. 이밖에 '두창(痘瘡)'이나 '마진(痲疹)' 따위의 병명은 피부에 발진이 생기고 그 모양이 콩 또는 삼씨 모양인 것을 강조한 말이다.

① '온역'은 질병의 원인에 주목하여 붙여진 이름이다.
② '역병'은 질병의 전염성에 주목하여 붙여진 이름이다.
③ '당독역'은 질병의 고통스러운 정도에 주목하여 붙여진 이름이다.
④ '마진'은 질병으로 인해 몸에 나타난 증상에 주목하여 붙여진 이름이다.

해설 ② 2문단 첫 문장에서 알 수 있듯이, '역병(疫病)'은 사람이 고된 일을 치르듯[役] 병에 걸려 매우 고통스러운 상태를 말하므로 고통의 정도에 주목해 붙여진 이름임을 알 수 있으므로 ②의 내용은 적절하지 않다. 참고로 2문단 끝에서 1~2번째 줄에서 확인할 수 있듯이, 질병의 전염성에 주목하여 붙여진 이름은 '염병(染病)'과 '윤행괴질(輪行怪疾)'이다.

오답분석
① 3문단 끝에서 2번째 줄 내용에 따르면, '온역(溫疫)'에 들어 있는 '온(溫)'은 이 병을 일으키는 계절적 원인을 가리킨다. 따라서 '온역'이 질병의 원인에 주목하여 붙여진 이름이라는 ①의 내용은 적절하다.
③ 2문단 2~3번째 줄 내용에 따르면, '당독역(唐毒疫)'은 오랑캐처럼 사납고[唐], 독을 먹은 듯 고통스럽다[毒]는 의미이다. 따라서 '당독역'이 질병의 고통스러운 정도에 주목하여 붙여진 이름이라는 ③의 내용은 적절하다.
④ 3문단 끝에서 1~2번째 줄 내용에 따르면, '두창(痘瘡)'이나 '마진(痲疹)' 따위의 병명은 피부에 발진이 생기고 그 모양이 콩 또는 삼씨 모양인 것을 강조한 말이다. 따라서 '마진'이 질병으로 인해 몸에 나타난 증상에 주목하여 붙여진 이름이라는 ④의 내용은 적절하다.

실전 문제

01
2025년 지방직 9급

다음 글을 이해한 내용으로 가장 적절한 것은?

김삿갓으로 알려진 김병연의 집안은 그의 할아버지인 김익순이 죄를 짓고 사형당하기 전까지 괜찮은 편이었다. 김병연의 5대조 할아버지 김시태가 경종 초에 신임사화에 연루되었지만, 영조가 즉위한 뒤 그것이 조작된 것임이 밝혀지고 명예가 회복되었다. 김익순은 김시태의 후광을 입어 여러 관직에 나아갔다. 1811년 그가 선천 부사로 재직 중일 때 홍경래의 난이 일어났다. 이때 그는 반란군에게 항복했을 뿐만 아니라, 반란이 수습될 무렵에는 반란군 장수의 목을 베어 왔다는 거짓 보고까지 했다. 김익순의 이러한 행적이 드러나 결국 그는 모든 재산이 몰수되고 사형을 당했다. 이후 김병연은 대역죄로 사형당한 인물의 후손이라는 오명을 쓰고 살아갈 수밖에 없었다. 그가 당대의 주류 세력과 관계를 맺지 못한 것도 이 때문이었다. 그는 20세 전후로 부모가 모두 숨지자 자신의 신세를 한탄하며 세상을 떠돌게 되었다.

① 김시태의 후손은 아무도 관직에 나아가지 못했다.
② 김익순은 김시태의 죄상이 드러나 재산이 몰수되었다.
③ 김병연은 자신의 조상이 신임사화에 연루되어 세상을 떠돌게 되었다.
④ 김병연은 대역죄인의 후손이어서 당대 주류 세력과 관계를 맺을 수 없었다.

02
2025년 지방직 9급

다음 글의 ㉠~㉣ 중 문맥상 의미가 나머지와 다른 하나는?

경제적으로 보면 우리의 삶은 끊임없이 무언가를 소비한다. 의식주 같은 기본 생활에 더해 문화생활과 사회 활동도 소비를 떼어 놓고 생각할 수 없다. 소비되는 것을 흔히 '상품'이라고 부르지만 실은 '재화'라고 해야 하는데, 재화는 소비를 목적으로 하고 상품은 시장에서의 판매를 목적으로 한다는 점에서 구분되기 때문이다. 이렇게 볼 때 재화는 인류 역사상 늘 있었지만, 상품은 자본주의 시대에 이르러 출현하였다.

냉전 시대에는 다음과 같은 말이 있었다. "자본주의에서는 상인이 최고이고, 사회주의에서는 공직자가 최고이다." 자본주의는 자유경쟁을 기본으로 하기에 ㉠물건을 싸게 사서 비싸게 파는 상인이 돈을 가장 많이 벌 수 있으며, 사회주의는 관료제의 폐해로 국가 기관이 부패해서 고위 관료라든가 고급 당원이 배불리 먹고산다는 의미이다.

자본주의의 역사를 볼 때 이 말은 사실에 가깝다. 자본주의는 애초부터 상업의 발달과 밀접한 관계가 있었다. 중세의 상인들이 물건을 시장에 팔아 이윤을 얻기 위해 수공업자들을 조직하여 그들에게 자본과 도구를 빌려주고 물건을 대신 생산하게 한 데에서 자본주의가 출발하였다. 이처럼 자본주의는 ㉡상품에 기초한 사회로, 상품은 그것이 판매될 수 있는 시장을 전제로 생산되는 것이기 때문에 시장이 형성되어 있지 않다면 상품도 존재할 수 없다. 목수가 ㉢집에서 쓰기 위해 만든 의자와 시장에 팔기 위해 만든 의자는 동일한 의자임에도 재화와 상품의 관점에서 볼 때 서로 다르다.

이와 같이 상품에는 생산과 유통이라는 두 가지 측면이 있다. ㉣자본주의 사회에서 생산되는 물품의 유통을 맡은 사람이 바로 상인이다. "자본주의에서는 상인이 최고이다."라는 말은 만드는 이에 비해서 파는 이가 더 많은 이익을 남긴다는 뜻이다. 자본주의화가 진행될수록 전자와 후자 사이의 차이는 더 커진다. 기술혁신이 이루어져 상품을 생산하는 과정은 갈수록 단순해지고 상품의 대량 생산은 쉬워지는 반면, 유통의 경우 상품과 최종 소비자 사이의 관계가 갈수록 복잡해지므로 생산에 비해 우회로를 더 많이 거치게 된다. 따라서 자본주의가 성숙할수록 제조업의 이윤은 적어지고 유통업의 이윤은 많아진다.

① ㉠ ② ㉡
③ ㉢ ④ ㉣

실전 문제

03
2025년 국가직 9급

다음 글의 ㉠~㉣ 중 문맥상 지시 대상이 같은 것만으로 묶인 것은?

이집트 벽화에서 신, 파라오, 귀족은 특이한 모습으로 표현된다. 신체의 주요 부위를 이상적으로 보여줄 수 있도록 눈은 정면, 얼굴은 측면, 가슴은 정면, 발은 측면을 향하게 조합하여 그린 것이다. 이는 단일한 시점에서 대상을 표현한 것이 아니라 여러 시점에서 바라본 모습을 하나의 형상에 집약한 것이다. 이렇게 그려진 ㉠<u>그들</u>의 모습은 이상적인 부분끼리의 조합을 통해 완전하고 완벽하며 장중한 형상을 보여 주고자 한 의도의 결과이다. 그런데 벽화에 표현된 대상들 중 신, 파라오, 귀족과 같은 고귀한 존재는 이렇게 그려지고, 평범한 일반인은 곧잘 이런 방식과 관계없이 꽤 사실적으로 그려졌다. ㉡<u>그들</u>을 서로 다른 방식으로 표현하였다는 점은 이집트 미술이 특정한 이데올로기를 통해 양식화되어 있음을 선명하게 보여 준다.

이 이데올로기에 따르면, 신과 파라오, 나아가 귀족은 '존재하는 자'이고, 죽을 운명을 가진 평범한 사람들은 그저 '행위하는 자'이다. 평범한 사람들이 일하는 모습을 그릴 때 사실적으로, 그러니까 얼굴이 측면이면 가슴도 측면으로 자연스럽게 그리는 것은, 그들이 썩어 없어질 찰나의 인생을 살고 있기 때문이다. 그러기에 ㉢<u>그들</u>은 이 세상에서 실제로 행위하는 모습 그대로 그려진다. 반면 고귀한 존재는 삼라만상의 변화와 관계없이 영원한 세계의 이상을 반영한다. 그러기에 ㉣<u>그들</u>은 이상적 규범에 따라 불변의 양식으로 그려진다.

이렇게 같은 인간을 표현해도 위계에 따라 표현 방식을 달리한 것은 이집트 종교의 영향 때문이다. 이집트 종교는 수직적이고 이원적인 정신성에 그 토대를 두고 있다. 이런 이원론적인 정신성은 양식화된 이상주의적 미술로 표현되는 경향이 있다. 이집트의 벽화가 바로 그 대표적인 사례이다.

① ㉠, ㉣
② ㉡, ㉢
③ ㉠, ㉡, ㉣
④ ㉠, ㉢, ㉣

04
2025년 국가직 9급

다음 글을 이해한 내용으로 가장 적절한 것은?

20세기에 접어들면서 우리는 새로운 시대의 변화를 다양한 영역에서 확인할 수 있게 되었다. 문학 영역도 마찬가지였다. 이전과 뚜렷이 구별되는 유형과 성격의 문학작품이 등장하였고, 이에 따라 다양한 독자층이 새롭게 형성되었다. 20세기 초 우리나라의 문학 독자층은 흔히 두 가지로 구분되었다. 하나는 구활자본 고전소설과 일부 신소설의 독자인 '전통적 독자층'이고, 다른 하나는 이 시기 새롭게 등장하여 유행하기 시작한 대중소설, 번안소설, 신문 연재 통속소설을 즐겨 봤던 '근대적 대중 독자층'이다. 전통적 독자층에는 노동자와 농민, 양반, 부녀자 등이 속하고, 근대적 대중 독자층에는 도시 노동자, 학생, 신여성 등이 속했다.

그런데 20세기 초 문학 독자층 중에는 전통과 근대의 두 범주에 귀속시키기 어려운 독자층도 존재했다. 이 시기 신문학의 순수문학 작품, 일본을 비롯한 외국의 순수문학 소설 등을 향유했던 사람들이 바로 그들이다. 문자를 익숙하게 다루고 외국어를 지속적으로 습득한 지식인층은 근대적 대중 독자층과는 다른 문학적 향유 양상을 보여 주었던 것이다. 이들은 '엘리트 독자층'이라고 부를 수 있다.

① 근대적 대중 독자층에서 엘리트 독자층이 분화되어 나왔다.
② 20세기 초의 문학 독자층을 구분하는 기준은 신분과 학력이었다.
③ 엘리트 독자층에 속한 사람들은 우리나라 문학작품 외에도 외국 소설을 읽었다.
④ 근대적 대중 독자층에 속한 사람들은 전통적 독자층에 속한 사람들보다 경제적으로 부유했다.

05

윗글의 ㉠~㉥ 중 지시하는 바가 같은 것끼리 짝 지은 것은?

> 일반적으로 한 나라의 문학, 즉 '국문학'은 "그 나라의 말과 글로 된 문학"을 지칭한다. 그래서 우리나라에서 국문학에 대한 근대적 논의가 처음 시작될 무렵에는 국문학에서 한문으로 쓰인 문학을 배제하자는 주장이 있었다. 국문학 연구가 점차 전문화되면서, 한문문학 배제론자와 달리 한문문학을 배제하는 데 있어 신축성을 두는 절충론자의 입장이 힘을 얻었다. 절충론자들은 국문학의 범위를 획정하는 데 있어 종래의 국문학의 정의를 기본 전제로 하되, 일부 한문문학을 국문학으로 인정하자고 주장했다. 즉 한문으로 쓰여진 문학을 국문학에서 완전히 배제하지 않고, ㉠전자 중 일부를 ㉡후자의 주변부에 위치시키는 것으로 국문학의 영역을 구성한 것이다. 이에 따라 국문학을 지칭할 때에는 '순(純)국문학'과 '준(準)국문학'으로 구별하게 되었다. 작품에 사용된 문자의 범주에 따라서 ㉢전자는 '좁은 의미의 국문학', ㉣후자는 '넓은 의미의 국문학'이라고도 칭할 수 있다.
>
> 하지만 이런 절충안을 취하더라도 순국문학과 준국문학을 구분하는 데에는 논자마다 차이가 있다. 어떤 이는 국문으로 된 것을 ㉤전자에, 한문으로 된 것은 ㉥후자에 귀속시켰다. 다른 이는 훈민정음 창제 이전과 이후로 나누어 국문학의 영역을 구분하였다. 훈민정음 창제 이전의 문학은 차자표기건 한문표기건 모두 국문학으로 인정하고, 창제 이후의 문학은 국문문학만을 순국문학으로 규정하고 한문문학 중 '국문학적 가치'가 있는 것을 준국문학에 귀속시켰다.

① ㉠, ㉢
② ㉡, ㉣
③ ㉡, ㉥
④ ㉢, ㉤

06

㉠~㉣ 중 문맥상 (가)에 해당하는 의미로 사용되지 않은 것은?

> 생물은 자신의 종에 속하는 개체들과 의사소통을 한다. 꿀벌은 춤을 통해 식량의 위치를 같은 무리의 동료들에게 알려주며, 녹색원숭이는 포식자의 접근을 알리기 위해 소리를 지른다. 침팬지는 고통, 괴로움, 기쁨 등의 감정을 표현할 때 각각 다른 ㉠소리를 낸다.
>
> 말한다는 것을 단어에 대해 ㉡소리 낸다는 의미로 보게 되면, 침팬지가 사람처럼 말하도록 하는 것은 불가능하다. 침팬지는 인간과 게놈의 98%를 공유하고 있지만, 발성 기관에 차이가 있다.
>
> 인간의 발성 기관은 아주 정교하게 작용하여 여러 ㉢소리를 낼 수 있는데, 초당 십여 개의 (가)소리를 쉽게 만들어 낸다. 이는 성대, 후두, 혀, 입술, 입천장을 아주 정확하게 통제할 수 있기 때문에 가능한 것이다. 침팬지는 이만큼 정확하게 통제를 하지 못한다. 게다가 인간의 발성 기관은 유인원의 그것과 현저하게 다르다. 주요한 차이는 인두의 길이에 있다. 인두는 혀 뒷부분부터 식도에 이르는 통로로 음식물과 공기가 드나드는 길이다. 인간의 인두는 여섯 번째 목뼈에까지 이른다. 반면에 대부분의 포유류에서는 인두의 길이가 세 번째 목뼈를 넘지 않으며 개의 경우는 두 번째 목뼈를 넘지 않는다. 다른 동물의 인두에 비해 과도하게 긴 인간의 인두는 공명 상자 기능을 하여 세밀하게 통제되는 ㉣소리를 만들어 낸다.

① ㉠
② ㉡
③ ㉢
④ ㉣

실전 문제

07
9급 출제기조 전환 1차 예시문제

다음 글을 이해한 내용으로 적절하지 않은 것은?

한국 신화에 보이는 신과 인간의 관계는 다른 나라의 신화와 견주어 볼 때 흥미롭다. 한국 신화에서 신은 인간과의 결합을 통해 결핍을 해소함으로써 완전한 존재가 되고, 인간은 신과의 결합을 통해 혼자 할 수 없었던 존재론적 상승을 이룬다.

한국 건국신화에서 주인공인 신은 지상에 내려와 왕이 되고자 한다. 천상적 존재가 지상적 존재가 되기를 바라는 것인데, 인간들의 왕이 된 신은 인간 여성과의 결합을 통해 자식을 낳음으로써 결핍을 메운다. 무속신화에서는 인간이었던 주인공이 신과의 결합을 통해 신적 존재로 거듭나게 됨으로써 존재론적으로 상승하게 된다. 이처럼 한국 신화에서 신과 인간은 서로의 존재를 필요로 한다는 점에서 상호의존적이고 호혜적이다.

다른 나라의 신화들은 신과 인간의 관계가 한국 신화와 달리 위계적이고 종속적이다. 히브리 신화에서 피조물인 인간은 자신을 창조한 유일신에 대해 원초적 부채감을 지니고 있으며, 신이 지상의 모든 일을 관장한다는 점에서 언제나 인간의 우위에 있다. 이러한 양상은 북유럽이나 바빌로니아 등에 퍼져 있는 신체 화생 신화에도 유사하게 나타난다.

신체 화생 신화는 신이 죽음을 맞게 된 후 그 신체가 해체되면서 인간 세계가 만들어지게 된다는 것인데, 신의 희생 덕분에 인간 세계가 만들어질 수 있었다는 점에서 인간은 신에게 철저히 종속되어 있다.

① 히브리 신화에서 신과 인간의 관계는 위계적이다.
② 한국 무속신화에서 신은 인간을 위해 지상에 내려와 왕이 된다.
③ 한국 건국신화에서 신은 인간과의 결합을 통해 완전한 존재가 된다.
④ 한국 신화에 보이는 신과 인간의 관계는 신체 화생 신화에 보이는 신과 인간의 관계와 다르다.

08
9급 출제기조 전환 1차 예시문제

문맥상 ㉠ ~ ㉣ 중 지시 대상이 같은 것만으로 묶인 것은?

영국의 유명한 원형 석조물인 스톤헨지는 기원전 3,000년경 신석기시대에 세워졌다. 1960년대에 천문학자 호일이 스톤헨지가 일종의 연산장치라는 주장을 하였고, 이후 엔지니어인 톰은 태양과 달을 관찰하기 위한 정교한 기구라고 확신했다. 천문학자 호킨스는 스톤헨지의 모양이 태양과 달의 배열을 나타낸 것이라는 의견을 제시해 관심을 모았다. 그러나 고고학자 앳킨슨은 ㉠<u>그들의</u> 생각을 비난했다. 앳킨슨은 스톤헨지를 세운 사람들을 '야만인'으로 묘사하면서, ㉡<u>이들은</u> 호킨스의 주장과 달리 과학적 사고를 할 줄 모른다고 주장했다. 이에 호킨스를 옹호하는 학자들이 진화적 관점에서 앳킨슨을 비판하였다. ㉢<u>이들은</u> 신석기시대보다 훨씬 이전인 4만 년 전의 사람들도 신체적으로 우리와 동일했으며 지능 또한 우리보다 열등했다고 볼 근거가 없다고 주장했다. 하지만 스톤헨지의 건설자들이 포괄적인 의미에서 현대인과 같은 지능을 가졌다고 해도 과학적 사고와 기술적 지식을 가지지는 못했다. ㉣<u>그들에게는</u> 우리처럼 2,500년에 걸쳐 수학과 천문학의 지식이 보존되고 세대를 거쳐 전승되어 쌓인 방대하고 정교한 문자 기록이 없었다. 선사시대의 생각과 행동이 우리와 똑같은 식으로 전개되지 않았으리라는 점은 매우 중요하다. 지적 능력을 갖췄다고 해서 누구나 우리와 같은 동기와 관심, 개념적 틀을 가졌으리라고 생각하는 것은 잘못이다.

① ㉠, ㉢
② ㉡, ㉣
③ ㉠, ㉡, ㉢
④ ㉠, ㉡, ㉣

09

2024년 지방직 9급

다음 글에서 알 수 있는 내용이 아닌 것은?

'저작권'이란 인간의 사상이나 감정을 창의적으로 표현한 저작물을 보호하기 위해 저작자에게 부여한 권리를 말한다. 저작물은 '인간의 사상 또는 감정을 표현한 창작물'이며 저작자란 '저작 행위를 통해 저작물을 창작해 낸 사람'을 가리킨다. 그러므로 숨겨져 있던 다른 사람의 저작물을 발견했거나 발굴해 낸 사람, 저작물 작성을 의뢰한 사람, 저작에 관한 아이디어나 조언을 한 사람, 저작을 하는 동안 옆에서 도와주었거나 자료를 제공한 사람 등은 저작자가 될 수 없다. 저작물에는 1차적 저작물뿐만 아니라 2차적 저작물과 편집 저작물도 포함되어 있으므로 2차적 저작물 또는 편집 저작물의 작성자 또한 저작자가 된다.

저작권 보호와 관련하여 "거인의 어깨 위 난쟁이는 거인보다 멀리 볼 수 있다."라는 말이 있다. '거인'이란 현재의 저작자들보다 앞서 창작 활동을 통해 저작물을 남긴 선배 저작자를 가리키는 것인데, 이 말은 창작자는 다른 사람이 만들어 놓은 저작물을 모방하거나 인용할 수밖에 없다는 점을 강조한 것이다. 다만, 난쟁이가 거인의 어깨 위에 올라서는 특권을 누리기 위해서는 거인으로부터 허락을 받아야 하거나 거인에게 그에 따르는 대가를 지불해야 한다는 뜻도 내포하고 있다는 사실을 잊지 말아야 할 것이다.

창작물을 저작한 사람에게 저작권이라는 권리를 부여해서 보호하는 이유는 '저작물은 문화 발전의 원동력이 되므로 좋은 저작물이 많이 나와야 그 사회가 문화적으로 풍요로워질 수 있기 때문'이라고 할 수 있다. 그런데 만일 저작자에게 아무런 권리를 부여하지 않는다면 저작자가 장기간 노력해서 창작한 저작물을 누구든지 아무런 대가를 치르지 않고도 마음대로 이용하게 될 것이므로, 저작자로서는 창작 행위를 계속하지 않을 가능성이 높다.

① 저작물의 개념과 저작자의 정의
② 1차적 저작물과 2차적 저작물의 차이
③ 저작물에 대해 창작자가 지녀야 할 태도
④ 저작권을 보호해야 하는 이유

10

2024년 서울시 9급 (2월)

〈보기〉를 통해 알 수 있는 내용으로 가장 적절하지 않은 것은?

─〈보기〉─

제2차 세계대전이 끝나고 디지털 컴퓨터가 발명되자, 학자들은 자연 언어와 인공 언어의 관계를 새로운 방식으로 이해했다. 현실의 뒤죽박죽인 자연 언어를 단순화하고 분명하게 해서 전반적으로 말끔하게 정돈하려는 노력에 더해, 수학적 논리로부터 얻은 아이디어를 도구 삼아 실제 인간 언어의 복잡성을 (단순히 제거하는 대신에) 분석하기 시작했다. 컴퓨터에 기반한 지능 모델 구축이 목표였던 인공지능이라는 새로운 학문 분야가 발전하면서 더 대담한 시도가 이루어졌다. 논리 그 자체가 우리의 이성을 작동하는 사고 언어의 기초가 되어야만 한다고 주장하기에 이른 것이다. 언어를 이해하거나 말하기 위해서는 명백히 무질서한 수천 개의 언어 각각을 인간 정신 속에 어떤 식으로든 내재된 하나의 단일한 논리 언어에 대응할 수 있어야만 한다.

① 인공지능의 목표는 지능 모델의 구축이었다.
② 인공지능은 사고 언어를 개발하는 출발이 되었다.
③ 언어의 이해는 언어와 논리 언어와의 대응을 통해 가능해진다.
④ 언어 복잡성의 분석은 수학적 논리를 바탕으로 수행되었다.

실전 문제

11
2024년 서울시 9급 (2월)

〈보기〉에 대한 이해로 가장 옳지 않은 것은?

〈보기〉

번역에서 가독성이 높다는 것은 칭찬받아 마땅하지만 늘 미덕이 되는 것은 아니다. 정확성이 뒷받침되지 않는 가독성은 이렇다 할 의미가 없기 때문이다. 가독성을 높이려고 번역하기 어렵거나 제대로 이해하지 못하는 부분은 생략해 버리고 번역하는 번역가들이 의외로 많다. 또한 쉽게 읽히기만 하면 '좋은' 번역이라고 생각하는 독자들이 생각 밖으로 많다. 거추장스럽다고 잔가지를 제거해 버리고 큰 줄기만 남겨 놓으면 나무 모습은 훨씬 가지런하고 예쁘게 보인다. 그러나 그 잘라낸 잔가지 속에 작품 특유의 문체와 심오한 의미가 들어 있다면 어떻게 될까? 원문을 모르고 번역본만 읽는 독자들은 가독성에 속아 '좋은' 번역이라고 평가하기 십상이다.

① 가독성이 좋으면 좋은 번역이라고 생각하는 독자들이 많다.
② 번역가들은 가독성뿐 아니라 정확성도 중요하게 간주하여야 한다.
③ 번역 과정에서 생략된 부분에 심오한 의미가 들어 있을 수도 있다.
④ 번역가들은 정확성을 높이기 위해 원문의 내용을 생략하고 번역하기도 한다.

12
2024년 지역인재 9급

다음 글을 이해한 내용으로 적절하지 않은 것은?

현대 사회에서 많은 국가들이 정치적으로는 민주주의를, 경제적으로는 시장경제를 지향하고 있다. 이런 상황에서 경제활동의 주된 내용인 자원의 배분과 소득의 분배는 기본적으로 두 가지 형태의 의사 결정에 의해서 이루어진다. 하나는 시장 기구를 통한 시장적 의사 결정이며, 다른 하나는 정치 기구를 통한 정치적 의사 결정이다. 이 둘은 의사 결정 과정에서부터 분명한 차이를 보인다.

민주주의 사회에서 정치적 의사 결정은 투표에 의해서 이루어진다. 이 경우 구성원들은 자신의 경제력에 관계없이 똑같은 정도의 결정권을 가지고 참여한다. 즉 의사 결정 과정에서의 민주적 절차와 형평성을 중시하는 것이다. 그러나 시장적 의사 결정에서는 자신의 경제력의 크기에 따라 결정권을 행사하는 정도가 다르며, 철저하게 수요 - 공급의 원칙에 따라 의사 결정이 이루어진다. 경제적인 효율성이 중시되는 것이다. 이때의 의사 결정은 완전 합의와 자발성을 근간으로 한다.

① 자원의 배분은 정치적 의사 결정으로 이루어지고, 소득의 분배는 시장적 의사 결정으로 이루어진다.
② 시장적 의사 결정에서는 구성원의 경제력에 따라 행사하는 힘의 크기가 달라진다.
③ 정치적 의사 결정에서는 형평성이 중시되고, 시장적 의사 결정에서는 경제적 효율성이 중시된다.
④ 정치적 의사 결정은 투표에 의해 이루어지고, 시장적 의사 결정은 수요 - 공급의 원칙에 따라 이루어진다.

13

다음 글을 이해한 내용으로 적절하지 않은 것은?

사람의 '지각과 생각'은 항상 어떤 맥락, 관점 혹은 어떤 평가 기준이나 가정하에서 일어난다. 이러한 맥락, 관점, 평가 기준, 가정을 프레임이라고 한다. 지각과 생각은 인간의 모든 정신 활동을 뜻한다. 따라서 우리의 모든 정신 활동은 진공 상태에서 일어나는 것이 아니라, 어떤 맥락이나 가정하에서 일어난다. 한마디로 우리가 프레임이라는 안경을 쓰고 세상을 보고 있음을 의미한다. 간혹 어떤 사람이 자신은 어떤 프레임의 지배도 받지 않고 세상을 있는 그대로, 객관적으로 본다고 주장한다면, 그 주장은 진실이 아닐 것이다.

① 인간의 정신 활동은 프레임 없이 일어나지 않는다.
② 프레임은 인간이 세상을 바라볼 때 어떤 편향성을 가지게 한다.
③ 인간의 지각과 사고를 확장하는 과정에서 프레임은 극복해야 할 대상이다.
④ 프레임은 인간의 정신 활동에 영향을 미치는 어떤 맥락이나 평가 기준이다.

14

다음 글을 이해한 내용으로 가장 적절한 것은?

전 세계를 대표하는 항공기인 보잉과 에어버스의 중요한 차이점은 자동조종시스템의 활용 정도에 있다. 보잉의 경우, 조종사가 대개 항공기를 조종간으로 직접 통제한다. 조종간은 비행기의 날개와 물리적으로 연결되어 있어서 어떤 상황에서도 조종사가 조작한 대로 반응한다. 이와 다르게 에어버스는 조종간 대신 사이드스틱을 설치하여 컴퓨터가 조종사의 행동을 제한하거나 조종에 개입할 수 있게 설계되었다. 보잉에서는 조종사가 항공기를 통제할 수 있는 전권을 가지지만 에어버스에서는 컴퓨터가 조종사의 조작을 감시하고 제한한다.

보잉과 에어버스의 이러한 차이는 기계를 다루는 인간을 바라보는 관점이 서로 다른 데서 비롯된다. 보잉사를 창립한 윌리엄 보잉의 철학은 "비행기를 통제하는 최종 권한은 언제나 조종사에게 있다."이다. 시스템은 불안정하고 완벽하지 않기 때문에 컴퓨터가 조종사의 판단보다 우선시될 수 없다는 것이다. 반면 에어버스의 아버지라고 불리는 베테유는 "인간은 실수할 수 있는 존재"라고 전제한다. 베테유는 이런 자신의 신념을 토대로 에어버스를 설계함으로써 조종사의 모든 조작을 컴퓨터가 모니터링하고 제한하게 만든 것이다.

① 보잉은 시스템의 불완전성을, 에어버스는 인간의 실수 가능성을 고려하여 설계되었다.
② 베테유는 인간이 실수할 수 있는 존재라고 보지만 윌리엄 보잉은 그렇지 않다고 본다.
③ 에어버스의 조종사는 항공기 운항에서 자동조종시스템을 통제하고 조작한다.
④ 보잉의 조종사는 자동조종시스템을 사용하지 않고 항공기를 조종한다.

실전 문제

15 2023년 국가직 9급

다음 글의 내용과 부합하지 않는 것은?

　　과학 혁명 이전 아리스토텔레스 철학은 로마 가톨릭교의 정통 교리와 결합되어 있었기 때문에 오랜 시간 동안 지배적인 영향력을 발휘하였다. 천문 분야 또한 예외는 아니었다. 아리스토텔레스의 세계관을 따라 우주의 중심은 지구이며, 모든 천체는 원운동을 하면서 지구의 주위를 공전한다는 천동설이 정설로 자리 잡고 있었다. 프톨레마이오스가 천체들의 공전 궤도를 관찰하던 도중, 행성들이 주기적으로 종전의 운동과는 반대 방향으로 움직인다는 관찰 결과를 얻었을 때도 그는 이를 행성의 역행 운동을 허용하지 않는 천동설로 설명하고자 하였다. 그래서 지구를 중심으로 공전하는 원 궤도에 중심을 두고 있는 원, 즉 주전원(周轉圓)을 따라 공전 궤도를 그리면서 행성들이 운동한다고 주장하였다.

　　과학과 아리스토텔레스 철학의 결별은 서서히 일어났다. 그 과정에서 일어난 가장 중요한 사건은 1543년 코페르니쿠스가 행성들의 운동 이론에 관한 책을 발간한 일이다. 코페르니쿠스는 천체의 중심에 지구 대신 태양을 놓고 지구가 태양의 주위를 공전한다고 주장하였다. 태양을 우주의 중심에 둔 코페르니쿠스의 지동설은 행성들의 운동에 대해 프톨레마이오스보다 수학적으로 단순하게 설명하였다.

① 과학 혁명 이전 시기에는 천동설이 정설로 받아들여졌다.
② 프톨레마이오스의 주전원은 지동설을 지지하고자 만든 개념이다.
③ 천동설과 지동설은 우주의 중심을 어디에 두느냐에 따라 구분된다.
④ 행성의 공전에 대한 프톨레마이오스의 설명은 코페르니쿠스의 설명보다 수학적으로 복잡하였다.

16 2023년 국가직 9급

다음 글을 이해한 내용으로 가장 적절한 것은?

　　루카치는 그리스 세계를 신과 인간의 결합 정도를 가리키는 '총체성' 개념을 기준으로 세 시대로 구분하였다. 첫 번째 시대에서 후대로 갈수록 총체성의 정도는 낮아진다. 첫째는 총체성이 완전히 구현되어 있는 '서사시의 시대'이다. 호메로스의 『일리아드』와 『오디세이아』에서는 신과 인간의 세계가 하나로 얽혀 있다. 인간들이 그리스와 트로이 두 패로 나뉘어 전쟁을 벌일 때 신들도 인간의 모습을 하고 두 패로 나뉘어 전쟁에 참여했다. 둘째는 '비극의 시대'이다. 소포클레스나 에우리피데스의 비극에서는 총체성이 흔들려 신과 인간의 세계가 분리된다. 하지만 두 세계가 완전히 분리되지는 않고 신탁이라는 약한 통로로 이어져 있다. 비극에서 신은 인간의 행위에 직접 개입하지 않고 신탁을 통해서 자신의 뜻을 그저 전달하는 존재로 바뀐다. 셋째는 플라톤으로 대표되는 '철학의 시대'이다. 이 시대는 이미 계몽된 세계여서 신탁 같은 것은 신뢰할 수 없게 되었다. 신과 인간의 세계가 완전히 분리됨으로써 신의 세계는 인격적 성격을 상실하여 '이데아'라는 추상성의 세계로 바뀐다. 신의 세계와 인간의 세계는 그 사이에 어떤 통로도 존재할 수 없는, 절대적으로 분리된 세계가 되었다.

① 계몽사상은 서사시의 시대에서 철학의 시대로의 전환을 이끌었다.
② 플라톤의 이데아는 신탁이 사라진 시대의 비극적 세계를 표현한다.
③ 루카치는 각기 다른 기준에 따라 그리스 세계를 세 시대로 구분하였다.
④ 에우리피데스의 비극에 비해 『오디세이아』에서는 신과 인간의 결합 정도가 높다.

17
2023년 국가직 9급

다음 글을 이해한 내용으로 적절한 것은?

> 디지털 트윈은 현실 세계와 똑같은 가상의 세계이다. 최근 주목받고 있는 메타버스와 개념은 유사하지만 활용 목적의 측면에서 구별된다. 메타버스는 가상 세계와 현실 세계가 융합된 플랫폼으로 이용자들에게 새로운 경제·사회·문화적 경험을 제공하는 데 목적을 둔다. 반면 디지털 트윈은 현실 세계에 존재하는 사물, 공간, 환경, 공정 등을 컴퓨터상에 디지털 데이터 모델로 표현하여 똑같이 복제하고 실시간으로 서로 반응할 수 있도록 한다. 그래서 디지털 트윈의 이용자는 가상 세계에서의 시뮬레이션을 통해 미래 상황을 예측할 수 있게 된다. 디지털 트윈에 대한 수요가 증가하면서 관련 시장도 확대되고 있으며, 국내외의 글로벌 기업들은 여러 산업 분야에서 디지털 트윈을 도입하여 사전에 위험 요소를 제거하고 수익 모델의 효율성을 높이고 있다. 디지털 트윈이 이렇게 주목받는 이유는 안정성과 경제성 때문인데 현실 세계를 그대로 옮겨 놓은 가상 세계에 데이터를 전송, 취합, 분석, 이해, 실행하는 과정은 실제 실험보다 매우 빠르고 정밀하며 안전할 뿐 아니라 비용도 적게 든다.

① 디지털 트윈을 활용함에 따라 글로벌 기업들의 고용률이 향상되었다.
② 디지털 트윈의 데이터 모델은 현실 세계의 각종 실험 모델보다 경제성이 낮다.
③ 디지털 트윈에서의 시뮬레이션으로 현실 세계의 위험 요소를 찾아내고 방지할 수 있다.
④ 디지털 트윈은 현실 세계의 이용자에게 새로운 문화적 경험을 제공하는 데 목적이 있다.

18
2023년 지방직 9급

다음 글에 대한 이해로 적절하지 않은 것은?

> 고소설의 유통 방식은 '구연에 의한 유통'과 '문헌에 의한 유통'으로 나눌 수 있다. 구연에 의한 유통은 구연자가 소설을 사람들에게 읽어 주는 방식으로, 글을 모르는 사람들과 글을 읽을 수 있지만 남이 읽어 주는 것을 선호하는 이들을 대상으로 이루어졌다. 구연자는 '전기수'로 불렸으며, 소설 구연을 통해 돈을 벌던 전문적 직업인이었다. 하지만 이 방식은 문헌에 의한 유통에 비해 시간과 공간의 제약이 많아서 유통 범위를 넓히는 데 뚜렷한 한계가 있었다.
>
> 문헌에 의한 유통은 차람, 구매, 상업적 대여로 나눌 수 있다. 차람은 소설을 소유하고 있는 사람에게 직접 빌려서 보는 것으로, 알고 지내던 개인들 사이에서 이루어졌다. 구매는 서적 중개인에게 돈을 지불하고 책을 사는 것인데, 책값이 상당히 비쌌기 때문에 소설을 구매할 수 있는 사람은 그리 많지 않았다. 상업적 대여는 세책가에 돈을 지불하고 일정 기간 동안 소설을 빌려 보는 것이다. 세책가에서는 소설을 구매하는 것보다 훨씬 적은 비용으로 빌려 볼 수 있었기 때문에 경제적으로 넉넉하지 않은 사람도 소설을 쉽게 접할 수 있었다. 이로 인해 조선 후기 사회에서 세책가가 성행하게 되었다.

① 전기수는 글을 모르는 사람들에게 소설을 구연하였다.
② 차람은 알고 지내던 사람에게 대가를 지불하고 책을 빌려 보는 방식이다.
③ 문헌에 의한 유통은 구연에 의한 유통에 비해 시간과 공간의 제약이 적었다.
④ 조선 후기에 세책가가 성행한 원인은 소설을 구매하는 비용보다 세책가에서 빌리는 비용이 적다는 데 있다.

실전 문제

19
2023년 지방직 9급

다음 글을 이해한 내용으로 가장 적절한 것은?

> 『삼국사기』는 본기 28권, 지 9권, 표 3권, 열전 10권의 체제로 되어 있다. 이 중 열전은 전체 분량의 5분의 1을 차지하며, 수록된 인물은 86명으로, 신라인이 가장 많고, 백제인이 가장 적다. 수록 인물의 배치에는 원칙이 있는데, 앞부분에는 명장, 명신, 학자 등을 수록했고, 다음으로 관직에 있지는 않았으나 기릴 만한 사람을 실었다.
>
> 반신(叛臣)의 경우 열전의 끝부분에 배치되어 있다. 이들을 수록한 까닭은 왕을 죽인 부정적 행적을 드러내어 반면교사로 삼는 데에 있었으나, 그 목적에 부합하지 않는 내용이 있어 흥미롭다. 가령 고구려의 연개소문은 반신이지만, 당나라에 당당히 대적한 민족적 영웅의 모습도 포함되어 있다. 흔히 『삼국사기』에 대해, 신라 정통론에 기반해 있으며, 유교적 사관에 따라 당시의 지배 질서를 공고히 하고자 했다고 평가한다. 하지만 연개소문의 사례에서 볼 수 있듯 『삼국사기』는 기존 평가와 달리 다면적이고 중층적인 역사 텍스트라고 할 수 있다.

① 『삼국사기』 열전에 고구려인과 백제인도 수록되었다는 점은 이 책이 신라 정통론을 계승하지 않았다는 것을 보여 준다.
② 『삼국사기』 열전에 수록된 반신 중에는 이 책에 대한 기존 평가를 다르게 할 수 있는 사례가 있다.
③ 『삼국사기』 열전에는 기릴 만한 업적이 있더라도 관직에 오르지 못한 사람은 수록되지 않았다.
④ 『삼국사기』의 체제 중에서 열전이 가장 많은 권수를 차지한다.

20
2023년 지방직 7급

다음 글을 이해한 내용으로 가장 적절한 것은?

> 고려시대에는 여러 차례의 전란을 겪으며 서적의 손실이 많았다. 이로 인해 서적을 대량으로 찍어낼 필요가 생겼고, 그 결과 자연스레 금속활자가 등장하게 되었다. 고려인은 청동을 녹여서 불상이나 범종 등을 만드는 기술이 탁월했다. 이러한 고려인에게 금속활자를 제조하는 일은 어려운 일이 아니었다.
>
> 고려인은 금속활자를 만들 때, 진흙에 가까운 고운 모래를 사용했다. 이 모래를 상자 속에 가득 채우고, 그 위에 목활자를 찍어 눌러서 틀을 완성했다. 그런 다음 황동 액체를 부어 금속활자를 만들었다. 이러한 과정에서 주목할 만한 것은 바로 고운 모래를 사용했다는 것이다. 그 모래는 황동 액체를 부을 때 거품이 생기는 것을 방지함으로써 활자가 파손되거나 조잡해지는 것을 막는 역할을 했다. 이렇게 만들어진 금속활자를 사용하여 인쇄할 때는 목활자의 경우와 달리 유성먹이 필요했다. 하지만 고려인은 이미 유성먹에 대해 잘 알고 있었기 때문에 금속활자를 사용한 인쇄도 큰 어려움 없이 해낼 수 있었다.

① 고려인은 범종을 만들 때 황동을 사용했다.
② 고려인은 금속활자를 만들 때 목활자를 사용했다.
③ 고려인은 금속활자를 만들 때 황동 틀을 사용했다.
④ 고려인은 금속활자를 만들 때 목활자와 달리 유성먹을 사용했다.

21
2023년 지방직 7급

다음 글을 이해한 내용으로 가장 적절한 것은?

조선시대에는 국가 체제를 정비하면서 무속을 탄압했다. 도성 내에 무당의 거주와 무업 행위를 금하고, 무당에게 세금을 부과하며, 의료기관인 동서활인서에서도 봉사하게 하였다. 이 중에서 무세(巫稅)는 고려 후기부터 확인되지만, 정식 세금으로 제도화해서 징수한 것은 조선시대부터였다. 제도적 차원에서 실시한 무세 징수로 인해 무당에게는 많은 변화가 일어났다.

무세 징수의 효과는 컸지만, 본래의 의도와 다른 결과를 유발하기도 하였다. 무속을 근절한다는 명목에서 징수한 세금이 관에서 사용됨에 따라 오히려 관에서 무당을 하나의 직업으로 인정하게 되었던 것이다. 하지만, 세금으로 인해 무당의 위세와 역할은 크게 축소되기에 이르렀다. 무당이 국가적 차원의 의례를 주관하던 전통은 사라졌고, 성황제를 비롯한 고을 굿은 음사(淫祀)로 규정되어 중단되었다.

① 무당은 관이 원래 의도했던 바와 다른 결과도 얻었다.
② 무당은 치유 능력을 인정받아 의료기관에서 일하였다.
③ 무당은 고려와 조선에 걸쳐 제도 내에서 세금을 납부하였다.
④ 무당은 국가 의례에서 배제되어 고을 의례를 주관하면서 권위가 약화되었다.

22
2023년 지방직 7급

다음 글을 이해한 내용으로 가장 적절한 것은?

우리 옛 문헌은 한문이든 한글이든 지금과 같은 가로쓰기가 아닌 세로쓰기로 되어 있었다. 물론 외국인이 펴낸 대역사전이나 한국어 문법서의 경우, 알파벳을 쓰기 위해 가로쓰기를 택했다. 1880년에 리델이 편찬한 『한불자전』이나 1897년에 게일이 편찬한 『한영자전』은 모두 가로쓰기 책이다. 다만 푸칠로가 편찬한 『로조사전』은 러시아 문자는 가로로, 그에 대응되는 우리말 단어는 세로로 쓴 독특한 형태이다.

우리나라 사람이 쓴 최초의 가로쓰기 책은 1895년에 이준영, 정현, 이기영, 이명선, 강진희가 편찬한 국한 대역사전 『국한회어(國漢會語)』이다. 국문으로 된 표제어를 한문으로 풀이한 것은, 국한문혼용체의 사용 빈도가 높아진 시대적 분위기가 반영된 것이다. 서문에는 글자와 행의 기술 방식, 표제어 배열 방식 등을 설명하고, 이 방식이 알파벳을 사용하는 서양의 서적을 본뜬 것이라는 사실을 밝혀 놓았다. 주시경의 가로쓰기 주장이 1897년에 나온 것을 고려하면, 『국한회어』의 가로쓰기는 획기적이다. 1897년에 나온 『독립신문』은 띄어쓰기를 했으되 세로쓰기를 했고, 1909년에 발간된 지석영의 『언문』, 1911년에 편찬 작업을 시작한 국어사전 『말모이』 정도가 가로쓰기를 했다.

① 『한불자전』, 『로조사전』, 『언문』, 『말모이』는 가로쓰기 책이다.
② 1895년경에는 가로쓰기 사용이 늘어나는 분위기가 조성되었다.
③ 가로쓰기가 시행되면서 국한문혼용과 띄어쓰기가 활성화되었다.
④ 『국한회어』는 가로쓰기 방식으로 표기한 서양 책의 영향을 받았다.

23

2022년 국가직 9급

다음 글에 대한 이해로 적절하지 않은 것은?

국가정보자원관리원과 ○○시는 빅데이터 기반의 맞춤형 복지 서비스 분석 사업을 수행했다. 국가정보자원관리원은 자체 확보한 공공 데이터와 ○○시로부터 받은 복지 사업 관련 데이터를 활용하여 '복지 공감 지도'를 제작하고, 복지 기관 접근성 분석을 통해 취약 지역 지원 방안을 제시했다.

복지 공감 지도는 공간 분석 시스템을 활용하여 ○○시에 소재한 복지 기관들의 다양한 지원 항목과 이를 필요로 하는 복지 대상자, 독거노인, 장애인 등의 수급자 현황을 한눈에 확인할 수 있도록 구현한 것이다. 이 지도를 활용하면 복지 혜택이 필요한 지역과 수급자를 빨리 찾아낼 수 있으며, 생필품 지원이나 방문 상담 등 복지 기관의 맞춤형 대응이 가능하고, 최적의 복지 기관 설립 위치를 선정할 수 있다.

이 사업을 통해 ○○시는 그동안 복지 기관으로부터 도보로 약 15분 내 위치한 수급자에게 복지 혜택이 집중되고 있는 것도 확인했다. 이에 교통이나 건강 등의 문제로 복지 기관 방문이 어려운 수급자를 위해 맞춤형 복지 서비스가 절실하게 필요한 상황임을 발견하고, 복지 셔틀버스 노선을 4개 증설할 계획을 수립했다.

① 빅데이터를 활용하여 복지 사각지대를 줄이는 방안을 마련할 수 있다.
② 복지 기관과 수급자 거주지 사이의 거리는 복지 혜택의 정도에 영향을 준다.
③ 복지 기관 접근성 분석 결과는 복지 셔틀버스 노선 증설의 근거가 된다.
④ 복지 공감 지도로 복지 혜택에 대한 수급자들의 개별 만족도를 파악할 수 있다.

24

2022년 국가직 9급

다음 글에 대한 이해로 적절하지 않은 것은?

아동이 부모의 소유물 또는 종족의 유지나 국가의 방위를 위한 수단으로 간주되었던 전근대 사회에서는 아동의 권리에 대한 인식이 존재하지 않았다. 산업 혁명으로 봉건 제도가 붕괴되고 자본주의가 탄생한 근대 사회에 이르러 구빈법에 따른 국가 개입과 민간단체의 자발적인 참여로 아동 보호가 시작되었다.

1922년 잽 여사는 아동 권리 사상을 담아 아동 권리에 대한 내용을 성문화하였다. 이를 기초로 1924년 국제 연맹에서는 전문과 5개의 조항으로 된 「아동 권리에 관한 제네바 선언」을 채택하였다. 여기에는 "아동은 물질적으로나 정신적으로 정상적인 발달을 위해 필요한 조건이 충족되어야 한다."라든지 "아동의 재능은 인류를 위해 쓰인다는 자각 속에서 양육되어야 한다." 등의 내용이 포함되었다.

그러나 여기에서도 아동은 보호의 객체로만 인식되었을 뿐 생존, 보호, 발달을 위한 적극적인 권리의 주체로 인식되지는 않았다. 최근에 와서야 국제 사회의 노력에 힘입어 아동은 보호되어야 할 수동적인 존재에서 자신의 권리를 주장할 수 있는 능동적인 존재로 자리매김할 수 있게 되었다. 1989년 유엔 총회에서 채택된 「아동 권리 협약」이 그것이다.

우리나라는 이를 토대로 2016년 「아동 권리 헌장」 9개 항을 만들었다. 이 헌장은 '생존과 발달의 권리', '아동이 최선의 이익을 보장 받을 권리', '차별 받지 않을 권리', '자신의 의견이 존중될 권리' 등 유엔의 「아동 권리 협약」의 네 가지 기본 원칙을 포함하고 있다. 또한 전문에는 아동의 권리와 더불어 "부모와 사회, 국가와 지방 자치 단체는 아동의 이익을 최우선으로 고려해야 하며, 다음과 같은 아동의 권리를 확인하고 실현할 책임이 있다."라고 명시하여 아동을 둘러싼 사회적 주체들의 책임을 명확히 하였다.

① 아동의 권리에 대한 인식이 근대 이후에 형성되었다.
② 「아동 권리 헌장」은 「아동 권리 협약」을 토대로 만들어졌다.
③ 「아동 권리에 관한 제네바 선언」, 「아동 권리 협약」, 「아동 권리 헌장」에는 모두 아동의 발달에 대한 내용이 들어가 있다.
④ 「아동 권리에 관한 제네바 선언」은 아동을 적극적인 권리의 주체로 인식함으로써 아동의 권리에 대한 진전된 성과를 이루었다.

25

2022년 지방직 9급

다음 글에 대한 이해로 적절하지 않은 것은?

> 연출자가 자신의 저작권을 침해당했다고 주장하기 위해서는 우선 그가 유효한 저작권을 소유하고 있어야 한다. 즉 저작권 보호 가능성이 있는 창작물이 필요하다. 다음으로 창작적인 표현을 도용당했는지 밝혀야 하는데, 이것이 쉽지 않다. 왜냐하면 연출자가 주관적으로 창작성이 있다고 느끼는 부분일지라도 객관적인 시각에서는 이미 공연 예술 무대에서 흔히 사용되는 표현 기법일 수 있고, 저작권법상 보호 대상이 아닌 아이디어의 요소와 보호 가능한 요소인 표현이 얽혀 있는 경우가 있기 때문이다. 쉬운 예로 셰익스피어를 보자. 그의 명작 중에 선대에 있었던 작품에 의거하지 않고 탄생한 작품이 있는가. 대부분의 연출자는 선행 예술가로부터 영향을 받아 창작에 임하는 것이 너무도 당연하고 자연스럽다. 따라서 무대 연출 작업 중에서 독보적인 창작을 걸러 내서 배타적인 권한인 저작권을 부여하는 것은 매우 흔치 않은 경우이고, 후발 창작을 방해하는 요소로 작용할 수도 있다. 저작권법은 창작자에게 개인적인 인센티브를 제공하여 창작을 장려함과 동시에 일반 공중이 저작물을 원활하게 이용할 수 있도록 해야 하는 두 가지 가치의 균형을 이루는 것이 목표다.

① 무대 연출의 창작적인 표현의 도용 여부를 밝히기는 쉽지 않다.
② 저작권 침해를 당했다고 주장하려면 유효한 저작권을 소유하고 있어야 한다.
③ 독보적인 무대 연출 작업에 저작권을 부여한다고 해서 후발 창작에 방해가 되지는 않는다.
④ 저작권법의 목표는 창작자의 창작을 장려하고 일반 공중의 저작물 이용을 원활하게 하는 것이다.

26

2022년 지방직 9급

다음 글에 대한 이해로 적절하지 않은 것은?

> 올해 A시는 '청소년 의회 교실' 운영에 관한 조례를 발표함으로써 청소년들이 지방 의회의 역할과 기능을 이해하고 민주 시민으로서의 소양과 자질을 함양할 수 있는 근거를 마련하였다. 청소년 의회 교실이란 청소년을 대상으로 실시하는 의회 체험 프로그램을 의미한다. 여기에 참여할 수 있는 대상은 A시에 있는 학교에 재학 중인 만 19세 미만의 청소년이다. 이 조례에 따르면 시 의회 의장은 의회 교실의 참가자 선정 및 운영 방안을 결정할 수 있다. 운영 방안에는 지방 자치 및 의회의 기능과 역할, 민주 시민의 소양과 자질 등에 관한 교육 내용이 포함된다. 또한 시 의회 의장은 고유 권한으로 본 회의장 시설 사용이 가능하도록 지원할 수 있다. 최근 A시는 '수업 시간 스마트폰 사용 제한에 관한 조례안'을 주제로 본 회의장에서 첫 번째 의회 교실을 운영하였다. 참석 학생들은 1일 시 의원이 되어 의원 선서를 한 후 주제에 관한 자유 발언 시간을 가졌다. 이어서 관련 조례안을 상정한 후 찬반 토론을 거쳐 전자 투표로 표결 처리하였다. 학생들이 의회 과정 전반에 대해 체험할 수 있었던 뜻깊은 시간이었다.

① A시에 있는 학교의 만 19세 미만 재학생은 청소년 의회 교실에 참여할 수 있는 대상이다.
② A시의 시 의회 의장은 청소년 의회 교실의 민주 시민 소양과 관련된 교육 내용을 결정할 수 있다.
③ A시에서 시행된 청소년 의회 교실에서 시 의회 의장은 본 회의장 시설을 사용하도록 지원해 주었다.
④ A시의 올해 청소년 의회 교실은 의원 선서, 조례안 상정, 자유 발언, 찬반 토론, 전자 투표의 순서로 진행되었다.

27

2022년 지방직 7급

다음 글의 내용과 부합하는 것은?

> 사적인 필요가 사적 건축을 낳는다면, 공적인 필요는 다수를 위한 공공 건축을 낳는다. 공공 건축은 정부나 지방 자치 단체가 주도하면서 사적 자본이 생산해 낼 수 없는 공간을 생산해 내어야 한다. 이곳은 자본의 논리에서 소외된 영역을 보살피는 공적인 영역이다. 따라서 공공 건축은 국민의 삶의 질을 한 단계 높이는 데 기여할 수 있어야 한다. 그리고 특정 개인의 취향이 반영된 것이 아니라 보다 큰 다수가 누릴 수 있는 것을 배려하는 보편성을 갖추어야 한다. 그러면서도 사적 건축으로는 하기 어려운 지역의 정체성과 문화적 전통도 보존해야 한다. 이렇게 공공 건축은 공적인 소통의 장이 되어야 하는 것이다.

① 사적 건축은 국민의 삶의 질을 높이는 역할을 해야 한다.
② 사적 건축은 국민 다수의 보편적인 취향을 반영해야 한다.
③ 공공 건축은 지역의 정체성을 반영한 소통의 장이 되어야 한다.
④ 공공 건축은 사적 자본을 활용하여 다수가 누릴 수 있는 공간을 만들어야 한다.

28

2022년 지방직 7급

다음 글의 내용과 부합하지 않는 것은?

> 과거에 예술은 고급 예술만을 의미했다. 특별한 재능을 가진 예술가의 작품을 귀족과 같은 상층 사람들이 제한된 장소에서 감상하기만 했다. 그러나 사진기와 같은 새로운 기술의 발명으로 기존의 걸작품이 복제되어 인테리어 소품이나 낭만적인 엽서로 사용되면서 대중도 예술 작품을 공유할 수 있게 되었다. 원작에 버금가는 위작이 만들어지고, 게다가 일상의 생필품처럼 사용되는 작품도 등장하게 되면서, 대중은 더 이상 예술 작품을 수동적으로 감상하는 데에 머물지 않고 능동적으로 소비하고 실용적으로 사용하게 되었다.
>
> 이런 상황의 변화는 예술이 무엇인가를 고민하게 만들었다. 이전까지는 예술 작품이 진본성, 유일성을 가져야 한다고 보았지만 이러한 기술 복제 시대에는 이와 같은 조건이 적용될 수 없었기 때문이다. 또한 공원에 타도록 설치된 그네를 예술 작품이라 하는 것과 같이 일상의 물품 역시 과거와 달리 예술의 범주에 들어갈 수 있게 되었기 때문이다.

① 복제와 관련된 기술의 발명은 예술을 둘러싼 상황을 변화시키는 데 기여했다.
② 기술 복제 시대 전에도 귀족은 예술 작품을 실용적으로 사용했다.
③ 기술 복제 시대에는 진본성을 갖추는 것이 예술 작품의 필수 조건이 되지 못했다.
④ 기술 복제 시대 전에는 인테리어 소품이 예술에 포함될 수 없었지만 기술 복제 시대에는 포함될 수 있었다.

29

2022년 지역인재 9급

다음 글에 대한 이해로 적절한 것은?

> 우리나라는 독서율이 8.4%로 경제협력개발기구(OECD) 가입 국가의 평균이 20.2%인 것에 비교할 때 턱없이 낮은 편이다. 독서가 인간의 삶과 국가 경쟁력에 미치는 영향력이 크다는 점에서 독서문화진흥에 관한 정책들을 시급히 마련할 필요가 있다.
>
> 이에 따라 우리나라는 범정부적으로 독서문화진흥을 위한 정책을 추진하기 위하여 모두가 보편적으로 누리는 '포용적 독서복지 실현'이라는 추진 전략을 수립하였다. 이 전략은 「독서문화진흥법」 제2조에 명시된 독서 소외인, 즉, 시각 장애, 노령화 등의 신체적 장애 또는 경제적·사회적·지리적 제약 등으로 독서문화에서 소외되어 있거나 독서 자료의 이용이 어려운 자를 위한 독서복지 체계를 마련하는 데에 목적이 있다.
>
> 포용적 독서복지를 실현하기 위하여 정부는 초등 저학년 대상의 책 꾸러미 프로그램과 함께 독서 소외인의 실태를 고려한 맞춤형의 프로그램을 제공할 계획이다. 구체적으로는 취약 지역의 작은 도서관 설치, 순회 독서활동가의 파견, 점자 및 수화영상 도서 보급, 병영 도서관 확충, 교정 시설에 대한 독서 치유 프로그램 운영 등을 들 수 있다.

① 우리나라의 독서율은 경제협력개발기구 가입 국가의 평균 독서율과 차이가 없다.

② 초등학교 저학년은 한글 해득을 완전히 숙달하지 못해 독서 자료의 이용이 어려운 자에 속하므로 독서 소외인에 해당한다.

③ 「독서문화진흥법」 제2조에 따르면 신체적 장애로 인해 독서 자료의 이용이 어려운 사람은 독서 소외인에 해당한다.

④ 군 장병의 독서 소외를 해소하기 위한 맞춤형 프로그램으로 독서 치유 프로그램이 있다

30

2021년 지방직 9급

다음 글의 내용과 부합하는 것은?

> 미국의 어머니들은 자녀와 함께 놀이를 할 때 특정 사물에 초점을 맞추고 그 사물의 속성을 아이들에게 가르친다. 사물의 속성 자체에 관심을 기울이도록 훈련받은 아이들은 스스로 독립적인 행동을 하도록 교육받는다. 미국에서는 아이들에게 의사소통을 가르칠 때 자신의 생각을 분명하게 표현하고 말하는 사람의 입장에서 대화에 임해야 하며, 대화 과정에서 오해가 발생하면 그것은 말하는 사람의 잘못이라고 강조한다.
>
> 반면에 일본의 어머니들은 대상의 '감정'에 특별히 신경을 써서 가르친다. 특히 자녀가 말을 안 들을 때에 그러하다. 예를 들어 "네가 밥을 안 먹으면, 고생한 농부 아저씨가 얼마나 슬프겠니?", "인형을 그렇게 던져 버리다니, 저 인형이 울잖아. 담장도 아파하잖아." 같은 말들로 꾸중하는 모습을 자주 볼 수 있다. 다른 사람과의 관계에 초점을 맞춘 훈련을 받은 아이들은 자신의 생각을 드러내기보다는 행동에 영향을 받는 다른 사람들의 감정을 미리 예측하도록 교육받는다. 곧 일본에서는 아이들에게 듣는 사람의 입장에서 말할 것을 강조한다.

① 미국의 어머니는 듣는 사람의 입장, 일본의 어머니는 말하는 사람의 입장을 강조한다.

② 일본의 어머니는 사물의 속성을 아는 것이 관계를 아는 것보다 더 중요하다고 생각한다.

③ 미국의 어머니는 어떤 일을 있는 그대로 보지 말고 이면에 있는 감정을 읽어야 한다고 생각한다.

④ 미국의 어머니는 자녀가 독립적인 행동을 하도록 교육하며, 일본의 어머니는 자녀가 타인의 감정을 예측하도록 교육한다.

유형 03 주장 및 견해 파악하기

기출 유형 분석

- 제시된 주장 및 견해와 선택지를 비교하여 선택지의 내용이 적절한지 판단하는 유형의 문제이다.
- 어떤 대상에 대해 복수의 주장 및 견해가 제시되고, 주장 및 견해 간의 공통점이나 차이점을 비교하는 문제도 출제되고 있다.

예상 출제 방향

- 세 가지 이상의 주장 및 견해를 비교해야 하는 문제가 출제될 수 있다.
- 설명하는 글이나 주장하는 글이 아닌 대화문을 읽고 주장 및 견해를 파악해야 하는 문제가 출제될 수 있다.

대표 기출 문제

갑 ~ 병의 주장을 분석한 내용으로 적절한 것만을 〈보기〉에서 모두 고르면? 9급 출제기조 전환 2차 예시문제

> 갑: 오늘날 사회는 계급 체계가 인간의 생활을 전적으로 규정하지 않는다. 실제로 많은 사람이 사회 이동을 경험하며, 전문직 자격증에 대한 접근성 또한 증가하였다. 인터넷은 상향 이동을 위한 새로운 통로를 제공하고 있다. 이에 따라서 전통적인 계급은 사라지고, 이제는 계급이 없는 보다 유동적인 사회질서가 새로 정착되었다.
>
> 을: 지난 30년 동안 양극화는 더 확대되었다. 부가 사회 최상위 계층에 집중되는 것에 대한 우려가 커지고 있다. 과거 계급 불평등은 경제 전반의 발전을 위해 치를 수밖에 없는 일시적 비용이었다고 한다. 하지만 경제 수준이 향상된 지금도 이 불평등은 해소되지 않고 있다. 오늘날 세계화와 시장 규제 완화로 인해 빈부 격차가 심화되고 계급 불평등이 더 고착되었다.
>
> 병: 오랫동안 지속되었던 계급의 전통적 영향력은 확실히 약해지고 있다. 하지만 현대 사회에서 계급 체계는 여전히 경제적 불평등의 핵심으로 남아 있다. 사회 계급은 아직도 일생에 걸쳐 개인의 삶에 큰 영향을 미친다. 특정 계급의 구성원이라는 사실은 수명, 신체적 건강, 교육, 임금 등 다양한 불평등과 관련된다. 이는 계급의 종말이 사실상 실현될 수 없는 현실적이지 않은 주장이라는 점을 보여 준다.

〈보기〉

ㄱ. 갑의 주장과 을의 주장은 대립하지 않는다.
ㄴ. 을의 주장과 병의 주장은 대립하지 않는다.
ㄷ. 병의 주장과 갑의 주장은 대립하지 않는다.

① ㄱ ② ㄴ ③ ㄱ, ㄷ ④ ㄴ, ㄷ

해설 ② 갑은 오늘날 계급이 없는 유동적인 사회 질서가 정착되었다고 말하며 현대 사회에 계급이 사라졌음을 주장한다. 이와 반대로 을은 오늘날 계급 불평등이 고착되었음을 주장하고 병은 현대사회에서 계급의 종말이 사실상 실현될 수 없다고 말하며 현대 사회에 계급이 여전히 존재함을 주장한다. 이를 통해 갑의 주장은 을, 병의 주장과 대립하고, 을과 병의 주장은 서로 대립하지 않음을 알 수 있다. 따라서 답은 ② 'ㄴ'이다.

오답분석
- ㄱ: 갑의 주장과 을의 주장은 대립한다.
- ㄷ: 병의 주장과 갑의 주장은 대립한다.

실전 문제

01
2025년 지방직 9급

다음 대화를 분석한 내용으로 적절하지 않은 것은?

> 갑: 언어는 인간의 지각과 사고, 세계관 등을 결정해. 인간 사고의 내용과 구조는 언어에 의해 형성되며, 이 때문에 동일한 언어를 쓰는 민족은 그 언어에 의해 형성된 공통의 세계관을 갖게 되지. 사고가 언어에 영향을 미치는 것이 아니라 실은 그 반대야.
> 을: 나는 동의할 수 없어. 언어는 인간의 사고를 표현하는 도구에 불과해서 사고가 언어에 영향을 미친다고 봐야 해. 따라서 사고의 차이가 언어의 차이를 낳지.
> 병: 그렇긴 하지. 사고의 깊이가 깊은 사람은 그렇지 않은 사람에 비해 구사하는 언어의 수준이 높아. 하지만 나는 언어가 사고에 영향을 미친다는 것도 동의해. 남미의 어떤 부족은 방향을 표현할 때 '왼쪽'이나 '오른쪽'이 아니라 '북서쪽'과 같이 절대 방위로 표현하는데, 이 언어를 쓰는 사람들의 공간 감각은 이 언어를 쓰지 않는 사람들보다 더 뛰어나다고 하거든.
> 갑: 언어가 다르면 세계를 다르게 인식해. 어떤 언어의 화자가 자기 언어의 색채어에 맞추어 색깔을 구별하는 것을 그 사례로 들 수 있어. 이런 점에서 언어가 없다면 인식하고 사고할 수 없다는 말도 성립해.
> 을: 언어가 미숙한 유아라든지 언어가 없는 동물들도 자신들이 직면한 문제에 대해 사고하고 판단하잖아. 이건 언어가 사고에 영향을 미치지 못한다는 증거이지.
> 병: 나는 언어와 사고의 관계가 어느 한쪽이 일방적으로 영향을 주는 게 아니라 서로 영향을 주고받으면서 발전한다고 생각해.

① 언어와 사고가 서로 영향을 주고받는 관계라는 점에 대해 갑과 을은 동의하지 않지만 병은 동의한다.
② 사고가 언어에 영향을 미친다는 점에 대해 갑은 동의하지만 을은 동의하지 않는다.
③ 언어가 다르면 세계를 다르게 인식한다는 점에 대해 갑과 병은 동의한다.
④ 사고의 차이가 언어의 차이를 낳는다는 점에 대해 을과 병은 동의한다.

02
2025년 국가직 9급

다음 대화를 분석한 내용으로 적절하지 않은 것은?

> 보은: 기차가 달리고 있는 선로에 다섯 명의 인부가 일하고 있고, 그들에게 그 기차를 피할 시간적 여유는 없어. 그런데 스위치를 눌러서 선로를 변경하면 다섯 명의 인부 대신 다른 선로에 있는 한 사람이 죽게 돼. 이 선택의 딜레마 상황에서 너희들은 어떻게 할 거야?
> 소현: 이런 경우엔 행위에 따른 결과가 선택의 기준이 된다고 생각해. 그래서 나는 스위치를 눌러서 한 명이 죽더라도 다섯 명을 살리는 선택을 할 거야. 그건 결과적으로 봤을 때 불가피한 조치 아니겠어?
> 은주: 글쎄, 행위에 따른 결과보다 행위 자체의 도덕성을 기준에 두어야 하는 거 아니야? 행위 자체의 도덕성을 따진다면, 스위치를 눌러서 사람을 '죽이는 것'과 아무 것도 하지 않고 '죽게 내버려 두는 것' 중에 당연히 살인에 해당하는 전자가 더 나쁘지.
> 보은: 나도 그렇게 생각해. 스위치를 누르면 살인이고, 누르지 않으면 방관일 텐데, 법적인 측면에서 보더라도 전자는 후자보다 무겁게 처벌되잖아. 게다가 생명의 가치는 수량화할 수 없으니 한 사람보다 다섯 사람이 가지는 생명의 가치가 더 크다고 말할 수 없어.
> 영민: 생명의 가치를 수량화할 수 없다는 데 원론적으로는 나도 동의해. 하지만 지금처럼 불가피한 선택의 상황에서 무엇보다 우선해야 할 것은 명확한 기준을 세우는 일이야. 나는 이 상황에서 어떻게 하면 죽는 사람의 수를 최소화하는가가 그 기준이 되어야 한다고 생각해.

① 스위치를 누르는 일을 살인으로 본다는 점에 대해 은주는 보은과 견해를 같이한다.
② 생명의 가치를 수량화할 수 없다는 점에 대해 영민은 원론적으로는 보은과 견해를 같이한다.
③ 선택의 딜레마 상황에서 소현은 행위에 따른 결과를, 은주는 행위 자체의 도덕성을 선택의 기준으로 삼는다.
④ 인명피해가 불가피한 선택의 상황에 놓인다면, 영민은 죽는 사람의 수를 최소화하는 선택을 하고, 소현은 그렇게 하지 않는다.

실전 문제

03
2024년 지역인재 9급

글쓴이가 주장하는 놀이터의 모습으로 적절하지 않은 것은?

> 놀이는 도전을 의미한다. 하지 않던 것을 해 보거나 할 수 없었던 것을 날마다 조금씩 도전해 가는 과정 자체가 놀이인 것이다. 놀이터는 해보지 않던 것을 시도해 볼 수 있는 공간이어야 한다. 물론 놀이터에서 자주 다쳐서는 결코 안 된다. 하지만 아이들이 도전하는 과정에서 겪는 작은 부상들을 통해 무엇이 위험한지, 위험한 일을 겪지 않으려면 어떻게 조심해야 하는지를 스스로 깨닫게 된다. 초등학생들을 대상으로 하는 놀이터를 유아 수준의 놀이터로 만들어 놓고, 안전한 놀이터를 만들었다고 자만하는 것은 오히려 아이들에게 스스로 안전한 방법을 찾을 기회를 주지 않는 것이다.
>
> 이제 놀이터는 아이들이 진취적으로 행동하고 창의적으로 사고할 수 있는 공간이어야 한다. 그러기 위해서 놀이터는 도전하고 모험할 수 있는 공간으로 설계되어야 한다. '안전'이라는 기둥 옆에 '도전'과 '모험'이라는 기둥도 함께 세워 가야 할 때이다.

① 진취적으로 행동하고 모험하는 공간
② 작은 부상도 입지 않는 안전한 공간
③ 새로운 도전을 시도해 볼 수 있는 공간
④ 창의적인 사고를 키워 나갈 수 있는 공간

04
2024년 군무원 7급

다음 글에서 글쓴이가 한 주장에 대한 설명으로 가장 적절한 것은?

> 열정과 역동성이 은근과 끈기의 민족이라는 우리의 모습과 전혀 다르며, 심지어 모순되거나 이율배반으로 보일 수 있다. 특히 한국인을 세계에 유명하게 만든 '빨리빨리'의 극단적인 속도 추구의 모습은 전통적인 은근과 끈기의 측면에서 본다면 매우 낯설어 보인다. 그래서 어떤 이는 은근과 끈기의 민족적 심성이 타락했다거나, 혹은 은근과 끈기의 민족적 심성이라는 관점은 우리를 소극적인 모습으로 왜곡한 것이라고 하기도 한다. 또한 어떤 이는 우리 민족의 진정한 성격은 '열정과 역동', '은근과 끈기'라는 두 극단을 수용할 수 있는 개방성이며 서로 반대되는 것의 '뒤섞임과 버무림'이라고 하기도 한다. 이러한 시각은 '은근과 끈기', '열정과 역동성'의 두 기질이 마치 쉽게 뜨거워지지만 반대로 쉽게 식어버리는 냄비와 은근하지만 쉽게 식지 않는 뚝배기처럼 전혀 다른 것이라고 보고 있다.
>
> 하지만 이 두 기질은 전혀 다른 것이 아니다. 은근과 끈기의 바닥에는 뜨거운 열정과 역동성이 용암처럼 흘러야만 하는 것이다. 그리고 열정과 격정은 다른 것이다. 금방 불같이 뜨거워지지만 또 언제 그랬냐는 듯이 쉽게 식어버리는 격정에는 없는 것이 바로 은근과 끈기의 일관성이다. 지금까지 우리 민족이 보여 주었던 '은근과 끈기'의 역사, '열정과 역동성'의 역사는 모순된 것이 아니라, 빛은 어둠이 있어야 빛나는 것처럼 변증법적으로 투영된 것이다. '은근과 끈기', '열정과 역동성'의 민족이라는 우리의 정체성은 과거가 된 역사의 화석이 아니라, 앞으로 우리가 현재의 고통과 부족함을 극복하기 위해 마음속 깊이 간직해야 할 나침반이 되어야 할 것이다.

① 은근과 끈기는 우리 민족만의 고유한 특성이다.
② 열정과 역동성은 쉽게 식지 않는 뚝배기와 같다.
③ 열정은 격정과 구분되며 은근의 일관성을 얻어야 한다.
④ 은근과 끈기라는 관점은 우리 민족을 소극적으로 왜곡한 결과이다.

05

2024년 국가직 9급

다음 글을 이해한 내용으로 가장 적절한 것은?

A가 주장한 다중지능이론은 기존 지능이론의 대안으로 제시되었다. 그는 기존 지능이론이 언어지능이나 논리수학지능 등 인간의 인지 능력에만 초점을 맞추고 있다고 비판하면서 이뿐 아니라 신체와 정서, 대인 관계의 능력까지 포괄한 총체적 지능 개념을 창안해 냈다. 다중지능이론은 뇌과학 연구에 일정 부분 영향을 받았는데, 뇌과학 연구에 따르면 인간의 좌뇌는 분석적, 논리적 능력을 담당하고, 우뇌는 창조적, 감성적 능력을 담당한다. 다중지능이론에서는 좌뇌의 능력에만 초점을 둔 기존의 지능 검사에 대해 반쪽짜리 검사라고 혹평한다.

그런데 다중지능이론에 대해 비판적인 연구자들은 다음과 같은 점들을 지적한다. 우선, 다중지능이론에서 주장하는 새로운 지능의 종류들이 기존 지능이론에서 주목했던 지능의 종류들과 상호 독립적일 수 있는가 하는 점이다. 그들에 따르면, 전자는 후자의 하위 영역에 속해 있고, 둘 사이에는 유의미한 상관관계가 있으므로 서로 독립적일 수 없으며, 따라서 '다중'이라는 개념이 성립하지 않는다. 다음으로, 다중지능을 정확하게 측정할 수 있는 도구가 만들어질 수 있겠는가 하는 점이다. 그들은 지능이라는 말이 측정 가능한 인지 능력을 전제하는 것인데, 다중지능이론이 설정한 새로운 종류의 지능들을 정확하게 측정할 수 있는 도구가 만들어지기는 어려울 것이라 주장한다.

① 논리수학지능은 다중지능이론의 지능 개념에 포함되지 않는다.
② 대인 관계의 능력과 관련된 지능을 정확하게 측정할 수 있는 도구의 개발 가능성에 대해 회의적인 사람들이 있다.
③ 다중지능이론에서는 인간의 우뇌에서 담당하는 능력과 관련된 지능보다 좌뇌에서 담당하는 능력과 관련된 지능에 더 많이 주목한다.
④ 다중지능이론에 대해 비판적인 연구자들은 인간의 모든 지능 영역들이 상호 독립적이라는 이유에서 '다중' 개념이 성립하지 않는다고 주장한다.

06

2022년 국가직 9급

글쓴이의 견해에 부합하는 것은?

문화란 공동체의 구성원들이 공유하는 생각과 행동 양식의 총체라고 할 수 있다. 문화를 연구하는 사람들의 주된 관심사는 특정 생각과 행동 양식이 하나의 공동체 안에서 전파되는 기제이다.

이에 대한 견해 중 하나는 문화를 생각의 전염이라는 각도에서 바라보는 것이다. 예컨대, 리처드 도킨스는 '밈(meme)'이라는 개념을 통해 생각의 전염 과정을 설명하고자 했다. 그에 따르면 문화는 복수의 밈으로 이루어져 있는데, 유전자에 저장된 생명체의 주요 정보가 번식을 통해 복제되어 개체군 내에서 확산되듯이, 밈 역시 유전자와 마찬가지로 공동체 내에서 복제를 통해 확산된다.

그러나 문화 전파의 기제를 설명하는 이론으로는 밈 이론보다 의사소통 이론이 더 적절해 보인다. 일례로, 요크셔 지역에 내려오는 독특한 푸딩 요리법은 누군가가 푸딩 만드는 것을 지켜본 후 그것을 그대로 따라 하는 방식으로 전파되었다기보다는 요크셔푸딩 요리법에 대한 부모와 친척, 친구들의 설명을 통해 입에서 입으로 전파되고 공유되었을 가능성이 크다.

생명체의 경우와 달리 문화는 완벽하게 동일한 형태로 전파되지 않는다. 전파된 문화와 그것을 수용한 결과는 큰 틀에서는 비슷하더라도 세부적으로는 다를 수밖에 없다. 다시 말해 요크셔 지방의 푸딩 요리법은 다른 지방의 푸딩 요리법과 변별되는 특색을 지니는 동시에 요크셔 지방 내부에서도 가정이나 개인에 따라 약간씩의 차이를 보인다. 이는 푸딩 요리법의 수신자가 발신자가 전해 준 정보에다 자신의 생각을 덧붙였기 때문인데, 복제의 관점에서 문화의 전파를 설명하는 이론으로는 이와 같은 현상을 설명하기 어렵다. 반면, 의사소통 이론으로는 설명 가능하다. 이에 따르면 사람들은 자신이 들은 이야기를 남에게 전달할 때 들은 이야기에다 자신의 생각을 더해서 그 이야기를 전달하기 때문이다.

① 문화의 전파 기제는 밈 이론보다는 의사소통 이론으로 설명하는 것이 적절하다.
② 의사소통 이론에 따르면 문화의 수용 과정에는 수용 주체의 주관이 개입하지 않는다.
③ 의사소통 이론에 따르면 특정 공동체의 문화는 다른 공동체로 복제를 통해 전파될 수 있다.
④ 요크셔푸딩 요리법이 요크셔 지방의 가정이나 개인에 따라 세부적인 차이를 보이는 현상은 밈 이론에 의해 설명할 수 있다.

실전 문제

07
2022년 군무원 7급

다음 중 아래 글에서 글쓴이가 말하는 '분수'에 대한 표현이나 의미로 적절하지 않은 것은?

> 서구의 도시에서 볼 수 있는 분수는 대개가 다 하늘을 향해 솟구치는 분수들이다. 화산이 불을 뿜듯이, 혹은 로켓이 치솟아 오르듯이, 땅에서 하늘로 뻗쳐 올라가는 힘이다. 분수는 대지의 중력을 거슬러 역류하는 물이다. 자연의 질서를 거역하고 부정하며 제 스스로의 힘으로 중력과 투쟁하는 운동이다. 물의 본성에 도전하는 물줄기이다. 높은 데서 낮은 데로 흐르는 천연의 성질, 그 물의 운명에 거역하여 그것은 하늘을 향해서 주먹질을 하듯이 솟구친다. 가장 물답지 않은 물, 가장 부자연스러운 물의 운동이다. 그들은 왜 분수를 좋아했는가? 어째서 비처럼 낙하하고 강물처럼 흘러내리는 그 물의 표정과 정반대의 분출하는 그 물줄기를 생각해 냈는가? 같은 힘이라도 폭포가 자연 그대로의 힘이라면 분수는 거역하는 힘, 인위적인 힘의 산물이다. 여기에 바로 운명에 대한, 인간에 대한, 자연에 대한 동양인과 서양인의 두 가지 다른 태도가 생겨난다.
>
> 그들이 말하는 창조의 힘이란 것도, 문명의 질서란 것도, 그리고 사회의 움직임이란 것도 실은 저 광장에서 내뿜고 있는 분수의 운동과도 같은 것이다. 중력을 거부하는 힘의 동력, 인위적인 그 동력이 끊어지면 분수의 운동은 곧 멈추고 만다. 끝없이 인위적인 힘, 모터와 같은 그 힘을 주었을 때만이 분수는 하늘을 향해 용솟음칠 수 있다. 이 긴장, 이 지속, 이것이 서양의 역사와 그 인간 생활을 지배해 온 힘이다.
> － 이어령, '폭포와 분수'

① 분수는 물의 본성에 도전하는 물줄기이다.
② 가장 물답지 않은 물, 가장 부자연스러운 물의 운동이다.
③ 서양인의 역사와 인간생활을 지배해 온 힘은 '분수'와 같은 거역하는 힘이다.
④ 분수와 같은 운명에 대한 지속적인 긴장은 그 힘의 한계에 부딪쳐 곧 멈추고 말 것이다.

08
2022년 군무원 7급

다음 중 버크의 견해로 가장 적절한 것은?

> 18세기 영국의 사상가 버크는 프랑스 혁명의 과정을 지켜보면서, 국민 대중에 대하여 회의를 갖게 되었다. 일반 국민이란 무지하고 교육을 받지 못한 다수를 의미하기 때문에 그다지 신뢰할 만하지 않다는 이유에서이다. 그래서 그는 계약에 의해 선출된 능력 있는 대표자가 국민을 대신하여 지도자로서 국가를 운영케 하는 방식의 대의제를 생각해냈다. 재산이 풍족하여 교육을 충분히 받아 사리에 밝은 사람들이 그렇지 못한 다수 사람들의 이익을 위해 행동하는 편이 훨씬 효율적이라고 생각한 것이다. 그가 말하는 대의제란 지도자가 성숙한 판단과 계몽된 의식을 가지고 국민을 대신하여 일하는 것을 요체로 한다. 여기서 대의제의 본질은 국민을 대표하기보다 국민을 대신한다는 의미에 가깝다. 즉 버크는 대중이 그들 자신을 위한 유·불리의 이해관계를 알지 못한다는 가정을 전제로, 분별력 있는 지도자가 독립적 판단을 통해 국가를 이끌어가야 한다고 했던 것이다. 버크에 따르면 국민은 지도자와 상호 '신의 계약'을 체결했다기보다는 '신탁 계약'을 했다는 것이다. 그러므로 지도자에게는 개별 국민들의 요구와 입장을 성실하게 경청해야 할 의무 대신에, 국민 전체의 이익이 무엇인가를 스스로 판단해서 대신할 의무가 있다. 그는 만약 지도자가 국민의 의견을 좇아 자신의 판단을 단념한다면 그것은 국민에게 봉사하는 것이 아니라 국민을 배신하는 것이라고 했다.

① 지도자는 국민 다수의 의견을 따라야 한다.
② 국민은 지도자에게 자신의 모든 권리를 위임한다.
③ 성공적인 대의제를 위해서는 탁월한 지도자를 선택하는 국민의 자질이 중요하다.
④ 국민은 지도자를 선택한 이후에도 다수결을 통해 지도자의 결정에 대한 수용과 비판의 지속적인 태도를 보여 주어야 한다.

09   2021년 국가직 9급

하버마스의 주장에 부합하는 사례로 가장 적절한 것은?

하버마스는 18세기부터 현대까지 미디어의 등장 배경과 발전 과정을 분석하면서, 공공영역의 부상과 쇠퇴를 추적했다. 하버마스에게 공공 영역은 일반적 쟁점에 대한 토론과 의견을 형성하는 공공 토론의 민주적 장으로서 역할을 한다.

하버마스는 17세기와 18세기 유럽 도시의 살롱에서 당시의 공공 영역을 찾았다. 비록 소수의 사람들만이 살롱 토론 문화에 참여했으나, 공공 토론을 통해 정치적 문제를 해결하는 논리를 도입할 수 있었기 때문에 살롱이 초기 민주주의 발전에 중요한 역할을 했다고 그는 주장한다. 적어도 살롱 문화의 원칙에서 공개적 토론을 위한 공공 영역은 각각의 참석자들에게 동등한 자격을 부여했다.

그러나 하버마스에 따르면, 현대 사회에서 민주적 토론은 문화 산업의 발달과 함께 퇴보했다. 대중매체와 대중오락의 보급은 공공 영역이 공허해지는 원인으로 작용했다. 상업적 이해관계는 공공의 이해관계에 우선하게 되었다. 공공 여론은 개방적이고 합리적 토론을 통해서가 아니라 광고에서처럼 조작과 통제를 통해 형성되고 있다.

미디어가 점차 상업화되면서 하버마스가 주장한 대로 공공 영역이 침식당하고 있다. 상업화된 미디어는 광고 수입에 기대어 높은 시청률과 수익을 보장하는 콘텐츠 제작만을 선호하게 되었다. 그 결과 공적 주제에 대한 시민들의 논의와 소통의 장이 줄어들어 결과적으로 공공 영역이 축소되었다. 많은 것을 약속한 미디어는 이제 민주주의 문제의 일부로 변해 버린 것이다.

① 살롱 문화에서 특정 사회 계층에 대한 비판적인 토론은 허용되지 않았다.
② 인터넷의 발달과 보급은 상업적 광고뿐만 아니라 공익 광고도 증가시켰다.
③ 글로벌 미디어가 발달하더라도 국제 사회의 공공 영역은 공허해지지 않는다.
④ 수익성 위주의 미디어 플랫폼과 콘텐츠가 더 많아지면서 민주적 토론이 감소되었다.

10   2021년 지방직 7급

다음 대화에 대한 이해로 적절하지 않은 것은?

갑: 페가수스는 정말로 실존하는 것이겠지?
을: '페가수스'라는 단어는 실존하지 않는 대상을 지칭한다고 생각해.
갑: '페가수스'라는 단어가 의미를 지닌다는 것은 분명하지? 단어의 의미는 그 단어가 지칭하는 실존하는 대상이 무엇인가에 따라 결정돼. 모든 단어는 무언가의 이름인 것이지. 그러니 페가수스가 실존하지 않는다면 '페가수스'라는 이름이 어떻게 의미를 지니겠어? 이처럼 모든 이름은 실존하는 대상을 반드시 지칭해.
을: 단어 '로물루스'를 생각해 봐. 이 단어는 실제로는 이름이 아니라 일종의 축약된 기술어(記述語)야. '자기 동생을 죽이고 로마를 건국하는 등 여러 가지 일을 한 어떤 전설상의 인물'이라는 기술의 축약어일 뿐이란 거지. 만약 이 단어가 정말로 이름이라면, 그 이름이 지칭하는 대상이 실존하는지는 문제도 되지 않았을 거야. 어떤 단어가 이름이라면 그것은 실존하는 어떤 대상을 반드시 지칭하거든. 실존하지도 않는 대상에게 이름이 있을 수 없는 것은 너무 당연하니 말이야. 실존하지 않는 대상을 지칭하는 단어는 실제로는 이름이 아니라 일종의 축약된 기술어인 거야.

① 갑은 축약된 기술어가 실존하는 대상을 지칭할 수 없다고 보는군.
② 을은 실존하지 않는 대상을 지칭하는 단어가 있다고 보는군.
③ 갑은 '페가수스'를 이름으로, 을은 '페가수스'를 축약된 기술어로 보는군.
④ 갑과 을은 어떤 단어가 이름이려면 그 단어는 실존하는 대상을 반드시 지칭해야 한다고 보는군.

실전 문제

11
2020년 국가직 9급

글쓴이의 견해에 부합하지 않는 것은?

사물 인터넷(IoT, Internet of Things)의 정의로 '수십억 개의 사물이 서로 연결되는 것'이라고 설명하는 것은 그리 유용하지 않다. 사물 인터넷이 무엇인지 이해하기 위해서는 '사물'에서 출발하기보다는 '인터넷'에서 출발하는 것이 좋다. 인터넷이 전 세계의 컴퓨터를 서로 소통하도록 만든다는 생각이 실현된 것이라면, 사물 인터넷은 이제 전 세계의 사물들을 '컴퓨터로 만들어' 서로 소통하도록 만든다는 생각을 실현하는 것이다. 컴퓨터는 본래 전원이 있고 칩이 있고, 이것이 통신 장치와 프로토콜을 갖게 되어 연결된 것이다. 그렇다면 이제는 전원이 있었던 전자 기기나 기계 등은 그 자체로, 전원이 없었던 일반 사물들은 새롭게 센서와 배터리, 통신 모듈이 부착되면서 컴퓨터가 되고 이렇게 컴퓨터가 된 사물들이 그들 간에 또는 인간의 스마트 기기와 네트워크로 연결되는 것이다.

현재의 인터넷과 사물 인터넷의 차이를, 혹자는 사람이 개입되는 것은 사물 인터넷이 아니라고 이야기하면서 엄격한 M2M(Machine to Machine)이라는 개념에 근거해 설명한다. 또 혹자는 사물 인터넷이 실현되려면 사람만큼 사물이 판단할 수 있어야 한다고 주장하면서 사물의 지능성을 중요시하는 경우도 있는데, 두 가지 모두 그릇된 것이다. 사물 인터넷을 제대로 이해하려면 기존 인터넷과의 차이점에 주목하기보다는 오히려 공통점을 인식하는 것이 더 중요하다. 컴퓨터를 서로 연결하는 수준에서 출발한 것이 기존의 인터넷이라면, 이제는 사물 각각이 컴퓨터가 되고, 그 사물들이 사람과 손쉽게 닿는 스마트폰, 스마트 워치 등과 서로 소통하는 것이다.

① 사물 인터넷의 개념을 파악하기 위해서는 기존 인터넷과의 공통점을 이해하는 것이 필요하다.
② 센서와 배터리, 통신 모듈 등을 갖춘 사물들이 네트워크로 연결되어 사물 인터넷으로 기능한다.
③ 사물 인터넷은 사람 수준의 지능을 가진 사물들이 네트워크상에서 인간의 개입 없이 서로 소통하는 것으로 정의된다.
④ 사물 인터넷은 컴퓨터가 아니었던 사물도 네트워크로 연결될 수 있다는 점에서 기존의 인터넷과 다르다.

12
2020년 지방직 7급

㉠과 ㉡에 대한 글쓴이의 견해로 적절하지 않은 것은?

'대중예술'이라는 용어는 다소 모호하게 사용된다. 이 용어는 19세기부터 쓰였고, 오늘날에는 대중매체 예술뿐 아니라 서민들이 향유하는 예술에도 적용된다. 이 용어의 사용과 관련하여 제기되는 비판과 의문은, 예술이란 용어 자체가 이미 고유한 미적 가치를 함축하고 있기 때문에 대중예술이라는 개념은 본질적으로 모순이며 범주상의 오류라는 것이다. 이 같은 논쟁은 고급 예술과 대중예술 사이의 위계적 이분법 아래에 예술 대 엔터테인먼트라는 대립이 존재함을 알려 준다.

대중예술과 마찬가지로 엔터테인먼트는 고급 문화와 대비하여 저급한 것으로 널리 규정되어 왔다. 결과적으로 엔터테인먼트와 대중예술에 관한 이론은 대개 두 입장 사이에 놓인다. ㉠첫 번째 입장은 엔터테인먼트가 고급 문화를 차용해서 타락시키는 것이라고 주장하면서, 엔터테인먼트를 고급 문화에 전적으로 의존하고, 종속되며 그것에서 파생되는 것으로 간주한다. ㉡두 번째 입장은 엔터테인먼트를 고급 문화와 동떨어진 영역, 즉 고급 문화에 도전함으로써 대립적인 태도를 유지하면서 엔터테인먼트 자체의 자율적 규칙, 가치, 원리와 미적 기준을 갖고 있는 것으로 규정한다.

첫 번째 입장은 다양한 가치를 이상적인 진리 안에 종속시킴으로써, 예술의 형식과 즐거움의 미적 가치에 대한 어떠한 상대적 자율성도 인정하지 않는다. 두 번째 입장은 대중예술에 대한 극단적 자율성을 주장하는 것으로서, 고급 예술이 대중예술에 대하여 휘두르고 있는 오래된 헤게모니의 흔적을 제대로 평가하지 않을 뿐 아니라 고급 예술과 대중예술 사이의 관계를 설명하지 못한다.

① ㉠은 고급 문화와 엔터테인먼트 사이의 위계성을 설명하지 못한다.
② ㉠은 대중예술과 엔터테인먼트에 비해 고급 예술과 고급 문화의 우월성을 강조한다.
③ ㉡은 고급 예술과 대중예술 사이의 관계성을 설명하지 못한다.
④ ㉡은 고급 예술과 고급 문화에 대해 대중예술과 엔터테인먼트의 독자성을 강조한다.

13

2019년 지방직 9급

다음 글쓴이의 입장에 부합하는 것은?

효(孝)가 개인과 가족, 곧 일차적인 인간관계에서 일어나는 행위를 규정한 것이라면, 충(忠)은 가족이 아닌 사람들과의 관계, 곧 이차적인 인간관계에서 일어나는 사회적 행위를 규정한 것이었다. 그런데 언제부터인가 우리는 효를 순응적 가치관을 주입하는 봉건 가부장제 사회의 유습이라고 오해하는가 하면, 충과 효를 동일시하는 오류를 저지르는 경향이 많아졌다. 다음을 보자.

"부모에게 효도하고 형제를 사랑하는 사람은 윗사람의 명령을 거역하는 경우가 드물다. 또 윗사람의 명령을 어기지 않는 사람은 난동을 일으키는 경우도 드물다. 군자는 근본에 힘쓴다. 근본이 확립되면 도가 생기기 때문이다. 효도와 우애는 인(仁)의 근본이다."

위 구절에 담긴 입장을 기준으로 보면 효는 윗사람에 대한 절대 복종으로 연결된다. 곧 종족 윤리의 기본이 되는 연장자에 대한 예우는 물론이고 신분 사회의 엄격한 상하 관계까지 포괄적으로 인정하는 것이다. 하지만 이 구절만을 근거로 효를 복종의 윤리라고 보는 것은 성급한 판단이다. 왜냐하면 원래부터 효란 가족 윤리 또는 종족 윤리로서 사회 윤리였던 충보다 우선시되었을 뿐만 아니라, 유교의 기본 입장은 설사 부모의 명령이라 하더라도 옳고 그름을 가리지 않는 맹목적인 복종은 그 자체가 불효라고 보았기 때문이다.

유교에서는 부모와 자식의 관계가 자연에 의해서 결정된다고 한다. 이 때문에 부모와 자식의 관계는 인위적으로 끊을 수 없다고 본다. 이에 비해 임금과 신하의 관계는 공동의 목표를 위한 관계로서 의리에 의해서 맺어진 관계로 본다. 의리가 맞지 않는다면 언제라도 끊을 수 있다고 생각하는 것이다.

① 효는 봉건 가부장제 사회에서 비롯한 일차적 인간관계이다.
② 효는 부모와 자식 간의 관계이므로 조건 없는 신뢰에 기초한 덕목이다.
③ 윗사람에 대한 복종을 절대시하지 않는 것이 유교적 윤리의 한 바탕이다.
④ 충의 도리를 다함으로써 효의 도리에 도달할 수 있다는 것이 인의 이치다.

14

2018년 지방직 9급

밑줄 친 부분의 이유에 대한 필자의 견해로 볼 수 없는 것은?

관리가 본디부터 간악한 것이 아니다. 그들을 간악하게 만드는 것은 법이다. 간악함이 생기는 이유는 이루 다 열거할 수 없다. 대체로 직책은 하찮은데도 재주가 넘치면 간악하게 되며, 지위는 낮은데도 아는 것이 많으면 간악하게 되며, 노력을 조금 들였는데도 효과가 신속하면 간악하게 되며, 자신은 그 자리에 오랫동안 있는데 자신을 감독하는 사람이 자주 교체되면 간악하게 되며, 자신을 감독하는 사람의 행동이 또한 정도에서 나오지 않으면 간악하게 되며, 아래에 자신의 무리는 많은데 윗사람이 외롭고 어리석으면 간악하게 되며, 자신을 미워하는 사람이 자신보다 약하여 두려워하면서 잘못을 밝히지 않으면 간악하게 되며, 자신이 꺼리는 사람이 같이 죄를 범하였는데도 서로 버티면서 죄를 밝히지 않으면 간악하게 되며, 형벌에 원칙이 없고 염치가 확립되지 않으면 간악하게 된다. …… <u>간악함이 일어나기 쉬운 것이 대체로 이러하다.</u>

① 노력은 적게 들이고 성과를 빨리 얻는다.
② 자신이 범한 과오를 감추고 남의 잘못을 드러낸다.
③ 자신은 같은 자리에 있으나 감독자가 자주 교체된다.
④ 자신의 세력이 밑에서 강한 반면 상부는 외롭고 우매하다.

15

2018년 서울시 9급 (6월)

〈보기〉의 비판 대상으로 가장 옳지 않은 것은?

— 〈보기〉 —

폴 매카트니는 도축장의 벽이 유리로 되어 있다면 모든 사람이 채식주의자가 될 거라고 말한 적이 있다. 우리가 식육 생산의 실상을 안다면 계속해서 동물을 먹을 수 없으리라고 그는 믿었다. 그러나 어느 수준에서는 우리도 진실을 알고 있다. 식육 생산이 깔끔하지도 유쾌하지도 않은 사업이라는 것을 안다. 다만 그게 어느 정도인지는 알고 싶지 않다. 고기가 동물에게서 나오는 줄은 알지만 동물이 고기가 되기까지의 단계들에 대해서는 짚어보려 하지 않는다. 그리고 동물을 먹으면서 그 행위가 선택의 결과라는 사실조차 생각하려 들지 않는 수가 많다. 이처럼 우리가 어느 수준에서는 불편한 진실을 의식하지만 동시에 다른 수준에서는 의식을 못하는 일이 가능할 뿐 아니라 불가피하도록 조직되어 있는 게 바로 폭력적 이데올로기다.

① 채식주의자
② 식육 생산의 실상
③ 동물을 먹는 행위
④ 폭력적 이데올로기

실전 문제

16   2018년 서울시 7급 (3월)

〈보기〉의 관점에서 '소비'를 가장 잘못 이해한 사람은?

〈보기〉

오늘날의 상황을 '소비의 위기'라 부른다. 좀 더 솔직하게 털어놓으면 그만큼 소비에 대한 인식이 위태롭다. 소비의 위기는 민주주의의 위기를 수반한다. 우리가 소비를 덜 할수록 우리 사회의 민주주의적 토대도 허물어진다. 절약하는 것으로는 민주주의를 구현하지 못한다. 좀 더 부정적으로 말할 수도 있다. 민주주의 사회가 계속 유지되기 바란다면 우리는 끊임없이 소비해야 하는 형을 선고받은 것이나 마찬가지이다. 대량 소비가 점점 줄어들거나 대중에게 소비의 폭넓은 접근 가능성이 주어지지 않는다면 사회는 완전히 다른 구조로 넘어갈 수도 있다.

소비자들의 수입이 장기적으로 불안해지는 추세와 함께 이른바 마비 현상이라 부르는 위험한 상황이 도래하고 있다. 불안과 욕구라는 양극단 중 어느 한쪽도 취하지 못해서 생기는 심적인 경련과 리듬 상실의 증세가 나타나고 있는 것이다. 이따금 모든 정상적인 소비 현상을 터무니없는 것으로 여기는 만성 자제력 상실 현상이 발생하기도 한다. 향후 몇 년 안에 달라질 전망은 보이지 않는다.

- 다비트 보스하르트, '소비의 미래'

① 철수 – 소비는 민주주의를 떠받치는 디딤돌이야.
② 영희 – 오늘날은 소비의 위기 시대이니 소비를 장려할 필요가 있겠어.
③ 영수 – 소비와 민주주의 사회는 밀접한 관련이 있어.
④ 순희 – 대량 소비는 민주주의의 근간을 무너뜨리겠군.

17   2017년 국가직 9급 (10월)

다음 글에 나타난 필자의 견해로 볼 수 없는 것은?

서양에서 주인공을 '히어로(hero)', 즉 '영웅'이라고 부른 것은 고대 서사시나 희곡의 소재가 되던 주인공들이 초인간적인 능력을 가진 인물들이었기 때문이다. 신화적 세계관 속에서 영웅들은 신과 밀접한 관계를 맺거나 신의 후손이기도 하였다.

신화와 달리 문학 작품은 인물의 행위를 단일한 것으로 통일시킨다. 영웅들의 초인간적이고 신적인 행위는 차차 문학 작품의 구조에 제한되어 훨씬 인간화되었다. 문학 작품의 통일된 구조에 적합하지 않은 것은 대폭 수정되거나 제거되는 수밖에 없었다.

아리스토텔레스는 비극이 '보통보다 우수한 인물'을 모방한다고 하였는데, 이는 문학의 인물이 신화의 영웅이 아닌 보통의 인간임을 지적한 것이다. 극의 주인공은 작품의 통일성을 기하는 데 기여하는 중심적인 인물이면 된다고 한 것으로 볼 수 있다.

낭만주의 및 역사주의 비평가들은 작중 인물을 실제 인물인 양 따로 떼어 내어, 그의 개인적인 역사를 재구성해 보려고도 하였다. 그들은 영웅이라는 표현 대신 '성격(인물, character)'이라는 개념을 즐겨 썼는데, 이 용어는 지금도 비평계에서 애용되고 있다.

① 영웅이라는 말은 고대의 예술적 조건과 자연스럽게 관련된다.
② 신화의 영웅은 문학 작품에 와서 점차 인간화되었다.
③ 아리스토텔레스가 말한 '보통보다 우수한 인물'은 신화적 영웅과 다르다.
④ 역사주의 비평가들은 작중 인물을 역사적 영웅으로 재평가하려고 했다.

18 2017년 지방직 9급 (6월)

'시'에 대한 견해 중에서 밑줄 친 칸트의 입장과 부합하는 것은?

> 미적인 것이란 내재적이고 선험적인 예술 작품의 특성을 밝히는 데서 더 나아가 삶의 풍부하고 생동적인 양상과 가치, 목표를 예술 형식으로 변환한 것이다. 미(美)는 어떤 맥락으로부터도 자율적이기도 하지만 타율적이다. 미에 대한 자율적 견해를 지닌 칸트도 일견 타당하지만, 미를 도덕이나 목적론과 연관시킨 톨스토이나 마르크스도 타당하다. 우리가 길을 지나다 이름 모를 곡을 듣고서 아름답다고 느끼는 것처럼 순수미의 영역이 없는 것은 아니다. 하지만 그 곡이 독재자를 열렬히 지지하기 위한 선전곡이었음을 안 다음부터 그 곡을 혐오하듯 미(美) 또한 사회 경제적, 문화적 맥락의 영향을 받기도 한다.

① 시는 정제된 시어와 운율을 통하여 감상해야 한다.
② 시는 사회의 모순을 고발할 수 있고, 개혁의 전망도 제시할 수 있다.
③ 시를 읽으면 시인과의 대화를 통해 정서적 성장을 도모할 수 있다.
④ 시를 감상하기 위해서는 당시의 사회 상황을 알아야 한다.

19 2017년 국가직 9급 (4월)

필자의 견해로 볼 수 없는 것은?

> 우리는 우리가 생각한 것을 말로 나타낸다. 또 다른 사람의 말을 듣고, 그 사람이 무슨 생각을 가지고 있는가를 짐작한다. 그러므로 생각과 말은 서로 떨어질 수 없는 깊은 관계를 가지고 있다.
>
> 그러면 말과 생각이 얼마만큼 깊은 관계를 가지고 있을까? 이 문제를 놓고 사람들은 오랫동안 여러 가지 생각을 하였다. 그 가운데 가장 두드러진 것이 두 가지 있다. 그 하나는 말과 생각이 서로 꼭 달라붙은 쌍둥이인데 한 놈은 생각이 되어 속에 감추어져 있고 다른 한 놈은 말이 되어 사람 귀에 들리는 것이라는 생각이다. 다른 하나는 생각이 큰 그릇이고 말은 생각 속에 들어가는 작은 그릇이어서 생각에는 말 이외에도 다른 것이 더 있다는 생각이다.
>
> 이 두 가지 생각 가운데서 앞의 것은 조금만 깊이 생각해 보면 틀렸다는 것을 즉시 깨달을 수 있다. 우리가 생각한 것은 거의 대부분 말로 나타낼 수 있지만, 누구든지 가슴 속에 응어리진 어떤 생각이 분명히 있기는 한데 그것을 어떻게 말로 표현해야 할지 애태운 경험을 가지고 있을 것이다. 이것 한 가지만 보더라도 말과 생각이 서로 안팎을 이루는 쌍둥이가 아님은 쉽게 판명된다.
>
> 인간의 생각이라는 것은 매우 넓고 큰 것이며 말이란 결국 생각의 일부분을 주워 담는 작은 그릇에 지나지 않는다. 그러나 아무리 인간의 생각이 말보다 범위가 넓고 큰 것이라고 하여도 그것을 가능한 한 말로 바꾸어 놓지 않으면 그 생각의 위대함이나 오묘함이 다른 사람에게 전달되지 않기 때문에 생각이 형님이요, 말이 동생이라고 할지라도 생각은 동생의 신세를 지지 않을 수가 없게 되어 있다. 그러니 말을 통하지 않고는 생각을 전달할 수가 없는 것이다.

① 말은 생각보다 범위가 좁다.
② 말은 생각을 나타내는 매개체이다.
③ 말과 생각은 불가분의 관계에 놓여 있다.
④ 말을 통하지 않고도 얼마든지 생각을 전달할 수 있다.

유형 04 글의 전략 및 전개 방식 파악하기

기출 유형 분석

- 어떤 글쓰기 전략이나 전개 방식이 사용됐는지를 묻는 유형의 문제이다.
- 글쓰기 전략이나 전개 방식을 통해 기대할 수 있는 효과를 묻는 문제가 출제되기도 한다.

예상 출제 방향

- 사용된 글쓰기 전략이나 전개 방식의 종류를 파악한 뒤, 그로 인해 기대할 수 있는 효과가 적절한지를 판단해야 하는 문제가 출제될 수 있다.

대표 기출 문제

다음 글의 글쓰기 방식에 대한 설명으로 가장 적절한 것은? 2024년 지방직 9급

> 인간을 움직이게 하는 두 축은 당근과 채찍, 즉 보상과 처벌이다. 우리가 의욕을 갖는 것은 당근 때문이다. 채찍을 피하기 위해서 살아가는 것도 한 방법일 테지만, 그건 너무 가혹할 것이다. 가끔이라도 웃음을 주고 피로를 풀어 주는 당근, 즉 긍정적 보상물이 있기에 고단한 일상을 감수한다. 어떤 부모에게는 아이가 꾹꾹 눌러 쓴 "엄마 아빠, 사랑해요."라는 카드가 당근이다. 어떤 직장인에게는 주말마다 떠나는 여행이 당근이다.

① 예시를 사용하여 독자의 이해를 돕고 있다.
② 전문가의 의견을 인용하여 글의 신뢰성을 높이고 있다.
③ 묻고 답하는 형식을 사용해 독자의 관심을 끌고 있다.
④ 비유를 사용하여 문제의 심각성을 강조하고 있다.

해설 ① '당근'이 '아이가 꾹꾹 눌러 쓴 "엄마 아빠, 사랑해요"라는 카드'일 수도 있고, '주말마다 떠나는 여행'이 될 수도 있다면서 '당근'의 예시를 들고 있다. 이를 통해 독자의 이해를 돕고 있으므로 글쓰기 방식에 대한 설명으로 적절한 것은 ①이다.

오답분석 ② ③ ④ 제시문에서 확인할 수 없는 글쓰기 방식이다.

실전 문제

01
2024년 지역인재 9급

다음 글에 대한 설명으로 적절한 것은?

케이팝이란 용어는 본디 대중음악이라는 영어 단어 'popular music'과 대한민국을 뜻하는 'K(Korean)'의 합성어로 한국의 대중가요를 뜻하는 단어입니다. 하지만 현실에서 이 표현은 해외에서 인기를 얻고 있는 아이돌 음악에 국한해서 사용되고 있는 실정입니다. 케이팝이라는 용어가 한류 열풍 이후에 생긴 것이라 어쩔 수 없는 측면도 있습니다. 하지만 이는 분명 잘못된 용례이며 고쳐야 할 부분입니다. 왜냐하면 케이팝을 아이돌 음악으로만 국한시켜 사용할 경우 한류의 확장 가능성을 스스로 제한하는 꼴이 되기 때문입니다. 따라서 아이돌 음악 이전의 한국 대중음악까지 포괄하여 케이팝의 개념을 확장하려는 노력이 필요합니다.

책의 제목을 「케이팝 인문학」이라 정한 것도 이러한 이유에서입니다. 책에서는 최근의 아이돌 음악만이 아니라 1950~1960년대 트로트에서부터 1970~1980년대 유행가, 1990년대 이후의 히트곡 등 한국의 대중가요를 폭넓게 다루고 있습니다. 그동안 사람들에게 사랑을 받았던 한국의 대중가요는 모두가 케이팝입니다. 이번 기회를 통해 '케이팝 = 아이돌 음악'이라고 굳어진 인식을 바로잡고, 한국의 대중가요사에서 많은 사랑을 받았던 주옥같은 노래들을 당당히 케이팝의 반열에 올리고자 합니다.

① 케이팝이 대중에게 미친 영향을 사례를 들어 기술하고 있다.
② 케이팝에 대한 평가가 시대에 따라 달라진 이유를 설명하고 있다.
③ 케이팝의 특징을 아이돌 음악 이전과 이후로 나누어 대조하고 있다.
④ 케이팝에 대한 통념을 비판하면서 그 개념을 새롭게 규정하고 있다

02
2023년 지역인재 9급

다음 글에 나타나는 서술 방식은?

우리는 웹을 더 이상 주체적으로 서핑하지 않는다. 웹에 올라탄 이들을 특정 방향으로 휩쓰는 어떤 조류에 올라탔을 뿐이다. 그 조류의 이름은 개인화 추천 알고리즘이다. 페이스북뿐만 아니라 우리가 대부분의 시간을 보내는 유튜브, 아마존, 인스타그램, 트위터 같은 인터넷 사이트는 우리가 누구인지를 읽어내고, 그것에 맞춰 특정한 방향으로 우리를 계속해서 끌고 간다.

① 예시 ② 대조
③ 서사 ④ 인용

03
2022년 지방직 9급

다음 글의 주된 서술 방식은?

이지러는 졌으나 보름을 가제 지난 달은 부드러운 빛을 흐붓이 흘리고 있다. 대화까지는 칠십 리의 밤길. 고개를 둘이나 넘고 개울을 하나 건너고, 벌판과 산길을 걸어야 된다. 길은 지금 긴 산허리에 걸려 있다. 밤중을 지난 무렵인지 죽은 듯이 고요한 속에서 짐승 같은 달의 숨소리가 손에 잡힐 듯이 들리며, 콩 포기와 옥수수 잎새가 한층 달에 푸르게 젖었다.

① 묘사 ② 설명
③ 유추 ④ 분석

실전 문제

04
2022년 국가직 9급

다음 글에 대한 이해로 적절하지 않은 것은?

△△시 시장님께

안녕하십니까? 저는 △△시에서 농장을 운영하는 □□□입니다. 이렇게 글을 쓰게 된 것은 우리 농장 근처에 신축된 골프장의 빛 공해 문제에 대해 말씀드리기 위함입니다. 빛이 공해가 될 수 있다는 말이 다소 생소하실 수도 있습니다. 하지만 지나친 야간 조명이 식물의 성장에 부정적인 영향을 끼쳐 작물 수확량을 감소시킬 수 있음은 이미 여러 연구를 통해 입증된 바 있습니다. 좀 늦었지만 △△시에서도 이 문제에 대해 경각심을 가질 필요가 있습니다. 실제로 골프장이 야간 운영을 시작했을 때를 기점으로 우리 농장의 수확률이 현저히 낮아졌음을 제가 확인했습니다. 물론, 이윤을 추구하는 골프장의 야간 운영을 무조건 막는다면 골프장 측에서 반발할 것입니다. 그래서 계절에 따라 야간 운영 시간을 조정하거나 운영 제한에 따른 손실금을 보전해 주는 등의 보완책도 필요합니다. 또한 ○○군에서도 빛 공해 문제를 해결하기 위해 야간 조명의 조도를 조정하는 프로젝트를 진행한 바 있으니 참고해 보시기 바랍니다. 모쪼록 시장님께서 이 문제에 관심을 가지고 농장과 골프장이 상생할 수 있는 정책을 펼쳐 주시기를 부탁드립니다.

① 시장에게 빛 공해로 농장이 겪는 어려움에 대해 관심을 촉구하고 있다.
② 건의에 대한 신뢰성을 높이기 위해 인용한 자료의 출처를 밝히고 있다.
③ 다른 지역에서 야간 조명으로 인한 폐해를 해결하기 위해 노력한 사례를 언급하고 있다.
④ 골프장의 야간 운영을 제한할 때 예상되는 문제점과 그 해결 방안에 대해 제시하고 있다.

05
2022년 지방직 7급

다음 글의 주된 서술 방식으로 가장 적절한 것은?

배의 돛은 바람의 힘을 이용하여 배를 멀리까지 항해할 수 있게 한다. 별도의 동력에 의지하지 않고도 추진력을 얻는 것이다. 이와 마찬가지로 우주선도 별도의 동력 없이 먼 우주 공간까지 갈 수 있을 것이다. 우주 공간에도 태양에서 방출되는 입자들이 일으키는 바람이 있어서 '햇살 돛'을 만들면 그 태양풍의 힘으로 추진력을 얻을 수 있기 때문이다.

① 정의
② 분류
③ 서사
④ 유추

06
2022년 군무원 9급

아래의 글에 나타나지 않는 설명 방식은?

텔레비전에서는 여러 종류의 자막이 쓰인다. 뉴스의 경우, 앵커가 기사를 소개할 때에는 앵커의 왼쪽 위에 기사 전체의 내용을 요약하거나 핵심을 추려 제목 자막을 쓴다. 보도 중간에는 화면의 하단에 기사의 제목이나 소제목을 자막으로 보여준다. 그리고 보도 내용을 이해하는 데 꼭 필요한 핵심적인 내용이나 세부 자료도 자막으로 보여준다.

관객이나 시청자가 읽을 수 있도록 화면에 보여 주는 글자라는 점에서 영화에서 쓰이는 자막도 텔레비전 자막과 비슷하게 활용된다. 그런데 영화의 자막은 타이틀과 엔딩 크레디트 그리고 번역 대사가 전부이다. 이는 모두 영화 제작과 관련된 정보를 알려주는 제한된 용도로만 사용된다. 번역 대사는 더빙하지 않은 외국영화의 대사를 보여 주기 위한 수단으로 사용된다.

텔레비전에서는 영화에서 쓰는 자막을 모두 사용할 뿐 아니라 각종 제목과 요약 내용을 나타내기도 하고 시청자의 흥미를 돋우기 위해 말과 감탄사를 표현하기도 한다. 음성으로 전달할 수 없는 다양한 정보를 제작자의 의도에 맞게끔 자막을 활용하여 제공하는 것이다.

① 정의
② 유추
③ 예시
④ 대조

07

2022년 군무원 7급

'장미'를 소개하는 글을 쓰고자 한다. 아래의 ㉠ ~ ㉣에 들어갈 글로 가장 적절하지 않은 것은?

○ 묘사: 손잡이가 두 개 달려 있는 짙은 청록색의 투명한 화병에 빨간 장미 일곱 송이가 꽂혀 있다.
○ 비교와 대조: _____㉠_____
○ 유추: _____㉡_____
○ 예시: _____㉢_____
○ 분류: _____㉣_____
○ 서사: 많은 생명체가 그러하듯이 장미 역시 오랜 인고의 시간 끝에 빨간 봉오리를 맺게 된다. 그리고 자신의 아름다움을 지키기 위해 줄기에 가시를 품고 있다.

① ㉠: 국화에 비하여 장미는 꽃잎의 크기가 크다. 그러나 꽃잎의 수는 국화의 그것보다 적다.
② ㉡: 장미는 어여쁜 색시의 은장도와 같다. 장미의 꽃잎은 어여쁘지만 그것을 보호하기 위한 가시가 줄기에 있다.
③ ㉢: 장미는 일상생활은 물론 문학 작품 속에서도 흔히 볼 수 있다. '어린왕자'의 경우에는 유리병 속의 장미가 나온다.
④ ㉣: 장미는 잎, 줄기, 뿌리로 구성되어 있다. 8개의 꽃잎과 가시가 달려 있는 줄기, 뿌리로 구성되어 있다.

08

2022년 지역인재 9급

다음 글에 대한 이해로 적절하지 않은 것은?

> 저희 ○○고등학교 학생들이 다니는 통학로는 도로 폭이 2미터 60센티미터밖에 되지 않아 차 한 대가 겨우 지나갈 수 있을 정도로 좁고 보행로도 없습니다. 그런데 요즘은 불법 주차한 차들 때문에 도로가 더 좁아졌습니다. 친구들과 등·하교할 때 통학로를 지나는 차를 만나면 몸을 피할 수 있는 공간이 없어 사고 위험이 높습니다.
>
> 저희는 △△구청에서 불법 주차 단속을 강화해 주시기를 건의합니다. 물론 저희의 건의가 받아들여진다면 주차 공간이 부족해 주민들이 불편해지는 상황이 발생할 것입니다. 이러한 상황을 고려해 저희 학교의 교장 선생님께서는 방과 후에 주민들이 주차하실 수 있도록 학교 운동장을 개방하겠다고 하셨습니다.
>
> 통학로에 불법 주차된 차량이 없다면 저희 학교 700여 명의 학생들은 안전하게 등·하교를 할 수 있고, 선생님과 학부모께서도 안심하실 수 있습니다. 그리고 학교 주변의 주민들도 넓어진 통학로에서 안전하게 보행할 수 있게 될 것이며 자동차 사고도 줄어들 것입니다. 또한 학교 주차장을 이용하는 방안을 잘 활용하면 주민들의 불편도 줄어들 것입니다.

① 문제를 해결할 수 있는 주체와 방안을 명시하고 있다.
② 문제 해결 방안으로 인한 이익을 구체적으로 설명하고 있다.
③ 문제 상황을 제시함으로써 문제의 심각성을 드러내고 있다.
④ 문제 해결 방안이 최선책임을 전문가의 증언을 제시함으로써 강조하고 있다.

실전 문제

09
2021년 국가직 9급

다음 글의 주된 서술 방식은?

> 변지의가 천 리 길을 마다하지 않고 나를 찾아왔다. 내가 그 뜻을 물었더니, 문장 공부를 하기 위해 나를 찾아왔다고 했다. 때마침 이날 우리 아이들이 나무를 심었기에 그 나무를 가리켜 이렇게 말해 주었다.
> "사람이 글을 쓰는 것은 나무에 꽃이 피는 것과 같다. 나무를 심는 사람은 가장 먼저 뿌리를 북돋우고 줄기를 바로잡는 일에 힘써야 한다. 〈중 략〉 나무의 뿌리를 북돋아 주듯 진실한 마음으로 온갖 정성을 쏟고, 줄기를 바로잡듯 부지런히 실천하며 수양하고, 진액이 오르듯 독서에 힘쓰고, 가지와 잎이 돋아나듯 널리 보고 들으며 두루 돌아다녀야 한다. 그렇게 해서 깨달은 것을 헤아려 표현한다면 그것이 바로 좋은 글이요, 사람들이 칭찬을 아끼지 않는 훌륭한 문장이 된다. 이것이야말로 참다운 문장이라고 할 수 있다."

① 서사 ② 분류
③ 비유 ④ 대조

10
2021년 국가직 9급

다음 글의 설명 방식으로 적절하지 않은 것은?

> 빛 공해란 인공조명의 과도한 빛이나 조명 영역 밖으로 누출되는 빛이 인간의 건강하고 쾌적한 생활을 방해하거나 환경에 피해를 주는 상태를 말한다. 국제 과학 저널인 『사이언스 어드밴스』의 '전 세계 빛 공해 지도'에 따르면, 우리나라는 빛 공해가 심각한 국가이다. 빛 공해는 멜라토닌 부족을 초래해 인간에게 수면 부족과 면역력 저하 등의 문제를 유발하고, 농작물의 생산량 저하, 생태계 교란 등의 문제를 일으킨다.

① 빛 공해의 정의를 제시하고 있다.
② 빛 공해의 주요 요인인 인공조명의 누출 원인을 제시하고 있다.
③ 자료를 인용하여 빛 공해가 심각한 국가로 우리나라를 제시하고 있다.
④ 사례를 들어 빛 공해의 악영향을 제시하고 있다.

11
2021년 지방직 7급

㉠을 설명한 방식으로 적절한 것은?

> 담배가 해로운데도 ㉠담배를 피우는 이유는 무엇일까? 첫째, 담배 피우는 모습이 멋있고 어른스럽다고 생각하는 것이다. 요즘은 담배를 마약과 같이 부정적으로 보는 시각이 크지만 과거에는 담배에 대해 긍정적인 인식이 있었다.
> 둘째, 담배를 피우면 정신이 안정되어 집중이 잘된다고 생각하는 점도 있다. 이것은 담배를 피움으로써 니코틴 금단 증상이 해소되기 때문인 것으로, 담배를 안 피우는 사람에 비해 더 안정되거나 집중이 잘되는 것은 아니다.
> 셋째, 담배를 피우는 이유는 니코틴 의존에도 있다. 체내에 니코틴이 없어지면 여러 가지 금단 증상으로 불안하고 초조해지는 등 고통스럽고, 이 고통 때문에 담배를 끊기 어렵다.
> 넷째, 담배를 피우는 이유에는 습관도 있다. 주위에 재떨이, 라이터, 꽁초 등이 눈에 보이면 자기도 모르게 담배에 손이 가고, 식후나 술을 마실 때도 습관적으로 담배 생각이 나서 피우게 된다.

① 정의 ② 분석
③ 서사 ④ 비교

12 2021년 지방직 7급

(가)와 (나)의 공통점으로 적절하지 않은 것은?

(가) 월영암에 사는 탁대사가 냇물에 몸을 씻고 바위 위에 앉아 좌선을 하고 있었다. 이때 하루 종일 먹이를 얻지 못하고 굶은 호랑이가 무슨 먹잇감이 없나 하고 찾다가, 알몸의 사람이 오똑하게 앉아 있는 것을 보고 너무 먹음직스러워 감격했다. 그래서 이런 좋은 것을 그대로 먹으면 감동이 적다고 생각하고, 산 뒤편의 숲속으로 들어갔다. 호랑이는 기분이 좋아 머리를 들어 공중을 향해 크게 웃기도 하고, 앞발을 들어 허공에 휘젓기도 하고, 고개를 좌우로 돌려 소리쳐 웃기도 했다. 한참 동안 이러고 나오니, 이미 날이 저물고 반석 위의 중은 벌써 돌아가고 없었다. 호랑이의 웃음이여, 정말로 웃음거리가 되고 말았구나.

(나) 봉황(鳳凰)의 생일잔치에 온갖 새들이 다 와서 축하하는데, 박쥐는 오지 않았다. 그래서 봉황이 박쥐를 꾸짖어 말하기를, "너는 내 밑에 있는 새이면서 왜 그렇게 방자하냐?" 하고 문책했다. 이에 박쥐는 "나는 발로 기어다니는 짐승 무리이니 어찌 새인 당신에게 하례를 하겠습니까?"라고 말했다. 뒤에 기린(麒麟)의 생일잔치에 모든 짐승이 와서 하례했는데, 역시 박쥐는 나타나지 않았다. 그래서 기린이 불러 꾸짖으니 박쥐는, "나는 날개가 있어 새의 무리이니 짐승인 당신에게 어찌 축하하러 가겠습니까?" 하고 말하였다. 세상에서 일을 피해 교묘하게 면하는 사람이여, 참으로 '박쥐의 일'이라 하겠구나.

① 화자의 말을 통해 대상을 조소하고 있다.
② 일화를 통해 대상의 성격을 드러내고 있다.
③ 반어적 표현을 통해 대상을 비판하고 있다.
④ 우화적 설정을 통해 대상을 인격화하고 있다.

13 2020년 서울시 9급

〈보기〉의 주된 설명 방식이 사용된 것으로 가장 옳은 것은?

〈보기〉

우리는 좋지 않은 사람을 곧잘 동물에 비유한다. 욕에 동물이 많이 등장하는 것도 동물을 나쁘게 보기 때문이다. 하지만 정말 인간이 동물보다 좋은(선한) 것일까? 베르그는 오히려 "나는 인간을 알기 때문에 동물을 사랑한다."고 말하며 이를 부정한다. 인간은 인간을 속이지만 동물은 인간을 속이지 않는다는 것을 알고 인간에게 실망한 사람들이 동물에게 더 많은 애정을 보인다. 인간보다 더 잔인한 동물이 없다는 것은 인간의 역사가 증명하고 있다. 필요 없이 다른 동물을 죽이는 일을 인간 외 어느 동물이 한단 말인가?

① 교사의 자기계발, 학부모의 응원, 교육 당국의 지원 등이 어우러져야 좋은 교육이 가능해진다. 이는 신선한 재료, 적절한 조리법, 요리사의 정성이 합쳐져 맛있는 음식이 만들어지는 것과 같다.

② 의미를 지닌 부호를 체계적으로 배열한 것을 기호라고 한다. 수학, 신호등, 언어 등이 모두 여기에 속한다. 꿀이 있음을 알리는 벌들의 춤사위도 기호라고 할 수 있는 것이다.

③ 바이러스는 세균에 비해 크기가 작으며 핵과 이를 둘러싼 단백질이 전부여서 세포라고 할 수 없다. 먹이가 있는 곳이라면 어디에서라도 증식할 수 있는 세균과 달리, 바이러스는 살아있는 생명체를 숙주로 삼아야만 번식을 할 수 있다.

④ 나물로 즐겨 먹는 고사리는 꽃도 피지 않고 씨앗도 만들지 않는다. 고사리는 홀씨라고도 하는 포자로 번식한다. 고사리와 고비 등을 양치식물이라 하는데 생김새가 양(羊)의 이빨과 비슷하다고 하여 붙은 이름이다.

실전 문제

14
2020년 지방직 7급

⊙과 ⓒ에 대한 진술 방식으로 적절하지 않은 것은?

　　⊙예술의 본질은 무엇인가를 표현하는 것이다. 이 말은 예술이 ⓒ과학과 마찬가지로 일종의 설명적 기능을 하고 있다는 것이다. 예술가는 자신의 언어를 통해서 대상에 대한 자신의 생각이나 느낌을 전달한다. 특히 낭만적인 예술가들은 예술의 기능을 본질적으로 표현에 있다고 보고, 예술의 기능이 과학의 기능과 질적으로 다르지 않다고 하였다. 과학이나 예술은 다 같이 우리들이 경험하고 있는 사물 현상에 질서를 주는 방법이라는 것이다. 과학이나 예술의 목적이 진리를 밝히는 데 있으며, 그들의 언어가 갖는 의미는 그 언어가 가리키는 지시 대상에서 찾아진다는 것이다.

　　그러나 예술의 언어가 과학의 언어처럼 지시적 기능을 갖고 있다는 사실은 예술에 대한 오해에서 비롯된 것이다. 다빈치의 『모나리자』는 모나리자라는 여인을 모델로 했다고 하더라도, 그러한 인물을 지시하고 표현했기 때문에 예술이 되는 것은 아니다. 이 예술 작품은 실재 인물과 상관없이 표현의 결과물로서 존재한다. 이처럼 예술 작품은 의미를 갖는 언어 뭉치로서 존재하는 것이다. 예술이 '말할 수 없는 것을 말하는 것'이라는 견해도 여기에서 비롯된다.

① ⊙에 대한 예시를 들고 있다.
② ⊙에 대한 개념을 밝히고 있다.
③ ⊙과 ⓒ의 공통점을 기술하고 있다.
④ ⊙과 ⓒ을 인과적으로 분석하고 있다.

15
2019년 서울시 9급 (2월)

<보기>의 설명에 활용된 방식과 가장 가까운 것은?

― <보기> ―

　　유학자들은 자신이 먼저 인격자가 될 것을 강조하지만 궁극적으로는 자신뿐 아니라 백성 또한 올바른 행동을 할 수 있도록 이끌어야 한다는 생각을 원칙으로 삼는다. 주희도 자신이 명덕(明德)을 밝힌 후에는 백성들도 그들이 지닌 명덕을 밝혀 새로운 사람이 될 수 있도록 가르쳐야 한다고 본다. 백성을 가르쳐 그들을 새롭게 만드는 것이 바로 신민(新民)이다. 주희는 『대학』을 새로 편찬하면서 고본(古本) 『대학』의 친민(親民)을 신민(新民)으로 고쳤다. '친(親)'보다는 '신(新)'이 백성을 새로운 사람으로 만든다는 취지를 더 잘 표현한다고 보았던 것이다. 반면 정약용은, 친민을 신민으로 고치는 것은 옳지 않다고 본다. 정약용은 친민을 백성들이 효(孝), 제(弟), 자(慈)의 덕목을 실천하도록 이끄는 것이라 해석한다. 즉 백성들로 하여금 자식이 어버이를 사랑하여 효도하고 어버이가 자식을 사랑하여 자애의 덕행을 실천하도록 이끄는 것이 친민이다. 백성들이 이전과 달리 효, 제, 자를 실천하게 되었다는 점에서 새롭다는 뜻은 있지만 본래 글자를 고쳐서는 안 된다고 보았다.

① 시는 서정시, 서사시, 극시로 나뉜다.
② 소는 식욕의 즐거움조차 냉대할 수 있는 지상 최대의 권태자다.
③ 언어는 사고를 반영한다는 말이 있는데, 그 예로 무지개 색깔을 가리키는 7가지 단어에 의지하여 무지개 색깔도 7가지라 판단한다는 것을 들 수 있다.
④ 곤충의 머리에는 겹눈과 홑눈, 더듬이 따위의 감각 기관과 입이 있고, 가슴에는 2쌍의 날개와 3쌍의 다리가 있으며, 배에는 끝에 생식기와 꼬리털이 있다.

16
2019년 지방직 7급

밑줄 친 부분의 주된 설명 방식은?

> 보살은 자기 자신이 불경의 체험 내용인 보리를 구하려고 노력하는 동시에 일체의 타인에게도 그의 진리를 체득시키고자 정진하는 인간이다. 그러므로 보살은 <u>나한과 같은 자리(自利)를 위하여 보리를 구하는 자가 아니고 어디까지든지 이타(利他)를 위하여 활동하는 것이다. 나한이 개인적 자각인 데 대하여 보살은 사회적 자각에 입각한 것이니, 나한은 언제든지 개인 본위이고 개인 중심주의인데 대하여 보살은 사회 본위이고 사회 중심주의인 것이다.</u>

① 유추
② 묘사
③ 예시
④ 대조

17
2018년 국가직 9급

다음 글의 주된 설명 방식이 적용된 것으로 가장 적절한 것은?

> 문학이 구축하는 세계는 실제 생활과 다르다. 즉 실제 생활은 허구의 세계를 구축하는 데 필요한 재료가 되지만 이 재료들이 일단 한 구조의 구성 분자가 되면 그 본래의 재료로서의 성질과 모습은 확연히 달라진다. 건축가가 집을 짓는 것을 떠올려 보자. 건축가는 어떤 완성된 구조를 생각하고 거기에 필요한 재료를 모아서 적절하게 집을 짓게 되는데, 이때 건물이라고 하는 하나의 구조를 완성하게 되면 이 완성된 구조의 구성 분자가 된 재료들은 본래의 재료와 전혀 다른 것이 된다.

① 르네상스 시대의 화가들은 원근법을 사용하여 세상을 향한 창과 같은 사실적인 그림을 그렸다. 현대 회화를 출발시켰다고 평가되는 인상주의자들이 의식적으로 추구한 것도 이러한 사실성이었다.

② 소설을 구성하는 요소는 물론 많지만 그중에서도 인물, 배경, 사건을 들 수 있다. 인물은 사건의 주체, 배경은 인물이 행동을 벌이는 시간과 공간, 분위기 등이고, 사건은 인물이 배경 속에서 벌이는 행동의 세계이다.

③ 목적을 지닌 인생은 의미 있다. 목적 없이 살아가는 사람은 험난한 인생의 노정을 완주하지 못한다. 목적을 갖고 뛰어야 마라톤에서 완주가 가능한 것처럼 우리의 인생에서도 목표를 가지고 꾸준히 노력하는 사람이 성공한다.

④ 신라의 육두품 출신 가운데 학문적으로 출중한 자들이 많았다. 가령, 강수, 설총, 녹진, 최치원 같은 사람들은 육두품 출신이었다. 이들은 신분적 한계 때문에 정계보다는 예술과 학문 분야에 일찌감치 몰두하게 되었다.

유형 05 글의 순서 파악하기

기출 유형 분석
- 무작위로 배치된 문장(문단)을 논리적 순서에 맞춰 배열하는 유형의 문제이다.
- 적게는 한 개 문장(문단)의 순서를 파악하는 문제가, 많게는 다섯 개 문장(문단)의 순서를 파악하는 문제가 출제된다.

예상 출제 방향
- 제시문의 시작이나 끝에 하나의 문장(문단)이 제시되고 나머지 문장(문단)의 순서를 파악해야하는 문제가 출제될 수 있다.
- 지시어나 접속어가 제시되지 않고 문장(문단) 간의 의미적 맥락만을 바탕으로 글의 순서를 파악해야하는 문제가 출제될 수 있다.

대표 기출 문제

(가)~(다)를 맥락에 맞게 순서대로 나열한 것은? 9급 출제기조 전환 2차 예시문제

> 북방에 사는 매는 덩치가 크고 사냥도 잘한다. 그래서 아시아에서는 몽골 고원과 연해주 지역에 사는 매들이 인기가 있었다.
> (가) 조선과 일본의 단절된 관계는 1609년 기유조약이 체결되면서 회복되었다. 하지만 이때는 조선과 일본이 서로를 직접 상대했던 것이 아니라 두 나라 사이에 끼어있는 대마도를 매개로 했다. 대마도는 막부로부터 조선의 외교·무역권을 위임받았고, 조선은 그러한 대마도에게 시혜를 베풀어줌으로써 일본과의 교린 체계를 유지해 나가려고 했다.
> (나) 일본에서 이 북방의 매에 접근할 수 있는 길은 한반도를 통하는 것 외에는 없었다. 그래서 한반도와 일본 간의 교류에 매가 중요한 물품으로 자리 잡았던 것이다. 하지만 임진왜란으로 인하여 교류는 단절되었다.
> (다) 이러한 외교관계에 매 교역이 자리하고 있었다. 대마도는 조선과의 공식적, 비공식적 무역을 통해서도 상당한 이익을 취했다. 따라서 조선후기에 이루어진 매 교역은 경제적인 측면과 정치·외교적인 성격이 강했다.

① (가) - (다) - (나) ② (나) - (가) - (다) ③ (나) - (다) - (가) ④ (다) - (나) - (가)

해설 ② 맥락에 맞게 순서대로 나열한 것은 (나) - (가) - (다)이다.

순서	중심 내용	순서 판단의 단서와 근거
첫 문단	아시아에서 북방에 사는 매가 인기가 많았음	-
(나)	한반도와 일본 간의 교류에서 매는 중요한 물품이었음	지시 표현 '이 북방의 매': (가)의 앞 문단에서 언급한 '북방에 사는 매'를 가리킴
(가)	기유조약이 체결 이후 조선은 대마도에 시혜를 베풀며 일본과의 교린 체계를 유지하였음	키워드 '조선과 일본의 단절된 관계': (나)에서 언급한 임진왜란으로 인해 교류가 단절된 조선과 일본의 관계를 의미함
(다)	조선 후기 매 교역은 경제·정치·외교적 성격이 강했음	지시 표현 '이러한 외교관계': 대마도를 매개로 한 조선과 일본의 외교관계를 가리킴

실전 문제

01 2024년 국가직 9급

(가)~(라)를 맥락에 따라 가장 자연스럽게 배열한 것은?

> 약물은 질병을 치료하거나 예방할 목적으로 사용되는 의약품이다. 우리 주변에는 약물이 오남용되는 경우가 있다.
> (가) 더구나 약물은 내성이 있어 이전보다 더 많은 양을 사용하기 마련이므로 피해는 점점 커지게 된다.
> (나) 오남용은 오용과 남용을 합친 말로서 오용은 본래 용도와 다르게 사용하는 일, 남용은 함부로 지나치게 사용하는 일을 가리킨다.
> (다) 그러므로 약물을 사용할 때는 반드시 의사나 약사와 상의하고 설명서를 확인하여 목적에 맞게 적정량을 사용해야 한다.
> (라) 약물을 오남용하면 신체적 피해는 물론 정신적 피해를 입을 수 있다.

① (나) - (다) - (라) - (가)
② (나) - (라) - (가) - (다)
③ (라) - (가) - (나) - (다)
④ (라) - (다) - (나) - (가)

02 2024년 지방직 9급

(가)~(라)의 전개 순서로 가장 자연스러운 것은?

> 청소년 노동자를 바라보는 시각에는 양극단이 존재한다. '경제적으로 어려운 아이들'이라는 시각과 '지나치게 돈을 좋아하는 아이들'이라는 시각이 그것이다.
> (가) 이런 시각은 비행만을 강조하기에 청소년들이 스스로 노동하고 있다는 사실을 부끄러워하거나 다른 사람들에게 숨기는 경우도 많이 발생한다.
> (나) 전자는 청소년이 노동을 선택하는 이유를 '생계비 마련' 하나만으로 축소해 버리고 피해자로만 바라본다는 점에서 문제가 있다.
> (다) 그러다 보니 생활비 마련뿐만 아니라 의미 있는 시간 활용, 부모의 눈치를 보지 않는 독립적인 생활, 진로 탐색 등 노동을 선택하는 복합적인 이유가 삭제돼 버린다.
> (라) 후자의 시각은 청소년 노동을 학생의 본분을 저버린 그릇된 행위로 만들어 버림으로써, 문제의 원인을 노동 현장의 구조적 문제가 아니라 '청소년이 노동하고 있다는 사실' 자체로 돌려 버린다.
> 두 시각 모두 도달하게 되는 결론은 청소년을 노동에서 빨리 구원해야 한다는 것이다.

① (나) - (가) - (다) - (라)
② (나) - (가) - (라) - (다)
③ (나) - (다) - (라) - (가)
④ (나) - (라) - (다) - (가)

실전 문제

03
2023년 지방직 9급

(가) ~ (다)를 맥락에 따라 가장 자연스럽게 배열한 것은?

독서는 아이들의 전반적인 뇌 발달에 큰 영향을 미친다.
(가) 그에 따르면 뇌의 전두엽은 상상력을 관장하는데, 책을 읽으면 상상력이 자극되어 전두엽을 많이 사용하게 된다.
(나) A 교수는 책을 읽을 때와 읽지 않을 때의 뇌 변화를 연구해서 세계적인 명성을 얻었다.
(다) 이처럼 책을 많이 읽으면 전두엽이 훈련되어 전반적인 뇌 발달의 가능성이 높아지는데, 그 결과는 교육 현장에서 실증된 바 있다.
독서를 많이 한 아이는 학교에서 더 좋은 성적을 낼 뿐 아니라 언어 능력도 발달한다는 사실이 밝혀진 것이다.

① (나) - (가) - (다)
② (나) - (다) - (가)
③ (다) - (가) - (나)
④ (다) - (나) - (가)

04
2023년 지방직 7급

다음 글의 전개 순서로 가장 자연스러운 것은?

(가) 시가 마음을 담아내는 것이므로 시의 내용은 다양할 수밖에 없다. 사람의 마음은 매우 다양하기 때문이다.
(나) 그러나 인간이라면 누구나 갖게 되는 마음이 있기에 자주 등장하는 내용도 있다. 대표적인 것이 바로 그리움이다.
(다) 시는 사람의 내면에만 담아 둘 수 없는 간절한 마음을 말이나 글로 표현할 때 탄생한다는 견해가 있다. 이에 따르면 시를 감상하는 것은 시에 담긴 마음을 읽어 내는 것이다.
(라) 그리움이 담겨 있는 시가 많은 것은 그리움이 그만큼 간절한 마음이기 때문이다. 이렇게 볼 때, 동서고금을 막론하고 그리움을 노래하는 시가 많은 것은 어쩌면 당연한 일이다.

① (가) - (나) - (라) - (다)
② (가) - (다) - (나) - (라)
③ (다) - (가) - (나) - (라)
④ (다) - (나) - (가) - (라)

05
2022년 국가직 9급

다음 글의 '동기화 단계 조직'에 따라 (가) ~ (마)를 배열한 것으로 가장 적절한 것은?

설득하는 말하기의 메시지를 조직하는 방법으로 '동기화 단계 조직'이 있다. 이 방법의 세부 단계는 다음과 같다.
1단계: 주제에 대한 청자의 주의나 관심을 환기한다.
2단계: 특정 문제를 청자와 관련지어 설명함으로써 청자의 요구나 기대를 자극한다.
3단계: 해결 방안을 제시하여 청자의 이해와 만족을 유도한다.
4단계: 해결 방안이 청자에게 어떤 도움이 되는지 구체화한다.
5단계: 구체적인 행동의 내용과 방법을 제시하여 특정 행동을 요구한다.

(가) 지난주 제 친구는 일을 마친 후 자전거를 타고 집으로 돌아오다가 사고를 당해 머리를 다쳤습니다.
(나) 여러분이 자전거를 탈 때 헬멧을 착용하면 머리를 보호할 수 있습니다.
(다) 아마 여러분도 가끔 자전거를 타는 경우가 있을 것입니다. 그런데 매년 2천여 명이 자전거를 타다가 머리를 다쳐 고생한다고 합니다.
(라) 만약 자전거를 타는 모든 사람이 헬멧을 착용한다면 자전거 사고를 당해도 뇌 손상을 비롯한 신체 피해를 75% 줄일 수 있습니다. 또 자전거 타기가 주는 즐거움과 편리함을 안전하게 누릴 수 있습니다.
(마) 자전거를 탈 때는 안전을 위해서 반드시 헬멧을 착용하시기 바랍니다.

① (가) - (나) - (다) - (라) - (마)
② (가) - (다) - (나) - (라) - (마)
③ (가) - (다) - (라) - (나) - (마)
④ (가) - (라) - (다) - (나) - (마)

06

2022년 국가직 9급

다음 글의 전개 순서로 가장 자연스러운 것은?

> (가) 이 기관을 잘 수리하여 정련하면 그 작동도 원활하게 될 것이요, 수리하지 아니하여 노둔해지면 그 작동도 막혀 버릴 것이니 이런 기관을 다스리지 아니하고야 어찌 그 사회를 고취하여 발달케 하리오.
> (나) 이러므로 말과 글은 한 사회가 조직되는 근본이요, 사회 경영의 목표와 지향을 발표하여 그 인민을 통합시키고 작동하게 하는 기관과 같다.
> (다) 말과 글이 없으면 어찌 그 뜻을 서로 통할 수 있으며, 그 뜻을 서로 통하지 못하면 어찌 그 인민들이 서로 이어져 번듯한 사회의 모습을 갖출 수 있으리오.
> (라) 그뿐 아니라 그 기관은 점점 녹슬고 상하여 필경은 쓸 수 없는 지경에 이를 것이니 그 사회가 어찌 유지될 수 있으리오. 반드시 패망을 면하지 못할지라.
> (마) 사회는 여러 사람이 그 뜻을 서로 통하고 그 힘을 서로 이어서 개인의 생활을 경영하고 보존하는 데에 서로 의지하는 인연의 한 단체라.
>
> - 주시경, '대한국어문법 발문' 중에서

① (마) - (가) - (다) - (나) - (라)
② (마) - (가) - (라) - (다) - (나)
③ (마) - (다) - (가) - (라) - (나)
④ (마) - (다) - (나) - (가) - (라)

07

2022년 지방직 7급

다음 글의 전개 순서로 가장 자연스러운 것은?

> (가) 젊은이들 가운데 약삭빠르고 방탕하여 어딘가에 얽매이는 것을 싫어하는 자들이 이 말을 듣고 제 세상 만난 듯 기뻐하여 앉고 서고 움직이는 예절을 마음에 내키는 대로 한다.
> (나) 성인께서도 사람을 가르치실 때 먼저 겉모습부터 단정히 해야만 바야흐로 자신의 마음을 안정시킬 수 있다고 하시었다. 세상에 비스듬히 눕고 기대서서 멋대로 말하고 멋대로 보면서 주경존심(主敬存心)*할 수 있는 사람은 없다.
> (다) 근래 어떤 자가 반관(反觀)*으로 이름을 떨쳐 겉모습을 단정하게 꾸미는 것을 가식이요, 허위라고 한다.
> (라) 나도 예전에 이 병에 깊이 걸렸던 터라 늙어서까지 예절을 익히지 못했으니 비록 후회해도 고치기가 어렵다.
> (마) 지난번 너를 보니 옷깃을 가지런히 하여 똑바로 앉는 것을 즐기지 않아 장중하고 엄숙한 기색을 조금도 볼 수 없었는데, 이는 내 병통이 한 바퀴 돌아 네가 된 것이다.
>
> - 정약용, '두 아들에게 부침'

* 주경존심(主敬存心): 공경하는 마음을 간직함.
* 반관(反觀): 남들이 하는 대로 보지 않고 거꾸로 보거나 반대로 생각하는 것.

① 가 - 나 - 다 - 라 - 마
② 나 - 라 - 마 - 다 - 가
③ 다 - 가 - 라 - 마 - 나
④ 마 - 라 - 가 - 나 - 다

실전 문제

08
2022년 군무원 9급

다음 중 (가) ~ (다)를 문맥에 맞는 순서대로 나열한 것은?

최근 수십 년간 세계 각국의 정부들은 공격적인 환경보호 조치들을 취해왔다. 대기오염과 수질오염, 살충제와 독성 화학물질의 확산, 동식물의 멸종 위기 등을 우려한 각국의 정부들은 인간의 건강을 증진하고 인간 활동이 야생 및 원시 지역에서 만들어 낸 해로운 결과를 줄이기 위해 상당한 자원을 투자해 왔다.

(가) 그러나 이러한 규제 노력 가운데는 막대한 비용을 헛되이 낭비한 것들도 상당수에 달하며, 그중 일부는 해결하고자 했던 문제를 오히려 악화시키기도 했다.

(나) 이 중 많은 조치들이 커다란 성과를 거두었다. 이를테면 대기오염을 줄이려는 노력으로 수십만 명의 조기 사망과 수백만 가지의 질병을 예방할 수 있었다.

(다) 예를 들어, 새로운 대기 오염원을 공격적으로 통제할 경우, 기존의 오래된 오염원의 수명이 길어져서 적어도 단기적으로는 대기오염을 가중시킬 수 있다.

① (나) → (가) → (다)
② (나) → (다) → (가)
③ (다) → (가) → (나)
④ (다) → (나) → (가)

09
2021년 국가직 9급

㉠ ~ ㉤의 전개 순서로 가장 자연스러운 것은?

폭설, 즉 대설이란 많은 눈이 시간적, 공간적으로 집중되어 내리는 현상을 말한다.
㉠ 그런데 눈은 한 시간 안에 5cm이상 쌓일 수 있어 순식간에 도심 교통을 마비시키는 위력을 가지고 있다.
㉡ 또한, 경보는 24시간 신적설이 20cm이상 예상될 때이다.
㉢ 다만, 산지는 24시간 신적설이 30cm이상 예상될 때 발령된다.
㉣ 이때 대설의 기준으로 주의보는 24시간 새로 쌓인 눈이 5cm이상이 예상될 때이다.
㉤ 이뿐만 아니라 운송, 유통, 관광, 보험을 비롯한 서비스 업종과 사회 전반에 영향을 미친다.

① ㉠ - ㉤ - ㉡ - ㉢ - ㉣
② ㉠ - ㉣ - ㉤ - ㉢ - ㉡
③ ㉣ - ㉡ - ㉢ - ㉠ - ㉤
④ ㉣ - ㉠ - ㉤ - ㉢ - ㉡

10
2020년 국가직 7급

다음 글의 전개 순서로 가장 자연스러운 것은?

(가) 이처럼 면 대 면 소통에는 시간과 공간의 제약이 따른다.
(나) 인간의 소통 방식 중 가장 오래되고 직접적인 것은 면 대 면 소통이다.
(다) 그러나 점차 매체가 발달함에 따라 현대 사회에서는 인간이 시간과 공간의 제약을 벗어나 전신, 전파, 인터넷 등을 통해 의미를 주고받는 다양한 소통 방식이 가능해졌다.
(라) 면 대 면 소통은 소통에 참여하는 사람들이 같은 시간과 공간에 존재하면서 음성, 몸짓, 표정 등을 통해 의미를 주고받는 방식으로 이루어진다.

① (나) - (라) - (가) - (다)
② (나) - (라) - (다) - (가)
③ (라) - (가) - (나) - (다)
④ (라) - (나) - (다) - (가)

11
2020년 지방직 9급

다음 글의 전개 순서로 가장 자연스러운 것은?

ㄱ. 1700년대 중반에 이미 미국 이주민들의 평균 소득은 영국인들의 평균 소득을 넘어섰다.
ㄴ. 그러나 미국은 사실 그러한 분야에서는 다른 산업 국가들에 비해 특별한 우위를 갖고 있지 않았다.
ㄷ. 미국 이주민들의 평균 소득이 높아지게 된 배경에는 좋은 환경으로부터 비롯된 낙관성과 자신감이 있었다. 이후로도 다소 불안정하기는 했지만 미국인들의 소득은 계속해서 크게 증가했다.
ㄹ. 대부분의 미국인들은 남북 전쟁 이후 급속히 경제가 성장한 이유를 농업적 환경뿐만 아니라 19세기의 과학적, 기술적 대전환, 기업가 정신과 규제가 없는 시장 경제 때문이라고 단순하게 생각하는 경향이 있다.
ㅁ. 미국인들이 이처럼 초기 정착기에 풍요로움을 누릴 수 있었던 것은 비옥한 토지, 풍부한 천연자원, 흑인 노동력에 힘입은 농산물 수출 덕분이었다.

① ㄱ - ㄷ - ㅁ - ㄹ - ㄴ
② ㄱ - ㄹ - ㄷ - ㄴ - ㅁ
③ ㄹ - ㄴ - ㅁ - ㄱ - ㄷ
④ ㄹ - ㅁ - ㄴ - ㄷ - ㄱ

12

2020년 지방직 7급

㉠ ~ ㉣의 전개 순서로 가장 자연스러운 것은?

> 1900년대 이후로 다른 문자를 지양하고 한글로만 문자 생활을 영위하고자 하는 경향이 나타났다.
> ㉠ 이에 따라 각급 학교 교재에 한자는 괄호 안에 넣는 조치를 취했다.
> ㉡ 그 과정에서 그들이 가장 고심했던 일은 우리말 어휘의 반 이상을 차지하는 한자어를 어떻게 처리하느냐 하는 것이었다.
> ㉢ 한글학회의 『큰사전』에서는 모든 단어의 표제어는 한글로 적었고 괄호 속에 한자, 로마자 등 다른 문자를 병기하였다.
> ㉣ 이로 인해 1930년대 이후에 우리 어문 연구가들은 맞춤법과 외래어 표기법을 제정하고 표준어를 사정하였으며 이를 바탕으로 사전 편찬 사업을 추진했다.

① ㉡ - ㉠ - ㉢ - ㉣
② ㉡ - ㉢ - ㉠ - ㉣
③ ㉣ - ㉡ - ㉢ - ㉠
④ ㉣ - ㉢ - ㉠ - ㉡

13

2019년 서울시 7급 (10월)

<보기1>에 이어질 글을 <보기2>에서 찾아 순서대로 바르게 나열한 것은?

─────〈보기1〉─────

> 구글은 몇 년 전부터 독감 관련 검색어에 대한 연구를 실시했다.

─────〈보기2〉─────

> (가) 다시 말해 독감과 관련된 단어 검색량을 보면, 실제 독감 환자 수, 독감 유행지역 등을 예측할 수 있다는 뜻이다.
> (나) 그리고 이러한 패턴을 미국 질병통제예방센터 데이터와 비교해보았더니, 검색 빈도와 독감 증세를 보인 환자 수 사이에 매우 밀접한 상관관계가 있다는 사실을 발견했다.
> (다) 이는 검색 빈도수가 개인의 생활을 반영한다는 평범한 사실을 보여주지만, 여기에 개인의 유전 정보와 진료 정보 등이 합쳐지면 세계 시민의 보건복지에 크게 기여할 수 있다는 것이 구글의 주장이다.
> (라) 그 결과, 매년 독감 시즌마다 특정 검색어(독감 이름, 독감 예방법 등) 패턴이 눈에 띄게 증가하는 것을 발견했다.

① (가) - (나) - (라) - (다)
② (가) - (라) - (나) - (다)
③ (라) - (가) - (나) - (다)
④ (라) - (나) - (가) - (다)

실전 문제

14
2025년 지방직 9급

(가) ~ (라)를 맥락에 맞추어 가장 적절하게 나열한 것은?

> (가) 픽셀 단위로 수치화된 이미지 데이터는 하나의 긴 데이터 형태로 컴퓨터에 저장된다. 초기 컴퓨터의 경우 흑백만 표현할 수 있었기 때문에 이미지는 하나의 픽셀에 대해 흑과 백이 0과 1로 표현되는 1비트로 저장되었다.
> (나) 높은 해상도의 구현은 데이터 저장 용량의 문제를 일으켰고, 용량을 줄이기 위한 여러 방법도 함께 고안되었다. 이를 통해 고해상도의 이미지도 웹사이트를 비롯한 다양한 분야에서 활발하게 사용할 수 있게 되었다.
> (다) 컴퓨터에서 이미지를 처리하기 위해서는 아날로그 영상 신호를 디지털로 변환하는 과정을 거쳐야 한다. 이미지를 디지털로 저장하는 가장 기본적인 방법은 픽셀 단위로 수치화하여 저장하는 것이다.
> (라) 하지만 현재는 컴퓨터 비전 기술이 발달하면서 하나의 픽셀에 여러 색상의 정보를 담게 되었다. 초기 색상 표현은 하나의 픽셀이 흑과 백의 1비트였으나, 최근에는 높은 해상도를 구현하기 위해 픽셀 하나에 32비트까지 사용한다.

① (나) - (가) - (라) - (다)
② (나) - (다) - (가) - (라)
③ (다) - (가) - (라) - (나)
④ (다) - (라) - (가) - (나)

15
2025년 국가직 9급

(가) ~ (라)를 맥락에 맞추어 가장 적절하게 나열한 것은?

> (가) 그 원리를 알려면 LCD와 OLED의 차이를 이해해야 한다. LCD는 다른 조명 장치의 도움을 받아 시각적 효과를 낸다. 다시 말해 스스로 빛을 내지 못한다는 것이다. 따라서 LCD는 화면 뒤에 빛을 공급하는 백라이트가 필요하다는 특성을 갖는다.
> (나) 자유롭게 말았다 펼 수 있는 '롤러블 TV'가 개발되었다. 평소에는 말거나 작게 접어서 간편하게 가지고 다니다가 필요할 때 펴서 사용하는 태블릿이나 노트북이 상용화될 날도 머지않았다. 기존에 우리가 생각하는 텔레비전 화면이나 모니터는 평평하고 딱딱한 것인데, 어떻게 접거나 말 수 있을까?
> (다) OLED 기술은 모양을 자유롭게 변형할 수 있는 모니터 개발을 가능하게 하였다. 딱딱한 유리 대신에 쉽게 휘어지는 특수 유리나 플라스틱을 이용함으로써 둥글게 말았다가 펼 수 있는 화면을 생산할 수 있게 된 것이다.
> (라) 반면 OLED는 화소 단위로 빛의 삼원색을 내는 유기 반도체로 구성되어 있어 스스로 빛을 낼 수 있다. OLED 제품은 화면 뒤에 백라이트를 설치할 필요가 없기 때문에 얇게 만들 수도 있고 특수 유리나 플라스틱으로 제작할 수도 있다.

① (나) - (가) - (다) - (라)
② (나) - (가) - (라) - (다)
③ (다) - (가) - (라) - (나)
④ (다) - (나) - (라) - (가)

16

(가) ~ (라)를 맥락에 맞추어 가장 적절하게 나열한 것은?

(가) 다음으로 시청자의 마음을 사로잡을 수 있는 참신한 인물을 창조해야 한다. 특히 주인공은 장애를 만나 새로운 목표를 만들고, 그것을 이루는 과정에서 최종적으로 영웅이 된다. 시청자는 주인공이 목표를 이루는 데 적합한 인물로 변화를 거듭할 때 그에게 매료된다.

(나) 스토리텔링 전략에서 제일 먼저 해야 할 일이 로그라인을 만드는 것이다. 로그라인은 '장애, 목표, 변화, 영웅'이라는 네 가지 요소를 담아야 하며, 3분 이내로 압축적이어야 한다. 이를 통해 스토리의 목적과 방향이 마련된다.

(다) 이 같은 인물 창조의 과정에서 스토리의 주제가 만들어진다. '사랑과 소속감, 안전과 안정, 자유와 자발성, 권력과 책임, 즐거움과 재미, 인식과 이해'는 수천 년 동안 성별, 나이, 문화를 초월하여 두루 통용된 주제이다.

(라) 시청자가 드라마나 영화에 대해 시청 여부를 결정하는 데 걸리는 시간은 8초에 불과하다. 제작자는 이 짧은 시간 안에 시청자를 사로잡을 수 있는 스토리텔링 전략이 필요하다.

① (나) - (가) - (라) - (다)
② (나) - (다) - (가) - (라)
③ (라) - (나) - (가) - (다)
④ (라) - (나) - (다) - (가)

17

〈보기1〉의 문장에 이어질 〈보기2〉의 (가) ~ (라)를 문맥에 맞게 순서대로 바르게 나열한 것은?

〈보기1〉

법과 질서를 지키는 것은 시민의 의무일까?

〈보기2〉

(가) 이 역시 법의 외형을 띠었다. 국가의 안전과 공공의 질서를 유지한다는 정당해 보이는 이유가 있었다. 하지만 안전과 질서라는 말은 인권을 제한하는 만능 논리로 사용되었고 권력자의 뜻에 따른 통치를 용이하게 만들었다.

(나) 한국도 그런 부정의한 시대를 겪었다. 대표적으로 헌법상 기본권을 무효화시키고 인혁당 사건을 비롯해 대규모 인권침해를 초래했던 유신시대의 헌법과 긴급조치를 떠올려보자.

(다) 대체로 법과 질서를 따라야 하는 건 맞다. 하지만 언제나 그렇다고 말할 수는 없다. 부당한 법과 질서를 지키지 않는 것도 시민의 책무이기 때문이다.

(라) 법이 부당할 수 있다는 사실은 나치의 반유대인 정책이나 남아프리카공화국의 아파르트헤이트 등 법을 통해 부정의한 사회질서가 만들어지고 집행된 경험을 통해 충분히 깨달았다. 역사는 그런 부정의한 법을 집행한 사람을 전범이라는 이름으로 재판하고 처벌하기도 했다.

① (나) - (가) - (다) - (라)
② (나) - (라) - (가) - (다)
③ (다) - (라) - (나) - (가)
④ (라) - (가) - (나) - (다)

실전 문제

18
2024년 지역인재 9급

(가) ~ (라)의 전개 순서로 가장 자연스러운 것은?

> (가) 방언도 다 그것대로 훌륭한 체계를 갖추고 있을 뿐 아니라 때에 따라서는 더 훌륭한 체계를 갖추고 있을 수도 있다.
> (나) 표준어가 특별 대접을 받은 방언이라 하여 표준어가 다른 방언보다 언어학적으로 더 우위에 있는 언어는 아니다. 이 점은 일반인들이 흔히 하는 오해로서, 방언은 체계가 없고 조잡한 언어이며 표준어는 올바르고 우수한 언어라고 생각하는 것이다.
> (다) 그러나 문명국의 언어가 더 체계적이고 미개국의 언어가 덜 체계적이라고 하는 사고가 잘못된 것임이 밝혀졌듯이 방언이 표준어보다 체계가 없고 덜 우수한 언어라는 생각 역시 잘못된 생각이다.
> (라) 표준어가 다른 방언보다 좋은 체계를 갖춘 언어라서가 아니라 가령 행정, 교통, 문화 등의 중심지에서 쓰이는 조건 등으로 그만큼 영향력이 크고 보급이 쉬운 이점이 있어 표준어의 자격을 얻게 된다는 점을 바로 인식할 필요가 있다.

① (나) - (라) - (다) - (가)
② (나) - (다) - (가) - (라)
③ (라) - (다) - (가) - (나)
④ (라) - (나) - (가) - (다)

19
2024년 군무원 9급

다음 중 (가) ~ (다)를 문맥에 맞는 순서대로 나열한 것은?

> 사회 문제의 종류와 내용 및 그에 대한 관념은 시대와 사회에 따라 다르게 나타난다. 운명론을 예로 들어보자. 운명론은 한마디로 개인의 고통과 사회적 불평등을 하늘의 뜻으로 또는 당연히 주어진 것으로 받아들이는 태도이다.
> (가) 이러한 상황에서는 사람들이 겪는 고통이 '사회 문제'의 관념으로 발전하기 어렵다. 결과적으로 전통 사회에서는 기존 질서의 유지가 가장 중요한 사회적 관심사가 되고 따라서 '규범의 파괴'가 가장 핵심적인 사회 문제로 떠오르게 된다.
> (나) 한편, 오늘날 우리가 갖게 된 사회 문제의 관념은 운명론의 배격을 전제로 한다. 그것은 우선 사람의 고통은 여러 사람 공동의 노력으로 해결할 수 있다는 생각, 그것이 개인의 책임이 아니고 사회 제도와 체제의 책임이라는 관념, 나아가 모든 사람은 인간적인 대우를 받을 가치가 있다는 인식의 확산 없이는 이루어지지 못한다.
> (다) 따라서 운명론이 지배하는 사회에서는 개인이나 특정 집단이 겪는 고통은, 그것이 심한 사회적 통제와 불평등의 결과이기도 하지만, 사회의 잘못이 아닌 그들 개개인의 탓으로 돌려진다. '가난은 나라도 구제할 수 없다'는 생각이 그 단적인 예에 속한다.

① (나) → (가) → (다)
② (나) → (다) → (가)
③ (다) → (가) → (나)
④ (다) → (나) → (가)

20

다음 글에서 (가) ~ (다)의 순서를 자연스럽게 배열한 것은?

> 빅데이터가 부각된다는 것은 기업들이 빅데이터의 가치를 받아들이기 시작했다는 뜻이다. 여기에는 기업들이 데이터를 바라보는 시각이 변한 측면도 있다.
> (가) 기업들은 고객이 판촉 활동에 어떻게 반응하고 평소에 어떻게 행동하며 사물에 대해 어떤 태도를 보이는지 알기 위해 많은 돈을 투자해 마케팅 조사를 해 왔다.
> (나) 그런 상황에서 기업들은 SNS나 스마트폰 등 새로운 데이터 소스로부터 그러한 궁금증과 답답함을 해결할 수 있다는 것을 알게 되었다. 페이스북에 올리는 광고에 친구가 '좋아요'를 한 것에서 기업들은 궁금증과 답답함을 해결할 수 있다.
> (다) 그런데 기업들의 그런 노력이 효과가 있는 경우도 있었으나 아쉬운 점도 많았다. 쉬운 예로, 기업들은 많은 광고비를 쓰지만 그 돈이 구체적으로 어느 부분에서 효과를 내는지는 알지 못했다.
> 결국 데이터가 있는 곳에서 기업들은 점점 더 고객의 취향에 집중할 수 있게 되었으며, 이에 따라 기업들은 소셜미디어의 빅데이터를 중요한 경영 수단으로 수용하기 시작한 것이다.

① (가) - (나) - (다)
② (가) - (다) - (나)
③ (나) - (가) - (다)
④ (다) - (나) - (가)

21

다음 글의 전개 순서로 가장 자연스러운 것은?

> (가) 과거에는 고통만을 안겨 주었던 지정학적 조건이 이제는 희망의 조건이 되고 있습니다. 이제 한반도는 사람과 물자가 모여드는 동북아 물류와 금융, 비즈니스의 중심지가 될 것입니다. 우리가 주도해서 평화와 번영의 동북아 시대를 열어 나가야 합니다.
> (나) 100년 전 우리는 수난과 비극의 역사를 겪었습니다. 해양으로 나가려는 세력과 대륙으로 진출하려는 세력이 한반도를 가운데 놓고 싸움을 벌였습니다. 마침내 우리는 국권을 상실하는 아픔을 감수해야 했습니다.
> (다) 지금은 무력이 아니라 경제력이 국력을 좌우하는 시대입니다. 우리나라는 전쟁의 폐허를 극복하고 세계적인 경제 강국을 건설하고 있습니다. 우수한 인력과 세계 선두권의 정보화 기반을 갖추고 있습니다. 바다와 하늘과 땅을 연결하는 물류 기반도 손색이 없습니다.
> (라) 그 아픔은 분단으로 이어져서 오늘에 이르고 있습니다. 그 과정에서는 정의가 패배하고 기회주의가 득세하는 불행한 역사를 겪었습니다. 그러나 이제 우리에게도 새로운 희망의 시대가 열리고 있습니다. 세계의 변방으로 머물러 왔던 동북아시아가 북미 · 유럽 지역과 함께 세계 경제의 3대 축으로 떠오르고 있습니다.

① (가) - (나) - (다) - (라)
② (가) - (라) - (나) - (다)
③ (나) - (가) - (라) - (다)
④ (나) - (라) - (다) - (가)

실전 문제

22
2018년 지방직 7급

다음 글의 전개 순서로 가장 자연스러운 것은?

(가) 미술 작품에 등장하는 동물은 그 성격에 따라 나누어 보면 종교적·주술적인 동물, 신을 위한 동물, 인간을 위한 동물로 구분할 수 있다. 물론 이 구분은 엄격한 것이 아니므로 서로의 개념을 넘나들기도 하며, 여러 뜻을 동시에 갖기도 한다.

(나) 인류가 남긴 수많은 미술 작품을 살펴보다 보면 다양한 동물들이 등장하고 있음을 알 수 있다. 미술 작품 속에 등장하는 동물에는 일상에서 흔히 접할 수 있는 개나 고양이, 꾀꼬리 등도 있지만 해태나 봉황 등 인간의 상상에서 나온 동물도 적지 않음을 알 수 있다.

(다) 종교적·주술적인 성격의 동물은 가장 오랜 연원을 가진 것으로, 사냥 미술가들의 미술에 등장하거나 신앙을 목적으로 형성된 토템 등에서 확인할 수 있다. 여기에 등장하는 동물들은 대개 초자연적인 강대한 힘을 가지고 인간 세계를 지배하거나 수호하는 신적인 존재이다. 인간의 이지가 발달함에 따라 이들의 신적인 기능은 점차 감소되어, 결국 이들은 인간에게 봉사하는 존재로 전락하고 만다.

(라) 동물은 절대적인 힘을 가진 신의 위엄을 뒷받침하고 신을 도와 치세(治世)의 일부를 분담하기 위해 이용되기도 한다. 이 동물들 역시 현실 이상의 힘을 가지며 신성시되는 것이 보통이지만, 이는 어디까지나 신의 권위를 강조하기 위한 것에 지나지 않는다. 이들은 신에게 봉사하기 위해서 많은 동물 중에서 특별히 선택된 것들이다. 그리하여 그 신분에 알맞은 모습으로 조형화되었다.

① (가) - (나) - (라) - (다)
② (가) - (다) - (나) - (라)
③ (나) - (가) - (다) - (라)
④ (나) - (다) - (라) - (가)

23
2024년 국가직 9급

다음 문장이 들어가기에 가장 적절한 곳을 (가) ~ (라)에서 고르면?

> 나라에 위기가 닥쳤을 때 제 몸을 희생해 가며 나라 지키기에 나섰으되 역사책에 이름 한 줄 남기지 못한 이들이 이순신의 일기에는 뚜렷하게 기록된 것이다.

> 『난중일기』의 진면목은 7년 동안 전란을 치렀던 이순신의 인간적 고뇌가 가감 없이 드러나 있다는 데 있다. (가) 왜군이라는 외부의 적은 물론이고 임금과 조정의 끊임없는 경계와 의심이라는 내부의 적과도 싸우며, 영웅이기 이전에 한 사람의 인간으로서 느낀 극심한 심리적 고통이 잘 나타나 있다. (나) 전란 중 겪은 원균과의 갈등도 적나라하게 드러나 있어 그가 완벽한 인간이 아니라 감정에 휘둘리는 보통의 인간이었음을 보여 준다. (다) 그뿐만 아니라 이순신은 『난중일기』에서 사랑하는 가족의 이름과 함께 휘하 장수에서부터 병졸들과 하인, 백성들의 이름까지도 언급하고 있다. (라) 난중일기의 위대함은 바로 여기에 있다.

① (가) ② (나)
③ (다) ④ (라)

24
2024년 서울시 9급 (2월)

〈보기1〉을 〈보기2〉에 삽입하려고 할 때 문맥상 가장 적절한 곳은?

─〈보기1〉─

그런데 괴델의 불완전성에 대한 증명이 집합론을 붕괴로 이끌지 않았다. 마치 평행선 공리의 부정이 유클리드 기하학을 붕괴시키지 않고, 오히려 그것은 새로운 기하학의 탄생과 부흥을 가져왔던 것처럼, 공리계의 불완전성은 수학자의 작업이 결코 종결될 수 없음을 뜻했다.

─〈보기2〉─

미국의 수학자 코엔은 칸토어의 연속체 가설과 선택 공리라는 잘 알려진 공리가 집합론의 공리계에 대해 결정 불가능한 명제라는 것을 증명했다. 이로써, "산술 체계를 포함하여 모순이 없는 모든 공리계에는 참이지만 증명할 수 없는 명제가 존재하며 또한 그 공리계는 자신의 무모순성을 증명할 수 없다."는 괴델의 정리는 수학의 가장 기초적인 영역인 집합론 자체 안에서 수학적 확증을 얻게 된다. (①) 결정 불가능한 명제, 진리가 끝나기에 수학이 끝나는 지점이 아니라 반대로 진리라는 이름으로 봉인되었던 기존의 체계를 벗어나서 새로운 수학이 시작되는 지점이 되었다. 이런 결정 불가능한 명제는 주어진 공리계 안에서 참임을 증명할 수 없는 명제지만 반대로 거짓임을 증명할 수도 없는 명제다. (②) 다시 말해 그 공리계 안에서 반드시 모순을 일으키지 않는 명제다. 따라서 이런 명제를 공리로 채택한다면 그 공리계 안으로 포섭할 수 있다. 모순을 일으키지 않으니 차라리 쉬운 셈이다. 하지만 여기서 중요한 사실을 하나 추가해야만 한다. (③) 이처럼 결정 불가능한 명제를 공리로 추가한다고 그 공리계가 완전한 것이 되지 않는다는 것이다. 새로운 공리계에 대해서도 또다시 결정 불가능한 명제가 있다는 것이 괴델 정리의 또 다른 의미이기 때문이다. (④)

25
2024년 군무원 9급

다음 글이 〈보기〉의 ㉠~㉣ 중 들어가기에 가장 적절한 곳은?

서양인이나 중동인은 해부학적으로 측면의 얼굴이 인상적인 이미지를 남긴다. 그래서 서양미술에서는 사람의 측면만 그리는 '프로필(프로파일)'이라는 미술 장르가 발달했다. 프로필이라는 말이 인물 소개를 뜻하게 된 것도 이 때문이다.

─〈보기〉─

어떤 이집트 그림에서는 사람의 얼굴은 측면, 눈은 정면, 목은 측면, 가슴은 정면, 허리와 발은 측면으로 그려지곤 한다. 인간의 신체가 자연 상태에서 이렇게 보이는 경우란 있을 수 없다. 해부학적으로 불가능한 자세인 것이다.

그럼에도 이 그림을 처음 볼 때 우리는 별로 어색한 느낌이 들지 않는다. 왜 그럴까? 그것은 신체의 각 부위가 그 특징이 가장 잘 드러나는 부분 위주로 봉합되어 있기 때문이다. 넓은 가슴이나 눈은 정면에서 보았을 때 그 특징이 잘 살아난다. (㉠)

이렇게 각 부위의 중요한 면 위주로 조합된 인체상은 이상적인 부분끼리의 조합이므로 완전하고 완벽하며 장중한 형상이라는 느낌을 준다. 그러니까 흠 없는 인간, 영원히 썩지 않고 스러지지 않을 초월적 존재라는 인상을 준다. (㉡)

이집트 그림에서는 신과 파라오, 귀족만이 이렇게 그려지고 평범한 사람들은 곧잘 이런 법칙과 관계없이 꽤 사실적으로 그려졌다. (㉢) 이는 신과 파라오, 나아가 귀족은 오로지 '존재하는 자'이고, 죽을 운명의 범인들은 그저 '행위하는 자'라는 생각이 반영된 것이다.

범인들이 일하는 모습을 그릴 때 사실적으로, 그러니까 얼굴이 측면이면 가슴도 측면으로 자연스럽게 그리는 것은, 그들은 썩어 없어질 '찰나의 인생'이기 때문이다. (㉣) 반면 고귀한 신분은 삼라만상의 변화와 관계없이 영원한 세계의 이상을 반영하는 존재이므로 이상적 규범에 따라 불변의 양식으로 그려진다.

① ㉠ ② ㉡
③ ㉢ ④ ㉣

실전 문제

26
2023년 서울시 9급

<보기1>을 <보기2>에 삽입하려고 할 때 문맥상 가장 적절한 곳은?

─ <보기1> ─

왜냐하면 학문의 세계에서는 하나의 객관적 진실이 백일하에 드러나 모든 다른 견해를 하나로 귀결시키는 일은 일어나지 않기 때문이다.

─ <보기2> ─

민족이 하나로 된다면 소위 "민족의 역사"가 하나로 통합되는 것은 너무나 당연한 일이라고 생각할 수 있다. (㉠) 그러나 좀 더 곰곰이 생각해 보면 역사학을 포함한 학문의 세계에서 통합이란 말은 성립되기 어렵다. (㉡) 학문의 세계에서는 진실에 이르기 위한 수많은 대안이 제기되고 서로 경쟁하면서 발전이 이루어진다. (㉢) 따라서 그 다양한 대안들을 하나로 통합한다는 것은 학문을 말살하는 것이나 다름없다. (㉣) 학문의 세계에서는 통합이 아니라 다양성이 더 중요한 덕목인 것이다.

① ㉠
② ㉡
③ ㉢
④ ㉣

27
2023년 군무원 9급

아래 내용을 윗글의 (가)~(라)에 넣을 때 가장 적절한 위치는?

(가) 공감은 상대방의 생각과 느낌을 자신의 생각과 느낌처럼 받아들이고 이해하는 것이다. (나) 상대방이 나를 분석하거나 판단하지 않고, 있는 그대로 나의 감정을 이해하고 있다고 느끼게 될 때 사람들은 그 상대방을 나를 이해하는 사람, 나를 알아주는 사람으로 여기게 된다. 판단 기준과 가치관이 다른 사람의 생각과 느낌을 공감을 하면서 이해하는 것은 여간 어려운 일이 아니다. (다) 사람은 누구나 자신의 느낌과 생각을 바탕으로 말하고 판단하고 일을 결정하게 되므로, 상대방의 입장을 헤아리고 그의 느낌과 생각을 내가 그렇게 생각하고 느끼는 것처럼 이해하기가 어렵다. (라) 상대방의 말투, 표정, 자세를 관찰하면서 그와 같은 관점, 심정, 분위기 또는 태도로 맞추는 것도 공감에 도움이 된다.

공감의 출발은 상대방의 이야기를 경청하면서 상대방의 감정과 느낌이 어떠했을까를 헤아리며 그것을 이해하도록 노력하는 것이다. 그리고 상대방의 입장을 이해한다는 것을 언어적, 비언어적으로 표현하는 것이 중요하다.

① (가) ② (나) ③ (다) ④ (라)

28
2022년 국가직 9급

다음 문장이 들어가기에 가장 적절한 곳을 ㉠~㉣에서 고르면?

> 신분에 따라 문체를 고착화하는 것을 인정하지 않았던 것이다.

> 유럽이 교회로부터 정신적으로 해방된 것은 그리스와 로마의 고대 작가들에 대한 재발견을 통해서였다. ㉠ 그 이후 고대 작가들의 문체는 귀족 중심의 유럽 문화에서 모범으로 여겨졌다. ㉡ 이러한 상황은 대략 1770년대에 시작되는 낭만주의에서부터 변화하기 시작했다. ㉢ 이 낭만주의 시기에 평등과 민주주의를 꿈꿨던 신흥 시민 계급은 문학에서 운문과 영웅적 운명을 귀족에게만 전속시키고 하층민에게는 산문과 우스꽝스러운 상황을 배정하는 전통 시학을 거부했다. ㉣ 고전문학은 더 이상 문학의 규범이 아니었으며, 문학을 현실의 모방으로 인식하는 태도도 포기되었다.

① ㉠ ② ㉡ ③ ㉢ ④ ㉣

29
2021년 군무원 9급

다음 문장이 들어가기에 가장 적절한 곳을 ㉠~㉣에서 고르면?

> 문학의 범위를 좁게 잡는 것은 나중에 나타난 새로운 관습이다.

> (가) 문학의 범위는 시대에 따라서 달라져왔다. 한문학에서 '문(文)'이라고 하던 것은 '시(詩)'와 함께 참으로 큰 비중을 차지하고 실용적인 글도 적지 않게 포함했다.
> (나) 시대가 변하면서 '문'이라는 개념은 뒷전으로 밀려나고, 시·소설·희곡이 아닌 것 가운데는 수필이라고 이름을 구태여 따로 붙이는 글만 문학세계의 준회원 정도로 인정하기에 이르렀다.
> (다) 근래에 와서 사람이 하는 활동을 세분하면서 무엇이든지 전문화할 때 문학 고유의 영역을 좁게 잡았다.
> (라) 문학의 범위를 좁게 잡는 오늘날의 관점으로 과거의 문학을 재단하지 말고, 문학의 범위에 관한 오늘날의 통념을 반성해야 한다.

① (가)문단 뒤 ② (나)문단 뒤
③ (다)문단 뒤 ④ (라)문단 뒤

유형 06 숨겨진 내용 추론하기

기출 유형 분석
- 글에 명시된 정보를 단서로 삼아 숨겨진 정보를 추론하는 유형의 문제이다.
- 글에 제시된 정보를 종합하여 재구성한 내용이 적절한지를 판단하는 유형의 문제이다.

예상 출제 방향
- 글의 제시된 정보만으로도 선택지의 내용이 타당하게 추론될 수 있는 내용인지를 판단해야 하는 문제가 출제될 수 있다.

대표 기출 문제

다음 글에서 추론한 내용으로 가장 적절한 것은?
9급 출제기조 전환 2차 예시문제

『성경』에 따르면 예수는 죽은 지 사흘 만에 부활했다. 사흘이라고 하면 시간상 72시간을 의미하는데, 예수는 금요일 오후에 죽어서 일요일 새벽에 부활했으니 구체적인 시간을 따진다면 48시간이 채 되지 않는다. 그렇다면 『성경』에서 3일이라고 한 것은 예수의 신성성을 부각하기 위한 것일까?

여기에는 수를 세는 방식의 차이가 개입되어 있다. 구체적으로 말하면 우리가 사용하는 현대의 수에는 '0' 개념이 깔려 있지만, 『성경』이 기록될 당시에는 해당 개념이 없었다. '0' 개념은 13세기가 되어서야 유럽으로 들어왔으니, '0' 개념이 들어오기 전 시간의 길이는 '1'부터 셈했다. 다시 말해 시간의 시작점 역시 '1'로 셈했다는 것인데, 금요일부터 다음 금요일까지는 7일이 되지만, 시작하는 금요일까지 날로 셈해서 다음 금요일은 8일이 되는 식이다.

이와 같은 셈법의 흔적을 현대 언어에서도 찾을 수 있다. 오늘날 그리스 사람들은 올림픽이 열리는 주기에 해당하는 4년을 'pentaeteris'라고 부르는데, 이 말의 어원은 '5년'을 뜻한다. '2주'를 의미하는 용도로 사용되는 현대 프랑스어 'quinze jours'는 어원을 따지자면 '15일'을 가리키는데, 시간적으로는 동일한 기간이지만 시간을 셈하는 방식에 따라 마지막 날과 해가 달라진 것이다.

① '0' 개념은 13세기에 유럽에서 발명되었다.
② 『성경』에서는 예수의 신성성을 부각하기 위해 그의 부활 시점을 활용하였다.
③ 프랑스어 'quinze jours'에는 '0' 개념이 들어오기 전 셈법의 흔적이 남아 있다.
④ 'pentaeteris'라는 말이 생겨났을 때에 비해 오늘날의 올림픽이 열리는 주기는 짧아졌다.

해설 ③ 3문단 끝에서 2~3번째 줄을 통해 2주(14일)를 의미하는 'quinze jours'의 어원적 의미는 '15일'임을 알 수 있다. 이는 2문단에서 설명한 바와 같이 '0'의 개념이 존재하지 않아 시간의 시작점을 '1'부터 셈을 했기 때문임을 알 수 있다. 따라서 프랑스어 'quinze jours'에는 '0' 개념이 들어오기 전 셈법의 흔적이 남아 있음을 추론할 수 있다.

오답분석
① 2문단 2번째 줄을 통해 '0'의 개념은 13세기에 유럽에 들어왔음을 알 수 있으므로, '0' 개념은 13세기 이전 유럽 이외의 다른 지역에서 발명되었을 것임을 추론할 수 있다. 따라서 ①의 추론은 적절하지 않다.
② 1문단에서 『성경』에 기록된 예수의 부활 시점을 언급한 것은 과거와 현재의 시간 개념의 차이에 대한 의문을 제기하기 위한 것일 뿐, 예수의 신성성을 부각하기 위한 것으로 보기는 어렵다. 따라서 ②의 추론은 적절하지 않다.
④ 3문단 1~2번째 줄의 내용에 의하면 현대 그리스 사람들이 4년(올림픽 개최 주기)이라고 부르는 'pentaeteris'의 어원은 '5년'을 뜻한다. 이러한 차이는 'pentaeteris'라는 말이 생겨났을 당시, '0'의 개념이 존재하지 않아 시간의 시작점을 '1'로 셈했기 때문임을 추론할 수 있다. 즉 과거와 현재 'pentaeteris'의 의미 차이는 셈법에 의한 것일 뿐, 실제로는 같은 값에 해당한다. 이를 통해 'pentaeteris'라는 말이 생겨났을 때와 오늘날의 올림픽이 열리는 주기는 동일할 것임을 추론할 수 있으므로 ④의 추론은 적절하지 않다.

실전 문제

01
2025년 국가직 9급

다음 글에서 추론한 내용으로 가장 적절한 것은?

조선 시대 소설은 표기 문자에 따라 한자로 표기한 한문 소설과 한글로 표기한 한글 소설, 두 가지로 나뉜다. 한문 소설은 중국에서 들여온 한문 소설, 조선에서 창작한 한문 소설, 조선의 한글 소설을 번역한 한문 소설로 나뉜다. 그리고 한글 소설은 중국 소설을 번역한 한글 소설, 조선에서 창작한 한문 소설을 번역한 한글 소설, 조선에서 창작한 한글 소설로 나뉜다. 조선 시대에 많은 한글 소설이 창작되어 읽혔지만, 이를 저급한 오락물로 여겼던 당대의 지식인들은 한글 소설을 외면했으므로 그에 관해 기록한 문헌을 거의 남기지 않았다. 반면에 이들은 한문 소설, 특히 중국에서 들여온 한문 소설을 즐겨 읽고 이에 관한 많은 기록을 남겼다.

중국에서 들여온 한문 소설은 조선에서도 인쇄된 책으로 읽혔기 때문에 필사본이 거의 없다. 이와 대조적으로 조선에서 창작한 한문 소설은 필사본으로 유통되었다. 조선의 필사본 소설은 뚜렷한 특징을 보이는데, 한문 소설을 필사한 경우는 이본별 내용 차이가 거의 없는 반면 한글 소설을 필사한 경우는 그렇지 않다는 점이다. 한글 소설은 같은 제목의 소설이라도 내용이 상당히 다른 다양한 이본이 있었다. 이는 한문 소설의 독자는 문자 그대로 독자였던 것에 비하여 한글 소설의 독자는 독자이면서 이야기를 개작하는 작자이기도 했기 때문이다. 한자에 비해 한글은 익히기 쉽고 그만큼 쓰기도 편해서 한글 소설의 필사자는 내용을 바꾸고 싶다는 의지가 있다면 쉽게 바꿀 수 있었다. 한글 소설은 인쇄본이 아니라 필사본으로 많이 유통되었기 때문에 옮겨 쓰는 과정에서 다양한 이본이 생겨났다.

조선 시대 소설을 이해하는 데 있어서 소설을 표기한 문자는 무엇보다 중요하다. 표기 문자는 소설의 종류를 나누는 기준이 되었을 뿐만 아니라, 소설의 감상 및 유통, 이본 생산에 직접적인 영향을 미쳤다.

① 조선 시대의 소설은 한글 소설보다 한문 소설의 종류가 훨씬 다양했다.
② 조선 시대의 지식인들은 조선에서 창작한 한문 소설을 저급한 오락물로 여겼다.
③ 한자로 필사할 때보다 한글로 필사할 때 필사자의 의견이 반영되어 개작되기 쉬웠다.
④ 조선의 필사본 소설 중 한문 소설을 필사한 것은 소수였고 한글 소설을 필사한 것이 대부분이었다.

02
2025년 국가직 9급

다음 글에서 추론한 내용으로 가장 적절한 것은?

이집트 벽화에서 신, 파라오, 귀족은 특이한 모습으로 표현된다. 신체의 주요 부위를 이상적으로 보여줄 수 있도록 눈은 정면, 얼굴은 측면, 가슴은 정면, 발은 측면을 향하게 조합하여 그린 것이다. 이는 단일한 시점에서 대상을 표현한 것이 아니라 여러 시점에서 바라본 모습을 하나의 형상에 집약한 것이다. 이렇게 그려진 그들의 모습은 이상적인 부분끼리의 조합을 통해 완전하고 완벽하며 장중한 형상을 보여 주고자 한 의도의 결과이다. 그런데 벽화에 표현된 대상들 중 신, 파라오, 귀족과 같은 고귀한 존재는 이렇게 그려지고, 평범한 일반인은 곧잘 이런 방식과 관계없이 꽤 사실적으로 그려졌다. 그들을 서로 다른 방식으로 표현하였다는 점은 이집트 미술이 특정한 이데올로기를 통해 양식화되어 있음을 선명하게 보여 준다.

이 이데올로기에 따르면, 신과 파라오, 나아가 귀족은 '존재하는 자'이고, 죽을 운명을 가진 평범한 사람들은 그저 '행위하는 자'이다. 평범한 사람들이 일하는 모습을 그릴 때 사실적으로, 그러니까 얼굴이 측면이면 가슴도 측면으로 자연스럽게 그리는 것은, 그들이 썩어 없어질 찰나의 인생을 살고 있기 때문이다. 그러기에 그들은 이 세상에서 실제로 행위하는 모습 그대로 그려진다. 반면 고귀한 존재는 삼라만상의 변화와 관계없이 영원한 세계의 이상을 반영한다. 그러기에 그들은 이상적 규범에 따라 불변의 양식으로 그려진다.

이렇게 같은 인간을 표현해도 위계에 따라 표현 방식을 달리한 것은 이집트 종교의 영향 때문이다. 이집트 종교는 수직적이고 이원적인 정신성에 그 토대를 두고 있다. 이런 이원론적인 정신성은 양식화된 이상주의적 미술로 표현되는 경향이 있다. 이집트의 벽화가 바로 그 대표적인 사례이다.

① 이집트의 벽화에서는 존재와 행위를 동등한 가치로 표현하고 있다.
② 이집트의 종교가 가지는 정신성은 이집트의 미술 양식에 영향을 끼쳤다.
③ 이집트의 이상주의적 미술에서는 평범한 사람들은 그리지 않고 고귀한 존재들만 표현하였다.
④ 이집트인들은 신체를 바라보는 독특한 시점을 토대로 예술에 관한 이데올로기를 형성하였다.

실전 문제

03
2025년 지방직 9급

다음 글에서 추론한 내용으로 가장 적절한 것은?

경제적으로 보면 우리의 삶은 끊임없이 무언가를 소비한다. 의식주 같은 기본 생활에 더해 문화생활과 사회 활동도 소비를 떼어 놓고 생각할 수 없다. 소비되는 것을 흔히 '상품'이라고 부르지만 실은 '재화'라고 해야 하는데, 재화는 소비를 목적으로 하고 상품은 시장에서의 판매를 목적으로 한다는 점에서 구분되기 때문이다. 이렇게 볼 때 재화는 인류 역사상 늘 있었지만, 상품은 자본주의 시대에 이르러 출현하였다.

냉전 시대에는 다음과 같은 말이 있었다. "자본주의에서는 상인이 최고이고, 사회주의에서는 공직자가 최고이다." 자본주의는 자유경쟁을 기본으로 하기에 물건을 싸게 사서 비싸게 파는 상인이 돈을 가장 많이 벌 수 있으며, 사회주의는 관료제의 폐해로 국가 기관이 부패해서 고위 관료라든가 고급 당원이 배불리 먹고산다는 의미이다.

자본주의의 역사를 볼 때 이 말은 사실에 가깝다. 자본주의는 애초부터 상업의 발달과 밀접한 관계가 있었다. 중세의 상인들이 물건을 시장에 팔아 이윤을 얻기 위해 수공업자들을 조직하여 그들에게 자본과 도구를 빌려주고 물건을 대신 생산하게 한 데에서 자본주의가 출발하였다. 이처럼 자본주의는 상품에 기초한 사회로, 상품은 그것이 판매될 수 있는 시장을 전제로 생산되는 것이기 때문에 시장이 형성되어 있지 않다면 상품도 존재할 수 없다. 목수가 집에서 쓰기 위해 만든 의자와 시장에 팔기 위해 만든 의자는 동일한 의자임에도 재화와 상품의 관점에서 볼 때 서로 다르다.

이와 같이 상품에는 생산과 유통이라는 두 가지 측면이 있다. 자본주의 사회에서 생산되는 물품의 유통을 맡은 사람이 바로 상인이다. "자본주의에서는 상인이 최고이다."라는 말은 만드는 이에 비해서 파는 이가 더 많은 이익을 남긴다는 뜻이다. 자본주의화가 진행될수록 전자와 후자 사이의 차이는 더 커진다. 기술혁신이 이루어져 상품을 생산하는 과정은 갈수록 단순해지고 상품의 대량생산은 쉬워지는 반면, 유통의 경우 상품과 최종 소비자 사이의 관계가 갈수록 복잡해지므로 생산에 비해 우회로를 더 많이 거치게 된다. 따라서 자본주의가 성숙할수록 제조업의 이윤은 적어지고 유통업의 이윤은 많아진다.

① 사회주의에서는 유통이 생산보다 중요하다.
② 상품이 존재한다는 것은 시장이 형성되어 있다는 것이다.
③ 자본주의가 성숙할수록 제조업과 유통업의 이윤 차이는 줄어든다.
④ 중세의 상인들은 물건의 생산 단가를 낮추기 위해 시장에 팔 물건을 손수 생산하였다.

04
9급 출제기조 전환 2차 예시문제

다음 글에서 추론한 내용으로 가장 적절한 것은?

생물은 자신의 종에 속하는 개체들과 의사소통을 한다. 꿀벌은 춤을 통해 식량의 위치를 같은 무리의 동료들에게 알려주며, 녹색원숭이는 포식자의 접근을 알리기 위해 소리를 지른다. 침팬지는 고통, 괴로움, 기쁨 등의 감정을 표현할 때 각각 다른 소리를 낸다.

말한다는 것을 단어에 대해 소리 낸다는 의미로 보게 되면, 침팬지가 사람처럼 말하도록 하는 것은 불가능하다. 침팬지는 인간과 게놈의 98%를 공유하고 있지만, 발성 기관에 차이가 있다.

인간의 발성 기관은 아주 정교하게 작용하여 여러 소리를 낼 수 있는데, 초당 십여 개의 소리를 쉽게 만들어 낸다. 이는 성대, 후두, 혀, 입술, 입천장을 아주 정확하게 통제할 수 있기 때문에 가능한 것이다. 침팬지는 이만큼 정확하게 통제를 하지 못한다. 게다가 인간의 발성 기관은 유인원의 그것과 현저하게 다르다. 주요한 차이는 인두의 길이에 있다. 인두는 혀 뒷부분부터 식도에 이르는 통로로 음식물과 공기가 드나드는 길이다. 인간의 인두는 여섯 번째 목뼈에까지 이른다. 반면에 대부분의 포유류에서는 인두의 길이가 세 번째 목뼈를 넘지 않으며 개의 경우는 두 번째 목뼈를 넘지 않는다. 다른 동물의 인두에 비해 과도하게 긴 인간의 인두는 공명 상자 기능을 하여 세밀하게 통제되는 소리를 만들어 낸다.

① 개의 인두 길이는 인간의 인두 길이보다 짧다.
② 침팬지의 인두는 인간의 인두와 98% 유사하다.
③ 녹색원숭이는 침팬지와 의사소통을 할 수 있다.
④ 침팬지는 초당 십여 개의 소리를 만들어 낼 수 있다.

05

다음 글에서 추론한 내용으로 가장 적절한 것은?

　방각본 출판은 책을 목판에 새겨 대량으로 찍어내는 방식이다. 이 경우 소수의 작품으로 많은 판매 부수를 올리는 것이 유리하다. 즉, 하나의 책으로 500부를 파는 것이 세 권의 책으로 합계 500부를 파는 것보다 이윤이 높다. 따라서 방각본 출판업자는 작품의 종류를 늘리기보다는 시장성이 좋은 작품을 집중적으로 출판하였다. 또한 작품의 규모가 커서 분량이 많은 경우에는 생산 비용이 올라가 책값이 비싸지기 때문에 자연스럽게 분량이 적은 작품을 선호하였다. 이에 따라 방각본 출판에서는 규모가 큰 작품을 기피하였으며, 일단 선택된 작품에도 종종 축약적 윤색이 가해지고는 하였다.

　일종의 도서대여업인 세책업은 가능한 여러 종류의 작품을 가지고 있는 편이 유리하고, 한 작품의 규모가 큰 것도 환영할 만한 일이었다. 소설을 빌려 보는 독자들은 하나를 읽고 나서 대개 새 작품을 찾았으니, 보유한 작품의 종류가 많을수록 좋았다. 또한 한 작품의 분량이 많아서 여러 책으로 나뉘어 있으면 그만큼 세책료를 더 받을 수 있으니, 세책업자들은 스토리를 재미나게 부연하여 책의 권수를 늘리기도 했다. 따라서 세책업자들은 많은 종류의 작품을 모으는 데에 주력했고, 이 과정에서 원본의 확장 및 개작이 적잖이 이루어졌다.

① 분량이 많은 작품은 책값이 비쌌기 때문에 세책가에서 취급하지 않았다.
② 세책업자는 구비할 책을 선정할 때 시장성이 좋은 작품보다 분량이 적은 작품을 우선하였다.
③ 방각본 출판업자들은 책의 판매 부수를 올리기 위해 원본의 내용을 부연하여 개작하기도 하였다.
④ 한 편의 작품이 여러 권의 책으로 나뉘어 있는 대규모 작품들은 방각본 출판업자들보다 세책업자들이 선호하였다.

06

다음 글에서 추론한 내용으로 적절하지 않은 것은?

　새의 몸에서 나오는 테스토스테론은 구애 행위나 짝짓기와 밀접하게 관련된다. 따라서 번식기가 아닌 시기에는 거의 분비되지 않는데, 번식기에 나타나는 테스토스테론의 수치 변화 양상은 새의 종류에 따라 다르다.

　노래참새 수컷의 테스토스테론 수치는 짝짓기에 성공하여 암컷의 수정이 이루어지는 시점을 전후하여 달라진다. 번식기가 되면 수컷은 암컷의 마음을 얻는 데 필요한 영역을 차지하려고 다른 수컷과 싸워야 한다. 이 시기 수컷의 테스토스테론 수치는 암컷의 수정이 이루어질 때까지 계속 높아진다. 그러다가 수정이 이루어지면 수컷은 곧바로 새끼를 돌볼 준비를 하게 되는데, 이때부터 그 수치는 떨어진다. 새끼가 커서 둥지를 떠나게 되면 수컷은 더 이상 영역을 지킬 필요가 없기 때문에 번식기가 끝나지 않았는데도 테스토스테론 수치는 좀 더 떨어지고, 번식기가 끝나면 테스토스테론은 거의 분비되지 않는다.

　검정깃찌르레기 수컷은 테스토스테론 수치가 번식기가 되면 올라갔다가 암컷이 수정한 이후부터 번식기가 끝날 때까지 떨어지지 않는다. 이 수컷은 자신의 둥지를 지키면서 암컷과 새끼를 돌보는 대신 다른 암컷과의 짝짓기를 위해 자신의 둥지를 떠나 버린다.

① 노래참새 수컷은 번식기 동안 테스토스테론 수치가 새끼를 양육할 때보다 양육이 끝난 후에 높게 나타난다.
② 번식기 동안 노래참새 수컷의 테스토스테론 수치는 암컷의 수정이 이루어지기 전보다 이루어진 후에 낮게 나타난다.
③ 검정깃찌르레기 수컷은 암컷이 수정한 이후 번식기가 끝날 때까지 테스토스테론 수치가 떨어지지 않는다.
④ 노래참새 수컷과 검정깃찌르레기 수컷 모두 번식기의 테스토스테론 수치는 번식기가 아닌 시기의 테스토스테론 수치보다 높다.

07

2024년 국가직 9급

다음 글에서 추론한 내용으로 가장 적절한 것은?

> 진화 개념에 대해 흔히 오해되는 측면이 있다. 첫째, 인간의 행동은 철저하게 유전적으로 결정되어 있다는 생각이다. 그런데 진화 이론이 유전자 결정론을 주장하는 것은 아니다. 인간의 행동은 유전적인 적응 성향과 이러한 적응 성향을 발달시키고 활성화되게 하는 환경으로부터의 입력이 상호작용한 결과이다.
> 둘째, 현재 인간의 마음이나 행동 체계는 오랜 진화 과정에 의한 최적의 적응 방식이라는 생각이다. 그것이 항상 맞는 것은 아니다. 가령 구석기시대의 적응 방식을 오늘날 인간이 지니고 있어 생기는 문제점이 있다. 원시시대에 사용하던 인지적 전략 등이 현재 그대로 남아 있기 때문에 문제가 생길 수 있는 것이다. 우리가 복잡한 상황에 적응하는 데는 원시시대의 적응 방식이 부적절한 경우가 있을 수 있다.

① 인간의 행동은 환경의 영향으로, 마음은 유전의 영향으로 결정된다.
② 우리에게 주어진 상황의 복잡한 정도가 클수록 인지적 전략의 최적화가 이루어진다.
③ 같은 조상을 둔 후손이라도 환경에서 얻은 정보가 다르면 행동은 다르게 나타날 수 있다.
④ 조상의 유전적 성향보다 조상이 살았던 과거 환경이 인간의 진화 방향을 우선적으로 결정한다.

08

2024년 국가직 9급

다음 글에서 추론한 내용으로 적절하지 않은 것은?

> 오늘날 인터넷과 디지털 미디어를 통해 '온라인'에서의 '비대면' 접촉에 의한 상호 관계가 급속도로 확장되고 있다. '오프라인'이나 '대면'이라는 용어는 물리적 실체감이 있는 아날로그적 접촉을 가리킨다. 그런데 우리는 온라인과 오프라인을 함께 경험할 수도 있고, 이러한 이분법적인 용어로 명료하게 분리되지 않는 활동들도 많다. 예를 들어 누군가와 만나서 대화하는 중에 문자를 주고받음으로써 대면 상호작용과 온라인 상호작용을 동시에 할 수 있다.
> 한편 오프라인 대면 상호작용에서보다 온라인 비대면 상호작용에서 만난 사람들에게 더 끈끈한 유대감을 느끼기도 한다. 서로 관계를 형성하고 유지할 때 아날로그 상호작용 수단과 디지털 상호작용 수단을 동시에 활용할 수도 있다. 이처럼 오늘날과 같은 초연결 사회에서 우리의 경험은 비대면 혹은 대면, 온라인 혹은 오프라인 같은 이분법적 범주로 온전히 분리되지 않는다. 상호작용 양식들이 서로 겹치거나 교차하는 현상들을 이해하고자 할 때 이분법적인 범주는 심각한 한계를 지닌다.

① 이분법적 시각으로는 상호작용 양식이 교차하는 양상을 이해하기 어렵다.
② 비대면 온라인 상호작용으로는 사람들 간에 깊은 유대 관계를 형성할 수 없다.
③ 온라인 비대면 활동과 오프라인 대면 활동이 온전히 분리되어 있는 것은 아니다.
④ 오늘날에는 대면 상호작용 중에도 디지털 수단에 의한 상호 관계가 이루어질 수 있다.

09

다음 글에서 밑줄 친 부분의 원인으로 가장 적절한 것은?

　급격하게 돌아가는 현대적 생활 방식은 종종 삶을 즐기지 못하게 방해한다. 추위가 한창 매섭던 1월의 어느 아침 한 길거리 음악가가 워싱턴시의 지하철역에서 바이올린을 연주했다. 그는 스트라디바리우스 바이올린으로 바흐의 샤콘을 비롯하여 여섯 곡의 클래식 음악을 연주했다. 출근길에 연주가를 지나쳐 간 대략 천여 명의 시민이 대부분 그에게 관심조차 주지 않았고, 단지 몇 사람만 걷는 속도를 늦추었을 뿐이다. 7분 정도가 지났을 무렵 한 중년 여인이 지나가면서 모자에 1달러를 던져 주었다. 한 시간 정도가 지났을 때 연주가의 모자에는 32달러 17센트가 쌓여 있었지만, <u>연주를 듣기 위해 서 있는 사람은 아무도 없었다.</u> 그 음악가인 조슈아 벨은 전 세계적으로 유명한 바이올린 연주가였으며, 평상시 그의 콘서트 입장권은 백 달러가 넘는 가격에 판매되었다.

① 지하철역은 연주하기에 적절한 장소가 아니었기 때문이다.
② 연주하는 동안 연주가를 지나쳐 간 사람이 적었기 때문이다.
③ 출근하는 사람들이 연주를 감상할 여유가 없었기 때문이다.
④ 연주를 듣기 위해서는 백 달러의 입장권이 필요했기 때문이다.

10

다음 글에서 추론한 내용으로 적절하지 않은 것은?

　모든 문화가 감정에 관한 동일한 개념적 자원을 발전시켜 온 것은 아니다. 이를테면 미국인들은 보통 당혹감, 수치심, 죄책감, 수줍음을 구별하지만 자바 사람들은 이러한 감정을 하나의 단어로 표현한다. 감정 어휘들은 문화마다 다를 뿐만 아니라 역사적으로도 다르다. 중세 시대에는 우울감이 '검은 담즙(melan chole)'으로 인해 발생한다고 생각했기에 우울증을 '멜랑콜리(melancholy)'라고 불렀지만 오늘날 그렇게 생각하는 사람은 거의 없다. 또한 인터넷의 발명과 함께 감정 어휘는 이메일 보내기, 문자 보내기, 트위터하기에 스며든 관습에 의해서도 형성된다. 이제는 내 감정을 말로 기술하기보다 이모티콘이나 글자의 일부를 따서 표현하기도 한다. 이러한 기술 주도적인 상징의 창조와 확산은, 사람들이 자신의 감정을 묘사하기 위한 새로운 선택지를 만든다는 점에서 또 다른 역사의 발전일 것이다.

① 감정에 대한 개념적 자원은 문화에 따라 달리 형성된다.
② 동일한 감정이라도 그것을 표현하는 방식은 시대에 따라 다를 수 있다.
③ 감정 어휘를 풍부하게 갖고 있는 집단은 그렇지 않은 집단보다 기술 발전에 더 유연한 태도를 보인다.
④ 오늘날 인터넷에서 이모티콘을 사용하는 것과 같이 과거에는 없었던 감정 표현 방식이 활용되기도 한다.

11

2023년 지방직 9급

다음 글에서 추론한 내용으로 적절하지 않은 것은?

> 우리는 개별적으로 고립된 채 살아가는 존재일 수 없다. 사회 속에서 여럿이 모여 '복수(複數)'의 상태로 살아갈 수밖에 없는 존재라는 것이다. 복수의 상태로 살아가는 우리는 종(種)적인 차원에서 보면 보편적이고 동등한 존재이다. 그러나 우리는 각각 유일무이성을 지닌 '단수(單數)'이기도 하다. 즉 모든 인간은 개인으로서 고유한 인격체라는 특수성을 지닌다. 사회 속에서 우리는 보편적 복수성과 특수한 단수성을 겸비한 채 살아가고 있는 셈이다. 바로 이러한 이유로 우리는 다원적 존재이다. 이러한 존재들로 구성된 다원적 사회에서는 어떠한 획일화도 시도되어서는 안 된다. 우리가 이 같은 사회에서 살아가기 위해서는 타인을 포용하는 공존의 태도가 필요하다. 공동체 정화 등을 목적으로 개별적 유일무이성을 제거하는 것은 우리가 살아가는 사회의 다원성을 파괴하는 일이다.

① 우리는 고립된 상태에서 '단수'로 살아가는 존재가 아니다.
② 우리는 다원성을 지닌 존재로서 포용적으로 공존해야 한다.
③ 개인의 유일무이성을 보존하려는 제도는 개인의 보편적 복수성을 침해한다.
④ 개인의 특수한 단수성을 제거하려는 시도는 사회의 다원성을 파괴하는 결과로 이어질 수 있다.

12

2023년 지방직 9급

다음 글에서 추론한 내용으로 적절하지 않은 것은?

> 프랑스에서 의무교육 제도를 실시하면서 정규학교에 입학하기 어려운 지적장애아, 학습부진아를 가려내고자 하였다. 이에 기초 학습 능력 평가를 목적으로, 1905년 최초의 IQ 검사가 이루어졌다. 이 검사를 통해 비로소 인간의 지능을 구체적으로 수치화하고 객관적으로 비교할 수 있게 되었다.
>
> 이후 오랫동안 IQ가 높으면 똑똑한 사람, 그렇지 않으면 머리가 좋지 않고 학습에도 부진한 사람으로 판단했다. 물론 IQ가 높은 아이는 그렇지 않은 아이에 비해 읽기나 계산 등 사고 기능과 관련된 과목에서 높은 성취도를 보이는 경우가 많다. 이는 IQ 검사가 기초 학습에 필요한 최소 능력인 언어 이해력, 어휘력, 수리력 등을 측정하기 때문이다. 학습의 기초 능력을 측정하는 IQ 검사에서 높은 점수를 받은 아이는 동일한 능력을 측정하는 학업 평가에서도 높은 점수를 받을 가능성이 크다. 하지만 문제는 IQ 검사가 인간의 지능 중 일부만을 측정한다는 점이다.

① 최초의 IQ 검사는 학습 능력이 우수한 아이를 고르기 위해 시행되었다.
② IQ 검사가 만들어지기 전에는 인간의 지능을 수치로 비교할 수 없었다.
③ IQ가 높은 아이라도 전체 지능은 높지 않을 수 있다.
④ IQ가 높은 아이가 읽기 능력이 좋을 확률이 높다.

13

다음 글에서 추론한 내용으로 적절하지 않은 것은?

한글은 소리를 나타내는 표음문자여서 한국어 문장을 읽는 데 학습해야 할 글자가 적지만, 한자는 음과 상관없이 일정한 뜻을 나타내는 표의문자여서 한문을 읽는 데 익혀야 할 글자 수가 훨씬 많다. 이러한 번거로움에도 한글과 달리 한자가 갖는 장점이 있다. 한글에서는 동음이의어, 즉 형태와 음이 같은데 뜻이 다른 단어가 많아 글자만으로 의미를 파악하지 못하는 경우가 많다. 하지만 한자는 그렇지 않다. 예컨대, 한글로 '사고'라고만 쓰면 '뜻밖에 발생한 사건'인지 '생각하고 궁리함'인지 구별할 수 없다. 한자로 전자는 '事故', 후자는 '思考'로 표기한다. 그런데 한자는 문맥에 따라 같은 글자가 다른 뜻으로 쓰이지는 않지만 다른 문장성분으로 사용되기도 해 혼란을 야기한다. 가령 '愛人'은 문맥에 따라 '愛'가 '人'을 수식하는 관형어일 때도, '人'을 목적어로 삼는 서술어일 때도 있는 것이다.

① 한문은 한국어 문장보다 문장성분이 복잡하다.
② '淨水'가 문맥상 '깨끗하게 한 물'일 때 '淨'은 '水'를 수식한다.
③ '愛人'에서 '愛'의 문장성분이 바뀌더라도 '愛'는 동음이의어가 아니다.
④ '의사'만으로는 '병을 고치는 사람'인지 '의로운 지사'인지 구별할 수 없다.

14

다음 글에서 추론한 내용으로 가장 적절한 것은?

미셸 교수는 '마시멜로 실험'을 하였다. 아동들에게 마시멜로를 하나씩 주고 15분간 먹지 않으면 하나 더 주겠다고 한 뒤 아이가 못 참고 먹는지 아니면 끝까지 참는지를 관찰하였다. 아이들이 참을성을 발휘한 시간은 평균 2분이었지만, 25%의 아이들은 끝까지 참아 내 마시멜로를 더 먹을 수 있었다. 흥미로운 점은 12년이 지나서 당시 실험에 참가했던 아이들을 추적 조사한 결과이다. 1분 이내에 마시멜로를 먹은 아이들은 학교나 가정에서 문제를 일으키는 경우가 많았지만, 15분간 참을성을 발휘한 아이들은 1분 이내에 마시멜로를 먹은 아이보다 대학 진학 시험 점수 평균이 훨씬 더 높았다. 이 실험 결과는 감정이나 욕망을 조절할 수 있는 자기 통제력이 큰 사람이 미래의 성공 가능성이 더 크다는 것을 보여 준다.

이후 비슷한 실험이 이루어졌다. 그러나 이 실험에서는 마시멜로에 뚜껑을 덮어 두고 기다리게 했다는 점에서 차이가 있었다. 실험 결과 뚜껑이 없이 기다리게 했던 경우보다 뚜껑을 덮었을 때 두 배 가까이 더 아이들이 잘 참을 수 있었다. 뚜껑 하나라는 아주 작은 차이가 아이들의 참을성을 크게 향상시킨 셈이다.

① 자기 통제력이 낮은 아동일수록 주변 환경이 열악하다.
② 자기 통제력은 선천적 요인보다 후천적 요인에 더 영향을 받는다.
③ 자기 통제력을 발휘하는 데에는 환경적 요인이 중요하게 작용한다.
④ 자기 통제력이 높은 아동은 유아기부터 가정과 학교에서 사랑과 관심을 많이 받는다.

실전 문제

15 2023년 지역인재 9급

다음 글에서 추론한 것으로 적절하지 않은 것은?

> 도파민은 쾌락, 욕망, 동기 부여, 감정, 운동 조절 등에 영향을 미치는 뇌의 신경 전달 물질이다. 스웨덴 아르비드 칼손 박사는 도파민이 과다하면 조현병이 발생하고, 지나치게 적으면 우울증이 생기는 인간의 두뇌 현상을 의학적으로 규명한 바 있다. 도파민은 생명 유지에 필수적이지만, 끊임없이 더 많은 쾌락과 자극을 추구하게 하여 각종 중독과 병리적 현상을 유발하기도 한다. 어떤 행동을 할 때 일정한 감각적 자극을 받으면 도파민이 분비되면서 만족감을 느끼고, 그 행동이 습관화된다. 도파민에 휩싸인 뇌가 그 자극에 적응하면, 더 많은 자극을 요구하게 된다. 최근 미국에서는 소셜미디어나 게임 중독에서 벗어나기 위해 도파민 단식에 돌입하는 사람들이 나타났다. 인간의 심리적 본능과 취약점을 노린 디지털 서비스 이용 방식에 대한 성찰에서 출발한 도파민 단식 방법은 가능한 한 모든 감각적 자극을 최소화하기 위하여 디지털 기기의 사용은 물론 음악 감상이나 격렬한 운동 등의 활동을 전면 중단하고, 가벼운 독서와 간단한 스트레칭 그리고 실내 산책 등으로 소일하는 것이다.

① 도파민이 과다하면 우울증에 시달릴 수 있겠군.
② 도파민 단식 방법으로 격렬한 운동을 중단할 수도 있겠군.
③ 뇌가 감각적 자극에 적응하면 더 강력한 쾌락을 추구하겠군.
④ 디지털 서비스 이용 과정에서 인간의 심리적 본능과 취약점이 드러날 수도 있겠군.

16 2023년 지역인재 9급

다음 글에 대한 독자의 반응으로 적절하지 않은 것은?

> 미국의 법학자 선스타인에 따르면, "나는 네 의견에 동의하지 않는다."라고 말하지 않는 사람들은 집단의 의견에 동조하거나 자기 의견을 강화하며 그곳에 안주한다. 그런 사람들은 자기 합리화에 몰두하거나 상호 비방만을 일삼게 된다. 이러한 상황에서 벗어나기 위해서는 반대 의견을 내고 기꺼이 논쟁하는 사람들이 필요하다. 생산적인 논쟁에 나서는 사람들이 많아진다면 우리 사회의 의견 스펙트럼은 지금보다 다양해질 것이다. 논쟁이 활발한 사회의 경우에는 의견 스펙트럼의 중간층이 두껍다. 반면에 의견 양극화와 쏠림 현상이 두드러진 사회에서는 의견 스펙트럼의 양극단만 보일 뿐 중간층은 보이지 않는다. 왜냐하면 그런 사회에서는 집단 간 공유되지 않는 정보가 많아지고 소수 의견을 가진 사람들은 침묵하게 되기 때문이다. 따라서 이러한 사회는 의견이 제시되지 않고 논쟁이 없는 곳이 되기 쉽다.

① 논쟁을 회피하는 사람들은 자기 합리화에 빠지기 쉽겠군.
② 의견 양극화가 심화되면 소수 의견을 가진 사람들은 침묵하겠군.
③ 의견 스펙트럼의 중간층이 좁다면 논쟁이 활발하게 이루어지지 않겠군.
④ 의견 양극화로 인한 갈등을 해소하기 위해서는 반대 의견 개진을 최소화해야 하겠군.

17

다음 글에서 추론한 내용으로 가장 적절한 것은?

논리 실증주의자들에 따르면, 만약 어떤 것이 과학일 경우 거기에서 사용되는 문장은 유의미하다. 그들은 유의미한 문장의 기준으로 소위 '검증 원리'라고 불리는 것을 제안했다. 검증 원리란, 경험을 통해 참이나 거짓을 검증할 수 있는 문장은 유의미하고 그렇지 않은 문장은 유의미하지 않다는 것이다. 다음 두 문장을 예로 생각해 보자.
(가) 달의 다른 쪽 표면에 산이 있다.
(나) 절대자는 진화와 진보에 관계하지만, 그 자체는 진화하거나 진보하지 않는다.

위 두 문장 중 경험을 통해 검증할 수 있는 것은 무엇인가? 비록 현실적으로 큰 비용이 들기는 하지만 (가)는 분명히 경험을 통해 진위를 밝힐 수 있다. 즉 우리는 (가)의 진위를 확정하기 위해서 무엇을 경험해야 하는지 알고 있다는 것이다. 이런 점에 근거하여 논리 실증주의자들은 (가)는 검증할 수 있고, 유의미한 문장이라고 판단한다. 그럼 (나)는 어떠한가? 우리는 무엇을 경험해야 (나)의 진위를 확정할 수 있는가? 논리 실증주의자들은 그런 것은 없다고 주장하고, 이에 (나)는 검증할 수 없고 과학에서 사용될 수 없는 무의미한 문장이라고 말한다.

① 논리 실증주의자들에 따르면 무의미한 문장을 사용하는 것은 과학이 아니다.
② 논리 실증주의자들에 따르면 과학의 문장들만이 유의미하다.
③ 검증 원리에 따르면 아직까지 경험되지 않은 것을 언급한 문장은 무의미하다.
④ 검증 원리에 따르면 거짓인 문장은 무의미하다.

18

다음 글에서 추론할 수 있는 것만을 〈보기〉에서 모두 고르면?

컴퓨터에는 자유 의지가 있을까? 나아가 컴퓨터에 도덕적 의무를 귀속시킬 수 있을까? 컴퓨터는 다양한 전기 회로로 구성되어 있고, 물리 법칙, 프로그래밍 방식, 하드웨어의 속성 등에 따라 필연적으로 특정한 초기 상태로부터 다음 상태로 넘어간다. 마찬가지로 두 번째 상태에서 세 번째 상태로 이동하고, 이러한 과정이 계속해서 이어진다. 즉 컴퓨터는 결정론적 법칙의 지배를 받는 시스템이라는 것이다. 그럼 이러한 시스템에는 자유 의지가 있을까?

결정론적 법칙의 지배를 받는 시스템의 중요한 특징은 주어진 조건에 따라 결과가 하나로 고정된다는 점이다. 다시 말해, 이러한 시스템에는 항상 하나의 선택지만 있을 뿐이다. 그런 뜻에서 결정론적 지배를 받는다는 것과 자유 의지를 가진다는 것은 양립할 수 없음이 분명하다. 어떤 선택을 할 때 그것과 다른 선택을 할 수도 있다는 것은 자유 의지의 필요조건이기 때문이다. 결국 결정론적 법칙의 지배를 받는 시스템은 자유 의지를 가지지 않는다. 또한 자유 의지를 가지지 않는 시스템에 도덕적 의무를 귀속시킬 수 없음은 당연하다.

〈보기〉

ㄱ. 컴퓨터는 자유 의지를 가지지 않으며 도덕적 의무의 귀속 대상일 수도 없다.
ㄴ. 도덕적 의무를 귀속시킬 수 있는 시스템은 결정론적 법칙의 지배를 받지 않는다.
ㄷ. 어떤 선택을 할 때 그것과 다른 선택을 할 수 없는 시스템은 자유 의지를 가지지 않는다.

① ㄱ, ㄴ
② ㄱ, ㄷ
③ ㄴ, ㄷ
④ ㄱ, ㄴ, ㄷ

실전 문제

19
2022년 서울시 9급

<보기>를 읽은 독자가 가질 수 있는 의문으로 가장 적절하지 않은 것은?

― 〈보기〉 ―

'무지개'를 '공중에 떠 있는 물방울이 햇빛을 받아 나타나는, 반원 모양의 일곱 빛깔의 줄'이라고 사전적으로 풀이하면, '무지개'가 우리에게 주는 아름다운 연상이 사라질 정도로 '무지개'는 아름다운 우리말이다. 국어의 역사를 잘 알지 못하면 '무지개'가 '물'과 '지개'로 분석될 수 있다는 사실에 언뜻 수긍하지 못할 것이다. '무지개'는 원래 '물'과 '지개'의 합성어인데, 'ㅈ' 앞에서 'ㄹ'이 탈락하여 '무지개'가 되었다. '무지개'에 '물'이 관계되는 것에 이의를 달 사람은 없을 것이므로, '물'은 이해가 되겠는데, '지개'는 무엇이냐고 묻는 사람이 있을 것이다. 문헌에 처음 보이는 형태는 '므지게'인데, 15세기 『용비어천가』나 『석보상절』과 같은 훈민정음 창제 초기의 문헌에 등장한다. '물[水]'의 15세기 형태인 '믈'에 '지게'가 합쳐진 것으로, '지게'의 'ㅈ' 앞에서 '믈'의 'ㄹ'이 탈락한 것이다.

① '물'의 'ㄹ'이 '지개'의 'ㅈ' 앞에서 탈락한 것이라면, 탈락의 조건은 무엇일까?
② '지개'가 '지게'에서 온 말이라면, 'ㅔ'와 'ㅐ'의 차이는 어떻게 설명할까?
③ '무지개'가 '물'과 '지게'가 합쳐져 변화한 말이라면, 변화한 때는 언제일까?
④ '무지개가 뜨다', '무지개가 걸리다'는 표현은 적절한 표현일까?

20
2022년 군무원 9급

다음 중 아래의 글을 읽고 추론한 라캉의 생각과 가장 거리가 먼 것은?

라캉에 의하면, 사회화 과정에 들어서기 전의 거울 단계에서, 자기와 자기 영상, 혹은 자기와 어머니 같은 양자 관계에 새로운 타인, 다시 말해 아버지, 곧 법으로서의 큰 타자가 개입하는 삼자 관계, 즉 상징적 관계가 형성된다. 이 형성은 제3자가 외부에서 인위적으로 비집고 들어섬을 뜻하는 것이 아니다. 인간이 상징적 질서를 생각하게 되는 것은, 이미 그 질서가 구조적으로 인간에게 기능하게끔 되어 있기 때문이다. 인간이 후천적, 인위적으로 그 구조를 만들었다고 생각하는 것은 잘못이다. 인간은 단지 구조되어 있는 그 질서에 참여할 뿐이다.

말하자면 구조란 의식되지 않는 가운데 인간 문화의 기저에서 인간의 행위를 규정함을 뜻하는 것이다. 그러므로 라캉에게 있어서, 주체의 존재 양태는 무의식적인 것을 바탕으로 해서 가능하다. 주체 자체가 무의식적인 것으로서 형성된다. 그러므로 주체는 무의식적 주체이다.

라캉에게 나의 사유와 나의 존재는 사실상 분리되어 있다. 그는 나의 사유가 나의 존재를 확인시켜 주지 못한다고 주장한다. 라캉의 경우, '나는 생각한다'라는 의식이 없는 곳에서 '나는 존재'하고, 또 '내가 존재하는 곳'에서 '나는 생각하지 않는다'. 라캉은 무의식은 타자의 진술이라고 말한다. 바꾸어 말한다면 언어 활동에서 우리가 보내는 메시지는 타자로부터 발원되어 우리에게 온 것이다. '무의식은 주체에 끼치는 기표의 영향'이라고 라캉은 말한다.

이런 연유에서 '인간의 욕망은 타자의 욕망'이라는 논리가 라캉에게 성립된다. 의식의 차원에서 '내가 스스로 주체적'이라고 말하는 것 같지만, 그것은 어디까지나 허상이다. 실상은, 나의 진술은 타자의 진술에 의해서 구성된다는 것이다. 나의 욕망도 타자의 욕망에 의해서 구성된다. 내가 스스로 원한 욕망이란 성립하지 않는다.

① 주체의 무의식은 구조화된 상징적 질서에 의해 형성된다.
② 주체의 의식적 사유와 행위에 의해 새로운 문화 질서가 창조된다.
③ 대중매체의 광고는 주체의 욕망이 형성되는 데 큰 영향을 미친다.
④ 데카르트의 '나는 생각한다. 고로 존재한다'라는 명제는 옳지 않다.

21

2021년 국가직 9급

다음 글에서 추론한 내용으로 적절하지 않은 것은?

> 과학의 개념은 분류 개념, 비교 개념, 정량 개념으로 구분할 수 있다. 식물학과 동물학의 종, 속, 목처럼 분명한 경계를 가지고 대상들을 분류하는 개념들이 분류 개념이다. 어린이들이 맨 처음에 배우는 단어인 '사과', '개', '나무' 같은 것 역시 분류 개념인데, 하위 개념으로 분류할수록 그 대상에 대한 정보가 더 많이 전달된다. 또한, 현실 세계에 적용 대상이 하나도 없는 분류 개념도 있을 수 있다. 예를 들어 '유니콘'이라는 개념은 '이마에 뿔이 달린 말의 일종임' 같은 분명한 정의가 있기에 '유니콘'은 분류 개념으로 인정되는 것이다.
>
> '더 무거움', '더 짧음' 등과 같은 비교 개념은 분류 개념보다 설명에 있어서 정보 전달에 더 효과적이다. 이것은 분류 개념처럼 자연의 사실에 적용되어야 하지만, 분류 개념과 달리 논리적 관계도 반드시 성립해야 한다. 예를 들면, 대상 A의 무게가 대상 B의 무게보다 더 무겁다면, 대상 B의 무게가 대상 A의 무게보다 더 무겁다고 말할 수 없는 것처럼 '더 무거움' 같은 비교 개념은 논리적 관계를 반드시 따라야 한다.
>
> 마지막으로 정량 개념은 비교 개념으로부터 발전된 것인데, 이것은 자연의 사실로부터 파악할 수 있는 물리량을 측정함으로써 만들어진다. 물리량을 측정하기 위해서는 몇 가지 규칙이 필요한데, 그 규칙에는 두 물리량의 크기를 비교하는 경험적 규칙과 물리량의 측정 단위를 정하는 규칙 등이 포함된다. 이러한 정량 개념은 자연에 의해서 주어지는 것이 아니라 우리가 자연현상에 수를 적용하는 과정에서 생겨나는 것이다. 정량 개념은 과학의 언어를 수많은 비교 개념 대신 수를 사용할 수 있게 하여 과학 발전의 기초가 되었다.

① '호랑나비'는 '나비'와 동일한 종에 속하지만, 나비에 비해 정보량이 적다.
② '용(龍)'은 현실 세계에 적용할 수 있는 지시물이 없더라도 분류 개념으로 인정된다.
③ '꽃'이나 '고양이'와 같은 개념은 논리적 관계를 따라야 하는 것은 아니기 때문에 비교 개념에 포함되지 않는다.
④ 물리량을 측정할 수 있는 'cm'나 'kg'과 같은 측정 단위는 자연현상에 수를 적용할 수 있게 해 주었다.

22

2022년 군무원 7급

다음 글을 통해 주장할 수 있는 언어 순화의 방향으로 가장 적절한 것은?

> 일반 소비자들은 '다방'보다는 '커피숍'에 갈 때에, '커피숍'보다는 '카페'에 갈 때에 더 많은 금전 지출을 각오한다. 목장에서 소의 '젖'을 짜서 공장에 보내면 용기에 담아 넣고 '우유'라는 이름으로 시장에 내놓는다. 그리고 이것을 서비스 업소에서 고객에게 '밀크'로 제공하면서 계속 부가 가치가 높아져 간다. 가난한 사람은 '단칸방'에 세 들고 부자는 '원룸'에서 사는 것을 언어를 통하여 내면화하고 있는 것이 현실이다. 곧 토착어에서 한자어로, 또 서구 외래어로 변신할 때마다 당당히 이윤을 더 비싸게 붙일 수 있는 위력이 생긴다는 것이다. 이 사례는 외래어가 상품의 사용 가치보다는 교환 가치를 높이는 데에 이용된다는 것을 보여 준다.

① 경제적 가치를 반영하는 방향
② 소비자의 이익을 위하는 방향
③ 토착어의 순수성을 지키는 방향
④ 의사소통의 공통성을 강화하는 방향

실전 문제

23
2021년 지방직 7급

다음 글에서 추론한 내용으로 적절하지 않은 것은?

고대 로마에서 사람들의 평균 수명은 불과 21세였다. 아동기를 넘긴 성인은 보통 70~80세 정도 살았지만 출생아의 1/3이 1세 전에, 그 이후 살아남은 아이의 절반이 10세 전에 사망했다. 이렇게 아동 사망률이 높았던 것은 미생물로 인한 질병 때문이었는데, 이를 밝혀 치료의 길을 연 사람은 파스퇴르였다.

파스퇴르는 1861년 미생물이 활동한 결과로 발효가 일어난다는 것을 밝히고, 이후 음식물의 발효나 부패가 공기 중의 미생물 때문에 일어남을 증명했다. 이는 음식물에서 저절로 새로운 생명체가 생겨나 음식물을 발효·부패시킨다는 자연 발생설을 반박하고 미생물의 존재를 명확히 한 것이었다. 1863년에는 음식물의 맛과 질감을 변화시키지 않으면서 살균하는 방법인 '파스퇴리제이션(pasteurization)'을 발견했다. 이것은 끓는점보다 낮은 온도에서 장시간 가열하는 방식으로, 우유의 경우 밀폐한 채로 63~65℃에서 30분 정도 가열하는 살균법이다.

이러한 연구에 이어 파스퇴르는 사람과 가축에게 생기는 질병의 원인이 미생물임을 밝혔다. 나아가 이를 예방할 수 있는 백신을 처음으로 만들어 사용하고 치료법도 제시하였다. 광견병, 탄저병 등에 대한 연구는 그의 큰 업적으로 남아 있다.

① 고대 로마인의 평균 수명이 낮았던 것은 아이들이 질병으로 많이 죽었던 것이 한 원인이었다.
② 파스퇴르는 음식물의 발효와 부패에 대해 자연 발생설을 부인하였다.
③ 끓는점 이하로 가열하는 파스퇴리제이션 살균법은 음식물의 맛과 질감을 높인다.
④ 파스퇴르의 미생물 연구는 질병으로 인한 아이들의 사망률을 줄이는 데에 기여했다.

24
2020년 국가직 9급

다음 글을 바탕으로 ㉠을 이해할 때 가장 적절한 것은?

나는 ㉠'연극에서의 관객의 공감'에 대해 강연한 일이 있다. 나는 관객이 공감하는 것을 직접 보여 주려고 시도했다. 먼저 나는 자원자가 있으면 나와서 배우처럼 읽어 주기를 청했다. 그리고 청중에게는 연극의 관객이 되어 들어 달라고 했다. 한 사람이 앞으로 나왔다. 나는 그에게 아우슈비츠를 소재로 한 드라마의 한 장면이 적힌 종이를 건네주었다. 자원자가 종이를 받아들고 그것을 훑어볼 때 청중들은 어수선했다. 그런데 자원자의 입에서 떨어진 첫 대사는 끔찍한 내용이었다. 아우슈비츠에 관한 적나라한 증언은 너무나 충격적이어서 청중들은 완전히 압도되었다. 자원자는 청중들의 얼어붙은 듯한 침묵 속에서 낭독을 계속했다. 자원자의 낭독은 세련되지도 능숙하지도 않았다. 그러나 관객들의 열렬한 공감을 이끌어 냈다. 과거 역사가 현재의 관객들에게 생생하게 공감되었다.

이것이 끝나고 이번에는 강연장에 함께 갔던 전문 배우에게 셰익스피어의 희곡 「헨리 5세」에서 발췌한 대사를 낭독해 달라고 부탁했다. 그 대본은 400년 전 아쟁쿠르 전투(백년 전쟁 당시 벌어졌던 영국과 프랑스의 치열한 전투)에서 처참하게 사망한 자들의 명단과 그 숫자를 나열한 것이었다. 그는 셰익스피어의 위대한 희곡임을 알아보자 품위 있고 고풍스럽게 큰 목소리로 낭독했다. 그는 유려한 어조로 전쟁에서 희생된 이 들의 이름을 읽어 내려갔다. 그러나 청중들은 듣는 둥 마는 둥 했다. 갈수록 청중들은 낭독자 따위는 안중에도 없다는 듯이 행동했다. 그들에게 아쟁쿠르 전투는 공감할 수 없는 것으로 분리된 것 같아 보였다. 앞서의 경우와는 전혀 다른 반응이었다.

① 배우의 연기력이 관객의 공감을 좌우한다.
② 비참한 죽음을 다룬 비극적인 소재는 관객의 공감을 일으킨다.
③ 훌륭한 고전이라고 해서 항상 청중의 공감을 불러일으킬 수 있는 것은 아니다.
④ 현재와 가까운 역사적 사실을 극화했다고 해서 관객의 공감 가능성이 커지지는 않는다.

25

2020년 국가직 9급

다음 글의 시사점으로 적절하지 않은 것은?

> 기존의 의학적 연구는 건장한 성인 남성의 몸을 표준으로 삼아 이루어지는 경우가 많았다. 예를 들어 농약과 같은 화학 물질이 몸에 들어와 어떠한 변화를 일으키는지 검토한 연구에서 생리 주기에 따라 변화하는 여성 호르몬이 그 물질과 어떤 상호 작용을 일으킬 수 있는지는 고려되지 않았다. 자동차 충돌 사고를 인체 공학적으로 시뮬레이션 할 때도 특정 연령대 남성의 몸이 연구 대상으로 사용되었고, 여성의 신체 특성이나 다양한 연령대 남성의 신체적 특성은 고려되지 않았다.
>
> 특정 연령대 성인 남성의 몸을 표준화된 인체로 여겼던 사고방식은 여러 문제점을 낳고 있다. 예를 들어 대사율, 피부와 조직 두께 등을 감안한, 사람이 가장 효과적으로 일할 수 있는 사무실 온도는 21℃로 알려져 있다. 그런데 한 연구에서 남성과 여성 직장인에게 각각 선호하는 사무실 온도를 조사한 결과는 남성은 평균 22℃, 여성은 평균 25℃였다. 남성은 기존의 적정 실내 온도에 가까운 답을 했고, 여성은 더 따뜻한 사무실에서 일하기를 원했다.
>
> 이러한 차이의 이유는 무엇일까? 현재 적정 사무실 온도로 알려진 21℃는 1960년대 측정된 자료를 바탕으로 하는데, 당시 몸무게 70kg인 40세 성인 남성을 기준으로 측정된 것이다. 이러한 '표준화된 신체'를 가진 남성의 대사율은 여성이나 다른 연령대 남성들의 대사율과 다르고, 당연히 체내 열 생산의 양도 차이가 있다.

① 표준으로 삼은 대상이 나머지 대상의 특성까지 대표하지 못하므로 앞으로 의학적 연구를 하려면 하나의 표준을 정하기보다 가능한 한 다양한 대상을 선정해서 하는 것이 바람직하다.

② 현재 우리가 알고 있는 의학 지식 중에는 특정 표준 대상만을 연구한 결과인 것이 있으므로 앞으로 이런 의학 지식을 활용하려면 연구한 대상을 살펴봐서 그대로 활용할지를 결정하는 것이 바람직하다.

③ 성별이나 연령대 등에 따라 신체 조건이 같지 않으므로 근무 환경을 조성할 때 근무자들의 성별이나 연령대를 고려하는 것이 바람직하다.

④ 기존의 사무실 적정 실내 온도가 조사된 것보다 낮게 설정되어 있으므로 향후에 모든 공공 기관의 사무실 온도를 조정할 때 현재보다 설정 온도를 일률적으로 높이는 것이 바람직하다.

26

2020년 지방직 9급

다음 글을 통해 추론할 수 없는 것은?

> 자신의 신념과 일치하는 정보는 받아들이고 그렇지 않은 정보는 무시하는 경향을 확증 편향(confirmation bias)이라 한다. 자신의 믿음이나 견해와 일치하는 정보는 수용하고 그에 반대되는 정보는 무시하거나 부정하는 심리 경향이다. 사회 심리학자인 로버트 치알디니는 자신이 가진 기존의 견해와 일치하는 정보는 두 가지 이점을 가지고 있다고 한다. 첫째, 그러한 정보는 어떤 문제에 대해 더 이상 고민하지 않고 마음의 휴식을 취할 수 있게 해 준다. 둘째, 그러한 정보는 우리를 추론의 결과에서 자유롭게 해 준다. 즉 추론의 결과 때문에 행동을 바꿔야 할 필요가 없다. 첫째는 생각하지 않게 하고, 둘째는 행동하지 않게 함을 말한다.
>
> 일례로 특정 정치 성향을 가진 사람들을 대상으로 조사했을 때, 사람들은 반대당 후보의 주장에서는 모순을 거의 완벽하게 찾은 반면, 지지하는 당 후보의 주장에서는 모순을 절반 정도만 찾아냈다. 이 판단의 과정을 자기 공명 영상 장치로도 촬영했다. 그 결과, 자신이 동의하지 않는 정보를 접했을 때는 뇌 회로가 활성화되지 않았고, 자신이 동의하는 주장을 접했을 때는 긍정적인 반응을 보이면서 뇌 회로가 활성화되는 것을 확인할 수 있었다.

① 사람에게는 자신의 신념이나 행동을 바꾸려 하지 않는 경향이 있다.

② 사람에게는 정보를 객관적으로 판단하지 못하는 심리적 특성이 있다.

③ 사람에게는 지지자들의 말만 듣고 자기 신념을 강화하는 경향이 있다.

④ 사람에게는 새로운 정보를 접했을 때 심리적 불안을 느끼는 특성이 있다.

실전 문제

27
2020년 지방직 7급

다음 글에서 추론한 것으로 가장 적절한 것은?

현재 약 7,000개의 언어가 있지만, 그 본질은 다르지 않다. 인간이 언어를 가지게 된 것이 대략 6만 년 전인데, 그동안 많은 언어가 분기하고 사멸하였다. 오늘날의 모든 언어는 나름대로 특별한 역사를 갖는다. 언어는 살아 있는 생명체와 같아서 지금 이 시간에도 변화는 계속되고 있다. 개별 언어들은 발음과 규칙, 그리고 의미의 세밀한 변화를 현재진행형으로 겪고 있다. 또한 '피진(pidgin)'과 같이 의사소통의 편의를 위해 급조된 언어도 있는데, 이 언어를 사용하는 집단의 후대는 자연스럽게 '크리올(creole)'과 같은 새로운 언어를 탄생시키기도 한다. 피진과 크리올은 비교적 근래에 형성된 것이므로 그 변화의 역사적 과정을 살필 수 있다. 이를 통해 고대의 언어들이 명멸하는 과정도 이와 유사했을 것이라고 짐작할 수 있다.

언어 중에는 영어와 같이 국제적으로 세력을 얻어 글로벌 시대에 의사소통의 가교 역할을 하는 언어도 있다. 이러한 언어들을 '링구아 프랑카(lingua franca)'라고 부른다. 과거에 서양에서는 그리스어나 라틴어가, 동양에서는 한자가 그 역할을 수행하기도 했다. 그러나 지금과 같은 글로벌 사회에서는 미디어나 교통수단의 발달에 힘입어 현재의 국제 통용어로 사용되는 영어가 과거의 국제 통용어들보다 훨씬 많은 힘을 발휘하고 있다.

① 교류와 소통이 증가하면 언어의 분기와 사멸의 속도가 빨라질 것이다.
② 그리스어나 라틴어는 서양의 다른 언어보다 발음, 규칙, 의미가 쉽게 변하지 않는다.
③ 국제사회에서 영향력이 강한 나라가 등장하면 그 나라의 언어가 링구아 프랑카가 될 수 있다.
④ '어리다'의 의미가 '어리석다'에서 '나이가 적다'로 변화한 것은 피진에서 크리올로 변화한 사례이다.

28
2020년 국가직 7급

다음 글에 대한 이해로 가장 적절한 것은?

자유지상주의자에게 있어서 사회는 개인의 자유가 극대화될 때 정의롭다. 그런데 자유에 대한 자유지상주의자의 입장을 명확하게 이해하기 위해서는 '제약으로부터의 자유'인 '프리덤(freedom)'과 '강제로부터의 자유'인 '리버티(liberty)'가 동의어가 아니라는 것을 알아야 한다. 프리덤이 강제를 비롯한 모든 제약의 전적인 부재라면, 리버티는 특정한 종류의 구속인 강제의 부재로 이해될 수 있다. 일반적으로 강제는 물리적 힘을 직접적으로 행사하거나 피해를 주겠다고 위협하는 형태로 나타난다.

프리덤과 리버티가 동의어일 수 없는 이유는 다음 사례에서 잘 드러난다. 일부 국가의 어떤 시민은 특정 도시에서 생활하고 일하기 위해서 정부의 허가를 받아야 한다. 이때 정부는 법률에 복종하지 않을 경우 피해를 주겠다고 위협하거나 직접적인 물리력을 행사해 해당 시민의 자유를 제한할 수 있다. 이와 달리 A국 시민은 거주지 이전의 허가가 필요 없어서 국가로부터의 어떠한 물리적 저지나 위협도 받지 않는다고 하자. 그렇다고 해서 모든 A국 시민이 원하는 곳에 실제로 이사 갈 수 있는 것은 아니다. 일부 시민은 이사 갈 수 있을 만큼의 돈이 없거나, 이사 가려는 곳에서 원하는 직업을 찾지 못할 수도 있다. 결과적으로 이런 경우는 그들이 원하는 바를 충분히 실현할 자유가 제한되는 것이다. 따라서 어떤 개인이 누릴 수 있는 자유는 국가로부터의 강제와 무관하게 다른 많은 방식으로 제한될 수 있다.

자유지상주의자들이 자유를 극대화해야 한다고 말할 때, 이들이 두 가지 자유를 모두 극대화해야 한다고 주장하는 것은 아니다. 자유지상주의자들은 강제를 극소화하는 것, 특히 정부의 강제적인 간섭을 최소화하는 것을 통해 얻는 자유에 초점을 맞추고 있다.

① 자유지상주의자들은 '제약으로부터의 자유'를 최대한 확보할 때 정의로운 사회가 된다고 주장한다.
② A국 시민들은 다양한 법률이나 제도를 통해 국가로부터 거주지 이전에 관한 '프리덤'을 보장받고 있다.
③ '리버티'에 대한 제한은 직접적인 물리적 힘보다 피해를 주겠다는 위협을 통해 이루어지는 경우가 더 많다.
④ 개인의 행동에 대해 정부 허가가 필요하다면, 그 개인의 '강제로부터의 자유'가 제한되는 것이라고 볼 수 있다.

29

2020년 국가직 7급

다음 글을 통해 추론한 것으로 적절하지 않은 것은?

로컬푸드(local food)는 일차적으로 일정한 지역을 기준으로 해당 지역에서 생산되는 농식품을 의미한다. 로컬푸드를 물리적 거리로써 구체적으로 규정하는 경우 좁게는 반경 50km, 넓게는 반경 100km의 농촌 지역 내에서 생산되는 농식품을 지칭하곤 한다. 그렇다고 해서 로컬푸드가 이 정도의 물리적 거리나 농촌을 중심으로 한 지역사회의 농식품에 국한되는 것은 아니다. 일본은 행정구역을 중심으로 로컬푸드를 규정하는 경향이 있고, 미국의 경우 넓게는 반경 160km정도 내에서 생산되는 농식품으로까지 확대하기도 한다. 이는 생산·유통·소비에 있어서 건강성, 신뢰성, 친환경성 등이 유지될 수 있는 거리를 고려한 것이다.

로컬푸드가 일정한 거리 이내에서 생산된 농식품을 의미하는 것이라면, 로컬푸드 운동은 친환경적이고 자립적이며 지속 가능한 먹거리를 생산·유통·소비하고자 하는 공동체적 노력을 일컫는다. 농업의 해체와 식품 안전성의 위기가 만나는 접점은 로컬푸드 운동이 발아하는 배경이 된다. 전통적인 농업은 관련 인구 감소, 농촌 경제 영세화, '종자에서 식탁까지' 지배하는 거대자본의 위협을 받고 있다. 농약의 과다 사용으로 인해 식품은 물론 자연환경이 위기에 처하게 되었다. 이러한 문제점에 대응하기 위해 친환경 먹거리 생산과 건강한 소비를 연결하고, 나아가 지역 정체성을 강화하는 등 대안적 공동체 운동으로 선순환시키려는 노력이 로컬푸드 운동으로 나타났다.

① 로컬푸드의 범위는 경제적 요소를 고려해서 규정될 수 있다.
② 식품 안전성에 주목하는 로컬푸드 운동은 환경보호 운동과도 밀접한 관련을 지닌다고 볼 수 있다.
③ 지역적 정체성을 드러내는 하나의 전략으로 해당 지역에서 산출되는 로컬푸드를 활용할 수 있다.
④ 지역 농가가 거대자본에 의존하여 생산과 소비를 연결하려는 시도는 로컬푸드 운동의 일환일 수 있다.

30

2020년 국가직 7급

다음 글을 통해 추론한 생각으로 적절하지 않은 것은?

21세기에 우리가 맞닥뜨린 도전은 나 자신을 위해 가장 좋은 것을 하고 싶은 욕망과 윤리적·도덕적 기준에 맞춰 살아가는 태도 사이에서 균형을 잡는 일이다. 나를 위해 물건을 사고 싶은 충동이 부수적으로 어떤 피해의 원인을 제공하지는 않는지 확실히 따져 보는 것, 나 자신에게 가장 좋은 일을 하는 행동이 생태계와 다른 사람들에게 어떤 피해도 입히지 않도록 노력하는 것, 나에게 이익이 되는 선택을 하고자 하는 욕망과 다른 사람을 돕고자 하는 욕구를 결합하는 것. 이것들이 바로 이기적 이타주의의 자세이다.

우리는 자긍심을 충족하려는 과시적 소비가 이끌었던 소비의 시대에서 더 신중하게 소비하는 이기적 이타주의 시대로의 점진적 전환을 맞고 있다. 이미 몇 세대에 걸쳐 과시적인 소비를 경험했기에 사람들은 쇼핑 중독에서 완전히 벗어나거나 흥미로운 물건을 사는 기쁨을 포기하지는 않을 것이다. 쇼핑이라는 탐험이 사회와 생활 방식에 제공하는 혜택은 많은 사람에게 큰 즐거움을 준다. 자긍심을 높이고자 하는 욕망 또한 언제나 존재할 것이다. 그러므로 사람들이 지금보다 쇼핑을 줄일 것 같지는 않다. 그러나 앞으로 소비 패턴과 품목은 가치관과 태도 변화와 함께 바뀔 것이다.

과시적인 소비는 자긍심을 향한 인간의 욕구로 주도되었지만 사람들은 이런 소비가 가진 함의나 그 영향에 대해서는 별로 신경을 쓰지 않았다. 이기적 이타주의는 개인적 욕구와 사회적 고려 사이에서 균형을 추구한다. 모든 사람들이 갑자기 지나치게 동정심이 많아지거나 비정한 자본주의자에서 사회복지사로 바뀌고 있는 것은 아니다. 또한 어떤 구매 시스템에서 다른 시스템으로 갑자기 옮겨 가지도 않는다. 이기적 이타주의 소비는 단지 우리가 무엇을 구입하고 어떻게 구입할지를 결정하는 과정에서 새로운 균형을 이루는 법을 배우는 것이다.

① 이기적 이타주의 시대에도 소비의 시대와 비교하여 적지 않은 쇼핑 행위가 이루어질 것 같군.
② 가격 대비 성능 비율을 뜻하는 가성비에 집착한 구입이 이기적 이타주의 소비는 아닐 것 같군.
③ 동물 보호를 위해 가죽 제품보다 면제품을 사는 경우도 이기적 이타주의 소비의 예에 해당될 것 같군.
④ 이기적 이타주의 소비에 있어서는 소비자의 필요보다 사회적 영향을 더 고려해서 물건을 구매할 것 같군.

실전 문제

31
2020년 지방직 7급

다음 글에서 추론한 내용으로 적절하지 않은 것은?

> 금융 회사와 은행 상당수가 파랑을 상징색으로 쓰고 있다. 파랑의 긍정적 속성에는 정직과 신뢰가 있다. 파랑을 사용한 브랜드는 친근성과 전문성이 높아 보인다. 또한 파랑은 테크놀로지 업계에서 선호하는 색이다. 파랑은 소통의 색으로서 소셜 미디어와 잘 어울린다. 페이스북, 트위터, 링크드인의 색을 생각해 보라. 파랑을 상징색으로 사용한 브랜드가 파랑의 긍정적인 가치로 드러날 경우도 있지만, 그렇지 못할 경우에 차갑고 불친절하고 무심한 느낌의 부정적인 가치로 나타나기도 한다.
>
> 파랑은 기업의 단체복에 자주 사용한다. 약간 어두운 톤의 파란색은 친근하고 진지하며 품위 있는 분위기를 전달한다. 어두운 파란색 단체복은 약간의 보수성과 전통을, 밝은 파란색 단체복은 친근한 소통과 창의적인 사고를 표현한다. 이 색은 교복에도 적합하다. 톤을 잘 선택하면 파랑은 집중에 도움을 주고 차분하게 해 주며 활발한 토론과 의견 교환에 도움을 준다.

① 브랜드의 로고를 만들 때 색이 주는 효과를 고려해야 한다.
② 테크놀로지 업계에서 브랜드에 파란색을 써서 성공한 것은 우연한 선택의 결과로 봐야 한다.
③ 색을 효과적으로 사용하려면 색이 주는 긍정적 속성을 잘 파악해야 한다.
④ 색의 톤에 따라 전달하는 분위기가 다르니, 인테리어에 쓸 때 파랑이 지닌 다양한 톤을 알아봐야 한다.

32
2019년 국가직 9급

(가)와 (나)를 통해서 추정하기 어려운 내용은?

> (가) 찬성공 형제께서 정경부인의 상(喪)을 당하였다. 부윤공의 부인 이 씨가 우연히 언문 소설을 읽다가 그 소리가 밖으로 들렸다. 찬성공이 기뻐하지 않으며 제수를 계단 아래에 서게 하고, "부녀자의 무식을 심하게 책망할 필요는 없지만, 어찌 상중(喪中)에 있으면서 예의에 어긋난 책을 소리 내어 읽어서 스스로 평민과 같아지려 할 수 있는가?" 하고 꾸짖었다.
>
> (나) 전기수: 늙은이가 동문 밖에 살면서 입으로 언문 소설을 읽었는데, 「숙향전」, 「소대성전」, 「심청전」, 「설인귀전」과 같은 전기소설이었다. … 잘 읽었기 때문에 옆에서 구경하는 사람들이 빙 둘러섰다. 가장 재미있고 긴요하여 매우 들을 만한 구절에 이르면 갑자기 침묵하고 소리를 내지 않았다. 사람들이 다음 이야기를 듣고 싶어서 다투어 돈을 던졌다. 이를 바로 '요전법(돈을 요구하는 법)'이라 한다.

① 상층 남성들은 상중의 예법에 대해 매우 엄격하였다.
② 혼자 소설을 보면서 소리 내어 읽기도 하였다.
③ 하층에서도 소설을 창작하는 사람이 많았다.
④ 상층이 아닌 하층에서도 소설을 즐겼다.

33 2019년 지방직 9급

다음 글에서 추론한 바로 적절하지 않은 것은?

우리는 도시화, 산업화, 고도성장 과정에서 우리 경제의 뒷방살이 신세로 전락한 한국 농업의 새로운 가치에 주목해야 한다. 농업은 경제적 효율성이 뒤처져서 사라져야 할 사양 산업이 아니다. 전 지구적인 기후 변화와 식량 및 에너지 등 자원 위기에 대응하여 나라와 생명을 살릴 미래 산업으로서 농업의 전략적 가치가 크게 부각되고 있다. 농본주의의 기치를 앞세우고 농업 르네상스 시대의 재연을 통해 우리 경제가 당면한 불확실성의 터널을 벗어나야 한다.

우리는 왜 이런 주장을 하는가? 농업은 자원 순환적이고 환경 친화적인 산업이기 때문이다. 땅의 생산력에 기초해서 한계적 노동력을 고용하는 지연(地緣) 산업인 동시에 식량과 에너지를 생산하는 원천적인 생명 산업이기 때문이다. 물질적인 부의 극대화를 위해서 한 지역의 자원을 개발하여 이용한 뒤에 효용 가치가 떨어지면 다른 곳으로 이동하는 유목민적 태도가 오늘날 위기를 낳고 키워 왔는지 모른다. 급변하는 시대의 흐름에 부응하지 못하는 구시대의 경제 패러다임으로는 오늘날의 역사에 동승하기 어렵다. 이런 맥락에서, 지키고 가꾸어 후손에게 넘겨주는 정주민의 문화적 지속성을 존중하는 농업의 가치가 새롭게 조명 받는 이유에 주목할 만하다. 과학 기술의 눈부신 발전 성과를 수용하여 새로운 상품과 시장을 창출할 수 있는 녹색 성장 산업으로서 농업의 잠재적 가치가 중시되고 있는 것이다.

① 고도성장을 도모하는 경제 정책을 추진하는 과정에서 농업 중심의 경제 패러다임을 지양하였다.
② 효율성을 중요한 가치로 내세우는 경제 시스템은 미래 사회를 대비하는 데 한계가 있다.
③ 유목 생활을 하는 민족에 비해 정주 생활을 하는 민족이 농업의 가치 증진에 더 기여할 수 있다.
④ 녹색 성장 산업으로서 농업의 효용성을 드높이기 위해서 과학 기술의 부작용을 성찰할 필요가 있다.

34 2019년 서울시 7급 (10월)

〈보기〉에 이어질 내용으로 가장 적절한 것은?

— 〈보기〉 —

미디어의 첫 혁명이라고 불릴 수 있는 인쇄술의 발전은 지식 제도 면에서 몇 가지 중요한 변화를 가져왔다. 그 가운데 가장 현저한 변화는 학교와 교사의 기능에서 생겨났다. 다시 말해서, 학교와 교사 없이도 독학을 할 수 있는 '책'이 나왔던 것이다. 독서에 의한 학습이 이루어짐으로써 학교 제도, 또는 기억이라는 개인의 습관에 대한 의존도가 낮아지게 되었다. 기억의 관습에 가한 변화는 인쇄술 발달이 가져온 중요한 업적이다.

인쇄술의 발달로 당연히 책이 양산되고 책값 역시 저렴해졌을 뿐 아니라, 주해자/주석자의 중요성은 반감된 채 다양한 책들이 서점과 서가에 등장하게 되었다. 그 결과 여러 텍스트를 대조하고 비교할 수 있는 기회가 많아졌으며, 자연스레 지식 사회에 대한 비판과 검증이 가능해졌다.

① 독점적인 학설이나 학파의 전횡도 줄어들 수밖에 없었고, 특정 학설의 권위주의적인 행보도 긴 생명을 가질 수 없게 되었다.
② 교사의 권위는 책의 내용을 쉽게 설명해줌으로써 독서를 용이하게 해주는 방식으로 더욱 공고해졌다.
③ 독서 대중의 비판과 검증에 대응하기 위해 지식 사회는 지식의 독점과 권력화에 매진하게 되었다.
④ 저자의 권위가 높아짐으로써 책의 내용을 있는 그대로 받아들이는 수동적인 독서 대중이 탄생하였다.

실전 문제

35
2019년 지방직 7급

다음 글에 대한 추론으로 적절하지 않은 것은?

> 인류 역사는 끊임없이 변화를 거듭해 왔다. 그 변화의 굽이들 속에서 사람들의 세계관이나 가치관 또한 다양하게 바뀌었다. 어느 세기에는 종교적 믿음이 모든 것을 지배하기도 했고, 어느 때는 이성이 가장 중요한 위치를 차지했으며, 또 어느 시점에서는 전 인류가 기계 문명을 근간으로 한 산업화를 지향하기도 했다. 그리고 21세기가 되었다. 이 세기는 첨단 과학과 정보 통신 기술의 비약적인 발달로 과거 그 어느 때보다 변화의 진폭이 클 것으로 예상되었으며 변화된 모습이 실로 드러나고 있다. 이러한 지속적인 변화의 배경에는 늘 인간의 열망과 상상력이 가로놓여 있었다.
>
> 과학 기술의 진보와 이에 발맞춘 눈부신 문명의 진전 과정에서 인간의 열망과 상상력이 우선하였다. 과연 인간이 욕망하지 않고 상상하지 않았다면 이 문명 세계의 많은 것들을 창조하고 혁신할 수 있었을까? 하늘을 날고 싶어 하는 욕망이 없었다면 비행기는 발명되지 못했을 것이며, 좀 더 빠른 이동 수단을 원하지 않았다면 자동차는 나오지 않았을 것이다. 이제껏 상상력은 인류 문명을 가동시켜 온 원동력이었으며 현재 또한 그러하다.
>
> 그런 가운데 21세기 디지털 테크놀로지와 신과학들은 이러한 상상력의 위상을 다시 생각하게 한다. 사람들이 실현이 불가능하다고 여겨 공상 수준에 그쳤던 일들이 실로 구현되는 상황이 펼쳐지곤 한다. 3D, 아바타, 사이보그, 가상현실, 인공 생명, 유전 공학, 나노 공학 등 21세기 최첨단 과학 기술에 힘입어 상상력의 지평이 넓어졌다. 과거 시대들이 무엇인가를 상상하고 그것을 만들어 가는 기술을 개발하는 시간들이었다면, 21세기는 상상하는 것을 곧 이루어 낼 수 있는 시대가 된 것이다.

① 현재의 인간이 추구하는 가치를 불변의 절대적 가치로 인정할 수는 없다.
② 인류 역사의 변화 과정에서 인간의 열망과 상상력이 끼친 영향이 크다.
③ 인류 역사의 변화 중에도 인간의 상상력을 바탕으로 실현된 세계의 모습은 변함이 없었다.
④ 21세기에 접어들어 과학 기술과 상상력의 위상 관계에 변화가 일고 있다.

36
2019년 국가직 7급

다음 글에서 추론한 내용으로 가장 적절한 것은?

> 애리조나주 북부의 나바호 인디언과 유럽계 미국인은 오랜 세월에 걸쳐 서로의 시간 개념을 적응시키고자 노력해 왔다. 나바호인에게 시간은 공간과 같다. 즉 지금 여기만이 실재하며 미래라는 것은 현실감을 거의 주지 못한다. 나바호 마을에서 성장한 나의 옛 친구는 그 점을 다음과 같이 표현했다.
>
> "자네도 알다시피 나바호인은 말[馬]을 사랑하고 경마로 내기하기를 즐기지. 그런데 만약 나바호인에게 '자네 지난 독립기념일에 플래그스태프에서 경주를 온통 휩쓸었던 내 말을 기억하지?' 하고 물었을 때, '그럼, 기억하고말고.'하면서 그 말을 아주 잘 알고 있다는 듯이 끄덕인다 해도 그에게 다시, '그 말을 다음 가을에 자네에게 주겠네.' 하고 말하면 그는 낙담한 표정으로 돌아서 가 버릴 것이네. 그러나 만약 '내가 방금 타고 온 저 비루먹은 말 알지? 영양실조에다 안짱다리인 저 늙은 말을 해진 안장과 함께 자네에게 줄게. 저놈을 타고 가거나.' 하고 말하면, 그 나바호인은 희색이 만면하여 악수를 청한 다음 자신의 새 말에 올라타서 사라질 것이네. 나바호인은 눈앞에 보이는 선물만을 실감할 뿐, 장래의 이익에 대한 약속은 고려할 가치조차 느끼지 못하는 것이지."

① 나바호인은 기억력이 좋아서 기념일에 선물을 잘 챙긴다.
② 나바호인은 지금 여기만이 실재한다는 인식으로 약속을 잘 지키지 않는다.
③ 나바호인은 앞으로 투자 가치가 있는 마을 구획정리 사업에는 긍정적이지 않다.
④ 나바호인은 기마민족으로 말에 대한 애착이 강하고 말을 최상의 선물로 간주한다.

37

2018년 국가직 9급

다음 글에서 추론할 수 있는 내용으로 적절하지 않은 것은?

> '포스트휴먼'은 그 기본적인 능력이 근본적으로 현재의 인간을 넘어서기 때문에 현재의 기준으로는 더 이상 인간이라 부를 수 없는 존재를 가리키는 표현이다. 스웨덴 출신의 철학자 보스트롬은 건강 수명, 인지, 감정이라는, 인간의 세 가지 주요 능력 중 최소한 하나 이상의 능력에서 현재의 인간이 도달할 수 있는 최대한의 한계를 엄청나게 넘어설 경우 이를 '포스트휴먼'으로 부르자고 제안하였다.
>
> 현재 가장 뛰어난 인간이 가질 수 있는 지능보다 훨씬 더 뛰어난 지능을 가지며, 더 이상 질병에 시달리지 않고, 노화가 완전히 제거되어서 젊음과 활력을 계속 유지하는 어떤 존재를 생각해 볼 수 있다. 이 존재는 스스로의 심리 상태에 대한 조절도 자유롭게 할 수 있어서 피곤함이나 지루함을 거의 느끼지 않으며, 미움과 같은 감정을 피하고, 즐거움, 사랑, 미적 감수성, 평정 등의 태도를 유지한다. 이러한 존재가 어떤 존재일지 지금은 정확하게 상상하기 어렵지만 현재 인간의 상태로 접근할 수 없는 새로운 신체나 의식 상태에 놓여 있을 것임은 분명하다.
>
> 이러한 포스트휴먼은 완전히 인위적으로 만들어진 인공 지능일 수도 있고, 신체를 버리고 슈퍼컴퓨터 안의 정보 패턴으로 살기를 선택한 업로드의 형태일 수도 있으며, 또는 생물학적 인간에 대한 개선들이 축적된 결과일 수도 있다. 만약 생물학적 인간이 포스트휴먼이 되고자 한다면 유전 공학, 신경 약리학, 항노화술, 컴퓨터-신경 인터페이스, 기억 향상 약물, 웨어러블 컴퓨터, 인지 기술과 같은 다양한 과학 기술을 이용해 우리의 두뇌나 신체에 근본적인 기술적 변형을 가해야만 할 것이다. '포스트휴먼'은 '내가 이런 능력을 가지고 있었으면 얼마나 좋을까' 하고 누구나 한 번쯤 상상해 보았을 법한 슈퍼 인간의 모습을 기술한 용어이다.

① 포스트휴먼 개념에 따라 제시되는 미래의 존재는 과학 기술의 발전 양상에 따른 영향을 현재의 인간에 비해 더 크게 받을 것이다.

② 포스트휴먼 개념은 인간의 신체적 결함을 다양한 과학 기술을 이용해 보완하여 기술적 한계를 극복한 새로운 인간형의 탄생에 귀결될 것이다.

③ 포스트휴먼은 인간의 현재 상태를 뛰어넘는 능력을 가진 새로운 존재일 것으로 예측되지만 그 형태가 어떠할지 여하는 다양한 가능성에 열려 있다.

④ 포스트휴먼은 건강 수명, 인지 능력, 감정 등의 측면에서 현재의 인간보다 뛰어나기 때문에 포스트휴먼 사회에서는 인간에 대한 개념이 새로 구성될 것이다.

38

2018년 지방직 7급

다음 글을 읽은 후의 반응으로 가장 적절한 것은?

> 역사 드라마는 역사적 인물이나 사건 혹은 역사적 시간이나 공간에 대한 작가의 단일한 재해석 또는 상상이 아니라 현재를 살아가는 시청자에 의해 능동적으로 해석되고 상상됨으로써 다중적으로 수용된다는 점에서 과거와 현재의 대화라는 역사의 속성을 견지한다. 이는 곧 과거의 시공간을 배경으로 한 텔레비전 역사 드라마가 현재를 지향하고 있음을 의미한다. 그래서 역사적 시간과 공간적 배경 속에 놓여 있는 등장인물과 지금 현재를 살아가는 시청자들이 대화를 나누기도 하고, 시청자들이 역사 드라마를 주제로 삼아 사회적 담론의 장을 열기도 한다.

① 현재와 밀접하게 관련되는 소재로만 역사 드라마를 만들어야겠군.

② 역사 드라마를 통해 시청자들이 사회적 화젯거리를 만들 수 있겠군.

③ 작가가 강조하는 역사적 교훈을 배우기 위해 역사 드라마를 시청해야겠군.

④ 부정적인 평가를 받는 인물은 역사 드라마에서 항상 악인으로만 그려지겠군.

유형 07 빈칸 내용 추론하기

기출 유형 분석
- 빈칸에 들어갈 단어, 문장, 문단 등 생략된 내용을 추론하는 유형의 문제이다.
- 빈칸은 적게는 한 개에서부터 많게는 네 개까지 제시된다.

예상 출제 방향
- 글의 내용을 종합하거나 정리하는 내용 또는 결론에 해당하는 내용이 빈칸으로 제시되는 문제가 출제될 수 있다.

대표 기출 문제

다음 빈칸에 들어갈 말로 가장 적절한 것은?

9급 출제기조 전환 2차 예시문제

> 로빈후드는 14세기 후반인 1377년경에 인기를 끈 작품 〈농부 피어즈〉에 최초로 등장한다. 로빈후드 이야기는 주로 숲을 배경으로 전개된다. 숲에 사는 로빈후드 무리는 사슴고기를 중요시하는데 당시 숲은 왕의 영지였고 사슴 밀렵은 범죄였다. 왕의 영지에 있는 사슴에 대한 밀렵을 금지하는 법은 11세기 후반 잉글랜드를 정복한 윌리엄 왕이 제정한 것이므로 아마도 로빈후드 이야기가 그 이전 시기로까지 거슬러 올라가지는 않을 것이다. 또한 이야기에서 셔우드 숲을 한 바퀴 돌고 로빈후드를 만났다고 하는 국왕 에드워드는 1307년에 즉위하여 20년간 재위한 2세일 가능성이 있다. 1세에서 3세까지의 에드워드 국왕 가운데 이 지역의 순행 기록이 있는 사람은 에드워드 2세뿐이다. 이러한 근거를 토대로 추론할 때, 로빈후드 이야기의 시대 배경은 아마도 _____ 일 가능성이 가장 크다.

① 11세기 후반 ② 14세기 이전 ③ 14세기 전반 ④ 14세기 후반

해설 ③ 빈칸이 포함된 문장은 로빈후드 이야기의 시대적 배경에 대해 언급하고 있다. 제시문 끝에서 2~4번째 줄에 의하면 로빈후드가 셔우드 숲에서 만난 에드워드 2세는 1307년에 즉위하여 20년간 재위한 인물임을 알 수 있으며, 1307년은 14세기 전반에 해당한다. 따라서 빈칸에 들어갈 말로 가장 적절한 것은 ③ '14세기 전반'임을 추론할 수 있다.

오답분석
① 11세기 후반은 잉글랜드를 정복한 윌리엄 왕이 사슴 밀렵 금지법을 제정한 시기에 해당할 뿐, 로빈후드 이야기의 시대적 배경으로 보기 어렵다.
② 14세기(1300년~1399년) 이전이라고 추론할 수 있는 정보를 제시문에서 확인할 수 없으므로 로빈후드 이야기의 시대적 배경으로 보기 어렵다.
④ 14세기 후반은 로빈후드가 작품에 최초로 등장한 시기이므로, 로빈후드 이야기의 시대적 배경으로 보기 어렵다.

실전 문제

01   2025년 지방직 9급
다음 글의 (가), (나)에 들어갈 말을 적절하게 나열한 것은?

   자아 개념이란 자신에 대한 주관적 견해로서 개인이 가지고 있는 능력, 성격, 태도, 느낌 등을 모두 포괄한다. 자아의 형성에 영향을 미치는 요인 중 하나로 타인에게서 듣게 되는 나와 관련된 메시지를 들 수 있다. 물론 타인 중에는 자신이 느끼기에 나에게 관련이 적은 사람도 있고 중요한 사람도 있다. 예를 들어 "너의 글은 인상적이야. 앞으로 좋은 작품을 쓸 수 있을 것 같아."라는 말을 누군가에게 들었을 때, 그 사람이 나에게 중요하다면 그 평가는 자아 개념 형성에 큰 영향을 미칠 수 있다. 그런 범주에 들어갈 수 있는 사람들로는 부모, 친구, 선생님 등이 있을 것이다. 나에게   (가)   의 말은 기억에 오래 남기 마련이다.

   한편, 타인에게 영향을 받는 자아를 설명하는 개념 중에는   (나)   라는 것도 있다. 이 개념에 따르면 우리는 타인과 상호작용하는 과정에서 단순히 타인을 모범으로 삼아 따라 하거나 타인의 훈육을 통해 자아를 형성한다기보다는 타인에게 비치는 나의 모습을 상상하고 그 모습에 대한 타인의 판단을 추정한다. 그러한 추정을 통해 자기에게 생겨난 감정을 알아 가는 과정에서 성숙한 자아를 형성해 나간다.

	(가)	(나)
①	관련이 적은 타인	거울에 비친 자아
②	중요한 타인	모범적인 타인을 따르는 자아
③	관련이 적은 타인	모범적인 타인을 따르는 자아
④	중요한 타인	거울에 비친 자아

02   9급 출제기조 전환 1차 예시문제
다음 글의 빈칸에 들어갈 결론으로 가장 적절한 것은?

   신경 과학자 아이젠버거는 참가자들을 모집하여 실험을 진행하였다. 이 실험에서 그의 연구팀은 실험 참가자의 뇌를 'fMRI' 기계를 이용해 촬영하였다. 뇌의 어떤 부위가 활성화되는가를 촬영하여 실험 참가자가 어떤 심리적 상태인가를 파악하려는 것이었다. 아이젠버거는 각 참가자에게 그가 세 사람으로 구성된 그룹의 일원이 될 것이고, 온라인에 각각 접속하여 서로 공을 주고받는 게임을 하게 될 것이라고 알려 주었다. 그런데 이 실험에서 각 그룹의 구성원 중 실제 참가자는 한 명뿐이었고 나머지 둘은 컴퓨터 프로그램이었다. 실험이 시작되면 처음 몇 분 동안 셋이 사이좋게 순서대로 공을 주고받지만, 어느 순간부터 실험 참가자는 공을 받지 못한다.

   실험 참가자를 제외한 나머지 둘은 계속 공을 주고받기 때문에, 실험 참가자는 나머지 두 사람이 아무런 설명 없이 자신을 따돌린다고 느끼게 된다. 연구팀은 실험 참가자가 따돌림을 당할 때 그의 뇌에서 전두엽의 전대상피질 부위가 활성화된다는 것을 확인했다. 이는 인간이 물리적 폭력을 당할 때 활성화되는 뇌의 부위이다. 연구팀은 이로부터   는 결론을 내릴 수 있었다.

① 물리적 폭력은 뇌 전두엽의 전대상피질 부위를 활성화한다
② 물리적 폭력은 피해자의 개인적 경험을 사회적 문제로 전환한다
③ 따돌림은 피해자에게 물리적 폭력보다 더 심각한 부정적 영향을 미친다
④ 따돌림을 당할 때와 물리적 폭력을 당할 때의 심리적 상태는 서로 다르지 않다

실전 문제

03
2024년 국가직 9급

다음 글의 빈칸에 들어갈 내용으로 가장 적절한 것은?

독자는 글을 읽을 때 생소하거나 이해하기 어려운 단어에 주시하는데, 이때 특정 단어에 눈동자를 멈추는 '고정'이 나타나며, 고정과 고정 사이에는 '이동', 단어를 건너뛸 때는 '도약'이 나타난다. 고정이 관찰될 때는 의미를 이해하려는 시도가 이루어지지만, 이동이나 도약이 관찰될 때는 이루어지지 않는다. 이를 바탕으로, K 연구진은 동일한 텍스트를 활용하여 읽기 능력 하위 집단(A)과 읽기 능력 평균 집단(B)의 읽기 특성을 탐색하는 연구를 진행하였다. 독서 횟수는 1회로 제한하되 독서 시간은 제한하지 않았다.

그 결과, 눈동자의 평균 고정 빈도에서 A 집단은 B 집단에 비해 약 2배 많은 수치를 보였다. 그런데 총 고정 시간을 총 고정 빈도로 나눈 평균 고정 시간은 B 집단이 A 집단에 비해 더 높게 나타났다. 읽기 후 독해 검사에서 B 집단은 A 집단보다 평균 점수가 높았고, 독서 과정에서 눈동자가 이전으로 돌아가거나 이전으로 건너뛰는 현상은 모두 관찰되지 않았다. 연구진은 이를 종합하여 읽기 능력이 부족한 독자는 읽기 능력이 평균인 독자에 비해 난해하다고 느끼는 단어들이 _____는 결론을 내렸다.

① 더 많지만 난해하다고 느끼는 각각의 단어를 이해하는 과정에 들이는 평균 시간은 더 적다
② 더 많고 난해하다고 느끼는 각각의 단어를 이해하는 과정에 들이는 평균 시간도 더 많다
③ 더 적지만 난해하다고 느끼는 각각의 단어를 이해하는 과정에 들이는 평균 시간은 더 많다
④ 더 적고 난해하다고 느끼는 각각의 단어를 이해하는 과정에 들이는 평균 시간도 더 적다

04
2024년 국가직 9급

다음 글의 (가)와 (나)에 들어갈 말로 적절한 것은?

채식주의자는 고기, 생선, 유제품, 달걀 섭취 여부에 따라 다섯 가지로 나뉜다. 완전 채식주의자는 이들 모두를 섭취하지 않으며, 페스코 채식주의자는 고기는 섭취하지 않지만 생선은 먹으며, 유제품과 달걀은 개인적 선호에 따라 선택적으로 섭취한다. 남은 세 가지 채식주의자는 고기와 생선 모두를 먹지 않되 유제품과 달걀 중 어떤 것을 먹느냐의 여부로 결정된다. 이들의 명칭은 라틴어의 '우유'를 의미하는 '락토(lacto)'와 '달걀'을 의미하는 '오보(ovo)'를 사용해 정해졌는데, 예를 들어, 락토오보 채식주의자는 고기와 생선은 먹지 않으나 유제품과 달걀은 먹는다. 락토 채식주의자는 ___(가)___ 먹지 않으며, 오보 채식주의자는 ___(나)___ 먹지 않는다.

① (가): 달걀은 먹지만 고기와 생선과 유제품은
　(나): 고기와 생선과 달걀은 먹지만 유제품은
② (가): 달걀은 먹지만 고기와 생선과 유제품은
　(나): 유제품은 먹지만 고기와 생선과 달걀은
③ (가): 유제품은 먹지만 고기와 생선과 달걀은
　(나): 고기와 생선과 유제품은 먹지만 달걀은
④ (가): 유제품은 먹지만 고기와 생선과 달걀은
　(나): 달걀은 먹지만 고기와 생선과 유제품은

05

2024년 지방직 9급

빈칸에 들어갈 내용으로 가장 적절한 것은?

프랑스에서 포도주는 간단한 식사에서 축제까지, 작은 카페의 대화에서 연회장의 교제에 이르기까지 언제 어디서나 함께한다. 포도주는 계절에 따른 어떤 날씨에도 분위기를 고양시킬 수 있어 추운 계절이 되면 따뜻한 분위기를 연출하고 한여름이 되면 서늘하거나 시원한 그늘을 떠올리는 분위기를 조성한다. 또한 배고프거나 지칠 때, 지루하거나 답답할 때, 심리적으로 불안할 때나 육체적으로 힘든 그 어느 경우에도 프랑스인들은 포도주가 절실하다고 느낀다. 프랑스에서 포도주는 장소와 시간, 상황에 관계없이 음식과 결부될 수 있는 모든 곳에 등장한다.

포도주가 일상의 세세한 부분에까지 결부된 탓에 프랑스 국민은 이제 포도주가 있어야 할 곳에 포도주가 없다는 사실만으로도 충격을 받는다. 르네 코티는 대통령 임기가 시작될 때 사적인 자리에서 사진을 찍은 적이 있는데 그 사진 속 탁자에는 포도주 대신 다른 술이 놓여 있었다. 이 때문에 온 국민이 들끓고 일어났다. 프랑스 국민에게 그들 자신과도 같은 포도주가 보이지 않는다는 사실은 참을 수 없는 일이었다. 결국 프랑스인에게 포도주란 _____

① 심신을 치유하는 신성한 물질과 같다.
② 자신들의 정체성을 나타내는 상징과도 같다.
③ 국가의 주요 행사에서 가장 주목받는 음료다.
④ 어느 계절에나 쉽게 분위기를 고양시킬 수 있는 음료다.

06

2024년 군무원 9급

다음 중 빈칸 ㉠에 들어갈 말로 가장 적절한 것은?

최근 환경오염에 기인하는 생태계의 파괴와 새롭게 개발된 생명과학 기술이 점차 인간의 삶과 그 존엄성을 위협하게 됨에 따라, 생명과학에 대한 세상의 관심도 높아졌고 그것이 갖는 도덕성도 심심찮게 논란의 대상이 되고 있다. 생태계의 파괴와 관련하여 생명과학이 주목을 받는 것은 생태계 파괴의 주범이 생명과학이어서가 아니라, 이미 심각한 상태로 파괴된 생태계를 복원시킬 수 있는 효과적인 방법을 생명과학이 제시할지도 모른다는 기대 때문이다.

그러나 이와는 반대로 생명과학의 도덕성에 대한 논의는 생명과학이 개발해 내고 있는 각종 첨단 기술이 인간의 존엄성을 훼손하게 될 것이라는 우려의 표출인 것이다. 다른 모든 과학과 마찬가지로 생명과학도 (㉠)을 지니고 있다. 그렇기 때문에 우리는 생명과학이 갖는 무한한 가능성에 대하여 큰 기대를 걸면서도 동시에 그것이 갖는 가공할 만한 위험성을 항상 경계하고 있는 것이다.

① 개연성
② 합리성
③ 양면성
④ 일관성

실전 문제

07
2023년 서울시 9급

〈보기1〉의 (가)~(다)에 들어갈 가장 적절한 문장을 〈보기2〉에서 순서대로 바르게 나열한 것은?

〈보기1〉

생존을 위해 진화한 우리 뇌는 본능적으로 생존에 이롭고 해로운 대상을 구분하는 능력이 있다. 단맛을 내는 음식은 영양분이 많을 가능성이 높고 역겨운 냄새가 나는 음식은 부패했거나 몸에 해로울 가능성이 높다. 딱히 배우지 않아도 우리는 자연적으로 선호하거나 혐오하는 반응을 보인다. _____(가)_____

초콜릿 케이크를 한 번도 먹어보지 못한 사람이 있다고 해보자. 처음 그에게 초콜릿 케이크의 냄새나 색은 전혀 '맛있음'과 연관이 없을 것이다. 하지만 일단 맛을 본 사람은 케이크 자체만이 아니라 케이크의 냄새, 색, 촉감 등도 무의식적으로 선호하게 된다. 그러면 밸런타인데이와 같이 초콜릿을 떠올릴 수 있는 신호만으로도 강한 반응을 이끌어 낼 수 있다. _____(나)_____

인공지능과 달리 동물은 생존과 번식에 대한 생물학적 조건을 기반으로 진화했다. 생물은 생존을 위해 에너지를 구하고 환경에 반응하며 유전자를 남기기 위해 번식을 한다. 이런 본능적인 목적을 달성하기 위한 여러 종류의 세부 목표가 있다. 유념할 점은 한 기능적 영역에서 좋은 것(목적 달성에 유용한 행동과 자극)이 다른 영역에서는 전혀 도움이 되지 않고 오히려 해로울 수 있다는 사실이다.

한 여우가 있다. 왼편에는 어린 새끼들이 금세 강물에 빠질 듯 위험하게 놀고 있고 오른쪽에는 토끼 한 마리가 뛰고 있다. 새끼도 보호해야 하고 먹이도 구해야 하는 여우는 어떤 선택을 해야 할까. _____(다)_____ 우리는 그 과정을 의사 결정이라고 한다. 우리는 의사 결정을 의식적으로 한다고 생각하지만 실제로는 선택지에 대한 계산의 상당 부분이 무의식적으로 빠르게 일어나기 때문에 다행히도 행동을 하는 데 어려움이나 갈등을 많이 느끼지 않는다. 그래서 위와 같은 상황에서 여우는 두 선택지의 중요도가 비슷하더라도 중간에 멍하니 서 있지 않고 재빨리 반응한다. 그래야 순간적인 위험을 피하고 기회를 잡을 수 있다.

〈보기2〉

ㄱ. 이와 더불어 동물은 경험에 따라 좋고 나쁜 것을 학습하는 능력을 가지고 있다.
ㄴ. 뇌는 여러 세부적인 동기와 감정적, 인지적 반응을 합쳐서 선택지에 가치를 매긴다.
ㄷ. 이렇듯 우리는 타고난 기본 성향과 학습 능력을 통해 특정 대상에 대한 기호를 형성한다.

	㉠	㉡	㉢
①	ㄱ	ㄴ	ㄷ
②	ㄱ	ㄷ	ㄴ
③	ㄴ	ㄱ	ㄷ
④	ㄷ	ㄱ	ㄴ

08
2023년 지방직 9급

다음 글의 맥락을 고려할 때 빈칸에 들어갈 말로 가장 적절한 것은?

능숙한 필자와 미숙한 필자는 글쓰기 과정 중 '계획하기'에서 뚜렷한 차이를 보인다. 전자는 이 과정에 오랜 시간 공을 들이는 반면, 후자는 그렇지 않다. 글쓰기에서 계획하기는 글쓰기의 목적 수립, 주제 선정, 예상 독자 분석 등을 포함한다. 이 중 예상 독자 분석이 중요한 이유는 _____ 때문이다. 글을 쓸 때 독자의 수준에 비해 너무 어려운 개념과 전문용어를 사용한다면 독자가 글을 이해하기 어렵게 된다. 글쓰기는 필자가 글을 통해 자신의 메시지를 독자에게 전달하는 행위라는 점을 고려하면 계획하기 단계에서 반드시 예상 독자를 분석해야 한다.

① 계획하기 과정이 글쓰기 전체 과정의 첫 단계이기
② 글에 어려운 개념이나 전문용어를 어느 정도 포함해야 하기
③ 필자의 메시지를 독자에게 효과적으로 전달하는 데 도움이 되기
④ 독자의 배경지식 수준을 고려해야 글의 목적과 주제가 결정되기

09
2023년 지방직 7급

다음 글의 맥락을 고려할 때 (가)와 (나)에 들어갈 내용으로 가장 적절한 것은?

> 육각형의 벌집 모양은 자연이 만든 경이로운 디자인이다. 이 벌집의 과학적인 구조는 역사적으로 경탄의 대상이었는데, 다윈은 벌집을 경이롭고 완벽한 과학이라고 평가했다. 벌집의 정육각형 구조는 구멍과 구멍 사이의 간격을 최소화하면서 공간을 최대화할 수 있는 가장 안정적인 형태이다. 이 구조는 (가) 는 이점이 있다. 벌이 밀랍 1온스를 만들려면 약 8온스의 꿀을 먹어야 한다. 공간이 최적화됨으로써 필요한 밀랍의 양이 줄어, 벌집을 짓는 데 드는 노력과 에너지가 최소화된다. 이처럼 벌집은 과학적으로 탄탄하고 기술적으로 효율적인 디자인이다. 게다가 예술적으로 아름다운 것은 두말할 필요 없다. 견고하고 가볍고 실용적이면서 아름답기까지한 이 구조를 닮은 건축 양식이나 각종 생활용품을 흔히 발견할 수 있다. 이는 (나) 는 뜻이다.

① (가): 벌집을 짓는 데 소요되는 노동량을 최대화한다
 (나): 자연의 구조인 벌집이 인간의 창조 활동에 영감을 주었다
② (가): 벌집을 짓는 데 소요되는 노동량을 최대화한다
 (나): 인간이 만든 디자인은 자연이 만든 디자인보다 뛰어날 수 없다
③ (가): 벌집을 짓기 위해 필요한 밀랍의 양이 적게 든다
 (나): 자연의 구조인 벌집이 인간의 창조 활동에 영감을 주었다
④ (가): 벌집을 짓기 위해 필요한 밀랍의 양이 적게 든다
 (나): 인간이 만든 디자인은 자연이 만든 디자인보다 뛰어날 수 없다

10
2023년 군무원 9급

다음 글의 (가)와 (나)에 들어갈 적절한 말을 순서대로 바르게 짝지은 것은?

> 비즈니스 화법에서는 상사에게 보고할 때 결론부터 말하라고 한다. 이것도 맞는 말이다. 그렇지 않아도 바쁜데 주저리주저리 이야기를 길게 늘어놓으면 짜증이 난다. (가) 현실은 인간관계의 미묘한 심리가 복잡하게 얽혀 있는 비즈니스 사회. 때로는 일부러 결론을 뒤로 미뤄 상대의 관심을 끌게 만들어야 할 때도 있다. 예를 들어, 회사에서의 라이벌 동료와의 관계처럼 자기와 상대의 힘의 균형이 미묘할 때이다.
> 당신과 상사, 당신과 부하라는 상하관계가 분명한 경우는 대응이 항상 사무적이 된다. 사무적인 관계에서는 쓸데없는 시간과 노력을 들이지 않아도 된다. (나) 같은 사내의 인간관계라도 라이벌 동료가 되면 일을 원활하게 해나가는 것만이 능사는 아니다. 권력 관계에서의 차이가 없는 만큼 미묘한 줄다리기가 필요하다. 이렇게 권력관계가 미묘한 상대와의 대화에서 탁월한 최면 효과를 발휘하는 것이 '클라이맥스 법'이다. 비즈니스 현장에서뿐만 아니라 미묘한 줄다리기를 요하는 연애 관계에서도 초기에는 클라이맥스 법이 그 위력을 발휘한다.

① 그러므로 - 그러므로　② 하지만 - 하지만
③ 하지만 - 그러므로　④ 그러므로 - 하지만

11
2023년 군무원 9급

다음 글의 문맥상 (　) 안에 들어갈 말로 가장 적절한 것은?

> 행루오리(幸漏誤罹)는 운 좋게 누락되거나 잘못 걸려드는 것을 말한다. (　　) 걸려든 사람만 억울하다. 아무 잘못 없이 집행자의 착오나 악의로 법망에 걸려들어도 마찬가지다. 여기에 부정이나 청탁이 개입되기라도 하면 바로 국가의 법질서에 대한 불신으로 이어진다. 결국 행루오리는 법집행의 일관성을 강조한 말이다.

① 똑같이 죄를 지었는데 당국자의 태만이나 부주의로 법망을 빠져나가는 사람이 있으면
② 가벼운 죄를 짓고도 엄혹한 심판관 때문에 무거운 벌을 받으면
③ 가족이나 이웃의 범죄에 연루되어 죄 없이 벌을 받게 되면
④ 현실과 맞지 않는 법 때문에 성실한 사람이 범죄자로 몰리게 되면

실전 문제

12
2023년 군무원 7급

다음 기사의 (㉠) 안에 들어갈 말로 가장 적절한 것은?

> 탄소 중립을 실천하기 위해 우리가 할 수 있는 일은 무엇일까? 에너지 절약부터 친환경 제품 사용, 이면지 사용, 일회용품 사용하지 않기 등 다양한 방법들이 있다. 하지만 또 다른 방법이 있다고 산림청은 전한다. 먼저 우리 주변 나무를 잘 사용하는 것이다. 나무를 목재로 사용하면 된다. 목재 가공은 철강 생산보다 에너지를 85배 절감할 수 있다고 한다. 〈중 략〉
>
> 그렇다고 나무를 다 베어서는 안 된다는 우려도 존재한다. 하지만 걱정할 필요가 없다고 산림청은 말한다. (㉠) 특히 우리나라는 OECD 국가 중 산림 비율이 4위일 정도로 풍성한 숲을 보유하고 있다. 이를 잘 활용해서 환경 보호에 적극적으로 사용해야 하는 것이다.

① 목재를 보전하는 숲과 수확하는 숲을 따로 관리한다는 것이다.
② 나무가 잘 자라는 열대 지역에서 목재를 수입한다는 것이다.
③ 버려지는 폐목재를 가공하여 재사용한다는 것이다.
④ 나무를 베지 않고 숲의 공간을 활용하여 주택을 짓는다는 것이다.

13
2023년 군무원 7급

다음 글의 (가)에 들어갈 단어는?

> 한자는 늘 그 많은 글자의 수 때문에 나쁜 평가를 받아 왔다. 한글 전용론자들은 그걸 배우느라 아까운 청춘을 다 버려야 하겠느냐고도 한다. 그러나 헨드슨 교수는 이 점에 대해서도 명쾌하게 설명한다. 5만 자니 6만 자니 하며 그 글자 수의 많음을 부각시키는 것은 사람들을 오도한다는 것이다. 중국에서조차 1,000자가 현대 중국어 문헌의 90%를 담당하고, 거기다가 그 글자들이 뿔뿔이 따로 만들어진 것이 아니고 대부분 (가)와/과 같은 방식으로 만들어져 그렇게 대단한 부담이 아니라는 것이다.

① 상형(象形)
② 형성(形聲)
③ 회의(會意)
④ 가차(假借)

14
2022년 지방직 7급

(가)와 (나)에 들어갈 말로 가장 적절한 것은?

> A는 다음과 같은 실험을 진행했다. 먼저, 검은색 옷과 흰색 옷을 입은 6명이 두 개의 농구공을 가지고 패스를 주고받는 동안 고릴라 복장의 사람을 지나가게 하고 그 장면을 동영상으로 촬영했다. 그리고 실험 참가자들에게 이 동영상을 보여 주면서 흰색 옷을 입은 사람들이 몇 번 패스를 주고받았는지 세어 달라고 요청했다. 이에 대해 참가자들은 패스 횟수에 대해서는 각자의 답을 말했는데, 동영상 중간 중간에 출현한 고릴라 복장의 사람에 대해서는 하나같이 보지 못했다고 답했다. 참가자들이 패스 횟수를 세는 데 집중하느라 1분이 채 안 되는 동영상 가운데 9초에 걸쳐 등장하는 고릴라 복장의 사람을 인지하지 못한 것이다. A는 이 실험을 통해 다음의 결론을 도출했다. ▢ (가) ▢.
>
> 이 실험 결과를 우리의 일상에서도 확인해 볼 수 있다. 오토바이 운전자의 안전을 위해 눈에 잘 띄는 밝은색 옷을 입도록 권하는데, 밝은색 옷의 오토바이 운전자는 시각적으로 더 잘 보이고, 덕분에 더 쉽게 알아볼 수 있기 때문이다. 그렇다고 해도 모든 자동차 운전자가 밝은색 옷을 입은 오토바이 운전자를 다 알아보는 것은 아니다. 바라보는 행위는 인지의 ▢ (나) ▢ 없기 때문이다.

① (가): 인간의 인지는 시각과 밀접하게 관련되어 있다
  (나): 충분조건일 수는 있어도 필요조건일 수는
② (가): 인간의 인지는 시각과 밀접하게 관련되어 있다
  (나): 필요조건일 수는 있어도 충분조건일 수는
③ (가): 인간은 중요하다고 생각하는 것 위주로 주의를 기울인다
  (나): 충분조건일 수는 있어도 필요조건일 수는
④ (가): 인간은 중요하다고 생각하는 것 위주로 주의를 기울인다
  (나): 필요조건일 수는 있어도 충분조건일 수는

15

(가)에 들어갈 말로 가장 적절한 것은?

　자기지향적 동기와 타인지향적 동기는 행위의 적극성과 어떤 관계가 있을까? A는 자율 방범대원들에게 이 일의 자원 동기에 대해 물어보았다. 자기지향적 동기만 말한 사람과 타인지향적 동기만 말한 사람, 그리고 둘 다 말한 사람이 고르게 분포되었다. 그 후 설문에 참여한 사람들이 2개월간 방범 순찰에 참여한 횟수를 살펴보았다. 그 결과 자기지향적 동기를 말한 사람들 모두가 자기지향적 동기를 말하지 않은 사람들보다 순찰 횟수가 더 많은 것으로 나타났다. 그리고 전자 중 타인지향적 동기를 말한 사람들의 순찰 횟수가 그렇지 않은 사람들보다 유의미하게 많은 것으로 나타났다. A는 이를 토대로 ____(가)____ 고 추정하였다.

① 자기지향적 동기만 가진 사람은 타인지향적 동기만 가진 사람보다 행위의 적극성이 높다
② 타인지향적 동기를 가진 사람은 자기지향적 동기를 가진 사람보다 행위의 적극성이 높다
③ 자기지향적 동기는 행위의 적극성에 긍정적 영향을 주기도 하고 부정적 영향을 주기도 한다
④ 자기지향적 동기가 행위의 적극성에 긍정적 영향을 주는 경우 타인지향적 동기는 부정적 영향을 준다

16

다음 중 ㉠~㉢에 알맞은 말을 순서대로 나열한 것은?

　먼 곳의 물체를 볼 때 물체에서 반사되어 나온 빛이 눈 속으로 들어가면서 각막과 수정체에 의해 굴절되어 망막의 앞쪽에 초점을 맺게 되면 망막에는 초점이 맞지 않는 상이 맺힘으로써 먼 곳의 물체가 흐리게 보인다. 이것을 근시라고 한다.
　근시인 눈에서 보고자 하는 물체가 눈에 가까워지면 망막의 (㉠)에 맺혔던 초점이 (㉡)으로 이동하여 망막에 초점이 맺혀 흐리게 보이던 물체가 선명하게 보인다. 그리고 이 지점보다 더 가까운 곳의 물체는 조절 능력에 의하여 계속 잘 보인다.
　이와 같이 근시는 먼 곳의 물체는 잘 안 보이고 가까운 곳의 물체는 잘 보이는 것을 말한다. 근시의 정도가 심하면 심할수록 눈 속에 맺히는 초점이 망막으로부터 (㉢)으로 멀어져 가까운 곳의 잘 보이는 거리가 짧아지고 근시의 정도가 약하면 꽤 먼 곳까지 잘 볼 수 있다.

	㉠	㉡	㉢
①	앞쪽	뒤쪽	앞쪽
②	뒤쪽	앞쪽	앞쪽
③	앞쪽	뒤쪽	뒤쪽
④	뒤쪽	앞쪽	뒤쪽

실전 문제

17   2022년 지역인재 9급

(가)에 들어갈 내용으로 가장 적절한 것은?

　　디지털 독자라면 누구나 직면하게 되는 도전들이 도사리고 있다. 이 도전은 다음과 같은 환경적 특징 때문에 생겨난다.
　　디지털은 (가) 이다. 대표적인 오프라인 정보 창고인 도서관은 '작가'라 불리는 사람들이 쓴 책을 선호한다. 대부분의 인쇄 서적들은 사업 인가를 받은 출판사가 기획하고 발행한다. 오프라인에는 전문가들이 도서를 검토, 평가, 선택하는 일련의 절차가 존재한다. 반면에 디지털 환경에서는 누구나 무엇이든 내키는 대로 표현하고 드러낼 수 있다. 정돈된 메시지를 섬세하게 디자인하여 공유하는 이들도 있지만, 대개는 다양한 플랫폼들을 통해서 속전속결로 자신이 생산한 것들을 게재한다. 디지털 환경에서는 텍스트의 생산과 소비 사이에 출판, 검토, 비평, 선정이라는 중간 과정이 생략된다.

① 검증되지 않은 공간
② 몰입할 수 있는 공간
③ 정교한 중간 과정이 있는 공간
④ 전문적으로 표현해야 하는 공간

18   2021년 지방직 9급

(가)~(라)에 들어갈 말로 가장 적절한 것은?

　　정철, 윤선도, 황진이, 이황, 이조년 그리고 무명씨. 우리말로 시조나 가사를 썼던 이들이다. 황진이는 말할 것도 없고 무명씨도 대부분 양반이 아니었겠지만 정철, 윤선도, 이황은 양반 중에 양반이었다. (가) 그들이 우리말로 작품을 썼던 걸 보면 양반들도 한글 쓰는 것을 즐겨 했다는 것을 부정할 수는 없다. (나) 허균이나 김만중은 한글로 소설까지 쓰지 않았던가. (다) 이들이 특별한 취향을 가진 소수의 양반이었다면 이야기는 달라진다. 우리말로 된 문학 작품을 만들겠다는 생각을 가진 특별한 양반들을 제외하고 대다수 양반들은 한문을 썼기 때문에 한글을 모를 수도 있었기 때문이다. 실학자 박지원이 당시 양반 사회를 풍자한 작품 호질은 한문으로 쓰여 있다. (라) 한 가지 분명한 것은 양반 대부분이 한글을 이해하지 못하는 상황이었다면 정철도 이황도 윤선도도 한글로 작품을 쓰지는 않았을 것이란 사실이다.

	(가)	(나)	(다)	(라)
①	그런데	게다가	그렇지만	그러나
②	그런데	그리고	그래서	또는
③	그리고	그러나	하지만	즉
④	그래서	더구나	따라서	하지만

19

2021년 지방직 9급

글의 통일성을 고려할 때 (가)에 들어갈 말로 가장 적절한 것은?

> 혼정신성(昏定晨省)이란 저녁에는 부모님의 잠자리를 봐 드리고 아침에는 문안을 드린다는 뜻으로 자식이 아침저녁으로 부모의 안부를 물어 살핌을 뜻하는 말로 '예기(禮記)'의 '곡례편(曲禮篇)'에 나오는 말이다. 아랫목 요에 손을 넣어 방 안 온도를 살피면서 부모님께 문안을 드리던 우리의 옛 전통은 온돌을 통한 난방 방식과 관련 깊다. 온돌을 통한 난방 방식은 방바닥에 깔려 있는 돌이 열기로 인해 뜨거워지고, 뜨거워진 돌의 열기로 방바닥이 뜨거워지면 방 전체에 복사열이 전달되는 방법이다. 방바닥 쪽의 차가운 공기는 온돌에 의해 따뜻하게 데워지므로 위로 올라가고, 위로 올라간 공기가 다시 식으면 아래로 내려와 다시 데워져 위로 올라가는 대류 현상으로 인해 결국 방 전체가 따뜻해진다. 벽난로를 통한 서양식의 난방 방식은 복사열을 이용하여 상체와 위쪽 공기를 데우는 방식인데, 대류 현상으로 바닥 바로 위 공기까지는 따뜻해지지 않는다. 그 이유는 (가) .

① 벽난로에 의한 난방은 방바닥의 따뜻한 공기가 위로 올라가 식으면 복사열로 위쪽의 공기만을 따뜻하게 하기 때문이다
② 벽난로에 의한 난방이 복사열에 의한 난방에서 대류 현상으로 인한 난방이라는 순서로 이루어졌기 때문이다
③ 대류 현상을 통한 난방 방식은 상체와 위쪽의 공기만 따뜻하게 하기 때문이다
④ 상체와 위쪽의 따뜻한 공기는 차가운 바닥으로 내려오지 않기 때문이다

20

2020년 국가직 9급

㉠에 들어갈 주장으로 가장 적절한 것은?

> 경상 지역 방언을 쓰는 사람들은 대체로 'ㅓ'와 'ㅡ'를 구별하지 못한다. 이들은 '증표(證票)'나 '정표(情表)'를 구별하여 듣지 못할 뿐만 아니라 구별하여 발음하지 못하기 십상이다. 또 이들은 'ㅅ'과 'ㅆ'을 구별하지 못하는 경우가 많다. 따라서 이들은 '살밥을 많이 먹어서 쌀이 많이 쪘다'고 말하든 '쌀밥을 많이 먹어서 살이 많이 쪘다'고 말하든 쉽게 그 차이를 알지 못한다. 한편 평안도 및 전라도와 경상도의 일부에서는 'ㅗ'와 'ㅓ'를 제대로 분별해서 발음하지 않는 경우가 종종 있다. 평안도 사람들의 'ㅈ' 발음은 다른 지역의 'ㄷ' 발음과 매우 비슷하다. 이처럼 (㉠)

① 우리말에는 지역마다 다양한 소리가 있다.
② 우리말은 지역에 따라 다양한 표준 발음법이 있다.
③ 우리말에는 지역에 따라 구별되지 않는 소리가 있다.
④ 자음보다 모음을 변별하지 못하는 지역이 더 많이 있다.

실전 문제

21
2020년 군무원 7급

맥락을 고려할 때, ㉠~㉣에 들어갈 말로 가장 적절하게 묶인 것은?

영화를 보면 어떤 물체를 3차원 입체 스캐너에 집어넣고 레이저를 이용해서 쓱 스캔을 한 뒤 기계가 왔다 갔다 왕복운동을 하면, 무에서 유를 창조하듯 스캐닝 했던 물체와 똑같은 물체가 만들어지는 (㉠)이 나온다. 공상 과학 영화에서나 나오는 이런 허구 같은 상황, 그것이 실제로 일어났다. 물체를 3차원 스캔하거나 3D 모델링 프로그램으로 설계해서 입체 모형으로 만들어내는 이 마법 같은 기계인 3D 프린터가 어느새 우리 생활 속으로 들어왔다.

3D 프린터가 가장 많이 사용되는 곳은 (㉡) 생산이다. 그간 제품을 개발할 때에는 금형을 만들어서 샘플을 찍어내거나 수작업으로 모형을 만들어냈고, 이후에 수정하거나 설계를 변경하게 되면 엄청난 시간과 비용이 소요되었다. 그러나 3D 프린터로 샘플을 만들어 문제점과 개선점을 확인한 후에 금형을 만들고 제품을 생산하면, 비용 절감은 물론 개발 기간 단축에도 큰 도움이 된다.

3D 프린터는 (㉢)으로도 유용하게 사용되고 있다. 인체에 무해한 종류의 금속이나 플라스틱 수지 또는 인공뼈 소재를 이용해서 유실된 뼈 부분을 대신하는 용도로 사용되고 있으며, 아주 복잡하고 위험한 수술 전에 실제와 거의 동일한 인체 구조물로 미리 연습을 하도록 돕기도 한다. 또한 큰 사고로 얼굴의 일부가 크게 손상되거나 유실된 환자를 위해 정교하게 제작된 일종의 부분 가면을 만드는 것도 가능하다.

아직은 3D 프린터가 일반 가정이나 우리의 실생활에 깊게 들어왔다고 보기에는 다소 이르지만 (㉣) 우리 생활에 정말로 녹아든 시대가 올 것이다. 그러나 한국의 3D 프린터 산업은 여전히 걸음마 단계이다. 정부와 대기업의 관심도 아직 미진하여 교육기관의 3D 프린터 도입은 전혀 준비되지 않았다. 더 늦기 전에 우리도 처음 큰 한 걸음을 내딛어 경쟁력을 갖춰 나가야 한다.

	㉠	㉡	㉢	㉣
①	상황	완제품	산업용	언젠가
②	상황	시제품	산업용	조만간
③	장면	완제품	의료용	언젠가
④	장면	시제품	의료용	조만간

22
2020년 국가직 7급

괄호 안에 들어갈 말로 가장 적절한 것은?

상등인은 법을 사랑하고, 중등인은 법을 두려워하며, 하등인은 법을 싫어한다. 법을 사랑하는 자는 이를 범하기 부끄러워하고, 법을 두려워하는 자는 이를 범하기 싫어하지만, 법을 싫어하는 자는 이를 범하기 부끄러워하지도 싫어하지도 않는다. 기회만 만나면 하고 싶은 대로 저질러 거리끼는 것이 없다. 그가 다만 죄를 저지르지 않는 까닭은 형편이 그렇지 못하고 처지가 그럴 수 없기 때문이지, 그의 심사가 올바르기 때문이 아니다. 그러나 법률상 인품을 논의하여 세 등급으로 구별한 것은 후천적인 학식의 환경과 지각의 계층에 따른 것이기 때문에, 교화가 넓게 베풀어지는 정도에 따라 범죄 건수가 줄어들고 있다. 이를 통해 본다면, 인간 세상의 풍속을 바로잡는 방법은 ( )

① 법률을 엄격하게 정하고 구체적으로 적용하는 데 있다.
② 법률을 엄격하게 정하고 상황에 맞게 적용하는 데 있다.
③ 법률을 엄격하게 정하는 것보다 교화에 힘쓰는 데 있다.
④ 법률을 엄격하게 정하는 것보다 계층 통합에 힘쓰는 데 있다.

23
2019년 지방직 7급

㉠~㉣에 들어갈 말로 가장 적절한 것은?

근대 국가가 형성되면서 언어의 단일화를 이루기 위한 언어 정책이 (㉠)되었다. 러시아의 경우가 대표적인데, 당시 러시아 사회는 칭기즈 칸의 침략 후 문장어와 방언 사이의 (㉡)가 컸다. 표트르 대제는 불가리아 문장어를 버리고 모스크바어를 (㉢)으로 한 러시아어 표준어 정책을 강력하게 실시했다. 이때부터 푸시킨을 비롯한 국민적 작가에 의해 러시아의 문예어가 발달하기 시작했다. 이렇게 서양에서 봉건제가 붕괴되고 민주 의식이 (㉣)되면서 표준어가 결정되고 국민 문예가 성립하는 과정을 거쳤다. 한 나라의 표준어 형성, 나아가 국어의 통합은 이렇게 문예 작품의 발달과 밀접하게 관련을 맺고 있는 것이다.

	㉠	㉡	㉢	㉣
①	시행	격차	기반	고양
②	시행	편차	기반	지양
③	중단	격차	방식	지양
④	중단	편차	방식	고양

24

2019년 서울시 7급 (2월)

<보기>의 ㉠~㉢에 들어가기에 가장 옳은 것으로 짝지은 것은?

―〈보기〉―

스토리는 시간적 순서대로 배열된 사건의 서술이다. (㉠)도 사건의 서술이지만 인과관계에 역점을 둔다. '왕이 죽고 왕비가 죽었다'는 스토리이지만, '왕이 죽자 왕비도 슬퍼서 죽었다'는 (㉠)(이)다. 시간적 순서는 마찬가지이지만 인과의 감각이 첨가된다. 또한 '왕비가 죽었다. 그러나 왕의 죽음 때문이라고 알게 될 때까지는 아무도 그 원인을 알 수 없었다'고 한다면 이것은 신비를 간직한 (㉠)(이)며, 고도의 전개가 가능한 형식이다. 그것은 시간의 맥락을 끊고 한계가 허락하는 한 스토리에서 비약시키고 있다. 왕비의 죽음을 생각할 때 만약 그것이 스토리가 될 경우엔 우리는 '(㉡)'하고 물을 것이며, (㉠)의 경우엔 '(㉢)'하고 물을 것이다.

	㉠	㉡	㉢
①	플롯(plot)	왜?	그 다음엔?
②	플롯(plot)	그 다음엔?	왜?
③	테마(theme)	언제?	왜?
④	테마(theme)	그 다음엔?	왜?

25

2019년 국가직 7급

밑줄 친 곳에 들어갈 말로 가장 적절한 것은?

기자: _____

작가: 내가 작품을 쓰면서 취재에 상당한 시간을 할애했던 것은 작품이 가지고 있는 리얼리티를 살려 놓아야 독자들의 공감대를 넓힐 수 있다고 생각했기 때문이에요. 소설이 아무리 허구적 장르라 해도 사실성에 근거해야 비로소 생동감과 개연성을 확보하기에 습작 시절부터 취재를 우선시했지요. 전집에 실린 「○○기행」, 「○○를 찾아서」 같은 단편들도 거의 취재를 통해서 얻어 낸 자료를 가지고 쓴 작품들이에요. 그렇게 하고 나니 리얼리티가 살아나는 것을 느낄 수 있었고 작품이 힘을 얻을 수 있었지요. 그것은 분명 작가 수업에도 보탬이 됐고 공감을 얻는 데도 기여를 했다고 봐요.

① 선생님은 작품을 쓰면서 언제부터 취재를 하시는지요?
② 선생님의 이번 신작에서 리얼리티가 강조된 이유는 무엇인지요?
③ 선생님의 작품 중 독자들의 공감을 얻은 작품은 어떤 것들인지요?
④ 선생님이 작품 활동에서 취재에 주력하시는 이유가 무엇인지요?

26

2018년 서울시 9급 (3월)

문맥상 <보기>의 ㉠, ㉡에 들어갈 단어로 가장 적절한 것은?

―〈보기〉―

현실 상황에서 개인들이 문제를 어떻게 해결해 나가는지 이해하기 위해서는 이론의 세계와 경험의 세계를 넘나드는 전략이 필요하다. (㉠) 없이는 서로 다른 상황에서 다양한 형태로 작동하는 일반적인 근본 메커니즘을 이해할 수 없다. 경험적 세계의 퍼즐을 푸는 일에 매달리지 않는 한, 이론적 저작은 경험적 세계를 반영하지 못한 채 스스로의 타성에 의해 (㉡)(으)로부터 빗나가게 된다.

① ㉠ 현실, ㉡ 이론
② ㉠ 이론, ㉡ 현실
③ ㉠ 경험, ㉡ 현실
④ ㉠ 이론, ㉡ 경험

실전 문제

27
2018년 서울시 7급 (6월)

<보기>의 ㉠, ㉡에 들어갈 단어로 가장 옳은 것은?

―〈보기〉―

민주주의에서 '사회적 합의'는 만장일치의 개념이 아니라, 여러 대안들 간의 경쟁을 통해 다수 의사를 만들어 내는 과정과 그 결과를 말한다. 과거 권위주의 정부도 사회적 합의라는 말을 많이 썼지만, 그때의 사회적 합의란 정부가 일방적으로 제시하는 것이었다. 따라서 권위주의 정부는 대개의 경우 경제 발전과 같은 거시적 성과를 통해 사후적으로 정당성의 취약함을 보완하면서 사회적 갈등을 억압하고자 했다. 민주주의가 권위주의와 다른 것은 사회적 갈등을 억압하지 않는다는 것, 다시 말해 갈등을 정치의 틀 안으로 통합하면서 사회적 합의를 만들어 간다는 데 있다.

그러므로 사회적 (㉠)을(를) 정치의 틀 안으로 가져오고 이를 진지하게 다뤄야 할 공동체 전체의 문제로 전환해 정치적 결정을 위한 (㉡)(으)로 만드는 것이 정당의 역할이다.

	㉠	㉡		㉠	㉡
①	문제	합의	②	갈등	성과
③	갈등	의제	④	의제	문제

28
2017년 국가직 9급 (10월)

㉠~㉢에 들어갈 적절한 접속어를 순서대로 나열한 것은?

역사의 연구는 개별성을 추구하는 것이라고 할 수가 있다. (㉠) 구체적인 과거의 사실 자체에 대해 구명(究明)을 꾀하는 것이 역사학인 것이다. (㉡) 고구려가 한족과 투쟁한 일을 고구려라든가 한족이라든가 하는 구체적인 요소들을 빼 버리고, 단지 "자주적 대제국이 침략자와 투쟁하였다."라고만 진술해 버리는 것은 한국사일 수가 없다. (㉢) 일정한 시대에 활약하던 특정한 인간 집단의 구체적인 활동을 서술하지 않는다면 그것을 역사라고 말할 수 없는 것이다.

	㉠	㉡	㉢
①	즉	가령	요컨대
②	가령	한편	역시
③	이를테면	역시	결국
④	다시 말해	만약	그런데

29
2017년 군무원 9급

다음 글의 ㉠에 들어갈 내용으로 가장 적절한 것은?

상표 보호와 관련한 이론은 크게 혼동 이론과 희석화 이론 두 가지로 나눌 수 있다. 상표는 특정 상품이나 서비스의 출처를 표시하여, 상표가 부착된 상품과 그렇지 않은 상품을 식별하게 해 주는 기능을 한다. 이에 근거해서 혼동 이론은 타인이 동일하거나 유사한 상표를 사용하여 출처에 대한 혼동을 불러일으키는 경우에 상표권자의 상표가 보호받아야 한다고 보았다. 이 이론에 따르면 소위 '짝퉁'에 해당하는 동종 상품의 경우, 상표의 식별이 어려울 수 있어 상표를 침해하였다고 판단할 수 있다. 그러나 상품의 종류가 달라서 동일하거나 유사한 상표의 사용이 혼동을 일으키지 않는다면, 상표권이 침해받지 않은 것이므로 그 행위를 규제할 수 없다. 예를 들어, '아사달'이라는 상표의 가방이 큰 인기를 끌어 '아사달'이 유명 상표가 되었다고 하자. 이럴 경우 '아사달'이라는 상표는 상품의 인지도를 높여 판매를 촉진함과 동시에 이미지를 제고하게 된다. 그런데 누군가가 '아사달' 구두를 만들어 팔 경우, '아사달' 구두는 '아사달' 가방의 상표를 침해한 것인가? 이러한 경우에 혼동 이론에서는 '아사달' 구두가 '아사달'이라는 상표의 혼동을 일으킨다고 볼 수 없다고 판단한다. 왜냐하면 ㉠ 때문이다.

① '아사달' 구두와 '아사달' 가방은 상표에 차이가 나기
② '아사달' 구두가 '아사달' 가방의 판매율을 떨어뜨릴 수 있기
③ '아사달' 가방과 달리 '아사달' 구두는 상표 보호 대상이 아니기
④ '아사달' 구두와 '아사달' 가방을 동일하거나 유사한 상표로 보지 않기

30

괄호 안에 들어갈 내용으로 가장 적절한 것은?

> 인간의 역사는 어떻게 보면 소유사(所有史)처럼 느껴진다. 보다 많은 자기네 몫을 위해 끊임없이 싸우고 있는 것 같다. 소유욕에는 한정도 없고 휴일도 없다. 그저 하나라도 더 많이 갖고자 하는 일념으로 출렁거리고 있다. 물건만으로는 성에 차질 않아 사람까지 소유하려 든다. 그 사람이 제 뜻대로 되지 않을 경우는 끔찍한 비극도 불사하면서. 제정신도 갖지 못한 처지에 남을 가지려 하는 것이다.
> (   ) 그것은 개인뿐 아니라 국가 간의 관계도 마찬가지다. 어제의 맹방들이 오늘에는 맞서게 되는가 하면, 서로 으르렁대던 나라끼리 친선 사절을 교환하는 사례를 우리는 얼마든지 보고 있다. 그것은 오로지 소유(所有)에 바탕을 둔 이해관계 때문이다. 만약 인간의 역사가 소유사에서 무소유사로 그 방향을 바꾼다면 어떻게 될까. 아마 싸우는 일은 거의 없을 것이다. 주지 못해 싸운다는 말은 듣지 못했다.

① 소유의 역사(歷史)는 이제 끝났다.
② 소유욕은 불가역적(不可逆的)이다.
③ 소유욕은 이해(利害)와 정비례한다.
④ 소유욕이 없어진 세상이 올 것이다.

31

다음 글의 ㉠~㉢에 들어갈 말로 가장 적절한 것은?

> 〈2001: 스페이스 오디세이〉에서 스탠리 큐브릭은 영화 음악으로 상당한 예술적 성과를 거두었다. 원래 큐브릭은 알렉스 노스에게 영화 음악을 의뢰했었다. (㉠) 영화를 편집할 때 임시 사운드 트랙으로 채택했던 클래식 음악들에서 만족스러운 효과를 얻자 그는 그 음악들을 그대로 영화에 사용했다. (㉡) 요한 슈트라우스의 '아름답고 푸른 다뉴브'와 리하르트 슈트라우스의 '차라투스트라는 이렇게 말했다'가 인간이 우주를 인식하고 새로운 경지의 정신에 다다르는 경이로운 장면들에 배경 음악으로 등장하게 되었다. 클래식 음악이 대중적인 오락물과 결합할 때, 그 음악은 평이한 수준으로 전락해 버리는 것이 흔한 일이다. (㉢) 큐브릭의 영화는 이미지와 결부된 클래식 음악의 가치가 높아진, 거의 유일한 경우이다.

	㉠	㉡	㉢
①	그러나	그리고	그런데
②	하지만	그래서	그러나
③	그런데	그리고	그러나
④	그래서	그런데	하지만

유형 08 사례 추론하기

기출 유형 분석
- 글에 제시된 개념, 가설, 이론 등이 다른 상황이나 현상에 알맞게 적용되었는지를 묻는 유형의 문제이다.
- 선택지의 내용이 글에 제시된 개념, 가설, 이론 등을 뒷받침할 수 있는 사례로 적절한지를 판단하는 문제도 출제되고 있다.

예상 출제 방향
- 개념, 가설, 이론의 전제가 적절한 사례에 적용되었는지 확인하고, 도출된 결과가 타당한지를 추론해야 하는 문제가 출제될 수 있다.

대표 기출 문제

다음 글에서 추론한 내용으로 가장 적절한 것은?   2023년 국가직 9급

> 공포의 상태와 불안의 상태를 구분하는 것은 쉽지 않다. 왜냐하면 두 감정을 함께 느끼거나 한 감정이 다른 감정을 유발할 때가 많기 때문이다. 가령, 무시무시한 전염병을 목도하고 공포에 빠진 사람은 자신도 언젠가 그 병에 걸릴지 모른다는 불안 상태에 빠지게 된다. 이처럼 두 감정은 서로 밀접하게 얽혀 있다는 점에서 혼동하기 쉽다. 하지만 두 감정을 야기한 원인을 따져 보면 두 감정을 명확하게 구분할 수 있다. 공포는 실재하는 객관적 위협에 의해 야기된 상태를 의미하고, 불안은 현재 발생하지 않았으며 미래에 일어날지 모르는 불명확한 위협에 의해 야기된 상태를 의미한다. 공포와 불안의 감정은 둘 다 자아와 관련되어 있지만 여기에서도 차이를 찾을 수 있다. 공포를 느끼는 것은 '나 자신'이 위험한 상황에 놓여 있다는 사실을 아는 것이고, 불안의 경험은 '나 자신'이 위해를 입을까 봐 걱정하는 것이다.

① 자신이 처한 위험한 상황을 정확히 인식하는 경우에는 공포감에 비해 불안감이 더 크다.
② 전기·가스 사고가 날까 두려워 외출하지 못하는 사람은 불안한 상태에 있는 것이다.
③ 시험에 불합격할 수 있다는 생각에 사로잡힌 사람은 공포감에 빠져 있는 것이다.
④ 과거에 큰 교통사고를 경험한 사람은 공포감은 크지만 불안감은 작다.

해설 ② 제시문 끝에서 3~4번째 줄에 따르면, 불안은 현재 발생하지 않았으며 미래에 일어날지 모르는 불명확한 위협에 의해 야기된 상태이다. ②에서 말한 '전기·가스 사고'는 미래에 일어날지 모르는 불명확한 위협에 해당하므로, 이로 인해 두려워서 외출을 못하는 사람은 불안한 상태에 있다고 볼 수 있다.

오답분석
① 제시문 마지막 문장에서 공포를 느끼는 것은 '나 자신'이 위험한 상황에 놓여 있다는 사실을 아는 것이고, 불안의 경험은 '나 자신'이 위해를 입을까 봐 걱정하는 것이라고 설명한다. 이에 따르면 ①의 '자신이 처한 위험한 상황을 정확히 인식하는 경우'는 공포를 느끼는 것에 해당하므로, 공포감에 비해 불안감이 더 크다는 설명은 적절하지 않다.
③ 제시문 끝에서 3~4번째 줄에 따르면, 불안은 현재 발생하지 않았으며 미래에 일어날지 모르는 불명확한 위협에 의해 야기된 상태이다. ③에서 말한 '시험에 불합격할 수 있다는 생각'은 미래에 일어날지 모르는 불명확한 위협에 해당하므로, 이러한 생각에 사로잡힌 사람은 공포감이 아닌 불안감에 빠져 있다고 볼 수 있다.
④ 제시문은 공포와 불안 두 감정을 함께 느끼거나 한 감정이 다른 감정을 유발할 때가 많다고 말하며, 전염병을 목도하고 공포에 빠진 사람은 자신도 언젠가 그 병에 걸릴지 모른다는 불안 상태에 빠지게 된다고 설명한다. 이처럼 과거에 큰 교통사고를 경험한 사람은 실재하는 객관적 위협으로 인해 공포감이 크고, 미래에 또다시 교통사고가 일어날지도 모른다는 불명확한 위협으로 인해 불안감도 클 것이다.

01

2025년 지방직 9급

다음 글에서 추론한 내용으로 적절하지 않은 것은?

> 모든 기호에는 정보성, 즉 의미가 있다. 다시 말해 정보성은 기호가 가진 필수 조건이다. 그런데 기호에는 정보성뿐 아니라 의사소통의 의도를 가지는 것도 있다. 즉 기호는 정보성만 가진 기호와 정보성도 가진 의사소통적 기호로 구분된다. 가령 개나리가 피는 것은 봄이 왔다는 신호이고 낙엽이 지는 것은 가을이 왔음을 의미한다. 그러나 계절을 알리기 위해 개나리가 피고 낙엽이 지는 것은 아니기 때문에 그러한 자연적 기호들은 의사소통적 기호로 볼 수 없다. 개인의 지문이나 필체 역시 사람을 식별하는 기호가 될 수 있다. 하지만 지문과 필체가 사람을 식별하기 위해 존재하는 것은 아니므로 이들은 정보성을 가진 기호일 뿐이다. 코넌 도일의 소설에서 셜록 홈스는 상대의 손톱, 코트의 소매, 표정 등을 근거로 그 사람의 직업이나 성격을 추리해 낸다. 홈스에게는 이런 것들이 모두 정보를 제공하는 기호들이다. 그러나 이들을 의사소통적 기호라고는 할 수 없다. 반면 인간이 관습적으로 사용하는 기호인 봉화, 교통 신호등, 모스 부호 등은 정보성뿐만 아니라 의사소통의 의도를 명백히 가진다. 모든 기호를 통틀어 인간의 언어는 가장 복잡하고 체계적인 관습적 기호이며 의사소통적 기호이다.

① 전쟁 중에 군대에서 사용하는 암호는 관습적 기호이다.
② 일기예보에서 흐린 날씨를 표시하는 구름 모양의 아이콘은 자연적 기호이다.
③ 특정 질병에 걸렸을 때 나타나는 얼굴색은 정보성만을 가진 기호이다.
④ 이웃 마을과 구별하기 위해 마을의 명칭을 본떠 만든 상징탑은 의사소통적 기호이다.

02

2021년 지방직 9급

글쓴이의 견해에 부합하는 대응으로 가장 적절한 것은?

> 정중하고 단호한 태도를 보이는 것과, 수동적이거나 공격적인 반응을 하는 것은 엄청난 차이가 있다. 수동적인 사람들은 마음속에 있는 자신의 생각을 표현하면 분란이 일어날까 봐 두려워한다. 그러나 자신의 의견을 말하지 않는 한 자신이 원하는 것을 얻을 수는 없다. 이와 반대로 공격적인 태도는 자신의 권리를 앞세워 생각해서 남을 희생시켜서라도 자신이 원하는 것을 얻으려는 것이다. 공격적인 사람은 사람들이 싫어하는 행동을 하곤 한다. 그러나 단호한 반응은 공격적인 반응과 다르다. 단호한 반응은 다른 사람의 권리를 침해하지 않으면서 자신의 권리를 존중하고 지키겠다는 것이다. 이것은 상대방을 배려하는 태도를 보여 준다. 상대방을 존중하면서도 얼마든지 자신의 의견을 내세울 수 있다. 단호한 주장은 명쾌하고 직접적이며 요점을 찌른다.
>
> 그럼 실제로 연습해 보자. 어느 흡연자가 당신의 차 안에서 담배를 피워도 되는지 묻는다. 당신은 담배 연기를 싫어하고 건강에 해롭다는 것도 잘 알고 있어 달갑지 않다. 어떻게 대응하는 것이 좋을까?

① 좀 그러긴 하지만, 괜찮아요. 창문 열고 피우세요.
② 안 되죠. 흡연이 얼마나 해로운데요. 좀 참아 보시겠어요.
③ 안 피우시면 좋겠어요. 연기가 해롭잖아요. 피우고 싶으시면 차를 세워 드릴게요.
④ 물어봐 줘서 고마워요. 피워도 그렇고 안 피워도 좀 그러네요. 생각해 보시고서 좋은 대로 결정하세요.

실전 문제

03
2018년 지방직 9급

다음 글의 내용을 잘못 이해한 사람은?

> 심리학에서는 동조(同調)가 일어나는 이유를 크게 두 가지로 설명한다. 첫째는, 사람들은 자기가 확실히 알지 못하는 일에 대해 남이 하는 대로 따라 하면 적어도 손해를 보지는 않는다고 생각한다는 것이다. 둘째는, 어떤 집단이 그 구성원들을 이끌어 나가는 질서나 규범 같은 힘을 가지고 있을 때, 그러한 집단의 압력 때문에 동조 현상이 일어난다는 것이다. 만약 어떤 개인이 그 힘을 인정하지 않는다면 그는 집단에서 배척당하기 쉽다. 이런 사정 때문에 사람들은 집단으로부터 소외되지 않기 위해서 동조를 하게 된다. 여기서 주목할 것은 자신이 믿지 않거나 옳지 않다고 생각하는 문제에 대해서도 동조의 입장을 취하게 된다는 것이다.
>
> 동조는 개인의 심리 작용에 영향을 미치는 요인이 무엇이냐에 따라 그 강도가 다르게 나타난다. 가지고 있는 정보가 부족하여 어떤 판단을 내리기 어려운 상황일수록, 자신의 판단에 대한 확신이 들지 않을수록 동조 현상은 강하게 나타난다. 또한 집단의 구성원 수가 많거나 그 결속력이 강할 때, 특정 정보를 제공하는 사람의 권위와 지위, 그에 대한 신뢰도가 높을 때도 동조 현상은 강하게 나타난다. 그리고 어떤 문제에 대한 집단 구성원들의 만장일치 여부도 동조에 큰 영향을 미치게 되는데, 만약 이때 단 한 명이라도 이탈자가 생기면 동조의 정도는 급격히 약화된다.

① 영희: 줄 서기의 경우, 줄을 서 있는 사람이 많을수록 나중에 오는 사람들이 그 줄 뒤에 설 확률이 더 높아.
② 철수: 특히 응집력이 강한 집단에 항거하는 것은 더 어려운 일이야. 이런 경우, 동조 압력은 더 강할 수밖에 없겠지.
③ 갑순: 동조 현상에 영향을 미치는 요인은 우매한 조직의 결속력보다 개인의 신념이라고 볼 수 있겠군.
④ 갑돌: 아침에 수많은 정류장 중 어디에서 공항버스를 타야 할지 몰랐는데 스튜어디스 차림의 여성이 향하는 정류장 쪽으로 따라갔었어. 이 경우, 그 스튜어디스 복장이 신뢰도를 높였다고 할 수 있겠네.

04
2016년 지방직 9급

밑줄 친 부분과 가장 유사한 속성을 지닌 현대인의 삶의 태도는?

> 근대 이후 인간들은 불안감과 고독감에서 벗어나기 위해 <u>자신에게 주어진 자유로부터 도피하려는 경향</u>을 보인다. 그중 하나가 복종을 전제로 하는 권위주의적 양태이다. 이는 개인적 자아의 독립을 포기하고 자기 이외의 어떤 존재에 종속되고자 하는 것으로, 사라진 제1차적 속박 대신에 새로운 제2차적 속박을 추구하는 양상을 띤다. 이것은 때로 상대방을 자신에게 복종시킴으로써 심리적 안정과 만족을 얻으려는 형태로 나타나기도 한다. 일견 대립적으로 보이는 이 두 형태는 불안감과 고독감으로부터 벗어나기 위한 권위주의적 양상이라는 점에서는 동일한 것이다.

① 소속된 집단의 이익이나 정의보다는 개인의 이익이나 행복만을 추구하는 태도
② 집안에서 어떤 일을 결정할 때 부모나 어른의 의견보다는 아이들의 요구를 먼저 고려하는 태도
③ 어떤 상황에 대해 자신의 견해를 가지기보다는 언론 매체의 의견을 무비판적으로 수용하는 태도
④ 직업을 통해서 얻는 삶의 만족보다는 취미 활동을 통해서 얻는 삶의 즐거움을 더 중시하는 태도

05

다음 글에 대한 반응으로 적절하지 않은 것은?

사람들은 물건이건 사회적 지위이건 일단 무엇인가를 소유하고 나면 갖고 있지 않을 때보다 그것을 더 높이 평가하는 성향이 있다. 행동경제학자 탈러(R. Thaler)는 이러한 현상을 '보유 효과'라고 명명했고 실험으로 이를 증명했다.

탈러는 실험 참가자를 3개 집단으로 나누어 첫 번째 집단은 커피 잔을 먼저 주고 나중에 초콜릿과 교환할 수 있게 했다. 두 번째 집단에는 첫 번째 집단과 반대로 초콜릿을 먼저 주면서 나중에 커피 잔과 교환할 기회를 부여했다. 세 번째 집단은 아무것도 주지 않고 커피 잔과 초콜릿 중에서 자신이 선호하는 것을 선택하도록 했다.

실험 결과, 첫 번째 집단의 89%는 커피 잔을 초콜릿과 교환하지 않았고, 두 번째 집단도 90%가 초콜릿을 커피 잔과 바꾸지 않았다. 두 집단에서 커피 잔을 선택한 비율이 89%와 10%로 큰 격차를 나타낸 것은 보유 효과가 작용한 결과라 하겠다. 세 번째 집단은 거의 50%의 비율로 커피 잔과 초콜릿을 선택하여 소유물이 없는 상태에서는 보유 효과가 나타나지 않음을 보여 주었다.

한편, 존스(O. Jones)는 침팬지에게서도 보유 효과가 관찰된다는 논문을 발표하였다. 침팬지에게 땅콩버터와 주스를 제시하고 하나를 선택하게 했을 때 60%는 주스보다 땅콩버터를 골랐다. 그러나 땅콩버터를 가지고 있는 상태에서는 80%가 주스와 교환하지 않고 그대로 소유하여 땅콩버터 선호 비율이 20퍼센트포인트 높아졌다. 존스는 이를 침팬지에게서도 보유 효과가 나타난 것이라고 보았다.

① 보유 효과와 관련된 관용 표현으로는 '남의 떡이 더 커 보인다.'를 들 수 있겠네.
② 보유 효과에 대한 침팬지 실험은 보유 효과가 인간에게만 나타나는 현상이 아닐 수 있음을 보여 주는군.
③ 보유 효과 실험에서 먼저 물건을 소유하도록 하는 것은 실험 결과에 영향을 주는 중요한 변수가 되겠네.
④ 보유 효과를 적용하면 '먼저 써 보시고 구매 결정은 나중에 하세요.'와 같은 상품 광고 문구를 만들 수 있겠군.

06

다음 글을 뒷받침하는 사례로 적절하지 않은 것은?

훈민정음의 창제 원리는 훈민정음 해례에 상세히 기술되어 있다. 훈민정음 각 글자의 기본적인 제자 원리는 상형(象形)의 원리이다. 초성은 발음 기관을, 중성은 천지인(天地人) 삼재(三才)를 본떠 만들었다.

훈민정음은 글자를 만든 원리가 매우 과학적이다. 말소리가 만들어지는 방식을 정확하게 글자의 모양으로 구현했다. 또한 훈민정음의 글자 모양은 현대 언어학에서 이야기하는 변별적 자질, 즉 음성적 특성을 형상화했다. 소리의 위치나 특성이 비슷한 글자들은 모양도 유사하다. 더불어 음소 문자를 음절적으로 운용할 수 있도록 설계된 문자 체계는 가독성에 있어 어느 문자보다 우수하다고 평가할 수 있다. 음소가 말소리의 기본 단위이며 음절은 언어 인식의 기본 단위가 된다는 점을 훈민정음은 글자의 제작과 운용에서 모두 충족시키고 있기 때문이다.

① 한글의 'ㅂ:ㅍ:ㅃ, ㄷ:ㅌ:ㄸ, ㄱ:ㅋ:ㄲ'은 동일한 위치에서 나는 말소리의 유사성이 글자 모양에 반영되어 있다.
② 영어 단어 'mouse'가 몇 개의 음절인지 글자만 보고는 알 수 없지만, '마우스'라는 단어에서는 세 개의 음절임이 바로 드러난다.
③ 영어에서는 'street'처럼 세 개의 자음을 연달아 소리 낼 수 있지만, 한글에서는 '젊고, 값도'에서 보듯이 세 개의 자음을 연달아 소리 낼 수 없다.
④ 로마자의 'm, n, s, k' 등은 글자의 모양이 말소리가 만들어지는 방식과 관련이 없지만, 한글의 'ㅁ, ㄴ, ㅅ, ㄱ'은 글자의 모양이 말소리가 만들어지는 방식과 밀접한 관련이 있다.

유형 09 말하기 전략 파악하기

기출 유형 분석
- 다양한 말하기 상황에서 발화자들이 어떤 말하기 방식을 사용했는지를 묻는 유형의 문제이다.
- 일상적인 대화가 가장 많이 출제되지만 학술적인 담론이나 직장 내 의사 결정 과정을 담고 있는 대화 유형의 문제도 출제되고 있다.

예상 출제 방향
- 대화문에서 사용된 말하기 전략을 파악하고, 그로 인해 기대할 수 있는 효과가 적절한지 판단해야 하는 문제가 출제될 수 있다.
- 말하기 전략을 사용한 주체가 누구인지를 파악해야 하는 문제가 출제될 수 있다.

대표 기출 문제

다음 대화를 분석한 내용으로 가장 적절한 것은?

9급 출제기조 전환 1차 예시문제

> 갑: 전염병이 창궐했을 때 마스크를 착용하는 것은 당연한 일인데, 그것을 거부하는 사람이 있다니 도대체 이해가 안 돼.
> 을: 마스크 착용을 거부하는 사람들을 무조건 비난하지 말고 먼저 왜 그러는지 정확하게 이유를 파악하는 것이 필요해.
> 병: 그 사람들은 개인의 자유가 가장 존중받아야 하는 기본권이라고 생각하기 때문일 거야.
> 갑: 개인의 자유로운 선택이 타인의 생명을 위협한다면 기본권이라 하더라도 제한하는 것이 보편적 상식 아닐까?
> 병: 맞아. 개인이 모여 공동체를 이루는데 나의 자유만을 고집하면 결국 사회는 극단적 이기주의에 빠져 붕괴하고 말 거야.
> 을: 마스크를 쓰지 않는 행위를 윤리적 차원에서만 접근하지 말고, 문화적 차원에서도 고려할 필요가 있어. 어떤 사회에서는 얼굴을 가리는 것이 범죄자의 징표로 인식되기도 해.

① 화제에 대해 남들과 다른 측면에서 탐색하는 사람이 있다.
② 자신의 의견이 반박되자 질문을 던져 화제를 전환하는 사람이 있다.
③ 대화가 진행되면서 논점에 대한 찬반 입장이 바뀌는 사람이 있다.
④ 사례의 공통점을 종합하여 자신의 주장을 강화하는 사람이 있다.

해설 ① '병'의 두 번째 발화 이전까지 대화 참여자들은 '개인의 자유', '기본권', '타인의 생명 위협'과 같은 윤리적 차원에서 마스크 착용을 거부하는 행위에 대해 이야기하고 있다. 이어서 '을'이 마지막 발화에서 이러한 행위를 윤리적 차원에서만 접근하지 말고, 이와 다른 측면인 문화적 차원에서도 고려해야 한다고 주장한다. 따라서 가장 적절한 것은 ①이다.

오답 분석
② '갑'은 첫 번째 발화에서 전염병이 도는 상황에서 마스크 착용을 거부하는 행위를 비판하고 있다. 이에 '을'은 무조건 비난하기보다 그 이유를 파악해야 한다고 '갑'의 의견을 반박하고 있다. 이후, '갑'은 두 번째 발화에서 질문을 던지고 있으나 이를 통해 화제를 전환하고 있지는 않다.
③④ 논점에 대한 찬반 입장이 바뀌거나, 사례의 공통점을 종합하여 자신의 주장을 강화하는 사람은 확인할 수 없다.

실전 문제

01
2024년 국가직 9급

다음 대화를 분석한 내용으로 가장 적절한 것은?

갑: 고대 노예제 사회나 중세 봉건 사회는 타고난 신분에 따라 사회적 지위가 결정되는 계급사회였지만, 현대 사회는 계급사회가 아니라고 많이들 말해. 그런데 과연 그런지 의문이야.

을: 현대 사회는 고대나 중세만큼은 아니지만 귀속지위가 성취지위를 결정하는 면이 없다고 할 수 없어. 빈부 격차에 따라 계급이 나뉘고 그에 따른 불평등이 엄연히 존재하잖아. '금수저', '흙수저'라는 유행어에서 볼 수 있듯 빈부 격차가 대물림되면서 개인의 계급이 결정되고 있어.

병: 현대 사회가 빈부 격차로 인해 계급이 나누어지는 것처럼 보인다고 해서 계급사회라고 단정할 수는 없어. 계급사회라고 말하려면 계급 체계 자체가 인간의 생활을 전적으로 규정할 수 있어야 하는데, 오늘날 각종 문화나 생활 방식 전체를 특정한 계급 논리만으로는 설명할 수 없어. 따라서 현대 사회를 계급사회로 보기는 어려워.

갑: 현대 사회의 문화가 다양하다는 것은 맞아. 하지만 인간 생활의 근간은 결국 경제 활동이고, 경제적 계급 논리로 현대 사회의 문화를 충분히 설명하고 규정할 수 있어. 또한 현대 사회에서 인간의 사회적 지위는 부모의 경제력과 직결되기 때문에 계급사회라고 말할 수 있어.

① 갑은 을의 주장 중 일부는 수용하고 일부는 반박한다.
② 을의 주장은 갑의 주장과 대립하지 않는다.
③ 갑과 병은 상이한 전제에서 유사한 결론을 도출하고 있다.
④ 병의 주장은 갑의 주장과는 대립하지 않지만 을의 주장과는 대립한다.

02
2024년 국가직 9급

진행자의 말하기 방식에 대한 설명으로 적절하지 않은 것은?

진행자: 우리 시에서도 다음 달부터 시내 도심부에서의 제한 속도를 조정하기로 했습니다. 이와 관련하여, 강□□ 교수님 모시고 말씀 듣겠습니다. 교수님, 안녕하세요?

강 교수: 네, 안녕하세요?

진행자: 바뀌는 제도의 내용을 좀 더 구체적으로 설명해 주시죠.

강 교수: 네, 시내 도심부 간선도로에서의 제한 속도를 기존의 70km/h에서 60km/h로 낮추는 정책입니다.

진행자: 시의회에서 이 정책 도입에 중요한 역할을 하신 것으로 아는데, 어떤 효과를 얻을 것이라고 주장하셨나요?

강 교수: 차량 간 교통사고 발생 가능성을 줄이고 보행자 안전을 확보할 수 있다고 했습니다.

진행자: 그런데 일각에서는 그런 효과는 미미하고 오히려 교통체증을 유발하여 대기오염이 심화될 것이라며 이 정책에 반대합니다. 이에 대해 말씀해 주시겠어요?

강 교수: 그렇지 않습니다. ○○시가 작년에 7개 구간을 대상으로 이 제도를 시험 적용해 보니, 차가 막히는 시간은 2분 정도밖에 증가하지 않았습니다. 그런데 중상 이상의 인명 사고는 26.2% 감소했습니다. 또 이산화질소와 미세먼지 같은 오염물질도 각각 28%, 21%가량 오히려 감소한다는 연구 결과가 있습니다.

진행자: 아, 그러니까 속도를 10km/h 낮출 때 2분 정도 늦어지는 것이라면 인명 사고의 예방과 오염물질의 감소를 위해 충분히 감수할 만한 시간이라는 말씀이시군요.

강 교수: 네, 맞습니다.

진행자: 교통사고를 줄이고 보행자 안전을 확보할 수 있다는 점, 교통체증 유발은 미미할 것이라는 점, 오염물질 배출이 감소할 것이라는 점에서 이번의 제한 속도 조정 정책은 훌륭한 정책이라는 것이군요. 맞습니까?

강 교수: 네, 그렇게 정리할 수 있겠습니다.

① 상대방이 통계 수치를 제시한 의도를 자기 나름대로 풀어 설명한다.
② 상대방의 견해를 요약하며 자신이 이해한 바가 맞는지를 확인한다.
③ 상대방의 주장에 대한 이견을 소개하고 그에 대한 의견을 요청한다.
④ 상대방이 설명한 내용을 뒷받침할 수 있는 자신의 경험을 예시한다.

실전 문제

03
2024년 지방직 9급

강연자의 말하기 방식에 대한 설명으로 적절하지 않은 것은?

> 안녕하세요? 오늘 강연을 맡은 ○○○입니다. 저는 '사회역학'이라는 학문을 공부하고 있는데요, 혹시 '사회역학'이라는 단어를 들어 보신 적 있으신가요? 네, 별로 없네요. 간단히 말씀드리면, 질병 발생의 원인에 대한 사회적 요인을 탐구하는 분야입니다. 여러분들 표정을 보니 더 모르겠다는 표정인데요, 오늘 강연을 듣고 나면 제가 어떤 공부를 하는지 조금 더 알게 되실 겁니다.
>
> 흡연을 예로 들어서 말씀드릴게요. 저소득층에게 흡연은 적은 비용으로 스트레스를 해소할 수 있는 방편이 됩니다. 위험한 작업환경에서 일하는 노동자에게 담배를 피우면 10년 뒤에 폐암이 발생할 수 있으니 당장 금연해야 한다고 말한다면, 이 말은 그렇게 설득력이 있지는 않을 것입니다. 저소득층이 열악한 사회적 환경에서 살아남기 위해 나름의 이유로 흡연할 경우, 그 점을 고려하지 않은 금연 정책은 효과를 보기 어렵다는 의미입니다.
>
> 이러한 주장을 뒷받침하는 연구 결과가 있습니다. 하버드 보건대학원의 글로리안 소런슨 교수 팀은 제조업 사업체 15곳의 노동자 9,019명을 대상으로 연구를 진행하면서 다음과 같은 질문을 던집니다. "안전한 사업장에서 일하는 노동자가 금연할 가능성이 더 높지 않을까? 그렇다면 산업 안전 프로그램을 진행한 사업장의 금연율은 어떻게 다를까?" 이 프로그램이 진행되고 6개월 뒤에 흡연 상태를 측정했을 때 산업 안전 프로그램을 진행한 사업장의 금연율이, 금연 프로그램만 진행한 사업장 노동자들의 금연율보다 2배 가까이 높게 나타났습니다.

① 청중의 반응을 살피면서 발표를 진행하고 있다.
② 전문가의 연구 결과를 제시하여 신뢰성을 높이고 있다.
③ 시각 자료를 제시하여 청중의 주의를 끌고 있다.
④ 특정한 상황을 가정하여 내용의 이해를 돕고 있다.

04
2024년 지방직 9급

다음 대화를 분석한 내용으로 적절하지 않은 것은?

> 박 과장: 오늘은 우리 시에서 후원하는 '벚꽃 축제'의 홍보 방법을 논의하겠습니다. 타 지역 사람들이 축제에 찾아오게 하는 홍보 방법을 제안해 주세요.
> 김 주무관: 지역 주민들이 SNS로 정보도 얻고 소통도 하니까 우리도 SNS를 통해 홍보하는 것은 어떨까요? 지역 주민들이 많이 가입한 SNS를 선별해서 홍보하면 입소문이 날 테니까요.
> 이 주무관: 파급력을 생각하면 지역 주민보다는 대중이 널리 이용하는 라디오 광고로 홍보하는 방법이 좋을 것 같습니다. 라디오는 다양한 연령과 계층이 듣기 때문에 광고 효과가 더 클 것입니다.
> 윤 주무관: 어떤 홍보든 간에 가장 쉬운 방법이 제일 좋습니다. 우리 기관의 누리집에 홍보 자료를 올리는 방법을 추천합니다.
> 박 과장: 네, 윤 주무관의 생각에 저도 동의합니다. 우리 기관의 누리집에 홍보 자료를 올리면 시간도 적게 들고 홍보 효과도 크겠네요.

① 축제의 홍보 방안에 대해 구성원들이 토의하는 과정을 보여 주고 있다.
② 김 주무관은 지역 주민들이 SNS를 즐겨 이용한다는 사실을 근거로 제시하고 있다.
③ 이 주무관은 라디오 광고가 SNS보다 홍보 효과가 클 것이라고 추측하고 있다.
④ 박 과장은 김 주무관, 이 주무관, 윤 주무관의 제안을 비교하여 의견을 절충하고 있다.

05
2023년 국가직 9급

다음 대화에 나타난 말하기 방식을 설명한 것으로 적절하지 않은 것은?

> 백 팀장: 이번 워크숍 장면을 사내 게시판에 올리는 게 좋겠어요. 워크숍 내용을 공유하면 좋을 것 같아서요.
> 고 대리: 전 반대합니다. 사내 게시판에 영상을 공개하는 것은 부담스러워요. 타 부서와 비교될 것 같기도 하고요.
> 임 대리: 저도 팀장님 말씀대로 정보를 공유한다는 취지는 좋다고 생각해요. 다만 다른 팀원들의 동의도 구해야 할 것 같고, 여러 면에서 우려되긴 하네요. 팀원들 의견을 먼저 들어 보고, 잘된 것만 시범적으로 한두 개 올리는 것이 어떨까요?

① 백 팀장은 팀원들에 대한 유대감을 드러내는 표현을 사용하며 자신의 바람을 전달하고 있다.
② 고 대리는 백 팀장의 제안에 반대하는 이유를 명시적으로 밝히며 백 팀장의 요청을 거절하고 있다.
③ 임 대리는 발언 초반에 백 팀장 발언의 취지에 공감하여 백 팀장의 체면을 세워 주고 있다.
④ 임 대리는 대화 참여자의 의견을 묻는 의문문을 사용하여 자신의 의견을 간접적으로 드러내고 있다.

06
2023년 지방직 9급

㉠~㉣의 말하기 방식을 설명한 내용으로 가장 적절한 것은?

> 김 주무관: AI에 대한 국민 이해도를 높이기 위해 설명회를 개최할 필요가 있다고 생각해요.
> 최 주무관: ㉠ 저도 요즘 그 필요성을 절감하고 있어요.
> 김 주무관: ㉡ 그런데 어떻게 준비해야 효과적으로 전달할 수 있을지 고민이에요.
> 최 주무관: 설명회에 참여할 청중 분석이 먼저 되어야겠지요.
> 김 주무관: 청중이 주로 어떤 분야에 관심이 있는지 알면 준비할 때 유용하겠네요.
> 최 주무관: ㉢ 그럼 청중의 관심 분야를 파악하려면 청중의 특성 중에서 어떤 것들을 조사하면 좋을까요?
> 김 주무관: ㉣ 나이, 성별, 직업 등을 조사할까요?

① ㉠: 상대의 의견에 대해 공감을 표현하고 있다.
② ㉡: 정중한 표현을 사용하여 직접 질문하고 있다.
③ ㉢: 자신의 반대 의사를 우회적으로 드러내고 있다.
④ ㉣: 의문문을 통해 상대의 의견을 반박하고 있다.

07
2023년 지방직 9급

다음 대화를 분석한 내용으로 적절하지 않은 것은?

> 은지: 최근 국민 건강 문제와 관련해 '설탕세' 부과 여부가 논란인데, 나는 설탕세를 부과해야 한다고 생각해. 그러면 당 함유 식품의 소비가 감소하게 되고, 비만이나 당뇨병 등의 질병이 예방되니까 국민 건강 증진에 도움이 되기 때문이야.
> 운용: 설탕세를 부과하면 당 소비가 감소한다고 믿을 만한 근거가 있니?
> 은지: 세계보건기구 보고서를 보면 당이 포함된 음료에 설탕세를 부과하면 이에 비례해 소비가 감소한다고 나와 있어.
> 재윤: 그건 나도 알아. 그런데 설탕세 부과가 질병을 예방한다는 것은 타당하지 않아. 여러 연구 결과를 보면 당 섭취와 질병 발생은 유의미한 상관관계가 없어.

① 은지는 첫 번째 발언에서 화제를 제시하고 있다.
② 운용은 은지의 주장에 반대하고 있다.
③ 은지는 두 번째 발언에서 자신의 주장에 대한 근거를 제시하고 있다.
④ 재윤은 은지가 제시한 주장의 근거를 부정하고 있다.

실전 문제

08
2023년 지방직 7급

다음 발표에 대한 설명으로 가장 적절한 것은?

> 1학년 학생 여러분, 반갑습니다. 저는 교내 안전 동아리 '안전 지킴이' 대표 2학년 윤지수입니다. 우리 동아리에서 기획한 안전 캠페인 활동의 일환으로 오늘은 우리 학교 학생들에게 가장 자주 발생하는 교통사고 사례와 예방법을 안내하고자 합니다.
>
> 작년 한 해 우리 학교 학생들을 대상으로 조사한 교통사고 피해 통계에 따르면, 보행 중 자동차와 충돌하거나 자동차를 피하다가 다친 사례가 제일 많았습니다. 이러한 사고를 당한 학생들 절대다수가 사고 당시에 스마트폰을 보고 있었습니다.
>
> 요즘 길을 걸으면서 스마트폰을 보는 학생들이 많은데, 이렇게 되면 주변 상황을 제대로 살피기가 어려워 돌발 상황이 벌어졌을 때 반응 속도가 늦어져서 위험합니다. 따라서 보행 중 교통사고를 예방하기 위해서는 보행 중에는 스마트폰을 보지 말아야 합니다.

① 다양한 원인을 진단하여 해결책을 구체적으로 제시하고 있다.
② 실제 조사 내용을 근거로 제시하여 화자의 신뢰도를 높이고 있다.
③ 도입부에 사례를 제시하여 관심을 끈 후에 화제를 제시하고 있다.
④ 청자의 상황과 요구를 고려하여 청자가 관심 있는 정보를 제공하고 있다.

09
2023년 지방직 7급

다음 대화에 대한 설명으로 적절하지 않은 것은?

> 학생 대표: 학교에 외부인이 아무 때나 드나들면, 소음이나 교통사고 등 예기치 못한 문제가 발생할 수 있습니다. 주민들의 학교 체육 시설 이용 시간을 오후 5시 이후로 제한했으면 합니다.
>
> 주민 대표: 학생들의 수업권과 안전이 우선적으로 보장되어야 한다는 데 동의합니다. 그런데 많은 주민들이 아침에 운동하기를 선호하니 오전 9시 이전까지는 체육 시설 이용을 허용하면 어떨까요? 학생들의 수업시간과 겹치지 않으면 수업권 보장과 안전에 큰 문제가 없으리라 봅니다.
>
> 학교장: 알겠습니다. 주민들이 체육 시설 이용 시간을 잘 준수한다면 9시 이전에도 시설 이용을 허용하도록 하겠습니다. 이용 시간에 대해 주민들에게 잘 안내해 주시기를 부탁드립니다.
>
> 주민 대표: 네. 주민 홍보 앱을 활용해서 널리 알리겠습니다. 하나 더 제안할 것이 있는데, 수업이 없는 방학 동안은 주민들이 체육 시설을 시간 제한 없이 이용할 수 있도록 해 주시면 좋겠습니다.

① 상대의 의견을 조건부로 수용하고 있다.
② 자신의 의견을 질문 형식으로 제안하고 있다.
③ 자신의 의견을 제안하기 전에 근거를 먼저 밝히고 있다.
④ 상대의 의견을 반박하여 새로운 제안의 근거를 확보하고 있다.

10
2022년 국가직 9급

다음 대화에서 나타난 '지민'의 의사소통 방식으로 가장 적절한 것은?

> 정수: 지난번에 너랑 같이 들었던 면접 전략 강의가 정말 유익했어.
> 지민: 그랬어? 나도 그랬는데.
> 정수: 특히 아이스크림 회사의 면접 내용이 도움이 많이 됐어.
> 지민: 맞아. 그중에서도 두괄식으로 답변하라는 첫 번째 내용이 정말 인상적이더라. 핵심 내용을 먼저 말하는 전략이 면접에서 그렇게 효과적일 줄 몰랐어.
> 정수: 어! 그래? 나는 두 번째 내용이 훨씬 더 인상적이었는데.
> 지민: 그랬구나. 하긴 아이스크림 매출 증가에 관한 통계 자료를 인용해서 답변한 전략도 설득력이 있었어. 하지만 초두 효과의 효용성도 크지 않을까 해.
> 정수: 그렇긴 해.

① 자신의 면접 경험을 예로 들어 상대방을 설득하고 있다.
② 상대방의 약점을 공략하며 상대방의 이견을 반박하고 있다.
③ 상대방의 견해를 존중하면서 자신의 의견을 제시하고 있다.
④ 상대방과의 갈등 해소를 위해 자신의 감정을 표현하고 있다.

11
2022년 지방직 9급

다음 대화에 대한 설명으로 가장 적절한 것은?

> A: 예은 씨, 오늘 회의 내용을 팀원들에게 공유해 주시면 좋겠네요.
> B: 네. 알겠습니다. 팀장님, 오늘 회의 내용을 요약 정리해서 메일로 공유하면 되겠지요?
> A: (고개를 끄덕이며) 맞습니다.
> B: 네. 그럼 회의 내용은 개조식으로 요약하고, 팀장님을 포함해서 전체 팀원에게 메일로 보내도록 하겠습니다.
> A: 예은 씨. 그런데 개조식으로 회의 내용을 요약하는 방식에는 문제가 있지 않을까요?
> B: (고개를 끄덕이며) 그렇겠네요. 개조식으로 요약할 경우 회의 내용이 과도하게 생략되어 이해가 어려울 수 있겠네요.

① A는 B에게 내용 요약 방식을 제안하고 있다.
② A와 B는 대화 중에 공감의 표지를 드러내며 상대방의 말을 듣고 있다.
③ B는 회의 내용 요약 방식에 대한 A의 문제 제기에 대해 자신이 다른 입장임을 드러내고 있다.
④ A는 개조식 요약 방식이 회의 내용을 과도하게 생략하여 이해에 어려움을 줄 수 있다고 명시하고 있다.

유형 10 공문서·개요·글 고쳐쓰기

기출 유형 분석
- 문법상 오류가 있는 표현을 적절한 표현으로 수정할 수 있는지를 묻는 유형의 문제이다.
- 문법상의 오류가 있거나, 문맥상 어색한 단어 또는 문장을 찾아 고치는 문제가 주로 출제되고 있다.

예상 출제 방향
- <공공 언어 바로 쓰기 원칙>과 같은 표기 지침이 제시된 후, 이에 맞춰 공문서, 개요, 글을 수정해야 하는 문제가 출제될 수 있다.

대표 기출 문제

<공공언어 바로 쓰기 원칙>에 따라 수정한 것으로 적절하지 않은 것은?   9급 출제기조 전환 2차 예시문제

―――――――――〈공공언어 바로 쓰기 원칙〉―――――――――
○ 주어와 서술어의 호응
   - ㉠ 능동과 피동의 관계를 정확하게 사용함.
○ 여러 뜻으로 해석되는 표현 삼가기
   - ㉡ 중의적인 문장을 사용하지 않음.
○ 명료한 수식어구 사용
   - ㉢ 수식어와 피수식어의 관계를 분명하게 표현함.
○ 대등한 구조를 보여 주는 표현 사용
   - ㉣ '-고', '와/과' 등으로 접속될 때에는 대등한 관계를 사용함.

① "이번 총선에서 국회의원 ○○○명을 선출되었다."를 ㉠에 따라 "이번 총선에서 국회의원 ○○○명이 선출되었다."로 수정한다.
② "시장은 시민의 안전에 관하여 건설업계 관계자들과 논의하였다."를 ㉡에 따라 "시장은 건설업계 관계자들과 시민의 안전에 관하여 논의하였다."로 수정한다.
③ "5킬로그램 정도의 금 보관함"을 ㉢에 따라 "금 5킬로그램 정도를 담은 보관함"으로 수정한다.
④ "음식물의 신선도 유지와 부패를 방지해야 한다."를 ㉣에 따라 "음식물의 신선도를 유지하고, 부패를 방지해야 한다."로 수정한다.

해설 ② ②의 수정한 문장은 '시장과 건설업계 관계자들'이 함께 시민의 안전에 관하여 논의한다는 의미와 시장이 '건설업계 관계자들 그리고 시민'의 안전에 관하여 논의한다는 두 가지 의미로 해석된다. 따라서 ②는 ㉡의 원칙에 따라 수정한 것으로 적절하지 않다. 오히려 앞서 제시한 문장인 '시장은 시민의 안전에 관하여 건설업계 관계자들과 논의하였다'가 한 가지 의미로만 해석되므로 ㉡의 원칙에 따른 올바른 문장에 해당한다.

오답분석
① 이번 총선에서 국회의원 ○○○명을 선출되었다(×) → 이번 총선에서 국회의원 ○○○명이 선출되었다(○): 서술어 '선출되었다'가 피동 표현이므로, 선출 당하는 대상인 '국회의원 ○○○명'이 주어가 되어야 자연스럽다. 따라서 ①은 ㉠의 원칙에 따라 목적격 조사 '을'을 주격 조사 '이'로 수정함으로써 올바른 피동문으로 고쳐 쓴 것으로 볼 수 있다.

③ 5킬로그램 정도의 금 보관함(×) → 금 5킬로그램 정도를 담은 보관함(○): 수정 전의 문장은 '5킬로그램 정도'가 수식하는 대상이 불분명하여 금이 5킬로그램 정도인지, 금 보관함이 5킬로그램 정도인지 그 의미가 명확하지 않다. 그러나 수정 후의 문장은 ㉢의 원칙에 따라 수식어와 피수식어의 관계를 분명하게 표현하였기에 올바른 문장으로 볼 수 있다.

④ 음식물의 신선도 유지와 부패를 방지해야 한다(×) → 음식물의 신선도를 유지하고, 부패를 방지해야 한다(○): 수정 전의 문장은 접속 조사 '와' 앞뒤의 문장 구조가 대등하게 대응되지 않는다. 그러나 수정 후의 문장은 ㉣의 원칙에 따라 대등한 문장 구조를 이루도록 하였기에 올바른 문장으로 볼 수 있다.

실전 문제

01
2025년 지방직 9급

〈공공언어 바로 쓰기 원칙〉에 따라 수정한 것으로 적절하지 않은 것은?

―― 〈공공언어 바로 쓰기 원칙〉 ――
○ 표현의 정확성
  ㉠ 의미에 맞는 정확한 단어 쓰기.
  ㉡ 부적절한 피·사동 표현에 유의함.
○ 여러 뜻으로 해석되는 표현 삼가기
  ㉢ 하나의 뜻으로 해석되는 문장을 사용함.
○ 대등한 것끼리 접속
  ㉣ '-고', '-(으)며', '와/과' 등으로 접속되는 말에는 구조가 같은 표현을 사용함.

① "납세자의 결정세액이 기납부세액보다 적은 경우 그 차이만큼 납세자에게 환급할 예정이다."를 ㉠에 따라 "납세자의 결정세액이 기납부세액보다 적은 경우 그 차이만큼 납세자에게 환수할 예정이다."로 수정한다.
② "경제 성장에 방해가 되는 요소를 배제시켜야 한다."를 ㉡에 따라 "경제 성장에 방해가 되는 요소를 배제해야 한다."로 수정한다.
③ "시의회는 관련 단체와 시민들을 초청하기로 결정하였다."를 ㉢에 따라 "시의회는 관련 단체와 협의하여 시민들을 초청하기로 결정하였다."로 수정한다.
④ "사업 전체 목표 수립과 세부 사업별 추진 전략을 제시한다."를 ㉣에 따라 "사업 전체 목표를 수립하고 세부 사업별 추진 전략을 제시한다."로 수정한다.

02
2025년 국가직 9급

〈공공언어 바로 쓰기 원칙〉에 따라 〈공문서〉의 ㉠~㉣을 수정한 것으로 적절하지 않은 것은?

―― 〈공공언어 바로 쓰기 원칙〉 ――
○ 생소한 외래어나 외국어는 우리말로 다듬을 것.
○ 주어와 서술어의 관계를 명확하게 표현할 것.
○ 문맥에 맞는 정확한 어휘를 사용할 것.
○ 지나친 명사 나열을 피하고 적절한 조사와 어미를 활용하여 문장을 구성할 것.

―― 〈공문서〉 ――
□□개발연구원

수신 수신처 참조
제목 종합 성과 조사 협조 요청

1. 귀 기관의 무궁한 발전을 기원합니다.
2. 본원은 디지털 교육 ㉠ 마스터플랜 수립을 위해 종합 성과 조사를 실시합니다. 본 조사의 대상은 지난 3년간 □□개발연구원의 주요 사업을 수행한 ㉡ 기업을 대상으로 합니다.
3. 별도의 전문 평가 기관에 조사를 ㉢ 위탁하며, 이 조사 결과를 바탕으로 ㉣ 학교 현장 교수 학습 환경 개선 정책 개발 및 디지털 교육 문화를 정착시키는 데에 기여하고자 합니다. 귀 기관의 협조를 부탁드립니다.

① ㉠: 기본 계획
② ㉡: 기업입니다
③ ㉢: 수주하며
④ ㉣: 학교 현장의 교수 학습 환경을 개선하는 정책을 개발하고

실전 문제

03
2025년 지방직 9급

〈지침〉에 따라 〈개요〉를 작성할 때 (가) ~ (라)에 들어갈 내용으로 적절하지 않은 것은?

─── 〈지침〉 ───
○ 서론은 보고서 작성의 배경과 필요성을 포함할 것.
○ 본론은 제목에서 밝힌 내용을 2개의 장으로 구성하되, 2장의 하위 항목이 3장의 하위 항목과 서로 대응하도록 할 것.
○ 결론은 기대 효과와 향후 과제를 순서대로 제시할 것.

─── 〈개요〉 ───
○ **제목**: 국내 방송 산업의 친환경 제작 현황과 그 확산을 위한 정책 지원 방안
1장 서론
  1. 환경 위기에 대응하기 위한 해외 방송 산업의 정책 변화
  2. ___(가)___
2장 국내 방송 산업의 친환경 제작 현황
  1. ___(나)___
  2. 국내 친환경 방송 제작 관련 전문 인력 부재
3장 국내 방송 산업의 친환경 제작 확산을 위한 정책 지원 방안
  1. 국내 방송 산업의 특성을 반영한 친환경 제작 지침의 마련
  2. ___(다)___
4장 결론
  1. ___(라)___
  2. 현장 적용을 위한 정책 실행의 단계적 평가 및 개선

① (가): 국내 방송 산업의 친환경 제작 전략의 필요성
② (나): 국내 방송 산업 내 친환경 제작을 위한 지침 부재
③ (다): 국내 친환경 방송 제작 관련 전문 인력 채용의 제도화
④ (라): 친환경 방송 제작을 위한 세부 지침과 인력 채용 방안 제시

04
2025년 지방직 9급

다음 글의 ㉠ ~ ㉢ 중 문맥상 어색한 곳을 수정한 것으로 가장 적절한 것은?

면역반응에는 '자연면역'과 '획득면역'이 있다. 먼저, 자연면역이란 외부 이물질에 대해 내 몸이 태어날 때부터 지니게 된 저항 능력을 가리킨다. 자연면역에서는 항원과 항체 사이의 ㉠ 직접적인 일대일 반응 관계가 존재하지 않는다. 외부에서 들어온 특정 항원에만 반응하는 유일의 항체가 별도로 존재하지 않는다는 것이다. 자연면역은 세균과 같은 미생물 등을 외부 이물질로 인식하여 제거한다. 예컨대 코나 폐에는 점막조직이 발달해 있어 외부 이물질을 걸러 낸다. 세포 차원에서는 대식세포의 기능이 자연면역인데, 이 세포는 ㉡ 외부 미생물이 어떤 종류인지에 관계없이 대상을 제거한다.

특정 항원에만 반응하는 유일의 항체를 생성하는 면역 반응을 획득면역이라고 한다. 획득면역에서는 자연면역과 달리 ㉢ 항원의 종류와 무관하게 특정 항원에 대해 여러 종류의 항체가 반응한다. 일례로 B림프구의 세포 표면에는 특정 항원을 인식하고 그 특정 항원에 결합하는 부위가 있는데, 이를 '항원 수용체'라고 한다. ㉣ 항원 수용체는 세포 표면에 형성되는 단백질의 일종으로, 항원에 의해 자극된다. 이 수용체가 림프구 세포로부터 떨어져 나와 혈액 안으로 들어간 단백질 단위를 항체라고 부른다.

① ㉠: 직접적인 일대일 반응 관계가 존재한다
② ㉡: 특정한 외부 미생물에 유일하게 반응하며 그 외의 대상은 제거하지 않는다
③ ㉢: 특정 항체가 특정 항원에 대해서만 반응한다
④ ㉣: 항원 수용체는 세포 내부에 형성되는 단백질의 일종으로, 항체에 의해 자극된다

05

2025년 국가직 9급

〈개요〉의 빈칸에 들어갈 내용으로 적절하지 않은 것은?

―――――――〈개요〉―――――――
○ **제목**: 청소년 아르바이트의 실태와 노동 문제 개선 방안
Ⅰ. 청소년 아르바이트의 실태
　1. 열악한 노동 환경 및 복지 혜택 부족
　2. 임금 체불 및 최저 임금제 위반
　3. 사업장 내의 빈번한 폭언 및 폭행 발생
Ⅱ. 청소년 아르바이트의 노동 문제 발생 원인
　1. 청소년의 노동 환경에 대한 실효성 있는 제도 부족
　2. 노동 관계법에 관한 청소년 고용 업주의 인식 부족
　3. 청소년 노동자의 인권을 존중하지 않는 사회의 통념
Ⅲ. 청소년 아르바이트의 노동 문제 개선 방안
　　[　　　　　　　　　　　　　　]

① 청소년의 노동 환경 개선을 위한 제도 정비
② 청소년 고용 업주에 대한 노동 관계법 교육과 지도 확대
③ 청소년 노동자의 인권 보호를 위한 사회적 교육 기관 설립
④ 청소년 고용 업체 규모 축소를 위한 정부의 지속적인 감독과 단속

06

2025년 국가직 9급

다음 글의 ㉠~㉣ 중 어색한 곳을 찾아 가장 적절하게 수정한 것은?

　소리는 보통 귀로 듣는다고 생각한다. 그렇지만 앰프에서 강력한 저음이 흘러나오는 것을 듣고 몸이 흔들리는 것을 경험할 때, 우리는 소리를 몸으로 느낀다고 생각하기도 한다. 가청 주파수 대역의 하한인 20Hz보다 낮은 주파수의 진동이 발생하면 ㉠우리의 몸은 흔들리지만 귀로는 아무것도 듣지 못한다. 우리는 이 들리지 않는 진동을 '초저주파음'이라고 부른다. ㉡귀에 들리지 않는 진동도 소리로 간주할 수 있다는 생각에서이다.

　높은 주파수의 영역에서도 귀에 들리지 않는 진동이 있다. ㉢사람은 보통 20,000Hz 이상의 진동이 귀에 도달하면 소리로 인식한다. 가청 주파수 대역의 상한을 넘겨서 더 높은 주파수의 진동이 발생하면 사람의 귀에 들리지 않는 것이다. 이때의 음파를 '초음파'라고 부른다.

　사람과 동물은 가청 주파수 대역이 다르다. 그래서 동물은 사람에게 들리지 않는 소리를 들을 수 있다. 예컨대 우리와 가까이 지내는 개의 경우, 가청 주파수 대역의 하한은 사람과 비슷하지만 50,000Hz의 진동까지 소리로 인식할 수 있다. 그래서 개는 사람이 듣지 못하는 기척을 알아차리기도 한다. 이는 개의 가청 주파수 대역이 ㉣사람의 가청 주파수 대역보다 넓기 때문이다.

① ㉠: 우리의 몸이 흔들리지 않을 뿐 귀로는 저음을 들을 수 있다
② ㉡: 귀에 들리지 않는 진동은 소리로 간주할 수 없다는 생각에서이다
③ ㉢: 사람은 보통 20,000Hz 이상의 진동이 귀에 도달하면 소리로 인식하지 못한다
④ ㉣: 사람의 가청 주파수 대역보다 좁기 때문이다

실전 문제

07
9급 출제기조 전환 2차 예시문제

다음 글의 ㉠ ~ ㉣ 중 어색한 곳을 찾아 가장 적절하게 수정한 것은?

> 언어는 랑그와 파롤로 구분할 수 있다. 랑그는 머릿속에 내재되어 있는 추상적인 언어의 모습으로, 특정한 언어공동체가 공유하고 있는 기호체계를 가리킨다. 반면에 파롤은 구체적인 언어의 모습으로, 의사소통을 위해 랑그를 사용하는 개인적인 행위를 의미한다.
>
> 언어학자들은 흔히 ㉠랑그를 악보에 비유하고, 파롤을 실제 연주에 비유하곤 하는데, 악보는 고정되어 있지만 실제 연주는 그 고정된 악보를 연주하는 사람에 따라 달라지기 마련이다. 그러니까 ㉡랑그는 여러 상황에도 불구하고 변하지 않고 기본을 이루는 언어의 본질적인 모습에 해당한다. 한편 '책상'이라는 단어를 발음할 때 사람마다 발음되는 소리는 다르기 때문에 '책상'에 대한 발음은 제각각일 수밖에 없다. 여기서 ㉢실제로 발음되는 제각각의 소리값이 파롤이다.
>
> 랑그와 파롤 개념과 비슷한 것으로 언어능력과 언어수행이 있다. 자기 모국어에 대해 사람들이 내재적으로 가지고 있는 지식이 언어능력이고, 사람들이 실제로 발화하는 행위가 언어수행이다. ㉣파롤이 언어능력에 대응한다면, 랑그는 언어수행에 대응한다.

① ㉠: 랑그를 실제 연주에 비유하고, 파롤을 악보에 비유하곤
② ㉡: 랑그는 여러 상황에 맞춰 변화하는 언어의 본질적인 모습
③ ㉢: 실제로 발음되는 제각각의 소리값이 랑그
④ ㉣: 랑그가 언어능력에 대응한다면, 파롤은 언어수행에 대응

08
9급 출제기조 전환 1차 예시문제

〈공공언어 바로 쓰기 원칙〉에 따라 〈공문서〉의 ㉠ ~ ㉣을 수정한 것으로 적절하지 않은 것은?

〈공공언어 바로 쓰기 원칙〉
- 중복되는 표현을 삼갈 것.
- 대등한 것끼리 접속할 때는 구조가 같은 표현을 사용할 것.
- 주어와 서술어를 호응시킬 것.
- 필요한 문장 성분이 생략되지 않도록 할 것.

〈공문서〉

한국의약품정보원

수신 국립국어원

(경유)

제목 의약품 용어 표준화를 위한 자문회의 참석 ㉠<u>안내 알림</u>

1. ㉡<u>표준적인 언어생활의 확립과 일상적인 국어 생활을 향상하기 위해</u> 일하시는 귀원의 노고에 감사드립니다.
2. 본원은 국내 유일의 의약품 관련 비영리 재단법인으로서 의약품에 관한 ㉢<u>표준 정보가 제공되고 있습니다.</u>
3. 의약품의 표준 용어 체계를 구축하고 ㉣<u>일반 국민도 알기 쉬운 표현으로 개선하여</u> 안전한 의약품 사용 환경을 마련하기 위해 자문회의를 개최하니 귀원의 연구원이 참석해 주시기를 바랍니다.

① ㉠: 안내
② ㉡: 표준적인 언어생활을 확립하고 일상적인 국어 생활의 향상을 위해
③ ㉢: 표준 정보를 제공하고 있습니다.
④ ㉣: 의약품 용어를 일반 국민도 알기 쉬운 표현으로 개선하여

09

〈지침〉에 따라 〈개요〉를 작성할 때 ㉠~㉣에 들어갈 내용으로 적절하지 않은 것은?

― 〈지침〉 ―
○ 서론은 중심 소재의 개념 정의와 문제 제기를 1개의 장으로 작성할 것.
○ 본론은 제목에서 밝힌 내용을 2개의 장으로 구성하되 각 장의 하위 항목끼리 대응되도록 작성할 것.
○ 결론은 기대 효과와 향후 과제를 1개의 장으로 작성할 것.

― 〈개요〉 ―
○ **제목**: 복지 사각지대의 발생 원인과 해소 방안
Ⅰ. 서론
  1. 복지 사각지대의 정의
  2. ㉠
Ⅱ. 복지 사각지대의 발생 원인
  1. ㉡
  2. 사회복지 담당 공무원의 인력 부족
Ⅲ. 복지 사각지대의 해소 방안
  1. 사회적 변화를 반영하여 기존 복지 제대의 미비점 보완
  2. ㉢
Ⅳ. 결론
  1. ㉣
  2. 복지 사각지대의 근본적이고 지속가능한 해소 방안 마련

① ㉠: 복지 사각지대의 발생에 따른 사회 문제의 증가
② ㉡: 사회적 변화를 반영하지 못한 기존 복지 제도의 한계
③ ㉢: 사회복지 업무 경감을 통한 공무원 직무 만족도 증대
④ ㉣: 복지 혜택의 범위 확장을 통한 사회 안전망 강화

10

다음 글의 ㉠~㉣ 중 어색한 곳을 찾아 가장 적절하게 수정한 것은?

수명을 늘릴 수 있는 여러 방법 중 가장 좋은 방법은 노화 문제를 해결하는 것이다. 이 방법은 인간이 젊고 건강한 상태로 수명을 연장할 수 있다는 점에서 ㉠<u>늙고 병든 상태에서 단순히 죽음의 시간을 지연시킨다는</u> 기존 발상과 근본적으로 다르다. ㉡<u>노화가 진행된 상태를 진행되기 전의 상태로 되돌린다거나 노화가 시작되기 전에 노화를 막는 장치가 개발된다면</u>, 젊음을 유지한 채 수명을 늘리는 것은 충분히 가능하다.

그러나 노화 문제와 관련된 현재까지의 연구는 초라하다. 이는 대부분 연구가 신약 개발의 방식으로만 진행되어 왔기 때문이다. 현재 기준에서는 질병 치료를 목적으로 개발한 신약만 승인받을 수 있는데, 식품의약국이 노화를 ㉢<u>질병으로 본 탓에 노화를 멈추는 약은 승인받을 수 없었다</u>. 노화를 질병으로 보더라도 해당 약들이 상용화되기까지는 아주 오랜 시간이 필요하다.

그런데 노화 문제는 발전을 거듭하고 있는 인공지능 덕분에 신약 개발과는 다른 방식으로 극복될 수 있을지 모른다. 일반 사람들에 비해 ㉣<u>노화가 더디게 진행되는 사람들의 유전자 자료를 데이터화하면 그들에게서 노화를 지연시키는</u> 생리적 특징을 추출할 수 있는데, 이를 통해 유전자를 조작하는 방식으로 노화를 막을 수 있다.

① ㉠: 늙고 병든 상태에서 담담히 죽음의 시간을 기다린다
② ㉡: 노화가 진행되기 전의 신체를 노화가 진행된 신체
③ ㉢: 질병으로 보지 않은 탓에 노화를 멈추는 약은 승인받을 수 없었다
④ ㉣: 노화가 더디게 진행되는 사람들의 유전자 자료를 데이터화하면 그들에게서 노화를 촉진

실전 문제

11 2025년 군무원 7급

〈공공언어 바로 쓰기 원칙〉에 따라 〈보기〉의 ㉠~㉣을 수정한 것으로 가장 적절하지 않은 것은?

―〈공공언어 바로 쓰기 원칙〉―
○ 어문규범을 지킬 것
○ 문장을 문법에 맞게 쓸 것
○ 중복적인 표현은 간결하게 고칠 것
○ 조사나 어미를 지나치게 생략하지 않을 것

―〈보기〉―
안녕하십니까?
통계청과 법무부에서 ㉠ 공동 실시하는 '이민자 체류 실태 및 고용 조사'를 위한 안내입니다. 만일 조사 협조문을 ㉡ 받지 못하셨다면 이 자료를 보시기 바랍니다.

㉢ 법무부는 여러분의 외국인 등록, 귀화 신청 등을 담당하는 정부기관으로 잘 알고 계실 것입니다. 통계청은 국가의 주요 통계를 작성하는 중앙 정부기관입니다.

법무부와 통계청에서 진행하는 ㉣ 조사 내용은 모든 표본을 대상으로 조사하는 공통 조사 항목과 체류 자격에 따라 추가로 조사하는 항목들이 있습니다.

① ㉠: 공동으로 실시하는
② ㉡: 받지 못 하셨다면
③ ㉢: 법무부는 여러분의 외국인 등록, 귀화 신청 등을 담당하는 정부기관입니다.
④ ㉣: 조사 내용은 공통 조사 항목과 체류 자격에 따른 조사 항목으로 구성되어 있습니다.

12 2024년 국가직 9급

다음 글을 퇴고할 때, ㉠~㉣ 중 어법상 수정할 필요가 있는 것은?

주지하듯이 ㉠ 기후 위기는 날이 갈수록 심각해지고 있다. 극지방의 빙하가 녹고, 유럽에는 사상 최악의 폭염과 가뭄이 발생하고 그 반대편에서는 감당하기 어려울 정도의 폭우가 쏟아져 많은 사람이 고통받고 있다. ㉡ 우리의 삶을 지속적으로 위협하는 이러한 기상 재해 앞에서 기후학자로서 자괴감이 든다. 무엇이 문제인지, 상황이 얼마나 심각한지 잘 알고 있으면서도 지구의 위기를 그저 바라만 볼 수밖에 없다. 그러나 우리가 기후 문제에 관심을 가지고 적극적으로 대처한다면 아직 희망이 있다. 크게는 신재생 에너지와 관련하여 ㉢ 국가 정책 수립과 국제 협약을 체결하기 위해 힘을 기울여야 한다. 작게는 일상생활에서 불필요한 소비를 줄이고 에너지 절약을 습관화해야 한다. 만시지탄(晩時之歎)일 수는 있겠으나, ㉣ 지구가 파국으로 치닫는 것을 막을 기회는 아직 남아 있다. 우리 모두 힘을 모아 지구의 위기를 극복하여야 한다.

① ㉠
② ㉡
③ ㉢
④ ㉣

13 2024년 지방직 9급

㉠~㉣을 고쳐 쓴 것으로 적절하지 않은 것은?

얼마 전 나는 유명 축구 선수의 성공 과정을 담은 다큐멘터리 프로그램을 시청했다. 방송을 본 대부분의 사람들은 ㉠ 괴로운 고난을 이겨낸 그 선수의 노력과 집념에 감동을 받았을 것이다. ㉡ 그러므로 나는 그 선수의 가족과 훈련 트레이너 등 주변 사람들에게 더 큰 감명을 받았다.

선수의 가족들은 선수가 전지훈련을 가거나 원정 경기를 할 때 묵묵히 뒤에서 응원하는 역할을 했고, 훈련 트레이너는 선수의 체력 증진은 물론 컨디션 조절 등에도 많은 역할을 하고 있었다. ㉢ 나는 그런 훈련 트레이너가 되는 과정이 궁금해졌다. 비록 사람들의 관심이 최고의 자리에 오른 그 선수에게로 향하는 것은 당연한 ㉣ 일로, 나는 그 가족과 훈련 트레이너의 도움이 주목받지 못하는 것 같아서 안타까웠다.

① ㉠은 의미가 중복되므로 '고난'으로 고친다.
② ㉡은 앞뒤 문장의 연결을 고려하여, '그러나'로 바꾼다.
③ ㉢은 글 전체의 흐름을 고려하여 삭제한다.
④ ㉣은 부사와의 호응을 고려하여, '일이라면'으로 수정한다.

14
2024년 지역인재 9급

〈지침〉에 따라 〈보고서〉를 작성할 때, (가) ~ (라)에 들어갈 내용으로 적절하지 않은 것은?

─〈지침〉─
○ 서론은 중심 소재의 개념 정의와 문제 제기를 2개의 절로 작성할 것
○ 본론은 2개의 장으로 구성하되 각 장의 하위 항목끼리 대응되도록 작성할 것
○ 결론은 기대 효과와 향후 과제를 2개의 절로 작성할 것

─〈보고서〉─
디지털 격차 해소를 위한 방안
Ⅰ. 서론
  1. 디지털 격차의 정의 및 구체적 사례
  2.   (가)
Ⅱ. 디지털 격차의 발생 원인
  1.   (나)
  2. 경제 수준에 따른 디지털 기기 보급률 차이
Ⅲ. 디지털 격차의 해소 방안
  1. 노인 맞춤형 디지털 기술 교육을 통한 역량 강화
  2.   (다)
Ⅳ. 결론
  1. 디지털 격차 완화로 인한 공동체 통합 효과
  2.   (라)

① (가) - 디지털 격차 심화에 따른 사회적 문제 증가
② (나) - 고령 인구의 디지털 기술에 대한 이해 부족
③ (다) - 공공기관을 통한 디지털 기술 활용 우수 사례 전파
④ (라) - 디지털 격차의 해소를 위한 맞춤형 정책 발굴

15
2024년 군무원 9급

다음은 탑골공원에 대한 실태 보고서의 목차이다. ㉠ ~ ㉢ 중 가장 적절하지 않은 것은?

1. 서론

2. 탑골공원의 지리적 조건
  1) 교통편과 주차 시설
  2) ㉠ 편의 시설과 주변 상가
  3) ㉡ 인근 공원의 위치와 거리

3. 탑골공원 이용객의 실태
  1) 연령대별 이용 시간
  2) ㉢ 선호하는 공원 시설 및 행사
  3) ㉣ 노약자를 위한 시설 관리 대책

4. 결론

① ㉠
② ㉡
③ ㉢
④ ㉣

실전 문제

16 2023년 지방직 7급

다음 글의 ㉠ ~ ㉣을 〈지침〉에 따라 수정하는 방안으로 적절하지 않은 것은?

제목: ㉠ △△시에서 개최하는 "△△시 취업 박람회"

1. 목적: ㉡ 지역 브랜드 홍보와 향토 기업 내실화로 지역 경제 활성화 도모
2. 행사 개요
   가. 일자: 2023. 11. 11.
   나. 장소: △△시청 세종홀
   다. 주요 행사: 구직자 상담 및 모의 면접, ㉢ △△시 취업 지원 센터 활동 보고
3. 신청 방식: ㉣ 온라인 신청서 접수

〈지침〉
○ 제목을 중복된 표현 없이 간결하게 쓴다.
○ 목적과 행사 개요를 행사의 주요 대상인 지역민과 지역 기업을 중심으로 작성한다.
○ 신청할 수 있는 방식을 다양하게 제시한다.

① ㉠을 '△△시 취업 박람회 개최'로 수정한다.
② ㉡을 '지역민의 취업률 제고'로 수정한다.
③ ㉢을 '△△시 소재 기업의 일자리 홍보'로 수정한다.
④ ㉣을 '행사 10일 전까지 시청 누리집에 신청서 업로드'로 수정한다.

17 2022년 지방직 9급

㉠ ~ ㉣의 고쳐 쓰기로 적절하지 않은 것은?

파놉티콘(panopticon)은 원형 평면의 중심에 감시탑을 설치해 놓고, 주변으로 빙 둘러서 죄수들의 방이 배치된 감시 시스템이다. 감시탑의 내부는 어둡게 되어 있는 반면 죄수들의 방은 밝아 교도관은 죄수를 볼 수 있지만, 죄수는 교도관을 바라볼 수 없다. 죄수가 잘못했을 때 교도관은 잘 보이는 곳에서 처벌을 가한다. 그렇게 수차례의 처벌이 있게 되면 죄수들은 실제로 교도관이 자리에 ㉠ 있을 때조차도 언제 처벌을 받을지 모르는 공포감에 의해서 스스로를 감시하게 된다. 이렇게 권력자에 의한 정보 독점 아래 ㉡ 다수가 통제된다는 점에서 파놉티콘의 디자인은 과거 사회 구조와 본질적으로 같았다.

현대 사회는 다수가 소수의 권력자를 동시에 감시할 수 있는 시놉티콘(synopticon)의 시대가 되었다. 시놉티콘에 가장 크게 기여한 것은 인터넷의 ㉢ 동시성이다. 권력자에 대한 비판을 신변 노출 없이 자유롭게 표현할 수 있게 되었기 때문이다. 정보화 시대가 오면서 언론과 통신이 발달했고, ㉣ 특정인이 정보를 수용하고 생산하게 되었다. 그로 인해 사회에서 일어나는 일에 대한 비판적 인식 교류와 부정적 현실 고발 등 네티즌의 활동으로 권력자들을 감시하는 전환이 일어났다.

① ㉠을 '없을'로 고친다.
② ㉡을 '소수'로 고친다.
③ ㉢을 '익명성'으로 고친다.
④ ㉣을 '누구나가'로 고친다.

18
2022년 지방직 7급

㉠~㉣을 문맥을 고려하여 수정한 것으로 가장 적절한 것은?

> 농촌의 모습을 주된 소재로 삼는 A 드라마에 결혼 이주 여성이 등장한다는 것은 그녀들이 직면한 여러 문제들을 다룰 기회가 마련되었다는 점에서 일단은 긍정적이다. 하지만 ㉠ 그녀들이 농촌에 정착하는 과정에서 경험하게 되는 다양한 문제들을 단순화할 수 있는 위험성도 내포하고 있다.
> 이 드라마에는 모문화와 이문화 사이의 차이로 인해 힘겨워하는 여성, 민족적 정체성에 혼란을 겪는 여성, 아이의 출산과 양육 문제로 갈등을 겪는 여성 등이 등장한다. 문제는 이 드라마에서 이러한 갈등의 원인을 제대로 규명하는 것보다는 ㉡ 부부간의 사랑이나 가족애를 통해 극복하는 낭만적인 해결 방식을 주로 선택한다는 데에 있다.
> 예를 들어, ○○화에서는 여성 주인공이 아이의 태교 문제로 내적 갈등을 겪다가 결국 자신의 생각을 포기함으로써 그 갈등이 해소된 것처럼 마무리된다. 태교에 대한 문화적 차이가 주된 원인이었지만, 이 드라마에서는 그것에 주목하기보다 ㉢ 남편과 갈등을 일으키는 여성 주인공의 모습을 부각하여 사랑과 이해에 기반한 순종과 순응을 결혼 이주 여성이 갖추어야 할 덕목으로 묘사한 것이다.
> 이 드라마에서 ㉣ 이러한 강요된 선택과 해소되지 않은 심적 갈등이 사실대로 재현되지 않음으로써 실질적인 원인은 은폐되고 여성의 일방적인 양보와 희생을 통해 해당 문제들이 성급히 봉합된다. 이는 어디까지나 한국인의 시선으로만 결혼 이주 여성과 다문화 가정을 바라보고 있기 때문이다.

① ㉠을 "그녀들이 농촌에 정착하는 과정에서 경험하게 되는 다양한 문제들을 탐색할 수 있는 가능성도"로 고친다.
② ㉡을 "시댁 식구를 비롯한 한국인들과의 온정적인 소통을 통해 극복하는 구체적인 해결 방식"으로 고친다.
③ ㉢을 "남편의 의견을 따르는 여성 주인공의 모습"으로 고친다.
④ ㉣을 "이러한 억압적 상황과 해소되지 않은 외적 갈등이 여과 없이 노출됨으로써"로 고친다.

19
2022년 지역인재 9급

㉠~㉣에 대한 고쳐 쓰기 방안으로 적절하지 않은 것은?

> 미디어의 영향 아래에 ㉠ 놓여진 대중은 자신의 신념과 사고 활동의 번거로움을 포기하고 모든 평가와 판단을 ㉡ 미디어에 맡긴다. 자신의 평가와 판단을 미디어에 양도하는 사람은 시간을 효율적으로 사용할 수 있게 되어 더 빨리 성공할 수 있을지는 모른다. ㉢ 그래서 그들은 세상 밖의 진실을 볼 수 있는 기회를 갖지 ㉣ 못할뿐만 아니라 인생의 깊이도 얻지 못할 것이다.

① ㉠은 이중 피동이 사용되었으므로 '놓인'으로 고쳐 쓴다.
② ㉡은 부적절한 표현이므로 '미디어를 배격한다'로 고쳐 쓴다.
③ ㉢은 접속부사가 잘못 사용되었으므로 '그러나'로 고쳐 쓴다.
④ ㉣은 띄어쓰기가 잘못되었으므로 '못할 뿐만'으로 고쳐 쓴다.

20
2021년 지방직 7급

㉠~㉣에 들어갈 말로 적절하지 않은 것은?

> 제목: □□ 청소기 관련 고객 만족도 제고 방안
> Ⅰ. 고객 불만 현황
>   1. ㉠
>   2. 인터넷 고객 문의 접수 및 처리 지연
> Ⅱ. ㉡
>   1. 해외 공장에서 제작한 모터 품질 불량
>   2. 인터넷 고객 지원 서비스 시스템의 잦은 오류
> Ⅲ. ㉢
>   1. 동종 제품 전량 회수 후 수리 또는 신제품으로 교환
>   2. 고객 지원 서비스 시스템 최신화 및 관리 인력 충원
> Ⅳ. ㉣
>   1. 제품에 대한 고객 민원 해결 및 회사 이미지 제고
>   2. 품질 결함 최소화를 위한 품질 관리 체계의 개선 방향

① ㉠: 소음 과다 및 흡입력 미흡
② ㉡: 고객 불만 발생의 원인
③ ㉢: 고객 지원 센터의 지원 인력 부족
④ ㉣: 기대 효과와 향후 과제

실전 문제

21
2023년 지방직 9급

㉠~㉣ 중 어색한 곳을 찾아 수정하는 방안으로 가장 적절한 것은?

> 조선 후기에 서학으로 불린 천주학은 '학(學)'이라는 말에서도 짐작할 수 있듯이 ㉠ 종교적인 관점에서보다 학문적인 관점에서 받아들여졌다. 당시의 유학자 중 서학 수용에 적극적인 이들까지도 서학을 무조건 따르자고 ㉡ 주장하지는 않았는데, 서학은 신봉의 대상이 아니라 분석의 대상이었기 때문이다. 그들은 조선 사회를 바로잡고 발전시키기 위해 새로운 학문과 지식이 필요하다고 생각했지만, 외부에서 유입된 사유 체계에는 양명학이나 고증학 등도 있어서 서학이 ㉢ 유일한 대안은 아니었다. 그들은 서학을 검토하며 어떤 부분은 수용했지만, 반대로 어떤 부분은 ㉣ 지향했다.

① ㉠: '학문적인 관점에서보다 종교적인 관점에서'로 수정한다.
② ㉡: '주장하였는데'로 수정한다.
③ ㉢: '유일한 대안이었다'로 수정한다.
④ ㉣: '지양했다'로 수정한다.

22
2020년 지방직 9급

다음 글의 ㉠~㉣에 대한 고쳐쓰기 방안으로 적절하지 않은 것은?

> 현재 리셋 증후군이 인터넷 중독의 한 유형으로 ㉠ 꼽혀지고 있다. 리셋 증후군 환자들은 현실에서 잘못을 하더라도 버튼만 누르면 해결될 수 있다고 생각해서 아무런 죄의식이나 책임감 없이 행동한다. ㉡ '리셋 증후군'이라는 말은 1990년 일본에서 처음 생겨났는데, 국내에선 1990년대 말부터 쓰이기 시작했다. 리셋 증후군 환자들은 현실과 가상을 구분하지 못하여 게임에서 실행했던 일을 현실에서 저지르고 뒤늦게 후회하는 경우가 많다. 특히, 이러한 특성을 지닌 청소년들은 무슨 일이든지 쉽게 포기하고 책임감 없는 행동을 하며, 마음에 들지 않는 사람이 있으면 ㉢ 막다른 골목으로 몰 듯 관계를 쉽게 끊기도 한다.
> 리셋 증후군은 행동 양상이 명확히 나타나지 않는 편이라 쉽게 판별하기 어렵고 진단도 쉽지 않다. ㉣ 이와 같이 예방을 위해 지속적으로 주위 사람들과 대화를 나누고, 현실과 인터넷 공간을 구분하는 능력을 길러야 한다.

① 불필요한 이중 피동 표현으로 어법에 맞게 ㉠을 '꼽고'로 수정한다.
② 글의 맥락상 자연스럽지 않으므로 ㉡은 첫 번째 문장 뒤로 옮긴다.
③ 앞뒤 문맥을 고려할 때 ㉢은 '칼로 무를 자르듯'으로 수정한다.
④ 앞 문장과의 연결을 고려하여 ㉣을 '그러므로'로 수정한다.

23
2020년 지방직 7급

㉠~㉣에 들어갈 내용으로 적절하지 않은 것은?

> ○ 제목: 인터넷 범죄 증가의 원인
> 1. 국가적 측면: ㉠ 때문에 인터넷 범죄를 처벌하는 관련 규정이 신속하게 제정되지 않는다.
> 2. 개인적 측면
>   (1) ㉡ 때문에 개인 컴퓨터의 백신 프로그램 설치가 미흡하다.
>   (2) ㉢ 때문에 인터넷상에서 개인 신상 정보 취급이 소홀하게 다루어진다.
> 3. 기술적 측면: ㉣ 때문에 컴퓨터 보안 프로그램 개발이 미흡하기

① ㉠: 인터넷 범죄 처벌 규정의 제정 과정이 지나치게 복잡하기
② ㉡: 인터넷 사용 시 백신 프로그램을 중요하게 생각하지 않기
③ ㉢: 자신의 개인 정보는 범죄에 이용되지 않을 것이라고 안이하게 생각하기
④ ㉣: 컴퓨터 판매량을 늘리기 위한 인프라가 제대로 구축되어 있지 않기

24
2017년 국가직 9급 (10월)

다음 글을 고쳐 쓰기 위한 방안으로 적절하지 않은 것은?

> 산업 폐기물 처리장이 들어서게 될 지역 주민들도 그 시설의 필요성은 인정하고 있다. ㉠그리고 그런 시설이 자기 고장에 들어서는 것을 받아들이려는 사람은 많지 않다. ㉡그 필요성은 인정하지만, 내 고장에는 안 된다는 것이다. 이러한 태도는 공공의 이익을 외면하는 ㉢지역 이기주의에 다름 아니다. 잊지 말아야 할 사실은 폐기물 처리장 건설을 뒤로 미루면 그로 인한 피해가 결국 ㉣우리 모두에게 돌아온다. 나와 내 이웃이 공존할 수 있는 사회를 만들기 위해서는 지역 이기주의를 타파해야 한다.

① ㉠은 앞뒤 문장을 자연스럽게 연결하기 위해 '그러나'로 바꾼다.
② ㉡은 주제와 상관없는 내용이므로 문단의 통일성을 위해 삭제한다.
③ ㉢은 우리말답지 않은 표현으로 '지역 이기주의이다'로 순화한다.
④ ㉣은 주어와 호응하지 않으므로 '우리 모두에게 돌아온다는 것이다'로 고친다.

25
2020년 소방직 9급

㉠~㉣을 고쳐 쓰기 위한 방안으로 적절하지 않은 것은?

> 사회가 발달하면서 화법과 작문의 윤리에 대한 관심과 요구가 점점 커지고 있다. 화법과 작문의 윤리를 잘 지키지 않으면 사회적 의사소통의 바탕이 되는 상호 신뢰가 깨질 수 있으므로 이를 준수하기 위해 ㉠노력한다.
> ㉡그런데 청자나 독자를 존중하고 배려하는 자세를 갖추어야 한다. 말을 하거나 글을 쓸 때에는 상대방의 인격을 모욕하거나 상대방에게 상처를 주는 언어 표현을 사용하지 않아야 한다. 상대방을 존중하고 배려하는 표현을 사용함으로써 화법과 작문의 윤리를 지킬 수 있다.
> 다음으로, 다른 사람의 글이나 아이디어 등을 표절하거나 도용하지 않아야 한다. 다른 사람의 글이나 아이디어 등을 인용할 때에는 저작자의 허락을 얻거나 인용의 출처를 ㉢제출해야 하며, 내용의 과장·축소·왜곡 없이 정확하게 인용해야 한다. 또한 출처를 명시하더라도 과도하게 인용하지 않아야 한다. 과도한 인용은 출처 명시와는 무관하게 화법과 작문의 윤리를 어기는 것이기 때문이다.
> 화법과 작문의 윤리를 준수한다면 화자나 필자는 청자나 독자로부터 더욱 큰 신뢰를 얻을 수 있다. 그러므로 화자나 필자는 화법과 작문의 윤리를 잘 인식하고 있어야 하며, 말을 하거나 글을 쓸 때 이를 ㉣지키고 준수하는 태도를 가져야 한다.

① ㉠: 문장의 호응을 고려하여 '노력해야 한다'로 수정한다.
② ㉡: 앞뒤 내용을 자연스럽게 이어 주지 못하므로 '우선'으로 바꾼다.
③ ㉢: 문맥을 고려하여 '생략'으로 교체한다.
④ ㉣: 뒤의 단어와 의미상 중복되므로 삭제한다.

실전 문제

26
2018년 국가직 9급

〈보기〉를 근거로 판단할 때, ㉠~㉣ 중 적절하지 않은 것은?

〈보기〉

통일성은 글의 내용이 하나의 주제로 긴밀하게 관련되는 특성을 말한다. 초고의 적절성을 평가할 때에는 글의 내용이 하나의 주제를 드러낼 수 있도록 선정되었는지, 그리고 중심 내용에 부합하는 하위 내용들로 선정되었는지를 검토한다.

사람들은 대개 수학 과목이 어렵다고 한다. 하지만 나는 수학 시간이 재미있다. ㉠바로 수업을 재미있게 진행하시는 수학 선생님 덕분이다. 수학 선생님은 유머로 딱딱한 수학 시간을 웃음바다로 만들곤 한다. ㉡졸리는 오후 시간에 뜬금없이 외국으로 수학여행을 가자고 하여 분위기를 부드럽게 만든 후 어려운 수학 문제를 쉽게 설명한 적도 있다. 그래서 우리 학교에서는 수학 선생님의 인기가 시들 줄 모른다. ㉢그리고 수학 선생님의 아들이 수학을 굉장히 잘한다는 소문이 나 있다. ㉣내 수학 성적이 좋아진 것도 수학 선생님의 재미있는 수업 덕택이다.

① ㉠
② ㉡
③ ㉢
④ ㉣

27
2017년 지방직 7급

다음 글의 고쳐 쓰기에 대한 설명으로 적절하지 않은 것은?

㉠'클래식 입문' - 두려워하지 마세요.

클래식이라고 하면 너무 어렵게 생각하는 사람들이 있다. 그러나 클래식은 결코 그런 것이 아니다. ㉡티케트를 구한 후 별도의 준비 없이도 공연 현장에서 곧바로 감상할 수 있는 것이 클래식이다.

물론 좀 더 쉽고 재미있게 즐기기 위해서는 어느 정도의 '예습'이 필요하다. 가장 좋은 방법은 공연장에 가기 전에 감상할 음악의 전곡(全曲) 음반을 구해 ㉢미리 들어 볼 수 있어야 한다. 물론 작곡가나 연주자 그리고 지휘자 등에 대해 미리 살펴보는 것도 좋다. 같은 곡을 다른 사람이 연주한 것을 들어보는 것도 좋다.

그리고 공연장에서 연주가 끝날 때에는 뜨거운 갈채를 보낸다. 연주가 만족스럽게 느껴졌을 때도 박수를 칠 수 있다. 매우 감동한 경우에는 '앙코르!', '브라보!' 등의 환호를 보내도 ㉣올바르다.

① ㉠: 제목을 '클래식 예절 - 꼭 지켜야 할 것들'로 바꾸자.
② ㉡: '외래어 표기법'에 맞게 '티케트'를 '티켓'으로 고치자.
③ ㉢: 서술어를 '미리 들어 보는 것이다.'로 고쳐야겠어.
④ ㉣: '올바르다'는 '무방하다'로 바꾸는 것이 좋겠어.

28
2017년 지방직 7급

글의 통일성을 고려할 때, 삭제하는 것이 바람직한 문장은?

'천재'라는 말은 18세기에 갑자기 영예로운 칭호가 되었다. 천재는 예술의 창조자이며, 예술의 창조는 과학처럼 원리나 법칙에 의거하지 않는다. ㉠과학은 인간의 이성과 감성 사이에 분열을 가져왔다. ㉡예술에는 전래의 비방이 있을 수 없으며 있다 하더라도 전수될 수 없다. ㉢예술가 스스로도 자신이 완성한 작품의 진정한 비밀이 무엇인지 명확히 알지 못한다. ㉣마침내, 사람들은 천재라는 개념으로 예술 창조의 비밀을 표현하였다.

① ㉠
② ㉡
③ ㉢
④ ㉣

29　2017년 국가직 7급 (10월)

다음 개요에서 알 수 있는 글쓰기 전략으로 가장 적절한 것은?

> Ⅰ. 서론
>   1. 재능 기부 현황과 재능 기부에 대한 인식 실태
>   2. 재능 기부의 의의와 필요성
> Ⅱ. 재능 기부의 장애 요인
>   1. 홍보 부족
>   2. 참여 의식 부족
>   3. 프로그램 영역의 편중
>   4. 기부자와 수혜자의 연계 채널 미비
> Ⅲ. 재능 기부 활성화 방안
>   1. 홍보 강화
>   2. 국민의 공감대 형성
>   3. 프로그램 영역의 다양화
>   4. 연결망 구축
> Ⅳ. 결론

① 재능 기부의 활성화 방안을 간접적으로 제시한 후 재능 기부가 이루어지지 못하는 현실을 개탄하는 내용으로 마무리한다.
② 재능 기부의 필요성을 알리고 재능 기부가 잘 이루어지도록 하기 위해 논의의 초점을 재능 기부의 장애 요인에 맞춘다.
③ 재능 기부의 현황을 토대로 의의와 필요성을 밝히고 재능 기부의 장애 요인을 해결하는 방향으로 활성화 방안을 제시한다.
④ 재능 기부의 필요성과 활성화 방안이 초점이므로 재능 기부의 의의와 필요성을 토대로 재능 기부의 현황과 인식 실태 파악을 이끌어 낸다.

30　2017년 국가직 7급 (8월)

㉠~㉣을 고쳐 쓰기 위한 방안으로 적절하지 않은 것은?

> 초등학교 앞에는 어린이 교통사고를 예방하기 위해 스쿨존이 지정되어 있다. 구청에서는 ㉠도로 노면에 노란색 띠줄을 표시하거나 ㉡어린이 보호 또는 속도 제한 표지판을 설치하여 운전자가 주의하도록 하고 있다. 그리고 많은 운전자들이 이를 지키지 않아 스쿨존에서 어린이 교통사고가 줄어들지 않고 있다. ㉢어린이 교통사고는 맑은 날 많이 일어난다고 한다. 어린이는 성인에 비해 판단력과 ㉣예지력(豫知力)이 떨어져서 위급한 사태에 대처하는 능력이 부족하다. 때문에 운전자들은 스쿨존에서 운전할 때는 더욱 주의해야 한다.

① ㉠: 의미가 중복되므로 '도로 노면'을 '노면'으로 수정한다.
② ㉡: 앞뒤 문장이 자연스럽게 연결되도록 '그리고'를 '그러나'로 수정한다.
③ ㉢: 중심 화제에서 벗어난 문장이므로 삭제한다.
④ ㉣: 문맥에 맞지 않으므로 '예지력(豫知力)'을 '추진력'으로 바꾼다.

유형 11 문학 제재 글을 읽고 추론하기

> **기출 유형 분석**
> - 글에서 문학 이론이나 개념, 작품에 대한 정보를 제공한 뒤, 이를 토대로 선택지에 제시된 내용이 타당한지 판단하는 유형의 문제이다.
> - 빈칸에 들어갈 생략된 내용을 추론하는 문제가 출제되기도 한다.

> **예상 출제 방향**
> - 문학 이론에 대한 설명과 작품에 대한 해설 및 분석 외에도 작가의 특징이나 문학사적 시대 개관 등을 제재로 하는 글이 출제될 수도 있다.

> **대표 기출 문제**

다음 글을 이해한 내용으로 가장 적절한 것은?　　　　　　　　　　　　　　　　　9급 출제기조 전환 1차 예시문제

> 　이육사의 시에는 시인의 길과 투사의 길을 동시에 걸었던 작가의 면모가 고스란히 담겨 있다. 가령, 「절정」은 크게 두 부분으로 나누어지는데, 투사가 처한 냉엄한 현실적 조건이 3개의 연에 걸쳐 먼저 제시된 후, 시인이 품고 있는 인간과 역사에 대한 희망이 마지막 연에 제시된다.
> 　우선, 투사 이육사가 처한 상황은 대단히 위태로워 보인다. 그는 "매운 계절의 채찍에 갈겨 / 마침내 북방으로 휩쓸려" 왔고, "서릿발 칼날진 그 위에 서" 바라본 세상은 "하늘도 그만 지쳐 끝난 고원"이어서 가냘픈 희망을 품는 것조차 불가능해 보인다. 이러한 상황은 "한발 제겨디딜 곳조차 없다"는 데에 이르러 극한에 도달하게 된다. 여기서 그는 더 이상 피할 수 없는 존재의 위기를 깨닫게 되는데, 이때 시인 이육사가 나서면서 시는 반전의 계기를 마련한다.
> 　마지막 4연에서 시인은 3연까지 치달아 온 극한의 위기를 담담히 대면한 채, "이러매 눈감아 생각해" 보면서 현실을 새롭게 규정한다. 여기서 눈을 감는 행위는 외면이나 도피가 아니라 피할 수 없는 현실적 조건을 새롭게 반성함으로써 현실의 진정한 면모와 마주하려는 적극적인 행위로 읽힌다. 이는 다음 행, "겨울은 강철로 된 무지갠가보다"라는 시구로 이어지면서 현실에 대한 새로운 성찰로 마무리된다. 이 마지막 구절은 인간과 역사에 대한 희망을 놓지 않으려는 시인의 안간힘으로 보인다.

① 「절정」에는 투사가 처한 극한의 상황이 뚜렷한 계절의 변화로 드러난다.
② 「절정」에서 시인은 투사가 처한 현실적 조건을 외면하지 않고 새롭게 인식한다.
③ 「절정」은 시의 구성이 두 부분으로 나누어지면서 투사와 시인이 반목과 화해를 거듭한다.
④ 「절정」에는 냉엄한 현실에 절망하는 시인의 면모와 인간과 역사에 대한 희망을 놓지 않으려는 투사의 면모가 동시에 담겨 있다.

해설 ② 3문단 내용에 따르면, 마지막 4연에서 시인은 3연까지 치달아 온 극한의 위기(냉엄한 현실적 조건)를 담담히 대면해 눈을 감으며 현실을 새롭게 규정하고, 현실의 진정한 면모와 마주한다. 따라서 「절정」에서 시인은 투사가 처한 현실적 조건을 외면하지 않고 새롭게 인식(규정)한다고 볼 수 있다.

오답 분석
① 2문단에서는 '매운 계절의 채찍, 북방, 서릿발 칼날진 그 위, 고원'과 같은 표현을 통해 「절정」의 투사가 처한 극한의 상황이 제시되고 있다고 설명한다. 그러나 제시문에서 뚜렷한 계절의 변화에 대한 내용은 확인할 수 없다.
③ 1문단에서 「절정」은 크게 '투사가 처한 냉엄한 현실적 조건(1~3연)'과 '시인이 품고 있는 인간과 역사에 대한 희망(4연)'으로 나누어진다고 설명한다. 이는 극한의 현실을 마주하고 새롭게 인식함으로써 희망을 놓지 않으려는 시인의 안간힘으로 해석된다. 따라서 투사와 시인이 반목과 화해를 거듭한다는 ③의 이해는 적절하지 않다.
④ 3문단에서 「절정」의 시인은 현실을 담담히 대면하며 현실의 진정한 면모와 마주하려는 적극적인 태도를 보인다고 설명한다. 따라서 냉엄한 현실에 절망하는 시인의 면모가 담겨 있다는 ④의 이해는 적절하지 않다. 참고로, 「절정」의 마지막 구절인 "겨울은 강철로 된 무지갠가보다"를 통해 인간과 역사에 대한 희망을 놓지 않으려는 시인의 면모를 확인할 수 있다.

01

2025년 지방직 9급

다음 글을 이해한 내용으로 적절하지 않은 것은?

> 천상계와 지상계로 나누어진 영웅 소설의 세계 구조에서 서사적으로 중요한 것은 지상계의 일이지만 인과론적 구도로는 천상계가 우위에 있다. 천상계의 의지나 그 대리자의 개입에 의해서 지상계의 서사가 결정되기 때문이다. 천상계는 지상에서 일어나는 모든 사건의 발생과 귀결을 지배하는 초월적 세계로서, 일시적으로 고난에 빠졌던 주인공이 세상에 창궐한 악을 물리치고 승리하도록 해 주는 근거로 작용한다. 지상의 혼란이나 세계 질서의 모순은 일시적인 것일 뿐 현실의 구체적 갈등에 뿌리를 둔 것이 아니어서 초월적 세계가 이미 설계한 바에 따라 쉽사리 해소된다. 이런 모습의 세계 구조를 '이원적 세계상'이라고 부른다.
>
> 반면에 판소리계 소설의 세계상은 대체로 일원적이고 경험적이다. 판소리계 소설에는 초월적 세계가 지배적 장치로 나타나는 경우가 극히 드물며, 현실의 경험적 인과 관계에 의해 서사가 전개된다. 예컨대 변학도의 횡포로 인한 춘향의 수난, 흥부의 가난과 고난, 심청과 심봉사의 불행, 유혹에 넘어간 토끼의 위기 탈출, 배비장의 욕망과 봉변, 장끼의 죽음 등은 초월적 세계의 의지나 그 대리자의 개입 없이 현실적 삶의 인과에 따라 이루어지는 것이다.

① 영웅 소설은 이원적 세계상을 잘 보여 주는 문학적 갈래이다.
② 판소리계 소설에서 서사의 인과 관계는 경험적 현실에 바탕을 둔 경우가 많다.
③ 천상계의 대리자가 지상계의 서사를 결정하는 작품에서는 이원적 세계상이 발견된다.
④ 영웅 소설에 비해 판소리계 소설에서는 초월적 세계가 현실의 문제를 해결하는 양상이 두드러진다.

02

2025년 지방직 9급

다음 글을 이해한 내용으로 가장 적절한 것은?

> 이광수와 김동인은 한국 근대 문학 초기의 대표적인 소설가로, 이 둘의 작품은 표준어와 사투리의 사용에서 두드러진 차이를 보인다. 이광수의 대표작 「무정」에서는 작중 배경과 등장인물의 출신지가 서울이 아닌데도 인물들이 주고받는 대화가 표준어로 되어 있다. 반면 김동인의 대표작 「배따라기」에서 인물들의 대화는 출신지와 작중 배경에 맞는 사투리로 이루어진다. 작품의 리얼리티를 얼마나 잘 구현했는가를 기준으로 본다면, 「무정」보다 「배따라기」가 더 뛰어나다고 볼 수 있다.
>
> 그러나 이광수의 「무정」을 리얼리티의 구현 정도를 기준으로 낮잡아 평가하는 것은 곤란하다. 근대 국민국가 형성 과정에서 다양한 지방의 사투리를 통일하는 것은 중요한 화두였다. 이로 인해 표준어와 사투리의 위계가 공고해졌다. 당대의 지식인들은 표준어가 교양, 문화, 지식, 과학, 공적 영역 등의 근대적 가치를 나타내는 것으로, 사투리는 야만, 비문화, 무지, 비과학, 사적 영역 등의 전근대적인 가치를 나타내는 것으로 인식하였다. 이광수가 계몽주의의 신봉자였음을 떠올리면, 그가 「무정」에서 표준어를 사용한 것은 근대적 가치를 실현하기 위한 의도적인 선택이었다.
>
> 이처럼 표준어의 사용은 작가의 의도를 드러내는 기능을 한다. 이는 현대 문학 안에서도 찾아볼 수 있다. 박경리의 「토지」에서 대부분의 인물들은 경상도나 함경도 사투리를 사용한다. 하지만 주인공 '서희'는 사투리를 구사하지 않는다. 이는 작품의 리얼리티 형성에 방해가 되지만 해당 인물의 고고함과 차가움을 드러내는 데에 더할 수 없이 적절한 기능을 한다. 「토지」에 사용된 표준어는 인물의 성격을 뚜렷하게 보여 주는 효과를 지닌다.

① 「배따라기」는 표준어를 사용하여 작품의 리얼리티를 확보하였다.
② 「무정」에는 근대적 가치의 실현과 관련된 작가의 의도가 담겨 있다.
③ 「토지」는 '서희'의 사투리 사용을 통해 작품의 리얼리티를 구현하였다.
④ 작품의 리얼리티를 기준으로 할 때, 「무정」이 「배따라기」보다 더 뛰어나다.

실전 문제

03
9급 출제기조 전환 1차 예시문제

다음 글의 ㉠ ~ ㉢에 들어갈 말을 적절하게 나열한 것은?

소설과 현실의 관계를 온당하게 살피기 위해서는 세계의 현실성, 문제의 현실성, 해결의 현실성을 구별해야 한다. 우리가 살고 있는 이 입체적인 시공간에서 특히 의미 있는 한 부분을 도려내어 서사의 무대로 삼을 경우 세계의 현실성이 확보된다. 그 세계 안의 인간이 자신을 둘러싼 세계와 고투하면서 당대의 공론장에서 기꺼이 논의해 볼 만한 의제를 산출해낼 때 문제의 현실성이 확보된다. 한 사회가 완강하게 구조화하고 있는 '가능한 것'과 '불가능한 것'의 좌표를 흔들면서 특정한 선택지를 제출할 때 해결의 현실성이 확보된다.

최인훈의 「광장」은 밀실과 광장 사이에서 고뇌하는 주인공의 모습을 통해 '남(南)이냐 북(北)이냐'라는 민감한 주제를 격화된 이념 대립의 공론장에 던짐으로써 ㉠ 을 확보하였다. 작품의 시공간으로 당시 남한과 북한을 소설적 세계로 선택함으로써 동서 냉전 시대의 보편성과 한반도 분단 체제의 특수성을 동시에 포괄할 수 있는 ㉡ 도 확보하였다. 「광장」에서 주인공이 남과 북 모두를 거부하고 자살을 선택하는 결말은 남북으로 상징되는 당대의 이원화된 이데올로기를 근저에서 흔들었다. 이로써 ㉢ 을 확보할 수 있었다.

	㉠	㉡	㉢
①	문제의 현실성	세계의 현실성	해결의 현실성
②	문제의 현실성	해결의 현실성	세계의 현실성
③	세계의 현실성	문제의 현실성	해결의 현실성
④	세계의 현실성	해결의 현실성	문제의 현실성

04
9급 출제기조 전환 1차 예시문제

다음 글에서 추론한 내용으로 가장 적절한 것은?

'크로노토프'는 그리스어로 시간과 공간을 뜻하는 두 단어를 결합한 것으로, 시공간을 통합적으로 이해하기 위한 개념이다. 크로노토프의 관점에서 보면 고소설과 근대소설의 차이를 명확하게 파악할 수 있다.

고소설에는 돌아가야 할 곳으로서의 원점이 존재한다. 그것은 영웅소설에서라면 중세의 인륜이 원형대로 보존된 세계이고, 가정소설에서라면 가장을 중심으로 가족 구성원들이 평화롭게 공존하는 가정이다. 고소설에서 주인공은 적대자에 의해 원점에서 분리되어 고난을 겪는다. 그들의 목표는 상실한 원점을 회복하는 것, 즉 그곳에서 향유했던 이상적 상태로 돌아가는 것이다. 주인공과 적대자 사이의 갈등이 전개되는 시간을 서사적 현재라 한다면, 주인공이 도달해야 할 종결점은 새로운 미래가 아니라 다시 도래할 과거로서의 미래이다. 이러한 시공간의 배열을 '회귀의 크로노토프'라고 한다.

근대소설 「무정」은 회귀의 크로노토프를 부정한다. 이것은 주인공인 이형식과 박영채의 시간 경험을 통해 확인된다. 형식은 고아지만 이상적인 고향의 기억을 갖고 있다. 그것은 박 진사의 집에서 영채와 함께하던 때의 기억이다. 이는 영채도 마찬가지기에, 그들에게 박 진사의 집으로 표상되는 유년의 과거는 이상적 원점의 구실을 한다. 박 진사의 죽음은 그들에게 고향의 상실을 상징한다. 두 사람의 결합이 이상적 상태의 고향을 회복할 수 있는 유일한 방법이겠지만, 그들은 끝내 결합하지 못한다. 형식은 새 시대의 새 인물이 되어야 한다고 생각하며 과거로의 복귀를 거부한다.

① 「무정」과 고소설은 회귀의 크로노토프를 부정한다는 점에서 공통적이다.
② 영웅소설의 주인공과 「무정」의 이형식은 그들의 이상적 원점을 상실했다는 공통점을 가지고 있다.
③ 「무정」에서 이형식이 박영채와 결합했다면 새로운 미래로서의 종결점에 도달할 수 있었을 것이다.
④ 가정소설은 가족 구성원들이 평화롭게 공존하는 결말을 통해 상실했던 원점으로의 복귀를 거부한다.

05

다음 중 빈칸 ㉠에 들어갈 말로 가장 적절한 것은?

문학 작품은 다양한 내적 요소들의 결합으로 구성되면서 외적으로 작가의 맥락, 사회·문화적 맥락, 문학사적 맥락, 상호 텍스트적 맥락과 연계된다. 문학 작품의 이해·감상·평가는 수용자가 내적 요소들의 결합관계를 분석하고 다양한 외적 맥락을 함께 고려하며 이루어진다.

작가의 맥락은 작품을 창작한 작가와 문학 작품의 관계를 말한다. 작가의 생애나 작가가 경험한 특정한 사건이 작품에 반영되고 영향을 미칠 수 있다. 예를 들어 정지용의 시 「유리창」에는 어린 자식을 잃은 정지용의 가정사가 반영되어 있다.

사회·문화적 맥락은 문학 작품에 반영된 사회·문화적 상황과 문학 작품의 관계를 말한다. 문학사적 맥락은 문학사와 문학 작품의 관계를 말한다.

㉠(   ) 문학 작품 사이의 관계를 말한다. 하나의 작품을 다른 작품과의 연관성 속에서 파악할 수 있을 때 상호 텍스트성이 나타난다.

- '고등학교 문학'

① 상호 텍스트적 맥락은
② 문학 작품의 이해는
③ 문학 작품의 내적 맥락은
④ 문학 작품의 비평은

06

〈보기〉를 참고할 때 다음 시의 근본비교 대상으로 가장 적절한 것은?

〈보기〉

이미지가 시의 구성분자인 이상 반드시 문맥을 형성한다. 문맥 없이는 구성분자로서 이미지는 존재할 수 없다. 시의 이미지는 전후 문맥에서 그 의미가 결정된다. 따라서 시의 의미 파악에는 문맥의 파악이 필수적이다. 시는 대개 하나의 이미지보다 여러 개의 이미지로 문맥을 형성한다. 문맥 가운데서 근본비교에 의하여 형성되는 문맥이 있다. 근본비교란 한 작품에서 다른 모든 비교들을 성립시키는 토대가 되는 비유다. 다시 말하면 어떤 두 사물을 근본적으로 비교함으로써 여기서 이와 관련된 다른 비교들이 파생되는 것이다.

조국을 언제 떠났노
파초의 꿈은 가련하다.

남국을 향한 불타는 향수
너의 넋은 수녀보다도 더욱 외롭구나.

소낙비를 그리는 너는 정열의 여인
나는 샘물을 길어 네 발등에 붓는다.

이제 밤이 차다
나는 또 너를 내 머리맡에 있게 하마.

나는 즐겨 너를 위해 종이 되리니
너의 그 드리운 치맛자락으로 우리의 겨울을 가리우자.

- 김동명, '파초'

① 조국과 파초
② 밤과 겨울
③ 파초와 여인
④ 조국과 여인

실전 문제

07
2023년 국가직 9급

다음 글의 내용과 부합하지 않는 것은?

> 몽유록(夢遊錄)은 '꿈에서 놀다 온 기록'이라는 뜻으로, 어떤 인물이 꿈에서 과거의 역사적 인물을 만나 특정 사건에 대한 견해를 듣고 현실로 돌아온다는 특징이 있다. 이때 꿈을 꾼 인물인 몽유자의 역할에 따라 몽유록을 참여자형과 방관자형으로 구분할 수 있다. 참여자형에서는 몽유자가 꿈에서 만난 인물들의 모임에 초대를 받고 토론과 시연에 직접 참여한다. 방관자형에서는 몽유자가 인물들의 모임을 엿볼 뿐 직접 그 모임에 참여하지는 않는다. 16~17세기에 창작되었던 몽유록에는 참여자형이 많다. 참여자형에서는 몽유자와 꿈속 인물들이 동질적인 이념을 공유하고 현실의 고통스러운 문제에 대해 의견을 나누며 비판적 목소리를 낸다. 그러나 주로 17세기 이후에 창작된 방관자형에서는 몽유자가 꿈속 인물들과 함께 현실을 비판하는 것이 아니라 구경꾼의 위치에 서 있다. 이 시기의 몽유록이 통속적이고 허구적인 성격으로 변모하는 것은 몽유자의 역할 변화와 무관하지 않다.

① 몽유자가 꿈속 인물들의 모임에 직접 참여하는지, 참여하지 않는지에 따라 몽유록의 유형을 나눌 수 있다.
② 17세기보다 나중 시기의 몽유록에서는 몽유자가 현실을 비판하는 경향이 강하게 나타난다.
③ 몽유자가 모임의 구경꾼 역할을 하는 몽유록은 통속적이고 허구적인 성격이 강하다.
④ 몽유자가 꿈속 인물들과 함께 현실을 비판하는 몽유록은 참여자형에 해당한다.

08
2022년 지방직 7급

㉠ ~ ㉣ 중 적절하지 않은 것은?

> 寂寞荒田側 적막한 묵정밭 가에
> 繁花壓柔枝 만발한 꽃이 보드라운 가지를 누르네
> 香經梅雨歇 향기는 장맛비 지나면 옅어지고
> 影帶麥風欹 그림자는 보리바람 맞으면 흔들리겠지
> 車馬誰見賞 수레 탄 사람들이 누가 보아 주리
> 蜂蝶徒相窺 벌과 나비만 기웃거리는구나
> 自慙生地賤 천한 땅에 태어난 것 부끄러우니
> 堪恨人棄遺 사람들에게 버림받은 것 어찌 원망하리오
> - 최치원, '촉규화'

이 시는 최치원이 당나라 유학 시절, 관직에 오르기 전에 지은 것으로 추정된다. 길가의 촉규화에 자신을 투영하여 출중한 능력에도 원하는 바를 성취할 수 없었던 서글픈 처지를 노래하였다. ㉠ 이 시에서 "만발한 꽃"은 작가 자신이 지니고 있는 빼어난 능력을 가리킨다고 할 수 있다. 그러나 능력이 있다고 해서 곧바로 등용될 수 있는 것은 아니었는데, ㉡ 그에게는 자신의 능력을 알아보고 등용의 기회를 부여해 줄 "수레 탄 사람들"이 필요했다. 뿐만 아니라 ㉢ "수레 탄 사람들"과 자신을 이어줄 수 있는 "벌과 나비" 역시 절실했다. 이 작품에서 ㉣ "천한 땅"은 시적 대상인 촉규화가 피어난 곳을 의미하기도 하고 작가 자신이 태어난 땅을 의미하기도 한다.

① ㉠
② ㉡
③ ㉢
④ ㉣

09

다음 중 아래 글의 내용에 대한 설명으로 가장 옳지 않은 것은?

신문학이란 말이 어느 때 누구의 창안으로 쓰이기 시작했는지는 알 수 없다.

그러나 현재 우리가 쓰는 의미의 개념으로 쓰이기는 육당(六堂), 춘원(春園) 이후에 비롯하지 않은가 한다.

그 전에는 비록 신문학이란 문자를 왕왕 대할 수 있다 하더라도 그것은 지금 우리가 사용하는 의미보다는 훨씬 광의로 사용되었다.

광무(光武) 3년 10월 모(某)일 분의 『황성신문(皇城新聞)』 논설에 성(盛)히 문학이라는 말을 썼는데 그것은 현재 우리가 사용하는 의미의 문학은 아니었다. 즉 학문 일반의 의미로 문학이란 말이 사용되었다. 그러므로 신문학이란 말은 곧 신학문의 별칭이라 할 수 있었다. 이것은 지금 우리로서 보면 실로 가소로운 혼동이다. 그러나 문학이란 말을 literature의 역어(譯語)로 생각지 않고 자의(字義)대로 해석하여 사용한 당시에 있어 이 현상은 극히 자연스러운 일이라 아니할 수 없다. 이 '문학'('literature'의 역어) 가운덴, 시, 소설, 희곡, 비평을 의미하는 문학, 즉 예술문학까지가 포함되어 있는 것은 물론이다.

『황성신문』 신문논설을 보면 오히려 학문이란 말을 문학이란 문자로 표현하는 데 문장상의 참신미를 구한 흔적조차 발견할 수 있다.

거기에선 문학이란 말이 분명히 그대로 신학문이란 의미로 사용되고 있다.

이것은 문학이란 말에 대한 자의대로의 해석일뿐더러 문학에 대한 동양적 해석, 전통적 이해의 일 연장(延長)이라는 데도 의미가 있다.
- 임화, '개설신문학사'

* 광무 3년: 대한제국의 연호. 1899년.
* 『황성신문』: 1898년 창간한 일간신문.
* 역어(譯語): 번역어. 외국어를 번역한 말

① '신문학'이라는 말의 유래와 현재적 개념을 서술하고 있다.
② 현재 '신문학'이라는 말은 '신학문'이라는 말과 같은 의미로 사용된다.
③ '문학'은 육당, 춘원 이전의 과거에는 '학문 일반'의 의미였기 때문에 황성신문에서 나타나는 '신문학'이라는 말은 곧, '신학문'의 별칭이다.
④ 현재 사용하는 '문학'이라는 말은 'literature'의 역어(譯語)다.

10

다음 글의 제목으로 가장 적절한 것은?

박목월 시인이 1959년에 쓴 작품이다. 그때 한국의 1인당 국민소득은 81달러였고 한국사회는 전반적으로 가난했다. 시인은 협소한 방에서 밤이 깊도록 글을 쓴다. 원고료를 벌기 위해 의무적으로 쓰는 글이다. 용변을 보려고 복도를 지나는데 단칸방에 옹기종기 모여 잠을 자고 있는 식구들이 보인다. 그들의 잠은 깊고 평화롭지만 어딘지 서글퍼 보인다. 난방이 제대로 안 된 방에서 잠자는 어린것들의 발이 "포름쪽쪽"하게 얼어 있다. 이 말에 아버지의 연민이 담겨 있다. 자신도 "눈과 얼음의 길을 걸어" 여기까지 왔다고 말한다. 가족들을 위해 생활에 몸을 굽히고 굴욕을 감내하는, 그러면서도 미소를 지을 수밖에 없는 아버지의 모습을 솔직하게 표현했다. 그러면서도 자신의 감정을 과장되게 드러내지 않았다. 자연이 시의 주제가 되는 것은 흔한 일이지만 가난이 시의 주제가 되는 것은 드문 일이다. 박목월은 가난을 인간적 훈기로 감싸 안으면서 연민의 어조를 통해 시인의 격조가 어떠해야 하는지를 보여주었다.

① 시인의 진심과 격조
② 자연의 시와 가난의 시
③ 가난이 주는 굴욕감
④ 연민과 평화의 정신

실전 문제

11
2020년 국가직 9급

〈보기〉는 다음 한시에 대한 감상이다. ㉠~㉣ 중 적절하지 않은 것은?

白犬前行黃犬隨	흰둥이가 앞서고 누렁이는 따라가는데
野田草際塚纍纍	들밭머리 풀섶에는 무덤이 늘어서 있네
老翁祭罷田間道	늙은이가 제사를 끝내고 밭 사이 길로 들어서자
日暮醉歸扶小兒	해 저물어 취해 돌아오는 길을 아이가 부축하네

- 이달, '제총요(祭塚謠)'

〈보기〉

　이달(李達, 1561~1618)이 살았던 시기를 고려할 때, 시인은 임진왜란을 겪었을 것이라 추정된다. ㉠이 시는 해 질 무렵 두 사람이 제사를 지낸 뒤 집으로 돌아오는 상황을 노래하고 있다. ㉡이 시에서 무덤이 들밭머리에 늘어서 있다는 것은 전란을 겪은 마을에서 많은 이들이 갑작스러운 죽음을 맞이했음을 의미한다고 할 것이다. 여기 등장하는 늙은이와 아이는 할아버지와 손자의 관계로 파악할 수 있다. 아마도 이들은 아이의 부모이자 할아버지의 자식에 해당하는 이의 무덤에 다녀오는 길일 것이다. ㉢할아버지가 취한 까닭도 죽은 이에 대한 안타까움과 속상함 때문일 것이다. ㉣이 시는 전반부에서는 그림을 그리듯이 장면을 묘사하고 후반부에서는 정서를 표출하는 선경후정의 형식을 취하고 있다.

① ㉠
② ㉡
③ ㉢
④ ㉣

12
2020년 국가직 7급

괄호 안에 들어갈 말로 가장 적절한 것은?

　판소리 사설은 운문과 산문이 혼합되어 있을 뿐 아니라 여러 계층의 청중들을 상대로 하여 (　　　)으로 발달한 까닭에 언어의 층위가 매우 다채롭다. 그 속에는 기품 있는 한문 취미의 대목이 있는가 하면 극도로 익살스럽고 노골적인 욕설·속어가 들어 있으며, 무당의 고사나 굿거리 가락이 유식한 한시구와 나란히 나오기도 한다. 이 밖에 민요, 무가, 잡가 등 각종 민간 가요가 판소리 사설 속에 많이 삽입되었다.

① 골계적(滑稽的)
② 연행적(演行的)
③ 우화적(寓話的)
④ 적층적(積層的)

13
2018년 서울시 7급 (3월)

〈보기〉를 읽고 조선 후기 방각본 소설에 대해 추론한 것으로 가장 적절하지 않은 것은?

〈보기〉

　방각본 소설은 작품을 나무판에 새긴 뒤 그것을 종이로 찍어낸 소설책을 말한다. 주로 민간인이 돈을 벌기 위해 만들었다. 방각본 소설은 종이와 나무의 공급이 비교적 원활하고, 인구가 많아 독자의 수요가 많은 서울과 전주 지역에서 주로 간행되었다. 그중 서울에서 간행된 것을 경판본, 전주에서 간행된 것을 완판본이라고 부른다. 안성에서 간행된 것도 있으나 그 대부분은 경판을 안성에서 찍어낸 것이다.

① 한 작품 당 여러 판본이 만들어졌을 것이다.
② 방각본 소설책은 제작된 지역에서만 유통되었을 것이다.
③ 이익 산출이 중요하기 때문에 제작비용에 민감했을 것이다.
④ 분량이 긴 작품은 품과 제작비용이 많이 들어 새기기 어려웠을 것이다.

14

2018년 지방직 7급

(가)를 바탕으로 할 때, (나)에 나타난 사랑의 모습으로 적절하지 않은 것은?

> (가) 근대적 연애에서 자기 의사를 중시하는 대등한 개인의 만남과 둘 사이에 타오르는 감정의 비중이 부각된다. 특히 상대방의 모습이 불러일으키는 열정은 결정적으로 중요하다. 전통 사회의 남녀 관계에서 가족 사이의 약속, 상대방에 대한 의존 가능성, 서로의 처지와 상황에 대한 비교 같은 외적 기준이 중시되었던 것과 구별되는 특징이라 할 수 있다.
>
> (나) 옳다, 그렇다. 나는 영채를 구원할 의무가 있다. 영채는 나의 은사의 따님이요, 또 은사가 내 아내로 허락하였던 여자라. 설혹 운수가 기박하여 일시 더러운 곳에 몸이 빠졌다 하더라도 나는 그를 건져 낼 책임이 있다. 내가 먼저 그를 찾아다니지 못한 것이 도리어 한이 되고 죄송하거늘, 이제 그가 나를 찾아왔으니 어찌 모르는 체하고 있으리요. 나는 그를 구원하리라. 구원하여서 사랑하리라. 처음에 생각하던 대로, 만일 될 수만 있으면 나의 아내를 삼으리라. 설혹 그가 기생이 되었다 하더라도 원래 양반의 집 혈속이요, 또 어려서 가정의 교훈을 많이 받았으니 반드시 여자의 아름다운 점을 구비하였으리라. 또 만일 기생이라 하면 인정과 세상도 많이 알았을지요. 시와 노래도 잘할지니, 글로 일생을 보내려는 나에게는 가장 적합하다 하고 형식은 가만히 눈을 떴다. 멍하니 모기장을 바라보고 모기장 밖에서 앵앵하는 모기의 소리를 듣다가 다시 눈을 감으며 싱긋 혼자 웃었다. 아까 영채의 태도는 과연 아름다웠다. 눈썹을 짓고, 향수 내 나는 것이 좀 불쾌하기는 하였으나 그 살빛과 눈찌와 앉은 태도가 참 아름다웠다. 더구나 그 이야기할 때에 하얀 이빨이 반짝반짝하는 것과 탄식할 때에 잠깐 몸을 틀며 보일 듯 말 듯 양 미간을 찌그리는 것이 못 견디리만큼 어여뻤다. 아까 형식은 너무 감격하여 미처 영채의 얼굴과 태도를 자세히 비평할 여유가 없었거니와 지금 가만히 생각하니 영채의 일언일동과 옷고름 맨 모양까지도 어여뻐 보인다. 형식은 눈을 감고 한번 더 영채의 모양을 그리면서 싱긋 웃었다. 도리어 저 김장로의 딸 선형이도 그 얌전한 태도에 이르러서는 영채에게 및지 못한다 하였다. 선형의 얼굴과 태도도 얌전치 아니함이 아니지마는 영채에 비기면 변화가 적고 생기가 적다 하였다.
>
> - 이광수, '무정'

① 영채가 형식에게 원하는 것이 형식의 보호라면, 이를 근대적 사랑이라 보기 어렵다.

② 은사가 아내로 허락하였다는 점을 먼저 생각하는 것을 보면 형식의 영채에 대한 감정은 근대적 사랑이라 보기 어렵다.

③ 자신의 처지에 비추어 시와 노래에 능한 영채의 장점을 호평하는 형식의 생각은 열정과 연결시킬 수 있다.

④ 영채의 외모와 행동을 떠올리며 미소 짓는 장면에서 영채에 대한 형식의 열정을 찾을 수 있다.

15

2018년 서울시 9급 (3월)

〈보기〉에 이어질 내용으로 가장 적절한 것은?

〈보기〉

> 조선시대 임꺽정에 관한 모든 기록은 그를 의적이 아니라 도둑으로 기록하고 있다. 『명종실록』은 물론 박동량의 『기제잡기』, 이익의 『성호사설』, 안정복의 『열조통기』, 이덕무의 『청장관전서』 등 임꺽정에 대해 언급한 모든 기록들에서 그는 도둑이다. 물론 이런 기록들은 모두 양반 계급이 서술한 것으로서 백정 출신인 그의 행위를 지지할 리 만무하다는 점은 감안해야 할 것이다.
>
> 그렇다면 홍명희는 왜 소설 『임꺽정』에서 그를 의적으로 그렸을까? 그 근거는 앞서 인용한 『명종실록』 사관의 "도적이 성행하는 것은 수령의 가렴주구 탓이며, 수령의 가렴주구는 재상이 청렴하지 못한 탓"이라는 분석 및 "윤원형과 심통원은 외척의 명문거족으로 물욕을 한없이 부려 백성의 이익을 빼앗는 데에 못하는 짓이 없었으니, 대도(大盜)가 조정에 도사리고 있는 셈이라"는 기술에서 찾을 수 있다.

① 임꺽정이 의적인지 도적인지 더 철저한 문헌 조사가 필요하다.

② 홍명희가 임꺽정을 지나치게 미화했던 것이다.

③ 도둑이든 의적이든 임꺽정이 실존 인물이라는 것은 틀림없다.

④ 가렴주구에 시달리던 백성들은 임꺽정을 의적으로 상상했을 것이다.

실전 문제

16
2018년 서울시 9급 (6월)

〈보기〉에 나타난 작품 감상의 관점으로 가장 옳은 것은?

〈보기〉

나는 지금도 이광수의 『무정』 작품을 읽으면 가슴이 뜨거워지는 것을 느껴. 특히 결말 부분에서 주인공 이형식이 "옳습니다. 우리가 해야지요! 우리가 공부하러 가는 뜻이 여기 있습니다. 우리가 지금 차를 타고 가는 돈이며 가서 공부할 학비를 누가 주나요? 조선이 주는 것입니다. 왜? 가서 힘을 얻어오라고, 지식을 얻어 오라고, 문명을 얻어 오라고 …… 그리해서 새로운 문명 위에 튼튼한 생활의 기초를 세워 달라고 …… 이러한 뜻이 아닙니까?"라고 부르짖는 부분에 가면 금방 내 가슴도 울렁거려 나도 모르게 "네, 네, 네"라고 대답하고 싶단 말이야. 이 작품은 이 소설이 나왔던 1910년대 독자들의 가슴만이 아니라 아직 강대국에 싸여 있는 21세기 우리 시대 독자들에게도 조국을 생각하는 마음에 큰 감동을 주고 있다고 생각해.

① 반영론적 관점
② 효용론적 관점
③ 표현론적 관점
④ 객관론적 관점

17
2017학년도 대학수학능력시험 9월 모의평가

(가)에서 설명한 중국의 전기와 우리의 전기소설에 대한 이해로 가장 적절한 것은?

(가) 우리나라 전기소설(傳奇小說)은 중국의 전기(傳奇)와 우리의 설화 등 다양한 서사 갈래의 영향을 받아 성립했다. 중국의 전기는 기이한 사건을 다채로운 문체로 엮은 서사 양식이다. 이는 당나라 문인들이 자신의 글 솜씨가 담긴 작품집을 출세의 수단으로 삼았던 관습에서 유래했다. 기이한 사건은 흥미를 끌기 위한 소재로만 쓰여서, 서사 구조가 유기적이지 못했고 결말의 양상도 다양했다. 이에 비하면 우리의 전기소설에서 기이한 사건은 작가의 불우함을 위로하기 위한 창작 동기에 걸맞게 유기적으로 짜였다. 작가의 분신으로서 불우한 처지에 놓인 전기소설의 남주인공은 기이한 사건을 겪으면서 자신의 능력을 인정받고 위로받지만, 결국 비극적 종결을 맞이하는 전형성을 보인다. 이처럼 우리의 전기소설은 중국 전기의 영향을 받아 기이한 사건을 다루면서도, 비극적 종결을 통해 전기와 구별되는 독자성을 보인다.

① 전기에서 작가는 현실적 사건을 통해 독자들의 관심을 유도했다.
② 전기와 전기소설의 결말은 모두 유기적인 서사 구조 속에서 전형성을 보여 주었다.
③ 전기소설은 작가가 자신의 글 솜씨가 담긴 작품집을 출세의 수단으로 삼기 위해 창작하였다.
④ 전기는 전기소설의 영향을 받아 다채로운 문체를 활용하면서도 서사적 독자성을 지향했다.
⑤ 전기소설의 작가는 불우한 처지에 놓여 있는 자신의 삶을 작품 속 주인공을 통해 위로받고자 했다.

18

(가)를 이해한 내용으로 적절하지 않은 것은?

(가) 고려 속요는 고려 시대 궁중에서 형성되어 조선 시대까지 궁중 연향(宴饗)에서 전승되어 불린 노래를 가리킨다. 고려 속요의 기원과 형성에는 민간의 노래가 관여되었다.

민간의 노래가 궁중 잔치의 노래로 사용된 연원은 중국의 오래된 시집인 『시경(詩經)』의 '풍(風)'에서 찾을 수 있다. '풍'에는 민간의 노래가 실려 있는데 사랑 노래가 대부분이다. '풍'에 실린 노래는 중국은 물론 고려와 조선의 궁중 잔치에서도 불렸다. 또한 조선의 궁중에서는 이를 참고하여 연향 악곡을 선정하였다. 남녀 간의 사랑 노래를 포함한 민간의 노래가 궁중악으로 수용될 수 있었던 까닭은 무엇일까? 왕을 정점으로 하는 통치 구조에서는 왕권을 공고히 하고 풍속을 교화(敎化)하는 수단이 필요했는데, 예법(禮法)과 음악도 중요한 역할을 하였다. 이때 그 과정에서 민중의 생활상을 진솔하게 반영한 노래 가운데 인륜의 차원으로 확장될 가능성이 있는 노래들은 통치 질서를 구현하기에 적합한 노래로 여겨져 궁중악으로 편입되었다. 특히 남녀 간의 사랑 노래는 그 화자와 대상이 '신하'와 '임금'의 구도로 치환되기 용이했기 때문에 궁중악으로 편입될 수 있었다. 이처럼 민간 가요의 궁중 악곡으로의 전환은 하층에서 상층으로의 편입·흡수 과정을 통해 상·하층이 노래를 함께 향유한 화합의 차원으로 볼 수 있다.

① 고려 속요는 조선 시대까지 궁중 연향에서 사용되었다.
② 『시경』의 '풍'은 조선의 궁중악에 영향을 주기도 하였다.
③ 『시경』의 '풍'에 실린 노래에는 민중의 삶이 반영되어 있다.
④ 『시경』의 '풍'과 고려 속요는 모두 상층 노래가 하층 문화에 영향을 준 결과물이다.
⑤ 궁중악에서는 남녀의 사랑이 군신 간의 관계로 확장, 전환되어서 해석될 수 있었다.

해커스공무원학원·공무원인강
gosi.Hackers.com

해커스공무원 국어 **유형별 기출공략 333제**

2편
논리

- **유형 12** 명제의 전제 및 결론 추론하기 〔신유형〕
- **유형 13** 논증의 종류 및 오류 판단하기
- **유형 14** 논증의 강화 및 약화 평가하기 〔신유형〕

유형 12 명제의 전제 및 결론 추론하기

기출 유형 분석
- 논리학에 대한 이해를 바탕으로 정답을 도출해야 하는 유형의 문제이다.
- 제시된 명제를 통해 도출되는 결론을 찾는 문제와 제시된 결론이 도출되기 위해 추가돼야 하는 전제를 찾는 문제가 출제된다.

예상 출제 방향
- 제시된 명제를 논리 기호로 기호화하여 이해해야 하는 문제가 출제될 수 있다.

논리 기호	의미	예문	기호화
→	가언 (단순 함축)	• P이면 Q이다. • 모든 A는 B이다.	• P→Q • A→B
~	부정	• P가 아니다. • P는 거짓이다.	~P
∨	선언	• P 또는 Q이다.	P∨Q
∧	연언	• P이면서 Q이다. • 어떤 A는 B이다.	• P∧Q • Am∧Bm (*m은 생략가능)

대표 기출 문제

(가)와 (나)를 전제로 결론을 이끌어 낼 때, 빈칸에 들어갈 말로 가장 적절한 것은? 9급 출제기조 전환 2차 예시문제

> (가) 축구를 잘하는 사람은 모두 머리가 좋다.
> (나) 축구를 잘하는 어떤 사람은 키가 작다.
> 따라서 _____.

① 키가 작은 어떤 사람은 머리가 좋다.
② 키가 작은 사람은 모두 머리가 좋다.
③ 머리가 좋은 사람은 모두 축구를 잘한다.
④ 머리가 좋은 어떤 사람은 키가 작지 않다.

해설 ① 제시된 전제를 기호화하면 다음과 같다.

> • (가): 축구→머리 좋음
> • (나): 축구∧키가 작음

(가) '축구 → 머리 좋음'과 (나) '축구 ∧ 키가 작음'을 결합하면 '머리가 좋은 어떤 사람은 키가 작다(머리 좋음 ∧ 키가 작음)'이 성립한다. 이는 '키가 작은 어떤 사람은 머리가 좋다(키가 작음 ∧ 머리 좋음)'과 동치이므로 결론에 들어갈 말로 적절한 것은 ① '키가 작은 어떤 사람은 머리가 좋다'이다.

 ② (가)와 (나)를 통해 키가 작은 어떤 사람이 머리가 좋음은 알 수 있으나, 키가 작은 사람 중 머리가 좋지 않은 사람이 있을 수 있으므로 결론에 들어갈 말로 적절하지 않다.
③ (가)를 통해 축구를 잘하는 사람이 모두 머리가 좋음은 알 수 있으나, 머리가 좋은 사람이 모두 축구를 잘하는지는 알 수 없으므로 결론에 들어갈 말로 적절하지 않다.
④ 제시된 전제들을 통해 도출할 수 없으므로 결론에 들어갈 말로 적절하지 않다.

실전 문제

01
2025년 지방직 9급

다음 진술이 모두 참일 때 반드시 참인 것은?

> ○ 영희가 친구 혹은 선생님을 만났다면, 영희는 커피를 마셨다.
> ○ 영희는 친구 혹은 선배를 만났다.
> ○ 영희는 커피를 마신 적이 없다.

① 영희는 선배를 만났다.
② 영희는 친구를 만났다.
③ 영희는 선생님을 만났다.
④ 영희는 선배와 선생님을 모두 만났다.

02
2025년 지방직 9급

다음 글의 밑줄 친 결론을 이끌어 내기 위해 추가해야 할 것은?

> 마라톤을 하는 사람은 모두 식단을 조절하거나 근력 운동을 한다. 근력 운동을 하는 사람은 모두 건강하다. 따라서 <u>마라톤을 하는 사람은 모두 건강하다.</u>

① 건강한 사람은 모두 식단을 조절한다.
② 식단을 조절하는 사람은 모두 건강하다.
③ 식단을 조절하는 사람 중에 근력 운동을 하는 사람은 없다.
④ 식단 조절과 근력 운동을 병행하는 사람 중에 건강하지 않은 사람은 없다.

03
2025년 지방직 9급

다음 대화의 (가)에 들어갈 말로 적절한 것은?

> 갑: 공무원은 공직자이고 공직자는 그 직책만으로 국가나 사회에 영향을 미치는 공인이야. 모든 공무원은 공인이니까 공인으로서의 사명감을 가질 의무가 있어. 하지만 공무원이 아닌 사람이라면 그게 누구든 그런 사명감을 가질 의무는 없지.
> 을: 모든 사람이 죽는다고 죽는 것들이 모두 사람인 것은 아니잖아. 네가 "공무원이 아닌 모든 사람은 공인으로서의 사명감을 가질 의무가 없다."라는 주장을 하려면 " (가) ."가 참이어야 해.

① 몇몇 공인은 공인으로서의 사명감을 가질 의무가 없다
② 모든 공무원은 공인으로서의 사명감을 가질 의무가 없다
③ 공인으로서의 사명감을 가질 의무가 있는 사람은 모두 공무원이다
④ 공인으로서의 사명감을 가질 의무가 없는 사람은 모두 공무원이 아니다

실전 문제

04
2025년 국가직 9급

다음 대화의 빈칸에 들어갈 말로 가장 적절한 것은?

> 갑: 설명회는 다음 달 셋째 주 목요일이나 넷째 주 목요일에 개최해야 합니다.
> 을: 설명회를 _____.
> 병: 설명회를 다음 달 셋째 주 목요일에 개최하면, 홍보 포스터 제작을 이번 주 안에 완료해야 합니다.
> 정: 여러분의 의견대로 하자면, 반드시 이번 주 안에 홍보 포스터 제작을 완료해야 하겠군요.

① 다음 달 넷째 주 목요일에 개최해야 합니다
② 다음 달 셋째 주 목요일에 개최할 수 없습니다
③ 다음 달 넷째 주 목요일에 개최할 수 없습니다
④ 다음 달 넷째 주 목요일에 개최하면, 이번 주 안에 홍보 포스터 제작을 완료하지 않아도 됩니다

05
2025년 국가직 9급

(가) ~ (다)를 전제로 할 때 빈칸에 들어갈 결론으로 가장 적절한 것은?

> (가) 인공일반지능이 만들어지거나 인공지능 산업이 쇠퇴한다.
> (나) 인공일반지능이 만들어지면, 인간의 생활이 편리해지는 동시에 많은 사람이 직장을 잃는다.
> (다) 인공지능 산업이 쇠퇴하면, 많은 사람이 직장을 잃는 동시에 세계 경제가 침체된다.
> 따라서 _____.

① 세계 경제가 침체된다
② 인간의 생활이 편리해진다
③ 많은 사람이 직장을 잃는다
④ 인간의 생활이 편리해지고 세계 경제가 침체된다

06
2025년 국가직 9급

다음 진술이 모두 참일 때 반드시 참인 것은?

> ○ 갑이 제주도 출장을 가면, 을은 제주도 출장을 가지 않는다.
> ○ 을이 제주도 출장을 가지 않으면, 병은 휴가를 내지 않는다.
> ○ 병이 휴가를 낸다.

① 갑이 제주도 출장을 가지 않는다.
② 을이 제주도 출장을 가지 않는다.
③ 갑이 제주도 출장을 가고 병은 휴가를 낸다.
④ 을이 제주도 출장을 가고 병은 휴가를 내지 않는다.

07
2025년 군무원 7급

(가)와 (나)를 전제로 결론을 이끌어 낼 때, 빈칸에 들어갈 말로 가장 적절한 것은?

> (가) 고속버스로 갈 수 있는 도시는 모두 승용차로 갈 수 있다.
> (나) 고속버스로 갈 수 있는 도시 가운데는 KTX로 갈 수 없는 도시도 있다.
> 따라서 _____.

① 승용차로 갈 수 있는 도시 가운데는 KTX로 갈 수 없는 도시도 있다.
② 승용차로 갈 수 있는 도시는 모두 고속버스로 갈 수 있다.
③ 승용차로 갈 수 있는 모든 도시는 KTX로 갈 수 있다.
④ 고속버스로 갈 수 있는 어떤 도시는 승용차로 갈 수 없다.

08
9급 출제기조 전환 2차 예시문제

다음 빈칸에 들어갈 말로 가장 적절한 것은?

> 갑, 을, 병, 정 네 학생의 수강 신청과 관련하여 다음과 같은 사실들이 알려졌다.
> ○ 갑과 을 중 적어도 한 명은 〈글쓰기〉를 신청한다.
> ○ 을이 〈글쓰기〉를 신청하면 병은 〈말하기〉와 〈듣기〉를 신청한다.
> ○ 병이 〈말하기〉와 〈듣기〉를 신청하면 정은 〈읽기〉를 신청한다.
> ○ 정은 〈읽기〉를 신청하지 않는다.
> 이를 통해 갑이 _____를 신청한다는 것을 알 수 있게 되었다.

① 〈말하기〉
② 〈듣기〉
③ 〈읽기〉
④ 〈글쓰기〉

09
9급 출제기조 전환 1차 예시문제

다음 진술이 모두 참일 때 반드시 참인 것은?

> ○ 오 주무관이 회의에 참석하면, 박 주무관도 참석한다.
> ○ 박 주무관이 회의에 참석하면, 홍 주무관도 참석한다.
> ○ 홍 주무관이 회의에 참석하지 않으면, 공 주무관도 참석하지 않는다.

① 공 주무관이 회의에 참석하면, 박 주무관도 참석한다.
② 오 주무관이 회의에 참석하면, 홍 주무관은 참석하지 않는다.
③ 박 주무관이 회의에 참석하지 않으면, 공 주무관은 참석한다.
④ 홍 주무관이 회의에 참석하지 않으면, 오 주무관도 참석하지 않는다.

실전 문제

10
9급 출제기조 전환 1차 예시문제

(가)와 (나)를 전제로 할 때 빈칸에 들어갈 결론으로 가장 적절한 것은?

> (가) 노인복지 문제에 관심이 있는 사람 중 일부는 일자리 문제에 관심이 있는 사람이 아니다.
> (나) 공직에 관심이 있는 사람은 모두 일자리 문제에 관심이 있는 사람이다.
> 따라서 _____.

① 노인복지 문제에 관심이 있는 사람 중 일부는 공직에 관심이 있는 사람이 아니다
② 공직에 관심이 있는 사람 중 일부는 노인복지 문제에 관심이 있는 사람이 아니다
③ 공직에 관심이 있는 사람은 모두 노인복지 문제에 관심이 있는 사람이 아니다
④ 일자리 문제에 관심이 있지만 노인복지 문제에 관심이 없는 사람은 모두 공직에 관심이 있는 사람이 아니다

11
9급 출제기조 전환 1차 예시문제

다음 글의 밑줄 친 결론을 이끌어 내기 위해 추가해야 할 것은?

> 문학을 좋아하는 사람은 모두 자연의 아름다움을 좋아하는 사람이다. 자연의 아름다움을 좋아하는 어떤 사람은 예술을 좋아하는 사람이다. 따라서 <u>예술을 좋아하는 어떤 사람은 문학을 좋아하는 사람이다</u>.

① 자연의 아름다움을 좋아하는 사람은 모두 문학을 좋아하는 사람이다.
② 문학을 좋아하는 어떤 사람은 자연의 아름다움을 좋아하는 사람이다.
③ 예술을 좋아하는 어떤 사람은 자연의 아름다움을 좋아하는 사람이다.
④ 예술을 좋아하지만 문학을 좋아하지 않는 사람은 모두 자연의 아름다움을 좋아하는 사람이다.

12
2024년 국가직 7급 PSAT

다음 글의 내용이 참일 때 반드시 참인 것은?

> A부서에서는 새로 시작된 프로젝트에 다섯 명의 주무관 가은, 나은, 다은, 라은, 마은의 참여 여부를 점검하고 있다. 주무관들의 업무 전문성을 고려할 때, 다음과 같은 예측을 할 수 있었고 그 예측들은 모두 옳은 것으로 밝혀졌다.
> ○ 가은이 프로젝트에 참여하면 나은과 다은도 프로젝트에 참여한다.
> ○ 나은이 프로젝트에 참여하지 않으면 라은이 프로젝트에 참여한다.
> ○ 가은이 프로젝트에 참여하거나 마은이 프로젝트에 참여한다.

① 가은이 프로젝트에 참여하지 않으면 나은이 프로젝트에 참여한다.
② 다은이 프로젝트에 참여하면 마은이 프로젝트에 참여한다.
③ 다은이 프로젝트에 참여하거나 마은이 프로젝트에 참여한다.
④ 라은이 프로젝트에 참여하면 마은이 프로젝트에 참여한다.
⑤ 라은이 프로젝트에 참여하거나 마은이 프로젝트에 참여한다.

13
2013년 국가직 민간경력채용 PSAT

전제가 참일 때 결론이 반드시 참인 논증을 펼친 사람만을 모두 고르면?

> 영희: 갑이 A부처에 발령을 받으면, 을은 B부처에 발령을 받아. 그런데 을이 B부처에 발령을 받지 않았어. 그러므로 갑은 A부처에 발령을 받지 않았어.
>
> 철수: 갑이 A부처에 발령을 받으면, 을도 A부처에 발령을 받아. 그런데 을이 B부처가 아닌 A부처에 발령을 받았어. 따라서 갑은 A부처에 발령을 받았어.
>
> 현주: 갑이 A부처에 발령을 받지 않거나, 을과 병이 C부처에 발령을 받아. 그런데 갑이 A부처에 발령을 받았어. 그러므로 을과 병 모두 C부처에 발령을 받았어.

① 영희 ② 철수 ③ 영희, 철수
④ 영희, 현주 ⑤ 철수, 현주

14
2005년 국가직 5급 PSAT

먼 은하계에 X, 알파, 베타, 감마, 델타 다섯 행성이 있다. X 행성은 매우 호전적이어서 기회만 있으면 다른 행성을 식민지화하고자 한다. 다음 진술이 참이라고 할 때, X 행성이 침공할 행성을 모두 고르면?

> ㄱ. X 행성은 델타 행성을 침공하지 않는다.
> ㄴ. X 행성은 베타 행성을 침공하거나 델타 행성을 침공한다.
> ㄷ. X 행성이 감마 행성을 침공하지 않는다면 알파 행성을 침공한다.
> ㄹ. X 행성이 베타 행성을 침공한다면 감마 행성을 침공하지 않는다.

① 베타 행성
② 감마 행성
③ 알파와 베타 행성
④ 알파와 감마 행성
⑤ 알파와 베타와 감마 행성

유형 13 논증의 종류 및 오류 판단하기

기출 유형 분석
- 글에서 설명하거나 사용된 논증과 동일한 종류의 논증이 사용된 것을 찾는 유형의 문제이다.
- 글에서 설명하거나 범한 논증의 오류와 동일한 종류의 오류를 범한 것을 찾는 유형의 문제이다.

예상 출제 방향
- 명제를 활용한 논증(전건 긍정, 후건 부정, 가언 삼단 논법 등)의 종류를 판단해야 하는 문제가 출제될 수 있다.
- 형식적 오류(전건 부정의 오류, 후건 긍정의 오류, 선언지 긍정의 오류 등)를 판단해야 하는 문제가 출제될 수 있다.

대표 기출 문제

㉠~㉣의 예를 추가할 때 가장 적절한 것은? 2018년 국가직 9급

> 논리학에서 비형식적 오류 유형에는 우연의 오류, 애매어의 오류, 결합의 오류, 분해의 오류 등이 있다.
> 우선 ㉠ 우연의 오류란 거의 대부분의 경우에 적용되는 일반적인 원리나 규칙을 우연적인 상황으로 인해 생긴 예외적인 특수한 경우에까지도 무차별적으로 적용할 때 생기는 오류이다. 그 예로 "인간은 이성적인 동물이다. 중증 정신 질환자는 인간이다. 그러므로 중증 정신 질환자는 이성적인 동물이다."를 들 수 있다. ㉡ 애매어의 오류는 동일한 한 단어가 한 논증에서 맥락마다 서로 다른 의미를 지니는 것으로 사용될 때 생기는 오류를 말한다. "김 씨는 성격이 직선적이다. 직선적인 모든 것들은 길이를 지닌다. 고로 김 씨의 성격은 길이를 지닌다."가 그 예이다. 한편 각각의 원소들이 개별적으로 어떤 성질을 지니고 있다는 내용의 전제로부터 그 원소들을 결합한 집합 전체도 역시 그 성질을 지니고 있다는 결론을 도출하는 경우가 ㉢ 결합의 오류이고, 반대로 집합이 어떤 성질을 지니고 있다는 내용의 전제로부터 그 집합의 각각의 원소들 역시 개별적으로 그 성질을 지니고 있다는 결론을 도출하는 경우가 ㉣ 분해의 오류이다. 전자의 예로는 "그 연극단 단원들 하나하나가 다 훌륭하다. 고로 그 연극단은 훌륭하다."를, 후자의 예로는 "그 연극단은 일류급이다. 박 씨는 그 연극단 일원이다. 그러므로 박 씨는 일류급이다."를 들 수 있다.

① ㉠ – 모든 사람은 죽는다. 소크라테스는 사람이다. 그러므로 소크라테스는 죽는다.
② ㉡ – 부패하기 쉬운 것들은 냉동 보관해야 한다. 세상은 부패하기 쉽다. 고로 세상은 냉동 보관해야 한다.
③ ㉢ – 미국 아이스하키 선수단이 이번 올림픽에서 금메달을 차지했다. 그러므로 미국 선수 각자는 세계 최고 기량을 갖고 있다.
④ ㉣ – 그 학생의 논술 시험 답안은 탁월하다. 그의 답안에 있는 문장 하나하나가 탁월하기 때문이다.

해설 ② 첫 번째 문장 '부패하기 쉬운 것들은 냉동 보관해야 한다'의 '부패하다'는 '단백질이나 지방 등의 유기물이 미생물의 작용에 의하여 분해되다'의 뜻으로 쓰였고, 두 번째 문장 '세상은 부패하기 쉽다'의 '부패하다'는 '정치, 사상, 의식 등이 타락하다'의 뜻으로 쓰였다. 이처럼 '부패하다'의 의미가 다른데도 마지막 문장에서 '세상은 냉동 보관해야 한다'라고 진술하였으므로 ㉡은 '애매어의 오류'의 예로 적절하다.

오답 분석
① 연역법에 따라 적절하게 논리를 전개하였으므로 오류의 예시에 해당하지 않는다.
- 모든 사람은 죽는다 (대전제) → 소크라테스는 사람이다 (소전제) → 그러므로 소크라테스는 죽는다 (결론)
③ 집합인 '아이스하키 선수단'의 기량이 뛰어나다는 전제를 통해 개별 원소인 '아이스하키 선수 개인'의 실력이 뛰어나다는 결론을 도출하였으므로 ㉣ '분해의 오류'의 예에 해당한다.
④ 개별 원소인 '답안 속 각 문장'이 탁월하다는 전제를 통해 집합인 '시험 답안'이 탁월하다는 결론을 도출하였으므로 ㉢ '결합의 오류'의 예에 해당한다.

실전 문제

01
2025년 군무원 7급

전제를 바탕으로 결론을 논증하고 다시 결론을 바탕으로 전제를 논증하는 오류의 예시로 가장 적절한 것은?

① 12는 5와 7로 나뉜다. 그러므로 5와 7도 짝수다.
② 이 옷은 값이 싸다. 값이 싼 것은 쉽게 떨어진다. 그러므로 이 옷은 쉽게 떨어진다.
③ 김 선생의 의견도 틀렸다. 민 선생의 의견도 틀렸다. 그러므로 선생들의 의견은 틀렸다.
④ 그는 덕망이 높다. 그는 인격자이니까. 그러므로 그가 인격자인 것은 덕망이 높기 때문이다.

02
2020년 군무원 9급

주장하는 말이 범하는 논리적 오류 유형이 다른 하나는?

① 식량을 주면, 옷을 달라고 할 것이고, 그 다음 집을 달라고 할 것이고, 결국 평생직장을 보장하라고 할 것이 틀림없어. 식량 배급은 당장 그만두어야 해.
② 네가 술 한 잔을 마시면, 다시 마시게 되고, 결국 알코올 중독자가 될 거야. 애초부터 술 마실 생각은 하지 마라.
③ 아이들에게 부드럽게 말하면, 아이들은 부모를 무서워하지 않게 되고, 그 부모는 아이들을 망치게 될 겁니다. 아이들에게 엄하게 말하는 것을 두려워하지 마세요.
④ 식이요법을 시작하면 영양 부족에 빠지고, 어설픈 식이요법이 알코올 중독에 이르게 한다는 것을 암시해. 식이요법을 시작하지 못하게 막아야 해.

실전 문제

03
2018년 서울시 9급 (3월)

<보기>와 같은 유형의 논리적 오류에 해당하는 것은?

─── <보기> ───
네가 내게 한 약속을 지키지 않은 것은 곧 나를 사랑하지 않는다는 증거야.

① 항상 보면 이등병들이 말썽이더라.
② 내 부탁을 거절하다니, 넌 나를 싫어하는구나.
③ 김씨는 참말만 하는 사람이다. 왜냐하면 그는 거짓말을 하지 않는 사람이기 때문이다.
④ 거짓말을 하는 것은 죄악이다. 그러므로 의사가 환자에게 거짓말을 하는 것은 당연히 죄악이다.

04
2017년 국가직 7급 (10월)

다음 글과 논증 방식이 가장 가까운 것은?

기존의 틀을 벗어나려면 새로운 가치가 필요하다. 운동선수가 뜀틀을 넘으려면 도약대가 있어야 하듯, 낡은 사고, 인습, 그리고 변화에 저항하는 틀을 뛰어넘기 위해서는 믿고 따를 분명한 디딤판이 필요하다. 또한, 기존의 틀을 벗어나려면 운동선수가 뜀틀을 향해 달려가는 것처럼 변화하고자 하는 의지도 필요하다. 도전하려는 의지가 수반될 때에 뜀틀 너머의 새로운 사회를 만날 수 있다.

① 미국 헌법은 미국 시민의 투표권을 보장한다. 미국 여성은 미국 시민이다. 그러므로 미국 헌법은 미국 여성의 투표권을 보장한다.
② 나는 유해한 모든 일을 피하려고 한다. 전자파가 유해하다는 것은 널리 알려진 사실이다. 전자레인지는 전자파를 방출하는 대표적인 기기이다. 따라서 나는 전자레인지 사용을 자제하려고 한다.
③ 전선을 통한 전기의 흐름은 도관을 통한 물의 흐름과 유사하다. 지름이 큰 도관은 지름이 작은 도관에 비해 많은 양의 물을 전달할 수 있다. 따라서 큰 지름의 전선은 작은 지름의 전선보다 많은 양의 전기를 전달할 수 있을 것이다.
④ 주말이면 동네에서 크고 작은 문화 행사를 한다. 박물관에는 다양한 문화재들이 항상 전시되어 있으며, 대학로의 소극장이나 예술의 전당 같은 문화 공간에서는 다양한 공연이 열리고 있다. 문화는 우리 생활 구석구석에 스며들어 있다.

05
2017년 서울시 9급

다음 예문과 같은 유형의 논리적 오류가 나타난 것은?

> 이 식당은 요즘 SNS에서 굉장히 뜨고 있어. 그러니까 엄청 맛있을 거야.

① 이 식당 음식을 꼭 먹어보도록 해. 만나는 사람들마다 이 집 이야기를 하는 걸 보니 맛이 괜찮은가 봐.
② 누구도 이 식당이 맛없다고 말한 사람은 없어. 그러니까 엄청 맛있는 집이란 소리지.
③ 여기는 유명한 개그맨이 맛있다고 한 식당이니까 당연히 맛있겠지. 그러니까 꼭 여기서 먹어야 해.
④ 이번에는 이 식당에서 밥을 먹자. 내가 얼마나 여기서 먹어보고 싶었는지 몰라. 꼭 한번 오게 되기를 간절하게 바랐어.

06
2016년 지방직 7급

다음 글의 논리적 오류와 같은 종류의 오류가 있는 것은?

> 규칙적인 생활을 하고 운동을 열심히 하는 사람은 건강합니다. 왜냐하면, 건강한 사람은 규칙적인 생활을 하고 운동을 열심히 하기 때문입니다.

① 분열은 화합으로 극복할 수 있다. 화합한 사회에서는 분열이 일어나지 않는다.
② 미확인 비행 물체(UFO)가 없다는 주장이 입증되지 않았으므로 미확인 비행 물체는 존재한다.
③ 지금 서른 분 가운데 열 분이 손을 들어 반대하셨습니다. 손을 안 드신 분은 모두 제 의견에 찬성하는 것으로 알겠습니다.
④ A 지역에서 생산한 사과도 맛이 없고, B 지역에서 생산한 사과도 맛이 없습니다. 따라서 올해는 맛있는 사과를 맛볼 수 없을 것입니다.

유형 14 논증의 강화 및 약화 평가하기

기출 유형 분석

- 제시된 이론이나 가설, 주장을 파악한 뒤 선택지 또는 <보기>에 진술된 사례들이 그것들을 강화하는 논증인지 혹은 약화하는 논증인지를 평가하는 문제가 출제되고 있다.

예상 출제 방향

- 선택지 또는 <보기>의 내용들이 제시된 이론, 가설, 주장과 관련성이 있는지를 판단해야 하는 문제가 출제될 수 있다.
- 선택지 또는 <보기>의 내용들이 제시된 이론, 가설, 주장을 지지하는지 또는 비판하는지를 평가해야 하는 문제가 출제될 수 있다.

대표 기출 문제

다음 글의 (가)와 (나)의 주장에 대해 평가한 내용으로 가장 적절한 것은?

9급 출제기조 전환 2차 예시문제

> 일반적으로 한 나라의 문학, 즉 '국문학'은 "그 나라의 말과 글로 된 문학"을 지칭한다. 그래서 우리나라에서 국문학에 대한 근대적 논의가 처음 시작될 무렵에는 (가) 국문학에서 한문으로 쓰인 문학을 배제하자는 주장이 있었다. 국문학 연구가 점차 전문화되면서, 한문문학 배제론자와 달리 한문문학을 배제하는 데 있어 신축성을 두는 절충론자의 입장이 힘을 얻었다. 절충론자들은 국문학의 범위를 획정하는 데 있어 (나) 종래의 국문학의 정의를 기본 전제로 하되, 일부 한문문학을 국문학으로 인정하자고 주장했다. 즉 한문으로 쓰여진 문학을 국문학에서 완전히 배제하지 않고, 전자 중 일부를 후자의 주변부에 위치시키는 것으로 국문학의 영역을 구성한 것이다. 이에 따라 국문학을 지칭할 때에는 '순(純)국문학'과 '준(準)국문학'으로 구별하게 되었다. 작품에 사용된 문자의 범주에 따라서 전자는 '좁은 의미의 국문학', 후자는 '넓은 의미의 국문학'이라고도 칭할 수 있다.
>
> 하지만 이런 절충안을 취하더라도 순국문학과 준국문학을 구분하는 데에는 논자마다 차이가 있다. 어떤 이는 국문으로 된 것은 전자에, 한문으로 된 것은 후자에 귀속시켰다. 다른 이는 훈민정음 창제 이전과 이후로 나누어 국문학의 영역을 구분하였다. 훈민정음 창제 이전의 문학은 차자표기건 한문표기건 모두 국문학으로 인정하고, 창제 이후의 문학은 국문문학만을 순국문학으로 규정하고 한문문학 중 '국문학적 가치'가 있는 것을 준국문학에 귀속시켰다.

① 국문으로 쓴 작품보다 한문으로 쓴 작품이 해외에서 문학적 가치를 더 인정받는다면 (가)의 주장은 강화된다.
② 국문학의 정의를 '그 나라 사람들의 사상과 정서를 그 나라 말과 글로 표현한 문학'으로 수정하면 (가)의 주장은 약화된다.
③ 표기문자와 상관없이 그 나라의 문화를 잘 표현한 문학을 자국문학으로 인정하는 것이 보편적인 관례라면 (나)의 주장은 강화된다.
④ 훈민정음 창제 이후에도 차자표기로 된 문학작품이 다수 발견된다면 (나)의 주장은 약화된다.

해설 ③ 국문학의 범주에 대해 (가)는 국문학에서 한문으로 쓰인 문학을 배제해야 한다고 주장하고, (나)는 우리나라의 말과 글로 된 문학뿐만 아니라 일부 한문문학을 국문학으로 인정해야 한다고 주장한다. 이때 표기문자와 상관없이 그 나라의 문화를 잘 표현한 문학을 자국문학으로 인정하는 것이 보편적인 관례라는 ③의 사례는 표기문자에 따라 국문학의 범주를 제한하지 않고 일부 한문문학까지 국문학으로 인정해야 한다고 보는 (나)의 주장을 뒷받침하므로 (나)의 주장을 강화한다. 따라서 답은 ③이다.

오답분석
① 제시문의 내용은 국문학의 정의와 범주 설정에 관한 것이다. 이때 문학적 가치가 해외에서 더 인정받는다는 사실은 (가)의 주장과 직접적으로 관련이 없다. 따라서 (가)의 주장을 강화하지 않는다.
② 국문학에 대한 기존의 정의에 '그 나라 사람들의 사상과 정서'를 추가한다고 해도 '그 나라 말과 글로 표현한 문학'이라는 것에는 변함이 없다. 따라서 (가)의 주장을 약화하지 않는다.
④ (가)와 (나)는 표기에 따른 국문학의 범주 설정 기준에 대한 주장이므로, 훈민정음 창제 이후에 차자표기로 된 문학작품이 다수 발견된 사실 자체가 (가)와 (나)의 주장에 영향을 주진 않는다.

실전 문제

01
2025년 지방직 9급

다음 대화에 대한 평가로 적절한 것만을 모두 고르면?

> 갑: 친구에게 보내는 감사 메일에 건강하기를 기원하는 의미로 "건강해라."라고 적었는데, 다른 친구가 그건 잘못된 표현이니까 쓰면 안 된다고 하더라고. 널리 쓰이는 표현인데 왜 쓰면 안 된다는 거야?
>
> 을: 문법 규범에 어긋난 표현이 자주 쓰인다는 이유로 문법 규범으로 인정되어서는 안 돼. 문맥상 "건강해라."는 상대방에게 명령하는 의미를 지니는데 건강한 상태를 명령할 수는 없잖아? 그래서 형용사의 명령형은 문법 규범에 어긋난 거니까 사용하면 안 돼. 마찬가지로 어휘도 사람들이 자주 쓴다고 해서 비표준어가 표준어가 되는 것은 아니잖아.
>
> 갑: 문법 규범에 맞게 쓰거나 표준어를 사용하는 것이 권장되어야 하는 것은 옳지만, 문법 규범에 맞지 않거나 비표준어라고 해서 사용하지 말아야 하는 것은 아니라고 생각해. 문법 규범이나 표준어는 공통의 언어 사용을 유도하기 위한 정책으로 제시된 것일 뿐이거든. "건강해라."는 언중에게 널리 쓰인다는 점에서 사용에 문제가 없어.

> ㄱ. '쓰여지다', '잊혀지다'와 같은 이중 피동은 사람들에게 널리 쓰이는 표현이지만 문법 규범에 맞지 않으니까 사용하지 말아야 한다는 주장은 갑과 을의 입장을 모두 강화한다.
>
> ㄴ. 명령문 "행복해라."가 문법 규범에 맞지 않지만 상대방이 행복하기를 바라는 기원의 의미로 널리 쓰이기 때문에 써도 된다는 주장은 갑의 입장을 약화한다.
>
> ㄷ. 언중이 비표준어이던 '맨날'을 자주 사용하는 현실에 따라 표준어 '만날'과 함께 '맨날'도 표준어로 인정되었다는 사실은 을의 입장을 약화한다.

① ㄷ
② ㄱ, ㄴ
③ ㄱ, ㄷ
④ ㄱ, ㄴ, ㄷ

02
2025년 국가직 9급

다음 글의 논지를 강화하는 것으로 가장 적절한 것은?

> A국은 도시 이외 지역의 초중고 교사가 부족하다. 이 상황을 심각하게 받아들인 A국 정부는 도시 이외 지역의 교사 충원율을 높이기 위해, 도시 이외 지역의 교사 연봉을 10% 인상하고 교사 양성 프로그램을 확대하는 정책을 제시했다. 하지만 이 정책은 근본적인 해결책이 되기 어렵다. 문제를 해결하기 위해서는, 단기간에 교사의 수를 늘리거나 교사의 연봉을 인상하기보다는 도시 이외의 지역에서 근무할 수 있는 충분한 교육 환경과 사회 기반 시설을 확보하는 것이 급선무이다. 현직 교사들뿐 아니라 교사를 지망하는 대학 졸업 예정자들 다수는 교육 환경과 사회 기반 시설이 열악한 도시 이외의 지역에서 일하기를 꺼리기 때문이다.

① A국은 정부의 교육 예산이 풍부해서 도시 이외 지역의 교육 환경과 도시의 교육 환경에 별 차이가 없다는 것이 밝혀졌다.
② A국에서 도시 이외의 지역에 근무하던 사회 초년생들이 연봉을 낮추어서라도 도시로 이직한 주된 이유는 교통 시설의 부족으로 밝혀졌다.
③ A국과 유사한 상황이었던 B국에서는 교사 연봉을 5% 인상한 후, 도시 이외 지역의 학생 1인당 교사 비율이 크게 증가했다.
④ A국과 유사한 상황이었던 C국에서는 교사 양성 프로그램을 확대한 이후에 도시뿐 아니라 도시 이외의 지역에서 교사의 수가 크게 증가했다.

실전 문제

03
2025년 국가직 9급

다음 글의 (가)를 강화하는 것으로 가장 적절한 것은?

> 쿤은 자연과학과 사회과학 모두를 포함하는 과학의 발전 단계를 세 시기로 구분한다. 패러다임을 한 번도 정립하지 못한 전정상과학 시기, 하나의 패러다임이 지배하는 정상과학 시기, 기존 패러다임이 새 패러다임으로 교체되는 과학혁명 시기가 그것이다. 패러다임은 모든 과학자에게 동일한 연구 방향 및 평가 기준을 따르게 하여, 연구의 효율성을 높이고 과학의 발전 단계를 성숙한 수준으로 올려놓는다. 한 번도 패러다임을 정립하지 못해 전정상과학 시기에 머물러 있는 과학 분야는 과학자 모두가 제각기 연구 활동을 한다. 과학의 발전 단계상 성숙한 수준에 도달하지 못한 것이다. 어떤 과학 분야라도 패러다임을 정립하면 정상과학 시기에 들어서게 되는데, 그 뒤에 다시 전정상과학 시기로 되돌아갈 수는 없다. 정상과학 시기는 언제나 과학혁명 시기로 이어지고, 과학혁명 시기는 언제나 정상과학 시기로 이어지기 때문이다. 정상과학 시기의 과학자는 동일한 패러다임에 따라, 과학혁명 시기의 과학자는 기존 패러다임 혹은 새 패러다임에 따라 과학 활동을 하기에 그 두 시기에 있는 과학 분야는 모두 성숙한 수준에 도달해 있는 것이다. 이 구분에 따를 때, (가) <u>일부 사회과학 분야는 과학의 발전 단계상 아직도 성숙한 수준에 도달하지 못했다</u>는 것이 쿤의 진단이다.

① 패러다임이 교체된 적이 있지만 과학자들의 연구 방향 및 평가 기준이 동일한 사회과학 분야가 있다.
② 패러다임이 교체되는 중이고 과학자들의 연구 방향 및 평가 기준이 서로 다른 사회과학 분야가 있다.
③ 패러다임이 정립된 적이 있지만 과학자들의 연구 방향 및 평가 기준이 서로 다른 사회과학 분야가 있다.
④ 패러다임이 정립된 적이 없고 과학자들의 연구 방향 및 평가 기준이 서로 다른 사회과학 분야가 있다.

04
2025년 지방직 9급

다음 글의 논지를 약화하는 것으로 가장 적절한 것은?

> 인간이 지닌 대부분의 지적 능력을 상회하는 기능을 발휘하는 인공지능 컴퓨터 프로그램이나 이 프로그램을 사용해 작동하는 기계 장치를 '인공일반지능'이라고 부른다. 이론적으로 인공일반지능은 현재까지 개발된 모든 인공지능 프로그램의 기능을 전부 갖게 될 것이다. 인공일반지능의 등장이 인간의 본질적 가치를 훼손할 것이라고 우려하는 사람들이 있다. 그렇다면 인공일반지능의 개발은 허용되어야 하는가?
>
> 인공일반지능의 개발이 허용된다면 머지않아 인공일반지능은 개발된다. 이로 인해, 인공일반지능은 대부분의 직업 영역에서 인간을 대신해 업무를 수행할 것이고 많은 사람들이 직업을 잃고 소외감을 느낌으로써 인간의 본질적 가치가 훼손된다. 또한 인공일반지능이 개발된다면 인간은 더 이상 지구상에서 특별하고 우월한 존재가 아니게 된다. 이는 인간이 지닌 특별하고 우월한 존재론적 지위, 즉 인간의 본질적 가치가 훼손된다는 것이다. 인간의 본질적 가치는 어떠한 경우에도 훼손되어서는 안 되므로 인공일반지능의 개발은 허용될 수 없다.

① 인공일반지능의 수준에 미치지 못하는 특정 분야에 특화된 인공지능 프로그램만으로도 많은 사람이 일자리를 잃고 소외감을 느끼고 있다.
② 인공지능 연구로 노벨 물리학상을 받은 H는 인공지능 기술이 인간의 존재론적 지위에 위협이 될 것이라며 인공지능 개발 연구를 멈춰야 한다고 주장한다.
③ 현재 상용화되어 있는 대화형 인공지능은 마음의 상처를 입은 사람들에게 위안을 주어 사람들이 본질적 가치를 회복하는 데 도움을 주고 있음이 입증되었다.
④ 유관 학회 전문가들을 대상으로 한 설문에서, 인공일반지능의 개발이 인간의 본질적 가치를 훼손할 가능성이 높아 개발을 허용해서는 안 된다고 응답한 사람들이 그렇지 않은 사람들보다 압도적으로 많았다.

05

다음 글의 ㉠과 ㉡에 대한 평가로 옳은 것은?

> 기업의 마케팅 프로젝트를 평가할 때는 유행지각, 깊은 사고, 협업을 살펴본다. 유행지각은 유행과 같은 새로운 정보를 반영했느냐, 깊은 사고는 마케팅 데이터의 상관관계를 분석해서 최적의 해결책을 찾아내었느냐, 협업은 일하는 사람들이 해결책을 공유하며 성과를 창출했느냐를 따진다. ㉠이 세 요소 모두에서 목표를 달성하는 것은 마케팅 프로젝트가 성공적이기 위해 필수적이다. 하지만 ㉡이 세 요소 모두에서 목표를 달성했다고 해서 마케팅 프로젝트가 성공한 것은 아니다.

① 지금까지 성공한 프로젝트가 유행지각, 깊은 사고 그리고 협업 모두에서 목표를 달성했다면, ㉠은 강화된다.
② 성공하지 못한 프로젝트 중 유행지각, 깊은 사고 그리고 협업 중 하나 이상에서 목표를 달성하는 데 실패한 사례가 있다면, ㉠은 약화된다.
③ 유행지각, 깊은 사고 그리고 협업 중 하나 이상에서 목표를 달성하는 데 실패했지만 성공한 프로젝트가 있다면, ㉡은 강화된다.
④ 유행지각, 깊은 사고 그리고 협업 모두에서 목표를 달성했지만 성공하지 못한 프로젝트가 있다면, ㉡은 약화된다.

06

다음 글의 ㉠을 강화하는 것만을 〈보기〉에서 모두 고르면?

> 신석기시대에 들어 인류는 제대로 된 주거 공간을 만들게 되었다. 인류의 초기 주거 유형은 특히 바닥을 어떻게 만드느냐에 따라 구분된다. 이는 지면을 다지거나 조금 파고 내려가 바닥을 만드는 '움집형'과 지면에서 떨어뜨려 바닥을 설치하는 '고상(高床)식'으로 나뉜다.
> 중국의 고대 문헌에 등장하는 '혈거'와 '소거'가 각각 움집형과 고상식 건축이다. 움집이 지붕으로 상부를 막고 아랫부분은 지면을 그대로 활용하는 지붕 중심 건축이라면, 고상식 건축은 지면에서 오는 각종 침해에 대비해 바닥을 높이 들어 올린 바닥 중심 건축이라 할 수 있다. 인류의 주거 양식은 혈거에서 소거로 진전되었다는 가설이 오랫동안 지배했다. 바닥을 지면보다 높게 만드는 것이 번거롭고 어렵다고 여겨졌기 때문이다. 그런데 1970년대에 중국의 허무두에서 고상식 건축의 유적이 발굴되면서 새로운 ㉠주장이 제기되었다. 그것은 혈거와 소거가 기후에 따라 다른 자연환경에 적응해 발생했다는 것이다.

〈보기〉

ㄱ. 우기에 비가 넘치는 산간 지역에서는 고상식 주거 건축물 유적만 발견되었다.
ㄴ. 움집형 집과 고상식 집이 공존해 있는 주거 양식을 보여 주는 집단의 유적지가 발견되었다.
ㄷ. 여름에는 고상식 건축물에서, 겨울에는 움집형 건축물에서 생활한 집단의 유적이 발견되었다.

① ㄱ, ㄴ
② ㄱ, ㄷ
③ ㄴ, ㄷ
④ ㄱ, ㄴ, ㄷ

실전 문제

07

㉠을 평가한 내용으로 적절한 것만을 〈보기〉에서 모두 고르면?

흔히 '일곱 빛깔 무지개'라는 말을 한다. 서로 다른 빛깔의 띠 일곱 개가 무지개를 이루고 있다는 뜻이다. 영어나 프랑스어를 비롯해 다른 자연언어들에도 이와 똑같은 표현이 있는데, 이는 해당 자연언어가 무지개의 색상에 대응하는 색채 어휘를 일곱 개씩 지녔기 때문이라고 할 수 있다.

언어학자 사피어와 그의 제자 워프는 여기서 어떤 영감을 얻었다. 그들은 서로 다른 언어를 쓰는 아메리카 원주민들에게 무지개의 띠가 몇 개냐고 물었다. 대답은 제각각 달랐다. 사피어와 워프는 이 설문 결과에 기대어, 사람들은 자신의 언어에 얽매인 채 세계를 경험한다고 판단했다. 이 판단으로부터, "우리는 모국어가 그어놓은 선에 따라 자연세계를 분단한다."라는 유명한 발언이 나왔다. 이에 따르면 특정 현상과 관련한 단어가 많을수록 해당 언어권의 화자들은 그 현상에 대해 심도 있게 경험하는 것이다. 언어가 의식을, 사고와 세계관을 결정한다는 이 견해는 ㉠ 사피어-워프 가설이라 불리며 언어학과 인지과학의 논란거리가 되어왔다.

〈보기〉

ㄱ. 눈[雪]을 가리키는 단어를 4개 지니고 있는 이누이트족이 1개 지니고 있는 영어 화자들보다 눈을 넓고 섬세하게 경험한다는 것은 ㉠을 강화한다.
ㄴ. 수를 세는 단어가 '하나', '둘', '많다' 3개뿐인 피라하족의 사람들이 세 개 이상의 대상을 모두 '많다'고 인식하는 것은 ㉠을 강화한다.
ㄷ. 색채 어휘가 적은 자연언어 화자들이 색채 어휘가 많은 자연언어 화자들에 비해 색채를 구별하는 능력이 뛰어나다는 것은 ㉠을 약화한다.

① ㄱ
② ㄱ, ㄴ
③ ㄴ, ㄷ
④ ㄱ, ㄴ, ㄷ

08

다음 글에 대해 평가한 내용으로 가장 적절한 것은?

영국의 유명한 원형 석조물인 스톤헨지는 기원전 3,000년경 신석기시대에 세워졌다. 1960년대에 천문학자 호일이 스톤헨지가 일종의 연산장치라는 주장을 하였고, 이후 엔지니어인 톰은 태양과 달을 관찰하기 위한 정교한 기구라고 확신했다. 천문학자 호킨스는 스톤헨지의 모양이 태양과 달의 배열을 나타낸 것이라는 의견을 제시해 관심을 모았다.

그러나 고고학자 앳킨슨은 그들의 생각을 비난했다. 앳킨슨은 스톤헨지를 세운 사람들을 '야만인'으로 묘사하면서, 이들은 호킨스의 주장과 달리 과학적 사고를 할 줄 모른다고 주장했다. 이에 호킨스를 옹호하는 학자들이 진화적 관점에서 앳킨슨을 비판하였다. 이들은 신석기시대보다 훨씬 이전인 4만 년 전의 사람들도 신체적으로 우리와 동일했으며 지능 또한 우리보다 열등했다고 볼 근거가 없다고 주장했다.

하지만 스톤헨지의 건설자들이 포괄적인 의미에서 현대인과 같은 지능을 가졌다고 해도 과학적 사고와 기술적 지식을 가지지는 못했다. 그들에게는 우리처럼 2,500년에 걸쳐 수학과 천문학의 지식이 보존되고 세대를 거쳐 전승되어 쌓인 방대하고 정교한 문자 기록이 없었다. 선사시대의 생각과 행동이 우리와 똑같은 식으로 전개되지 않았으리라는 점은 매우 중요하다. 지적 능력을 갖췄다고 해서 누구나 우리와 같은 동기와 관심, 개념적 틀을 가졌으리라고 생각하는 것은 잘못이다.

① 스톤헨지가 제사를 지내는 장소였다는 후대 기록이 발견되면 호킨스의 주장은 강화될 것이다.
② 스톤헨지 건설 당시의 사람들이 숫자를 사용하였다는 증거가 발견되면 호일의 주장은 약화될 것이다.
③ 스톤헨지의 유적지에서 수학과 과학에 관련된 신석기시대 기록물이 발견되면 글쓴이의 주장은 강화될 것이다.
④ 기원전 3,000년경 인류에게 천문학 지식이 있었다는 증거가 발견되면 앳킨슨의 주장은 약화될 것이다.

09
2024학년도 대학수학능력시험

㉠과 관련하여 ⓐ와 ⓑ의 입장에 대한 반응으로 가장 적절한 것은?

> 경마식 보도로부터 드러난 선거 방송의 한계를 보완하는 방책 중 하나로 선거 방송 토론회가 활용될 수 있다. 이 토론회를 통해 후보자 간 정책과 자질 등의 차이가 드러날 수 있는데, 현실적인 이유로 초청 대상자는 한정된다. ㉠<u>「공직선거법」</u>의 선거 방송 토론회 규정은 5인 이상의 국회의원을 가진 정당이나 직전 선거에서 3% 이상 득표한 정당이 추천한 후보자, 또는 언론기관의 여론조사 결과 평균 지지율이 5% 이상인 후보자 등을 초청 기준으로 제시하고 있다. 다만 초청 대상이 아닌 후보자들을 위해 별도의 토론회 개최가 가능하고 시간이나 횟수를 다르게 할 수 있다.
>
> 이러한 규정이 선거 운동의 기회균등 원칙을 침해하는지에 대해 헌법재판소는 위헌이 아니라고 결정했다. ⓐ <u>다수 의견</u>은 방송 토론회의 효율적 운영을 고려할 때 초청 대상 후보자 수가 너무 많으면 제한된 시간 안에 심층적인 토론이 이루어지기 어렵고, 유권자들도 관심이 큰 후보자들의 정책 및 자질을 직접 비교하기 어렵다는 점을 지적하며, 이 규정은 합리적 제한이라고 보았다. 반면 ⓑ <u>소수 의견</u>은 이 규정이 가장 효과적인 선거 운동의 기회를 일부 후보자에게서 박탈하며, 유권자에게도 모든 후보자를 동시에 비교하지 못하게 하고, 초청 대상 후보자 토론회에 참여한 후보자와 그렇지 못한 후보자를 차별적으로 인식하게 만든다고 지적하였다. 이 규정을 소수 정당이나 정치 신인 등에 대한 자의적이고 차별적인 침해라고 본 것이다.

① 선거 방송 초청 대상 후보자 토론회에서 후보자들이 심층적인 토론을 하지 못한 원인이 시간의 제한이나 참여한 후보자의 수와 관계가 없다면 ⓐ의 입장은 강화되겠군.
② 주요 후보자의 정책이 가진 치명적 허점을 지적하고 좋은 대안을 제시해 유명해진 정치 신인이 선거 방송 초청 대상 후보자 토론회에 초청받지 못한다면 ⓐ의 입장은 약화되겠군.
③ 선거 방송 초청 대상 후보자 토론회에 참여할 적정 토론자의 수를 제한하는 기준이 국민의 합의에 의해 결정되었기 때문에 자의적인 것이 아니라고 한다면 ⓑ의 입장은 강화되겠군.
④ 어떤 후보자가 지지율이 낮은 후보자 간의 별도 토론회에서 뛰어난 정치 역량을 보여 주었음에도 그 토론회에 참여했다는 이유만으로 지지율이 떨어진다면 ⓑ의 입장은 약화되겠군.
⑤ 유권자들이 뛰어난 역량을 가진 소수 정당 후보자를 주요 후보자들과 동시에 비교할 수 있는 가장 효율적인 방법이 선거 방송 초청 대상 후보자 토론회라면 ⓑ의 입장은 약화되겠군.

10
2022년 지방직 7급

갑 ~ 병에 대한 평가로 적절한 것만을 〈보기〉에서 모두 고르면?

> 갑: 일상적인 언어생활에서 가족이 아닌 이들과 대화할 때 '우리 엄마'라는 표현을 자주 쓰곤 하는데, 좀 이상하지 않아? '우리 동네'라는 표현과 비교하면 무엇이 문제인지 분명하게 알 수 있어. '우리 동네'는 화자의 동네이기도 하면서 청자의 동네이기도 한 특정한 하나의 동네를 지칭하잖아. 그런 식이라면 '우리 엄마'는 형제가 아닌 화자와 청자가 공유하는 엄마를 지칭하는 이상한 표현이 되는 셈이지. 그러니까 이 경우의 '우리 엄마'는 잘못된 어법이고 '내 엄마'라고 하는 것이 올바른 어법이라고 할 수 있어.
>
> 을: 청자가 사는 동네와 화자가 사는 동네가 다른 경우에도 '우리 동네'라는 표현을 쓸 수 있어. 물론 이 표현이 의미하는 것은 청자가 사는 동네와 다른, 화자가 사는 동네가 되겠지. 이 경우 '우리 동네'라는 표현은 '그 표현을 말하는 사람이 사는 동네' 정도를 의미할 거야. 갑이 문제를 제기한 '우리 엄마'의 경우도 마찬가지라고 볼 수 있어.
>
> 병: '우리 엄마'와 '내 엄마'가 같은 뜻을 갖는 것은 아니야. '내 동네'라고 하지 않고 '우리 동네'라고 하는 것은 동네를 공유하는 공동체가 존재하기 때문이겠지. 마찬가지로 '내 엄마'라고 하지 않고 '우리 엄마'라고 하는 것은 우리가 늘 가족 공동체 속에서의 엄마를 생각하기 때문일 거야. 즉, 가족 구성원 중의 한 명인 엄마를 공유하는 공동체가 존재한다는 것이지.

〈보기〉

ㄱ. 갑은 '우리 엄마'라는 표현이 화자와 청자 모두의 엄마를 가리킨다고 보는 입장이다.
ㄴ. 형제가 서로 대화하면서 '우리 엄마'라는 표현을 쓸 때 이 표현이 형과 동생 모두의 엄마를 가리킨다는 것은 을의 입장을 약화한다.
ㄷ. 무인도에 혼자 살아온 사람이 그 섬을 '우리 마을'이라고 말하면 어색하게 느껴진다는 것은 병의 입장을 약화하지 않는다.

① ㄱ
② ㄱ, ㄷ
③ ㄴ, ㄷ
④ ㄱ, ㄴ, ㄷ

실전 문제

11
2022년 지방직 7급

A와 B의 주장에 대한 평가로 적절한 것만을 〈보기〉에서 모두 고르면?

A는 아동의 사고와 언어의 발달이 개인적 차원에서 사회적 차원으로 진행된다고 주장한다. 그에 따르면 말을 배우기 시작하는 2~3세경에 '자기중심적 언어'가 나타났다가 8세경에 학령이 되면서 자기중심적 언어는 소멸하고 '사회적 언어'의 단계로 진입한다고 주장한다.

B는 A가 주장한 자기중심적 언어의 존재를 인정하면서도 그것의 성격에 있어서는 다른 견해를 지닌다. A와 달리 그는 자기중심적 언어가 문제에 대한 해결 방법을 구안하는 데 중요한 사고의 도구가 된다고 주장한다. 그에 따르면 자기중심적 언어는 아동이 자기 자신과 대화할 때 나타나는데, 아동은 자신과 대화하는 방식으로 소리 내며 사고한다. 그는 자기중심적 언어가 자연적 존재를 문화적 존재로 변모시키는 기능을 하며, 학령이 되면서 소멸하는 게 아니라 내면화되어 소리 없는 '내적 언어'를 구성함으로써 정신 기능을 발달시킬 수 있는 원동력이 된다고 본다.

이러한 두 사람의 입장 차이는 자기중심적 언어의 전(前)단계에 대한 서로 다른 생각에서 기인한 것으로 보인다. A는 출생 이후 약 2세까지의 아이가 언어 이전의 '환상적 사고'의 단계에 머물러 있는 것으로 보는데, 여기서 환상적 사고는 자신과 대상 세계를 구분하지 못하는 것을 가리킨다. 자신과 대상 세계를 구분하지 못하면 의사소통 행위가 불가능하므로 A는 이 단계의 아이가 보여주는 타인과의 상호작용을 의사소통 행위가 아니라고 주장한다. 반면, B의 경우 출생 이후 약 2세까지의 상호작용을 의사소통 행위로 판단한다. 그에 따르면 이때의 의사소통 행위는 타자의 규제와 이에 따른 자기규제가 작동하는 대화적 상호작용의 일종으로, 사회적 언어를 통해 수행된다.

B 역시 A와 마찬가지로 아동의 언어와 사고의 발달이 3단계로 진행된다고 보지만, 그 방향에 있어서는 사회적 언어에서 출발하여 자기중심적 언어를 거쳐 내적 언어 순으로 진행된다고 본다.

〈보기〉
ㄱ. '자기중심적 언어'의 단계 전에 A는 의사소통 행위가 이루어지지 않는 것으로, B는 이루어지는 것으로 본다.
ㄴ. A는 '자기중심적 언어'가 학령이 되면 없어지는 것으로 보는 반면, B는 없어지지 않는 것으로 본다.
ㄷ. A와 B는 '사회적 언어'의 단계로 진입하는 시기에 대해 견해를 달리한다.

① ㄱ
② ㄱ, ㄴ
③ ㄴ, ㄷ
④ ㄱ, ㄴ, ㄷ

12
2017년 국가직 5급 PSAT

다음 글의 내용을 평가한 것으로 가장 적절한 것은?

갑국에서는 소셜미디어 상에서 진보 성향의 견해들이 두드러지게 나타난다. 이러한 현상은 다음 두 가설에 의해서 설명될 수 있다.

A 가설은 이러한 현상이 일어나는 이유가 진보 이념에서 전통적으로 중시되는 참여 민주주의의 가치가 쌍방향 의사소통을 주요 특징으로 하는 소셜미디어와 잘 부합하기 때문이라고 본다. 진보 성향을 가진 사람들은 일반적으로 엘리트에 의한 통제보다는 시민들이 가지는 영향력과 정치 활동에 지지를 표하고, 참여를 통해 자신들의 입장이 정당함을 보여주려는 경향이 강하다. 갑국의 소셜미디어 사용자들의 다수가 진보적인 젊은 유권자들이라는 사실은 이러한 A 가설을 뒷받침한다. 최근 갑국의 트위터 사용자에 대한 연구에서도 진보적인 유권자들이 트위터와 같은 소셜미디어를 더 자주 이용하는 것으로 나타났다.

한편 소셜미디어가 가지는 대안 매체로서의 가능성에 관련한 B 가설에 따르면, 소셜미디어는 기존의 주류 언론에서 상대적으로 소외된 집단에 의해 주도적으로 활용될 가능성이 높다. 가령 트위터는 140자의 트윗이라는 형식을 통해 누구든지 팔로워들에게 원하는 메시지를 전파할 수 있고, 이 메시지는 리트윗을 통해 더 많은 사람들에게 전달될 수 있다. 이러한 트위터의 작동방식은 사용자들로 하여금 더 이상 주류 언론에 의한 매개 과정을 거치지 않고 독자적인 언론인으로 활동하며 다수에게 자신들의 견해를 전달할 수 있게 해준다. B 가설은 주류 언론이 가지는 이념적 성향이 소셜미디어의 이념적 편향성의 방향을 결정하는 주요 요인이 되리라는 예측을 가능케 한다. 즉 어떤 이념적 성향을 가진 집단이 주류 언론에 대해 상대적 소외감을 더 크게 느끼느냐에 따라 누가 이 대안 매체의 활용가치를 더 크게 느끼는지 결정되리라는 것이다.

① 갑국에 적용한 것과 동일한 방식으로 분석했을 때, 을국의 경우 트위터 사용자들은 진보 성향보다 보수 성향이 많았다는 사실은 A 가설을 약화하지 않는다.
② 갑국의 주류 언론은 보수적 이념 성향이 강하다는 사실은 B 가설을 강화한다.
③ 갑국의 젊은 사람들 중에 진보 성향의 비율이 높다는 사실은 A 가설을 강화하고 B 가설은 약화한다.
④ 갑국에서 주류 언론보다 소셜미디어의 영향력이 강하다는 사실은 A 가설과 B 가설을 모두 강화한다.
⑤ 갑국에서는 정치 활동을 많이 하는 사람들이 소셜미디어를 더 많이 사용한다는 사실은 A 가설과 B 가설을 모두 약화한다.

13

2020년 국가직 5급 PSAT

다음 글의 논지를 강화하는 것만을 〈보기〉에서 모두 고르면?

인간이 발전시켜온 생각이나 행동의 역사를 놓고 볼 때, 인간이 지금과 같이 놀라울 정도로 이성적인 방향으로 발전해올 수 있었던 것은 이성적이고 도덕적 존재로서 자신의 잘못을 스스로 시정할 수 있는 능력 덕분이다. 인간은 토론과 경험에 힘입을 때에만 자신의 과오를 고칠 수 있다. 단지 경험만으로는 부족하다. 경험을 해석하기 위해서는 토론이 반드시 있어야 한다. 인간이 토론을 통해 내리는 판단의 힘과 가치는, 판단이 잘못되었을 때 그것을 고칠 수 있다는 사실로부터 비롯되며, 잘못된 생각과 관행은 사실과 논쟁 앞에서 점차 그 힘을 잃게 된다. 따라서 민주주의 국가에서는 자유로운 토론이 보장되어야 한다. 자유로운 토론이 없다면 잘못된 생각의 근거뿐 아니라 그러한 생각 자체의 의미에 대해서도 모르게 되기 때문이다.

어느 누구에게도 다른 사람들의 의사 표현을 통제할 권리는 없다. 다른 사람의 생각을 표현하지 못하게 억누르려는 권력은 정당성을 갖지 못한다. 가장 좋다고 여겨지는 정부일지라도 그럴 자격을 갖고 있지 않다. 흔히 민주주의 국가에서는 여론을 중시한다고 한다. 하지만 그 어떤 정부라 하더라도 여론의 힘을 빌려 특정 사안에 대한 토론의 자유를 제한하려 하는 행위를 해서는 안 된다. 그런 행위는 여론에 반(反)해 사회 구성원 대다수가 원하는 토론의 자유를 제한하려는 것만큼이나 나쁘다. 인류 전체를 통틀어 단 한 사람만이 다른 생각을 가지고 있다고 해도, 그 사람에게 침묵을 강요하는 것은 옳지 못하다. 이는 어떤 한 사람이 자신과 의견이 다른 나머지 사람 모두에게 침묵을 강요하는 것만큼이나 용납될 수 없는 일이다. 권력을 동원해서 억누르려는 의견은 옳은 것일 수도, 옳지 않은 것일 수도 있다. 그런데 정부가 자신이 옳다고 가정함으로써 다른 사람들이 그 의견을 들어볼 기회까지 봉쇄한다면 그것은 사람들이 토론을 통해 잘못을 드러내고 진리를 찾을 기회를 박탈하는 것이다. 설령 그 의견이 잘못된 것이라 하더라도 그 의견을 억압하는 것은 토론을 통해 틀린 의견과 옳은 의견을 대비시킴으로써 진리를 생생하고 명확하게 드러낼 수 있는 대단히 소중한 기회를 놓치는 결과를 낳게 된다.

〈보기〉

ㄱ. 축적된 화재 사고 기록들에 대해 어떠한 토론도 이루어지지 않았음에도 불구하고 화재 사고를 잘 예방하였다.

ㄴ. 정부가 사람들의 의견 표출을 억누르지 않는 사회에서 오히려 사람들이 가짜 뉴스를 더 많이 믿었다.

ㄷ. 갈릴레오의 저서가 금서가 되어 천문학의 과오를 드러내고 진리를 찾을 기회가 한동안 박탈되었다.

① ㄱ
② ㄷ
③ ㄱ, ㄴ
④ ㄴ, ㄷ
⑤ ㄱ, ㄴ, ㄷ

해커스공무원학원·공무원인강
gosi.Hackers.com

해커스공무원 국어 유형별 기출공략 333제

3편
문법 / 어휘

유형 15 문법 개념을 활용해 추론하기 신유형

유형 16 어휘의 문맥상 의미 파악하기 신유형

유형 15 문법 개념을 활용해 추론하기

기출 유형 분석
- 글에 제시된 문법 개념이나 어문 규범에 대한 정보를 이해하고, 해당 정보를 활용해 선택지에 제시된 사례와 그에 대한 설명이 적절한지를 판단하는 유형의 문제이다.

예상 출제 방향
- 음운론, 형태론, 문장론, 의미론과 같은 국어학 개념을 설명하는 글이나 한글 맞춤법, 표준 발음법과 같은 어문 규정을 설명하는 글이 출제될 수 있다.

대표 기출 문제

다음 글에서 추론한 내용으로 적절하지 않은 것은?   9급 출제기조 전환 1차 예시문제

> '밤하늘'은 '밤'과 '하늘'이 결합하여 한 단어를 이루고 있는데, 이처럼 어휘 의미를 띤 요소끼리 결합한 단어를 합성어라고 한다. 합성어는 분류 기준에 따라 여러 방식으로 나눌 수 있다. 합성어의 품사에 따라 합성명사, 합성형용사, 합성부사 등으로 나누기도 하고, 합성의 절차가 국어의 정상적인 단어 배열법을 따르는지의 여부에 따라 통사적 합성어와 비통사적 합성어로 나누기도 하고, 구성 요소 간의 의미 관계에 따라 대등합성어와 종속합성어로 나누기도 한다.
> 합성명사의 예를 보자. '강산'은 명사(강) + 명사(산)로, '젊은이'는 용언의 관형사형(젊은) + 명사(이)로, '덮밥'은 용언 어간(덮) + 명사(밥)로 구성되어 있다. 명사끼리의 결합, 용언의 관형사형과 명사의 결합은 국어 문장 구성에서 흔히 나타나는 단어 배열법으로, 이들을 통사적 합성어라고 한다. 반면 용언 어간과 명사의 결합은 국어 문장 구성에 없는 단어 배열법인데 이런 유형은 비통사적 합성어에 속한다. '강산'은 두 성분 관계가 대등한 관계를 이루는 대등합성어인데, '젊은이'나 '덮밥'은 앞 성분이 뒤 성분을 수식하는 종속합성어이다.

① 아버지의 형을 이르는 '큰아버지'는 종속합성어이다.
② '흰머리'는 용언 어간과 명사가 결합한 합성명사이다.
③ '늙은이'는 어휘 의미를 지닌 두 요소가 결합해 이루어진 단어이다.
④ 동사 '먹다'의 어간인 '먹'과 명사 '거리'가 결합한 '먹거리'는 비통사적 합성어이다.

해설 ② '흰머리'는 '용언의 관형사형(흰) + 명사(머리)'가 결합한 합성명사이므로, ②의 추론은 적절하지 않다.

오답 분석
① 2문단에서 '젊은이'는 용언의 관형사형과 명사가 결합한 합성명사이며, 앞 성분이 뒤 성분을 수식하는 종속합성어임을 알 수 있다. 따라서 '용언의 관형사형(큰) + 명사(아버지)'로 구성된 '큰아버지'가 종속합성어임을 추론할 수 있다.
③ 1문단에서 '밤하늘'과 같이 어휘 의미를 띤 요소끼리 결합한 단어를 합성어라 함을 알 수 있다. '늙은이'의 '늙은'은 '나이를 많이 먹은'을 의미하며, '이'는 '사람'을 의미하므로 '늙은이'는 어휘 의미를 지닌 두 요소가 결합한 단어임을 추론할 수 있다.
④ 2문단에서 용언 어간과 명사의 결합은 국어 문장 구성에 없는 단어 배열법이며, 이와 같이 결합된 단어를 비통사적 합성어라 함을 알 수 있다. 따라서 '동사의 어간(먹-) + 명사(거리)'가 결합한 단어인 '먹거리'가 비통사적 합성어임을 추론할 수 있다.

실전 문제

01   2025년 국가직 9급

다음 글에서 추론한 내용으로 가장 적절한 것은?

> 언어에는 중요한 몇 가지 특징이 있다. 첫째, 언어의 형식인 말소리와 언어의 내용인 의미 간에는 필연적 관계가 없다. 이를 언어의 '자의성'이라 한다. 즉 어떤 내용을 나타내는 형식은 약속으로 정할 뿐이라는 것이다. 둘째, 언어에서 형식과 내용의 관계에 대한 사회적 약속은 한번 정해지면 개인이 쉽게 바꿀 수가 없다. 이를 언어의 '사회성'이라 한다. 셋째, 언어는 시간의 흐름에 따라 사회 구성원이 바뀌면서 끊임없이 변화한다. 이를 언어의 '역사성'이라 한다. 넷째, 하나의 언어 형식은 수많은 구체적 대상이 가진 공통적인 속성을 개념화하여 표현한 것이다. 예컨대 우리는 세상에 존재하는 여러 책상들의 공통적 속성을 추출하여 하나의 언어 형식인 '책상'으로 표현한다. 이를 언어의 '추상성'이라 한다.

① 같은 언어 안에도 다양한 방언 형태가 존재한다는 것은 언어의 자의성을 보여주는 사례이다.
② 가족과 대화할 때는 직장 동료와 대화할 때와 다른 표현을 사용한다는 것은 언어의 사회성을 보여주는 사례이다.
③ 유명인이 개인적으로 사용한 유행어가 시간이 지나도 표준어로 인정되지 않는다는 것은 언어의 역사성을 보여주는 사례이다.
④ 새로운 줄임말이 끊임없이 만들어지고 있다는 것은 언어의 추상성을 보여주는 사례이다.

02   9급 출제기조 전환 2차 예시문제

다음 글을 이해한 내용으로 가장 적절한 것은?

> 언어의 형식적 요소에는 '음운', '형태', '통사'가 있으며, 언어의 내용적 요소에는 '의미'가 있다. 음운, 형태, 통사 그리고 의미 요소를 중심으로 그 성격, 조직, 기능을 탐구하는 학문 분야를 각각 '음운론', '문법론'(형태론 및 통사론 포괄), 그리고 '의미론'이라고 한다. 그 가운데서 음운론과 문법론은 언어의 형식을 중심으로 그 체계와 기능을 탐구하는 반면, 의미론은 언어의 내용을 중심으로 체계와 작용 방식을 탐구한다.
>
> 이처럼 언어학은 크게 말소리 탐구, 문법 탐구, 의미 탐구로 나눌 수 있는데, 이때 각각에 해당하는 음운론, 문법론, 의미론은 서로 관련된다. 이를 발화의 전달 과정에서 살펴보자. 화자의 측면에서 언어를 발신하는 경우에는 의미론에서 문법론을 거쳐 음운론의 방향으로, 청자의 측면에서 언어를 수신하는 경우에는 반대의 방향으로 작용한다. 의사소통의 과정상 발신자의 측면에서는 의미론에, 수신자의 측면에서는 음운론에 초점이 놓인다. 의사소통은 화자의 생각, 느낌, 주장 등을 청자와 주고받는 행위이므로, 언어 표현의 내용에 해당하는 의미는 이 과정에서 중심적 요소가 된다.

① 언어는 형식적 요소가 내용적 요소보다 다양하다.
② 언어의 형태 탐구는 의미 탐구와 관련되지 않는다.
③ 의사소통의 첫 단계는 언어의 형식을 소리로 전환하는 것이다.
④ 언어를 발신하고 수신하는 과정에서 통사론은 활용되지 않는다.

실전 문제

03
2025년 국가직 9급

다음 글에서 추론한 내용으로 적절하지 않은 것은?

국어의 표준 발음법 규정에서는 이중모음의 발음과 관련한 여러 조항들을 찾을 수 있다. 이중모음은 기본적으로 글자 그대로 발음해야 하지만, 글자와 다르게 발음하는 원칙이 덧붙은 경우도 있다. 이중모음 'ㅢ'의 발음에는 세 가지 원칙이 적용된다. 첫째, 초성이 자음인 음절의 'ㅢ'는 단모음 [ㅣ]로 발음해야 한다. 둘째, 첫음절 이외의 음절에서 'ㅢ'는 이중모음 [ㅢ]로 발음하는 것이 원칙이나 단모음 [ㅣ]로도 발음할 수 있다. 셋째, 조사 '의'는 이중모음 [ㅢ]로 발음하는 것이 원칙이나 단모음 [ㅔ]로도 발음할 수 있다.

이 세 가지 원칙을 적용하여 발음하려 할 때 원칙 간에 충돌이 발생할 때가 있다. '무늬'의 경우, 첫째 원칙에 따르면 [무니]로 발음해야 하는데 둘째 원칙에 따르면 [무늬]도 가능하고 [무니]도 가능하게 된다. 이렇게 첫째와 둘째가 충돌할 때에는 첫째 원칙을 따른다. 하지만 물어본다는 뜻의 명사 '문의(問議)'처럼 앞 음절의 받침이 뒤 음절의 초성으로 오게 되는 경우에는 첫째 원칙이 적용되지 않고 둘째 원칙이 적용된다. '문의 손잡이'에서의 '문의' 역시 받침이 이동하여 발음되기는 하지만 조사 '의'가 포함되어 있다. 이처럼 둘째와 셋째가 충돌하는 상황에서는 셋째 원칙을 따른다.

① '꽃의 향기'에서 '꽃의'는 두 가지 발음이 가능하다.
② '거의 끝났다'에서 '거의'는 한 가지 발음만 가능하다.
③ '편의점에 간다'에서 '편의점'은 두 가지 발음이 가능하다.
④ '한 칸을 띄고 쓴다'에서 '띄고'는 한 가지 발음만 가능하다.

04
2022년 법원직 9급

〈보기〉의 ㉠~㉣에 대한 설명으로 가장 적절하지 않은 것은?

―〈보기〉―

음운의 변동은 한 음운이 다른 음운으로 바뀌는 교체, 한 음운이 없어지는 탈락, 새로운 음운이 생기는 첨가, 두 음운이 하나의 음운으로 합쳐지는 축약으로 구분된다. 한 단어가 발음될 때 이 네 가지 변동 중 둘 이상이 나타나는 경우도 있고 하나의 음운이 두 번 이상의 음운 변동을 겪기도 한다.

㉠ 꽃잎[꼰닙]   ㉡ 맏며느리[만며느리]
㉢ 닫혔다[다쳗따]   ㉣ 넓죽하다[넙쭈카다]

① ㉠~㉣은 모두 음운이 교체되는 현상이 일어난다.
② ㉠과 ㉡에서는 공통적으로 음운의 첨가가 일어난다.
③ ㉢에서는 두 개의 음운이 하나로 축약되는 현상이 일어난다.
④ ㉣에서는 음운의 탈락과 축약이 일어난다.

05

2021년 지방직 7급

㉠ ~ ㉣에 해당하는 예로 옳지 않은 것은?

「표준 발음법」제29항
합성어 및 파생어에서, 앞 단어나 접두사의 끝이 자음이고 뒤 단어나 접미사의 첫음절이 '이, 야, 여, 요, 유'인 경우에는, 'ㄴ' 음을 첨가하여 [니, 냐, 녀, 뇨, 뉴]로 발음한다.
예 색-연필[생년필]
○ 다만, 다음과 같은 말들은 'ㄴ' 음을 첨가하여 발음하되, 표기대로 발음할 수 있다. …… ㉠
예 야금-야금[야금냐금/야그먀금]
○ [붙임 1] 'ㄹ' 받침 뒤에 첨가되는 'ㄴ' 음은 [ㄹ]로 발음한다. …………………………… ㉡
예 서울-역[서울력]
○ [붙임 2] 두 단어를 이어서 한 마디로 발음하는 경우에도 이에 준한다. ………………… ㉢
예 잘 입다[잘립따]
○ 다만, 다음과 같은 단어에서는 'ㄴ(ㄹ)' 음을 첨가하여 발음하지 않는다. ……………… ㉣
예 3.1절[사밀쩔]

① ㉠: 혼합약
② ㉡: 휘발유
③ ㉢: 열여덟
④ ㉣: 등용문

06

2024학년도 대학수학능력시험 9월 모의평가

〈학습 활동〉을 수행한 결과로 적절한 것은?

─〈학습 활동〉─

'교체, 탈락, 첨가, 축약'과 같은 네 가지 유형의 음운 변동을 탐구해 보면, 한 단어에서 서로 다른 유형의 음운 변동이 일어나기도 하고 같은 유형의 음운 변동이 두 번 이상 일어나기도 한다.

○ 한 단어에 음운 변동이 한 번 일어난 예
예 빗[빋], 여덟[여덜], 맨입[맨닙], 축하[추카]
○ 한 단어에 서로 다른 유형의 음운 변동이 일어난 예
예 밟는[밤:는], 닭장[닥짱]
○ 한 단어에 같은 유형의 음운 변동이 두 번 이상 일어난 예
예 앞날[암날], 벚꽃[벋꼳]

이를 참고하여 ㉠ ~ ㉤에 해당하는 예를 두 개씩 생각해 보자.
㉠ '교체가 한 번, 탈락이 한 번' 일어난 것
㉡ '교체가 한 번, 첨가가 한 번' 일어난 것
㉢ '교체가 한 번, 축약이 한 번' 일어난 것
㉣ '교체가 두 번, 탈락이 한 번' 일어난 것
㉤ '교체가 두 번, 첨가가 한 번' 일어난 것

① ㉠: 재밌는[재민는], 얽매는[엉매는]
② ㉡: 불이익[불리익], 견인력[겨닌녁]
③ ㉢: 똑같이[똑까치], 파묻힌[파무친]
④ ㉣: 읊조려[읍쪼려], 겉늙어[건늘거]
⑤ ㉤: 버들잎[버들립], 덧입어[던니버]

실전 문제

07
2023학년도 대학수학능력시험

다음은 된소리되기와 관련한 수업의 일부이다. [A]에 들어갈 말로 적절하지 않은 것은?

> 선생님: 오늘은 표준 발음을 대상으로 용언의 활용에서 나타나는 된소리되기를 알아봅시다. '(신발을) 신고[신ː꼬]'처럼 용언의 활용에서는 마지막 소리가 'ㄴ, ㅁ'인 어간 뒤에 처음 소리가 'ㄱ, ㄷ, ㅅ, ㅈ'인 어미가 결합하면 어미의 처음 소리가 된소리로 바뀌어요.
> 학 생: 아, 그렇군요. 그런데 선생님, 국어에서 'ㄱ, ㄷ, ㅅ, ㅈ'이 'ㄴ, ㅁ' 뒤에 이어지면 항상 된소리로 바뀌나요?
> 선생님: 항상 그런 것은 아니에요. 표준 발음에서는 용언 어간에 피 사동 접사가 결합하거나 어미끼리 결합하거나 체언과 조사가 결합하는 경우에는 된소리되기가 일어나지 않아요. 그리고 '먼지[먼지]'처럼 하나의 형태소 안에서 'ㄴ, ㅁ' 뒤에 'ㄱ, ㄷ, ㅅ, ㅈ'이 있는 경우에도 된소리되기가 일어나지 않아요. 그럼 다음 ⓐ~ⓔ의 밑줄 친 말에서 'ㄴ'이나 'ㅁ' 뒤의 소리가 된소리로 바뀌지 않는 이유를 설명해 볼까요?
>
> > ⓐ 피로를 푼다[푼다]   ⓑ 더운 여름도[여름도]
> > ⓒ 대문을 잠가[잠가]   ⓓ 품에 안겨라[안겨라]
> > ⓔ 학교가 큰지[큰지]
>
> 학 생: 그 이유는 [A] 때문입니다.
> 선생님: 네, 맞아요.

① ⓐ의 'ㄴ'과 'ㄷ'이 모두 어미에 속해 있는 소리이기
② ⓑ의 'ㅁ'과 'ㄷ'이 체언과 조사가 결합하면서 이어진 소리이기
③ ⓒ의 'ㅁ'과 'ㄱ'이 모두 하나의 형태소 안에 속해 있는 소리이기
④ ⓓ의 'ㄴ'과 'ㄱ'이 어미끼리 결합하면서 이어진 소리이기
⑤ ⓔ의 'ㄴ'과 'ㅈ'이 어간과 어미가 결합하면서 이어진 소리가 아니기

08
2023학년도 대학수학능력시험 9월 모의평가

[A]에 들어갈 말로 적절한 것은?

> 학 생: 선생님, 표준 발음법 제18항을 보다가 궁금한 점이 생겼어요. 이 조항에서 'ㄱ, ㄷ, ㅂ' 옆의 괄호 안에 다른 받침들이 포함된 것은 무엇을 나타내나요?
>
> > 제18항 받침 'ㄱ(ㄲ, ㅋ, ㄳ, ㄺ), ㄷ(ㅅ, ㅆ, ㅈ, ㅊ, ㅌ, ㅎ), ㅂ(ㅍ, ㄼ, ㄿ, ㅄ)'은 'ㄴ, ㅁ' 앞에서 [ㅇ, ㄴ, ㅁ]으로 발음한다.
>
> 선생님: 좋은 질문이에요. 그건 받침이 'ㄱ, ㄷ, ㅂ'이 아니더라도, 음운 변동의 결과로 그 발음이 [ㄱ, ㄷ, ㅂ]으로 바뀌면 비음화 현상이 적용될 수 있다는 사실을 나타낸 거예요.
> 학 생: 아, 그렇다면 [A] 비음화 현상이 적용된 거네요?
> 선생님: 네, 맞아요.

① '밖만[방만]'은 자음군 단순화가 적용된 후
② '폭넓다[퐁널따]'는 자음군 단순화가 적용된 후
③ '값만[감만]'은 음절의 끝소리 규칙이 적용된 후
④ '겉늙다[건늑따]'는 음절의 끝소리 규칙이 적용된 후
⑤ '호박잎[호방닙]'은 음절의 끝소리 규칙이 적용된 후

09
2025년 국가직 9급

다음 글의 (가)와 (나)에 들어갈 말을 적절하게 나열한 것은?

두 개 이상의 형태소로 이루어진 단어를 복합어라 한다. 복합어를 처음 두 개로 쪼갰을 때의 구성 요소를 직접구성요소라고 한다. 이 직접구성요소를 분석한 결과, 둘 중 어느 하나가 접사이면 파생어이고, 둘 다 어근이면 합성어이다. 즉 합성어는 '어근+어근'의 구성인데, 이는 합성어를 구성하는 두 구성요소 중 어느 것도 접사가 아니라는 말이다.

그런데 '쓴웃음'과 같은 단어에는 접사 '-음'이 있으니까 □(가)□가 아니냐고 반문할 수 있다. 그러나 이는 복합어 구분의 기준을 온전히 이해하지 못했기 때문에 나올 수 있는 질문이다. 전술한 바와 같이 복합어가 파생어인지 합성어인지를 결정하는 기준은 처음 두 개로 쪼갰을 때 두 구성 요소의 성격이며, 2차, 3차로 쪼갠 결과는 복합어 구분에 관여하지 않는다. 즉 '쓴웃음'의 두 구성 요소 중의 하나인 '웃음'은 파생어이지만 이 '웃음'이 또 다른 단어 형성에 참여할 때는 □(나)□(으)로 참여하는 것이다.

	(가)	(나)
①	합성어	접사
②	합성어	어근
③	파생어	접사
④	파생어	어근

10
2024년 지역인재 9급

다음 글의 내용을 적용한 것으로 적절하지 않은 것은?

합성어는 구성 요소(어근+어근)의 의미 관계에 따라 대등 합성어, 종속 합성어, 융합 합성어로 분류된다. 대등 합성어는 '손발'처럼 두 어근의 의미가 어느 한쪽으로 치우치지 않고, 그 의미가 대등한 또는 병렬적인 합성어이다. 이에 비해 종속 합성어는 '손수레'처럼 두 어근 중 어느 하나가 의미의 중심을 이루고, 다른 하나는 그것의 의미를 보충하는 관계이다. 마지막으로 융합 합성어는 두 어근 중 어느 쪽의 의미도 아닌 제3의 의미일 때를 말한다. 대부분의 융합 합성어는 대등 합성어나 종속 합성어의 의미가 변화한 것이다. 예를 들어 합성어 '뛰어나다'는 구성 요소인 '뛰다'나 '나다'의 의미를 벗어나 '남보다 월등히 훌륭하거나 앞서 있다.'라는 새로운 의미를 획득한 것이다.

① '손가락이 길다.'에서 '손가락'은 종속 합성어이다.
② '논밭에 씨를 뿌린다.'에서 '논밭'은 대등 합성어이다.
③ '가을 하늘이 높푸르다.'에서 '높푸르다'는 대등 합성어에서 의미가 변화한 융합 합성어이다.
④ '미안한 마음은 쥐꼬리만큼도 안 든다.'에서 '쥐꼬리'는 종속 합성어에서 의미가 변화한 융합 합성어이다.

실전 문제

11
2023년 서울시 9급

<보기>의 설명 중 밑줄 친 부분에 해당하는 사례가 아닌 것은?

─ <보기> ─

용언이 문장 속에 쓰일 때에는 어간에 어미가 붙어서 활용함으로써 다양한 문법적인 기능을 나타낸다. 대부분의 용언은 활용할 때에 어간이나 어미의 기본 형태가 그대로 유지되거나 혹은 다른 형태로 바뀌어도 그 현상을 일정한 규칙으로 설명할 수 있지만, 일부의 용언 가운데에는 활용할 때 '<u>어간의 형태가 불규칙하게 활용하는 것</u>', '어미의 형태가 불규칙하게 활용하는 것', '어간과 어미가 불규칙하게 활용하는 것'이 있다.

① 잇다 → 이으니
② 묻다(問) → 물어서
③ 이르다(至) → 이르러
④ 낫다 → 나으니

12
2023년 법원직 9급

<보기>의 ㉠과 ㉡을 모두 충족하는 예로 가장 적절한 것은?

─ <보기> ─

파생어는 어근에 파생 접사가 결합하여 만들어진다. 이때 접사가 어근의 앞에 결합하는 경우도 있고, ㉠ <u>접사가 어근의 뒤에 결합하는 경우</u>도 있다. 또한 어근에 파생 접사가 결합하여 새로운 단어가 형성될 때 ㉡ <u>어근의 품사가 바뀌는 경우</u>도 있고, 바뀌지 않는 경우도 있다.

① 오늘따라 저녁노을이 유난히 <u>새빨갛다</u>.
② 아군의 사기를 <u>높여야</u> 승산이 있습니다.
③ 무엇보다 그 책은 쉽고 재미있게 <u>읽힌다</u>.
④ 나는 천천히 <u>달리기</u>가 더 어렵다.

13
2024학년도 대학수학능력시험 9월 모의평가

[A]를 바탕으로 추론한 내용으로 적절한 것은?

[A]
복합어는 합성과 파생을 통해 형성된 합성어와 파생어로 나뉜다. 의미를 고려하여 어떤 말을 둘로 나누었을 때 그 둘 각각을 직접 구성 요소라 하는데, 합성어는 직접 구성 요소가 모두 어근인 단어이고, 파생어는 직접 구성 요소가 어근과 접사인 단어이다. 그리고 한 개의 형태소가 직접 구성 요소가 되기도 하고 두 개 이상의 형태소가 모여 직접 구성 요소가 되기도 한다. 예를 들어 '꿀벌'은 그 직접 구성 요소 '꿀'과 '벌'이 모두 어근이므로 합성어이다. 그리고 '꿀'과 '벌'은 각각 한 개의 형태소이다.

① '용꿈'의 직접 구성 요소는 모두, 한 개의 자립 형태소로 이루어진 어근이군.
② '봄날'과 '망치질'은 모두, 직접 구성 요소 중 하나가 접사이므로 파생어이군.
③ '필자'를 뜻하는 '지은이'의 직접 구성 요소는 모두, 자립 형태소를 포함하고 있군.
④ '놀이방'과 '단맛'의 직접 구성 요소 중에는 의존 형태소만으로 이루어진 것이 있군.
⑤ '꽃으로 장식한 고무신'을 뜻하는 '꽃고무신'을 직접 구성 요소로 분석하면 '꽃고무'와 '신'으로 분석할 수 있군.

14

〈보기〉의 ⓐ~ⓔ에 대한 이해로 적절한 것은?

― 〈보기〉 ―

국어의 어미는 용언 어간에 붙어 여러 가지 문법적인 기능을 수행한다. 어미는 선어말 어미와 어말 어미로 나누어진다. 선어말 어미는 용언 어간과 어말 어미 사이에 들어가는 것으로 시제나 높임과 같은 문법적 의미를 나타낸다. 선어말 어미는 하나 혹은 둘 이상이 쓰일 수도 있고 아예 쓰이지 않을 수도 있다. 한편 어말 어미에는 종결 어미, 연결 어미, 전성 어미가 있다. 어말 어미는 선어말 어미와 달리 하나만 붙고, 반드시 있어야 한다.

○ 머무시는 동안 ⓐ즐거우셨길 바랍니다.
○ 이 부분에서 물이 ⓑ샜을 가능성이 높다.
○ ⓒ번거로우시겠지만 서류를 챙겨 주세요.
○ 시원한 식혜를 먹고 갈증이 싹 ⓓ가셨겠구나.
○ 항구에 ⓔ다다른 배는 새로운 항해를 준비했다.

① ⓐ: 선어말 어미 두 개와 연결 어미가 사용되었다.
② ⓑ: 선어말 어미 없이 전성 어미가 사용되었다.
③ ⓒ: 선어말 어미 세 개와 연결 어미가 사용되었다.
④ ⓓ: 선어말 어미 두 개와 종결 어미가 사용되었다.
⑤ ⓔ: 선어말 어미 한 개와 전성 어미가 사용되었다.

15

〈보기〉의 ㉠, ㉡에 해당하는 예끼리 묶인 것으로 적절한 것은?

― 〈보기〉 ―

국어의 부정에는 '안'이나 '-지 않다'를 사용하는 '의지 부정'과 '못'이나 '-지 못하다'를 사용하는 '능력 부정'이 있다고 알려져 있다. 그러나 '안'이나 '-지 않다'가 사용된 부정문이 주어의 의지와 무관한 '단순 부정'을 나타내는 경우도 많다. ㉠형용사가 서술어로 쓰이면 '안'이나 '-지 않다'는 단순 부정을 나타낸다. 형용사가 나타내는 성질이나 상태에는 주어의 의지가 작용할 수 없기 때문이다. ㉡동사가 서술어로 쓰이는 경우에도 주어가 의지를 가지지 못하는 무정물이면 '안'이나 '-지 않다'가 단순 부정을 나타낸다. 또한 동사가 서술어로 쓰이고 주어가 유정물이더라도 '나는 깜빡 잊고 약을 안 먹었다.'에서와 같이 '안'이 단순 부정을 나타낼 수 있다.

① ㉠: 옛날엔 통신 기술이 발달하지 않았다.
　㉡: 주문한 옷이 아직도 도착하지 않았다.
② ㉠: 이 문제집은 별로 어렵지 않더라.
　㉡: 저는 이 은혜를 잊지 않겠습니다.
③ ㉠: 나는 그 이야기가 궁금하지 않아.
　㉡: 동생이 오늘 우산을 안 가져갔어.
④ ㉠: 내 얘기에 고모는 놀라지 않았다.
　㉡: 이 물질은 전기가 통하지 않는다.
⑤ ㉠: 밤바다가 그리 고요하지는 않네.
　㉡: 아주 오래간만에 비가 안 온다.

실전 문제

16
9급 출제기조 전환 1차 예시문제

다음 글의 ㉠의 사례가 포함되어 있지 않은 것은?

> 존경 표현에는 주어 명사구를 직접 존경하는 '직접존경'이 있고, 존경의 대상과 긴밀한 관련을 가지는 인물이나 사물 등을 높이는 ㉠'간접존경'도 있다. 전자의 예로 "할머니는 직접 용돈을 마련하신다."를 들 수 있고, 후자의 예로는 "할머니는 용돈이 없으시다."를 들 수 있다. 전자에서 용돈을 마련하는 행위를 하는 주어는 할머니이므로 '마련한다'가 아닌 '마련하신다'로 존경 표현을 한 것이다. 후자에서는 용돈이 주어이지만 할머니와 긴밀한 관련을 가진 사물이라서 '없다'가 아니라 '없으시다'로 존경 표현을 한 것이다.

① 고모는 자식이 다섯이나 있으시다.
② 할머니는 다리가 아프셔서 병원에 다니신다.
③ 언니는 아버지가 너무 건강을 염려하신다고 말했다.
④ 할아버지는 젊었을 때부터 수염이 많으셨다고 들었다.

17
2023년 법원직 9급

㉠ ~ ㉣ 중 〈보기〉의 밑줄 친 부분에 해당하지 않는 것은?

> 〈보기〉
> 높임 표현은 높임의 대상에 따라 주체 높임, 객체 높임, 상대 높임으로 나눌 수 있다. 이 중 객체 높임은 목적어나 부사어가 나타내는 대상, 즉 서술의 객체를 높이는 방법으로 주로 특수 어휘나 부사격 조사 '께'에 의해 실현된다.

지우: 민주야, 너 내일 뭐 할 거니?
민주: 응, 내일 할머니 생신이라서 할머니 ㉠ 모시고 영화관에 가기로 했어.
지우: 와, 오랜만에 할머니도 뵙고 좋겠다.
민주: 응, 그렇지. 오늘은 할머니께 편지도 써야 할 것 같아.
지우: ㉡ 할머니께 드릴 선물은 샀어?
민주: 응, 안 그래도 할머니가 허리가 아프셔서 엄마가 안마의자를 사서 ㉢ 드린대. 나는 용돈을 조금 보태기로 했어.
지우: 아, 할머니께서 ㉣ 편찮으셨구나.

① ㉠   ② ㉡
③ ㉢   ④ ㉣

18
2022년 서울시 9급 (2월)

〈보기〉에서 밑줄 친 설명과 같은 문법 범주에 속하는 문장은?

> 〈보기〉
> (가) 온난화로 북극 빙하가 다 녹는다.
> (나) 온난화가 북극 빙하를 다 녹인다.
> '온난화'라는 사태와 '북극 빙하가 녹는 사태' 간에는 의미적으로 인과 관계가 성립하는데, (가)에서는 이 인과 관계를 드러내는 표지로 부사격 조사 '로'가 쓰였다. (나)는 '녹이다'라는 사동사를 사용한 문장이다. 주동문일 때 부사어 위치에 있던 '온난화'가 사동문에서는 주어 자리를 차지함으로써 '온난화'라는 현상이 '북극 빙하'라는 대상이 '녹도록' 힘을 가하는 의미로 읽힌다. 이로써 '북극 빙하가 녹는 사태'에 대하여 '온난화'가 온전히 책임을 져야 할 것처럼 보인다.

① 회사는 이것이 전파 인증을 받은 제품이라고 우긴다.
② 사장이 사장실을 넓히기 위해 직원 회의실을 좁힌다.
③ 온갖 공장에서 폐수를 정화하지도 않고 강에 버린다.
④ 이산화탄소가 적외선을 흡수하여 열이 대기에 모인다.

19
2022년 서울시 9급 (2월)

〈보기〉의 ㉠을 포함하고 있는 안은문장은?

> 〈보기〉
> 관형사가 문장에 쓰이면 관형어로 기능한다. 그래서 관형사는 항상 관형어로 쓰인다. 즉 관형사는 문장에서 관형어로서 체언을 수식한다. 그런데 관형사만 관형어로 쓰이는 것이 아니라 ㉠ 관형사절이 관형어로 쓰이기도 한다. 즉 관형사절이 체언을 수식한다.

① 그는 갖은 양념으로 맛을 내었다.
② 꽃밭에는 예쁜 꽃이 활짝 피었다.
③ 오랜 가뭄 끝에 비가 내렸다.
④ 사무실 밖에서 여남은 명이 웅성대고 있다.

20
2022년 법원직 9급

<보기>는 이어진 문장과 안은문장에 대해 정리한 것이다. 탐구의 결과로 가장 적절하지 않은 것은?

─── 〈보기〉 ───

○ 이어진문장: 둘 이상의 홑문장이 대등하거나 종속적으로 이어진 문장
  ㄱ. 동생은 과일은 좋아하지만, 야채는 싫어한다.
     동생은 야채는 싫어하지만, 과일은 좋아한다.
  ㄴ. 철수가 오면 그들은 출발할 것이다.
     그들이 출발하면 철수가 올 것이다.

○ 안은문장: 홑문장을 전체 문장의 한 성분으로 안고 있는 문장
  ㄷ. 언니는 <u>그 아이가 학생임</u>을 알았다.
  ㄹ. <u>책을 읽던</u> 영수가 수지에게 다가왔다.

  * ㄷ과 ㄹ의 밑줄 친 부분은 안긴문장임.

① 이어진문장은 두 문장이 '대조'나 '조건'의 의미 관계로 연결되기도 하는군.
② 이어진문장은 앞뒤 문장의 순서가 바뀌어도 동일한 의미를 나타내는군.
③ 안긴문장은 안은문장에서 명사처럼 쓰이거나 명사를 꾸미는 등 다양한 역할을 하는군.
④ 안긴문장과 안은문장의 주어는 같을 수도 있고 서로 다를 수도 있군.

21
2024학년도 대학수학능력시험

〈학습 활동〉을 수행한 결과로 적절한 것은?

─── 〈학습 활동〉 ───

부사어는 부사, 체언+조사, 용언 활용형 등으로 실현된다. 부사어로써 수식하는 문장 성분은 부사어, 관형어, 서술어 등이다. 일례로 '차가 간다.'의 서술어 '간다'를 수식하기 위해 부사 '잘'을 부사어로 쓰면 '차가 잘 간다.'가 된다. [조건] 중 두 가지를 만족하도록, 주어진 문장에 부사어를 넣어 수정해 보자.

[조건]
㉠ 부사어를 수식하기 위해 부사를 부사어로 쓴 문장
㉡ 관형어를 수식하기 위해 용언 활용형을 부사어로 쓴 문장
㉢ 관형어를 수식하기 위해 부사를 부사어로 쓴 문장
㉣ 서술어를 수식하기 위해 '체언+조사'를 부사어로 쓴 문장
㉤ 서술어를 수식하기 위해 용언 활용형을 부사어로 쓴 문장

⋮

	조건	수정 전 ⇨ 수정 후
①	㉠, ㉡	웃는 아기가 귀엽게 걷는다. 예) 방긋 웃는 아기가 참 귀엽게 걷는다.
②	㉠, ㉢	화가가 굵은 선을 쭉 그었다. 예) 화가가 조금 굵은 선을 세로로 쭉 그었다.
③	㉡, ㉤	그를 싫어하는 사람이 있다. 예) 그를 무턱대고 싫어하는 사람이 많이 있다.
④	㉢, ㉣	딴 사람이 그 문제를 해결했다. 예) 전혀 딴 사람이 그 문제를 한순간에 해결했다.
⑤	㉣, ㉤	영미는 그 일을 처리했다. 예) 영미는 그 일을 원칙대로 깔끔히 처리했다.

실전 문제

22
2024학년도 대학수학능력시험 9월 모의평가

〈보기〉의 ㉠~㉢에 들어갈 수 있는 내용으로 적절하지 않은 것은?

─────────〈보기〉─────────

선생님: 능동·피동 표현과 주동·사동 표현에서 높임 표현과 시간 표현이 어떻게 나타나는지 알아봅시다.

> ⓐ 형이 동생을 업었다.
> ⓑ 동생이 형에게 업혔다.
> ⓒ 나는 동생에게 책을 읽혔다.
> ⓓ 나는 동생이 책을 읽게 했다.

먼저 ⓐ, ⓑ에서 '형'을 높임의 대상인 '어머니'로 바꿀 때, 서술어에는 어떤 차이가 생기는지 말해 볼까요?

학 생: ㉠

선생님: 맞아요. 그럼 ⓒ나 ⓓ에서 '동생'을 '할머니'로 바꾸면 어떻게 될까요?

학 생: ㉡

선생님: '-(으)시-'가 어떻게 나타나는지를 잘 이해하고 있네요. 그럼 ⓐ, ⓑ, ⓒ의 서술어에서 '-었-'을 '-고 있-'으로 바꾸면 어떤 의미를 나타낼까요? ⓐ와 ⓑ의 차이점이나 ⓐ와 ⓒ의 공통점을 말해 볼까요?

학 생: ㉢

선생님: '-고 있-'의 의미가 어떻게 나타나는지도 잘 이해하고 있군요.

① ㉠: ⓐ에서는 서술어에 '-으시-'를 넣어야 하지만, ⓑ에서는 '-시-'를 넣지 않습니다.
② ㉡: ⓒ에서는 '동생에게'를 '할머니께'로 바꾸고, '읽혔다'에 '-시-'를 넣어야 합니다.
③ ㉡: ⓓ에서는 '동생이'를 '할머니께서'로 바꾸고, '읽게'에 '-으시-'를 넣어야 합니다.
④ ㉢: ⓐ는 동작의 완료 후 상태 지속의 의미를 나타낼 수 있지만, ⓑ는 그럴 수 없습니다.
⑤ ㉢: ⓐ와 ⓒ는 모두 동작의 진행 의미를 나타낼 수 있습니다.

23
2022년 군무원 9급

다음 중 아래 글의 내용을 포괄하여 설명하기에 가장 적절한 것은?

> 주체 경어법은 용언에 선어말 어미 '-시-'를 넣음으로써 이루어진다. 만약 여러 개의 용언이 함께 나타나는 경우라면 일률적인 규칙을 세우기는 어렵지만 대체로 문장의 마지막 용언에 선어말 어미 '-시-'를 쓴다. 또한 여러 개의 용언 가운데 어휘적으로 높임의 용언이 따로 있는 경우에는 반드시 그 용언을 사용해야 한다.

① 할머니, 어디가 어떻게 편찮으세요?
② 어머님께서 돌아보시고 주인에게 부탁하셨다.
③ 선생님께서 책을 펴며 웃으셨다.
④ 할아버지께서 주무시고 가셨다.

24
2023학년도 대학수학능력시험 6월 모의평가

〈보기〉의 ㉠~㉤에 해당하는 예로 적절한 것은?

─────────〈보기〉─────────

피동문은 대응하는 능동문과 일정한 문법적 관련을 맺는다. 그중 피동문의 서술어는 능동문의 서술어에 피동의 문법 요소를 결부하여 만드는데, 국어에서는 ㉠ 동사 어근에 피동 접사 '-이-', '-히-', '-리-', '-기-'를 결합하는 방법(접-/접히-), ㉡ 접사 '-하-'를 접사 '-받-', '-되-', '-당하-' 등으로 교체하는 방법(사랑하-/사랑받-), ㉢ 동사 어간에 '-아지-/-어지-'를 결합하는 방법(주-/주어지-) 등이 쓰인다. 단, '날씨가 풀리다'에서처럼 ㉣ 자연적으로 발생하는 사태를 표현할 때에는 피동문에 대응하는 능동문을 상정하기 어려운 경우가 있다. 한편 '없어지다'나 '거긴 잘 가지지 않는다.'처럼 ㉤ '-아지-/-어지-'는 형용사나 자동사에 변화의 의미를 더하는 데 쓰이기도 하는데 이런 용법일 때는 피동문을 이루지 않는다.

① ㉠: 아버지가 아이에게 두터운 점퍼를 입혔다.
② ㉡: 내 몫의 일거리는 형에게 건네받았다.
③ ㉢: 언론에 의해 사건의 전모가 자세히 밝혀졌다.
④ ㉣: 그 사람은 많은 사람들에게 존경받는다.
⑤ ㉤: 모두가 바라던 소원이 드디어 이루어졌다.

25
2025년 지방직 9급

다음 중 ㉠에 해당하는 사례로 적절한 것은?

> 하나의 단어는 하나의 품사에 속하는 것이 일반적이지만 어떤 단어는 두 가지 이상의 품사에 속할 수 있다. 예를 들어 '밝다'의 경우 '날이 밝았다.'에서는 '밤이 지나고 환해지며 새날이 오다'라는 의미의 동사이지만, '햇살이 밝은 날'에서는 '불빛 따위가 환하다'라는 의미의 형용사이다. 이렇듯 하나의 단어가 둘 이상의 품사로 사용되는 것을 품사 통용이라고 한다. 품사 통용은 동음이의 현상과 구별된다. 즉 품사 통용은 서로 관련된 두 의미가 같은 형태로 나타난 것인 반면, ㉠동음이의 현상은 먹는 '배'와 타는 '배'가 구별되는 것과 같이 서로 무관한 두 의미가 우연히 같은 형태로 나타난 것이다.

① 그는 여러 문화를 비교적 관점에서 연구했다./삼촌은 교통이 비교적 편리한 곳에 산다.
② 내가 언니보다 키가 더 크다./이번 여름에는 비가 많이 와서 마당의 풀이 잘 큰다.
③ 오늘이 드디어 기다리던 시험일이다./친구는 국립 박물관에 오늘 갈 것이라 한다.
④ 나는 어제 산 모자를 쓰고 나갔다./형님은 시를 쓰고 누님은 그림을 그렸다.

26
2022년 국가직 9급

㉠ ~ ㉣의 사례로 적절하지 않은 것은?

> 단어의 의미가 변화하는 양상은 다양하다. 첫째, "아침 먹고 또 공부하자."에서 '아침'은 본래의 의미인 '하루 중의 이른 시간'을 가리키지 않고 '아침에 먹는 밥'이라는 의미로 쓰인다. '밥'의 의미가 '아침'에 포함되어서 '아침'만으로도 '아침밥'의 의미를 표현하게 된 것으로, ㉠두 개의 단어가 긴밀한 관계여서 한쪽이 다른 한쪽의 의미까지 포함하는 의미로 변화하게 된 경우이다. 둘째, '바가지'는 원래 박의 껍데기를 반으로 갈라 썼던 물건을 가리켰는데, 오늘날에는 흔히 플라스틱 바가지를 가리킨다. 이것은 ㉡언어 표현은 그대로인데 시대의 변화에 따라 지시 대상 자체가 바뀌어서 의미 변화가 발생한 경우이다. 셋째, '묘수'는 본래 바둑에서 만들어진 용어이지만 일상적인 언어생활에서도 '쉽게 생각해 내기 어려운 좋은 방안'이라는 의미로 사용된다. 이는 ㉢특수한 영역에서 사용되던 말이 일반화되면서 단어의 의미가 변화한 경우에 해당한다. 넷째, 호랑이를 두려워하던 시절에 사람들은 '호랑이'라는 이름을 직접 부르기 꺼려서 '산신령'이라고 부르기도 했는데, 이는 ㉣심리적인 이유로 특정 표현을 피하려다 보니 그것을 대신하는 단어의 의미에 변화가 생긴 경우이다.

① ㉠: '아이들의 코 묻은 돈'에서 '코'는 '콧물'의 의미로 쓰인다.
② ㉡: '수세미'는 원래 식물의 이름이었지만 오늘날에는 '그릇을 씻는 데 쓰는 물건'이라는 의미로 쓰인다.
③ ㉢: '배꼽'은 일반적으로 '탯줄이 떨어지면서 배의 한가운데에 생긴 자리'를 가리키지만 바둑에서는 '바둑판의 한가운데'라는 의미로 쓰인다.
④ ㉣: 무서운 전염병인 '천연두'를 꺼려서 '손님'이라고 불렀다.

유형 16 어휘의 문맥상 의미 파악하기

기출 유형 분석
- 글을 읽고 문맥상 어휘가 어떤 뜻으로 사용되었는지를 파악해야 하는 유형의 문제이다.

예상 출제 방향
- 글에서 사용된 단어와 동일한 의미로 쓰인 다의어를 찾거나, 표기는 같지만 의미가 다른 동음이의어를 찾는 문제가 출제될 수 있다.
- 글에서 사용된 단어를 바꿔 쓸 수 있는 한자어나 고유어를 찾는 문제가 출제될 수 있다.

대표 기출 문제

밑줄 친 표현이 문맥상 ⊙의 의미와 가장 가까운 것은?
9급 출제기조 전환 2차 예시문제

> 방각본 출판은 책을 목판에 새겨 대량으로 찍어내는 방식이다. 이 경우 소수의 작품으로 많은 판매 부수를 올리는 것이 유리하다. 즉, 하나의 책으로 500부를 파는 것이 세 권의 책으로 합계 500부를 파는 것보다 이윤이 높다. 따라서 방각본 출판업자는 작품의 종류를 늘리기보다는 시장성이 좋은 작품을 집중적으로 출판하였다. 또한 작품의 규모가 커서 분량이 많은 경우에는 생산 비용이 ⊙ 올라가 책값이 비싸지기 때문에 자연스럽게 분량이 적은 작품을 선호하였다. 이에 따라 방각본 출판에서는 규모가 큰 작품을 기피하였으며, 일단 선택된 작품에도 종종 축약적 윤색이 가해지고는 하였다.
>
> 일종의 도서대여업인 세책업은 가능한 여러 종류의 작품을 가지고 있는 편이 유리하고, 한 작품의 규모가 큰 것도 환영할 만한 일이었다. 소설을 빌려 보는 독자들은 하나를 읽고 나서 대개 새 작품을 찾았으니, 보유한 작품의 종류가 많을수록 좋았다. 또한 한 작품의 분량이 많아서 여러 책으로 나뉘어 있으면 그만큼 세책료를 더 받을 수 있으니, 세책업자들은 스토리를 재미나게 부연하여 책의 권수를 늘리기도 했다. 따라서 세책업자들은 많은 종류의 작품을 모으는 데에 주력했고, 이 과정에서 원본의 확장 및 개작이 적잖이 이루어졌다.

① 습도가 <u>올라가는</u> 장마철에는 건강에 유의해야 한다.
② 내가 키우던 반려견이 하늘나라로 <u>올라갔다</u>.
③ 그녀는 승진해서 본사로 <u>올라가게</u> 되었다.
④ 그는 시험을 보러 서울로 <u>올라갔다</u>.

해설 ① 습도가 올라가는 장마철에는 건강에 유의해야 한다: '생산 비용이 올라가'의 '올라가다'는 '값이나 통계 수치, 온도, 물가가 높아지거나 커지다'를 뜻하며 이와 같은 의미로 사용된 것은 ①의 '올라가다'이다.

오답분석
② 내가 키우던 반려견이 하늘나라로 올라갔다: 이때 '올라가다'는 '죽다'를 비유적으로 이르는 말이다.
③ 그녀는 승진해서 본사로 올라가게 되었다: 이때 '올라가다'는 '하급 기관에서 상급 기관으로 자리를 옮기다'를 뜻한다.
④ 그는 시험을 보러 서울로 올라갔다: 이때 '올라가다'는 '지방에서 중앙으로 가다'를 뜻한다.

실전 문제

01
2025년 지방직 9급

다음 글의 문맥상 ㉠의 의미와 가장 가까운 것은?

> 천상계와 지상계로 나누어진 영웅 소설의 세계 구조에서 서사적으로 중요한 것은 지상계의 일이지만 인과론적 구도로는 천상계가 우위에 있다. 천상계의 의지나 그 대리자의 개입에 의해서 지상계의 서사가 결정되기 때문이다. 천상계는 지상에서 ㉠ 일어나는 모든 사건의 발생과 귀결을 지배하는 초월적 세계로서, 일시적으로 고난에 빠졌던 주인공이 세상에 창궐한 악을 물리치고 승리하도록 해 주는 근거로 작용한다. 지상의 혼란이나 세계 질서의 모순은 일시적인 것일 뿐 현실의 구체적 갈등에 뿌리를 둔 것이 아니어서 초월적 세계가 이미 설계한 바에 따라 쉽사리 해소된다. 이런 모습의 세계 구조를 '이원적 세계상'이라고 부른다.
>
> 반면에 판소리계 소설의 세계상은 대체로 일원적이고 경험적이다. 판소리계 소설에는 초월적 세계가 지배적 장치로 나타나는 경우가 극히 드물며, 현실의 경험적 인과 관계에 의해 서사가 전개된다. 예컨대 변학도의 횡포로 인한 춘향의 수난, 흥부의 가난과 고난, 심청과 심봉사의 불행, 유혹에 넘어간 토끼의 위기 탈출, 배비장의 욕망과 봉변, 장끼의 죽음 등은 초월적 세계의 의지나 그 대리자의 개입 없이 현실적 삶의 인과에 따라 이루어지는 것이다.

① 언니는 뽀얗게 일어나는 물보라에 손을 대었다.
② 그는 가까스로 일어나는 불꽃을 바라보고 있었다.
③ 아침 일찍 일어나는 습관을 들이는 것이 중요하다.
④ 싸움이 일어나는 동안 그는 숨어 있을 수밖에 없었다.

02
2025년 지방직 9급

다음 글의 ㉠~㉣과 바꿔 쓸 수 있는 유사한 표현으로 적절하지 않은 것은?

> 이광수와 김동인은 한국 근대 문학 초기의 대표적인 소설가로, 이 둘의 작품은 표준어와 사투리의 사용에서 두드러진 차이를 보인다. 이광수의 대표작「무정」에서는 작중 배경과 등장인물의 출신지가 서울이 아닌데도 인물들이 주고받는 대화가 표준어로 되어 있다. 반면 김동인의 대표작「배따라기」에서 인물들의 대화는 출신지와 작중 배경에 ㉠ 맞는 사투리로 이루어진다. 작품의 리얼리티를 얼마나 잘 구현했는가를 기준으로 본다면,「무정」보다「배따라기」가 더 뛰어나다고 볼 수 있다.
>
> 그러나 이광수의「무정」을 리얼리티의 구현 정도를 기준으로 낮잡아 평가하는 것은 곤란하다. 근대 국민국가 형성 과정에서 다양한 지방의 사투리를 통일하는 것은 중요한 화두였다. 이로 인해 표준어와 사투리의 위계가 공고해졌다. 당대의 지식인들은 표준어가 교양, 문화, 지식, 과학, 공적 영역 등의 근대적 가치를 나타내는 것으로, 사투리는 야만, 비문화, 무지, 비과학, 사적 영역 등의 전근대적인 가치를 ㉡ 나타내는 것으로 인식하였다. 이광수가 계몽주의의 신봉자였음을 ㉢ 떠올리면, 그가「무정」에서 표준어를 사용한 것은 근대적 가치를 실현하기 위한 의도적인 선택이었다.
>
> 이처럼 표준어의 사용은 작가의 의도를 드러내는 기능을 한다. 이는 현대 문학 안에서도 찾아볼 수 있다. 박경리의「토지」에서 대부분의 인물들은 경상도나 함경도 사투리를 사용한다. 하지만 주인공 '서희'는 사투리를 구사하지 않는다. 이는 작품의 리얼리티 형성에 방해가 되지만 해당 인물의 고고함과 차가움을 드러내는 데에 더할 수 없이 적절한 기능을 한다.「토지」에 사용된 표준어는 인물의 성격을 ㉣ 뚜렷하게 보여 주는 효과를 지닌다.

① ㉠: 영합(迎合)하는
② ㉡: 표상(表象)하는
③ ㉢: 상기(想起)하면
④ ㉣: 분명(分明)하게

실전 문제

03
2025년 국가직 9급

다음 글의 ㉠~㉣과 바꿔 쓸 수 있는 유사한 표현으로 적절하지 않은 것은?

> 동물이 신체의 내부 온도를 정상 범위 안에서 유지하는 과정을 '체온조절'이라고 한다. 체온조절을 위하여 동물은 신체 내부의 물질대사를 통해 열을 발생시키거나 외부 환경에서부터 열을 ㉠획득한다. 조류나 포유류는 체내의 물질대사에 의하여 생성된 열로 체온을 유지하기 때문에 '내온동물'이라고 부른다. 대부분의 내온동물은 외부 온도가 변화해도 안정적으로 체온을 유지한다. 추운 환경에 노출되어도 내온동물은 충분한 열을 생성해서 주변보다 더 따뜻하게 체온을 유지할 수 있다.
>
> 이와 달리 양서류나 많은 종류의 파충류와 어류는 열을 외부에서부터 획득하기 때문에 '외온동물'이라고 부른다. 외온동물은 체온조절을 위한 충분한 열을 생성하지는 않지만 그늘을 찾거나 햇볕을 쬐는 것과 같은 행동을 통해 체온을 ㉡조절한다. 외온동물은 열을 외부에서 얻기 때문에 체내의 물질대사를 통해 큰 에너지를 생성할 필요가 없어서 동일한 크기의 내온동물보다 먹이를 적게 섭취한다.
>
> 한편 체온의 안정성을 기준으로 동물을 '항온동물'과 '변온동물'로 ㉢구분하기도 한다. 주위 환경과 관계없이 비교적 일정한 체온을 유지하는 동물을 항온동물, 주위 환경에 따라서 체온이 변하는 동물을 변온동물이라고 부른다. 한때는 내온동물과 외온동물을 각각 항온동물과 변온동물이라고 부르기도 했다.
>
> 그런데 체온조절을 위해 열을 획득하는 방식과 체온의 안정성을 유지하는 것은 별개의 문제이다. 외온동물에 속하는 많은 종류의 해양 어류는 일정한 온도가 유지되는 물에서 ㉣서식하기 때문에 체온이 크게 변하지 않는다. 반대로 어떤 내온동물은 체온의 변화가 급격하게 일어나기도 한다. 예컨대 박쥐 중에는 겨울잠을 자면서 체온을 40°C나 떨어뜨리는 종류도 있다. 내온동물과 외온동물을 구분하는 방식과 항온동물과 변온동물을 구분하는 방식 사이에는 어떠한 상관관계도 없다.

① ㉠: 얻는다
② ㉡: 올린다
③ ㉢: 나누기도
④ ㉣: 살기

04
2025년 국가직 9급

다음 글의 ㉠~㉣ 중 문맥상 (가)의 의미와 가장 가까운 것은?

> 조선 시대 소설은 표기 문자에 따라 한자로 ㉠표기한 한문 소설과 한글로 표기한 한글 소설, 두 가지로 나뉜다. 한문 소설은 중국에서 들여온 한문 소설, 조선에서 창작한 한문 소설, 조선의 한글 소설을 ㉡번역한 한문 소설로 나뉜다. 그리고 한글 소설은 중국 소설을 번역한 한글 소설, 조선에서 창작한 한문 소설을 번역한 한글 소설, 조선에서 창작한 한글 소설로 나뉜다. 조선 시대에 많은 한글 소설이 창작되어 읽혔지만, 이를 저급한 오락물로 여겼던 당대의 지식인들은 한글 소설을 외면했으므로 그에 관해 ㉢기록한 문헌을 거의 남기지 않았다. 반면에 이들은 한문 소설, 특히 중국에서 들여온 한문 소설을 즐겨 읽고 이에 관한 많은 기록을 남겼다.
>
> 중국에서 들여온 한문 소설은 조선에서도 인쇄된 책으로 읽혔기 때문에 필사본이 거의 없다. 이와 대조적으로 조선에서 창작한 한문 소설은 필사본으로 유통되었다. 조선의 필사본 소설은 뚜렷한 특징을 보이는데, 한문 소설을 ㉣필사한 경우는 이본별 내용 차이가 거의 없는 반면 한글 소설을 필사한 경우는 그렇지 않다는 점이다. 한글 소설은 같은 제목의 소설이라도 내용이 상당히 다른 다양한 이본이 있었다. 이는 한문 소설의 독자는 문자 그대로 독자였던 것에 비하여 한글 소설의 독자는 독자이면서 이야기를 개작하는 작자이기도 했기 때문이다. 한자에 비해 한글은 익히기 쉽고 그만큼 쓰기도 편해서 한글 소설의 필사자는 내용을 바꾸고 싶다는 의지가 있다면 쉽게 바꿀 수 있었다. 한글 소설은 인쇄본이 아니라 필사본으로 많이 유통되었기 때문에 (가)옮겨 쓰는 과정에서 다양한 이본이 생겨났다.
>
> 조선 시대 소설을 이해하는 데 있어서 소설을 표기한 문자는 무엇보다 중요하다. 표기 문자는 소설의 종류를 나누는 기준이 되었을 뿐만 아니라, 소설의 감상 및 유통, 이본 생산에 직접적인 영향을 미쳤다.

① ㉠
② ㉡
③ ㉢
④ ㉣

05

문맥상 ㉠의 의미와 가장 가까운 것은?

> '크로노토프'는 그리스어로 시간과 공간을 뜻하는 두 단어를 결합한 것으로, 시공간을 통합적으로 이해하기 위한 개념이다. 크로노토프의 관점에서 보면 고소설과 근대소설의 차이를 명확하게 파악할 수 있다.
>
> 고소설에는 돌아가야 할 곳으로서의 원점이 존재한다. 그것은 영웅소설에서라면 중세의 인륜이 원형대로 보존된 세계이고, 가정소설에서라면 가장 중심으로 가족 구성원들이 평화롭게 공존하는 가정이다. 고소설에서 주인공은 적대자에 의해 원점에서 분리되어 고난을 겪는다. 그들의 목표는 상실한 원점을 회복하는 것, 즉 그곳에서 향유했던 이상적 상태로 ㉠돌아가는 것이다. 주인공과 적대자 사이의 갈등이 전개되는 시간을 서사적 현재라 한다면, 주인공이 도달해야 할 종결점은 새로운 미래가 아니라 다시 도래할 과거로서의 미래이다. 이러한 시공간의 배열을 '회귀의 크로노토프'라고 한다.
>
> 근대소설 「무정」은 회귀의 크로노토프를 부정한다. 이것은 주인공인 이형식과 박영채의 시간 경험을 통해 확인된다. 형식은 고아지만 이상적인 고향의 기억을 갖고 있다. 그것은 박 진사의 집에서 영채와 함께하던 때의 기억이다. 이는 영채도 마찬가지기에, 그들에게 박 진사의 집으로 표상되는 유년의 과거는 이상적 원점의 구실을 한다. 박 진사의 죽음은 그들에게 고향의 상실을 상징한다. 두 사람의 결합이 이상적 상태의 고향을 회복할 수 있는 유일한 방법이겠지만, 그들은 끝내 결합하지 못한다. 형식은 새 시대의 새 인물이 되어야 한다고 생각하며 과거로의 복귀를 거부한다.

① 전쟁은 연합군의 승리로 돌아갔다.
② 사과가 한 사람 앞에 두 개씩 돌아간다.
③ 그는 잃어버린 동심으로 돌아가고 싶었다.
④ 그녀는 자금이 잘 돌아가지 않는다며 걱정했다.

06

㉠~㉣과 바꿔 쓸 수 있는 유사한 표현으로 적절하지 않은 것은?

> 한국 신화에 보이는 신과 인간의 관계는 다른 나라의 신화와 ㉠견주어 볼 때 흥미롭다. 한국 신화에서 신은 인간과의 결합을 통해 결핍을 해소함으로써 완전한 존재가 되고, 인간은 신과의 결합을 통해 혼자 할 수 없었던 존재론적 상승을 이룬다.
>
> 한국 건국신화에서 주인공인 신은 지상에 내려와 왕이 되고자 한다. 천상적 존재가 지상적 존재가 되기를 ㉡바라는 것인데, 인간들의 왕이 된 신은 인간 여성과의 결합을 통해 자식을 낳음으로써 결핍을 메운다. 무속신화에서는 인간이었던 주인공이 신과의 결합을 통해 신적 존재로 ㉢거듭나게 됨으로써 존재론적으로 상승하게 된다. 이처럼 한국 신화에서 신과 인간은 서로의 존재를 필요로 한다는 점에서 상호의존적이고 호혜적이다.
>
> 다른 나라의 신화들은 신과 인간의 관계가 한국 신화와 달리 위계적이고 종속적이다. 히브리 신화에서 피조물인 인간은 자신을 창조한 유일신에 대해 원초적 부채감을 지니고 있으며, 신이 지상의 모든 일을 관장한다는 점에서 언제나 인간의 우위에 있다. 이러한 양상은 북유럽이나 바빌로니아 등에 ㉣퍼져 있는 신체 화생 신화에도 유사하게 나타난다. 신체 화생 신화는 신이 죽음을 맞게 된 후 그 신체가 해체되면서 인간 세계가 만들어지게 된다는 것인데, 신의 희생 덕분에 인간 세계가 만들어질 수 있었다는 점에서 인간은 신에게 철저히 종속되어 있다.

① ㉠: 비교해
② ㉡: 희망하는
③ ㉢: 복귀하게
④ ㉣: 분포되어

실전 문제

07
2024년 국가직 9급

다음은 다의어 '알다'의 뜻풀이 중 일부이다. ㉠~㉣의 예로 적절하지 않은 것은?

> ㉠ 어떤 일을 할 능력이나 소양이 있다.
> ㉡ 다른 사람과 사귐이 있거나 인연이 있다.
> ㉢ 어떤 일에 대하여 관여하거나 관심을 가지다.
> ㉣ 어떤 일을 어떻게 할지 스스로 정하거나 판단하다.

① ㉠: 그 외교관은 무려 7개 국어를 할 줄 안다.
② ㉡: 이 두 사람은 서로 알고 지낸 지 오래이다.
③ ㉢: 그 사람이 무엇을 하든 내가 알 바 아니다.
④ ㉣: 나는 그 팀이 이번 경기에서 질 줄 알았다.

08
2024년 지방직 9급

밑줄 친 단어와 의미가 같은 것은?

> 아이가 말을 참 잘 듣는다.

① 이 약은 나에게 잘 듣는다.
② 학교에 가면 선생님 말씀을 잘 들어라.
③ 이번 학기에는 여섯 과목을 들을 계획이다.
④ 브레이크가 말을 듣지 않아 사고가 날 뻔했다.

09
2024년 지방직 9급

밑줄 친 부분을 풀어 쓴 것으로 적절하지 않은 것은?
① 선생님께서 수시(隨時)로 교실에 들어오셨다. - 아무 때나 늘
② 그는 세계 제일의 피아니스트라고 해도 과언(過言)이 아니다. - 지나친 말
③ 문화 시설 대부분이 서울에 편재(偏在)해 있다. - 치우쳐
④ 누구나 착한 심성을 발현(發現)하는 것은 아니다.
  - 헤아려 보는

10
2024년 지역인재 9급

㉠~㉣과 바꿔 쓸 수 있는 표현으로 적절하지 않은 것은?

> 백석의 시 노루 의 공간적 배경은 산골이다. '집터를 츠고'의 '츠다'는 집터를 '치다'의 평안도 ㉠방언으로, 집터를 마련하기 위해 땅을 파내거나 ㉡평탄하게 고른다는 말이다. 백석의 시에서는 ㉢회귀하고 싶은 이상향의 이미지가 발견된다. 또한 ㉣상실한 것을 잊어버리지 않아야 할 것으로 이야기한다.

① ㉠ - 사투리로
② ㉡ - 줄을 맞추어
③ ㉢ - 돌아가고
④ ㉣ - 잃어버린

11
2023년 지방직 9급

㉠~㉣과 바꿔 쓸 수 있는 유사한 표현으로 적절하지 않은 것은?

> ○ 서구의 문화를 ㉠맹종하는 이들이 많다.
> ○ 안일한 생활에서 ㉡탈피하여 어려운 일에 도전하고 싶다.
> ○ 회사의 생산성을 ㉢제고하기 위해 노력하자.
> ○ 연못 위를 ㉣부유하는 연잎을 바라보며 여유를 즐겼다.

① ㉠: 무분별하게 따르는
② ㉡: 벗어나
③ ㉢: 끌어올리기
④ ㉣: 헤엄치는

12
2022학년도 대학수학능력시험 (예비)

ⓐ, ⓑ의 의미로 쓰인 예가 바르게 짝지어진 것은?

> 충전과 방전을 ⓐ통해 반복적으로 사용할 수 있는 충전지는 충전기를 ⓑ통해 충전하는데, 충전기는 적절한 전류와 전압을 제어하기 위한 충전 회로를 가지고 있다. 충전지는 양극에 사용되는 금속 산화 물질에 따라 납 충전지, 니켈 충전지, 리튬 충전지로 나눌 수 있다. 충전지가 방전될 때 양극 단자와 음극 단자 간에 전위차, 즉 전압이 발생하는데, 방전이 진행되면서 전압이 감소한다. 이렇게 변화하는 단자 전압의 평균을 공칭 전압이라 한다. 충전지를 크게 만들면 충전 용량과 방전 전류 세기를 증가시킬 수 있으나 전극의 물질을 바꾸지 않는 한 공칭 전압은 변하지 않는다. 납 충전지의 공칭 전압은 2V, 니켈 충전지는 1.2V, 리튬 충전지는 3.6V이다.

① ⓐ: 그 사람에게 그런 식은 안 통한다.
  ⓑ: 전깃줄에 전류가 통한다.
② ⓐ: 그와 나는 서로 통하는 면이 있다.
  ⓑ: 청년기를 통해 노력의 중요성을 익혔다.
③ ⓐ: 이 길은 바다로 가는 길과 통해 있다.
  ⓑ: 모두 비상구를 통해 안전하게 빠져나갔다.
④ ⓐ: 이곳은 바람이 잘 통해 빨래가 잘 마른다.
  ⓑ: 그런 얄팍한 수는 나에게 통하지 않는다.
⑤ ⓐ: 철저한 실습을 통해 이론을 확실히 익힌다.
  ⓑ: 망원경을 통해 저 멀리까지 내다보았다.

13
2021년 국가직 9급

㉠의 단어와 의미가 같은 것은?

> 친구에게 줄 선물을 예쁜 포장지에 ㉠싼다.

① 사람들이 안채를 겹겹이 싸고 있다.
② 사람들은 봇짐을 싸고 산길로 향한다.
③ 아이는 몇 권의 책을 싼 보퉁이를 들고 있다.
④ 내일 학교에 가려면 책가방을 미리 싸 두어라.

14
2020년 소방직 9급

㉠의 문맥적 의미와 가장 가까운 것은?

> 문화의 특성도 인간의 성격도 크게 나누어 보면 '심근성(深根性)'과 '천근성(淺根性)'으로 ㉠나누어 볼 수 있다. 심근성의 문화는 이념이나 정통에 깊이 뿌리를 박고 있는 대륙형 문화이며, 천근성의 문화는 이식과 수용·적응이 잘되는 해양성 섬 문화이다. 소나무 가지는 한번 꺾이고 부러지면 재생 불가능이지만 버들은 아무데서나 새 가지가 돋는다. 이렇게 고지식하고 융통성이 없는 깐깐한 소나무 문화와는 달리 버드나무는 뿌리가 얕으므로 오히려 덕을 본다.

① 우리는 그 문제에 대해서 의견을 나누었으나 결론을 내지는 못했다.
② 학생들은 청군과 백군으로 나누어 편을 갈랐다.
③ 형제란 한 부모의 피를 나눈 사람들이다.
④ 이 사과를 세 조각으로 나누자.

15
2020년 서울시 9급

<보기>의 밑줄 친 부분과 문맥적 의미가 가장 가까운 것은?

— <보기> —
현재 그녀는 건강이 매우 좋다.

① 그녀의 성격은 더할 수 없이 좋다.
② 서울 간 길에 한 번 뵈올 땐 혈색이 좋으셨는데?
③ 다음 주 토요일은 결혼식을 하기에는 매우 좋은 날이다.
④ 대화를 하는 그의 말투는 기분이 상쾌할 정도로 좋았다.

실전 문제

16
2020학년도 대학수학능력시험 6월 모의평가

문맥상 의미가 ⓐ와 가장 가까운 것은?

> 거시 건전성 정책의 목표를 효과적으로 달성하기 위해서는 경기 변동과 금융 시스템 위험 요인 간의 상관관계를 감안한 정책 수단의 도입이 필요하다. 금융 시스템 위험 요인은 경기 순응성을 가진다. 즉 경기가 호황일 때는 금융 회사들이 대출을 늘려 신용 공급을 팽창시킴에 따라 자산 가격이 급등하고, 이는 다시 경기를 더 과열시키는 반면 불황일 때는 그 반대의 상황이 일어난다. 이를 완화할 수 있는 정책 수단으로는 경기 대응 완충자본 제도를 ⓐ들 수 있다. 이 제도는 정책 당국이 경기 과열기에 금융 회사로 하여금 최저 자기자본에 추가적인 자기자본, 즉 완충자본을 쌓도록 하여 과도한 신용 팽창을 억제시킨다. 한편 적립된 완충자본은 경기 침체기에 대출 재원으로 쓰도록 함으로써 신용이 충분히 공급되도록 한다.

① 나는 그 사람에게 친근감이 든다.
② 그는 목격자의 진술을 증거로 들고 있다.
③ 그분은 이미 대가의 경지에 든 학자이다.
④ 하반기에 들자 수출이 서서히 증가하기 시작했다.
⑤ 젊은 부부는 집을 마련하기 위해 적금을 들기로 했다.

17
2019학년도 대학수학능력시험 6월 모의평가

문맥상 의미가 ⓐ와 가장 가까운 것은?

> 사무실의 방충망이 낡아서 파손되었다면 세입자와 사무실을 빌려 준 건물주 중 누가 고쳐야 할까? 이 경우, 민법전의 법조문에 의하면 임대인인 건물주가 수선할 의무를 ⓐ진다. 그러나 사무실을 빌릴 때, 간단한 파손은 세입자가 스스로 해결한다는 내용을 계약서에 포함하는 경우도 있다. 이처럼 법률의 규정과 계약의 내용이 어긋날 때 어떤 것이 우선 적용되어야 하는가, 법적 불이익은 없는가 등의 문제가 발생한다.

① 커피를 쏟아서 옷에 얼룩이 졌다.
② 네게 계속 신세만 지기가 미안하다.
③ 우리는 그 문제로 원수를 지게 되었다.
④ 아이들은 배낭을 진 채 여행을 떠났다.
⑤ 나는 조장으로서 큰 부담을 지고 있다.

18
2019학년도 대학수학능력시험 9월 모의평가

문맥상 ⓐ의 의미와 가장 가까운 의미로 쓰인 것은?

> 우리나라의 신용 평가 제도에서는 원화로 이자와 원금의 지급을 약속한 채권 가운데 발행자의 지급 능력이 최상급인 채권에 AAA라는 최고 신용 등급이 부여된다. 원금과 이자가 지급되지 않아 부도가 난 채권에는 D라는 최저 신용 등급이 주어진다. 그 외의 채권은 신용 위험이 커지는 순서에 따라 AA, A, BBB, BB 등 점차 낮아지는 등급 범주로 평가된다. 이들 각 등급 범주 내에서도 신용 위험의 상대적인 크고 작음에 따라 각각 '-'나 '+'를 붙이거나 하여 각 범주가 세 단계의 신용 등급으로 세분되는 경우가 있다. 채권의 신용 등급은 신용 위험의 변동에 따라 조정될 수 있다. 다른 조건이 일정한 가운데 신용 위험이 커지면 채권 시장에서 해당 채권의 가격이 ⓐ 떨어진다.

① 오늘 아침에는 기온이 영하로 떨어졌다.
② 과자 한 봉지를 팔면 내게 100원이 떨어진다.
③ 더위를 먹었는지 입맛이 떨어지고 기운이 없다.
④ 신발이 떨어져서 걸을 때마다 빗물이 스며든다.
⑤ 선생님 말씀이 떨어지자마자 모두 자리에 앉았다.

19
2019학년도 대학수학능력시험

문맥상 의미가 ⓐ와 가장 가까운 것은?

> 을이 그림 A를 넘겨주지 않은 까닭은 갑으로부터 매매 대금을 받은 뒤에 을의 과실로 불이 나 그림 A가 타 없어졌기 때문이다. 결국 채무는 이행 불능이 되었다. 소송을 하더라도 불능의 내용을 이행하라는 판결은 ⓐ나올 수 없다. 그림 A의 소실이 계약 체결 전이었다면, 그 계약은 실현 불가능한 내용을 담고 있기 때문에 체결할 때부터 계약 자체가 무효이다. 이행 불능이 채무자의 과실 때문에 일어난 것이라면 채무자가 채무 불이행에 대한 책임을 져야 한다.

① 오랜 연구 끝에 만족할 만한 실험 결과가 나왔다.
② 그 사람이 부드럽게 나오니 내 마음이 누그러졌다.
③ 우리 마을은 라디오가 잘 안 나오는 산간 지역이다.
④ 이 책에 나오는 옛날이야기 한 편을 함께 읽어 보자.
⑤ 그동안 우리 지역에서는 걸출한 인물들이 많이 나왔다.

20
2018년 지방직 9급

밑줄 친 부분과 같은 의미로 사용된 것은?

> 지도 위에 손가락을 짚어 가며 여행 계획을 설명하였다.

① 이마를 짚어 보니 열이 있었다.
② 그는 두 손으로 땅을 짚어야 했다.
③ 그들은 속을 짚어 낼 수가 없는 사람들이었다.
④ 시험 문제를 짚어 주었는데도 성적이 좋지 않다.

21
2018년 국가직 7급

밑줄 친 말의 문맥적 의미와 가장 가까운 것은?

> 나는 우리 회사의 장래를 너에게 걸었다.

① 이 작가는 이번 작품에 생애를 걸었다.
② 우리나라는 첨단 산업에 승부를 걸었다.
③ 마지막 전투에 주저 없이 목숨을 걸었다.
④ 그는 친구를 보호하기 위해 자신의 직위를 걸었다.

22
2017년 국가직 9급 (4월)

밑줄 친 말의 문맥적 의미가 같은 것은?

> 고장 난 시계를 고치다.

① 부엌을 입식으로 고치다.
② 상호를 순우리말로 고치다.
③ 정비소에서 자동차를 고치다.
④ 국민 생활에 불편을 주는 낡은 법을 고치다.

23
2017학년도 대학수학능력시험 9월 모의평가

문맥상 ㉠과 바꿔 쓰기에 가장 적절한 것은?

> 권리와 의무의 주체가 될 수 있는 자격을 권리 능력이라 한다. 사람은 태어나면서 저절로 권리 능력을 갖게 되고 생존하는 내내 보유한다. 그리하여 사람은 재산에 대한 소유권의 주체가 되며, 다른 사람에 대하여 채권을 누리기도 하고 채무를 지기도 한다. 사람들의 결합체인 단체도 일정한 요건을 ㉠<u>갖추면</u> 법으로써 부여되는 권리 능력인 법인격을 취득할 수 있다. 단체 중에는 사람들이 일정한 목적을 갖고 결합한 조직체로서 구성원과 구별되어 독자적 실체로서 존재하며, 운영 기구를 두어, 구성원의 가입과 탈퇴에 관계없이 존속하는 단체가 있다. 이를 사단(社團)이라 하며, 사단이 갖춘 이러한 성질을 사단성이라 한다. 사단의 구성원은 사원이라 한다. 사단은 법인(法人)으로 등기되어야 법인격이 생기는데, 법인격을 가진 사단을 사단 법인이라 부른다. 반면에 사단성을 갖추고도 법인으로 등기하지 않은 사단은 '법인이 아닌 사단'이라 한다. 사람과 법인만이 권리 능력을 가지며, 사람의 권리 능력과 법인격은 엄격히 구별된다. 그리하여 사단 법인이 자기 이름으로 진 빚은 사단이 가진 재산으로 갚아야 하는 것이지 사원 개인에게까지 책임이 미치지 않는다.

① 겸비(兼備)하면
② 구비(具備)하면
③ 대비(對備)하면
④ 예비(豫備)하면
⑤ 정비(整備)하면

실전 문제

24
2017학년도 대학수학능력시험 6월 모의평가

문맥상 ㉠과 바꿔 쓰기에 적절하지 않은 것은?

> 요컨대 첫째 비판은 동물 실험의 유효성을 주장하는 유비논증의 개연성이 낮다고 지적하는 반면 둘째 비판은 동물도 고통을 느낀다는 점에서 동물 실험의 윤리적 문제를 제기하는 것이다. 인간과 동물 모두 고통을 느끼는데 인간에게 고통을 ㉠끼치는 실험은 해서는 안 되고 동물에게 고통을 끼치는 실험은 해도 된다고 생각하는 것은 공평하지 않다고 생각하기 때문이다. 결국 윤리성의 문제도 일관되지 않게 쓰인 유비 논증에서 비롯된 것이다.

① 맡기는
② 가하는
③ 주는
④ 안기는
⑤ 겪게 하는

25
2016학년도 대학수학능력시험 A형

ⓐ의 문맥적 의미와 가장 가까운 것은?

> 먼저 흄은 과거의 경험을 근거로 미래를 예측하는 귀납이 정당한 추론이 되려면 미래의 세계가 과거에 우리가 경험해 온 세계와 동일하다는 자연의 일양성, 곧 한결같음이 가정되어야 한다고 보았다. 그런데 자연의 일양성은 선험적으로 알 수 있는 것이 아니라 경험에 기대어야 알 수 있는 것이다. 즉 "귀납이 정당한 추론이다."라는 주장은 "자연은 일양적이다."라는 다른 지식을 전제로 하는데 그 지식은 다시 귀납에 의해 정당화되어야 하는 경험적 지식이므로 귀납의 정당화는 순환 논리에 ⓐ빠져 버린다는 것이다. 이것이 귀납의 정당화 문제이다.

① 혼란에 빠진 적군은 지휘 계통이 무너졌다.
② 그의 말을 듣자 모든 사람들이 기운이 빠졌다.
③ 그는 무릎 위까지 푹푹 빠지는 눈길을 헤쳐 왔다.
④ 그의 강연에 자신의 주장이 빠져 모두 아쉬워했다.
⑤ 우리 제품은 타사 제품에 빠지지 않는 우수한 것이다.

2026 대비 최신개정판

해커스공무원
국어 유형별 기출공략
333제

개정 2판 1쇄 발행 2025년 8월 29일

지은이	해커스 공무원시험연구소
펴낸곳	해커스패스
펴낸이	해커스공무원 출판팀
주소	서울특별시 강남구 강남대로 428 해커스공무원
고객센터	1588-4055
교재 관련 문의	gosi@hackerspass.com
	해커스공무원 사이트(gosi.Hackers.com) 교재 Q&A 게시판
	카카오톡 채널 [해커스공무원 노량진캠퍼스]
학원 강의 및 동영상강의	gosi.Hackers.com
ISBN	979-11-7404-378-8 (13710)
Serial Number	02-01-01

저작권자 ⓒ 2025, 해커스공무원

이 책의 모든 내용, 이미지, 디자인, 편집 형태에 대한 저작권은 저자에게 있습니다.
서면에 의한 저자와 출판사의 허락 없이 내용의 일부 혹은 전부를 인용, 발췌하거나 복제, 배포할 수 없습니다.
이 책의 내용 중 일부는 국립국어원이 제공하는 '표준국어대사전', '한국어 어문 규범'을 참고하였습니다.

공무원 교육 1위,
해커스공무원 gosi.Hackers.com

해커스공무원

· 정확한 성적 분석으로 약점 극복이 가능한 **합격예측 온라인 모의고사**(교재 내 응시권 및 해설강의 수강권 수록)
· 해커스 스타강사의 **공무원 국어 무료 특강**
· **해커스공무원 학원 및 인강**(교재 내 인강 할인쿠폰 수록)
· 필수어휘와 사자성어를 편리하게 학습할 수 있는 **해커스 매일국어 어플**

한경비즈니스 2024 한국품질만족도 교육(온·오프라인 공무원학원) 1위

2026 대비 최신개정판

해커스공무원
국어
유형별 기출공략
333제

약점 보완 해설집

해커스공무원

해커스공무원
국어
유형별 기출공략
333제

약점 보완 해설집

해커스

1편 | 독해

유형 01 중심 내용 및 핵심 논지 파악하기 문제집 p.9

01 ②	02 ④	03 ①	04 ③	05 ④
06 ③	07 ③	08 ②	09 ④	10 ③
11 ③	12 ④	13 ②	14 ④	15 ④
16 ④	17 ③	18 ④	19 ②	20 ④

01 정답 ②

해설 ② 1문단 2~6번째 줄과 2문단 1~2번째 줄에 의하면 동물은 체온조절 방식을 기준으로 내온동물과 외온동물로 구분할 수 있다. 또한 3문단 1~4번째 줄에 의하면 동물을 체온의 안정성을 기준으로 항온동물과 변온동물로도 구분할 수 있다. 하지만 4문단 1~2번째 줄과 4문단 끝에서 1~3번째 줄에 의하면 체온조절을 위해 열을 획득하는 방식과 체온의 안정성을 유지하는 것은 별개의 문제이며, 내온동물과 외온동물을 구분하는 방식과 항온동물과 변온동물을 구분하는 방식 사이에는 어떠한 상관관계도 없다. 이는 체온조절을 위한 열 획득 방식과 체온의 안정성은 동물을 분류하는 서로 다른 기준임을 의미한다. 따라서 제시문의 중심 내용으로 가장 적절한 것은 ②이다.

오답분석 ① 4문단 끝에서 1~3번째 줄에 의하면 내온동물과 외온동물을 구분하는 방식과 항온동물과 변온동물을 구분하는 방식 사이에는 어떠한 상관관계도 없다. 따라서 내온동물과 외온동물의 특징을 통해 항온동물과 변온동물의 특징을 밝힐 수 있다는 내용은 제시문의 중심 내용으로 적절하지 않다.

③ 1~2문단에 의하면 내온동물과 외온동물을 구분하는 방식은 체온조절 방식이고, 3문단에 의하면 항온동물과 변온동물을 구분하는 기준은 체온의 안정성이다. 이는 기준이 다름을 의미할 뿐 두 기준 중 어느 기준이 모호한지는 제시문을 통해 알 수 없다. 따라서 동물을 내온동물과 외온동물로 구분하는 기준은 항온동물과 변온동물로 구분하는 기준보다 모호하다는 내용은 제시문의 중심 내용으로 적절하지 않다.

④ 1~2문단에 의하면 내온동물과 외온동물을 구분하는 방식은 체온조절 방식이고, 3문단에 의하면 항온동물과 변온동물을 구분하는 기준은 체온의 안정성이다. 하지만 두 기준 중 어느 것이 동물을 분류하는 데에 더 적합한 기준인지는 제시문을 통해 알 수 없다. 따라서 체온조절을 위한 열 획득 방식보다 체온의 안정성을 유지하는 방식이 동물을 분류하는 더 적합한 기준이 된다는 내용은 제시문의 중심 내용으로 적절하지 않다.

02 정답 ④

해설 ④ 제시문은 판타지와 SF의 차별성을 '낯섦'과 '이미 알고 있는 것'이라는 기준을 중심으로 설명하고 있다. 2문단 2~4번째 줄과 2문단 6~8번째 줄을 통해 판타지는 낯섦을 그대로 받아들이며 이미 알고 있는 것보다 새로운 것이 더 중요한 의미를 가짐을 알 수 있다. 이와 달리 2문단 끝에서 1~4번째 줄을 통해 SF에서는 새로운 것이 등장했을 때 낯섦을 인정하면서도 이미 알고 있는 것과의 재조정 과정이 요구됨을 알 수 있다. 따라서 제시문의 핵심 논지로 가장 적절한 것은 ④이다.

오답분석 ① 2문단 끝에서 1~4번째 줄에 의하면 SF는 낯선 것을 인정하면서도 그것을 이미 알고 있던 인식의 틀로 끌어들여 재조정하는 과정이 필요할 뿐, 새로운 것에 의해 알고 있는 것이 바뀌는 장르라고 보기는 어렵다. 판타지의 경우 2문단 2~4번째 줄에 의하면 새로운 것(낯섦)을 그대로 받아들인다고 했을 뿐 새로운 것에 의해 알고 있는 것이 바뀌는 장르인지는 제시문을 통해 확인할 수 없다. 즉 ①은 제시문의 내용을 잘못 이해한 것이므로 핵심 논지로 적절하지 않다.

② 알고 있는 것과 새로운 것을 그대로 인정하고 둘 사이의 재조정 과정이 필요한 것은 SF이다. 따라서 ②는 SF의 장르적 특징에만 해당하는 설명이며, 판타지와는 관련이 없으므로 제시문의 핵심 논지로 적절하지 않다.

③ 2문단 6~8번째 줄에 의하면 판타지는 이미 알고 있는 것보다 새로운 것이 더 중요한 의미를 갖는다. 한편 2문단 끝에서 1~4번째 줄에 의하면 SF는 이미 알고 있는 것과 새로운 것 사이의 재조정이 필요함을 강조할 뿐, 알고 있는 것보다 새로운 것이 더 중요하다고 언급하고 있지는 않다. 따라서 ③은 제시문의 내용을 잘못 이해한 것이므로 핵심 논지로 적절하지 않다.

03 정답 ①

해설 ① 제시문 2~3번째 줄에 따르면 범죄소설은 자본주의의 출현과 맞물려서 탄생했고, 자본주의의 출현 이후 죽음을 대하는 태도가 근본적으로 변화했다. 이후 제시문 4~10번째 줄에서는 죽음에 대한 태도가 원시사회에서부터 부르주아 사회에서까지 어떻게 변화했는지, 이러한 변화가 범죄소설에서는 어떻게 반영되었는지 설명하고 있으므로 답은 ① '범죄소설은 자본주의의 출현 이후 죽음에 대한 달라진 태도에 기반을 두고 있다'이다.

오답분석 ② 제시문 7~9번째 줄에 따르면, 부르주아 사회에서는 인간소외와 노동 문제가 발생한다. 그러나 범죄소설이 이러한 소재를 다루는지는 제시문을 통해 알 수 없다.

③ 제시문 2~4번째 줄에 따르면, 범죄소설은 자본주의의 출현 이후 죽음에 대한 태도가 변화하여 탄생했다. 따라서 원시사회부터 이어져 온 죽음에 대한 보편적 공포로부터 범죄소설이 생겨났다는 것은 글의 중심 내용으로 적절하지 않다.

④ 제시문 4~5번째 줄에 따르면, 죽음을 자연스러운 결과로 받아들이는 것은 원시사회의 특징이다. 제시문 1~2번째 줄에 따르면, 범죄소설은 자본주의의 출현 이후 죽음에 대한 태도가 변화하여 탄생한 것이므로 범죄소설이 죽음을 자연스럽고 불가피한 것으로 받아들인다는 것은 글의 중심 내용으로 적절하지 않다.

04 정답 ③

해설 ③ 제시문은 어떠한 행위를 실천하는 것이 반복되어야 성향이 되고 그러한 성향이 습관이 되어야 비로소 성품으로 나타나게 된다고 말한다. 즉 바람직한 행동을 한 번 하는 것으로 바람직한 성품을 가질 수 있는 것이 아니기 때문에 행동을 지속적으로 실천하고 습관화하는 것이 중요함을 강조하는 것이다. 그러므로 이 글의 제목으로 가장 적절한 것은 ③ '실천과 습관의 중요성'이다.

05 정답 ④

해설 ④ 1문단에서는 상품을 구매할 때 사용가치의 영향이 크다는 것을 설명하고 있고, 2문단에서는 타인에 의해 사용가치를 잘못 판단하고 상품을 구매한 사례를 제시하고 있다. 이어서 3문단에서는 건강한 소비를 위해 구매하려는 상품의 사용가치가 어떤 과정을 거쳐 결정된 것인지 생각해 봐야 한다고 말한다. 이를 통해 상품 구매 시 '나'에게 얼마나 필요한 것인지를 신중하게 고민하여 사용가치를 결정하였는지 따져봐야 한다는 것이 글의 중심 내용임을 알 수 있다.

오답분석 ① 1문단 마지막 문장에서 교환가치가 아무리 높아도 '나'에게 사용가치가 없다면 상품을 구매하지 않을 것이라고 말한다. 따라서 ①의 설명은 글의 중심 내용으로 적절하지 않다.

② 1문단에 사용가치와 교환가치가 무엇인지에 대한 설명은 있으나, 상품 구매 시 사용가치와 교환가치를 두루 고려해야 한다는 내용은 제시문에서 확인할 수 없다.

③ 2문단에서 다른 사람들의 평가만을 보고 상품을 구매하여 사용가치를 잘못 판단하는 사례를 제시하고, 3문단 마지막 문장에서는 다른 사람들의 말에 휩쓸려 상품의 사용가치가 결정될 때 그 상품은 '나'에게 쓸모없는 골칫덩이가 될 수 있다고 말한다. 따라서 ③의 설명은 글의 중심 내용으로 적절하지 않다.

06 정답 ③

해설 ③ 제시문은 '무엇인가'라는 물음에 대응하는 대상의 '질'과 '어느 정도'라는 물음에 대응하는 대상의 '양'에 대해 책상을 예로 들어 설명하고 있다. 이때 제시문 3~9번째 줄을 통해 책상의 '질'은 책상의 '사전적 정의'와 같이 책상을 다른 사물과 구분해 주는 특성이며, 책상의 '양'은 책상의 '높이'와 같이 수치화할 수 있는 특성임을 알 수 있다. 이어서 '질'과 '양'의 관계에 대해 설명하고 있는데, 끝에서 4~9번째 줄에 의하면 책상의 높이가 변하더라도 책상으로서의 기능을 수행할 수 있다면, 그 대상을 여전히 책상으로 정의할 수 있다. 하지만 끝에서 1~4번째 줄에 의하면 책상의 높이가 일정한 한도를 넘어 책상으로서의 기능을 수행할 수 없을 정도로 변화한다면 그 대상은 더 이상 책상으로 정의할 수 없다. 이를 통해 '양'의 변화는 일정한 한도 내에서는 '질'의 변화를 이끌지 못하지만 어느 한도를 넘으면 '질'의 변화를 초래한다는 것을 알 수 있으므로 답은 ③이다.

07 정답 ③

해설 ③ 제시문은 '혐오 현상'이 사회적·역사적 배경에서 비롯된 문제의 증상이며, 이 증상을 단순히 감정의 결과로 본다면 사회 문제의 원인을 보지 못하고 매몰될 수 있다고 주장하고 있다. 따라서 글의 주제로 가장 적절한 것은 ③이다.

오답분석 ① 1문단과 3문단을 통해 혐오는 역사적, 사회적 배경이 선행되어 사회적으로 형성된 결과임을 알 수 있으므로 인과 관계를 확인할 수 있다. 따라서 주제로 적절하지 않다.

② 혐오라는 감정 자체를 부정적으로 바라보는 것은 사람들의 선량한 마음에서 비롯되지만 문제의 성격을 오인하게 만든다는 2문단의 내용과 반대되므로 주제로 적절하지 않다.

④ 혐오라는 감정에 집중할수록 달(사회 문제)이 아닌 달을 가리키는 손가락(혐오 감정)만 바라보는 잘못을 범하게 된다는 2문단의 내용과 반대되므로 주제로 적절하지 않다.

08 정답 ②

해설 ② 〈보기〉는 일제 시기 근대화에 대한 두 가지 주장 모두 일제의 조선 지배에 주체적으로 대응한 조선인의 역사가 빠져 있다는 문제점을 제기하고, 일제의 지배의 억압에 주체적으로 대응한 조선인의 역사를 정당하게 평가해야 함을 주장하고 있다. 따라서 답은 ②이다.

오답분석 ① ③ ④ 〈보기〉의 부분적인 내용으로, 글 전체 내용을 포괄하지 못하므로 적절하지 않다.

09 정답 ④

해설 ④ 제시문에 의하면 지금의 도시민들은 과거 농경 사회와 달리 '나'를 모르는 사람에게 둘러싸여 있으며 그러한 환경에서 편안함을 느낀다. 제시문에서는 이는 '군중 속의 자유'로 표현하고 있으며, 이는 곧 주변인으로부터 간섭 받지 않는 익명성에 기반한 자유를 의미한다. 따라서 제시문의 중심 내용으로 가장 적절한 것은 ④ '도시에 살게 되면서 익명성에 따른 자유를 누릴 수 있게 되었다'이다.

오답분석 ① 1~2번째 줄을 통해 과거 농경 사회에서는 한 사람이 태어나서 죽을 때까지 반경 10킬로미터를 벗어나지 않았음을 알 수 있다. 반면 6~7번째 줄을 통해 지금의 도시민들은 해외여행을 간다는 것을 알 수 있으므로, 현대인들이 과거에 비해 더 넓은 반경의 공간을 경험함을 알 수 있다. 하지만 이는 부분적인 내용에 불과하므로 제시문의 중심 내용으로 적절하지 않다.

② 6~8번째 줄을 통해 지금의 도시민들은 해외여행을 가서 편안함을 느낌을 알 수 있다. 하지만 이는 익명성에 기초한 '군중 속의 자유'를 설명하기 위해 든 예시일 뿐, 자유를 누리기 위해 살던 곳을 벗어나야 한다는 것은 아니므로 제시문의 중심 내용으로 적절하지 않다.

③ 끝에서 4~5번째 줄을 통해 1980년대에 사람들이 아파트로 이사를 갔던 큰 이유 중 하나가 문을 잠그고 외출하는 것이 가능했기 때문임을 알 수 있다. 하지만 현대인의 이웃 관계에 대한 정보는 제시되어 있지 않으므로 제시문의 중심 내용으로 적절하지 않다.

10 정답 ②

해설 ② 제시문은 인공지능의 발달이 가져오는 삶의 편리함으로 인해 오히려 인간의 두뇌가 게을러질 수도 있다는 문제를 제기하고 있다. 따라서 글의 결론으로 가장 적절한 것은 ②이다.

오답분석 ① 인공지능에 대한 인간의 독립성이 지속적으로 증가하게 될 것이라는 내용은 제시문의 내용과 상반되므로 적절하지 않다.

③ 1문단에서 인공지능이 인간보다 똑똑해질 수도 있다고 말한다. 그러나 이는 제시문의 일부에 해당하는 내용이므로 결론으로 적절하지 않다.

④ 제시문을 통해 알 수 없는 내용이다.

11 정답 ③

해설 ③ 제시문은 동물들이 자신의 목적을 위해 행동함으로써 환경을 변형시킨다는 사례와 인간의 세 가지 충동을 근거로 들어 모든 생명체는 환경을 능동적으로 변형한다고 주장한다. 따라서 글의 주장으로 가장 적절한 것은 ③이다.

[오답분석]
① 2문단 1~2번째 줄을 통해 인간은 환경에 적응하는 것을 넘어 환경에 대해 적극성을 보인다는 사실을 알 수 있다.
[관련 부분] 가장 고등한 동물인 인간도 다른 생명체와 마찬가지로 생존이나 적응을 넘어서 환경에 대해 적극성을 보인다.
② 1문단 2~5번째 줄을 통해 동물들이 생존을 위해 다양한 삶의 기술을 활용하고 있음을 알 수 있다. 그러나 이는 생명체가 환경 개변에 능동적으로 행동한다는 주장을 뒷받침하기 위한 사례일 뿐이므로 제시문의 주장으로는 보기 어렵다.
[관련 부분] 가장 단순한 생명체는 먹이가 그들에게 헤엄쳐 오게 만들고, 고등동물은 먹이를 구하기 위해 땅을 파거나 포획 대상을 추적하기도 한다.
④ 2문단 3~4번째 줄을 통해 '잘 사는 것'은 인간의 세 가지 충동 중 하나임을 알 수 있으나, 잘 사는 것을 삶의 목표로 한다는 내용은 제시문을 통해 확인할 수 없다.
[관련 부분] 이는 인간의 세 가지 충동—사는 것, 잘 사는 것, 더 잘 사는 것—으로 인하여 가능하다.

12   정답 ④

[해설] ④ 1문단에서는 복제본이 원본을 대체할 수 없다는 일반적인 인식을 설명하고, 2문단에서는 빌 브란트의 사진 작품을 예로 들며 일반적인 인식에 대해 반박하고 있다. 복제본일지라도 다양한 방식으로 원본과 다른 예술적 속성을 갖게 할 수 있다고 설명하고 있으므로, 글의 주장으로 가장 적절한 것은 ④이다.

[오답분석]
① 복제본과 원본의 예술적 가치를 비교하는 부분은 제시문에서 찾을 수 없다.
② 제시문을 통해 알 수 없는 내용이다.
③ 2문단 끝에서 1~3번째 줄을 통해 복제본의 재현적 특질을 변형하는 방법이 다양할 수도 있음을 알 수 있다.
[관련 부분] 사진의 경우, 작가가 재현적 특질을 선택하고 변형할 수 있는 방법이 다양함을 의미한다.

13   정답 ②

[해설] ② 필자는 신어 연구의 대상이 특정 범주의 언어, 소수 집단의 언어에 한정되지 않아야 하며 '자연 발생적 신어'와 더불어 '인위적인 신어'의 영역까지 신어 연구의 대상으로 확대되어야 한다고 주장한다. 따라서 발화에 나타난 주장으로 가장 적절한 것은 ②이다.

[오답분석]
① 1~2번째 줄을 통해 비속어와 은어가 신어에 포함됨을 알 수 있다. 또한 필자는 신어의 연구 대상과 영역을 확장해야 한다고 주장하므로 ①은 필자의 주장으로 적절하지 않다.
[관련 부분] 신어(新語)에 대해 말할 때, 보통 유행어나 비속어, 은어와 같은 한정된 대상을 떠올리는 경우가 많습니다.
③ 6~7번째 줄을 통해 필자가 정책적인 고려가 필요하다고 말한 신어의 영역은 전문 용어임을 알 수 있다.
[관련 부분] 상당수의 전문 용어는 신어에 대한 정책적인 고려가 필요해 보입니다.
④ 4~6번째 줄을 통해 필자는 의사소통의 효율성을 위해 어려운 전문 용어를 순화된 신어로 대체해야 한다고 밝힐 뿐, 신어의 범주를 특정해야 한다고 주장하지 않는다.
[관련 부분] 어려운 전문 용어는 의사소통의 효율성이나 교육적 목적을 위해 순화된 신어로 대체할 필요가 있는데,

14   정답 ④

[해설] ④ 제시문의 화제인 '데페이즈망'은 초현실주의 작가 르네 마그리트의 주된 창작 기법으로, 2문단을 통해 르네 마그리트가 주목을 받게 되면서 데페이즈망 기법 역시 창의력과 상상력을 일깨우는 수단으로 관심을 받게 되었음을 알 수 있다. 또한 3문단에서 로트레아몽의 시를 인용한 부분을 통해 데페이즈망의 의의에 대해 알 수 있다. 따라서 제시문의 화제로 적절한 것은 ④이다.

15   정답 ④

[해설] ④ 제시문은 화법과 작문의 윤리를 지키는 것의 중요성과 이를 지키기 위한 방안을 제시하고 있다. 따라서 제시문의 내용을 포괄하는 제목으로 가장 적절한 것은 ④ '화법과 작문의 윤리'이다.

16   정답 ④

[해설] ④ 제시문은 진보와 진화에 관한 계몽주의 사상가들의 모순되는 견해에 대해 설명하고 있다. 헤겔은 역사는 진보하는 것이고 자연은 진보하지 않는다는 견해인 반면, 다윈은 진화와 진보를 동일한 것으로 보아 자연도 역사와 마찬가지로 진보로 한다는 견해를 밝히고 있다. 따라서 제시문은 진화와 진보에 대한 헤겔과 다윈의 견해를 제시하고 있으므로 제목으로 가장 적절한 것은 ④이다.

17   정답 ③

[해설] ③ 제시문은 사람이 귀하다 할 만한 것은 마음과 이치뿐임을 밝힌 뒤, 본능만을 따르는 인간의 속성을 나열하고 있다. 따라서 제시문의 주장으로 가장 적절한 것은 마음으로 본능을 다스려야 한다는 ③이다.

18   정답 ④

[해설] ④ 제시문은 1문단에서 사회 관계망 서비스의 긍정적인 가치를 언급함과 동시에 무차별적인 개인 신상 정보 유출로 인해 사회 문제가 확산되고 있는 상황을 제시하고 그 심각성과 부작용을 2문단에서 설명하였다. 이어서 사회 관계망 서비스를 이용해 공유하는 정보가 개인의 사생활을 침해하거나 인격을 훼손하는 것은 아닐지 주의해야 함을 당부하고 있다. 따라서 제시문에서 결론적으로 주장하는 바로 가장 적절한 것은 ④이다.

[오답분석]
① 1문단 2~3번째 줄을 통해 정보 공유로 사회 정의를 실현할 수 있음을 알 수 있으나 이는 사회 관계망 서비스의 긍정적인 측면으로 제시된 내용일 뿐 제시문의 결론에 해당하지 않는다.
[관련 부분] 사회적 정의 실현을 위해 생각과 정보를 공유할 수 있도록 돕는다는 면에서 긍정적인 가치를 인정 받는다.
② ③ 제시문을 통해 확인할 수 없는 내용이다.

19   정답 ②

[해설] ② 제시문은 책을 읽는 문화와 책을 읽지 않는 문화를 대비함으로써 독서의 필요성을 밝히고, 이후 책 읽기가 쉽지 않다는 것과 그 이유에 대하여 언급하였으므로 글의 중심 내용으로 적절한 것은 ②이다.

20 정답 ④

해설 ④ 필자는 인간이 사회적인 동물이므로 합리성을 표현할 줄 알아야 한다고 말하며, 합리적으로 논증하였을 때 발생하는 긍정적 결과를 서술하고 있다. 따라서 글의 주제로 적절한 것은 ④ '합리적 논증의 필요성'이다.

유형 02 세부 내용 파악하기
문제집 p.19

01 ④	02 ③	03 ①	04 ③	05 ④
06 ①	07 ②	08 ②	09 ②	10 ②
11 ④	12 ①	13 ③	14 ①	15 ②
16 ④	17 ③	18 ②	19 ②	20 ②
21 ①	22 ④	23 ④	24 ④	25 ③
26 ④	27 ③	28 ②	29 ③	30 ④

01 정답 ④

해설 ④ 끝에서 2~5번째 줄에 따라 김병연은 대역죄로 사형당한 인물의 후손이라는 오명을 쓰고 살아갈 수밖에 없었으며, 그가 당대의 주류 세력과 관계를 맺지 못한 것도 이 때문이었음을 알 수 있다. 따라서 글을 이해한 내용으로 가장 적절한 것은 ④이다.

오답분석
① 3~6번째 줄에 따라 김시태가 신임사화에 연루되었지만 영조 즉위 후 그것이 조작된 것임이 밝혀지고 명예가 회복된 후, 그의 후손인 김익순이 김시태의 후광을 입어 여러 관직에 나아갔다는 것을 알 수 있다. 이를 통해 김시태의 후손 중 관직에 나아간 인물이 있었음을 알 수 있다. 따라서 김시태의 후손은 아무도 관직에 나아가지 못했다는 ①의 설명은 적절하지 않다.

② 끝에서 5~9번째 줄에 따라 김익순은 홍경래의 난이 일어난 당시 반란군에게 항복하였으며, 반란이 수습될 무렵에 반란군 장수의 목을 베어 왔다는 거짓 보고를 했다는 것을 알 수 있다. 또한 이러한 행적이 드러나 김익순은 모든 재산이 몰수되었다는 것을 알 수 있다. 이를 통해 김익순의 재산이 몰수된 것은 김시태의 죄상이 아닌, 본인의 행적 때문임을 알 수 있다. 따라서 김익순은 김시태의 죄상이 드러나 재산이 몰수되었다는 ②의 설명은 적절하지 않다.

③ 끝에서 1~5번째 줄에 따라 김병연은 대역죄로 사형당한 인물인 김익순의 후손이라는 이유로 당대의 주류 세력과 관계를 맺지 못하였으며, 부모가 모두 숨진 이후 세상을 떠돌게 되었음을 알 수 있다. 이를 통해 김병연이 세상을 떠돌게 된 것은 자신의 조상이 신임사화에 연루되었기 때문이 아닌, 대역죄인 김익순의 후손이라는 오명 때문이었음을 알 수 있다. 따라서 김병연은 자신의 조상이 신임사화에 연루되어 세상을 떠돌게 되었다는 ③의 설명은 적절하지 않다.

02 정답 ③

해설 ③ 1문단 끝에서 3~4번째 줄에 의하면 재화는 소비를 목적으로 하고, 상품은 시장에서의 판매를 목적으로 한다. 이에 따르면 ㉢은 집에서 쓰기 위해 만든 의자이므로 소비를 목적으로 하는 '재화'에 해당한다. 따라서 ㉠~㉣ 중 문맥상 의미가 나머지와 다른 것은 ㉢이다.

오답분석
· ㉠: 자본주의에서 싸게 사서 비싸게 파는 물건이므로, 문맥상 시장에서의 판매를 목적으로 하는 '상품'에 해당한다.
· ㉡: 자본주의 시장에서 판매되는 상품이므로, 문맥상 시장에서의 판매를 목적으로 하는 '상품'에 해당한다.
· ㉣: 자본주의 사회에서 생산되어 유통을 통해 판매되는 물품으로, 문맥상 시장에서의 판매를 목적으로 하는 '상품'에 해당한다.

03 정답 ①

해설 ① ㉠과 ㉣ 모두 문맥상 '신, 파라오, 귀족'을 가리키므로, 지시 대상이 같은 것만으로 묶인 것은 ① '㉠, ㉣'이다.
· ㉠: ㉠의 앞에는 이집트 벽화에서 '신, 파라오, 귀족'이 특이한 모습으로 표현된다는 내용이 제시되어 있고, ㉠이 포함된 문장은 특이하게 그려진 '신, 파라오, 귀족'의 모습이 가지는 의도에 대해 설명하고 있다. 따라서 ㉠이 지시하는 대상은 '신, 파라오, 귀족'이다.
· ㉣: ㉣의 앞 문장에는 '평범한 사람들'과는 달리 고귀한 존재들이 영원한 세계의 이상을 반영한다는 내용이 제시되어 있다. 이때 1문단 끝에서 5~6번째 줄에 의하면 이집트 시대의 고귀한 존재들은 '신, 파라오, 귀족'이다. 따라서 ㉣이 지시하는 대상은 '신 파라오, 귀족'이다.

오답분석
· ㉡: 이때 '그들'은 문맥상 '신, 파라오, 귀족, 평범한 사람들'을 의미한다.
· ㉢: 이때 '그들'은 문맥상 '평범한 사람들'을 의미한다.

04 정답 ③

해설 ③ 2문단에 의하면 엘리트 독자층은 신문학의 순수문학 작품, 일본을 비롯한 외국의 순수문학 소설 등을 향유했음을 알 수 있으므로 엘리트 독자층에 속한 사람들이 우리나라 문학작품 외에도 외국 소설을 읽었다는 ③의 설명은 적절하다.

오답분석
① 2문단에 의하면 엘리트 독자층은 전통과 근대의 두 범주에 귀속시키기 어려운 독자층이었음을 알 수 있다. 따라서 근대적 대중 독자층에서 엘리트 독자층이 분화되어 나왔다는 ①의 설명은 적절하지 않다.

② 1문단에 의하면 20세기 초의 문학 독자층은 주로 향유하는 소설의 종류에 따라 나뉘었으며, 구활자본 고전소설과 일부 신소설을 향유했던 '전통적 독자층'과 대중소설, 번안소설, 신문 연재 통속소설을 향유했던 '근대적 대중 독자층'으로 구분되었다. 따라서 20세기 초의 문학 독자층을 구분하는 기준이 신분과 학력이었다는 ②의 설명은 적절하지 않다.

④ 1문단에 의하면 근대적 대중 독자층에 도시 노동자, 학생, 신여성이 속해 있었고, 전통적 독자층에 노동자와 농민, 양반, 부녀자가 속해 있었음은 알 수 있으나, 이를 통해 두 독자층 중 어느 독자층이 더 경제적으로 부유했는지는 제시문을 통해 알 수 없다. 따라서 근대적 대중 독자층에 속한 사람들이 전통적 독자층에 속한 사람들보다 경제적으로 부유했다는 ④의 설명은 적절하지 않다.

05 정답 ④

해설 ④ ㉢과 ㉥은 모두 문맥상 '순국문학'을 의미하므로 지시 대상이 같은 것끼리 짝 지은 것은 ④ '㉢, ㉥'이다.

- ⓒ: ⓒ '전자'의 바로 앞 문장에 국문학을 지칭할 때에는 '순국문학'과 '준국문학'으로 구별하게 되었다는 내용이 제시되어 있다. 따라서 ⓒ '전자'는 '순국문학'에 해당한다.
- ⓜ: ⓜ '전자'의 바로 앞 문장에는 절충안을 취해도 '순국문학'과 '준국문학'을 구분하는 데에는 논지마다 차이가 있다는 내용이 제시되어 있다. 따라서 ⓜ '전자'는 '순국문학'에 해당한다.

오답분석
- ㉠: '전자'는 문맥상 '한문으로 쓰인 문학'을 가리킨다.
- ㉡: '후자'는 문맥상 '국문학'을 가리킨다.
- ㉢: '후자'는 문맥상 '준국문학'을 가리킨다.
- ㉣: '후자'는 문맥상 '준국문학'을 가리킨다.

06 정답 ①

해설 ① (가) '소리'는 발성 기관을 통해 정교하게 만들어지는 인간의 말소리를 의미한다. 이때 ㉠ '소리'는 녹색원숭이나 침팬지와 같은 동물들이 감정을 표현하기 위해 내는 울음소리에 해당하므로 (가)와 같은 의미로 사용되었다고 보기 어렵다. 따라서 답은 ①이다.

오답분석 ② ③ ④ ㉡ ~ ㉣의 '소리'는 발성 기관들이 정교하게 작용하여 만들어지는 인간의 말소리를 의미하므로 (가)와 동일한 의미로 사용되었다.

07 정답 ②

해설 ② 2문단에서 신과 인간의 관계를 설명하기 위해 '한국 건국신화'와 '한국 무속신화'에 대한 예를 제시하고 있다. 이때 '한국 무속신화'의 예로 제시된 내용에 신이 지상에 내려와 왕이 된다는 설명은 없으므로 ②의 이해는 적절하지 않다. 참고로, '한국 건국신화'에서 신이 지상에 내려와 왕이 되고자 하는 것은 천상적 존재가 지상적 존재가 되기를 바라기 때문이다.

오답분석 ① 3문단 1~2번째 줄에서 다른 나라의 신화들은 신과 인간의관계가 '위계적, 종속적'이라고 설명한다. 또한 히브리 신화에서 인간은 자신을 창조한 유일신에 대해 원초적 부채감을 지니고 있으며, 신이 지상의 모든 일을 관장한다는 점에서 언제나 인간의 우위에 있다고 제시하므로 ①의 이해는 적절하다.

③ 1문단에서 한국 신화의 신은 인간과의 결합을 통해 결핍을 해소함으로써 완전한 존재가 된다고 설명하고 있으며, 2문단에서는 '한국 건국신화'에서 지상에 내려온 신이 인간 여성과의 결합을 통해 결핍을 메운다고 설명하고 있다. 이를 바탕으로 할 때, '한국 건국신화'에서 신은 인간과의 결합으로 완전한 존재가 된다고 이해할 수 있다.

④ 2문단 마지막 문장에서 '한국 신화'의 신과 인간은 서로의 존재를 필요로 하는 상호의존적이고 호혜적인 관계라고 설명한다. 반면 3문단 마지막 문장에서 '신체 화생 신화'는 신의 희생으로 인간 세계가 만들어졌으므로 인간은 신에게 철저히 종속되어 있다고 설명한다. 두 신화에서 보이는 신과 인간의 관계는 다르므로 ④의 이해는 적절하다.
- 호혜적(互惠的): 서로 특별한 혜택을 주고받는 것

08 정답 ②

해설 ② ㉡과 ㉣ 모두 '스톤헨지를 세운 사람들'을 가리키므로, 지시 대상이 같은 것은 ② '㉡, ㉣'이다.
- ㉡: 앳킨슨이 야만인으로 묘사하며, 과학적 사고를 할 줄 모른다고 말하는 대상은 '스톤헨지를 세운 사람들'이다.
- ㉣: 글쓴이는 '스톤헨지 건설자들'이 현대인과 같은 지능을 가졌다고 하더라도 과학적 사고와 기술적 지식을 가지지 못했다고 주장하며, 그들에게는 문자 기록이 없었음을 근거로 제시하였다. 따라서 ㉣의 지시 대상은 '스톤헨지를 세운 사람들'이다.

오답분석
- ㉠: ㉠의 지시 대상은 '호일, 톰, 호킨스'이다.
- ㉢: ㉢의 지시 대상은 '호킨스를 옹호하는 학자들'이다.

09 정답 ②

해설 ② 1문단 끝에서 1~4번째 줄을 통해 저작물에는 1차적 저작물뿐만 아니라 2차적 저작물과 편집 저작물도 포함되어 있음을 알 수 있을 뿐, 1차적 저작물과 2차적 저작물의 차이는 제시문을 통해 알 수 없다.

오답분석 ① 1문단 3~5번째 줄을 통해 저작물의 개념과 저작자의 정의를 알 수 있다.

③ 2문단 끝에서 1~5번째 줄을 통해 저작물에 대해 창작자가 지녀야 할 태도를 알 수 있다.

④ 3문단 1~4번째 줄을 통해 저작권을 보호해야 하는 이유를 알 수 있다.

10 정답 ②

해설 ② 제시문 끝에서 4~7번째 줄을 통해 논리가 사고 언어의 기초가 되어야 한다는 주장이 제기되었음은 알 수 있다. 하지만 인공지능이 사고 언어를 개발하는 출발이 되었다는 것은 제시문을 통해 알 수 없다.

오답분석 ① 제시문 7~8번째 줄을 통해 컴퓨터에 기반한 지능 모델 구축이 인공지능의 목표임을 알 수 있다.

③ 제시문 끝에서 1~4번째 줄을 통해 언어를 이해하기 위해서는 언어 수천 개의 언어 각각을 하나의 단일한 논리 언어에 대응할 수 있어야만 한다는 것을 알 수 있다.

④ 제시문 5~7번째 줄을 통해 수학적 논리로부터 얻은 아이디어를 바탕으로 인간 언어의 복잡성을 분석하기 시작했음을 알 수 있다.

11 정답 ④

해설 ④ 제시문 3~5번째 줄을 통해 일부 번역가들이 번역하기 어렵거나 어려운 부분을 생략하는 이유는 가독성을 높이기 위함임을 알 수 있다. 정확성을 높이기 위해 원문의 내용을 생략하는 것은 아니므로 옳지 않은 것은 ④이다.

오답분석 ① 제시문 6~7번째 줄을 통해 쉽게 읽히기만 하면 좋은 번역이라고 생각하는 독자들이 많음을 알 수 있다.

② 제시문 2~3번째 줄을 통해 정확성이 뒷받침되지 않는 가독성은 의미가 없다는 것을 알 수 있다. 이를 통해 번역가들은 가독성뿐만 아니라 정확성도 중요하게 간주하여야 함을 알 수 있다.

③ 제시문 끝에서 2~4번째 줄을 통해 잘라낸 잔가지(생략된 부분)에 심오한 의미가 들어 있음을 알 수 있다.

12
정답 ①

해설 ① 1문단 3~6번째 줄에 의하면 자원의 배분과 소득의 분배는 시장적 의사 결정 또는 정치적 의사 결정에 의해 이루어진다. 하지만 이는 자원의 배분과 소득의 분배가 두 가지 의사 결정 방식 중 하나로 이루어짐을 의미할 뿐, 자원의 배분이 정치적 의사 결정으로 이루어지고, 소득의 분배는 시장적 의사 결정으로 이루어진다는 것을 의미하는 것은 아니므로, ①의 설명은 적절하지 않다.

오답분석 ② 2문단 끝에서 4~5번째 줄에 의하면 시장적 의사 결정에서는 자신의 경제력의 크기에 따라 결정권을 행사하는 정도가 다르다고 하였다. 이를 통해 시장적 의사 결정에서는 구성원의 경제력에 따라 행사하는 힘의 크기가 달라짐을 알 수 있으므로 ②의 설명은 적절하다.

③ 2문단 3~4번째 줄에 의하면 투표에 의해 정치적 의사 결정을 내리는 민주주의 사회는 의사 결정 과정에서의 민주적 절차와 형평성을 중시한다. 한편 2문단 끝에서 2~5번째 줄에 의하면 시장적 의사 결정에서는 경제적인 효율성이 중시된다. 이를 통해 정치적 의사 결정에서는 형평성이 중시되고, 시장적 의사 결정에서는 경제적 효율성이 중시됨을 알 수 있으므로 ③의 설명은 적절하다.

④ 2문단 1~2번째 줄에 의하면 민주주의 사회에서 정치적 의사 결정은 투표에 의해 이루어진다. 한편 2문단 끝에서 3~4번째 줄에 의하면 시장적 의사 결정은 철저하게 수요-공급의 원칙에 따라 의사 결정이 이루어진다. 따라서 ④의 설명은 적절하다.

13
정답 ③

해설 ③ 제시문은 인간의 정신 활동이 프레임의 지배를 받으므로 세상을 객관적으로 보기 어렵다는 이야기를 하고 있다. 인간의 지각과 사고를 확장하는 과정에서 프레임을 극복해야 한다는 ③의 설명은 제시문에서 확인할 수 없다.

오답분석 ① ④ 제시문 1~6번째 줄에서 사람의 '지각과 생각(인간의 모든 정신 활동)'은 항상 '어떤 맥락, 관점, 평가 기준, 가정(프레임)'에 의해 일어난다고 설명한다. 이는 인간의 정신 활동이 프레임 없이 일어나지 않으며, 프레임이 인간의 정신 활동에 영향을 미치는 어떤 맥락이나 평가 기준임을 의미한다. 따라서 ①과 ④는 제시문을 이해한 설명으로 적절하다.

② 끝에서 4~5번째 줄에서 우리가 프레임이라는 안경을 쓰고 세상을 보고 있다고 설명한다. 이는 인간이 세상을 바라볼 때 프레임으로 인해 어떤 편향성을 가지게 된다는 의미이다.

14
정답 ①

해설 ① 제시문은 보잉과 에어버스의 자동조종시스템 활용 정도에 대한 차이를 설명하고 있다. 보잉은 '시스템은 불안정하고 완벽하지 않다'라는 관점을 가지며 조종사가 대개 항공기를 조종간으로 직접 통제한다. 반면 에어버스는 '인간은 실수할 수 있는 존재'라고 전제하며 조종사의 모든 조작을 컴퓨터가 모니터링하고 제한하게 하였다. 따라서 제시문의 내용을 이해한 것으로 가장 적절한 것은 ①이다.

오답분석 ② 2문단 끝에서 3~4번째 줄에 따르면 에어버스의 베테유가 인간을 실수할 수 있는 존재로 보는 것은 맞지만, 윌리엄 보잉이 그렇지 않다고 보는지는 제시문에서 확인할 수 없다. 제시문에서 윌리엄 보잉은 '인간이 실수할 수 있는 존재'라는 사실 자체를 부정하는 것이 아니라, 시스템은 불안정하고 완벽하지 않기 때문에 컴퓨터가 조종사의 판단보다 우선시될 수 없다는 입장일 뿐이다.

③ 1문단 끝에서 1~2번째 줄에 따르면 에어버스는 항공기 운항 시 컴퓨터(자동조종시스템)가 조종사의 조작을 감시하고 제한한다. 따라서 에어버스의 조종사가 자동조종시스템을 통제하고 조작한다는 ③의 설명은 적절하지 않다.

④ 1문단에서 보잉의 조종사가 대개 항공기를 조종간으로 직접 통제하며 이에 대한 전권을 가진다는 것은 알 수 있으나, 보잉의 조종사가 자동조종시스템을 사용하지 않고 항공기를 조종한다는 ④의 내용은 제시문에서 확인할 수 없다.

15
정답 ②

해설 ② 1문단 내용에 따르면 프톨레마이오스가 행성들이 주기적으로 종전의 운동과는 반대 방향으로 움직인다는 관찰 결과를 얻었음에도, 그는 이를 행성의 역행 운동을 허용하지 않는 '천동설'로 설명하며 주전원을 따라 공전 궤도를 그리면서 행성들이 운동한다고 주장하였다. 따라서 프톨레마이오스의 주전원이 '지동설'을 지지하고자 만든 개념이라는 ②의 설명은 제시문의 내용과 부합하지 않는다.

오답분석 ① 1문단 내용에 따르면 과학 혁명 이전 아리스토텔레스 철학이 지배적인 영향력을 발휘하였고, 천문 분야에서도 아리스토텔레스의 세계관을 따라 우주의 중심은 지구이며, 모든 천체는 원운동을 하면서 지구의 주위를 공전한다는 천동설이 정설로 자리 잡았다고 한다.

③ 1문단 4~6번째 줄 내용에 따르면 천동설은 우주의 중심은 지구이며, 모든 천체는 원운동을 하면서 지구의 주위를 공전한다고 설명한다. 반면 2문단 끝에서 4~5번째 줄을 통해 지동설은 천체의 중심이 태양이며, 지구가 태양의 주위를 공전한다는 입장임을 알 수 있다. 즉 천동설과 지동설은 우주의 중심을 지구와 태양 중 어디에 두느냐에 따라 구분된다.

④ 2문단 마지막 문장에서 코페르니쿠스의 지동설은 행성들의 운동에 대해 프톨레마이오스보다 수학적으로 단순하게 설명하였다고 말한다. 이는 행성의 공전에 대한 프톨레마이오스의 설명이 코페르니쿠스의 설명보다 수학적으로 복잡했음을 의미한다.

16
정답 ④

해설 ④ 제시문은 신과 인간의 결합 정도를 가리키는 총체성을 기준으로 그리스 세계를 '서사시의 시대 → 비극의 시대 → 철학의 시대'와 같이 구분할 수 있으며, 후대로 갈수록 총체성이 낮아진다고 하였다. 에우리피데스의 비극은 '비극의 시대'에 해당하고, 오디세이아는 '비극의 시대'보다 앞선 '서사시의 시대'에 해당하므로, 에우리피데스의 비극에 비해 오디세이아에서 신과 인간의 결합 정도가 더 높다는 ④의 설명은 제시문을 이해한 내용으로 적절하다.

오답분석 ① 끝에서 5~7번째 줄에 따르면 '철학의 시대'는 이미 계몽된 세계여서 신탁 같은 것을 신뢰할 수 없게 되었다. 이를 통해 계몽사상은 '서사시의 시대'가 아닌 '비극의 시대'에서 '철학의 시대'로의 전환을 이끌었다는 것을 알 수 있다.

② 끝에서 3~5번째 줄에 따르면 '철학의 시대'에 신과 인간의 세계가 완전히 분리되면서 신의 세계는 인격적 성격을 상실하여 '이데아'라는 추상성의 세계로 바뀐다고 한다. 따라서 플라톤의 이데아는 신탁이 사라진 시대의 비극적 세계가 아닌 추상적인 신의 세계를 표현한 것임을 알 수 있다.

③ 1~2번째 줄에 따르면 루카치는 총체성을 기준으로 그리스 세계를 세 시대로 구분하였다. 따라서 각기 다른 기준에 따라 그리스 세계를 구분했다는 ③의 설명은 제시문을 이해한 내용으로 적절하지 않다.

17 정답 ③

해설 ③ 제시문에서 디지털 트윈의 이용자는 가상 세계에서의 시뮬레이션을 통해 미래 상황을 예측할 수 있게 되고, 글로벌 기업들은 디지털 트윈을 도입하여 사전에 위험 요소를 제거해 수익 모델의 효율성을 높이고 있다고 말한다. 따라서 디지털 트윈에서의 시뮬레이션으로 현실 세계의 위험 요소를 찾아내고 방지할 수 있다는 ③의 설명은 제시문을 이해한 내용으로 적절하다.

오답분석
① 디지털 트윈을 활용함에 따라 글로벌 기업들의 고용률이 향상되었다는 내용은 제시문에서 확인할 수 없다.
② 마지막 문장에 따르면 디지털 트윈이 이렇게 주목받는 이유는 안정성과 경제성이 높기 때문이다. 따라서 디지털 트윈의 데이터 모델이 현실 세계의 다른 실험 모델보다 경제성이 낮다는 ②의 설명은 적절하지 않다.
④ 3~5번째 줄에서 확인할 수 있듯이, 가상 세계와 현실 세계가 융합된 플랫폼으로 이용자들에게 새로운 경제·사회·문화적 경험을 제공하는 데 목적을 두는 것은 '메타버스'이므로 ④의 설명은 적절하지 않다.

18 정답 ②

해설 ② 2문단 2~4번째 줄에서 '차람'은 소설을 소유하고 있는 사람에게 직접 빌려서 보는 것으로, 알고 지내던 개인들 사이에서 이루어졌다고 설명한다. 이때 책을 빌리기 위해 대가를 지불하였다는 내용은 제시문에서 확인할 수 없으므로, ②의 설명은 적절하지 않다.

오답분석
① 1문단 2~6번째 줄에서 구연에 의한 유통 방식에 대해 설명하고 있다. 이때 '전기수'로 불리는 구연자는 글을 모르는 사람들과 남이 읽어 주는 것을 선호하는 이들을 대상으로 소설을 구연하였다고 한다. 따라서 ①은 제시문을 이해한 내용으로 적절하다.
③ 1문단 마지막 문장에서 구연에 의한 유통 방식은 문헌에 의한 유통에 비해 시간과 공간의 제약이 많았다고 설명한다. 이는 곧 문헌에 의한 유통이 구연에 의한 유통에 비해 시간과 공간의 제약이 적었다는 것을 의미하므로, ③은 제시문을 이해한 내용으로 적절하다.
④ 2문단 끝에서 1~5번째 줄에 조선 후기에 세책가가 성행하게 된 이유가 제시된다. 세책가에서는 소설을 구매하는 것보다 훨씬 적은 비용으로 책을 빌려 볼 수 있어, 경제적으로 넉넉지 않은 사람도 소설을 쉽게 접할 수 있었기 때문이다. 따라서 ④는 제시문을 이해한 내용으로 적절하다.

19 정답 ②

해설 ② 2문단에서 반신이지만 당나라에 대적한 민족적 영웅의 모습으로도 그려진 연개소문을 사례로 들며, '삼국사기'는 기존 평가와 달리 다면적이고 중층적인 역사 텍스트로 볼 수 있다고 설명한다. 따라서 제시문을 이해한 내용으로 가장 적절한 것은 ②이다.

오답분석
① 1문단 3~4번째 줄에서 '삼국사기' 열전에 수록된 인물 중 신라인이 가장 많고, 백제인이 가장 적다는 내용이 나오며, 2문단에는 열전 끝부분에 고구려의 연개소문이 수록되었다는 내용이 나온다. 이를 통해 '삼국사기' 열전에 고구려인과 백제인도 수록되었다는 점은 알 수 있다. 다만, 2문단 끝에서 4~5번째 줄에서 '삼국사기'가 신라 정통론에 기반해 있다고 설명하였으므로 ①은 제시문을 이해한 내용으로 적절하지 않다.
③ 1문단 마지막 문장에서 '삼국사기' 열전에 수록 인물을 배치하는 원칙에 대해 소개하였다. 앞부분에는 명장, 명신, 학자 등을 수록했고, 다음으로 관직에 있지는 않았으나 기릴 만한 사람을 실었다고 설명한 것으로 보아 ③은 제시문을 이해한 내용으로 적절하지 않다.
④ 1문단 첫 문장 내용을 통해 '삼국사기' 체제 중 가장 많은 권수를 차지하는 것은 '열전(10권)'이 아니라 '본기(28권)'임을 알 수 있다.

20 정답 ②

해설 ② 2문단 1~3번째 줄을 통해 고려인은 금속활자를 만들 때 목활자를 찍어 눌러서 틀을 완성했음을 확인할 수 있다. 따라서 고려인은 금속활자를 만들 때 목활자를 사용했다는 설명은 적절하다.

오답분석
① 1문단 3~5번째 줄을 통해 고려인은 범종을 만들 때 청동을 녹여 만들었다는 사실을 확인할 수 있다. 따라서 고려인은 범종을 만들 때 황동을 사용했다는 설명은 적절하지 않다.
③ 2문단 1~4번째 줄을 통해 고려인은 금속활자를 만들 때 황동 틀이 아닌 목활자를 찍어 눌러 완성된 틀에 황동 액체를 부었음을 확인할 수 있다. 따라서 고려인은 금속활자를 만들 때 황동 틀을 사용했다는 설명은 적절하지 않다.
④ 2문단 끝에서 3~4번째 줄을 통해 고려인은 금속활자를 만들 때가 아닌 금속활자를 사용하여 인쇄할 때 유성먹이 필요했다는 사실을 확인할 수 있다. 따라서 고려인은 금속활자를 만들 때 유성먹을 사용했다는 설명은 적절하지 않다.

21 정답 ①

해설 ① 2문단 1~4번째 줄을 통해 무속을 근절한다는 명목으로 무당에게 세금을 징수한 본래의 의도와 다르게 무세 징수로 인해 무당을 하나의 직업으로 인정하게 됐다는 결과를 확인할 수 있다. 따라서 무당은 관이 원래 의도했던 바와 다른 결과를 얻었다는 ①은 적절한 설명이다.

오답분석
② 1문단 1~4번째 줄을 통해 무당이 의료기관인 동서활인서에서 봉사한 이유는 무속을 탄압한 행위의 일환이었음을 확인할 수 있다. 따라서 무당이 치유 능력을 인정받아 의료기관에서 일했다는 ②는 적절하지 않은 설명이다.
③ 1문단 4~6번째 줄을 통해 무당은 고려시대 때부터 세금을 납부하였으나 정식 세금으로 제도화해서 징수한 것은 조선시대부터임을 확인할 수 있다. 따라서 무당이 고려와 조선에 걸쳐 제도 내에서 세금을 납부했다는 ③은 적절하지 않은 설명이다.
④ 2문단 끝에서 2~3번째 줄을 통해 무당이 국가적 차원의 의례를 주관하던 전통이 사라졌다는 것을 확인할 수 있으므로 무당이 국가 의례에서 배제되었다는 설명은 적절하다. 그러나 2문단 끝에서 1~2번째 줄을 통해 고을 굿은 중단되었음을 알 수 있으므로 무당이 고을 의례를 주관했다는 ④의 일부 내용은 적절하지 않은 설명이다.

22 정답 ④

해설 ④ 2문단 5~8번째 줄에 따르면, 『국한회어』의 글자와 행의 기술 방식은 알파벳을 사용하는 서양의 서적을 본뜬 것이다. 따라서 『국한회어』가 가로쓰기 방식으로 표기한 서양 책의 영향을 받았다는 ④는 적절하다.

① 1문단 끝에서 1~3번째 줄에 따르면, 푸칠로가 편찬한 『로조사전』은 러시아 문자는 가로로, 그에 대응되는 우리말 단어는 세로로 쓰여 있다. 이를 가로쓰기 책이라고 보기는 어려우므로 ①은 적절하지 않다. 참고로 나머지 『한불자전』, 『언문』, 『말모이』는 가로쓰기 책이다.

② 2문단 1~3번째 줄에 따르면, 『국한회어』는 1895년에 편찬되었고, 2문단 끝에서 4~5번째 줄에 따르면, 『국한회어』의 가로쓰기는 획기적이었다. 따라서 1895년경에 가로쓰기 사용이 늘어나는 분위기가 조성되었다는 ②는 적절하지 않다.

③ 2문단 3~5번째 줄에 따르면, 『국한회어』는 국한문혼용체의 사용 빈도가 높아짐에 따라 국문을 된 표제어를 한문으로 풀이하였고, 2문단 끝에서 3~4번째 줄에 따르면, 『독립신문』은 띄어쓰기와 세로쓰기를 했다. 그러나 가로쓰기가 시행되면서 국한문혼용과 띄어쓰기가 활성화되었는지는 제시문을 통해 알 수 없으므로 ③은 적절하지 않다.

23 정답 ④

 ④ 제시문에서 확인할 수 없는 내용이다.

 ① 1문단을 통해서 빅데이터를 기반으로 '복지 공감 지도'가 제작되었음을 알 수 있으며, '복지 공감 지도'는 복지 기관 접근성 분석을 통해 복지 사각지대를 줄이는 방안임을 확인할 수 있으므로 글에 대한 이해로 적절하다.

② 3문단 1~3번째 줄을 통해 복지 기관과 수급자 거주지 사이의 거리가 복지 혜택의 정도에 영향을 미침을 알 수 있으므로 글에 대한 이해로 적절하다.

③ 3문단을 통해 복지 기관 접근성을 분석하여 복지 기관 방문이 어려운 수급자에 대한 맞춤형 복지 서비스의 필요성을 제시하였고 이에 근거하여 셔틀버스 노선을 4개 증설할 계획을 세웠음을 알 수 있다.

24 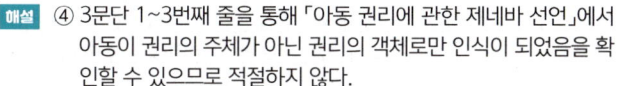 정답 ④

 ④ 3문단 1~3번째 줄을 통해 「아동 권리에 관한 제네바 선언」에서 아동이 권리의 주체가 아닌 권리의 객체로만 인식이 되었음을 확인할 수 있으므로 적절하지 않다.

[관련 부분] 여기에서도 아동은 보호의 객체로만 인식되었을 뿐 생존, 보호, 발달을 위한 적극적인 권리의 주체로 인식되지는 않았다.

 ① 1문단을 통해 전근대 사회에서는 아동의 권리에 대한 인식이 없었으나 근대 사회부터 아동 보호가 시작되었음을 알 수 있으므로 적절하다.

[관련 부분] 전근대 사회에서는 아동의 권리에 대한 인식이 존재하지 않았다. ~ 근대 사회에 이르러 구빈법에 따른 국가 개입과 민간단체의 자발적인 참여로 아동 보호가 시작되었다.

② 3문단 끝에서 1~2번째 줄과 4문단 1~2번째 줄을 통해 알 수 있다.

[관련 부분]
- 1989년 유엔 총회에서 채택된 「아동 권리 협약」이 그것이다.
- 우리나라는 이를 토대로 2016년 「아동 권리 헌장」 9개 항을 만들었다.

③ 2문단 끝에서 1~5번째 줄을 통해 「아동 권리에 관한 제네바 선언」에서 아동의 발달에 대한 내용이 있음을 알 수 있으며, 4문단 1~5번째 줄을 통해 「아동 권리 헌장」과 「아동 권리 협약」에 아동 발달에 대한 내용이 있음을 알 수 있다.

[관련 부분]
- 여기에는 "아동은 물질적으로나 정신적으로 정상적인 발달을 위해 필요한 조건이 충족되어야 한다."라든지 "아동의 재능은 인류를 위해 쓰인다는 자각 속에서 양육되어야 한다." 등의 내용이 포함되었다.
- 2016년 「아동 권리 헌장」 9개 항을 만들었다. 이 헌장은 '생존과 발달의 권리', '아동이 최선의 이익을 보장 받을 권리', '차별 받지 않을 권리', '자신의 의견이 존중될 권리' 등 유엔의 「아동 권리 협약」의 네 가지 기본 원칙을 포함하고 있다.

25 정답 ③

 ③ 제시문 끝에서 5~8번째 줄을 통해 무대 연출 작업 속의 독보적인 창작을 걸러 내 저작권을 부여하면 후발 창작에 방해가 될 수 있음을 알 수 있으므로 적절하지 않다.

[관련 부분] 무대 연출 작업 중에서 독보적인 창작을 걸러 내서 배타적인 권한인 저작권을 부여하는 것은 매우 흔치 않은 경우이고, 후발 창작을 방해하는 요소로 작용할 수도 있다.

 ① 제시문 4~5번째 줄을 통해 알 수 있다.

[관련 부분] 창작적인 표현을 도용당했는지 밝혀야 하는데, 이것이 쉽지 않다.

② 제시문 1~3번째 줄을 통해 알 수 있다.

[관련 부분] 연출자가 자신의 저작권을 침해당했다고 주장하기 위해서는 우선 그가 유효한 저작권을 소유하고 있어야 한다.

④ 제시문 끝에서 1~5번째 줄을 통해 알 수 있다.

[관련 부분] 저작권법은 ~ 창작을 장려함과 동시에 일반 공중이 저작물을 원활하게 이용할 수 있도록 해야 하는 두 가지 가치의 균형을 이루는 것이 목표다.

26 정답 ④

 ④ 제시문 끝에서 2~4번째 줄을 통해 A시의 올해 청소년 의회 교실은 자유 발언을 조례안 상정보다 먼저 진행했음을 알 수 있으므로 ④는 적절하지 않다.

[관련 부분] 의원 선서를 한 후 주제에 관한 자유 발언 시간을 가졌다. 이어서 관련 조례안을 상정한 후 찬반 토론을 거쳐 전자 투표로 표결 처리하였다.

 ① 제시문 6~7번째 줄을 통해 알 수 있다.

[관련 부분] 참여할 수 있는 대상은 A시에 있는 학교에 재학 중인 만 19세 미만의 청소년이다.

② 제시문 7~10번째 줄을 통해 알 수 있다.

[관련 부분] 시 의회 의장은 의회 교실의 참가자 선정 및 운영 방안을 결정할 수 있다. 운영 방안에는 지방 자치 및 의회의 기능과 역할, 민주 시민의 소양과 자질 등에 관한 교육 내용이 포함된다.

③ 제시문 끝에서 6~9번째 줄을 통해 알 수 있다.

[관련 부분] 시 의회 의장은 고유 권한으로 본 회의장 시설 사용이 가능하도록 지원할 수 있다. 최근 A시는 ~ 본 회의장에서 첫 번째 의회 교실을 운영하였다.

27 정답 ③

해설 ③ 제시문 끝에서 1~3번째 줄에 따르면, 공공 건축은 지역의 정체성과 문화적 전통을 보존함으로써 공적인 소통의 장이 되어야 한다. 따라서 공공 건축이 지역의 정체성을 반영한 소통의 장이 되어야 한다는 ③의 설명은 제시문의 내용과 부합한다.

오답분석 ① 5~7번째 줄에 따르면 국민의 삶의 질을 높이는 것은 공공 건축의 역할이다. 따라서 ①의 설명은 적절하지 않다.

② 끝에서 3~5번째 줄에 따르면 개인의 취향이 반영되기보다 다수가 누릴 수 있도록 보편성을 갖추어야 하는 것은 공공 건축이다. 따라서 ②의 설명은 적절하지 않다.

④ 1~4번째 줄에 따르면 공공 건축은 다수를 위한 것으로, 사적 자본이 생산해 낼 수 없는 공간을 생산해 내어야 한다. ④의 '다수가 누릴 수 있는 공간'은 공공 건축에 대한 설명이 맞지만, 공공 건축이 사적 자본을 활용한다는 설명은 적절하지 않다.

28 정답 ②

해설 ② 1문단에 따르면 기술 복제 시대 전에 예술은 고급 예술만을 의미하였기에 예술 작품은 귀족과 같은 상층 사람들만 제한된 장소에서 감상할 뿐이었으나, 복제 기술이 발명된 이후에 예술 작품을 인테리어 소품이나 엽서, 일상의 생필품과 같이 실용적으로 사용하게 되었음을 알 수 있다.

따라서 기술 복제 시대 전에도 귀족은 예술 작품을 실용적으로 사용했다는 ②의 설명은 제시문의 내용과 부합하지 않는다.

오답분석 ① 과거의 예술은 고급 예술만을 의미하고 진본성, 유일성을 가져야 한다고 보았다. 하지만 사진기와 같이 복제와 관련된 새로운 기술의 발명으로 인해 대중도 예술 작품을 공유할 수 있게 되었으며, 이는 대중이 예술 작품을 능동적으로 소비하고 실용적으로 사용하게 되는 변화를 가져왔다. 따라서 ①의 설명은 제시문의 내용과 부합한다.

③ 2문단 2~4번째 줄에 따르면 과거와 달리 기술 복제 시대에는 진본성이나 유일성이 예술 작품의 조건이 될 수 없다. 따라서 ③의 설명은 제시문의 내용과 부합한다.

④ 과거에는 예술 작품이 수동적인 감상의 대상이었으며, 진본성, 유일성을 가져야 한다고 보았기에 인테리어 소품과 같은 일상의 물품은 예술에 포함될 수 없었다. 그러나 2문단의 마지막 문장의 내용에 따르면, 기술 복제 시대에는 일상의 물품 역시 예술의 범주에 들어갈 수 있게 되었으므로 ④의 설명은 제시문의 내용과 부합한다.

29 정답 ③

해설 ③ 2문단 끝에서 2~5번째 줄의 「독서문화진흥법」 제2조에 의하면 독서 소외인이란, 신체적 장애 또는 경제적 사회적 지리적 제약 등으로 독서문화에서 소외되어 있거나 독서 자료의 이용이 어려운 자를 일컫는다고 하였다. 따라서 ③의 설명은 적절하다.

오답분석 ① 1문단 1~3번째 줄에 의하면 우리나라 독서율은 8.4%로 경제협력개발기구 가입 국가의 평균 독서율이 20.2%인 것에 비해 저조하다. 따라서 우리나라의 독서율이 경제협력개발기구 가입 국가의 평균 독서율과 차이가 없다는 ①의 설명은 적절하지 않다.

② 3문단 1~3번째 줄에 의하면 포용적 독서복지를 실현하기 위하여 정부가 초등학교 저학년 대상으로 책 꾸러미 프로그램을 실시하고 독서 소외인의 실태를 고려해 맞춤형 프로그램을 제공할 계획이다. 하지만 초등학교 저학년이 독서 소외인인지는 제시문을 통해 알 수 없으므로 ②의 설명은 적절하지 않다.

④ 3문단에서는 독서 소외인의 실태로 고려한 맞춤형 프로그램 제공 계획 중 하나로 병영 도서관 확충을 예로 들고 있다. 이는 지리적 제약으로 인해 독서문화에서 소외된 독서 소외인인 군인에 대한 맞춤형 프로그램이다. 하지만 군 장병을 위한 독서 치유 프로그램이 존재하는지는 알 수 없으므로 ④의 설명은 적절하지 않다.

30 정답 ④

해설 ④ 1문단 4번째 줄을 통해 미국의 어머니는 아이들이 스스로 독립적인 행동을 할 수 있도록 교육함을 알 수 있다. 또한 2문단 끝에서 2~4번째 줄을 통해 일본의 어머니는 아이들이 다른 사람들의 감정을 예측할 수 있도록 교육함을 알 수 있다. 따라서 제시문의 내용과 부합하는 것은 ④이다.

[관련 부분]
· 아이들은 스스로 독립적인 행동을 하도록 교육받는다.
· 아이들은 자신의 생각을 드러내기보다는 행동에 영향을 받는 다른 사람들의 감정을 미리 예측하도록 교육받는다.

오답분석 ① 1문단 끝에서 2~4번째 줄을 통해 미국의 어머니는 말하는 사람의 입장을 강조함을 알 수 있고, 2문단 끝에서 1~2번째 줄을 통해 일본의 어머니는 듣는 사람의 입장을 강조함을 알 수 있다.

[관련 부분]
· 미국에서는 아이들에게 의사소통을 가르칠 때 자신의 생각을 분명하게 표현하고 말하는 사람의 입장에서 대화에 임해야 하며
· 곧 일본에서는 아이들에게 듣는 사람의 입장에서 말할 것을 강조한다.

② 1문단 1~3번째 줄을 통해 미국의 어머니가 사물의 속성을 가르친다는 것을 알 수 있다.

[관련 부분] 미국의 어머니들은 자녀와 함께 놀이를 할 때 특정 사물에 초점을 맞추고 그 사물의 속성을 아이들에게 가르친다.

③ 2문단 끝에서 2~4번째 줄을 통해 일본의 어머니가 다른 사람들의 감정을 예측하도록 아이들을 교육한다는 것을 알 수 있다.

[관련 부분] 아이들은 ~ 행동에 영향을 받는 다른 사람들의 감정을 미리 예측하도록 교육받는다.

유형 03 주장 및 견해 파악하기

문제집 p.35

01 ②	02 ④	03 ②	04 ③	05 ②
06 ①	07 ④	08 ②	09 ④	10 ①
11 ③	12 ①	13 ③	14 ②	15 ①
16 ④	17 ④	18 ①	19 ④	

01
정답 ②

해설 ② 갑의 첫 번째 발화에 의하면 갑은 언어가 인간의 지각과 사고, 세계관 등을 결정한다고 주장한다. 또한 을의 첫 번째 발화에 의하면 을은 사고가 언어에 영향을 미친다고 주장한다. 이에 따라 사고가 언어에 영향을 미친다는 점에 대해 갑은 동의하지 않고, 을은 동의한다는 것을 알 수 있다. 따라서 ②는 적절하지 않다.

오답분석 ① 갑의 첫 번째 발화에 의하면 갑은 사고가 언어에 영향을 미치지 않는다고 주장한다. 또한 을의 두 번째 발화에 의하면 을은 언어가 사고에 영향을 미치지 못한다고 주장한다. 반면 병의 두 번째 발화에 의하면 병은 언어와 사고가 서로 영향을 주고받으며 발전한다고 주장한다. 따라서 언어와 사고가 서로 영향을 주고받는 관계라는 점에 대해 갑과 을은 동의하지 않지만 병은 동의한다는 ①은 적절하다.

③ 갑의 두 번째 발화에 의하면 갑은 언어가 다르면 세계를 다르게 인식한다고 주장한다. 또한 병의 첫 번째 발화에 의하면 병은 '왼쪽'이나 '오른쪽'이 아닌 '북서쪽'과 같이 절대 방위로 표현하는 것처럼 언어가 다르면 공간 감각이 더 뛰어나다고 주장한다. 이를 통해 병 역시 언어가 다르면 세계를 다르게 인식한다고 주장한다. 따라서 언어가 다르면 세계를 다르게 인식한다는 점에 대해 갑과 병은 동의한다는 ③은 적절하다.

④ 을의 첫 번째 발화에 의하면 을은 사고의 차이가 언어의 차이를 낳는다고 주장한다. 또한 병의 첫 번째 발화에 의하면 병은 을의 주장에 동의하며 사고의 깊이가 깊은 사람은 그렇지 않은 사람에 비해 구사하는 언어의 수준이 높다고 주장한다. 따라서 사고의 차이가 언어의 차이를 낳는다는 점에 대해 을과 병은 동의한다는 ④는 적절하다.

02
정답 ④

해설 ④ 인명피해가 불가피한 선택의 상황에서 영민은 죽는 사람의 수를 최소화하는가가 기준이 되어야 한다고 주장한다. 소현 역시 행위에 따른 결과를 선택의 기준으로 보며 다섯 명을 살리는 선택을 할 것이라고 주장한다. 따라서 인명피해가 불가피한 선택의 상황에 놓인다면 영민과 소현은 죽는 사람의 수를 최소화하는 선택을 할 것이다.

[관련 부분]
- 나는 스위치를 눌러서 한 명이 죽더라도 다섯 명을 살리는 선택을 할 거야. 그건 결과적으로 봤을 때 불가피한 조치 아니겠어?
- 지금처럼 불가피한 선택의 상황에서~어떻게 하면 죽는 사람의 수를 최소화하는가가 그 기준이 되어야 한다고 생각해.

 ① 스위치를 누르는 일을 살인으로 본다는 점에서 은주와 보은은 모두 견해를 같이 한다.

[관련 부분]
- 스위치를 눌러서 사람을 '죽이는 것'과 아무것도 하지 않고 '죽게 내버려 두는 것' 중에 당연히 살인에 해당하는 전자가 더 나쁘지.
- 스위치를 누르면 살인이고, 누르지 않으면 방관일 텐데,~

② 생명의 가치를 수량화할 수 없다는 점에서 영민은 원론적으로는 보은과 견해를 같이한다.

[관련 부분]
- 생명의 가치를 수량화할 수 없다는 데 원론적으로는 나도 동의해.
- 생명의 가치는 수량화할 수 없으니~

③ 선택의 딜레마 상황에서 소현은 행위에 따른 결과를, 은주는 행위 자체의 도덕성을 선택의 기준으로 삼고 있다.

[관련 부분]
- 행위에 따른 결과가 선택의 기준이 된다고 생각해.
- 행위에 따른 결과보다 행위 자체의 도덕성을 기준에 두어야 하는 거 아니야?

03
정답 ②

해설 ② 1문단에 의하면 놀이터에서 자주 다쳐서는 안 되지만 아이들이 도전하는 과정에서 겪는 작은 부상을 통해 무엇이 위험한지, 위험한 일을 겪지 않으려면 어떻게 해야 하는지를 스스로 깨닫게 된다고 하였다. 또한 안전한 놀이터는 오히려 아이들에게 스스로 안전한 방법을 찾을 기회를 주지 않는 것이라고 하였다. 이를 통해 '작은 부상도 입지 않는 안전한 공간'은 글쓴이가 주장하는 놀이터의 모습으로 적절하지 않음을 알 수 있다.

 ① ④ 2문단 1~2번째 줄에서 글쓴이는 놀이터가 아이들이 진취적으로 행동하고 창의적으로 사고할 수 있는 공간이어야 한다고 주장하고 있다. 따라서 ①과 ④는 글쓴이가 주장하는 놀이터의 모습으로 적절하다.

③ 2문단 2~4번째 줄에서 글쓴이는 놀이터가 도전하고 모험할 수 있는 공간으로 설계되어야 한다고 주장하고 있다. 따라서 ③은 글쓴이가 주장하는 놀이터의 모습으로 적절하다.

04
정답 ③

해설 ③ 2문단 3번째 줄에서 열정과 격정은 다른 것이라고 서술하고 있는데, 이는 둘을 구분할 수 있다는 의미이다. 또한 2문단 끝에서 1~8번째 줄에서 은근과 끈기의 일관성을 우리 민족의 역사에서 찾아볼 수 있으며 이러한 정체성을 마음속 깊이 간직해야 한다고 주장하고 있다. 이를 통해 글쓴이의 주장에 대한 설명으로 가장 적절한 것은 ③ '열정은 격정과 구분되며 은근의 일관성을 얻어야 한다'이다.

 ① 은근과 끈기는 우리 민족의 특성이지만 이것이 '우리 민족만의 고유한' 것이라는 서술은 제시문에서 확인할 수 없다.

② 쉽게 식지 않는 뚝배기는 '열정과 역동성'이 아닌 '은근과 끈기'를 빗댄 표현이다.

④ 1문단에서 '은근과 끈기', '열정과 역동성'을 전혀 다른 기질로 보는 관점에서는 '은근과 끈기'의 민족적 심성이 우리 민족을 소극적인 모습으로 왜곡한 것이라고 주장한다고 서술하고 있다. 하지만 2문단에서 글쓴이는 두 기질이 전혀 다른 것이 아니라고 서술하며, 두 기지를 전혀 다른 기질로 보는 관점에 대해 비판적 의식을 드러내고 있다.

05
정답 ②

해설 ② 1문단 1~5번째 줄에 따르면, 대인 관계의 능력과 관련된 지능이라는 개념은 다중지능이론을 주장하는 측이 창안했고, 2문단 끝에서 1~3번째 줄에 따르면, 다중지능이론이 설정한 새로운 종류의 지능을 정확하게 측정할 수 있는 도구가 만들어지기는 어렵다고 주장하는 사람들이 있다. 따라서 글을 이해한 내용으로 적절한 것은 ②이다.

오답분석 ① 1문단 1~5번째 줄에 따르면, 언어지능이나 논리수학지능뿐만 아니라 신체와 정서, 대인 관계의 능력까지 포괄한 총체적 지능이 다중지능이론의 지능 개념에 포함된다. 따라서 논리수학지능이 다중지능이론의 개념에 포함되지 않는다는 ①은 적절하지 않다.

③ 1문단 끝에서 1~3번째 줄에 따르면, 다중지능이론은 좌뇌의 능력에만 초점을 둔 기존의 지능 검사를 비판했다. 그러나 다중지능이론이 우뇌가 담당하는 능력과 관련된 지능과 좌뇌가 담당하는 능력과 관련된 지능 중 어떤 지능에 더 주목하는지는 알 수 없으므로 ③은 적절하지 않다.

④ 2문단 2~8번째 줄에 따르면, 다중지능이론에 대해 비판적인 연구자들은 다중지능이론에서 주장하는 새로운 지능의 종류들이 기존 지능이론에서 주목했던 지능의 종류들과 서로 독립적일 수 없다고 본다. 따라서 ④는 적절하지 않다.

06
정답 ①

해설 ① 3문단 1~2번째 줄에서 문화 전파의 기제를 설명하는 이론으로 밈 이론보다 의사소통 이론이 더 적절함을 언급하고 있으므로 글쓴이의 견해에 부합한다.

[관련 부분] 문화 전파의 기제를 설명하는 이론으로는 밈 이론보다 의사소통 이론이 더 적절해 보인다.

② 4문단을 통해 의사소통 이론은 문화를 수용할 때 사람들의 생각이 덧붙는다고 보는 이론임을 알 수 있으므로 ②는 글쓴이의 견해와 부합하지 않는다.

[관련 부분]
· 푸딩 요리법의 수신자가 발신자가 전해 준 정보에다 자신의 생각을 덧붙였기 때문인데,
· 이에 따르면 사람들은 자신이 들은 이야기를 남에게 전달할 때 들은 이야기에다 자신의 생각을 더해서 그 이야기를 전달하기 때문이다.

③ 2문단 끝에서 1~2번째 줄을 통해 공동체 문화가 복제를 통해 전파된다고 보는 것은 의사소통 이론이 아닌 밈 이론임을 알 수 있으므로 글쓴이의 견해와 부합하지 않는다.

[관련 부분] 밈 역시 유전자와 마찬가지로 공동체 내에서 복제를 통해 확산된다.

④ 4문단 끝에서 4~7번째 줄에서 요크셔푸딩 요리법이 요크셔 지방 내에서도 차이를 보이는 현상은 복제의 관점에서 문화의 전파를 설명하는 밈 이론으로 설명하기 어렵다고 하였으므로 글쓴이의 견해와 부합하지 않는다.

[관련 부분] 푸딩 요리법의 수신자가 발신자가 전해 준 정보에다 자신의 생각을 덧붙였기 때문인데, 복제의 관점에서 문화의 전파를 설명하는 이론으로는 이와 같은 현상을 설명하기 어렵다.

07
정답 ④

해설 ④ 제시문의 내용에 따르면 분수는 물의 운명에 거역하여 솟구치는 물줄기이다. 따라서 '분수와 같은 운명에 대한 지속적인 긴장'이라는 표현은 글의 내용과 상통하나, 이러한 지속적인 긴장이 힘의 한계에 부딪치면 곧 멈춘다는 내용은 확인할 수 없다. 2문단 2번째 문장에서 중력을 거부하는 힘의 동력이 끊어지면 분수의 운동이 멈춘다고 설명하고는 있으나, 이는 ④의 내용과 관련이 없다.

오답분석 ① 1문단 6~7번째 줄에서 분수가 '물의 본성에 도전하는 물줄기'임을 확인할 수 있다.

② 1문단 9~10번째 줄에서 분수는 가장 물답지 않은 물이며, 가장 부자연스러운 물의 운동임을 확인할 수 있다.

③ 1문단 끝에서 3~4번째 줄을 통해 '분수는 거역하는 힘, 인위적인 힘의 산물'임을 알 수 있다. 또한 2문단 마지막 문장을 통해 이러한 힘의 긴장과 지속이 서양인의 역사와 인간생활을 지배해 온 것임을 알 수 있다.

08
정답 ②

해설 ② 제시문 내용에 따르면 버크는 지도자가 국민을 대표하는 것이 아니라 대신하는 것이며, 지도자와 국민은 상호 '신탁 계약'을 맺은 관계라고 했다. 따라서 국민이 자신의 모든 권리와 책임을 지도자에게 위임하였다는 ②의 설명은 버크의 견해로 적절하다.

오답분석 ① 마지막 1~2번째 문장에서 버크는 지도자가 국민의 의견을 따르기보다 국민 전체의 이익이 무엇인가를 스스로 판단하여 대신할 의무가 있다고 하였다.

③ 제시문 끝에서 8~11번째 줄을 통해 버크는 대중이 자신을 위한 유·불리의 이해관계를 알지 못한다는 가정을 전제로 하기 때문에 분별력 있는 지도자가 독립적 판단을 통해 국가를 이끌어가야 한다고 했다. 따라서 탁월한 지도자를 선택하는 국민의 자질이 중요하다는 내용은 제시문에서 확인할 수 없다.

④ 끝에서 3~6번째 줄에 따르면 버크는 지도자에게는 국민의 요구와 입장을 성실하게 경청할 의무 대신, 국민 전체의 이익이 무엇인가 스스로 판단해서 대신할 의무가 있다고 보았다. 따라서 국민이 다수결을 통해 지도자의 결정에 대한 수용과 비판의 태도를 지속적으로 보여 주어야 한다는 주장은 버크의 견해와 맞지 않다.

09
정답 ④

해설 ④ 3~4문단 내용에 따르면 하버마스는 문화 산업의 발달과 미디어의 상업화로 인해 민주적 토론이 퇴보하였고 공공 영역이 축소되었다고 주장한다. 이러한 하버마스의 주장에 부합하는 사례로 가장 적절한 것은 ④이다.

[관련 부분]
· 현대 사회에서 민주적 토론은 문화 산업의 발달과 함께 퇴보했다.
· 미디어가 점차 상업화되면서 하버마스가 주장한 대로 공공 영역이 침식당하고 있다.

오답분석 ① ② 제시문을 통해 확인할 수 없는 내용이므로 하버마스의 주장에 부합하지 않는다.

③ 3문단 2~4번째 줄을 통해 하버마스는 대중매체와 대중오락의 보급과 같은 문화 산업의 발달이 공공 영역을 공허하게 만드는 원인이라고 생각하였음을 알 수 있으므로 ③은 하버마스의 주장에 부합하지 않는다.

10　정답 ①

해설　① 축약된 기술어가 지칭하는 대상에 대해 언급한 것은 을이므로 ①은 적절하지 않다.

[관련 부분] 실존하지 않는 대상을 지칭하는 단어는 실제로는 이름이 아니라 일종의 축약된 기술어인 거야.

오답분석　② 을의 두 번째 발화 끝에서 1~2번째 줄을 통해 을은 실존하지 않는 대상을 지칭하는 단어를 축약된 기술어라고 설명하고 있으므로 적절하다.

[관련 부분] 실존하지 않는 대상을 지칭하는 단어는 ~ 축약된 기술어인 거야.

③ 갑의 두 번째 발화 1~4번째 줄과 을의 첫 번째 발화, 두 번째 발화 끝에서 1~2번째 줄을 통해 갑은 '페가수스'가 실존하는 존재를 지칭하므로 의미를 지닌 이름이라고 보고 있으며, 을은 '페가수스'는 실존하지 않는 대상을 지칭하므로 축약된 기술어라고 보고 있음을 알 수 있다.

[관련 부분]
· 갑: '페가수스'라는 단어가 의미를 지닌다는 것은 분명하지? ~ 모든 단어는 무언가의 이름인 것이지.
· 을: '페가수스'라는 단어는 실존하지 않는 대상을 지칭한다고 생각해.
· 을: 실존하지 않는 대상을 지칭하는 단어는 ~ 축약된 기술어인 거야.

④ 갑의 두 번째 발화 끝에서 1번째 줄과 을의 두 번째 발화 끝에서 4~5번째 줄을 통해 갑과 을 모두 이름은 실존하는 대상을 지칭한다고 언급하였으므로 적절하다.

[관련 부분]
· 갑: 모든 이름은 실존하는 대상을 반드시 지칭해.
· 을: 어떤 단어가 이름이라면 그것은 실존하는 어떤 대상을 반드시 지칭하거든.

11　정답 ③

해설　③ 2문단 1~7번째 줄을 통해 글쓴이는 사람이 개입되는 것은 사물 인터넷이 아니라는 의견과 사물의 지능성을 중요시하는 생각은 모두 그릇되었다고 말한다. 따라서 답은 ③이다.

[관련 부분] 혹자는 사람이 개입되는 것은 사물 인터넷이 아니라고 이야기하면서 ~ 사물의 지능성을 중요시하는 경우도 있는데, 두 가지 모두 그릇된 것이다.

　① 2문단 끝에서 4~6번째 줄을 통해 알 수 있다.

[관련 부분] 사물 인터넷을 제대로 이해하려면 기존 인터넷과의 차이점에 주목하기보다는 오히려 공통점을 인식하는 것이 더 중요하다.

② 1문단 끝에서 1~5번째 줄을 통해 알 수 있다.

[관련 부분] 전원이 없었던 일반 사물들은 새롭게 센서와 배터리, 통신 모듈이 부착되면서 컴퓨터가 되고 이렇게 컴퓨터가 된 사물들이 그들 간에 또는 인간의 스마트 기기와 네트워크로 연결되는 것이다.

④ 2문단 끝에서 1~4번째 줄을 통해 알 수 있다.

[관련 부분] 컴퓨터를 서로 연결하는 수준에서 출발한 것이 기존의 인터넷이라면, 이제는 사물 각각이 컴퓨터가 되고, 그 사물들이 사람과 손쉽게 닿는 스마트폰, 스마트 워치 등과 서로 소통하는 것이다.

12　정답 ①

해설　① 2문단 4~7번째 줄에서 ㉠은 엔터테인먼트가 고급 문화에 의존하고 종속되며, 엔터테인먼트가 고급 문화에서 파생된 것으로 본다고 설명한다. 이는 고급 문화와 엔터테인먼트 사이에 위계가 있다고 보는 입장이므로 ①의 설명은 글쓴이의 견해로 적절하지 않다.

[관련 부분] 첫 번째 입장은 ~ 엔터테인먼트를 고급 문화에 전적으로 의존하고, 종속되며 그것에서 파생되는 것으로 간주한다.

　② 2문단 4~7번째 줄 내용에 따르면 ㉠은 엔터테인먼트가 고급 문화를 차용하여 타락시킨다고 주장하면서 엔터테인먼트를 고급 문화의 하위 개념으로 간주하고 있다. 따라서 ㉠이 대중예술과 엔터테인먼트에 비해 고급 예술과 고급 문화의 우월성을 강조한다는 ②의 설명은 글쓴이의 견해로 적절하다.

[관련 부분] 첫 번째 입장은 엔터테인먼트가 고급문화를 차용해서 타락시키는 것이라고 주장하면서, 엔터테인먼트를 고급 문화에 전적으로 의존하고, 종속되며 그것에서 파생되는 것으로 간주한다.

③ 3문단 3~7번째 줄을 통해 확인할 수 있다.

[관련 부분] 두 번째 입장은 ~ 고급 예술과 대중예술 사이의 관계를 설명하지 못한다.

④ 2문단 끝에서 1~5번째 줄 내용에 따르면 ㉡은 엔터테인먼트가 고급 문화와 동떨어진 영역이며, 자체적으로 규칙, 가치, 원리, 미적 기준을 갖고 있다고 주장한다. 따라서 ㉡이 대중예술과 엔터테인먼트의 독자성을 강조한다는 ④의 설명은 글쓴이의 견해로 적절하다.

[관련 부분] 두 번째 입장은 엔터테인먼트를 고급 문화와 동떨어진 영역, 즉 고급 문화에 도전함으로써 대립적인 태도를 유지하면서 엔터테인먼트 자체의 자율적 규칙, 가치, 원리와 미적 기준을 갖고 있는 것으로 규정한다.

13　정답 ③

해설　③ 3문단 끝에서 1~3번째 줄과 4문단 끝에서 1~4번째 줄을 통해 유교적 윤리의 한 바탕이 윗사람(부모, 임금)에 대한 복종을 절대시하지 않는 것이었음을 알 수 있다. 따라서 글쓴이의 입장에 부합하는 것은 ③이다.

[관련 부분]
· 유교의 기본 입장은 설사 부모의 명령이라 하더라도 옳고 그름을 가리지 않는 맹목적인 복종은 그 자체가 불효라고 보았기 때문이다.
· 임금과 신하의 관계는 공동의 목표를 위한 관계로서 의리에 의해서 맺어진 관계로 본다. 의리가 맞지 않는다면 언제라도 끊을 수 있다고 생각하는 것이다.

　① 1문단 1~2번째 줄을 통해 효(孝)가 일차적인 인간관계에서 일어나는 행위임을 알 수 있으나, 1문단 끝에서 2~4번째 줄을 통해 효가 봉건 가부장제 사회의 유습이라는 것은 오해임을 알 수 있다. 따라서 효가 봉건 가부장제 사회에서 비롯된 일차적 인간관계라는 내용은 글쓴이의 입장에 부합하지 않는다.

[관련 부분]
· 효(孝)가 개인과 가족, 곧 일차적인 인간관계에서 일어나는 행위를 규정한 것이라면
· 효를 순응적 가치관을 주입하는 봉건 가부장제 사회의 유습이라고 오해하는가 하면

② 3문단 끝에서 1~3번째 줄을 통해 맹목적인 복종은 그 자체가 불효라고 하였으므로 효가 조건 없는 신뢰에 기초한 덕목이라는 내용은 글쓴이의 입장에 부합하지 않는다.

[관련 부분] 부모의 명령이라 하더라도 옳고 그름을 가리지 않는 맹목적인 복종은 그 자체가 불효라고 보았기 때문이다.

④ 3문단 끝에서 3~5번째 줄을 통해 효는 가족 윤리로서 사회 윤리였던 충보다 우선시되었음을 알 수 있으므로 충의 도리를 다함으로써 효의 도리에 도달할 수 있다는 것이 인의 이치라는 내용은 글쓴이의 입장에 부합하지 않는다.

[관련 부분] 효란 가족 윤리 또는 종족 윤리로서 사회 윤리였던 충보다 우선시되었을 뿐만 아니라

14 정답 ②

해설 ② 끝에서 3~4번째 줄을 통해 필자는 꺼려하는 사람과 같이 죄를 지었는데도 서로 죄를 밝히지 않을 때 간악함이 일어나기 쉽다고 주장함을 알 수 있다. 그러나 ②의 설명은 제시문을 통해 확인할 수 없으므로 필자의 견해로 볼 수 없다.

오답분석 ① 5~6번째 줄, 노력을 조금 들였는데 효과가 신속하면 간악하게 된다는 내용을 통해 확인할 수 있다.

③ 6~7번째 줄, 자신은 그 자리에 오랫동안 있는데 자신을 감독하는 사람이 자주 교체될 경우 간악하게 된다는 내용을 통해 확인할 수 있다.

④ 9~10번째 줄, 아래에 자신의 무리는 많은데 윗사람이 외롭고 어리석으면 간악하게 된다는 내용을 통해 확인할 수 있다.

15 정답 ①

해설 ① 〈보기〉의 비판 대상으로 가장 옳지 않은 것은 ① '채식주의자'이다. 필자는 비윤리적인 식육 생산의 실상을 어느 정도 알면서도 이를 고의로 외면하는 경우를 예로 들며 '폭력적 이데올로기'를 설명하고 있다. 또한 제시문의 1~4번째 줄에서 사람들이 식육 생산의 실상을 안다면 '채식주의자'가 된다고 하였으므로, '채식주의자'는 비판의 대상이 아님을 알 수 있다.

[관련 부분] 도축장의 벽이 유리로 되어 있다면 모든 사람이 채식주의자가 될 거라고 말한 적이 있다. 우리가 식육 생산의 실상을 안다면 계속해서 동물을 먹을 수 없으리라고 그는 믿었다.

16 정답 ④

해설 ④ 1문단 3~4번째 줄에서 소비를 덜 할수록 우리 사회의 민주주의적 토대가 허물어진다고 하였으므로 민주주의가 소비를 토대로 유지됨을 알 수 있다. 또한 1문단 끝에서 1~3번째 줄을 통해 대량 소비가 줄거나 대중이 소비에 폭넓게 접근하지 못하면 다른 구조로 사회가 변할 수 있음을 알 수 있으므로 대량 소비가 민주주의의 근간을 무너뜨린다는 ④ '순희'의 설명은 적절하지 않다.

[관련 부분]
· 우리가 소비를 덜 할수록 우리 사회의 민주주의적 토대도 허물어진다.
· 대량 소비가 점점 줄어들거나 대중에게 소비의 폭넓은 접근 가능성이 주어지지 않는다면 사회는 완전히 다른 구조로 넘어갈 수도 있다.

오답분석 ① 1문단 3~4번째 줄을 통해 소비가 민주주의를 떠받치는 디딤돌임을 알 수 있으므로 ① '철수'의 설명은 옳다.

[관련 부분] 우리가 소비를 덜 할수록 우리 사회의 민주주의적 토대도 허물어진다.

② 1문단 1번째 줄과 1문단 6~8번째 줄을 통해 오늘날의 상황은 소비의 위기 시대이며, 소비의 장려가 필요한 때임을 알 수 있으므로 ② '영희'의 설명은 옳다.

[관련 부분]
· 오늘날의 상황을 '소비의 위기'라 부른다.
· 민주주의 사회가 계속 유지되기 바란다면 우리는 끊임없이 소비해야 하는 형을 선고받은 것이나 마찬가지이다.

③ 1문단의 내용을 통해 소비와 민주주의는 밀접한 관련이 있음을 알 수 있으므로 ③ '영수'의 설명은 옳다.

17 정답 ④

해설 ④ 4문단을 통해 역사주의 비평가들은 작중 인물의 개인적인 역사를 재구성하려고 했을 뿐이며 작중 인물을 영웅으로 표현하지 않았음을 알 수 있다. 따라서 필자의 견해로 볼 수 없는 것은 ④이다.

오답분석 ① 1문단의 1~3번째 줄을 통해, 영웅이라는 말은 고대 서사시나 희곡의 주인공과 연관이 있으므로 고대의 예술적 조건과 관련된다는 것을 알 수 있다.

[관련 부분] 서양에서 주인공을 '히어로(hero)', 즉 '영웅'이라고 부른 것은 고대 서사시나 희곡의 소재가 되던 주인공들이 초인간적인 능력을 가진 인물들이었기 때문이다.

② 2문단의 2~3번째 줄을 통해 확인할 수 있다.

[관련 부분] 영웅들의 초인간적이고 신적인 행위는 차차 문학 작품의 구조에 제한되어 훨씬 인간화되었다.

③ 3문단의 1~3번째 줄을 통해 확인할 수 있다.

[관련 부분] 아리스토텔레스는 비극이 '보통보다 우수한 인물'을 모방한다고 하였는데, 이는 문학의 인물이 신화의 영웅이 아닌 보통의 인간임을 지적한 것이다.

18 정답 ①

해설 ① 칸트는 미에 대해 자율적 견해를 갖는데, 이는 미를 도덕이나 목적론과 연관시키는 것과 대비되는 입장이다. 즉 칸트는 미를 외적 맥락의 영향을 받지 않는 순수한 것으로 보아야 한다는 입장이므로, 내재적 관점에서 작품의 요소만으로 시를 감상해야 한다고 말하는 ①과 가장 부합한다.

오답분석 ② ③ ④ 모두 미에 대한 타율적 견해이다.

② ④ 시를 사회적 맥락과 연관시킨 견해이다.

③ 시를 목적론과 연관시킨 견해이다.

19 정답 ④

해설 ④ 4문단 끝에서 1~2번째 줄에서 필자는 '말을 통하지 않고는 생각을 전달할 수가 없는 것이다'라고 하였으므로 ④는 필자의 견해로 볼 수 없다.

오답분석 ① 4문단 1~3번째 줄에서, 말이란 '생각의 일부분을 주워 담는 작은 그릇'이라고 정의한다. 이를 통해 말의 범위가 생각의 범위보다 더 좁다고 보는 필자의 견해를 확인할 수 있다.

② 1문단 1번째 줄과 4문단 3~6번째 줄에서 우리는 우리가 생각한 것을 말로 나타낼 수 있으며, 인간의 생각을 말로 바꾸지 않으면 그 생각의 위대함이나 오묘함이 다른 사람에게 전달되지 않는다고 설명한다. 이를 통해 말은 '생각을 나타내기 위한 매개체'라고 보는 필자의 견해를 확인할 수 있다.

③ 1문단 끝에서 1~2번째 줄에 생각과 말은 서로 떨어질 수 없는 깊은 관계를 가진다는 내용을 통해서 필자는 말과 생각이 불가분의 관계라고 인식함을 알 수 있다.

유형 04 글의 전략 및 전개 방식 파악하기   문제집 p.45

01	④	02	①	03	①	04	②	05	④
06	②	07	④	08	④	09	③	10	②
11	②	12	③	13	③	14	④	15	③
16	④	17	③								

01 정답 ④

해설 ④ 1문단에서는 케이팝이라는 용어는 한국의 대중가요를 뜻하는 말이므로, 케이팝이라는 용어를 해외에서 인기를 얻고 있는 아이돌 음악에 국한해 사용하는 것은 잘못된 용례라고 지적하면서, 케이팝의 개념을 확장해야 한다고 주장하고 있다. 2문단에서는 한국의 대중가요는 모두 케이팝이므로 '케이팝 = 아이돌'이라는 굳어진 인식, 즉 통념을 바로잡고 한국의 모든 대중가요를 케이팝으로 인정해야 한다고 주장하며, 케이팝의 개념을 새롭게 규정하고 있다. 따라서 ④의 설명은 적절하다.

오답분석
① 제시문을 통해 케이팝이 대중에게 미친 영향은 확인할 수 없다.
② 제시문을 통해 케이팝에 대한 평가가 시대에 따라 달라진 이유는 확인할 수 없다.
③ 1문단을 통해 케이팝에 아이돌 이전의 한국 대중음악까지 포함시켜야 한다는 내용은 확인할 수 있으나, 제시문에서 케이팝의 특징을 아이돌 음악 이전과 이후로 나누어 대조하고 있는 내용은 확인할 수 없다.

02 정답 ①

해설 ① 1~4번째 줄에 의하면 개인화 추천 알고리즘에 의해 웹을 서핑한다는 내용이 제시되어 있고 4~6번째 줄에는 개인화 추천 알고리즘의 예로 유튜브, 아마존, 인스타그램, 트위터 같은 인터넷 사이트를 제시하고 있다. 따라서 제시문에 나타나는 서술 방식으로 가장 적절한 것은 ① '예시'이다.

오답분석
② 대조: 둘 이상의 사물들에 대해 서로 다른 점을 밝혀내어 설명하는 방식
③ 서사: 일정한 시간 내에 일어나는 일련의 행동이나, 시간의 흐름에 따라 전개되는 사건에 초점을 두는 방식
④ 인용: 남의 말이나 글을 자신의 말이나 글 속에 끌어 쓰는 방식

이것도 알면 합격!

논지 전개 방식

인과	어떤 결과를 가져온 원인과 그로 인해 초래된 결과에 초점을 두는 진술 방식 예 경제 성장이 둔화되었기 때문에 일자리가 늘지 않았다.
정의	용어의 뜻을 분명하게 규정하는 방식 예 초는 불빛을 내는 데 쓰는 물건이다.
예시	사례를 들어 일반적이거나 추상적인 원리, 법칙, 진술을 구체화하는 방식 예 개미는 냄새로 서로 의사소통을 한다. 예를 들어, 먼 장소에 먹이가 있다면 개미는 '페로몬'이라는 화학 물질을 이용하여 냄샛길을 만들고 다른 개미가 그 길을 따라 오도록 만든다.
서사	일정한 시간 내에 일어나는 일련의 행동이나 시간의 흐름에 따라 전개되는 사건에 초점을 두는 진술 방식 예 나는 살금살금 발소리를 죽여 가며 창가로 다가가서, 누군지 모를 여학생의 팔을 살짝 꼬집었다. 그러고는 얼른 창문에 바짝 붙어 섰다.
묘사	대상을 그림 그리듯이 구체적으로 진술하는 방식 예 친구의 얼굴은 달걀형이고 귀가 크며 곱슬머리이다.
비교	사물의 비슷한 점을 밝혀내어 설명하는 방식 예 야구는 축구처럼 공을 가지고 하는 경기이다.
대조	사물의 차이점을 밝혀내어 설명하는 방식 예 동사와 형용사는 모두 용언이지만 동사는 주어의 동작을, 형용사는 주어의 성질을 나타낸다.
분석	하나의 관념이나 대상을 그 구성 요소로 나누어 진술하는 방식 예 식물은 뿌리, 줄기, 잎, 꽃으로 구성되어 있다.
유추	친숙한 대상의 특징을 제시하고 이와 일부 속성이 일치하는 다른 대상도 그러한 특징을 가질 것이라고 비교하여 설명하는 방식 예 척박한 환경에서는 몇몇 특별한 종들만이 득세한다는 점에서 자연 생태계와 우리 사회는 닮았다.

03 정답 ①

해설 ① 제시문에서는 '달은 부드러운 빛을 흐붓이', '고요한 속에서', '숨소리가 손에 잡힐 듯', '잎새가 한층 달에 푸르게 젖었다'와 같은 감각적인 이미지를 통해 달밤의 풍경을 그림 그리듯 구체적이고 생생하게 표현하여 낭만적인 분위기를 형성하고 있다. 따라서 ① '묘사'의 서술 방식이 사용되었음을 알 수 있다.
· 묘사: 대상을 그림을 그리듯이 구체적이고 생생하게 진술하는 방식

오답분석
② 설명: 어떤 일이나 대상의 내용을 상대편이 잘 알 수 있도록 밝히는 진술 방식
③ 유추: 어떤 두 대상이 비슷한 속성을 가질 때, 한 대상에게서 나타나는 현상이 그와 유사한 다른 대상에서도 나타날 것이라고 추론하는 진술 방식
④ 분석: 대상을 이루는 구성 요소를 개별적 부분이나 성질로 나누어 진술하는 방식

04 정답 ②

해설 ② 제시문은 골프장의 조명으로 인한 빛 공해 문제를 해결할 수 있는 정책 수립을 촉구하는 건의문이다. 6~8번째 줄에서 필자는 지나친 야간 조명으로 인해 작물 수확량이 감소할 수 있음을 입증한 연구 자료가 있음을 밝히고 있을 뿐 자료의 출처를 밝히고 있지 않으므로 ②는 글에 대한 이해로 적절하지 않다.

1편 독해 **15**

[관련 부분] 지나친 야간 조명이 식물의 성장에 부정적인 영향을 끼쳐 작물 수확량을 감소시킬 수 있음은 이미 여러 연구를 통해 입증된 바 있습니다.

 ① 10~12번째 줄과 끝에서 1~3번째 줄에서 빛 공해로 인하여 농장의 수확률이 현저히 낮아지는 어려움에 대해 언급하며 시장에게 빛 공해 문제에 대해 관심을 갖기를 촉구하고 있으므로 적절하다.

[관련 부분]
- 시장님께서 이 문제에 관심을 가지고 농장과 골프장이 상생할 수 있는 정책을 펼쳐 주시기를 부탁드립니다.
- 골프장이 야간 운영을 시작했을 때를 기점으로 우리 농장의 수확률이 현저히 낮아졌음을 제가 확인했습니다.

③ 끝에서 3~5번째 줄을 통해서 확인할 수 있다.

[관련 부분] ○○군에서도 빛 공해 문제를 해결하기 위해 야간 조명의 조도를 조정하는 프로젝트를 진행한 바 있으니 참고해 보시기 바랍니다.

④ 끝에서 6~9번째 줄을 통해 확인할 수 있다.

[관련 부분] 이윤을 추구하는 골프장의 야간 운영을 무조건 막는다면 골프장 측에서 반발할 것입니다. 그래서 계절에 따라 야간 운영 시간을 조정하거나 운영 제한에 따른 손실금을 보전해 주는 등의 보완책도 필요합니다.

05 정답 ④

해설 ④ 제시문은 별도의 동력에 의지하지 않고 바람의 힘으로 추진력을 얻어 항해할 수 있는 '배의 돛'의 특성을 제시한다. 이후, 우주선 또한 배와 마찬가지로 태양에서 방출되는 입자들이 일으키는 바람에 의해 추진력을 얻을 수 있으므로 '햇살 돛'을 만들면 별도의 동력 없이 먼 우주 공간까지 갈 수 있을 것이라고 설명한다. 이는 두 대상의 유사성을 바탕으로 한 쪽의 특징을 다른 한 쪽도 가질 것이라 추론하는 방식이므로 ④ '유추'에 해당한다.
- 유추: 친숙한 대상의 특징을 제시하고 이와 일부 속성이 일치하는 다른 대상도 그러한 특징을 가질 것이라고 비교하여 설명하는 방식

 ① 정의: 용어의 뜻을 분명하게 규정하는 방식
② 분류: 어떤 대상이나 생각들을 비슷한 특성에 따라 나누어 진술하는 방식 (하위 항목을 상위 항목으로 묶어 나가는 것)
③ 서사: 일정한 시간 내에 일어나는 일련의 행동이나 시간의 흐름에 따라 전개되는 사건에 초점을 두는 진술 방식

06 정답 ②

해설 ② '유추'란 두 개의 사물이 여러 면에서 비슷하다는 것을 근거로 다른 속성도 유사할 것이라고 추론하는 것이다. 이는 제시문에 나타나지 않은 설명 방식이므로 답은 ②이다.

 ① 정의: 2문단 첫 문장에서 '관객이나 시청자가 읽을 수 있도록 화면에 보여 주는 글자라는 점'이라는 자막의 정의를 확인할 수 있다.
③ 예시: 뉴스와 영화에 쓰이는 자막의 활용 예시가 드러난다.
④ 대조: 2, 3문단에서 각각 영화 자막과 텔레비전 자막의 특성을 설명하며 두 매체에서 나타나는 자막 특성의 차이점을 대조하고 있다.
- 영화 자막 특성: 영화 제작과 관련된 정보를 알려 주는 제한된 용도로만 사용됨
- 텔레비전 자막 특성: 음성으로 전달할 수 없는 다양한 정보를 제작자의 의도에 맞게끔 활용하여 제공됨

07 정답 ④

해설 ④ '장미'의 구성 요소를 '잎, 줄기, 뿌리'로 나누어 설명하는 것으로 보아, '분류'가 아닌 하나의 관념이나 대상을 그 구성 요소로 나누어 진술하는 방식인 '분석'이 사용되었으므로 답은 ④이다.

 ① 같은 꽃의 한 종류인 국화를 대상으로 설명하고 있으며, 국화와 장미의 꽃잎 크기, 꽃잎 수와 같은 차이점을 밝혀내며 설명하고 있으므로 ①은 '비교와 대조'에 해당한다.
- 비교: 사물의 비슷한 점을 밝혀내어 설명하는 방식
- 대조: 사물의 차이점을 밝혀내어 설명하는 방식

② '장미'와 '어여쁜 색시의 은장도'의 특징이 유사함을 언급하며 은장도의 속성(자신의 몸을 보호하기 위한 것)처럼 장미의 가시도 그럴 것이라고 비교하여 설명하고 있으므로 ②는 '유추'에 해당한다.
- 유추: 친숙한 대상의 특징을 제시하고 이와 일부 속성이 일치하는 다른 대상도 그러한 특징을 가질 것이라고 비교하여 설명하는 방식

③ 장미가 문학 작품에서 흔히 볼 수 있는 소재라는 사실을 설명하기 위해 '어린 왕자'를 예로 제시하고 있다. 따라서 ③은 '예시'에 해당한다.
- 예시: 사례를 들어 추상적 원리, 법칙, 진술을 구체화하는 논지 전개 방식

08 정답 ④

해설 ④ 2문단에서는 문제 해결 방안을, 3문단에서는 문제 해결 방안으로 인한 이익을 제시하고 있으나, 문제 해결 방안이 최선책임을 전문가의 증언을 통해 제시함으로써 강조한 부분은 제시문에서 확인할 수 없다. 따라서 ④의 설명은 적절하지 않다.

 ① 2문단에서는 문제 해결 주체로 '△△구청'과 '교장 선생님'을 제시하고 있고 해결 방안으로 '불법 주차 단속 강화'와 '방과후 학교 운동장 개방'을 명시하고 있다. 따라서 ①의 설명은 적절하다.

② 3문단에서 불법 주차된 차량이 없을 경우 얻게 될 이익으로 학생들의 안전한 등·하교, 선생님들과 학부모의 안심, 학교 주변 주민들의 안전한 보행, 자동차 차 사고의 감소를 제시하고 있고, 학교 주차장 이용으로 얻게 될 이익으로 주민들의 불편 감소를 제시하고 있다. 따라서 ②의 설명은 적절하다.

③ 1문단에서는 불법 주차로 좁아진 도로로 인해 등·하교를 할 때 통학로를 지나는 차를 만나면 몸을 피할 수 있는 공간이 없어 사고 위험이 높다는 점을 제시함으로써, 문제의 심각성을 드러내고 있다. 따라서 ③의 설명은 적절하다.

09 정답 ③

해설 ③ 필자는 '글쓰기'를 나무에 꽃이 피는 과정에 빗대어 표현하고 있으므로 제시문에 사용된 서술 방식은 ③ '비유'이다.

 ① 서사: 일정한 시간 내에 일어나는 일련의 행동이나, 시간의 흐름에 따라 전개되는 사건에 초점을 두는 방식
② 분류: 어떤 대상이나 생각들을 비슷한 특성에 따라 하위 항목을 상위 항목으로 묶어 나가는 방식
④ 대조: 둘 이상의 사물들에 대해 서로 다른 점을 밝혀내어 설명하는 방식

10 정답 ②

해설 ② 1~2번째 줄을 통해 인공조명의 과도한 빛이나 조명 영역 밖으로 누출되는 빛이 빛 공해의 주요 요인임은 알 수 있으나 인공조명의 누출 원인은 제시문을 통해 확인할 수 없다.

오답분석
① 1~3번째 줄에서 빛 공해의 정의를 제시하고 있다.
③ 3~5번째 줄에서 '전 세계 빛 공해 지도'라는 자료를 인용하여 우리나라가 빛 공해가 심각한 국가임을 밝히고 있다.
④ 끝에서 1~4번째 줄에서 인간의 수면 부족과 면역력 저하, 농작물의 생산력 저하, 생태계 교란 등의 사례를 들어 빛 공해의 악영향을 제시하고 있다.

11 정답 ②

해설 ② 제시문은 ⊙ '담배를 피우는 이유'를 네 가지로 나누어 설명하고 있으므로 ⊙을 설명한 방식으로 '분석'이 쓰였음을 알 수 있다.
• 분석: 하나의 관념이나 대상을 그 구성 요소로 나누어 진술하는 방식하는 다른 대상도 그러한 특징을 가질 것이라고 비교하여 설명하는 방식

오답분석
① 정의: 어떤 용어의 뜻을 분명하게 규정하는 방식
③ 서사: 일정한 시간 내에 일어나는 일련의 행동이나 시간의 흐름에 따라 전개되는 사건에 초점을 두는 방식
④ 비교: 둘 이상의 사물들에 대해 서로 비슷한 점을 밝혀내어 설명하는 방식

12 정답 ③

해설 ③ (가)는 체면만 중시하다 먹잇감을 놓친 '호랑이'의 어리석음을 풍자하고, (나)는 상황에 따라 교묘한 처세술을 보이는 '박쥐'를 비판하고 있다. (가)와 (나) 모두 대상을 비판하고 있으나 반어적 표현은 사용하지 않았으므로 ③은 적절하지 않다.

오답분석
① (가)의 화자는 '호랑이'를, (나)의 화자는 '박쥐'를 비웃고 있으므로 적절하다.
② (가)는 '호랑이'가 먹잇감(토끼)을 놓친 일화, (나)는 '박쥐'가 생일잔치마다 벌이는 처세술 일화를 통해 '호랑이'의 어리석음과 '박쥐'의 간사함을 드러내고 있으므로 적절하다.
④ 우화란 인격화한 동·식물이나 사물을 주인공으로 하여 그들의 행동을 통해 풍자와 교훈의 뜻을 나타내는 이야기이다. (가)와 (나)는 각각 '호랑이'와 '박쥐'를 감정과 의지가 있는 사람처럼 표현하고 이를 통해 교훈을 전달하고 있으므로 적절하다.

13 정답 ③

해설 ③ 〈보기〉와 ③에는 모두 대상들의 차이점을 밝혀 설명하는 '대조'의 방식이 사용되었으므로 답은 ③이다. 참고로 〈보기〉에는 '대조'뿐만 아니라 베르그의 견해를 빌려 진술하는 '인용'의 방식도 사용되었다.
• 〈보기〉: 인간과 동물의 차이점을 밝혀 설명하고 있다.
• ③: 세균과 바이러스의 크기나 번식 방법 등의 차이점을 밝혀 설명하고 있다.

오답분석
① 비교: 좋은 교육과 맛있는 음식이 가능해지는 조건의 유사성을 밝혀 설명하고 있다.

② • 정의: '기호'의 뜻을 분명하게 규정하여 설명하고 있다.
• 구분: 상위 항목인 '기호'를 하위 항목인 '수학, 신호등, 언어, 벌들의 춤사위'로 나누어 설명하고 있다.
④ 분류: 하위 항목인 '고사리'와 '고비'를 상위 항목인 '양치식물'로 묶어 설명하고 있다.

14 정답 ④

해설 ④ 제시문에서 ⊙ '예술'과 ⓒ '과학'을 인과적으로 분석하고 있지는 않다.
• 인과: 어떤 결과를 가져온 원인과 그로 인해 초래된 결과에 초점을 두는 진술 방식

오답분석
① 2문단 3~5번째 줄에서 ⊙ '예술'의 언어가 과학의 언어처럼 지시적 기능을 갖고 있다는 오해를 설명하기 위해 다빈치의 '모나리자'를 예로 들고 있다.

[관련 부분] 다빈치의 『모나리자』는 모나리자라는 여인을 모델로 했다고 하더라도, 그러한 인물을 지시하고 표현했기 때문에 예술이 되는 것은 아니다.

② 1문단 1번째 줄에서 ⊙ '예술'의 개념을 밝혀 설명하는 '정의'가 사용되었다.

[관련 부분] 예술의 본질은 무엇인가를 표현하는 것이다.

③ 1문단에서 ⊙ '예술'과 ⓒ '과학'의 공통점을 밝혀 설명하는 '비교'가 사용되었다.

[관련 부분]
• 예술이 과학과 마찬가지로 일종의 설명적 기능을 하고 있다는 것이다.
• 과학이나 예술은 다 같이 우리들이 경험하고 있는 사물 현상에 질서를 주는 방법이라는 것이다.
• 과학이나 예술의 목적이 진리를 밝히는 데 있으며, 그들의 언어가 갖는 의미는 그 언어가 가리키는 지시 대상에서 찾아진다는 것이다.

15 정답 ③

해설 ③ 〈보기〉와 ③에는 모두 '예시'의 설명 방식이 사용되었으므로 답은 ③이다.
• 〈보기〉: 주희와 정약용의 사례를 들어 유학자들의 생각을 설명함
• ③: 무지개 색깔을 사례로 들어 언어는 사고를 반영한다는 말을 설명함

오답분석
① 구분: 상위 항목인 '시'를 하위 항목인 '서정시, 서사시, 극시'로 나누어 설명하였다.
② 비유: '소'를 '지상 최대의 권태자'에 빗대어 간접적으로 설명하였다.
④ 분석: 곤충을 머리, 가슴, 배로 나누어 설명하였다.

16 정답 ④

해설 ④ 제시문의 밑줄 친 부분에서 '보살'은 이타(利他)를 위하여 활동하고 사회적 자각에 입각한 사회 본위의 사회 중심주의인 반면, '나한'은 자리(自利)를 위하여 활동하고 개인적 자각에 입각한 개인 본위의 개인 중심주의라고 설명하고 있다. 이때 '보살'과 '나한'의 특성을 차이점을 중심으로 설명하고 있으므로 밑줄 친 부분의 주된 설명 방식은 '대조'이다.
• 대조: 둘 이상의 사물들에 대해 차이점을 밝혀내어 설명하는 방식

오답분석
① 유추: 두 대상의 유사성을 바탕으로 한 쪽의 특징을 다른 한 쪽도 가질 것이라 추론하는 설명 방식
② 묘사: 대상에 대한 시각적 이미지를 사용하여 그림을 그리듯이 표현하는 방법
③ 예시: 일반적이고 추상적인 진술을 구체화하기 위해 세부적인 예를 들어 설명하는 방법

17 정답 ③

해설 ③ 제시문과 ③ 모두 '유추'의 방식이 사용되었다.
- 제시문: 건축 ≒ 문학
  - 완성된 건물은 구성 재료와 전혀 다른 것이 됨
  - 이와 마찬가지로 문학이 구축하는 세계도 실제 상황과 다름
- ③: 마라톤 ≒ 인생
  - 목적을 갖고 뛰어야 마라톤 완주가 가능함
  - 이와 마찬가지로 인생도 당사자가 목표를 가지고 꾸준히 노력해야 성공함

오답분석
① 르네상스 시대의 화가와 인상주의자들의 공통점을 중심으로 설명하는 '비교'의 방식을 사용하였다.
② 소설을 구성하는 요소를 인물, 배경, 사건으로 나누어 진술하는 '분석'의 방식을 사용하였다.
④ 신라의 육두품 출신 중 학문적으로 훌륭했던 인물들을 예로 드는 '예시'의 방식을 사용하였다.

유형 05 글의 순서 파악하기
문제집 p.53

01 ②	02 ③	03 ①	04 ③	05 ②
06 ④	07 ③	08 ①	09 ③	10 ①
11 ①	12 ①	13 ②	14 ③	15 ②
16 ③	17 ①	18 ②	19 ③	20 ②
21 ④	22 ①	23 ②	24 ①	25 ①
26 ②	27 ④	28 ④	29 ①	

01 정답 ②

해설 ② (나) - (라) - (가) - (다)의 순서가 가장 자연스럽다.

순서	중심 내용	순서 판단의 근거와 단서
첫 문단	약물의 오남용이라는 화제 제시	-
(나)	오남용의 정의	키워드 '오남용': (나)의 앞에서 제시된 화제인 '오남용'의 개념을 정의함
(라)	약물 오남용의 피해	키워드 '오남용': (나)에서 제시된 (약물의) 오남용이 어떤 피해를 주는지 설명함
(가)	약물 오남용에 따른 피해의 심각성	키워드 '피해': (라)에서 언급된 피해가 더 커질 수 있음을 설명함
(다)	약물 사용 시 주의할 점	접속어 '그러므로': (나)와 (가)에서 언급된 피해를 줄이기 위한 방안을 제시하며 마무리함

02 정답 ③

해설 ③ (나) - (다) - (라) - (가)의 순서가 가장 자연스럽다.

순서	중심 내용	순서 판단의 근거와 단서
첫 문단	청소년 노동자를 바라보는 두 가지 시각	-
(나)	전자의 시각은 청소년을 피해자로만 바라본다는 점에서 문제가 있음	키워드 '전자': 제시문의 첫 문단에서 언급된, 청소년 노동자를 '경제적으로 어려운 아이들'이라고 보는 시각의 문제점을 언급함
(다)	청소년들이 노동을 하는 다양한 이유를 삭제해 버림	키워드 '생활비 마련': 청소년 노동의 이유를 '생계비 마련' 하나로 축소한다는 (나)의 설명에 이어, (다)에서 '생활비 마련'을 재언급하며 이외에도 청소년 노동의 다양한 이유가 있다고 제시함
(라)	후자의 시각은 청소년 노동을 그릇된 행위로 만들어 버린다는 점에서 문제가 있음	키워드 '후자': (나)의 앞에서 언급된, 청소년 노동자를 '지나치게 돈을 좋아하는 아이들'이라고 보는 시각의 문제점을 언급함
(가)	청소년들이 노동하고 있다는 사실을 부끄러워하거나 숨김	• 지시 표현 '이런 시각': (라)에서 언급한 후자의 시각('지나치게 돈을 좋아하는 아이들'이라고 보는 시각)을 가리킴 • 키워드 '비행': 청소년 노동을 '그릇된 행위'로 본다는 (라)의 설명에 이어서, 이를 '비행'으로만 강조한다고 부연 설명함
마지막 문장	두 시각의 결론	-

03 정답 ①

해설 ① 맥락에 따라 가장 자연스럽게 배열한 것은 ① '(나) - (가) - (다)'이다.

순서	중심 내용	순서 판단의 근거와 단서
첫 문장	독서는 아이들 뇌 발달에 영향을 미침	-
(나)	A 교수는 독서 유무에 따른 뇌 변화를 연구함	첫 문장 내용에 이어, 글의 중심 화제인 '독서와 뇌 발달'에 대한 연구를 소개함
(가)	독서 시에는 전두엽을 많이 사용하게 됨	지시 표현 '그에 따르면': (나)에서 말한 'A 교수'의 연구 내용을 의미함
(다)	독서를 통해 전두엽이 훈련되어 뇌 발달의 가능성이 높아짐	• 지시 표현 '이처럼': (가)의 독서를 하면 전두엽을 많이 사용하게 되는 것을 가리킴 • 지시 표현 '그 결과': 마지막 문장에 '그 결과'에 대한 내용이 드러남

| | 마지막 문장 | 교육 현장에서 증명된 연구 결과 | – |

04
정답 ③

해설 ③ (다) - (가) - (나) - (라)의 순서가 가장 자연스럽다.

순서	중심 내용	순서 판단의 근거와 단서
(다)	시는 내면에 있는 마음을 표현할 때 탄생하기에 시를 감상하는 것은 마음을 읽어 내는 것임	시가 어떻게 탄생하고, 그래서 시를 어떻게 감상해야 하는지 설명하면서 화제를 제시함
(가)	시는 마음을 담아내는 것이므로 시의 내용은 다양함	키워드 '시가 마음을 담아내는 것': (다)에서 언급된 '시에 담긴 마음'과 연결되어 시의 내용이 다양할 수밖에 없다는 것을 설명함
(나)	시에서 자주 드러나는 마음인 그리움	접속 표현 '그러나': (가)에서 시의 내용은 다양하다고 했지만, 그럼에도 자주 등장하는 내용(그리움)도 있음을 설명함
(라)	그리움이 시에서 자주 드러나는 이유	키워드 '그리움': (나)에서 그리움이 시에서 자주 등장한다고 했는데, 왜 그러한지 이유를 설명함

05
정답 ②

해설 ② '동기화 단계 조직'에 따른 배열은 (가) - (다) - (나) - (라) - (마)이므로 ②가 가장 적절하다.
- (가): 친구가 자전거 사고로 머리를 다친 사건을 언급하며 설득하기 위한 주제에 대한 청자의 주의나 관심을 환기하고 있으므로 '동기화 단계 조직'의 1단계에 해당한다.
- (다): '자전거 사고 시 머리 부상'이라는 문제를 청자인 '여러분'과 관련지어 설명함으로써 청자의 요구를 자극하고 있으므로 '동기화 단계 조직' 2단계에 해당한다.
- (나): 자전거 사고로 머리 다친 문제에 대해 '헬멧 착용'이라는 해결 방안을 제시함으로써 청자의 이해와 만족을 유도하고 있으므로 '동기화 단계 조직' 3단계에 해당한다.
- (라): '헬멧 착용'이라는 해결 방안이 신체 피해를 75% 줄일 수 있다는 수치를 제시함으로써 문제에 대한 해결 방안이 청자에게 어떤 도움이 되는지 구체화하고 있으므로 '동기화 단계 조직' 4단계에 해당한다.
- (마): 자전거를 탈 때는 반드시 헬멧을 착용하라고 특정 행동을 요구하고 있으므로 '동기화 단계 조직' 5단계에 해당한다.

06
정답 ④

해설 ④ (마) - (다) - (나) - (가) - (라)의 순서가 가장 자연스럽다.

순서	중심 내용	순서 판단의 근거와 단서
(마)	사회는 개인의 생활을 경영하고 보존하기 위해 여러 사람이 서로 의지하는 단체임	접속어나 지시어로 시작하지 않으면서 글의 중심 화제인 '사회'를 정의함
(다)	말과 글이 없으면 뜻이 서로 통하지 못해 사회의 모습을 갖출 수 없음	(마)의 내용에 이어 사회를 갖추기 위해 필요한 요소로 '말과 글'을 제시함
(나)	말과 글은 사회의 목표를 발표하여 인민들이 서로 통합하고 작동하게 함	키워드 '말과 글': (다)에서 제시한 '말과 글'의 역할을 설명함
(가)	사회가 원활하게 작동하기 위해서는 말과 글을 잘 수리하고 정련해야 함	지시 표현 '이 기관': (나)에서 설명한 '기관(말과 글)'에 해당함
(라)	말과 글을 수리하고 정련하지 않는다면 사회는 패망할 것임	키워드 '그뿐 아니라': (가)에서 설명한 '기관'을 수리하지 않을 때 일어나는 결과에 대해 설명함

07
정답 ③

해설 ③ (다) - (가) - (라) - (마) - (나)의 순서가 가장 자연스럽다.

순서	중심 내용	순서 판단의 근거와 단서
(다)	겉모습을 단정히 하는 것을 가식, 허위라고 하는 어떤 자의 말을 전함	글의 중심 화제인 '겉모습을 단정히 하는 것'에 대한 비판적 관점을 제시함으로써 흥미를 유발함
(가)	젊은이들 중 일부는 앉고 서고 움직이는 예절을 마음에 내키는 대로 함	지시 표현 '이 말': (다)의 '어떤 자'가 한 말을 가리킴
(라)	예전에 필자도 예절을 익히지 않았기에 후회했으나 고치기가 어려움	지시 표현 '이 병': (가)의 젊은이들처럼 예절을 익히지 않고 마음에 내키는 대로 행동하는 것을 가리킴
(마)	겉모습이 단정하지 않은 아들의 모습을 지적함	키워드 '내 병통': (라)에서 필자가 예전에 예절을 익히지 못했던 것을 가리켜 '이 병'에 걸렸다고 표현하였는데, 필자의 아들도 겉모습이 단정하지 않은 것을 보고 (라)에 이어서 '내 병통'이 한 바퀴 돌아 네가 되었다고 표현함
(나)	겉모습이 단정해야만 자신의 마음을 안정시킬 수 있으며, 공경하는 마음을 가질 수 있음	필자가 아들에게 궁극적으로 전달하고자 하는 바를 정리하여 결론으로 제시함

08
정답 ①

해설 ① (나) → (가) → (다)의 순서가 가장 자연스럽다.

순서	중심 내용	순서 판단의 근거와 단서
첫 문단	인간의 건강 증진 등을 위해 세계 각국의 정부에서 공격적으로 환경보호 조치들을 취해 옴	–
(나)	환경보호를 위한 성공적 조치의 예	키워드 '조치': 앞 문단에서 언급한 세계 각국의 정부들이 취한 환경보호 조치들이 커다란 성과를 거두고 있음을 설명함

(가)	세계 각국 정부가 취한 규제의 문제점	접속어 '그러나': 환경보호 조치의 성과를 언급한 (나)와 상반되는 내용이 이어짐
(다)	새로운 대기 오염원을 공격적으로 통제할 경우 생기는 문제점	접속 표현 '예를 들어': (가)에서 언급한 '문제점'에 대한 예를 (다)에서 제시함

09 정답 ③

해설 ③ ㉣ - ㉡ - ㉢ - ㉠ - ㉤의 순서가 가장 자연스럽다.

순서	중심 내용	순서 판단의 단서와 근거
첫 문장	대설(폭설)의 정의	-
㉣	대설 주의보의 기준	앞서 설명한 '대설'의 개념에 더하여 '대설 주의보'의 기준을 설명하고 있음
㉡	대설 경보의 기준	접속어 '또한': ㉣에서 설명한 '대설 주의보'의 기준에 이어 '대설 경보'의 기준을 소개함
㉢	산지에서의 대설 경보의 기준	접속어 '다만': ㉡의 설명에 예외적인 사항을 덧붙임
㉠	눈의 위력 1: 도시 교통을 마비시킴	접속어 '그런데': 앞에 내용과 관련시키면서 내용을 다른 방향으로 이끌어 나감
㉤	눈의 위력 2: 서비스 업종과 사회 전반에 미치는 영향	접속 표현 '이뿐만 아니라': ㉠에서 설명한 내용에 덧붙여 또 다른 눈의 위력에 대해 설명함

10 정답 ①

해설 ① (나) - (라) - (가) - (다)의 순서로 배열되는 것이 가장 자연스러우므로 답은 ①이다.

순서	중심 내용	순서 판단의 단서와 근거
(나)	가장 오래되고 직접적인 소통 방식인 면 대 면 소통	지시 표현이나 접속어로 시작하지 않으며 글의 중심 화제인 '면 대 면 소통'을 제시함
(라)	면 대 면 소통이 이루어지는 방식	(나)에서 제시한 '면 대 면 소통'이 이루어지는 방식을 구체적으로 설명함
(가)	면 대 면 소통에는 시공간적 제약이 따름	지시 표현 '이처럼': (라)에서 언급한 '면 대 면 소통'의 방식을 가리킴
(다)	매체의 발달을 통해 소통의 시공간적 제약을 극복함	접속어 '그러나': (가)의 내용과 상반된 내용을 제시함

11 정답 ①

해설 ① ㄱ - ㄷ - ㅁ - ㄹ - ㄴ의 순서가 가장 자연스럽다.

순서	중심 내용	순서 판단의 단서와 근거
ㄱ	1700년대 중반에 미국 이주민들의 평균 소득 수준	지시어나 접속어로 시작하지 않으면서 '미국 이주민들의 평균 소득'이라는 중심 화제를 제시함
ㄷ	미국 이주민들의 평균 소득이 높아지게 된 배경과 계속된 소득의 증가세	ㄱ의 중심 화제인 '미국 이주민들의 평균 소득'이 높아진 배경을 이어서 설명함
ㅁ	초기 정착기에 미국인들이 부유할 수 있었던 실제 이유	지시어 '이처럼': ㄷ에서 설명한 '미국 이주민들의 평균 소득이 높아진 상황'을 가리킴
ㄹ	대부분의 미국인들이 생각하는 급속한 경제 성장의 이유	미국인들이 생각하는 초기 경제 성장의 원동력은 ㅁ에서 언급한 농업적 환경뿐만이 아님을 밝힘
ㄴ	(과학·기술의 전환, 기업가 정신, 시장 경제의 자유의 측면에서) 미국은 다른 산업 국가들에 비해 우위를 갖고 있지 않았음	· 지시 표현 '그러한 분야': ㄹ에서 설명한 '과학·기술의 전환, 기업가 정신, 시장 경제의 자유'를 가리킴 · 접속어 '그러나': 앞에서 설명한 내용과 달리 미국은 다른 산업 국가들에 비해 우위를 가진 분야가 없었음을 밝힘

12 정답 ③

해설 ③ ㉣ - ㉡ - ㉢ - ㉠의 순서가 가장 자연스럽다.

순서	중심 내용	순서 판단의 단서와 근거
첫 문장	1900년대 이후 한글로만 문자 생활을 영위하려는 경향이 나타남	-
㉣	1930년대 이후 사전 편찬 사업이 추진됨	지시 표현 '이로 인해': 앞 문장의 '한글로만 문자 생활을 영위하고자 하는 경향'을 가리킴
㉡	어문 연구가들이 사전 편찬 과정에서 한자어 처리 방안을 고심함	· 지시 표현 '그 과정': ㉣에 제시된 '사전 편찬' 과정을 의미함 · 지시 표현 '그들': ㉣에 제시된 '우리 어문 연구가들'을 가리킴
㉢	한글학회의『큰사전』에서 한글이 아닌 다른 문자는 괄호 안에 병기함	㉡에서 언급한 한자어 처리 문제에 대한 해결 방안이 ㉢에 제시됨
㉠	각급 학교 교재에도 한자는 괄호 안에 넣어 표기함	지시 표현 '이에 따라': ㉢에서 제시한『큰사전』표제어 병기 방식을 가리킴

13 정답 ④

해설 ④ (라) - (나) - (가) - (다)의 순서가 가장 자연스럽다.

순서	중심 내용	순서 판단의 단서와 근거
〈보기1〉	구글은 몇 년 전부터 독감 관련 검색어에 대한 연구를 실시함	-
(라)	매년 독감 시즌마다 독감 관련 검색어 패턴이 눈에 띄게 증가함	지시어 '그 결과': 〈보기1〉에서 언급한 연구에 대한 결과를 가리킴
(나)	검색 빈도와 독감 증세를 보인 환자 수 사이에 밀접한 상관관계가 있음	지시어 '이러한 패턴': (라)의 특정 검색어 패턴을 가리킴

순서	중심 내용	순서 판단의 단서와 근거
(가)	독감 관련 단어 검색량을 통해 실제 독감 환자 수, 독감 유행 지역 등을 예측할 수 있음	키워드 '다시 말해': (나)에서 언급한 '검색 빈도와 독감 증세를 보인 환자 수 사이의 상관관계'를 구체적으로 설명함
(다)	구글은 검색 빈도수가 개인의 생활을 반영하고, 나아가 이를 활용하면 세계 시민의 보건 복지에 크게 기여할 수 있음을 주장함	지시어 '이는': (가)의 내용을 가리키면서 그와 관련된 내용을 정리함

14 정답 ③

[해설] ③ (가)~(라)를 맥락에 맞추어 가장 적절하게 나열한 것은 ③ '(다) - (가) - (라) - (나)'이다.

순서	중심 내용	순서 판단의 단서와 근거
(다)	이미지를 디지털로 저장할 때는 픽셀 단위로 수치화하여 저장함	키워드 '픽셀 단위': 접속어나 지시어로 시작하지 않으면서 중심 화제인 '픽셀'에 대해 제시함
(가)	픽셀 단위로 수치화된 이미지 데이터의 저장과 초기 컴퓨터의 저장 특성	• 키워드 '픽셀 단위로 수치화된': (다)에서 언급한 '픽셀 단위로 수치화된' 이미지 데이터가 컴퓨터에 저장되는 형태에 대해 설명함 • 키워드 '초기 컴퓨터': 초기 컴퓨터의 저장 특성에 대해 설명함
(라)	컴퓨터 비전 기술의 발달에 따른 현재의 색상 표현	접속어 '하지만': (가)에서 언급된 초기 컴퓨터의 저장 특성과 대비되는 현재의 저장 방식에 대해 설명함
(나)	높은 해상도의 구현으로 인한 문제와 이에 대한 해결 방안	키워드 '높은 해상도': (라)에서 언급한 '높은 해상도'의 사용에 따른 문제와 이에 대한 해결 방안을 설명함

15 정답 ②

[해설] ② 맥락에 맞추어 가장 적절하게 나열한 것은 ② '(나) - (가) - (라) - (다)'이다.

순서	중심 내용	순서 판단의 단서와 근거
(나)	롤러블 TV가 개발되었음	지시어나 접속어로 시작하지 않으면서 '롤러블 TV'라는 중심 화제를 제시함과 동시에 그러한 기술이 가능한 것에 대한 의문을 제기함
(가)	LCD는 화면 뒤에 빛을 공급하는 백라이트가 필요함	지시 표현 '그 원리': (나)에서 언급한 평평하고 딱딱한 모니터를 접거나 마는 것을 가리킴
(라)	OLED는 유기 반도체로 구성되어 있어 스스로 빛을 낼 수 있으므로 백라이트가 필요 없음	접속어 '반면': (가)에서 언급한 백라이트가 필요한 LCD와 달리 백라이트가 필요 없는 OLED의 상반된 특성을 제시함
(다)	OLED 기술을 활용해 모양을 자유롭게 변형할 수 있는 모니터를 만들 수 있게 되었음	키워드 'OLED 기술': (라)에서 언급한 OLED가 적용된 OLED 기술에 대해 구체적으로 설명함

16 정답 ③

[해설] ③ (라) - (나) - (가) - (다)의 순서가 가장 자연스럽다.

순서	중심 내용	순서 판단의 단서와 근거
(라)	스토리텔링 전략의 필요성	접속어나 지시 표현으로 시작하지 않으면서, 독자의 흥미를 끄는 소재(스토리텔링 전략)를 필요성과 함께 소개함
(나)	스토리텔링 전략 절차 (1): 로그라인 제작	키워드 '스토리텔링 전략': (라)에서 '스토리텔링 전략'에 대해 소개한 것에 이어 '스토리텔링 전략'의 절차 중 제일 먼저 해야 할 일(로그라인 만들기)에 대해 제시함
(가)	스토리텔링 전략 절차 (2): 참신한 인물 창조	접속 표현 '다음으로': (나)에 이어 '스토리텔링 전략'의 그다음 절차(참신한 인물 창조)에 대해 소개함으로써 문단별 선후 관계를 드러냄
(다)	스토리텔링 전략 절차 (2)에서 수반되는 과정: 주제 생성	지시 표현 '이 같은': (가)에서 설명한 '참신한 인물 창조'를 가리킴. (가)의 과정에서 주제가 생성됨을 설명함

17 정답 ③

[해설] ③ 바르게 나열한 것은 (다) - (라) - (나) - (가)이다.

순서	중심 내용	순서 판단의 근거와 단서
〈보기1〉	법과 질서를 지키는 것이 시민의 의무인지 질문함	-
(다)	법과 질서를 대체로 따라야 하지만, 언제나 그런 것은 아님	〈보기1〉의 질문에 대한 답을 제시함
(라)	부정의한 법의 예시 1: 반유대인 정책, 아파르트헤이트	키워드 '법이 부당': (다)에서 언급된 부당한 법과 질서의 예시를 설명함
(나)	부정의한 법의 예시 2: 유신시대의 헌법과 긴급조치	지시 표현 '그런 부정의한 시대': (라)에서 언급된 부정의한 법이 한국에도 있었다면서 그 예시를 설명함
(가)	정당해 보이지만, 인권을 제한하고, 권력자의 통치를 용이하게 만드는 부정의한 법	지시 표현 '이 역시': (나)에서 언급된 '유신시대의 헌법과 긴급조치'를 가리키며, 이 역시 법의 외형을 띠었다고 설명함

18 정답 ②

[해설] ② (나) - (다) - (가) - (라)의 순서가 가장 자연스럽다.

순서	중심 내용	순서 판단의 근거와 단서
(나)	방언이 체계가 없고 조잡한 언어이며, 표준어가 올바르고 우수한 언어라고 생각하는 것은 오해임	지시어나 접속어로 시작하지 않으면서 중심 화제인 방언과 표준어에 대한 오해에 대해 제시함

순서	중심 내용	순서 판단의 근거와 단서
(다)	방언이 표준어보다 체계가 없고 덜 우수한 언어라는 생각은 잘못되었음	접속어 '그러나': (나) 일반인들이 표준어와 방언에 대해 흔히 하는 오해에 대해 반박하는 내용을 제시함
(가)	방언도 훌륭한 체계를 갖추고 있음	키워드 '방언도': (다)에서 언급한 내용에 덧붙여 방언도 훌륭한 체계를 갖추고 있으며, 때에 따라서는 표준어보다 더 훌륭한 체계를 갖추고 있음을 설명함
(라)	표준어가 표준어의 자격을 얻은 이유는 중심지에서 쓰여 영향력이 크고 보급이 쉽다는 이점이 있기 때문임	키워드 '표준어가': 표준어가 방언보다 좋은 체계를 갖춘 언어가 아니라 중심지에서 쓰이는 조건으로 영향력이 크고 보급이 쉬운 이점으로 인해 그 자격을 얻었다는 내용을 제시하며 글을 마무리함

19 정답 ③

해설 ③ (다) → (가) → (나)의 순서가 가장 자연스럽다.

순서	중심 내용	순서 판단의 근거와 단서
첫 문단	사회 문제의 종류와 그에 대한 관념이 시대와 사회에 따라 다르게 나타난다는 것을 설명하기 위해 운명론을 예시로 제시함	-
(다)	운명론이 지배하는 사회에서는 개인이나 특정 집단이 겪는 고통이 개인의 책임으로 여겨짐	접속어 '따라서': 첫 문단에서 제시된 운명론의 성격으로 인해 운명론이 지배적인 사회에서 발생할 수 있는 문제점에 대해 서술함
(가)	운명론이 지배하는 사회에선 사람들이 겪는 고통이 사회 문제의 관념으로 발전하기 어려움	지시 표현 '이러한 상황': (다)에서 언급된 개인이나 특정 집단이 겪는 고통이 사회의 잘못이 아닌 개인의 탓으로 돌려지는 상황을 가리킴
(나)	오늘날에는 운명론의 배격을 전제로, 사회 문제를 공동의 노력을 통해 해결할 수 있다는 인식이 확산됨	접속어 '한편': 앞 문단의 내용(운명론이 지배하는 사회에서의 사회 문제에 대한 관점)과 상반된 오늘날의 사회 문제에 대한 관점을 설명함

20 정답 ②

해설 ② (가) - (다) - (나)의 순서가 가장 자연스럽다.

순서	중심 내용	순서 판단의 근거와 단서
첫 문단	기업들이 데이터를 바라보는 시각이 변화하며 빅데이터의 가치가 부각됨	-
(가)	기업이 많은 돈을 투자해 마케팅 조사를 하는 이유	첫 문단의 내용에 이어서 빅데이터의 가치가 부각되기 전, 기업의 마케팅 상황에 대해 설명함
(다)	어느 부분에서 효과를 내는지 알 수 없는 기업의 마케팅	지시 표현 '그런 노력': (가)에서 기업이 많은 돈을 투자해 마케팅 조사를 해 온 노력을 의미함
(나)	기업들은 SNS나 스마트폰 등을 통해 어느 부분에서 마케팅 효과가 나는지 알 수 있게 됨	지시 표현 '그런 상황': (다)에서 기업들이 쓴 광고비가 어느 부분에서 효과를 내는지 알지 못하는 상황을 의미함
마지막 문단	기업들이 소셜 미디어의 빅데이터를 중요한 경영 수단으로 수용하기 시작함	-

21 정답 ④

해설 ④ (나) - (라) - (다) - (가)의 순서가 가장 자연스럽다.

순서	중심 내용	순서 판단의 근거와 단서
(나)	100년 전 우리 민족은 국권을 상실하는 수난과 비극의 역사를 겪음	지시 표현이나 접속어로 시작하지 않으면서 지정학적 조건으로 인해 아픔을 겪었던 우리 민족의 역사를 소개함
(라)	분단의 아픔을 겪었던 우리나라에 희망의 시대가 열렸으며, 동북아시아가 세계 경제의 3대 축으로 떠오르고 있음	지시 표현 '그 아픔': (나)의 '국권을 상실하는 아픔'을 가리킴
(다)	우리나라도 과거의 아픔을 극복하고 경제 강국으로 발전하고 있음	키워드 '경제력': (라)의 내용을 이어받아 오늘날은 경제력이 중요하며 우리나라가 경제 강국으로 거듭나고 있음을 제시함
(가)	우리나라의 지정학적 조건을 바탕으로 평화와 번영의 동북아 시대를 만들어 나가야 함	키워드 '이제': (다)에 이어서 우리나라가 주도해야 할 긍정적인 미래에 대해 언급하며 글을 마무리함

22 정답 ③

해설 ③ (나) - (가) - (다) - (라)의 순서가 가장 자연스럽다.

순서	중심 내용	순서 판단의 단서와 근거
(나)	인류가 남긴 미술 작품에는 다양한 동물들이 등장함	제시문의 중심 화제인 '미술 작품에 등장하는 동물'에 대해 언급함
(가)	미술 작품에 등장하는 동물은 종교적·주술적인 동물, 신을 위한 동물, 인간을 위한 동물로 구분됨	미술 작품에 등장하는 동물들을 성격에 따라 분류하고 있으므로 (나) 뒤에 이어지는 것이 자연스러움
(다)	종교적·주술적 성격의 동물은 인간의 이지가 발달함에 따라 그 기능이 변화되었음	(가)에서 언급한 첫 번째 유형인 '종교적·주술적인 동물'에 대해 설명함
(라)	신의 위엄을 뒷받침하고 신의 치세를 돕기 위해 동물이 조형화되기도 함	(가)에서 언급한 두 번째 유형인 '신을 위한 동물'에 대해 설명함

23 정답 ④

해설 ④ (라)의 앞 문장에서 이순신은 그의 일기에 사랑하는 가족, 장수, 병졸, 하인, 백성들의 이름까지 언급하고 있다고 하였다. 따라서 역사책에 이름 남기지 못한 이들이 이순신의 『난중일기』에는 기록되었다는 내용을 담고 있는 주어진 문장이 (라)에 들어가는 것이 적절하다.

24 정답 ①

해설 ① ㉠의 앞 문장에서 '모순이 없는 모든 공리계는 참이지만 증명할 수 없는 명제가 존재하며 그 공리계는 자신의 무모순성을 증명할 수 없다'라고 설명하며, 이러한 괴델의 정리가 수학의 집합론 안에서 수학적 확증을 얻게 된다고 말한다. 〈보기1〉의 첫 번째 문장에서는 이를 '불완전성에 대한 증명'이라고 말하며, 괴델의 정리가 집합론을 붕괴로 이끌지 않았다고 설명하였다. 따라서 ㉠의 앞 문장과 〈보기1〉의 첫 번째 문장의 내용이 잘 연결된다. 또한 〈보기1〉의 마지막 문장은 공리계의 불안정성은 수학자의 작업이 결코 종결될 수 없음을 뜻한다고 설명한다. ㉠의 뒤에 있는 문장은 괴델의 불안정성에 대한 증명이 수학이 끝나는 지점이 아니라 새로운 수학이 시작되는 지점이 되었다고 얘기한다. 문맥상 ㉠의 뒤에 있는 문장과 〈보기1〉의 마지막 문장도 잘 연결되므로 ㉠에 〈보기1〉이 들어가는 것이 가장 적절하다.

25 정답 ①

해설 ① ㉠의 앞에서는 신체 부위의 특징이 가장 잘 드러나는 부분이 봉합되어 있기 때문에 신체의 정면과 측면이 혼재된 그림이 어색하지 않음을 설명하며, 정면으로 그렸을 때 특징이 살아나는 신체 부위인 가슴과 눈의 예시를 제시하고 있다. 이때 제시문은 측면으로 그렸을 때 인상적인 이미지를 남길 수 있는 신체 부위인 얼굴과 사람의 측면만 그리는 프로필 기법을 예시로 제시하고 있으므로, 정면의 예시가 제시된 문장 뒤인 ㉠에 들어가는 것이 가장 적절하다. 따라서 답은 ①이다.

26 정답 ②

해설 ② 〈보기1〉은 '왜냐하면 ~ 때문이다'와 같은 문장 형식을 사용함으로써, 앞 문장 내용에 대한 원인이나 이유를 설명하고 있다. 〈보기1〉의 내용을 고려하였을 때 〈보기1〉 앞에는 학문의 세계에서 여러 요소들이 하나로 합쳐지는 것 자체가 어렵다는 내용이 나와야 하는데, 이는 ㉡ 앞의 내용과 상통하므로 답은 ②이다.

27 정답 ④

해설 ④ 제시된 문단은 공감을 어떻게 함으로써 시작할 수 있는지에 대해 설명하고 있다. 이때 (라) 뒤에서는 상대방의 말투, 표정, 자세를 관찰하면서 상대방과 같은 관점, 심정, 분위기 또는 태도로 맞추는 것도 공감에 도움이 된다고 말하며 공감하는 방법에 대한 설명을 이어 나가고 있다. 따라서 제시된 문단은 (라)에 들어가는 것이 가장 적절하다.

28 정답 ④

해설 ④ 제시된 문장은 생략된 주어가 신분에 따라 문체를 고착화하는 것을 인정하지 않았다고 재진술하는 문장이므로 앞선 문장에는 이와 같은 내용이 나와야 함을 알 수 있다. 이때 ㉣ 앞에는 낭만주의 시기의 신흥 시민계급이 신분에 따라 문학을 배정하는 전통 시학을 거부했다는 내용이 제시되어 있으므로 제시된 문장은 ㉣ 뒤에 들어가는 것이 적절하다.

29 정답 ①

해설 ① 문장이 들어가기 가장 적절한 위치는 ① '(가) 문단 뒤'이다.

순서	중심 내용	순서 판단의 근거와 단서
(가)	과거에는 문학의 범위를 넓게 보았음	-
〈보기〉	문학의 범위를 좁게 잡는 것은 나중에 나타난 새로운 관습임	과거와 달리 문학의 범위가 좁아진 '새로운 관습'에 대해 (나)에서 처음 언급하며 구체적으로 설명하므로, 〈보기〉는 (나) 앞에 제시되어야 함
(나)	시대가 변함에 따라 문학의 범위가 좁아짐	-
(다)	문학의 범위가 좁아지게 된 배경	-
(라)	문학의 범위를 좁게 보는 오늘날의 관점을 반성해야 함	-

유형 06 숨겨진 내용 추론하기

문제집 p.67

01 ③	02 ②	03 ②	04 ①	05 ④
06 ①	07 ③	08 ②	09 ③	10 ③
11 ③	12 ①	13 ①	14 ③	15 ①
16 ④	17 ①	18 ④	19 ④	20 ②
21 ①	22 ②	23 ③	24 ③	25 ④
26 ④	27 ④	28 ④	29 ④	30 ④
31 ②	32 ③	33 ④	34 ①	35 ③
36 ③	37 ②	38 ②		

01 정답 ③

해설 ③ 2문단 끝에서 3~6째 줄에서 한자에 비해 한글이 익히기 쉽고 쓰기 편해서 한글 소설의 필사자는 의지가 있으면 내용을 쉽게 바꿀 수 있었다고 설명하고 있다. 따라서 한자보다 한글로 필사할 때 필사자의 의견이 더 쉽게 반영되어 개작되었음을 추론할 수 있으므로 ③의 추론은 적절하다.

오답분석
① 1문단 3~7번째 줄에서 한문 소설은 중국에서 들여온 한문 소설, 조선에서 창작한 한문 소설, 조선의 한글 소설을 번역한 한문 소설의 세 가지로 분류되고, 한글 소설은 중국 소설을 번역한 한글 소설, 조선에서 창작한 한문 소설을 번역한 한글 소설, 조선에서 창작한 한글 소설의 세 가지로 분류된다고 설명하였다. 따라서 조선 시대의 한글 소설과 한문 소설은 종류의 다양함에 차이가 없으므로 ①의 추론은 적절하지 않다.

② 1문단 끝에서 4~5번째 줄에서 조선 시대의 지식인들이 조선에서 창작된 한글 소설을 저급한 오락물로 여겼다고 설명하고 있다. 그러나 지식인들이 조선에서 창작한 한문 소설을 저급한 오락물로 여겼다는 내용은 찾아볼 수 없으므로 ②의 추론은 적절하지 않다.

④ 2문단 1~3번째 줄에서 중국에서 들여온 한문 소설은 인쇄본으로 존재했고, 조선에서 창작한 한문 소설은 필사본으로 유통되었다고 설명하고 있다. 또한 2문단 끝에서 2~3번째 줄에서 한글 소설도 필사본으로 많이 유통되었다고 설명하고 있다. 그러나 한문 소설을 필사한 것이 소수이고, 한글 소설을 필사한 것이 대부분이었다는 내용은 찾아볼 수 없으므로 ④의 추론은 적절하지 않다.

02 정답 ②

해설 ② 3문단에 의하면 이집트의 종교는 수직적이고 이원적인 정신성에 토대를 두고 있으며 그러한 이원론적인 정신성은 양식화된 이상주의적 미술로 표현되는 경향이 있다고 하였다. 따라서 이집트의 종교가 가지는 정신성이 이집트의 미술 양식에 영향을 끼쳤다는 ②의 추론은 적절하다.

오답분석
① 2문단을 통해 신, 파라오, 귀족과 같은 '존재하는 자'들은 고귀한 존재로서 이상적 규범에 따라 불변의 양식으로 그려졌음을 알 수 있다. 반면 평범한 사람들은 '행위하는 자'로서 세상에서 실제로 행위하는 모습들이 사실적으로 그려졌음을 알 수 있다. 이를 통해 이집트의 벽화에서는 존재와 행위를 동등한 가치로 표현하고 있지 않음을 추론할 수 있다. 따라서 ①의 추론은 적절하지 않다.

③ 3문단을 통해 이집트에는 이상주의적 미술이 나타났다는 것을 알 수 있다. 그러나 1문단 끝에서 4~6번째 줄을 통해 이집트 벽화에는 신, 파라오, 귀족과 같은 고귀한 존재들뿐만 아니라 평범한 일반인들도 그려져 있음을 알 수 있다. 따라서 이집트의 이상주의적 미술에서는 평범한 사람들은 그리지 않고 고귀한 존재들만 표현하였다는 ③의 추론은 적절하지 않다.

④ 1문단을 통해 이집트 벽화에서 신, 파라오, 귀족의 신체는 여러 시점이 하나의 형상에 집약된 특이한 모습으로 표현했지만, 평범한 사람들은 사실적으로 표현하였다는 것을 알 수 있다. 그러나 3문단에 의하면 이집트 벽화에서 위계에 따라 표현 방식을 다르게 한 것은 이집트 미술이 종교라는 특정한 이데올로기를 통해 양식화되어 있었기 때문이다. 이를 통해 이데올로기가 계층에 따라 신체를 바라보는 이집트인들의 독특한 시점을 만든 것임을 추론할 수 있다. 따라서 이집트인들이 신체를 바라보는 독특한 시점을 토대로 예술에 관한 이데올로기를 형성하였다는 ④의 추론은 적절하지 않다.

03 정답 ②

해설 ② 3문단 끝에서 3~6번째 줄에 의하면 상품은 그것이 판매될 수 있는 시장을 전제로 생산되는 것이기 때문에 시장이 형성되어 있지 않다면 상품도 존재할 수 없다. 이를 통해 상품이 존재한다는 것은 시장이 형성되어 있다는 것임을 알 수 있다. 따라서 ②의 추론은 적절하다.

오답분석
① 제시문에서 사회주의에서 유통과 생산 중 어떤 것이 더 중요한지에 대해 설명하고 있지 않다. 따라서 사회주의에서는 유통이 생산보다 중요하다는 ①의 추론은 적절하지 않다.

③ 4문단 끝에서 1~2번째 줄에 의하면 자본주의가 성숙할수록 제조업의 이윤은 적어지고 유통업의 이윤은 많아진다. 이는 자본주의가 성숙할수록 제조업과 유통업의 이윤 차이가 늘어난다는 것을 의미한다. 따라서 자본주의가 성숙할수록 제조업과 유통업의 이윤 차이는 줄어든다는 ③의 추론은 적절하지 않다.

④ 3문단 3~6번째 줄에 의하면 중세의 상인들은 물건을 시장에 팔아 이윤을 얻기 위해 수공업자들에게 물건을 대신 생산하게 했다. 따라서 중세의 상인들은 물건의 생산 단가를 낮추기 위해 시장에 팔 물건을 손수 생산하였다는 ④의 추론은 적절하지 않다.

04 정답 ①

해설 ① 3문단 끝에서 3~6번째 줄에 의하면 인간의 인두 길이는 여섯 번째 목뼈에까지 이르는 반면, 개의 경우 인두의 길이가 두 번째 목뼈를 넘지 않는다. 이를 통해 개의 인두 길이가 인간의 인두 길이보다 짧음을 추론할 수 있다.

오답분석
② 2문단 끝에서 1~2번째 줄을 통해 침팬지가 인간과 게놈의 98%를 공유하고 있음을 알 수 있다. 하지만 이를 통해 침팬지의 인두가 인간의 인두와 98%로 유사한지는 추론할 수 없다.

③ 1문단 3~5번째 줄을 통해 녹색원숭이와 침팬지 모두 소리를 통해 의사소통함을 알 수 있다. 하지만 이는 개체가 각 종족 내에서 의사소통을 하기 위한 방법을 설명한 것일 뿐, 이를 통해 서로 다른 종족 간 의사소통이 가능한지는 추론할 수 없다.

④ 3문단 1~5번째 줄을 통해 인간이 초당 십여 개의 소리를 쉽게 만들 수 있는 것과 달리, 침팬지는 인간만큼 발성 기관을 정확히 통제하지 못함을 알 수 있다. 이를 통해 침팬지가 인간과 같이 소리를 만들지 못할 것임을 추론할 수 있으므로 ④의 추론은 적절하지 않다.

05 정답 ④

해설 ④ 2문단 끝에서 3~6번째 줄을 통해 도서대여업을 하는 세책업자들은 분량이 많은 작품이 여러 권으로 나뉘어 있으면 그만큼 세책료를 더 많이 받을 수 있었음을 알 수 있다. 반면 1문단 끝에서 3~6번째 줄을 통해 방각본 출판업자는 작품의 분량이 많으면 그만큼 책값이 비싸지므로 분량이 큰 작품보다 분량이 적은 작품을 선호하였음을 알 수 있다. 이를 통해 한 편의 작품이 여러 권의 책으로 나뉘어 있는 대규모 작품들을 선호한 쪽은 여러 권의 책을 대여해 줌으로써 더 많은 이익을 취할 수 있는 세책업자들임을 추론할 수 있다.

오답분석
① 1문단 끝에서 1~3번째 줄을 통해 분량이 많은 작품을 기피한 것은 방각본 출판업자임을 알 수 있다. 따라서 세책업자가 분량이 많은 작품을 취급하지 않았다는 ①의 추론은 적절하지 않다.

② 2문단 끝에서 4~6번째 줄을 통해 세책업자는 작품의 분량이 많을수록 더 많은 세책료를 받음을 알 수 있다. 이를 통해 세책업자는 구비할 책을 고를 때 분량이 많은 작품을 선정할 것임을 추론할 수 있다. 따라서 세책업자들이 구비할 책을 선정할 때 분량이 적은 작품을 우선하였다는 ②의 추론은 적절하지 않다.

③ 2문단 끝에서 3~4번째 줄을 통해 원본의 내용을 부연하여 책의 권수를 늘린 것은 세책업자들임을 알 수 있다. 따라서 방각본 출판업자들이 책 판매 부수를 올리기 위해 원본의 내용을 부연하여 개작했다는 ③의 추론은 적절하지 않다.

06 정답 ①

해설 ① 2문단 끝에서 2~5번째 줄에 따르면, 노래참새 수컷의 테스토스테론 수치는 '새끼가 커서 둥지를 떠나게 되면(양육이 끝나면)' 새끼를 돌볼 때보다 좀 더 떨어진다. 따라서 노래참새 수컷의 테스토스테론 수치가 새끼를 양육할 때보다 양육이 끝난 후에 높게 나타난다는 ①은 적절하지 않다.

오답분석 ② 2문단 4~8번째 줄에 따르면, 번식기 동안 노래참새 수컷의 테스토스테론 수치는 암컷의 수정이 이루어질 때까지 계속 높아지다가 수정이 이루어지면 그 수치가 떨어진다. 따라서 번식기 동안 노래참새 수컷의 테스토스테론 수치가 암컷의 수정이 이루어지기 전보다 이루어진 후에 낮게 나타난다는 ②는 적절하다.

③ 3문단 1~3번째 줄에 따르면, 검정깃찌르레기 수컷은 테스토스테론 수치가 번식기가 되면 올라갔다가 암컷이 수정한 이후부터 번식기가 끝날 때까지 떨어지지 않는다. 따라서 ③은 적절하다.

④ 2문단 끝에서 1~2번째 줄에 따르면, 노래참새 수컷의 테스토스테론은 번식기가 끝나면 거의 분비되지 않는다. 그리고 3문단 1~3번째 줄에 따르면 검정깃찌르레기 수컷의 테스토스테론 수치는 번식기가 끝날 때까지 떨어지지 않는다. 이는 번식기가 끝나면 테스토스테론 수치가 떨어진다는 의미이므로 두 수컷 모두 번식기의 테스토스테론 수치가 번식기가 아닌 시기의 테스토스테론 수치보다 높다는 ④는 적절하다.

07 정답 ③

해설 ③ 1문단 끝에서 1~3번째 줄에 따르면, 인간의 행동은 유전적인 적응 성향과 환경으로부터의 입력이 상호작용한 결과이다. 이는 유전적인 성향이 같아도 환경으로부터의 입력이 다르면 인간의 행동이 달라질 수 있다는 의미이므로 ③의 추론은 적절하다.

오답분석 ①④ 1문단 끝에서 1~3번째 줄에 따르면, 인간의 행동은 유전적 적응 성향과 환경으로부터의 입력이 상호작용한 결과이다. 인간의 마음이 유전의 영향으로 결정된다거나, 조상이 살았던 과거 환경이 인간의 진화 방향을 우선적으로 결정한다는 내용은 제시문 내용을 통해 추론할 수 없다.

② 2문단 끝에서 1~3번째 줄에서 우리가 복잡한 상황에 적응하는 데는 원시시대의 적응 방식(인지적 전략)이 부적절한 경우가 있다고 설명한다. 따라서 ②의 추론은 적절하지 않다.

08 정답 ②

해설 ② 2문단 1~3번째 줄에 따르면, 오프라인 대면 상호작용에서보다 온라인 비대면 상호작용에서 만난 사람들에게 더 끈끈한 유대감을 느끼는 경우도 있다. 따라서 비대면 온라인 상호작용으로는 사람들 간에 깊은 유대 관계를 형성할 수 없다는 ②는 적절하지 않다.

오답분석 ① 2문단 끝에서 1~4번째 줄에 따르면, 상호작용 양식들이 서로 교차하는 현상을 이해하고자 할 때, 이분법적인 범주는 한계를 지닌다. 이를 통해 이분법적 시각으로는 상호작용 양식이 교차하는 양상을 이해하기 어렵다는 것을 추론할 수 있으므로 ①은 적절하다.

③ 2문단 끝에서 3~5번째 줄에 따르면, 우리의 경험은 비대면 혹은 대면, 온라인 혹은 오프라인 같은 이분법적인 범주로 온전히 분리되지 않는다. 따라서 온라인 비대면 활동과 오프라인 대면 활동이 온전히 분리되어 있는 것은 아니라는 ③은 적절하다.

④ 1문단 끝에서 1~3번째 줄에 따르면, 대면 상호작용과 온라인 상호작용은 동시에 할 수 있다. 따라서 오늘날에는 대면 상호작용 중에도 디지털 수단에 의한 상호 관계가 이루어질 수 있다는 ④는 적절하다.

09 정답 ③

해설 ③ 제시문 1~2번째 줄에 따르면, 급격하게 돌아가는 현대적 생활 방식은 종종 삶을 즐기지 못하게 방해한다. 그리고 제시문 5~8번째 줄에 따르면, 출근하는 사람들은 연주가의 연주를 즐기지 못하고 그에게 관심조차 주지 않는다. 이를 통해 연주를 듣기 위해 서 있는 사람이 아무도 없는 이유는 출근하는 사람들이 바쁜 삶 속에서 연주를 감상할 여유가 없었기 때문임을 알 수 있다.

오답분석 ①② 제시문을 통해 확인할 수 없다.

④ 제시문 끝에서 1~3번째 줄을 통해 조슈아 벨의 콘서트 입장권은 백 달러가 넘는 가격에 판매되었음을 알 수 있다. 그러나 그는 많은 시민이 걸어 다니는 워싱턴시의 지하철역에서 길거리 연주를 했기 때문에 입장권이 필요하지는 않았을 것이다.

10 정답 ③

해설 ③ '풍부한 감정 어휘의 유무'와 '기술 발전에 대한 유연한 태도'의 상관관계는 제시문을 통해 추론할 수 없다.

오답분석 ① 제시문 1~4번째 줄을 통해 미국인들과 자바인들의 감정 어휘의 가짓수에 차이가 있음을 알 수 있다. 이로 미루어 보아 감정에 대한 개념적 자원은 문화에 따라 다르다는 것을 추론할 수 있다.

② 제시문 4~8번째 줄에 의하면 감정 어휘들은 역사적으로도 차이가 있는데, 오늘날 '우울증'이라는 단어가 중세 시대에는 '멜랑콜리'라고 불렸음을 알 수 있다. 또한 제시문 끝에서 4~5번째 줄을 통해 이제는 감정을 말로 기술하기보다는 이모티콘이나 글자의 일부를 따서 표현하기도 한다는 것을 알 수 있다. 이로 미루어 보아 감정을 표현하는 방식이 시대에 따라 다를 수도 있다는 것을 추론할 수 있다.

④ 제시문 끝에서 1~5번째 줄을 통해 이제는 이모티콘을 활용하여 감정을 표현하기도 함을 알 수 있다. 이는 이모티콘을 활용하는 것이 자신의 감정을 묘사하기 위한 새로운 선택지가 되었음을 의미한다. 이로 미루어 보아 오늘날 인터넷에서 이모티콘을 사용하는 것과 같이 과거에는 없었던 감정 표현 방식이 활용되기도 한다는 것을 추론할 수 있다.

11 정답 ③

해설 ③ 제시문 7~9번째 줄 내용에 따르면 우리는 사회 속에서 보편적 복수성과 특수한 단수성을 겸비한 채 살아가는 다원적 존재이다. 이를 통해 유일무이성(특수한 단수성)과 보편적 복수성은 공존하는 성질임을 알 수 있으며, 개인의 유일무이성을 보존하려는 제도가 개인의 보편적 복수성을 침해한다는 내용은 제시문에서 확인할 수 없다. 따라서 ③의 추론은 적절하지 않다.

오답분석 ① 1~3번째 줄에서 우리는 개별적으로 고립된 채 살아갈 수 없으며, 여럿이 모여 '복수'의 상태로 살아갈 수밖에 없는 존재라고 설명한다. 이는 우리가 고립된 상태에서 '단수'로 살아가는 존재가 아님을 의미한다.

② 끝에서 3~6번째 줄에서 우리는 다원적 존재이며, 이러한 존재들로 구성된 다원화 사회에서 살아가기 위해 타인을 포용하는 공존의 태도가 필요함을 설명하고 있다.
④ 마지막 문장에서 공동체 정화 등을 목적으로 개별적 유일무이성(개인의 특수한 단수성)을 제거하는 것은 우리가 살아가는 사회의 다원성을 파괴하는 일임을 설명하고 있다.

12 정답 ①

해설 ① 1문단에 따르면, 최초의 IQ 검사는 프랑스에서 의무교육 제도를 실시하면서 정규학교에 입학하기 어려운 지적장애아, 학습부진아를 가려내고자 기초 학습 능력 평가를 목적으로 시행되었다. 따라서 학습 능력이 우수한 아이를 고르기 위해 최초의 IQ 검사가 시행되었다는 ①의 추론은 적절하지 않다.

오답분석
② 1문단 마지막 문장에서 IQ 검사를 통해 비로소 인간의 지능을 구체적으로 수치화할 수 있게 되었다고 설명한다. 이는 IQ 검사가 만들어지기 전에는 인간의 지능을 수치화할 수 없었다는 것을 의미하므로 ②의 추론은 적절하다.
③ 2문단 마지막 문장에서 IQ 검사는 인간의 지능 중 일부(기초 학습에 필요한 최소 능력)만을 측정하는 것이라고 설명한다. 따라서 IQ가 높은 아이라도 전체 지능은 높지 않을 수 있다.
④ 2문단 3~5번째 줄에서 IQ가 높은 아이는 그렇지 않은 아이에 비해 읽기나 계산 등 사고 기능과 관련된 과목에서 높은 성취도를 보이는 경우가 많다고 설명한다. 즉, IQ가 높은 아이는 읽기 능력이 좋을 확률이 높으므로 ④의 추론은 적절하다.

13 정답 ①

해설 ① 제시문은 한자가 한글과 달리 문맥에 따라 다른 문장 성분으로 사용되기도 해 혼란을 야기하는 경우가 있다고 설명할 뿐이다. 한국어 문장보다 한문의 문장 성분이 복잡하다는 내용은 제시문에서 확인할 수 없으므로 ①의 추론은 적절하지 않다.

오답분석
② '淨水(정수)'가 문맥상 '깨끗하게 한 물'일 때, '淨(깨끗할 정)'은 '水(물 수)'를 수식하는 관형어이다.
③ 한글에서는 동음이의어가 많아 글자만으로 의미를 파악하지 못하는 경우가 많지만, 한자는 그렇지 않다. 따라서 '愛人(애인)'에서 '愛(사랑 애)'의 문장 성분이 바뀌더라도 '愛'의 뜻이 달라지는 것은 아니므로 '愛'는 동음이의어가 아니다.
④ 사례로 제시된 '사고'처럼 '의사'도 동음이의어에 해당한다. 따라서 한글로 '의사'라고만 쓰면 '병을 고치는 사람[醫師]'인지 '의로운 지사[義士]'인지 구별할 수가 없다.

14 정답 ③

해설 ③ 2문단에서 설명한 실험 결과에 따르면, 마시멜로에 뚜껑을 덮지 않고 기다리게 했던 경우보다 뚜껑을 덮었을 때 두 배 가까이 아이들이 마시멜로를 먹지 않고 잘 참을 수 있었다고 한다. 이를 통해 자기 통제력을 발휘하는 데에는 시각적 자극을 차단하는 등의 환경적 요인(마시멜로에 뚜껑을 덮음)이 중요하게 작용함을 추론할 수 있다.

오답분석
① '자기 통제력'과 '주변 환경의 질적 상태'에 상관관계가 있다는 것은 제시문을 통해 추론할 수 없다.

② 두 요인 중 어떤 요인이 '자기 통제력'에 더 큰 영향을 미치는지는 제시문을 통해 추론할 수 없다.
④ '자기 통제력'과 유아기부터 받는 '사랑과 관심의 정도'에 상관관계가 있다는 것은 제시문을 통해 추론할 수 없다.

15 정답 ①

해설 ① 3~5번째 줄을 통해 우울증이 생기는 경우는 도파민이 지나치게 적은 경우임을 알 수 있다. 따라서 도파민이 과다하면 우울증에 시달릴 수 있겠다는 ①의 추론은 적절하지 않다.

오답분석
② 끝에서 2~5번째 줄을 통해 도파민 단식 방법은 가능한 한 모든 감각적 자극을 최소화하는 것으로 격렬한 운동 등의 활동을 전면 중단할 수 있음을 알 수 있다. 따라서 ②의 추론은 적절하다.
③ 끝에서 8~10번째 줄을 통해 도파민에 휩싸인 뇌가 그 자극에 적응하면 더 많은 자극을 요구하게 됨을 알 수 있다. 따라서 뇌가 감각 자극에 적응하면 더 강력한 자극을 추구할 것이라는 ③의 추론은 적절하다.
④ 끝에서 5~6번째 줄을 통해 도파민 단식 방법이 인간의 심리적 본능과 취약점을 노린 디지털 서비스 이용 방식에 대한 성찰에서 출발하였다고 하였음을 알 수 있다. 이로 미루어 보아 디지털 서비스 이용 과정에서 인간의 심리적 본능과 취약점이 드러날 수 있음을 추론할 수 있다. 따라서 ④의 추론은 적절하다.

16 정답 ④

해설 ④ 1~6번째 줄에 의하면 사람들이 반대 의견을 말하지 않고, 집단의 의견에 동조하거나 자기 의견만을 강화하며 안주하며, 자기 합리화에 몰두하거나 상호 비방만 하는 상황 즉, 의견 양극화로 인한 갈등 상황에서 벗어나기 위해서는 반대 의견을 내고 기꺼이 논쟁을 하는 사람이 필요하다. 그러므로 의견 양극화로 인한 갈등을 해소하기 위해서는 반대 의견 개진을 최소화할 것이 아니라, 반대 의견을 적극적으로 개진해야 한다. 따라서 ④의 추론은 적절하지 않다.

오답분석
① 1~4번째 줄에 의하면 사람들이 반대 의견을 말하지 않고, 집단의 의견에 동조하거나 자기 의견만을 강화하며 안주하는 사람들은 자기 합리화에 몰두한다고 하였다. 따라서 논쟁을 회피하는 사람들이 자기 합리화에 빠지기 쉬울 것이라는 ①의 추론은 적절하다.
② 끝에서 2~6번째 줄에 의하면 의견 양극화와 쏠림 현상이 두드러진 사회에서는 소수 의견을 가진 사람들이 침묵하게 되어 의견 스펙트럼의 양극단만 보일 뿐, 중간층은 보이지 않는다. 따라서 의견 양극화가 심화되면 소수 의견을 가진 사람들이 침묵하게 될 것이라는 ②의 추론은 적절하다.
③ 끝에서 7~8번째 줄에 의하면 논쟁이 활발한 사회는 의견 스펙트럼의 중간층이 두껍다. 이를 통해 의견 스펙트럼의 중간층이 좁다면 논쟁이 활발히 이루어지지 않을 것임을 추론할 수 있다. 따라서 ③의 추론은 적절하다.

17 정답 ①

해설 ① 1문단 1~2번째 줄에서 논리 실증주의자들은 어떤 것이 과학일 경우, 그것에 사용되는 문장은 유의미하다고 하였으므로 반대로 어떤 것에 사용된 문장이 무의미한 문장이라면 그것이 과학이 아닐 것임을 추론할 수 있다.

② 1문단 1~2번째 줄에서 논리 실증주의자들이 과학에 사용되는 문장은 유의미하다고 하였음을 알 수 있으나, 과학의 문장들만이 유의미한 것인지는 제시문을 통해 추론할 수 없다.

[관련 부분] 논리 실증주의자들에 따르면, 만약 어떤 것이 과학일 경우 거기에서 사용되는 문장은 유의미하다.

③ 2문단 2~6번째 줄을 통해 아직까지 경험하지 않았더라도 진위를 확정하기 위해 무엇을 경험해야 하는지 알 수 있는 문장이라면 유의미한 문장으로 판단할 수 있음을 알 수 있으므로 ③의 추론은 적절하지 않다.

[관련 부분] (가)는 분명히 경험을 통해 진위를 밝힐 수 있다. 즉 우리는 (가)의 진위를 확정하기 위해서 무엇을 경험해야 하는지 알고 있다는 것이다. 이런 점에 근거하여 논리 실증주의자들은 (가)는 검증할 수 있고, 유의미한 문장이라고 판단한다.

④ 1문단 4~6번째 줄을 통해 경험을 통해 참과 거짓을 검증할 수 있는 문장은 유의미하다고 하였으므로 경험을 통해 문장이 거짓임을 검증할 수만 있다면 유의미한 문장임을 추론할 수 있다. 따라서 ④의 추론은 적절하지 않다.

[관련 부분] 검증 원리란, 경험을 통해 참이나 거짓을 검증할 수 있는 문장은 유의미하고 그렇지 않은 문장은 유의미하지 않다는 것이다.

18 정답 ④

해설 ④ 제시문을 통해 추론할 수 있는 내용은 ㄱ, ㄴ, ㄷ이다.
- ㄱ: 1문단 끝에서 2~3번째 줄을 통해 컴퓨터는 결정론적 법칙의 지배를 받는 시스템임을 알 수 있고 2문단 끝에서 1~4번째 줄을 통해 결정론적 법칙의 지배를 받는 시스템은 자유 의지를 가지지 않고 도덕적 의무를 귀속시킬 수 없음을 알 수 있다. 따라서 결정론적 법칙의 지배를 받는 컴퓨터는 자유 의지를 가지지 않으며 도덕적 의무의 귀속 대상도 아닐 것임을 추론할 수 있다.
- ㄴ: 2문단 끝에서 1~4번째 줄을 통해 결정론적 법칙의 지배를 받는 시스템은 자유 의지를 갖지 않고 도덕적 의무를 귀속시킬 수 없다고 하였다. 이를 미루어 보아 만약 도덕적 의무를 귀속시킬 수 있는 시스템이 있다면 그것은 결정론적 법칙의 지배를 받지 않을 것임을 추론할 수 있다.
- ㄷ: 2문단 1~4번째 줄을 통해 결정론적 법칙의 지배를 받는 시스템은 항상 하나의 선택지만 있으므로 다른 선택을 할 수 없음을 알 수 있다. 또한 2문단 끝에서 2~4번째 줄을 통해 그러한 결정론적 법칙의 지배를 받는 시스템은 자유 의지를 가질 수 없다고 하였으므로 적절하다.

19 정답 ④

해설 ④ <보기>는 단어 '무지개'의 형태가 변화한 과정을 설명하는 글이다. 이때 ④는 '무지개'와 관련한 표현의 적절성에 대한 내용으로 <보기>와 관련이 없으므로 적절하지 않다.

오답분석 ① 6~8번째 줄을 통해 '무지개'가 '물'과 '지개'가 결합할 때 'ㅈ' 앞에서 'ㄹ'이 탈락한 것임을 알 수 있으나 'ㄹ'이 탈락한 조건에 대한 내용은 언급하지 않았으므로 ①은 독자가 가질 수 있는 의문으로 적절하다.

② 끝에서 5~6번째 줄을 통해 '지개'가 '므지게'의 '지게'에서 왔음을 알 수 있으나, '지개'의 'ㅐ'와 '지게'의 'ㅔ'의 차이에 대한 내용은 언급하지 않았으므로 ②는 독자가 가질 수 있는 의문으로 적절하다.

③ 끝에서 1~3번째 줄을 통해 '무지개'는 '물'의 15세기 형태인 '믈'과 '지게'가 합쳐진 형태임을 알 수 있으나, 형태가 변화한 시기에 대한 내용은 언급하지 않았으므로 ③은 독자가 가질 수 있는 의문으로 적절하다.

20 정답 ②

해설 ② 1문단 마지막 부분을 통해 인간은 단지 구조되어 있는 질서에 참여할 뿐 인간이 후천적, 인위적으로 구조를 만들었다고 생각하는 것은 잘못임을 알 수 있다. 또한 2문단을 통해 '구조'란 의식되지 않는 가운데 인간의 행위를 규정하는 것이며, 라캉이 생각하는 주체는 '무의식적 주체'임을 알 수 있다. 따라서 주체의 의식적 사유와 행위에 의해 새로운 문화 질서가 창조된다는 ②의 추론은 라캉의 생각과 거리가 멀다.

오답분석 ① 1문단 6~10번째 줄에서 인간이 '상징적 질서'를 생각하게 되는 것은 이미 그 질서가 구조적으로 기능하게끔 되어 있기 때문이라고 설명하며, 인간은 구조되어 있는 질서에 참여할 뿐이라고 말한다. 이때 질서의 구조란 2문단 첫 문장을 통해 의식되지 않는 가운데 인간의 행위를 규정하는 것임을 알 수 있으므로 주체의 무의식은 구조화된 상징적 질서에 의해 형성된다는 ①의 설명은 라캉의 생각과 일치한다.

③ 4문단을 통해 나의 욕망은 사실 타자의 욕망에 의해 구성됨을 알 수 있다. 따라서 타자의 욕망을 보여 주는 대중매체의 광고가 주체의 욕망을 형성하는 데에 큰 영향을 미친다는 ③의 설명은 라캉의 생각과 일치한다.

[관련 부분] 나의 욕망도 타자의 욕망에 의해서 구성된다.

④ 3문단 2~5번째 줄에서 라캉은 나의 사유가 나의 존재를 확인시켜 주지 못한다고 주장한다. 또, '나는 생각한다'라는 의식이 없는 곳에서도 '나는 존재'하며, 또 '내가 존재하는 곳'에서 '나는 생각하지 않는다'라고 설명한다. 따라서 라캉의 입장에서 데카르트의 명제인 '나는 생각한다. 고로 존재한다'라는 명제는 옳지 않다.

21 정답 ①

해설 ① 1문단 5~6번째 줄을 통해 분류 개념은 하위 개념으로 분류할수록 그 대상에 대한 정보가 더 많이 전달됨을 알 수 있다. 따라서 '나비'의 하위 개념인 '호랑나비'는 나비에 비해 정보량이 더 많을 것이므로 ①의 추론은 적절하지 않다.

[관련 부분] 하위 개념으로 분류할수록 그 대상에 대한 정보가 더 많이 전달된다.

오답분석 ② 1문단 6~8번째 줄에서 현실 세계에 적용 대상이 없는 분류 개념도 있음을 설명하고 있다. 따라서 '용'도 분류 개념으로 인정된다.

[관련 부분] 현실 세계에 적용 대상이 하나도 없는 분류 개념도 있을 수 있다.

③ 2문단 3~4번째 줄에서 비교 개념은 분류 개념과는 다르게 논리적 관계가 성립해야 함을 알 수 있다. 따라서 '꽃'과 '고양이'처럼 논리적 관계가 없는 개념은 비교 개념에 포함되지 않는다.

[관련 부분] 분류 개념과 달리 논리적 관계도 반드시 성립해야 한다.

④ 3문단에서 정량 개념은 자연의 사실로부터 파악되는 물리량을 측정함으로써 만들어지며, 자연현상에 수를 적용하는 과정에서 생겨난다는 것을 알 수 있다. 이를 통해 물리량을 측정할 수 있는 단위가 자연현상에 수를 적용할 수 있게 해 주었다는 사실을 추론할 수 있다.

[관련 부분]
- 정량 개념은 비교 개념으로부터 발전된 것인데, 이것은 자연의 사실로부터 파악할 수 있는 물리량을 측정함으로써 만들어진다.
- 정량 개념은 자연에 의해서 주어지는 것이 아니라 우리가 자연 현상에 수를 적용하는 과정에서 생겨나는 것이다.

22 정답 ②

해설 ② 제시문 끝에서 3~5번째 줄을 통해 같은 의미라도 토착어가 아닌 한자어나 외래어로 사용할 때 이윤이 더 비싸게 붙어 소비자가 지불해야 하는 값이 올라간다고 설명한다. 즉, 외래어를 사용하는 것은 소비자인 고객의 이익보다 상품 제공자의 이익을 우선시한다는 것이다. 이러한 내용을 근거로 한다면 필자는 상품 제공자의 이익이 아닌 소비자의 이익을 위하는 방향으로 언어를 순화하자고 주장할 것이므로 답은 ②이다.

오답분석 ① 사용 가치와 교환 가치 모두 경제적 가치를 포함한 어휘이므로 ①의 내용은 적절하지 않다. 제시문은 언어 순화와 관련하여 '경제적 가치를 반영하는 방향'이 아닌 '경제적 이익을 얻는 대상'에 대해 언급하고 있다.

③ 제시문은 외래어의 사용이 상품의 사용 가치보다는 교환 가치를 높인다는 경제적 관점을 설명하는 글이다. 따라서 '토착어의 순수성을 지키는 방향'에 대한 내용은 추론할 수 없다.

④ 제시문에서 '의사소통의 공통성을 강화하는 방향'과 관련된 내용은 확인할 수 없다.

23 정답 ③

해설 ③ 2문단 끝에서 2~5번째 줄에서 파스퇴리제이션 살균법은 끓는점보다 낮은 온도에서 장시간 가열하는 방법이며 음식물의 맛과 질감을 변화시키지 않는다고 하였다. 이를 통해 해당 살균법을 사용해도 맛과 질감은 높아지지 않을 것임을 추론할 수 있으므로 ③은 적절하지 않다.

오답분석 ① 1문단에서 고대 로마의 성인은 70~80세 정도 살았으나 질병으로 인한 아동 사망률이 높아 평균 수명이 21세에 불과했음을 밝히고 있다. 따라서 고대 로마인의 평균 수명이 낮았던 원인들 중 하나가 아이들이 질병으로 많이 죽었기 때문이었음을 추론할 수 있다.

② 2문단 2~5번째 줄에서 파스퇴르는 음식물이 발효하거나 부패하는 원인이 공기 중의 미생물임을 증명하여 '음식물 자체에서 새로운 생명체가 발생하여 음식물이 발효하거나 부패한다'는 자연 발생설을 반박하였음을 알 수 있다.

④ 1문단을 통해 질병으로 인한 아이들의 사망률이 높았음을 알 수 있고, 3문단을 통해 파스퇴르가 미생물이 원인인 질병에 대한 백신을 개발하고 치료법을 제시하였음을 확인할 수 있다. 이를 미루어 보아 그의 미생물 연구가 질병으로 인한 아이들의 사망률을 줄이는 데에 기여했을 것으로 추론할 수 있다.

24 정답 ③

해설 ③ 제시문에서 아우슈비츠를 소재로 한 드라마의 한 장면이 낭독되었을 때는 관객들의 열렬한 공감을 이끌어 냈지만 셰익스피어의 희곡이 낭독되었을 때는 관객들의 공감을 얻지 못했음을 알 수 있다. 따라서 훌륭한 고전이라고 해서 ⊙ '연극에서의 관객의 공감'을 불러일으킬 수 있는 것은 아니라는 점을 추론할 수 있다.

오답분석 ① 전문 배우가 유려하게 희곡의 대사를 낭독했지만 관객의 공감은 이끌어내지 못했으므로, 배우의 연기력이 관객의 공감을 좌우한다고 볼 수 없다.

② 전문 배우가 낭독한 대본 역시 비참한 죽음을 다룬 비극적인 소재임에도 불구하고 관객의 공감을 일으키지 못했음을 알 수 있다.

④ 역사적 사실의 발생 시기에 따라 관객의 공감 가능성이 달라진다는 내용은 제시문에 드러나지 않는다.

25 정답 ④

해설 ④ 기존의 사무실 적정 실내 온도가 비교적 낮게 설정된 것은 특정 몸무게와 연령대의 성인 남성을 표준으로 삼아 측정된 자료를 활용했기 때문이다. 따라서 사무실 적정 실내 온도는 근무자들의 연령대와 성별 등의 신체 조건을 고려하여 조정하는 것이 바람직하다는 것을 추론할 수 있으므로 모든 공공 기관 사무실의 적정 실내 온도를 일률적으로 높이는 것은 적절하지 않다.

오답분석 ① 3문단을 통해 특정 연령대 성인 남성의 몸을 표준으로 삼은 '표준화된 신체'는 나머지 대상의 특성까지 대표하지 못한다는 것을 알 수 있다. 따라서 하나의 표준을 정하기보다 다양한 대상을 선정해서 의학적 연구를 하는 것이 바람직하다는 것을 추론할 수 있다.

② 1문단을 통해 현재 우리가 알고 있는 의학 지식 중에는 특정 표준 대상만을 연구한 결과인 것이 있음을 알 수 있다. 따라서 앞으로 의학 지식을 활용하려면 연구한 대상에 대한 논의가 추가적으로 필요하다는 것은 시사점으로 볼 수 있다.

③ 3문단을 통해 '표준화된 신체'의 기준을 여성이나 다른 연령대의 남성에게도 적용하는 것은 무리가 있으므로 근무 환경을 조성할 때 근무자들의 성별이나 연령대를 고려하는 것이 바람직하다는 것을 알 수 있다.

26 정답 ④

해설 ④ 제시문에 따르면 사람에게는 자신의 신념과 일치하는 정보는 받아들이고 그렇지 않은 정보는 무시하거나 부정하는 확증 편향이 있다는 것을 알 수 있다. 따라서 새로운 정보를 접했을 때 심리적 불안을 느끼는 특성이 있다는 내용은 추론할 수 없다.

오답분석 ① 1문단에 제시된 로버트 치알디니의 견해에 따르면 확증 편향에 근거할 때, 사람들은 자신이 가진 기존의 견해와 일치하는 정보에 따라 자신의 행동을 바꿀 필요가 없다는 것을 알 수 있다.

[관련 부분] 사회 심리학자인 로버트 치알디니는 자신이 가진 기존의 견해와 일치하는 정보는 두 가지 이점을 가지고 있다고 한다. ~ 추론의 결과 때문에 행동을 바꿔야 할 필요가 없다.

② 2문단에서 소개하는 특정 정치 성향을 가진 사람들의 조사 결과를 통해 사람에게는 정보를 객관적으로 판단하지 못하는 특성이 있음을 추론할 수 있다.

[관련 부분] 사람들은 반대당 후보의 주장에서는 모순을 거의 완벽하게 찾은 반면, 지지하는 당 후보의 주장에서는 모순을 절반 정도만 찾아냈다.

③ 2문단에서 자신이 동의하는 주장을 접했을 때는 긍정적인 반응을 보이며 뇌 회로가 활성화된다는 점을 설명하고 있는 것으로 보아 사람에게는 지지자들의 말만 듣고 자기 신념을 강화하는 경향이 있다는 것을 추론할 수 있다.

27 정답 ③

해설 ③ 2문단 1~4번째 줄을 통해 '링구아 프랑카'란 국제적으로 세력을 얻어 여러 나라에서 통용되는 언어임을 알 수 있다. 따라서 국제 사회에서 영향력이 강한 나라가 등장하면 그 나라의 언어가 링구아 프랑카가 될 수 있다는 ③의 추론은 적절하다.

[관련 부분] 언어 중에는 영어와 같이 국제적으로 세력을 얻어 글로벌 시대에 의사소통의 가교 역할을 하는 언어도 있다. 이러한 언어들을 '링구아 프랑카(lingua franca)'라고 부른다.

오답분석 ① 1문단 3~4번째 줄을 통해 역사상 많은 언어가 생명체처럼 분기하고 사멸하였음을 알 수 있을 뿐, 교류와 소통이 증가하면 언어의 분기와 사멸 속도가 빨라질 것이라는 ①의 내용은 제시문을 통해 추론할 수 없다.

[관련 부분] 그동안 많은 언어가 분기하고 사멸하였다. 오늘날의 모든 언어는 나름대로 특별한 역사를 갖는다.

② 2문단 4~5번째 줄을 통해 과거 서양에서 그리스어나 라틴어가 링구아 프랑카의 역할을 수행했음을 알 수 있을 뿐, 그리스어나 라틴어가 다른 언어보다 발음, 규칙, 의미가 쉽게 변하지 않는다는 ②의 내용은 제시문을 통해 추론할 수 없다.

[관련 부분] 과거에 서양에서는 그리스어나 라틴어가, 동양에서는 한자가 그 역할(링구아 프랑카)을 수행하기도 했다.

④ 1문단 끝에서 5~8번째 줄을 통해 피진은 의사소통의 편의를 위해 급조된 언어이고, 크리올은 피진을 사용하는 집단의 후대가 탄생시킨 새로운 언어임을 알 수 있다. ④에서 '어리다'의 의미가 '어리석다'에서 '나이가 적다'로 변한 것은 의미가 바뀐 것일 뿐 새로운 언어가 탄생한 것이 아니므로 피진에서 크리올로 변한 사례로 보기 어렵다.

[관련 부분] '피진(pidgin)'과 같이 의사소통의 편의를 위해 급조된 언어도 있는데, 이 언어를 사용하는 집단의 후대는 자연스럽게 '크리올(creole)'과 같은 새로운 언어를 탄생시키기도 한다.

28 정답 ④

해설 ④ 1문단 끝에서 1~2번째 줄을 통해 '강제'가 물리적 힘의 행사나 피해 위협을 의미한다는 것을 알 수 있으며 2문단 4~6번째 줄의 내용을 통해 정부가 '강제'로 시민의 자유를 제한함을 알 수 있다. 따라서 개인의 행동에 대해 정부 허가가 필요하다면 이는 '강제로부터의 자유'를 제한받는 것이라는 추론은 적절하다.

[관련 부분]
· 강제는 물리적 힘을 직접적으로 행사하거나 피해를 주겠다고 위협하는 형태로 나타난다.
· 정부는 법률에 복종하지 않을 경우 피해를 주겠다고 위협하거나 직접적인 물리력을 행사해 해당 시민의 자유를 제한할 수 있다.

 ① 3문단 끝에서 1~3번째 줄을 통해 자유지상주의자들은 '제약으로부터의 자유'가 아니라 '강제로부터의 자유'를 최대한 확보해야 한다고 주장한다는 것을 알 수 있다.

[관련 부분] 자유지상주의자들은 강제를 극소화하는 것, 특히 정부의 강제적인 간섭을 최소화하는 것을 통해 얻는 자유에 초점을 맞추고 있다.

② 2문단을 통해 A국 정부가 거주지 이전을 제한하지 않더라도 A국 시민들은 경제적 문제와 같은 이유로 인해 원하는 곳으로 이주하는 자유가 제한될 수도 있다는 것을 알 수 있다. 따라서 A국 시민들은 '강제로부터의 자유'인 '리버티'를 보장받고 있으나, '제약으로부터의 자유'인 '프리덤'은 보장받고 있지 않음을 추론할 수 있다.

③ 1문단 끝에서 1~3번째 줄을 통해 '리버티'를 제한하는 '강제'가 물리적 힘의 행사나 피해 위협의 형태로 나타난다는 것을 알 수 있으나, 위협의 방식이 더 많이 사용되는지는 추론할 수 없다.

[관련 부분] 강제는 물리적 힘을 직접적으로 행사하거나 피해를 주겠다고 위협하는 형태로 나타난다.

29 정답 ④

해설 ④ 2문단을 통해 전통적인 농업이 거대자본의 위협을 받고 있으며, 이에 대응하기 위해 로컬푸드 운동이 시작되었음을 알 수 있다. 따라서 지역 농가가 거대자본에 의존하여 생산과 소비를 연결하려는 시도가 로컬푸드 운동의 일환이라는 추론은 적절하지 않다.

[관련 부분]
· 전통적인 농업은 관련 인구 감소, 농촌 경제 영세화, '종자에서 식탁까지' 지배하는 거대자본의 위협을 받고 있다.
· 이러한 문제점에 대응하기 위해 친환경 먹거리 생산과 건강한 소비를 연결하고, 나아가 지역 정체성을 강화하는 등 대안적 공동체 운동으로 선순환시키려는 노력이 로컬푸드 운동으로 나타났다.

 ① 1문단 끝에서 1~2번째 줄을 통해 '생산, 유통, 소비' 등의 경제적 요소가 로컬푸드의 범위를 규정하는 요소로 작용함을 추론할 수 있다.

[관련 부분] 이는 생산·유통·소비에 있어서 건강성, 신뢰성, 친환경성 등이 유지될 수 있는 거리를 고려한 것이다.

② 2문단을 통해 로컬푸드 운동이 농업의 해체와 식품 안정성의 위기가 만나는 접점에서 등장하였으며 농약의 과다 사용으로 인한 자연환경의 위기에도 대응하는 활동임을 알 수 있다. 따라서 로컬푸드 운동이 환경보호 운동과도 밀접한 관련이 있음을 추론할 수 있다.

[관련 부분]
· 농업의 해체와 식품 안전성의 위기가 만나는 접점은 로컬푸드 운동이 발아하는 배경이 된다.
· 농약의 과다 사용으로 인해 식품은 물론 자연환경이 위기에 처하게 되었다. 이러한 문제점에 대응하기 위해 친환경 먹거리 생산과 건강한 소비를 연결하고, 나아가 지역 정체성을 강화하는 등 대안적 공동체 운동으로 선순환시키려는 노력이 로컬푸드 운동으로 나타났다.

③ 1문단 1~2번째 줄을 통해 로컬푸드는 일정한 지역을 기준으로 해당 지역에서 생산되는 농식품임을 알 수 있고, 2문단 끝에서 1~3번째 줄에서 로컬푸드 운동이 지역 정체성을 강화하는 방안이 될 수 있음을 알 수 있으므로 적절하다.

[관련 부분]
· 로컬푸드(local food)는 일차적으로 일정한 지역을 기준으로 해당 지역에서 생산되는 농식품을 의미한다.
· 지역 정체성을 강화하는 등 대안적 공동체 운동으로 선순환시키려는 노력이 로컬푸드 운동으로 나타났다.

30 정답 ④

해설 ④ 3문단 3~4번째 줄을 통해 이기적 이타주의는 개인적 욕구와 사회적 고려 사이에서 균형을 추구함을 알 수 있다. 따라서 이기적 이타주의 소비가 소비자의 필요보다 사회적 영향을 더 고려하여 물건을 구매할 것이라는 추론은 적절하지 않다.

[관련 부분] 이기적 이타주의는 개인적 욕구와 사회적 고려 사이에서 균형을 추구한다.

① 2문단을 통해 소비의 시대에서 이타적 이기주의 시대로 변화하더라도 과시적인 소비를 경험했던 사람들이 쇼핑을 포기하거나 줄이지는 않을 것임을 알 수 있다.
[관련 부분]
- 사람들은 쇼핑 중독에서 완전히 벗어나거나 흥미로운 물건을 사는 기쁨을 포기하지는 않을 것이다.
- 사람들이 지금보다 쇼핑을 줄일 것 같지는 않다.

② 1문단 1~3번째 줄을 통해 이기적 이타주의는 자신의 욕망과 윤리적·도덕적 기준 사이에서 균형을 잡는 것임을 알 수 있다. 그러나 가성비에 집착한 소비는 가격과 성능만 고려한 소비이므로 이기적 이타주의 소비가 아니라는 추론은 적절하다.
[관련 부분] 나 자신을 위해 가장 좋은 것을 하고 싶은 욕망과 윤리적·도덕적 기준에 맞춰 살아가는 태도 사이에서 균형을 잡는 일이다.

③ 1문단 5~7번째 줄을 통해 자신에게 좋은 일을 하는 행동이 생태계에 어떤 피해도 입히지 않도록 노력하는 것이 이기적 이타주의의 구체적 자세임을 알 수 있다. 따라서 동물 보호를 위해 가죽제품보다 면제품을 사는 경우가 이기적 이타주의 소비에 해당된다는 추론은 적절하다.
[관련 부분] 나 자신에게 가장 좋은 일을 하는 행동이 생태계와 다른 사람들에게 어떤 피해도 입히지 않도록 노력하는 것

31   정답 ②

해설 ② 1문단 4번째 줄을 통해 파랑은 테크놀로지 업계에서 선호하는 색임을 알 수 있다. 따라서 테크놀로지 업계에서 브랜드에 파란색을 쓴 것이 우연한 선택이라는 ②의 추론은 적절하지 않다. 또한 제시문을 통해 테크놀로지 업계가 파란색을 브랜드에 사용함으로써 성공했다는 사실은 알 수 없으므로 답은 ②이다.
[관련 부분] 파랑은 테크놀로지 업계에서 선호하는 색이다.

 ① ③ 1문단에서 다양한 회사들은 파란색이 가진 긍정적 속성을 활용하기 위해 브랜드의 상징색으로 파랑을 사용한다고 설명하고 있다. 이를 통해 색이 주는 효과를 고려하고 긍정적 속성을 파악해야 한다는 ①, ③의 추론은 적절하다.

④ 2문단에서 같은 파란색이어도 톤에 따라 전달하는 분위기가 다르다고 설명하고 있으므로 ④의 추론은 적절하다.

32   정답 ③

해설 ③ (나)를 통해 하층에서도 소설을 즐기는 사람들이 많았음은 추론할 수 있으나, 하층에서 소설을 창작하는 사람이 많았다는 내용은 추정하기 어려우므로 답은 ③이다.

 ① (가)의 끝에서 1~3번째 줄을 통해 상층 남성들은 상중의 예법에 대해 매우 엄격했음을 알 수 있다.
② (가)의 1~3번째 줄을 통해 혼자 소설을 보면서 소리 내어 읽기도 하였음을 알 수 있다.
④ (가)의 끝에서 1~3번째 줄을 통해 하층에서도 소설을 즐겼음을 알 수 있다.

33   정답 ④

해설 ④ 2문단 끝에서 1~4번째 줄에서 과학 기술의 발전 성과를 농업에 수용해야 한다고 하였으므로 과학 기술의 부작용을 성찰할 필요가 있다는 ④의 추론은 적절하지 않다.
[관련 부분] 과학 기술의 눈부신 성과를 수용하여 새로운 상품과 시장을 창출할 수 있는 녹색 성장 산업으로서의 농업의 잠재적 가치가 중시되고 있는 것이다.

 ① 1문단 1~3번째 줄에서 고도성장 과정에서 농업이 우리 경제의 뒷방살이 신세로 전락하였다고 하였으므로, 고도성장을 도모하는 경제 정책 추진 과정에서 농업 중심의 경제 패러다임을 지양했음을 추론할 수 있다.
[관련 부분] 우리는 도시화, 산업화, 고도성장 과정에서 우리 경제의 뒷방살이 신세로 전락한 한국 농업의 새로운 가치에 주목해야 한다.

② 2문단 5~7번째 줄에서 효용 가치가 떨어지면 다른 곳으로 이동하는 유목민적 태도가 오늘날의 위기를 낳고 키웠다고 하였으므로, 효율성을 중요한 가치로 내세우는 경제 시스템의 한계를 지적하고 있음을 추론할 수 있다.
[관련 부분] 물질적인 부의 극대화를 위해서 한 지역의 자원을 개발하여 이용한 뒤에 효용 가치가 떨어지면 다른 곳으로 이동하는 유목민적 태도

③ 2문단 5~7번째 줄과 10~12번째 줄에서 유목민적 태도의 한계를 언급하며, 정주민의 농업의 가치를 주목할 만하다고 설명하고 있으므로 유목 생활을 하는 민족에 비해 정주 생활을 하는 민족이 농업의 가치 증진에 더 기여할 수 있음을 추론할 수 있다.
[관련 부분]
- 물질적인 부의 극대화를 위해서 한 지역의 자원을 개발하여 이용한 뒤에 효용 가치가 떨어지면 다른 곳으로 이동하는 유목민적 태도
- 지키고 가꾸어 후손에게 넘겨주는 정주민의 문화적 지속성을 존중하는 농업의 가치가 새롭게 조명 받는 이유에 주목할 만하다.

34   정답 ①

해설 ① 제시문은 인쇄술의 발전이 지식 사회에 어떠한 영향을 끼쳤는지에 대해 서술하고 있다. 다양한 책의 등장으로 인해 지식 사회에 대한 비판과 검증이 가능해졌다는 내용 이후에는 이러한 결과가 어떤 효과를 불러 일으켰는지 언급되어야 한다. 따라서 지식 사회에 여러 비판과 검증으로 인해 독점적인 지식이나 학파의 힘이 줄어들었다는 내용이 이어지는 것이 적절하다.

 ② 교사의 권위와 관련된 내용은 책의 등장으로 인해 교사의 기능이 변화하였음을 설명하는 1문단 이후에 이어지는 것이 적절하다.

③ 2문단에서 인쇄술의 발달로 다양한 책들이 서점과 서가에 등장하게 되어 지식 사회에 대한 비판과 검증이 가능해졌음을 알 수 있다. 이때, 다양한 책들이 등장하였다는 것은 지식의 대중화가 이루어졌음을 의미한다고 할 수 있다. 따라서 독서 대중의 비판과 검증에 대응하기 위해 지식의 독점과 권력화에 매진하게 된다는 내용은 2문단의 내용과 상반되는 내용이므로 제시문 다음에 이어질 내용으로 적절하지 않다.

④ 2문단의 2~3번째 줄에서 주해자·주석자의 중요성은 반감되었다는 내용이 있으나, 이것이 곧 저자의 권위가 높아지는 것을 의미하는지는 알 수 없다. 또한 2문단 끝에서 1~3번째 줄에서 여러 텍스트를 대조·비교하고 지식 사회에 대한 비판·검증이 가능해졌다고 하였으므로, 이전에 비해 독서 대중이 능동적인 태도를 지니게 되었음을 추론할 수 있다.

35 정답 ③

해설 ③ 1문단 끝에서 1~5번째 줄을 통해 21세기는 인간의 상상력을 바탕으로 첨단 과학과 정보 통신 기술이 발달하여 어느 때보다 큰 폭으로 변화된 모습이 나타나고 있음을 알 수 있다. 따라서 인간의 상상력을 바탕으로 실현된 세계의 모습에 변함이 없다는 내용은 제시문에 대한 추론으로 적절하지 않으므로 답은 ③이다.

[관련 부분] 이 세기는 첨단 과학과 정보 통신 기술의 비약적인 발달로 ~ 늘 인간의 열망과 상상력이 가로놓여 있었다.

오답분석 ① 1문단 2~6번째 줄을 통해 인간이 추구하는 가치가 끊임없이 변하였음을 알 수 있다. 따라서 현재 인간이 추구하는 가치를 불변의 절대적 가치로 인정할 수 없음을 추론할 수 있다.

[관련 부분] 사람들의 세계관이나 가치관 또한 다양하게 바뀌었다. 어느 세기에는 종교적 믿음이 ~ 어느 때에는 이성이 ~ 어느 시점에서는 ~ 산업화를 지향하기도 했다.

② 2문단 1~2번째 줄을 통해 인간의 열망과 상상력이 인류 역사의 변화 과정에 큰 영향을 끼쳤음을 추론할 수 있다.

[관련 부분] 과학 기술의 진보와 이에 발맞춘 눈부신 문명의 진전 과정에서 인간의 열망과 상상력이 우선하였다.

④ 3문단 끝에서 1~3번째 줄을 통해 21세기는 과거와 달리 상상하는 것을 이루어낼 수 있는 시대임을 알 수 있다. 이를 통해 과거에는 상대적으로 과학 기술의 위상이 낮았다면, 21세기에는 과학 기술의 위상이 인간의 상상력을 실현할 만큼 높아졌다고 볼 수 있다. 따라서 과학 기술과 상상력의 위상 관계에 변화가 일고 있음을 추론할 수 있다.

[관련 부분] 과거 시대들이 무엇인가를 상상하고 그것을 만들어 가는 기술을 개발하는 시간들이었다면, 21세기는 상상하는 것을 곧 이루어 낼 수 있는 시대가 된 것이다.

36 정답 ③

해설 ③ 1문단 3~5번째 줄과 2문단 끝에서 1~3번째 줄을 통해 나바호인에게 미래라는 것은 현실감을 거의 주지 못하며 장래의 이익에 대한 약속은 고려할 가치조차 느끼지 못한다는 것을 알 수 있다. 따라서 나바호인이 '앞으로 투자 가치가 있는 마을 구획정리 사업'에 대해 긍정적이지 않다는 ③의 설명은 적절하다.

[관련 부분]
· 지금 여기만이 실재하며 미래라는 것은 현실감을 거의 주지 못한다.
· 나바호인은 눈앞에 보이는 선물만을 실감할 뿐, 장래의 이익에 대한 약속은 고려할 가치조차 느끼지 못하는 것이지.

오답분석 ① 제시문과 관련이 없는 설명이다.

② 1문단 3~5번째 줄을 통해 나바호인은 지금 여기만이 실재한다는 인식을 가지고 있음을 알 수 있지만 약속을 잘 지키지 않는다는 내용은 추론할 수 없다.

④ 2문단 1~2번째 줄을 통해 나바호인은 말에 대한 애착이 강하다는 것을 알 수 있지만 나바호인이 기마민족인지는 알 수 없으며 말을 최상의 선물로 간주한다는 내용도 추론할 수 없다.

[관련 부분] 자네도 알다시피 나바호인은 말[馬]을 사랑하고 경마로 내기하기를 즐기지.

37 정답 ②

해설 ② 3문단 1~4번째 줄을 통해 포스트휴먼은 '인위적으로 만들어진 인공 지능'일 수도 있고, '신체를 버린 형태'일 수도 있음을 확인할 수 있다. 따라서 포스트휴먼의 개념이 신체적 결함을 보완한 새로운 인간형의 탄생으로 귀결될 것이라는 ②의 내용은 제시문에 대한 추론으로 적절하지 않다.

[관련 부분] 포스트휴먼은 완전히 인위적으로 만들어진 인공 지능일 수도 있고, 신체를 버리고 슈퍼컴퓨터 안의 정보 패턴으로 살기를 선택한 업로드의 형태일 수도 있으며,

오답분석 ① 3문단을 통해 포스트휴먼은 높은 수준의 과학 기술이 필요한 인공 지능 또는 슈퍼컴퓨터와 관련된 형태이거나, 다양한 과학 기술을 이용해 두뇌나 신체에 변형을 가한 생물학적 인간임을 알 수 있다. 따라서 포스트 휴먼 개념에 따라 미래의 존재는 현재의 인간에 비해 과학 기술의 발전 양상에 더 큰 영향을 받을 것임을 추론할 수 있다.

③ 2문단을 통해 포스트휴먼은 현재 인간의 상태를 능가하는 새로운 존재이지만, 그 형태는 상상하기 어려울 것임을 추론할 수 있다.

④ 1문단 1~3번째 줄을 통해 포스트휴먼은 현재의 인간보다 뛰어난 능력을 지니고 있으며 그렇기에 '인간'에 대한 개념을 재정립하게 될 것임을 추론할 수 있다.

[관련 부분] '포스트휴먼'은 그 기본적인 능력이 근본적으로 현재의 인간을 넘어서기 때문에 현재의 기준으로는 더 이상 인간이라 부를 수 없는 존재를 가리키는 표현이다.

38 정답 ②

해설 ② 끝에서 1~2번째 줄을 통해 시청자들은 역사 드라마를 주제로 사회적 담론의 장을 열기도 함을 확인할 수 있다. 이를 통해 시청자들이 역사 드라마를 통해 사회적 화젯거리를 만들 수 있음을 추론할 수 있다. 따라서 제시문을 읽은 후의 반응으로 가장 적절한 것은 ②이다.

오답분석 ① 제시문에서 다루고 있지 않은 내용이다.

③ ④ 1~4번째 줄을 통해 시청자들은 작가의 생각을 그대로 받아들이지 않고 다중적으로 수용한다는 것을 알 수 있다. 따라서 작가가 강조하는 역사적 교훈을 배우기 위해 역사 드라마를 시청해야 한다는 반응과 부정적인 평가를 받는 인물이 역사 드라마에서 항상 악인으로만 그려진다는 추론은 적절하지 않다.

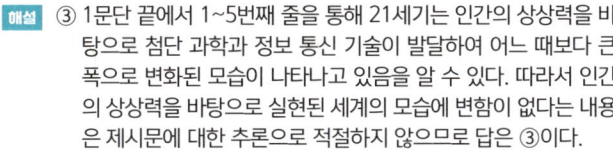

유형 07 빈칸 내용 추론하기

문제집 p.87

01	④	02	④	03	①	04	④	05	②
06	③	07	②	08	③	09	③	10	②
11	①	12	①	13	②	14	④	15	①
16	①	17	①	18	①	19	④	20	③
21	④	22	③	23	①	24	②	25	④
26	②	27	③	28	①	29	④	30	③
31	②								

01
정답 ④

해설 ④ (가), (나)에 들어갈 말로 적절한 것은 '중요한 타인', '거울에 비친 자아'이므로 답은 ④이다.
- (가) 중요한 타인: 1문단 끝에서 2~5번째 줄에 의하면 부모, 친구, 선생님과 같이 나에게 중요한 사람의 평가는 자아 개념 형성에 큰 영향을 미칠 수 있다. 따라서 (가)에 들어갈 말로 적절한 것은 '중요한 타인'이다.
- (나) 거울에 비친 자아: (나)의 뒤 문장에 의하면 우리는 타인에게 비치는 나의 모습을 상상하고 그 모습에 대한 타인의 판단을 추정하며 그 과정에서 자아를 형성한다. 따라서 (나)에 들어갈 말로 적절한 것은 '거울에 비친 자아'이다.

02
정답 ④

해설 ④ 아이젠버거의 실험은 뇌의 활성화되는 부위를 확인하여 심리적 상태를 파악하려는 것이다. 실험 결과, 따돌림을 당할 때와 물리적 폭력을 당할 때 뇌의 같은 부위(전두엽의 전대상피질)가 활성화되는 것을 알 수 있었으며, 이를 통해 따돌림을 당할 때와 물리적 폭력을 당할 때의 심리적 상태는 서로 다르지 않다는 결론을 추론할 수 있다.

오답분석
① 물리적 폭력을 당할 때 뇌 전두엽의 전대상피질 부위를 활성화한다는 것은 빈칸 앞 문장에서 제시된 내용이며, 지문에서 설명한 실험의 결론으로 보기 어렵다.
② ③ 지문을 통해 추론할 수 없는 내용이다.

03
정답 ①

해설 ① 빈칸에 들어갈 내용을 가장 적절하게 추론한 것은 ①이다.
- 더 많지만: 1문단 1~3번째 줄에 따르면 독자가 글을 읽을 때 이해하기 어려운 단어를 보는 경우 '고정'이 나타난다. 또한 2문단 1~2번째 줄에 따르면 눈동자의 평균 고정 빈도에서 읽기 능력 하위 집단(A)이 읽기 능력 평균 집단(B)보다 약 2배 많은 수치를 보였다. 이 두 내용을 종합하면, 평균 고정 빈도가 높다는 것은 글을 읽을 때 이해하기 어려운 단어를 자주 마주친다는 의미임을 알 수 있다. 따라서 읽기 능력이 부족한 독자들은 읽기 능력이 평균인 독자에 비해 난해하다고 느끼는 단어들이 더 많다는 것을 추론할 수 있다.
- 평균 시간은 더 적다: 2문단 2~3번째 줄에 따르면 평균 고정 시간은 총 고정 시간을 총 고정 빈도로 나눈 것으로, 이는 하나의 어려운 단어를 마주쳤을 때 의미를 이해하는 데 들이는 평균 시간을 의미한다. 이때 읽기 능력 평균 집단(B)이 읽기 능력 하위 집단(A)보다 평균 고정 시간이 높게 나타났다는 것은 B 집단에서 하나의 어려운 단어를 마주쳤을 때 의미를 이해하는 데 들이는 평균 시간이 A 집단보다 더 많다는 것을 의미한다. 따라서 읽기 능력이 부족한 독자들은 읽기 능력이 평균인 독자에 비해 난해하다고 느끼는 각각의 단어를 이해하기 위해 들이는 평균 시간이 더 적다는 것을 추론할 수 있다.

04
정답 ④

해설 ④ '락토'는 우유를 의미하고 '오보'는 달걀을 의미하는데, 락토오보 채식주의자는 고기와 생선은 먹지 않으나 유제품과 달걀을 먹는 채식주의자이다. 이를 통해 채식주의자 앞에 들어가는 단어는 그 채식주의자가 섭취하는 음식이고, 그 외의 음식은 모두 섭취하지 않는다는 것을 추론할 수 있다. 따라서 락토 채식주의자는 유제품은 먹지만 고기와 생선과 달걀은 먹지 않으며, 오보 채식주의자는 달걀은 먹지만 고기와 생선과 유제품은 먹지 않는다고 설명하는 ④가 적절하다.

05
정답 ②

해설 ② 2문단 1번째 줄에 따르면, 포도주는 프랑스 국민들에게 있어서 일상의 세세한 부분에까지 결부된 것이고, 2문단 끝에서 2~4번째 줄에 따르면, 포도주는 프랑스 국민들에게 그들 자신과도 같은 것이다. 이를 통해 프랑스인에게 포도주가 '자신들의 정체성을 나타내는 상징과도 같다'는 것을 추론할 수 있다.

06
정답 ③

해설 ③ 1문단 끝 1~3번째 줄에서 생명과학이 파괴된 생태계를 복원시킬 수 있는 방법을 제시할 수 있다는 기대를 제시한 뒤, 2문단 2~3번째 줄에서는 생명과학이 인간의 존엄성을 훼손할 수 있다는 우려를 제시한다. 이렇듯 제시문은 생명과학이 서로 대조되는 두 가지 성질인 '무한한 가능성'과, '위험성'을 동시에 갖고 있음을 설명하고 있으므로 ㉠에 들어갈 말로 가장 적절한 것은 ③ '양면성'이다.
- 양면성: 한 가지 사물에 속하여 있는 서로 맞서는 두 가지의 성질

오답분석
① '개연성'은 '절대적으로 확실하지 않으나 아마 그럴 것이라고 생각되는 성질'을 뜻하는 말이므로 ㉠에 들어갈 말로 적절하지 않다.
② '합리성'은 '이론이나 이치에 합당한 성질'을 뜻하는 말이므로 ㉠에 들어갈 말로 적절하지 않다.
④ '일관성'은 '방법이나 태도 따위가 한결같은 성질'을 뜻하는 말이므로 ㉠에 들어갈 말로 적절하지 않다.

07
정답 ②

해설 ② (가) ~ (다)에 들어갈 문장을 순서대로 나열한 것은 ② 'ㄱ - ㄷ - ㄴ'이다.
- (가): 1문단에서는 우리의 뇌가 생존에 이롭고 해로운 대상을 구분하는 능력이 있으며, 이는 '본능'에 의한 것임을 설명하고 있다. 한편 2문단에서는 초콜릿 케이크를 먹어 본 경험을 한 사람이 케이크에 대한 기호를 갖게 되는 반응을 예로 들며 '경험에 의한 학습 능력'에 대해 말한다. 따라서 글의 흐름이 '본능'에 대한 내용에서 '경험을 통한 학습 능력'에 대한 내용으로 자연스럽게 이어지도록 (가)에는 동물이 본능과 더불어 경험에 따라 기호를 학습하는 능력을 가지고 있다는 내용의 'ㄱ'이 들어가야 한다.
- (나): (나)는 2문단 끝에 위치하므로 (나)에는 1~2문단의 내용을 포괄하여 정리할 수 있는 문장이 들어가야 한다. 이때 'ㄷ'은 우리가 타고난 기본 성향(본능)과 학습 능력을 통해 대상에 대한 기호를 형성한다는 내용으로, 기호와 본능의 관계를 설명한 1문단과 기호와 학습의 관계를 설명한 2문단을 포괄하고 있다. 따라서 (나)에는 1~2문단의 내용을 요약하여 정리하는 'ㄷ'이 들어가야 한다.

- (다): 3문단에서는 두 가지 선택지 앞에 놓인 여우의 이야기를 제시하고 있으며, (다) 바로 뒤 문장의 내용을 고려해 보았을 때 (다)에는 '의사결정의 과정'에 대해 설명하는 내용이 들어가야 한다. 따라서 (다)에는 뇌가 감정적, 인지적 반응을 합쳐 각 선택지에 가치를 매기는 '의사결정 과정'을 설명한 'ㄴ'이 들어가야 한다.

08 정답 ③

해설 ③ 제시문의 마지막 문장에서 '글쓰기'는 필자가 글을 통해 자신의 메시지를 독자에게 전달하는 행위이므로 반드시 예상 독자를 분석해야 한다고 설명한다. 이 내용에 따르면 예상 독자 분석이 중요한 이유는 '필자의 메시지를 독자에게 효과적으로 전달하는 데 도움이 되기' 때문이다. 따라서 빈칸에 들어갈 말로 가장 적절한 것은 ③이다.

오답분석 ① 계획하기 과정이 글쓰기 과정의 첫 단계라는 ①의 설명은 '예상 독자 분석의 이유'와는 관련이 없는 내용이므로 빈칸에 들어갈 말로 적절하지 않다.

② 끝에서 3~6번째 줄에 따르면 글을 쓸 때 예상 독자의 수준에 따라 어려운 개념이나 전문용어의 포함 여부를 결정할 수 있을 것이다. 하지만 글에 어려운 개념이나 전문용어를 포함하기 위해 예상 독자를 분석한다는 것은 지문과 거리가 먼 내용이므로 ②는 빈칸에 들어갈 말로 적절하지 않다.

④ 3~5번째 줄에서 '계획하기'는 글쓰기의 목적 수립, 주제 선정, 예상 독자 분석 등을 포함한다고 설명한다. 그러나 예상 독자의 분석 요소 중 독자의 배경지식 수준이 글의 목적과 주제를 결정한다는 내용은 확인할 수 없으므로 ④는 빈칸에 들어갈 말로 적절하지 않다.

09 정답 ③

해설 ③ (가)와 (나)에 들어갈 내용으로 가장 적절한 것은 ③이다.
- (가): (가)의 뒤에서 벌집의 공간이 최적화됨으로써 필요한 밀랍의 양이 줄어, 벌집을 짓는데 드는 노력과 에너지가 최소화된다고 설명하고 있다. 이를 고려하였을 때 (가)에 들어갈 말은 '벌집을 짓기 위해 필요한 밀랍의 양이 적게 든다'이다.
- (나): (나)의 앞에서 벌집이 효율적이고 아름다운 자연의 디자인임을 제시하며, 이러한 벌집을 닮은 건축 양식이나 생활용품을 흔히 발견할 수 있다고 설명한다. 이는 자연의 구조인 벌집이 인간의 창조 활동에 영감을 주었다는 것을 의미한다.

오답분석
- (가) 벌집을 짓는 데 소요되는 노동량을 최대화한다(×): (가)에는 벌집 구조의 이점에 대한 내용이 들어가야 하므로 적절하지 않다.
- (나) 인간이 만든 디자인은 자연이 만든 디자인보다 뛰어날 수 없다(×): 인간의 디자인과 자연의 디자인의 우열을 비교하는 내용은 지문에서 확인할 수 없다.

10 정답 ②

해설 ② (가)와 (나)에 들어갈 접속어는 순서대로 '하지만 – 하지만'이므로 답은 ②이다.
- (가): (가)의 앞에는 비즈니스 화법에서 상사에게 보고할 때는 결론부터 말해야 한다는 내용이 제시되어 있으나, (가)의 뒤에는 자기와 상대의 힘의 균형이 미묘할 때는 오히려 결론을 뒤로 미뤄야 한다는 상반된 내용이 제시되어 있다. 따라서 (가)에는 역접의 접속어 '하지만'이 들어가는 것이 적절하다.

- (나): (나)의 앞에는 사내의 사무적인 관계에서는 쓸데없는 시간과 노력을 들이지 않아도 된다는 내용이 제시되어 있으나, (나)의 뒤에는 사내의 인간관계라도 라이벌 동료와는 미묘한 줄다리기가 필요하다는 상반된 내용이 제시되어 있다. 따라서 (나)에는 역접의 접속어 '하지만'이 들어가는 것이 적절하다.

이것도 알면 합격
접속어와 접속 표현의 기능

그리고, 그러므로, 그러니, 그래서	순접: 앞의 내용을 이어받아 순조롭게 연결함
그러나, 하지만, 그렇지만	역접: 앞의 내용과 반대되거나 일치하지 않는 내용을 연결함
그러므로, 따라서, 그래서	인과: 앞과 뒤의 내용을 원인과 결과의 관계로 이음
그리고, 또한, 및	대등: 앞과 뒤의 내용을 동등한 자격으로 나열하여 이음
그리고, 아울러, 게다가, 더구나	첨가, 보충: 앞의 내용에 새로운 내용을 덧붙이거나 보충함
그런데, 한편, 아무튼	전환: 앞의 내용과 다른 생각이나 사실을 서술하여 화제를 바꿈
예를 들면, 예컨대, 이를테면, 가령	예시: 앞의 내용에 대한 구체적인 예를 듦
요컨대, 즉, 요약하자면, 말하자면, 바꾸어 말하면, 다시 말하면	요약, 환언: 앞의 내용을 요약하거나, 말을 바꾸어 다시 말함

11 정답 ①

해설 ① 빈칸의 앞 문장에서는 '행루오리(幸漏誤罹)'가 '운 좋게 누락되거나 (ⓐ) 잘못 걸려드는 것(ⓑ)'이라고 정의하고 있다. 이때 빈칸이 포함된 문장의 뒤 문장에서는 집행자의 착오나 악의로 법망에 잘못 걸려드는 사례(ⓑ)가 제시되고 있다. 따라서 빈칸에는 '행루오리'의 정의 중 제시되지 않은 운 좋게 누락되는 사례(ⓐ)가 들어가는 것이 적절하므로 답은 ①이다.

오답분석 ② ③ ④ 모두 잘못 걸려든 사례에 해당하므로 빈칸에 들어갈 내용으로 적절하지 않다.

12 정답 ①

해설 ① ㉠의 앞에는 나무를 다 베는 것을 우려할 필요가 없다는 내용이 제시되어 있고, ㉠의 뒤에는 우리나라가 OECD 국가 중 산림 비율이 4위일 정도로 풍성한 숲을 보유하고 있음을 제시하고 있다. 이를 통해 ㉠에는 나무를 다 베는 것에 대해 걱정하지 않아도 되는 이유와 풍성한 숲을 가진 우리나라의 특성을 잘 이용하는 방법을 아우르는 내용이 들어가야 함을 추론할 수 있다. 이를 충족하는 것은 목재를 보전하는 숲과 목재를 수확하는 숲을 따로 관리한다는 내용이므로 정답은 ①이다.

오답분석 ② ③ 나무를 열대 지역에서 수입하는 것과 버려지는 폐목재를 사용하는 것은 풍성한 숲을 가진 우리나라의 특성과는 어울리지 않는 내용이므로 ②, ③은 ㉠에 들어갈 말로 적절하지 않다.

④ 제시문은 탄소 중립 실천을 위해 나무를 목재로 사용하는 것과 관련된 내용을 다루고 있다. 따라서 나무를 베지 않고 주택을 짓는다는 것은 제시문의 내용에 부합하지 않으므로 ④는 ㉠에 들어갈 말로 적절하지 않다.

13
정답 ②

해설 ② 제시문은 한자가 글자 수가 많다는 이유로 나쁜 평가를 받는 것에 대해 반박하고 있다. (가)의 앞뒤 내용에 의하면 (가)에 들어가야 할 한자의 제자 원리는 글자들이 뿔뿔이 따로 만들어지지 않는 방식이어야 하고 학습에 부담이 없는 방식이어야 함을 알 수 있다. 이로 미루어 보아 (가)에 들어갈 단어는 한자 육서(六書) 중 기존의 글자를 활용하기 때문에 글자를 따로 만들지 않는 방법이면서, 새 글자를 구성하고 있는 두 글자를 통해 새 글자의 뜻과 음을 유추할 수 있어 학습에 부담이 적은 방법인 ② '형성(形聲)'임을 추론할 수 있다.

- 형성(形聲): 1. 두 글자를 합하여 새 글자를 만드는 방법으로, 한쪽은 뜻을 나타내고 다른 쪽은 음을 나타낸다. '銅'자에서 '金'은 금속의 뜻을 나타내고 '同'은 음을 나타내는 방식이다. 2. 형성(形聲)의 방법으로 만든 한자. 한자의 약 80%가 이에 속한다.

오답분석
① 상형(象形): 한자 육서(六書) 중 물체의 형상을 본떠서 글자를 만드는 방법으로, 해를 본떠서 '日'을 만드는 것과 같은 방법이다. 이때 ① '상형(象形)'은 글자들을 각각 따로 만드는 방법이므로 (가)에 들어갈 단어로 적절하지 않다.

③ 회의(會意): 한자 육서(六書) 중 둘 이상의 한자를 합하고 그 뜻을 합성하여 글자를 만드는 방법으로, 해를 뜻하는 '日'과 달을 뜻하는 '月'을 합하여 '明'을 만들어 '밝다'라는 새로운 뜻을 나타내는 것과 같은 방법이다. ③ '회의(會意)'는 기존의 글자를 활용하기 때문에 글자를 따로 만드는 방법은 아니지만, '형성(形聲)'과 달리 글자의 뜻만을 합성해 완전히 새 글자를 만드는 것이기 때문에 새 글자의 음은 유추할 수 없다. 따라서 이는 새로운 글자를 학습하는 데 부담 요소로 작용할 수 있으므로 (가)에 들어갈 단어로 적절하지 않다.

④ 가차(假借): 한자 육서(六書) 중 어떤 뜻을 나타내는 한자가 없을 때 뜻은 다르나 음이 같은 글자를 빌려 쓰는 방법으로, 원래 보리를 뜻하는 '來'를 빌려 '오다'를 뜻하는 글자로 쓰는 방법이다. ④ '가차(假借)'는 새로운 글자를 만드는 것이 아니므로 (가)에 들어갈 단어로 적절하지 않다.

14
정답 ④

해설 ④ (가)와 (나)에 들어갈 내용으로 가장 적절한 것은 ④이다.

- (가): 1문단에서 실험 참가자들은 모두 중요하다고 생각하는 것(동영상 속 흰색 옷을 입은 사람들의 패스 횟수)에 주의를 기울이는 동안 고릴라 복장의 사람이 출현한 것을 인지하지 못했다. 이 실험을 통해 '인간은 중요하다고 생각하는 것 위주로 주의를 기울인다'라는 결론을 도출할 수 있다.

- (나): 2문단에서 오토바이 운전자가 밝은색 옷을 입으면 시각적으로 더 잘 보일 수는 있으나, 모든 자동차 운전자가 밝은색 옷을 입은 오토바이 운전자를 다 알아보는 것은 아니라고 말한다. 이는 바라보는 행위가 오토바이 운전자를 인지하기 위해 필요한 조건(필요조건)이긴 하나, 바라보는 것만으로 반드시 오토바이 운전자를 인지할 수 있는 것은 아니므로 바라보는 행위 자체가 인지하기에 충분한 조건(충분조건)일 수는 없다는 점을 의미한다.

이것도 알면 합격

필요조건과 충분조건

필요조건	· 어떤 명제가 성립하는 데 필요한 조건을 의미함 · 두 개의 명제 혹은 두 개 이상의 사건에 대해서 어느 하나를 옳다고 주장하지 않으면 다른 하나를 주장할 수 없을 때, 후자에 대한 조건으로 전자를 일컫는 말을 뜻함 예 '김 씨는 남자이다'는 '김 씨는 아버지이다'의 필요조건임.
충분조건	· 어떤 명제가 성립하는 데 충분한 조건을 의미함 · 두 개의 명제 혹은 두 개의 사건에 대해서 어느 하나를 참이라고 주장하는 것이 다른 하나를 주장하는 데에 충분한 조건을 말함. 이때 전자를 후자의 충분조건이라고 함 예 '박 씨는 어머니이다'는 '박 씨는 여자이다'의 충분조건임.

15
정답 ①

해설 ① 자기지향적 동기만 말한 사람들을 ㉠, 타인지향적 동기만 말한 사람들을 ㉡, 둘 다 말한 사람들을 ㉢이라 가정할 때, 제시문에서 말한 결론을 정리하면 아래와 같다.

- 결론1: ㉠과 ㉢ 모두 ㉡보다 순찰 횟수가 더 많다.
- 결론2: ㉢은 ㉠보다 순찰 횟수가 더 많다.
→ 순찰 횟수: ㉢ > ㉠ > ㉡

이때 ①의 내용은 '㉠은 ㉡보다 행위의 적극성이 높다(순찰 횟수가 더 많다)'라고 정리할 수 있으므로 제시문에서 말한 '결론1'의 내용과 일치한다. 따라서 (가)에 들어갈 말로 가장 적절한 것은 ①이다.

오답분석
② '㉡은 ㉠보다 행위의 적극성이 높다(순찰 횟수가 더 많다)'는 제시문에서 말한 '결론1'의 내용과 일치하지 않으므로 (가)에 들어갈 말로 적절하지 않다.

③ ④ 자기지향적 동기나 타인지향적 동기가 행위의 적극성에 부정적인 영향을 주는지는 제시문을 통해 확인할 수 없으므로 ③, ④는 (가)에 들어갈 말로 적절하지 않다. 참고로, 자기지향적 동기가 행위의 적극성에 긍정적 영향을 준다는 내용은 맞는 설명이다.

16
정답 ①

해설 ① ㉠ ~ ㉢에 들어갈 알맞은 말을 순서대로 나열한 것은 ① '앞쪽 – 뒤쪽 – 앞쪽'이다.

- ㉠ 앞쪽, ㉡ 뒤쪽: 1문단에서 근시는 먼 곳의 물체를 볼 때 망막의 '앞쪽'에 초점이 맺혀 물체가 흐리게 보인다고 설명한다. 이는 근시인 눈에서 흐리게 보이는 물체를 선명하게 보기 위해서는 망막의 '앞쪽'에 맺혀 있던 초점이 보다 '뒤쪽'으로 이동하여 망막에 맺혀야 함을 의미한다. 2문단 첫 문장에서는 근시인 눈에서 흐리게 보이던 물체가 점점 눈에 가까워져 선명하게 보이는 과정을 설명하고 있는데, 이때 물체가 선명하게 보이려면 망막 '앞쪽'에 맺혔던 초점이 '뒤쪽'으로 이동해야 하므로 ㉠에 들어갈 말은 '앞쪽', ㉡에 들어갈 말은 '뒤쪽'임을 추측할 수 있다.

- ㉢ 앞쪽: 근시는 초점이 망막 '앞쪽'에 맺혀 밀려 있는 물체가 흐리게 보이는 것을 의미하므로, 근시가 심하면 심할수록 초점이 망막으로부터 '앞쪽'으로 멀어짐을 알 수 있다. 따라서 ㉢에는 '앞쪽'이 들어가는 것이 적절하다.

17
정답 ①

해설 ① 2문단 끝에서 1~3번째 줄에 의하면 디지털 환경에서는 텍스트의 생산과 소비 사이에 출판, 검토, 비평, 선정이라는 중간 과정이 생략된다. 이는 디지털 환경에서 텍스트를 생산하고 소비하는 과정에서 검증 과정이 생략됨을 의미한다. 따라서 (가)에 들어갈 내용으로 가장 적절한 것은 ① '검증되지 않은 공간'이다.

18 정답 ①

해설 ① (가) ~ (라)에 들어갈 접속어는 순서대로 '그런데-게다가-그렇지만-그러나'이므로 답은 ①이다.
- (가): (가)의 앞에는 우리말로 시조나 가사를 썼던 작가들 중 정철, 윤선도, 이황은 양반이었다는 내용이 제시되고, (가)의 뒤에서 양반들도 한글을 즐겨 사용했음을 부정할 수 없다는 내용이 나온다. 따라서 (가)에는 화제를 앞의 내용과 관련시키면서 다른 방향으로 전환할 때 쓰는 접속어 '그런데'가 들어가는 것이 적절하다.
- (나): (나)의 앞에는 양반들도 한글을 사용하여 작품을 썼다는 내용이 제시되고, (나) 뒤에는 허균이나 김만중은 한글로 소설까지 썼다는 내용이 나온다. 따라서 (나)에는 앞에서 언급한 사실에 또 다른 내용을 덧붙일 때 사용하는 접속어 '게다가, 더구나' 또는 앞뒤의 내용을 병렬적으로 이어주는 접속어 '그리고'가 들어가는 것이 적절하다.
- (다): (다)의 앞에는 양반들이 한글을 쓰는 것을 즐겨했다는 내용이 제시되고, (다)의 뒤에는 소수의 양반들을 제외하고 대다수 양반들은 한문을 사용했다는 상반된 내용이 나온다. 따라서 (다)에는 역접의 접속어 '그렇지만, 하지만'이 들어가는 것이 적절하다.
- (라): (라)의 앞에는 대다수 양반들이 한글을 몰랐을 가능성에 대한 내용이 제시되고, (라)의 뒤에는 정철, 이황, 윤선도를 언급하여 양반들이 한글을 이해했을 것이라는 상반된 내용을 설명하고 있다. 따라서 (라)에는 역접의 접속어 '그러나, 하지만'이 들어가는 것이 적절하다.

19 정답 ④

해설 ④ 제시문 끝에서 4~8번째 줄 내용에 따르면, 온돌을 통한 난방은 방바닥의 찬 공기가 데워져서 위로 올라가고 위로 올라간 공기가 식어서 아래로 내려와 다시 데워져 올라가는 대류 현상으로 인해 방 전체가 따뜻해진다고 한다. 이를 통해 벽난로를 이용한 난방에서 바닥 바로 위 공기가 따뜻해지지 않는 이유는 상체와 위쪽에서 데워진 공기가 바닥으로 내려가지 않기 때문임을 추론할 수 있다. 따라서 (가)에 들어가야 할 말로 가장 적절한 것은 ④이다.

오답분석
① 끝에서 1~4번째 줄을 통해 벽난로에 의한 난방은 방바닥의 공기를 따뜻하게 데우지 못함을 알 수 있으므로 (가)에 들어갈 내용으로 적절하지 않다.
② 벽난로에 의한 난방이 복사열에서 대류 현상의 순서로 이루어졌다는 내용은 제시문을 통해 확인할 수 없다.
③ 끝에서 4~8번째 줄을 통해 온돌을 통한 난방이 대류 현상으로 상체와 위쪽 공기는 물론 방 전체를 따뜻하게 함을 알 수 있으므로 (가)에 들어갈 내용으로 적절하지 않다.

20 정답 ③

해설 ③ 제시문은 구체적인 사례를 들어 우리나라의 일부 지역에서 특정한 발음('ㅓ'와 'ㅡ', 'ㅅ'과 'ㅆ', 'ㅗ'와 'ㅓ', 'ㅈ'과 'ㄷ')이 구별되지 않는다는 것을 설명하고 있다. 이를 통해 ⊙에 들어갈 주장은 ③ '우리말에는 지역에 따라 구별되지 않는 소리가 있다'라는 것을 추론할 수 있다.

오답분석
① 지역마다 구별되지 않는 소리가 있다는 것을 설명하고 있을 뿐, 지역마다 다양한 소리가 있음을 주장하는 것은 아니다.
② ④ 제시문을 통해 알 수 없는 내용이다.

21 정답 ④

해설 ④ 빈칸에 들어갈 말로 적절한 것은 ④이다.
- ⊙ 장면: ⊙이 포함된 문장은 영화에서 묘사되었던 하나의 광경에 대해 설명하는 것이므로 ⊙에 들어갈 말로 적절한 것은 '장면'이다.
- ⓒ 시제품: 2문단은 3D 프린터로 샘플(시제품)을 만들었을 때의 장점에 대해 설명하고 있으므로 ⓒ에 들어갈 말로 적절한 것은 '시제품'이다.
- ⓒ 의료용: 3문단에서 3D 프린터로 '인공뼈', '인체 구조물', '부분가면'을 만들 수 있다는 내용을 통해 ⓒ에 들어갈 말이 '의료용'임을 알 수 있다.
- ⓔ 조만간: ⓔ의 앞뒤 문장에서 글쓴이는 머지않아 3D 프린터가 우리 생활에 파고들 것임을 확신하고 있다. 따라서 ⓔ에는 '앞으로 곧'을 의미하는 '조만간'이 들어가는 것이 적절하다.

22 정답 ③

해설 ③ 제시문은 법을 대하는 태도를 기준으로 상등인, 중등인, 하등인을 분류하고 법을 싫어하는 하등인이 죄를 일으킬 수 있다고 설명하고 있다. 또한 이러한 법률상 인품은 후천적으로 형성되는 것이며, 교화가 베풀어진다면 범죄가 줄어들 것임을 주장하고 있다. 따라서 괄호 안에 들어갈 말로 가장 적절한 것은 교화의 기능을 강조한 ③이다.

23 정답 ①

해설 ① ⊙ ~ ⓔ에 들어갈 말은 순서대로 '시행-격차-기반-고양'이므로 답은 ①이다.
- ⊙: ⊙의 뒤에서 근대 국가가 형성되면서 언어의 단일화를 이루기 위해 노력한 러시아의 사례가 제시된다. 러시아는 러시아어 표준어 정책을 강력하게 실시했다는 설명이 나오고, 이는 곧 언어 정책이 시작되었음을 의미한다고 볼 수 있다. 따라서 ⊙에는 '실지로 행함'을 뜻하는 '시행(施行)'이 들어가는 것이 적절하다.
- ⓒ: ⓒ이 포함된 문장은 러시아가 표준어 정책을 실시하게 된 배경이 된다. 따라서 ⓒ에는 문어와 방언 사이에 차이가 큼을 의미하는 단어가 들어가야 하므로 '가격이나 자격, 품등 등이 서로 다른 정도'를 뜻하는 '격차(格差)'가 들어가는 것이 적절하다.
- ⓒ: ⓒ이 포함된 문장에서 표트르 대제가 표준어 정책을 실시하기 위해 불가리아 문장어를 버렸다고 하였으므로 문맥상 불가리아 문장어 대신 새로운 언어를 토대로 한 정책이 실시되었음을 알 수 있다. 따라서 ⓒ에는 '기초가 되는 바탕. 또는 사물의 토대'를 뜻하는 '기반(基盤)'이 들어가야 한다.
- ⓔ: ⓔ의 앞에서 봉건제가 붕괴되었다고 하였으므로 주종 관계를 기본으로 하는 봉건제와 의미상 대립적 관계에 있는 민주 의식은 높아졌음을 알 수 있다. 따라서 ⓔ에는 '정신이나 기분 등을 북돋워서 높임'을 뜻하는 '고양(高揚)'이 들어가는 것이 적절하다.

24 정답 ②

해설 ② ㉠~㉢에는 각각 '플롯(plot)', '그 다음엔?', '왜?'가 순서대로 들어가므로 답은 ②이다.

- ㉠: 시간적 순서대로 배열된 스토리와 달리 인과관계에 역점을 둔 서술을 언급하고 있으므로 '플롯(plot)'이 들어가는 것이 적절하다. 참고로 '플롯(plot)'이란 주제를 효과적으로 표현하기 위해 시간을 인과관계에 따라 유기적으로 배치하는 구성을 의미하며, 테마(theme)란 창작이나 논의의 중심 과제나 주된 내용을 의미한다.
- ㉡: 스토리는 시간적 순서로 배열된 사건의 서술이라고 하였으므로 ㉡에는 시간적 순서를 고려한 질문인 '그 다음엔?'이 들어가는 것이 적절하다.
- ㉢: 플롯은 사건의 서술이지만 인과관계에 역점을 두었다고 하였으므로 ㉢에는 사건의 인과 관계를 고려한 질문인 '왜?'가 들어가는 것이 적절하다.

25 정답 ④

해설 ④ 제시문에서 작가는 작품을 쓸 때 리얼리티를 살려 독자들의 공감대를 넓히기 위해 많은 시간을 취재에 할애하였다고 밝히고 있다. 이러한 대답을 이끌어내기 위한 적절한 질문은 작품 활동에서 취재에 힘쓰는 이유를 묻는 것이어야 하므로 ④가 적절하다.

26 정답 ②

해설 ② ㉠과 ㉡에는 각각 '이론', '현실'이 들어가는 것이 적절하다. 따라서 답은 ②이다.

- ㉠: ㉠이 포함된 문장에서 ㉠ 없이는 메커니즘(사물의 작용 원리나 구조)을 이해할 수 없다고 하였으므로 ㉠에는 이와 대응하는 '이론'이 들어가는 것이 적절하다.
- ㉡: ㉡이 포함된 문장에서 경험이 부족할 경우 이론이 ㉡으로부터 빗나간다는 것을 알 수 있는데, 제시문의 1~3번째 줄을 통해 이론과 경험은 모두 현실 상황을 이해하는 것과 관련됨을 알 수 있으므로 ㉡에는 '현실'이 들어가는 것이 적절하다.

27 정답 ③

해설 ③ 1문단 끝에서 1~4번째 줄을 통해 권위주의와 대비되는 민주주의의 특징은 '갈등'을 정치의 내부로 통합하면서 '사회적 합의'를 만들어 가는 것임을 알 수 있다. 따라서 ㉠에는 정치의 틀 안으로 가져오는 대상인 '갈등'이 들어가는 것이 적절하다. ㉡에는 갈등에 대한 사회적 합의가 일방적으로 제시되는 권위주의적 방식과 달리, 민주주의에서는 갈등이 '논의의 대상'이 됨을 나타내는 단어인 '의제'가 들어가는 것이 적절하다.

28 정답 ①

해설 ① ㉠~㉢ 안에 들어갈 접속어는 순서대로 '즉 - 가령 - 요컨대'이므로 답은 ①이다.

- ㉠: ㉠의 앞에서 역사의 연구에 대한 정의를 내리고 ㉠의 뒤에서 이에 대해 더욱 구체적으로 설명하고 있으므로, ㉠에는 '다시 말하여'를 뜻하는 접속어 '즉'이나 '다시 말해'가 들어가는 것이 적절하다.
- ㉡: ㉡의 앞에서 역사학의 정의를 내리고 ㉡의 뒤에서 역사가 될 수 없는 것에 대한 구체적인 예시를 들고 있으므로, ㉡에는 예를 들기 위해 사용할 수 있는 접속어 '가령'이 들어가는 것이 적절하다.
- ㉢: ㉢의 뒤에 결론에 해당하는 내용이 나오므로, ㉢에는 앞의 내용을 정리하고 요약하는 기능의 접속어인 '요컨대'가 들어가는 것이 적절하다.

29 정답 ④

해설 ④ 제시문 5~7번째 줄에서 '혼동 이론'은 타인이 동일하거나 유사한 상표를 사용하여 출처에 대한 혼동을 불러일으키는 경우, 상표권자의 상표가 보호받아야 한다고 보는 이론임을 알 수 있다. 하지만 10~12번째 줄에서 '혼동 이론'은 상품의 종류가 달라서 동일하거나 유사한 상표의 사용이 혼동을 일으키지 않는다면 상표권이 침해받지 않은 것으로 본다는 것을 알 수 있다. 따라서 '아사달' 구두와 '아사달' 가방은 상품의 종류가 다르므로 '혼동 이론'의 관점에서는 동일하거나 유사한 상표로 혼동할 우려가 없다고 판단할 것임을 추론할 수 있다.

30 정답 ③

해설 ③ 괄호 뒤에서 국가 간 관계의 사례를 들고, 그것은 소유에 바탕을 둔 이해관계 때문이라고 설명하고 있다. 선택지 중 이러한 내용과 맥락이 통하는 것은 ③이다.

오답분석
① ④ 인간의 역사를 소유사(所有史)로 본 1, 2문단의 맥락과 반대되는 내용이므로 괄호 안에 들어가기에 적절하지 않다.
② 괄호 뒤의 내용을 통해 국가 간의 관계가 변하는 것은 이해(利害)에 따라 소유욕이 변화하기 때문임을 알 수 있다. 따라서 소유욕이 불가역적(不可逆的, 환경 변화에 따라 쉽게 변하지 않는 것)이라는 것은 글의 맥락에 어긋난다.

31 정답 ②

해설 ② ㉠~㉢ 안에 들어갈 접속어는 순서대로 '하지만 - 그래서 - 그러나'이므로 답은 ②이다.

- ㉠: ㉠ 앞에서는 큐브릭이 알렉스 노스에게 영화 음악을 의뢰했으나 ㉠ 뒤에서는 이와 달리 알렉스 노스의 음악이 아닌 클래식 음악을 영화에 사용하였음을 언급하고 있다. 따라서 ㉠에는 역접의 접속사 '그러나, 하지만, 그런데'가 들어가는 것이 적절하다.
- ㉡: ㉡ 뒤에서는 앞의 내용에 따른 결과에 해당하는 내용을 설명하고 있으므로 '그래서'가 들어가는 것이 적절하다.
- ㉢: ㉢ 앞에서는 대중적인 오락물과 결합할 때 클래식 음악이 평이한 수준으로 전락해 버린다는 내용을 제시하고 있으나 ㉢ 뒤에서는 이와 상반된 내용이 이어지고 있다. 따라서 ㉢에는 '그런데, 그러나, 하지만'이 들어가는 것이 적절하다.

유형 08 사례 추론하기

문제집 p.101

01 ②   02 ③   03 ③   04 ③   05 ①
06 ③

01
정답 ②

해설 ② 5~9번째 줄에 의하면 자연적 기호는 개나리가 피는 것과 낙엽이 지는 것 같이 정보성만 가진 기호이다. 또한 4~5번째 줄과 끝에서 3~4번째 줄에 따르면 의사소통적 기호는 정보성뿐만 아니라 의사소통의 의도를 명백히 가진다. 이에 따라 ②의 '일기예보에서 흐린 날씨를 표시하는 구름 모양의 아이콘'은 날씨를 전달하고자 하는 의사소통의 의도를 가지므로, 자연적 기호가 아닌 의사소통적 기호에 해당함을 추론할 수 있다. 따라서 ②의 추론은 적절하지 않다.

 ① 끝에서 1~5번째 줄에 의하면 인간이 관습적으로 사용하는 봉화, 교통 신호등, 모스 부호와 같이 정보성뿐만 아니라 의사소통의 의도를 명백히 가지는 것은 의사소통적 기호이다. 또한 모든 기호를 통틀어 인간의 언어는 관습적 기호이며 의사소통적 기호이다. 이에 따라 ①의 '군대에서 사용하는 암호'는 인간의 언어에 해당하며, 전쟁 중에 의사소통의 의도를 가지는 관습적 기호임을 추론할 수 있다. 따라서 ①의 추론은 적절하다.

③ 끝에서 5~9번째 줄에 의하면 상대의 손톱, 코트의 소매, 표정과 같이 정보를 제공하는 것들은 정보성만 가지는 기호이며, 의사소통적 기호라고는 할 수 없다. 이에 따라 ③의 '특정 질병에 걸렸을 때 나타나는 얼굴색'은 그 사람이 특정 질병에 걸렸다는 정보성만을 가지는 기호임을 추론할 수 있다. 따라서 ③의 추론은 적절하다.

④ 끝에서 3~5번째 줄에 의하면 봉화, 교통 신호등, 모스 부호와 같이 인간이 의사소통의 의도를 명백히 가지고 사용하는 것은 의사소통적 기호이다. 이에 따라 ④의 '마을의 명칭을 본떠 만든 상징탑'은 이웃 마을과 구별하기 위한 의사소통의 의도를 가지므로, 의사소통적 기호임을 추론할 수 있다. 따라서 ④의 추론은 적절하다.

02
정답 ③

해설 ③ 글쓴이는 다른 사람을 배려하면서도 자신의 의견을 분명히 내세울 수 있는 '단호한 반응'의 효용성을 강조하고 있다. 제시된 상황에서 '안 피우시면 좋겠어요. 해롭잖아요'라고 자신의 의견을 분명히 말하고 있다.

이에 더해 '피우고 싶으시면 차를 세워 드릴게요'라며 상대방을 배려하는 태도를 보이고 있으므로 ③이 글쓴이의 견해에 부합하는 대응이다.

 ① 자신의 의견을 분명하게 표현하지 못하고 상대방만 배려하는 '수동적인 반응'을 보이고 있다.

② 흡연을 하지 말아달라는 자신의 의견은 분명하게 표현했으나 상대방의 권리를 침해하는 '공격적인 반응'을 보이고 있다.

④ 자신의 의견을 분명하게 표현하지 못하고 상대방의 결정에 따르려는 '수동적인 반응'을 보이고 있다.

03
정답 ③

해설 ③ 동조 현상에 영향을 미치는 요인이 우매한 조직의 결속력보다 개인의 신념이라는 내용은 제시문에서 찾을 수 없으므로, 제시문의 내용을 잘못 이해한 사람은 ③ '갑순'이다.

 ① 2문단 5~8번째 줄을 통해 집단의 구성원 수가 많을 때 동조 현상이 강하게 일어남을 확인할 수 있다. 따라서 줄을 서 있는 사람이 많을수록 사람들이 줄 뒤에 설 확률이 높다는 ① '영희'의 설명은 옳다.

[관련 부분] 집단의 구성원 수가 많거나 그 결속력이 강할 때, ~ 동조 현상은 강하게 나타난다.

② 1문단 4~10번째 줄과 2문단 5~8번째 줄을 통해 응집력이 강한 집단에 항거하는 일은 매우 어려우며, 이때 동조 압력은 더욱 강해짐을 확인할 수 있다. 따라서 ② '철수'의 설명은 옳다.

[관련 부분]
- 어떤 집단이 그 구성원들을 이끌어 나가는 질서나 규범 같은 힘을 가지고 있을 때 ~ 동조 현상이 일어난다는 것이다. 만약 어떤 개인이 그 힘을 인정하지 않는다면 그는 집단에서 배척당하기 쉽다. ~ 사람들은 집단으로부터 소외되지 않기 위해서 동조를 하게 된다.
- 그 결속력이 강할 때 ~ 동조 현상은 강하게 나타난다.

④ 2문단 2~8번째 줄을 통해 정보가 부족한 상황과 특정 정보를 제공하는 사람에 대한 신뢰도가 높을 때 동조 현상이 강하게 일어남을 확인할 수 있다. 따라서 스튜어디스의 복장이 신뢰도를 높였다는 ④ '갑돌'의 설명은 옳다.

04
정답 ③

해설 ③ 4~5번째 줄을 통해 밑줄 친 부분의 속성이 '개인적 자아의 독립을 포기하고 자기 이외의 어떤 존재에 종속되고자 하는 것'임을 알 수 있다. 이와 가장 유사한 것은 자신의 견해를 가질 자유를 버리고 언론의 의견을 그대로 수용하는 태도를 보이는 ③이다.

05
정답 ①

해설 ① 1문단을 통해 보유 효과란 무엇인가를 소유하고 나면 갖고 있지 않을 때보다 그것을 더 높이 평가하려는 성향임을 알 수 있다. 따라서 자신보다 타인의 것이 더 좋아 보인다는 의미의 '남의 떡이 더 커 보인다'는 보유 효과와 상반되는 내용의 관용 표현이다. 따라서 ①은 글에 대한 반응으로 적절하지 않다.

06
정답 ③

해설 ③ 제시문에서 설명하는 훈민정음의 과학적 원리 세 가지는 다음과 같다.

- 과학적 원리1: 말소리가 만들어지는 방식을 글자 모양으로 구현함
- 과학적 원리2: 변별적 자질(음성적 특성)을 글자 모양으로 형상화함. 소리의 위치나 특성이 비슷한 글자는 모양도 유사함
- 과학적 원리3: 음소 문자를 음절적으로 운용할 수 있도록 설계됨

이때 ③의 내용은 이 중 어디에도 포함되지 않으므로 글을 뒷받침하는 사례로 적절하지 않다. 참고로 ③의 내용은 우리말에 존재하는 음절 구조 제약 중 하나로 종성에는 하나의 자음만 발음할 수 있음을 설명하고 있다.

① 'ㅂ:ㅍ:ㅃ', 'ㄷ:ㅌ:ㄸ', 'ㄱ:ㅋ:ㄲ'은 각각 조음 방법(파열음)이 같은 음운들을 조음 위치(양순음, 치조음, 연구개음)에 따라 분류한 것이다. 즉 소리의 위치가 동일한 경우 글자의 모양이 유사하게 나타나는 예이므로, '과학적 원리2'을 뒷받침하는 사례로 적절하다.

② '마우스'는 음소 'ㅁ, ㅏ, ㅜ, ㅅ, ㅡ'를 3음절로 구성한 것이다. 즉 음절적으로 운용할 수 있는 국어의 특징이 반영된 예이므로 '과학적 원리3'을 뒷받침하는 사례로 적절하다.

④ 'ㅁ, ㄴ, ㅅ, ㄱ'은 각각 입의 모양, 혀끝이 윗잇몸에 닿는 모양, 이(齒)의 모양, 혀뿌리가 목구멍을 막는 모양을 본떠 만든 글자들이다. 즉 글자의 모양과 말소리가 만들어지는 방식이 서로 관련되어 있는 예이므로, '과학적 원리1'을 뒷받침하는 사례로 적절하다.

유형 09 말하기 전략 파악하기

문제집 p.105

01	②	02	④	03	③	04	④	05	①
06	①	07	②	08	②	09	④	10	③
11	②								

01
정답 ②

해설 ② 갑은 인간의 사회적 지위가 부모의 경제력과 직결되기 때문에 현대 사회를 계급사회라고 말한다. 또한 을은 현대 사회에서 귀속지위가 성취지위를 결정하는 면이 있으며, 빈부 격차가 대물림되면서 개인의 계급이 결정되고 있다고 한다. 따라서 갑과 을의 주장은 유사하므로 ②는 적절하다.

오답분석 ① 갑이 일부는 수용하고 일부는 반박하는 것은 을의 주장이 아니라 병의 주장이다. 따라서 ①은 적절하지 않다.

③ 병은 각종 문화나 생활 방식 전체를 특정한 계급 논리만으로 설명할 수 없다고 보고, 갑은 경제적 계급 논리로 현대 사회의 문화를 설명할 수 있다고 본다는 점에서 둘은 상이한 전제를 가진다. 또한 병은 현대 사회를 계급사회로 보기는 어렵다고 하는 반면 갑은 현대 사회를 계급사회라고 말할 수 있다고 하므로 둘은 서로 다른 결론을 도출하고 있다. 따라서 ③은 적절하지 않다.

④ 갑은 현대 사회를 계급사회라고 말할 수 있다고 한다. 또한 을은 현대 사회에서 귀속지위가 성취지위를 결정하는 면이 있고, 빈부 격차가 대물림되면서 개인의 계급이 결정되고 있다고 한다. 반면 병은 현대 사회를 계급사회로 보기는 어렵다고 한다. 따라서 갑과 을의 주장이 유사하고, 병의 주장은 이들의 주장과 대립하므로 ④는 적절하지 않다.

02
정답 ④

해설 ④ 지문에서 진행자가 자신의 경험을 예시한 부분은 찾을 수 없으므로 ④는 적절하지 않다.

오답분석 ① 강 교수는 네 번째 발화에서 차가 막히는 시간과 중상 이상의 인명 사고 감소율, 오염물질 감소율에 관련된 연구 결과를 제시한다. 진행자는 다음 발화에서 "속도를 10km/h 낮출 때 2분 정도 늦어지는 것이라면 인명 사고의 예방과 오염물질의 감소를 위해 충분히 감수할 만한 시간이라는 말씀이시군요."라며 강 교수가 이러한 통계 수치를 제시한 의도를 풀어서 설명한다. 따라서 ①은 적절하다.

② 진행자는 마지막 발화에서 "교통사고를 줄이고 보행자 안전을 확보할 수 있다는 점, 교통체증 유발은 미미할 것이라는 점, 오염물질 배출이 감소할 것이라는 점에서 이번의 제한 속도 조정 정책은 훌륭한 정책이라는 것이군요. 맞습니까?"라고 말한다. 상대방의 견해를 요약하며 자신이 이해한 바가 맞는지를 확인하고 있으므로 ②는 적절하다.

③ 진행자는 네 번째 발화에서 "그런데 일각에서는 그런 효과는 미미하고 오히려 교통체증을 유발하여 대기오염이 심화될 것이라며 이 정책에 반대합니다. 이에 대해 말씀해 주시겠어요?"라고 말한다. 상대방의 주장에 대한 이견을 소개하고 그에 대한 의견을 요청하고 있으므로 ③은 적절하다.

03
정답 ③

해설 ③ 제시문에서 시각 자료를 제시하여 청중의 주의를 끌고 있는 부분은 확인할 수 없다.

오답분석 ① 1문단 5~6번째 줄을 통해 청중들의 표정을 확인하면서 발표를 진행하고 있음을 알 수 있다.

② 3문단을 통해 '하버드 보건대학원의 글로리안 소런슨 교수 팀'이라는 전문가의 연구 결과를 제시하여 신뢰성을 높이고 있음을 알 수 있다.

④ 2문단을 통해 위험한 작업환경에서 일하는 노동자들에게 금연하라고 요구하는 상황을 가정하여 내용의 이해를 돕고 있음을 알 수 있다.

04
정답 ④

해설 ④ 박 과장은 마지막 발화에서 기관의 누리집에 홍보 자료를 올려야 한다는 윤 주무관의 생각에 동의한다고 이야기한다. 박 과장은 세 주무관의 의견을 절충하고 있는 것이 아니라 윤 주무관의 의견에 동의하고 있으므로 대화를 분석한 내용으로 적절하지 않은 것은 ④이다.

오답분석 ① 김 주무관은 SNS를 통한 축제 홍보를, 이 주무관은 라디오를 통한 축제 홍보를, 윤 주무관은 기관의 누리집을 통한 축제 홍보를 제시한다. 축제 홍보 방안에 대해 구성원들이 토의하고 있으므로 ①은 대화를 분석한 내용으로 적절하다.

② 김 주무관은 지역 주민들이 SNS로 정보도 얻고 소통도 한다는 것을 근거로 SNS를 통해 축제를 홍보하자고 이야기하고 있으므로 ②는 대화를 분석한 내용으로 적절하다.

③ 이 주무관은 라디오는 다양한 연령과 계층이 듣기 때문에 광고 효과가 더 클 것이라고 이야기하고 있으므로 ③은 대화를 분석한 내용으로 적절하다.

05
정답 ①

해설 ① 백 팀장이 사내 게시판에 워크숍 영상을 공유하는 것을 제안하며 자신의 바람을 전달한 것은 맞지만, 팀원들에 대한 유대감을 드러내는 표현은 사용하지 않았으므로 ①의 설명은 적절하지 않다.

오답분석 ② 고 대리는 사내 게시판에 영상을 공개하는 것이 부담스럽고, 타 부서와 비교될 것 같다는 점을 반대 이유로 제시하며 백 팀장의 요청을 거절하고 있다.

③ 임 대리는 발언 초반에 '정보 공유'의 취지는 좋다고 공감함으로써, 백 팀장의 체면을 세워주고 있다.

④ 임 대리의 발언 마지막 문장은 대화 참여자의 의견을 묻는 의문문이다. 이를 통해 임 대리는 워크숍 장면 사내 게시판 공유에 대해 팀원들의 의견도 듣고 한두 개를 시범적으로 올려보자며 자신의 의견을 간접적으로 드러내고 있다.

06   정답 ①

해설 ① ㉠은 'AI에 대한 국민 이해도를 높이기 위한 설명회'를 개최할 필요성이 있다는 김 주무관의 의견에 최 주무관 또한 그 필요성을 절감하고 있다고 답함으로써 상대(김 주무관)의 의견에 공감을 표현한 것이다.

오답분석 ② ㉡은 설명회를 어떻게 준비해야 효과적으로 전달할 수 있을지에 대해 자신의 고민을 이야기하듯이 간접적으로 묻는 표현이다. 이와 같은 간접 발화는 직접 발화에 비해 듣는 이의 부담감을 덜어 주며, 문장의 길이는 공손함에 비례하는 경향이 있다. 즉 ㉡은 정중한 표현을 사용한 것은 맞으나, 직접 질문을 한 것으로 볼 수 없다.

③ ㉢은 청중의 특성 중 무엇을 조사해야 할지에 대해 직접 질문한 것으로, 반대 의사를 표현한 것이 아니며 우회적으로 드러낸 표현에 해당하지 않는다.

④ ㉣은 청중의 특성 중 무엇을 조사해야 할지에 대해 묻는 최 주무관의 질문에 대한 답변이다. 이때 상대(최 주무관)도 자신(김 주무관)의 의견에 동의하는지 확인하기 위해 의문문 형식을 사용했을 뿐, 상대의 의견을 반박하는 것은 아니다.

07   정답 ②

해설 ② 운용은 은지의 주장에 대한 근거가 있는지 물어보았을 뿐, 은지의 주장에 반대하는 것은 아니다. 운용이 은지 주장에 반대하는지는 제시된 대화 내용을 통해 확인할 수 없다.

오답분석 ① 은지는 첫 번째 발언에서 '설탕세 부과'라는 대화의 화제를 제시하고 있다.

③ 은지는 두 번째 발언에서 설탕세를 부과하면 당 소비가 감소한다는 자신의 의견을 뒷받침하기 위해 '세계보건기구 보고서'의 내용을 근거로 제시하고 있다.

④ 은지는 설탕세 부과해야 한다는 주장의 근거로 당 소비가 감소하여 질병이 예방되고 국민 건강 증진에 도움이 된다는 것을 제시하고 있다. 그러나 재윤은 당 섭취와 질병 발생에 유의미한 상관관계가 없다는 연구 결과를 언급하며, 은지가 제시한 주장의 근거를 부정하고 있다.

08   정답 ②

해설 ② 2문단에서 발표자는 학교 학생들을 대상으로 조사한 '교통사고 피해 통계'를 근거로 제시하여 신뢰도를 높이고 있다.

오답분석 ① 발표자는 학교 학생들의 교통사고 원인을 진단하며 구체적인 해결책을 제시하고 있다. 그러나 교통사고 발생의 '다양한' 원인을 제시하고 있지는 않다.
· 원인: 사고를 당한 학생들의 절대다수가 사고 당시 스마트폰을 보고 있었기 때문임
· 해결책: 보행 중에는 스마트폰을 보지 말아야 함

③ 발표자는 도입부에서 '우리 학교 학생들에게 가장 자주 발생하는 교통사고 사례와 예방법'에 대해 안내하겠다고 직접 밝히고 있으나, 사례를 제시하여 관심을 끄는 내용은 확인할 수 없다.

④ 청자의 상황과 요구를 고려하여 청자가 관심 있는 정보를 제공하는 부분은 확인할 수 없다.

09   정답 ④

해설 ④ 학생 대표, 주민 대표, 학교장 모두 상대의 의견을 반박하고 있지 않으므로, 상대의 의견을 반박하여 새로운 제안의 근거를 확보하고 있다는 ④는 적절하지 않은 설명이다.

오답분석 ① 학교장은 오전 9시 이전 주민들의 체육 시설 이용을 허용해 달라는 주민 대표의 의견을 듣고 '주민들이 체육 시설 이용 시간을 잘 준수한다면'의 조건부 형태로 그 의견을 수용하고 있다. 따라서 ①은 적절한 설명이다.

② 주민 대표의 첫 번째 발화에서 '그런데 ~ 어떨까요?'의 질문 형식으로 오전 9시 이전 주민들의 체육 시설 이용 허가에 대해 제안하고 있다. 따라서 ②는 적절한 설명이다.

③ 학생 대표의 발화를 통해 외부인이 아무 때나 학교 시설에 들어오면 예기치 못한 문제가 발생할 수 있음을 근거로 주민들의 학교 체육 시설 이용 시간을 오후 5시 이후로 제한하자는 의견을 펼치고 있다. 따라서 자신의 의견을 제안하기 전 근거를 먼저 밝히고 있다는 ③은 적절한 설명이다.

10   정답 ③

해설 ③ '지민'의 세 번째 발화에서 상대방인 '정수'의 의견에 동의하면서 자신의 의견을 제시함을 확인할 수 있으므로 ③은 적절하다. 참고로 '지민'은 다른 사람과의 의견 차이를 최소화하는 '동의의 격률'을 지켰다.

오답분석 ① ④ 대화에서 찾아볼 수 없다.

② 상대방의 이견에 대해서 자신의 견해를 제시할 뿐 상대방의 약점을 공략하여 상대방의 이견을 반박하고 있지 않으므로 적절하지 않다.

👍 이것도 알면 합격!

공손성의 원리

요령의 격률	상대방에게 부담이 되는 표현을 최소화하며, 이익이 되는 표현을 최대화함
관용의 격률	화자에게 혜택을 주는 표현을 최소화하며, 화자에게 부담을 주는 표현을 최대화함
찬동의 격률	상대방을 비난하는 표현을 최소화하며, 칭찬하는 표현을 최대화함
겸양의 격률	겸양의 격률 화자를 칭찬하는 표현을 최소화하고 겸손한 표현을 최대화함
동의의 격률	상대방 의견에 비동의하는 표현은 최소화하고, 상대방 의견에 동의하는 표현은 최대화함

11   정답 ②

해설 ② A의 두 번째 발화와 B의 세 번째 발화를 통해 A와 B 모두 언어적·비언어적 표현을 사용하여 공감의 표지를 드러내고 있음을 알 수 있다.

[관련 부분]
· A: (고개를 끄덕이며) 맞습니다.
· B: (고개를 끄덕이며) 그렇겠네요.

오답분석

① B의 두 번째 발화를 통해 A가 아닌 B가 내용 요약 방식을 제안하였음을 확인할 수 있다.

[관련 부분] 회의 내용은 개조식으로 요약하고, 팀장님을 포함해서 전체 팀원에게 메일로 보내도록 하겠습니다.

③ B의 세 번째 발화를 통해 B가 A의 회의 내용 요약 방식에 대한 문제 제기에 동의하고 있음을 확인할 수 있다.

[관련 부분] (고개를 끄덕이며) 그렇겠네요. 개조식으로 요약할 경우 회의 내용이 과도하게 생략되어 이해가 어려울 수 있겠네요.

④ B의 세 번째 발화를 통해 A가 아니라 B가 말한 내용임을 확인할 수 있다.

[관련 부분] 개조식으로 요약할 경우 회의 내용이 과도하게 생략되어 이해가 어려울 수 있겠네요.

③ 시의회는 관련 단체와 시민들을 초청하기로 결정하였다(×) → 시의회는 관련 단체와 협의하여 시민들을 초청하기로 결정하였다(○): 공공언어 바로 쓰기 원칙에 따르면 하나의 뜻으로 해석되는 문장을 사용해야 한다. 이때 ③의 수정 전 문장은 '시의회가 초청하기로 결정한 대상이 관련 단체와 시민들'이라는 의미로도, '시의회와 관련 단체가 함께 시민들을 초청하기로 결정하였다'라는 의미로도 해석된다. 따라서 이를 후자의 의미로만 해석되도록 '협의하여'를 추가하여 수정한 ③은 ⓒ에 따라 수정한 것으로 적절하다.

④ 사업 전체 목표 수립과 세부 사업별 추진 전략을 제시한다(×) → 사업 전체 목표를 수립하고 세부 사업별 추진 전략을 제시한다(○): 공공언어 바로 쓰기 원칙에 따르면 대등한 것끼리 접속되는 말에는 구조가 같은 표현을 사용해야 한다. 이때 ④의 수정 전 문장은 '과'를 통해 대등한 것끼리 접속한 말이지만 구조가 다른 표현을 사용하였다. 따라서 이를 '사업 전체 목표를 수립하고 세부 사업별 추진 전략을 제시한다'와 같이 대등한 구조로 수정한 ④는 ⓔ에 따라 수정한 것으로 적절하다.

유형 10 공문서·개요·글 고쳐쓰기 문제집 p.111

01 ①	02 ③	03 ④	04 ③	05 ④
06 ③	07 ④	08 ②	09 ③	10 ③
11 ②	12 ③	13 ④	14 ③	15 ④
16 ④	17 ②	18 ③	19 ②	20 ③
21 ④	22 ①	23 ④	24 ②	25 ③
26 ③	27 ①	28 ①	29 ③	30 ④

01 정답 ①

해설

① 납세자의 결정세액이 기납부세액보다 적은 경우 그 차이만큼 납세자에게 환수할 예정이다(×) → 납세자의 결정세액이 기납부세액보다 적은 경우 그 차이만큼 납세자에게 환급할 예정이다(○): 공공언어 바로 쓰기 원칙에 따르면 의미에 맞는 정확한 단어를 써야 한다. 이때 ①의 문장은 납세자의 결정세액이 미리 납부한 조세의 액수인 기납부세액보다 적은 경우 그 차이만큼 돌려줄 예정임을 나타내고 있다. 따라서 '도로 거두어들이다'를 의미하는 '환수(還收)하다'가 아닌 '도로 돌려주다'를 의미하는 '환급(還給)하다'를 사용하는 것이 적절하므로 ①은 ㉠에 따라 수정한 것으로 적절하지 않다.

· 결정 세액: 산출 세액에서 세액 공제액과 감면 세액을 공제한 금액.
· 기납부 세액: 과세 신고 기간 이전에 미리 납부한 조세의 액수.
· 환수(還收)하다: 도로 거두어들이다.
· 환급(還給)하다: 도로 돌려주다.

오답분석

② 경제 성장에 방해가 되는 요소를 배제시켜야 한다(×) → 경제 성장에 방해가 되는 요소를 배제해야 한다(○): 공공언어 바로 쓰기 원칙에 따르면 부적절한 피·사동 표현에 유의해야 한다. 이때 ②의 수정 전 문장은 생략된 문장의 주어가 경제 성장에 방해가 되는 요소를 능동적으로 배제하는 상황에서 '배제시켜야'라는 표현을 사용하였다. 여기서 사동 표현 '-시키다'는 불필요하므로 사용하지 않는 것이 자연스럽다. 따라서 이를 능동 표현인 '배제해야'로 수정한 ②는 ⓒ에 따라 수정한 것으로 적절하다.

02 정답 ③

해설

③ 위탁하며(×) → 수주하며(○): 세 번째 지침에 의하면 공문서를 작성할 때는 문맥에 맞는 정확한 어휘를 사용해야 한다. ⓒ이 포함된 문장에 의하면 □□개발연구원이 조사를 전문 평가 기관에 의뢰함을 알 수 있다. 따라서 ⓒ에는 '남에게 사물이나 사람의 책임을 맡기다'를 뜻하는 '위탁(委託)하다'가 쓰이는 것이 적절하므로 ⓒ을 '주문을 받다'를 뜻하는 '수주(受注)하다'로 수정하는 것은 문맥상 적절하지 않다.

· 위탁(委託)하다: 남에게 사물이나 사람의 책임을 맡기다.
· 수주(受注)하다: 주문을 받다.

오답분석

① 마스터플랜(×) → 기본 계획(○): 첫 번째 지침에 의하면 공문서를 작성할 때는 생소한 외래어나 외국어는 우리말로 다듬어야 한다. ㉠ '마스터플랜'은 외래어에 해당한다. 따라서 이를 우리말인 '기본 계획'으로 다듬은 것은 적절하다. 참고로 '마스터플랜'은 '종합 계획', '기본 계획', '기본 설계' 등으로 다듬어 쓸 수 있다.

② 기업을 대상으로 합니다(×) → 기업입니다(○): 두 번째 지침에 의하면 공문서를 작성할 때는 문장에서 주어와 서술어의 관계를 명확하게 표현해야 한다. ⓒ이 포함된 문장은 주어부인 '본 조사의 대상은'과 서술부인 '기업을 대상으로 합니다'의 호응이 적절하지 않다. 따라서 주어부와 서술부가 적절히 호응할 수 있도록 ⓒ을 '기업입니다'로 수정한 것은 적절하다.

④ 학교 현장 교수 학습 환경 개선 정책 개발 및(×) → 학교 현장의 교수 학습 환경을 개선하는 정책을 개발하고(○): 네 번째 지침에 의하면 공문서를 작성할 때는 지나친 명사 나열을 피하고 적절한 조사와 어미를 활용하여 문장을 구성해야 한다. ⓔ '학교 현장 교수 학습 환경 개선 정책 개발 및'은 명사가 지나치게 나열되어 있고 조사와 어미가 과도하게 생략되어 문장의 의미를 정확히 파악하기 어렵다. 따라서 조사 '의', '을'과 '-하는', '-하고'를 추가하여 '학교 현장의 교수 학습 환경을 개선하는 정책을 개발하고'와 같이 수정한 것은 적절하다. 참고로, 수정 전의 문장은 접속 부사 '및'으로 연결되어 있는 앞뒤 내용이 각각 절과 구로 제시되어 구조적으로 대응하지 않았으나, 수정 후의 문장은 절과 절로 연결되어 구조적으로 자연스럽다.

03   정답 ④

해설 ④ 지침에 따라 결론은 기대 효과와 향후 과제를 순서대로 제시해야 한다. 결론인 4-2에는 '현장 적용을 위한 정책 실행의 단계적 평가 및 개선'과 같이 향후 과제에 대한 내용이 제시되어 있으므로, (라)에는 기대 효과에 대한 내용이 제시되어야 한다. 그러나 ④ '친환경 방송 제작을 위한 세부 지침과 인력 채용 방안 제시'는 기대 효과가 아닌 향후 과제에 해당한다. 따라서 ④는 (라)에 들어갈 내용으로 적절하지 않다.

오답분석
① 지침에 따라 서론은 보고서 작성의 배경과 필요성을 포함해야 한다. 서론인 1-1에는 '환경 위기에 대응하기 위한 해외 방송 산업의 정책 변화'와 같이 보고서 작성의 배경이 제시되어 있으므로, (가)에는 보고서 작성의 필요성이 제시되어야 한다. 이때 ① '국내 방송 산업의 친환경 제작 전략의 필요성'은 '국내 방송 산업의 친환경 제작 현황과 그 확산을 위한 정책 지원 방안'의 필요성에 해당한다. 따라서 ①은 (가)에 들어갈 내용으로 적절하다.

② 지침에 따라 본론은 제목에서 밝힌 내용을 2개의 장으로 구성하되, 2장의 하위 항목이 3장의 하위 항목과 서로 대응해야 한다. 본론인 (나)는 3장의 하위 항목인 '1. 국내 방송 산업의 특성을 반영한 친환경 제작 지침의 마련'과 대응하도록 작성해야 한다. 이때 ② '국내 방송 산업 내 친환경 제작을 위한 지침 부재'는 3-1에 대응하는 국내 방송 산업의 친환경 제작 현황이다. 따라서 ②는 (나)에 들어갈 내용으로 적절하다.

③ 지침에 따라 본론은 제목에서 밝힌 내용을 2개의 장으로 구성하되, 2장의 하위 항목이 3장의 하위 항목과 서로 대응해야 한다. 본론인 (다)는 2장의 하위 항목인 '2. 국내 친환경 방송 제작 관련 전문 인력 부재'와 대응하도록 작성해야 한다. 이때 ③ '국내 친환경 방송 제작 관련 전문 인력 채용의 제도화'는 2-2에 대응하는 국내 방송 산업의 친환경 제작 확산을 위한 정책 지원 방안이다. 따라서 ③은 (다)에 들어갈 내용으로 적절하다.

04   정답 ③

해설 ③ ㉢의 앞 문장에서는 획득면역이 특정 항원에만 반응하는 유일의 항체를 생성하는 면역반응이라고 설명하고, ㉢이 포함된 문장에서는 획득면역에 대해 설명한다. 따라서 ㉢을 '특정 항체가 특정 항원에 대해서만 반응한다'로 수정하는 것은 적절하다.

오답분석
① ㉠의 뒤 문장에서는 자연면역이 외부에서 들어온 특정 항원에만 반응하는 유일의 항체가 존재하지 않음을 설명한다. 이는 자연면역에서는 항원과 항체 사이의 직접적인 일대일 반응 관계가 존재하지 않음을 의미한다. 따라서 ㉠을 '직접적인 일대일 반응 관계가 존재한다'로 수정하는 것은 적절하지 않다.

② ㉡이 포함된 문단에서는 자연면역에 대해 설명한다. 이때 자연면역은 외부에서 들어온 특정 항원에만 반응하는 유일의 항체가 별도로 존재하지 않음을 알 수 있다. 이는 자연면역이 특정 외부 미생물에만 유일하게 반응하지 않음을 의미한다. 따라서 ㉡을 '특정한 외부 미생물에 유일하게 반응하며 그 외의 대상은 제거하지 않는다'로 수정하는 것은 적절하지 않다.

④ ㉣의 앞 문장에서는 B림프구의 세포 표면에서 특정 항원을 인식하여 그것에 결합하는 부위가 '항원 수용체'임을 설명한다. 따라서 ㉣을 '항원 수용체는 세포 내부에 형성되는 단백질의 일종으로, 항체에 의해 자극된다'로 수정하는 것은 적절하지 않다.

05   정답 ④

해설 ④ 'Ⅱ'에서 청소년 아르바이트의 노동 문제 발생 원인을 밝히고 있으므로 'Ⅲ'에는 'Ⅱ'에 대응하는 해결 방안으로 '청소년 아르바이트의 노동 문제 개선 방안'이 제시되어야 한다. 하지만 ④는 'Ⅱ'에 제시된 발생 원인 중 어떠한 것과도 대응하지 않으므로 빈칸에 들어갈 내용으로 적절하지 않다.

오답분석
① '청소년의 노동 환경 개선을 위한 제도 정비'는 'Ⅱ-1'의 '청소년의 노동 환경에 대한 실효성 있는 제도 부족'에 대응하는 개선 방안에 해당하므로 빈칸에 들어갈 내용으로 적절하다.

② '청소년 고용 업주에 대한 노동 관계법 교육과 지도 확대'는 'Ⅱ-2'의 '노동 관계법에 관한 청소년 고용 업주의 인식 부족'에 대응하는 개선 방안에 해당하므로 빈칸에 들어갈 내용으로 적절하다.

③ '청소년 노동자의 인권 보호를 위한 사회적 교육 기관 설립'은 'Ⅱ-3'의 '청소년 노동자의 인권을 존중하지 않는 사회의 통념'에 대응하는 개선 방안에 해당하므로 빈칸에 들어갈 내용으로 적절하다.

06   정답 ③

해설 ③ ㉢의 앞 문장에서는 높은 주파수의 영역에서도 귀에 들리지 않는 진동이 있다는 내용을 제시하고 있고, ㉢의 뒤 문장에서는 가청 주파수 대역의 상한을 넘긴 상황을 제시하여 그러한 높은 주파수의 진동을 '초음파'로 정의하고 있다. 따라서 ㉢에는 사람의 가청 주파수 대역의 상한선에 대한 정보가 제시되어야 하므로 ㉢을 '사람은 보통 20,000Hz 이상의 진동이 귀에 도달하면 소리로 인식하지 못한다'로 수정하는 것은 적절하다.

오답분석
① ㉠의 뒤 문장에서는 20Hz보다 낮아서 들리지 않는 주파수의 진동을 '초저주파음'으로 정의하고 있다. 따라서 ㉠을 '우리의 몸이 흔들리지 않을 뿐 귀로는 저음을 들을 수 있다'로 수정하는 것은 문맥상 적절하지 않다.

② ㉡의 앞 문장에서는 20Hz보다 낮아서 들리지 않는 주파수의 진동을 '초저주파음'으로 정의하고 있으므로 해당 진동을 '소리'로 간주하고 있음을 알 수 있다. 따라서 ㉡을 '귀에 들리지 않는 진동은 소리로 간주할 수 없다는 생각에서이다'로 수정하는 것은 적절하지 않다.

④ ㉣의 앞에는 사람이 20,000Hz의 주파수 대역을 갖고 있는 것에 비해 개는 50,000Hz의 진동까지 소리로 인식할 수 있다는 내용이 제시되어 있다. 이는 개가 인간보다 더 넓은 가청 주파수 대역을 갖고 있음을 의미한다. 따라서 ㉣을 '사람의 가청 주파수 대역보다 좁기 때문이다'로 수정하는 것은 적절하지 않다.

07   정답 ④

해설 ④ '랑그'는 특정 언어공동체가 공유하고 있는 기호체계이며, '파롤'은 의사소통을 위해 랑그를 사용하는 개인적 행위를 말한다. 이와 비슷한 것으로 '언어능력'과 '언어수행'이 있는데, '언어능력'은 사람들이 내재적으로 가지고 있는 지식이며 '언어수행'은 사람들이 실제로 발화하는 행위를 가리킨다. 따라서 '랑그'는 '언어능력'과 대응하며, '파롤'은 '언어수행'과 대응한다고 볼 수 있으므로 답은 ④이다.

오답분석
① '랑크'는 기호체계이고, '파롤'은 의사소통을 위한 개인적 행위이다. 따라서 '랑그'를 악보에 비유하고, '파롤'을 실제 연주에 비유할 수 있다.

② '랑그'는 특정 언어공동체가 공유하고 있는 기호체계이므로 변하지 않고 기본을 이루는 언어의 본질적인 모습에 해당한다.

③ '파롤'은 구체적인 언어의 모습으로, 의사소통을 위해 랑그를 사용하는 개인적인 행위를 의미한다. 따라서 '책상'을 발음할 때 사람마다 실제로 발음되는 제각각의 소리값은 '파롤'에 해당한다.

08 정답 ②

해설 ② ⓒ은 대등한 것끼리 접속하는 경우인데 서로 구조가 다른 표현을 사용하고 있으므로, 공공언어 바로 쓰기의 두 번째 원칙에 따라 '표준적인 언어생활의 확립과 일상적인 국어 생활의 향상을 위해' 또는 '표준적인 언어생활을 확립하고 일상적인 국어 생활을 향상하기 위해'로 수정해야 한다.

오답분석 ① ㉠의 '안내 알림'은 '알리다'의 의미가 중복된 표현이므로 '안내'로 수정하는 것이 적절하다.

③ ⓒ이 포함된 전체 문장에서 주어는 '본원'이며 서술부는 '제공되고 있습니다'이다. 이때 주어와 서술어의 호응이 적절하지 않으므로 '본원은 ~을(를) 제공하고 있습니다'의 문장 구조로 수정해야 한다. 따라서 ③은 올바르게 수정한 표현이다.

④ ㉣의 문장에서 서술어는 '개선하여'이며, '개선하다'는 '…을 개선하다'와 같은 문형으로 쓰인다. ㉣에는 '개선하다'에 호응하는 목적어가 생략되었으므로 필요한 문장 성분을 추가해야 한다. 따라서 ④는 올바르게 수정한 표현이다.

09 정답 ③

해설 ③ 두 번째 지침에 따라 본론은 제목의 내용으로 구성되며 각 장의 하위 항목이 대응되어야 하므로 ⓒ에는 Ⅱ-2를 해결하기 위한 방안이 들어가야 한다. 즉 Ⅱ-2의 내용이 '사회복지 담당 공무원의 인력 부족'이므로 ⓒ에는 '사회복지 담당 공무원의 인력 충원' 등과 같은 해결 방안이 제시되어야 한다. 따라서 ③의 내용은 적절하지 않다.

오답분석 ① 첫 번째 지침에 따라 서론에서 중심 소재의 '개념 정의'와 '문제 제기'를 작성해야 한다. Ⅰ-1에 복지 사각지대(중심 소재)의 개념 정의가 이미 제시되었으므로, ㉠에는 복지 사각지대에 대한 문제를 제기하는 내용이 들어가야 한다.

② 두 번째 지침에 따라 본론 각 장의 하위 항목이 대응되어야 하므로 ⓒ에는 Ⅲ-1과 관련된 문제 원인이 들어가야 한다.

④ 세 번째 지침에 따라 결론에서 '기대 효과'와 '향후 과제'를 작성해야 한다. Ⅳ-2에 '향후 과제'에 대한 내용이 이미 제시되었으므로, ㉣에는 '기대 효과'에 대한 내용이 들어가야 한다.

10 정답 ③

해설 ③ 문맥상 어색한 곳은 ⓒ이다. ⓒ의 앞뒤 문맥을 고려하면 대부분의 연구 방식인 신약 개발은 질병 치료를 목적으로 할 때만 승인받을 수 있는데, 식품의약국이 노화를 질병으로 보지 않았기에 노화 문제와 관련된 연구가 미흡했다는 내용이 제시되는 것이 자연스럽다. 따라서 ③은 ⓒ을 글의 흐름에 맞게 적절히 수정한 것이다.

오답분석 ① ② ④ 수정 전 문장은 자연스러운 문장으로 어색한 곳이 없으며, 수정한 문장은 글의 흐름에 맞지 않으므로 적절하지 않다.

11 정답 ②

해설 ② 받지 못 하셨다면(×) → 받지 못하셨다면(○): 공공언어 바로 쓰기 첫 번째 원칙에 따르면 어문규범을 지켜야 한다. 이때 ⓒ에 사용된 '못하다'는 '앞말이 뜻하는 행동에 대하여 그것이 이루어지지 않거나 그것을 이룰 능력이 없음을 나타내는 말'을 의미하는 한 단어이므로 붙여 써야 한다. 따라서 답은 ②이다.

오답분석 ① 공동 실시하는(×) → 공동으로 실시하는(○): 공공언어 바로 쓰기 네 번째 원칙에 따르면 조사나 어미를 지나치게 생략하지 않아야 한다. 이때 ㉠은 조사가 지나치게 생략되었으므로 조사 '으로'를 추가하여 수정해야 한다.

③ 법무부는 여러분의 외국인 등록, 귀화 신청 등을 담당하는 정부기관으로 잘 알고 계실 것입니다(×) → 법무부는 여러분의 외국인 등록, 귀화 신청 등을 담당하는 정부기관입니다(○): 공공언어 바로 쓰기 두 번째 원칙에 따르면 문장을 문법에 맞게 써야 한다. 이때 ⓒ은 주어 '법무부는'과 서술부 '잘 알고 계실 것입니다'가 호응하지 않는 문장으로, 문법에 맞지 않는 표현이다. 따라서 서술부를 주어 '법무부는'에 호응하도록 '정부기관입니다'로 수정해야 한다.

④ 조사 내용은 모든 표본을 대상으로 조사하는 공통 조사 항목과 체류 자격에 따라 추가로 조사하는 항목들이 있습니다(×) → 조사 내용은 공통 조사 항목과 체류 자격에 따른 조사 항목으로 구성되어 있습니다(○): 공공언어 바로 쓰기 세 번째 원칙에 따르면 중복적인 표현은 간결하게 고쳐야 한다. 이때 ㉣은 '모든 표본을 대상으로 조사하는'이 모든 대상을 공통적으로 조사한다는 의미이므로 '공통 조사 항목'과 의미가 중복된다. 따라서 '공통 조사 항목'과 같이 중복되는 내용을 삭제하고, '조사하는 항목' 역시 '조사 항목'으로 간결하게 수정해야 한다.

12 정답 ③

해설 ③ ⓒ 국가 정책 수립과 국제 협약을 체결하기 위해(×) → 국가 정책 수립과 국제 협약 체결을 위해 / 국가 정책을 수립하고 국제 협약을 체결하기 위해(○): ⓒ은 접속 조사 '과'를 이용하여 대등한 것끼리 이어 주고 있다. 대등한 것끼리 접속할 때는 구조가 같은 표현을 사용하는 것이 어법상 적절하므로 '국가 정책 수립과 국제 협약 체결을 위해' 또는 '국가 정책을 수립하고 국제 협약을 체결하기 위해'와 같이 수정해야 한다.

13 정답 ④

해설 ④ '비록'은 '아무리 그러하더라도'라는 뜻을 가진 부사로, 주로 '-ㄹ지라도', '-지마는'과 같은 어미가 붙는 용언과 쓰인다. ㉣이 포함된 문장은 '최고의 자리에 오른 선수에게 사람들의 관심이 향하는 것이 아무리 당연하더라도'라는 의미가 되어야 하므로 ㉣은 '일이지만', '일일지라도'와 같이 고쳐 쓰는 것이 적절하다.

오답분석 ① '고난(苦難)'은 '괴로움과 어려움을 아울러 이르는 말'로, 이미 괴롭다는 의미가 포함된 단어이다. 따라서 ㉠은 '괴로운'을 삭제하고 '고난'으로 고쳐 쓰는 것이 적절하다.

② ⓒ의 앞 문장은 대부분의 사람들이 선수의 노력과 집념에 감동을 받았을 것이라고 하고, ⓒ이 포함된 문장은 필자는 그와 반대로 선수의 주변 사람들에게 더 큰 감명을 받았다고 한다. ⓒ의 앞뒤 내용이 상반된 내용이므로 역접의 접속사 '그러나'로 고쳐 쓰는 것이 적절하다.

③ 2문단은 가족과 훈련 트레이너들이 선수를 위해 많은 노력을 하고 있는데, 이들의 도움이 주목 받지 못해서 안타깝다는 내용이다. ⓒ은 훈련 트레이너가 되는 과정이 궁금하다는 내용이므로 글의 흐름을 고려했을 때 삭제하는 것이 적절하다.

14 정답 ③

해설 ③ 두 번째 지침에 따라 본론의 내용은 각 장의 하위 항목끼리 대응되어야 하므로 (다)에는 Ⅱ-2를 해소하기 위한 방안이 들어가야 한다. 하지만 ③ '공공기관을 통한 디지털 기술 활용 우수 사례 전파'는 Ⅱ-2의 내용과는 무관하므로 Ⅱ-2에 대응하는 해소 방안으로 적절하지 않다. 따라서 답은 ③이다. 참고로 (다)에는 '저소득층 대상 디지털 기기 보급 및 통신비 지원 정책 마련'과 같은 내용이 들어가는 것이 적절하다.

오답분석 ① 첫 번째 지침에 따라 서론은 중심 소재의 개념 정의와 문제 제기가 포함된 2개의 절로 작성되어야 한다. Ⅰ-1에 이미 중심 소재인 디지털 격차에 대한 정의가 제시되어 있으므로 (가)에는 디지털 격차에 대한 문제 제기가 제시되어야 한다. 따라서 '디지털 격차 심화에 따른 사회적 문제 증가'는 (가)에 들어갈 내용으로 적절하다.

② 두 번째 지침에 따라 본론의 내용은 각 장의 하위 항목끼리 대응되어야 하므로 (나)에는 Ⅲ-1과 관련된 디지털 격차의 발생 원인이 들어가야 한다. 따라서 '고령 인구의 디지털 기술에 대한 이해 부족'은 (나)에 들어갈 내용으로 적절하다.

④ 세 번째 지침에 따라 결론은 기대 효과와 향후 과제가 포함된 2개의 절로 작성되어야 한다. Ⅳ-1에 이미 기대 효과가 제시되어 있으므로 (라)에는 향후 과제가 제시되어야 한다. 따라서 '디지털 격차의 해소를 위한 맞춤형 정책 발굴'은 (라)에 들어갈 내용으로 적절하다.

15 정답 ④

해설 ④ ㉢ '노약자를 위한 시설 관리 대책'은 해결 방안에 해당하는 내용이므로 ㉢의 상위 항목인 '3. 탑골공원 이용객의 실태'와 대응하지 않는다. 따라서 보고서 목차로 적절하지 않은 것은 ④이다.

오답분석 ① ② ㉠, ㉡은 상위 항목인 '2. 탑골공원의 지리적 조건'과 대응하므로 보고서의 목차로 적절하다.

③ ㉢은 상위 항목인 '3. 탑골공원 이용객의 실태'와 대응하므로 보고서의 목차로 적절하다.

16 정답 ④

해설 ④ 세 번째 지침에 따라 신청 방식을 다양하게 제시해야 한다. 그러나 ④로 수정한다면, 누리집을 통한 신청 방식 하나만 제시하는 것이기 때문에 지침에 따른 수정 방안으로 적절하지 않다. '시청 누리집에 신청서 업로드, 시청 대표 전화번호로 전화, 시청 방문 접수'와 같이 신청 방식을 다양하게 제시하는 방안으로 수정하는 것이 적절하다.

오답분석 ① 첫 번째 지침에 따라 제목을 중복된 표현 없이 간결하게 써야 한다. ①은 '△△시'가 중복되지 않게 간결하게 수정하였으므로 적절하다.

② 두 번째 지침에 따라 목적을 행사의 주요 대상인 지역민과 지역 기업을 중심으로 작성해야 한다. ㉡ 뒤에 '향토 기업 내실화'라는, 지역 기업을 대상으로 한 목적이 기재되어 있으므로 ㉡에는 지역민을 대상으로 한 목적이 기재되어야 한다. '지역민의 취업률 제고'는 지역민을 중심으로 목적을 수정한 것이므로 적절하다.

③ 두 번째 지침에 따라 행사 개요를 행사의 주요 대상인 지역민과 지역 기업을 중심으로 작성해야 한다. ㉢ 앞에 '구직자 상담 및 모의 면접'이라는, 지역민을 위한 행사가 기재되어 있으므로 ㉢에는 지역 기업을 위한 행사가 기재되어야 한다. '△△시 소재 기업의 일자리 홍보'는 지역 기업을 위한 행사로 수정한 것이므로 적절하다.

17 정답 ②

해설 ② ㉡ 앞에서 파놉티콘은 교도관(소수)이 죄수들(다수)을 감시한다는 내용이 제시되고 있고 ㉡이 포함된 문장에서는 권력자인 교도관(소수)의 정보 독점에 의해 죄수들(다수)이 통제된다는 내용을 요약적으로 설명하고 있으므로 ㉡을 '소수'로 고쳐 쓰는 것은 적절하지 않다.

오답분석 ① ㉠ 앞뒤에서 죄수들이 교도관이 자리에 있는지 없는지 알 수 없게 만든 파놉티콘의 구조로 인해 죄수들은 교도관의 존재 여부와 상관없이 스스로를 감시하게 되었다고 설명하고 있으므로 ㉠을 '없을'로 고치는 것이 적절하다.

③ ㉢ 앞뒤에서 시놉티콘에 가장 크게 기여한 것은 자신을 노출하지 않고 권력자를 비판할 수 있는 인터넷의 특성임을 설명하고 있으므로 ㉢을 '어떤 행위를 한 사람이 누구인지 드러나지 않는 특성'을 뜻하는 '익명성'으로 고쳐 쓰는 것이 적절하다.

④ ㉣ 앞뒤에서 현대 사회는 다수(네티즌들)가 소수의 권력자를 감시할 수 있는 시놉티콘의 시대이며 언론과 통신이 발달한 정보화 시대임을 제시하고 있다. 따라서 ㉣은 특정인(소수)이 아닌 다수를 나타내는 '누구나가'로 고치는 것이 적절하다.

18 정답 ③

해설 ③ 3문단에서 예를 들어 설명한 내용에 따르면, 여성 주인공이 자신의 생각을 포기함으로써 태교 문제에 대한 내적 갈등이 해소된 것처럼 마무리되었다고 한다. 또한 ㉢을 부각하여 사랑과 이해에 기반한 순종과 순응을 결혼 이주 여성이 갖추어야 할 덕목으로 묘사하였다고 설명한다. 이에 근거했을 때 ㉢은 순종, 순응과 유사한 의미의 "남편의 의견을 따르는 여성 주인공의 모습"으로 고쳐 쓰는 것이 적절하다.

오답분석 ① 1문단에서는 결혼 이주 여성이 직면한 여러 문제들을 다룰 기회가 마련되었다는 점에서 A 드라마를 긍정적으로 평가하였다. 이후 접속 부사 '하지만'을 사용한 것으로 보아 앞의 내용과 상반되는 부정적 평가가 제시될 것임을 추측할 수 있다. 따라서 ㉠에는 A 드라마에 대한 부정적 평가에 대한 내용이 들어가는 것이 적합하므로 ㉠을 ①과 같이 고치는 것은 적절하지 않다.

② 2문단에서 ㉡ 앞에는 A 드라마에서 결혼 이주 여성이 겪는 갈등의 원인을 제대로 규명하지 않는 것에 대한 비판이 제시되어 있으므로 ㉡에는 그에 대한 해결 방식 또한 비구체적이라는 내용이 들어가는 것이 적합하다. 따라서 ㉡을 구체적인 해결 방식을 언급하는 ②와 같이 고치는 것은 적절하지 않다.

④ 4문단에서는 A 드라마에서 갈등의 실질적인 원인이 은폐되고, 여성의 일방적 희생으로 갈등이 해소된 것처럼 마무리하는 것에 대해 비판하고 있다. 따라서 ㉣에는 순종과 순응을 강요받아 하게 된 선택과 사실대로 재현되지 않은 갈등에 대한 내용이 들어가는 것이 어울리므로 ㉣을 ④와 같이 고치는 것은 적절하지 않다.

19 정답 ②

해설 ② ~대중은 ~평가와 판단을 미디어에 배격한다(×) → ~대중은 ~평가와 판단을 미디어에 맡긴다(○): 제시된 문장은 대중이 자신의 평가와 판단을 스스로 하는 것이 아닌 미디어가 담당하게 한다는 의미를 담고 있다. 따라서 문맥상 '배격하다'가 아닌 '맡기다'를 사용하는 것이 적절하므로 고쳐 쓰기 방안으로 적절하지 않은 것은 ⓒ이다.
- 배격(排擊)하다: 어떤 사상, 의견, 물건 따위를 물리치다.
- 맡기다: 어떤 일에 대한 책임을 지고 담당하게 하다.

오답분석 ① 놓여진(×) → 놓인(○): '놓여진'은 어간 '놓-'에 피동 접미사 '-이-'와 피동 표현 '-어지다'가 결합한 이중 피동 표현의 활용형이다. 따라서 어간 '놓-'에 피동 접미사 '-이-'가 결합한 '놓이다'의 활용형인 '놓인'으로 고쳐 쓴 것은 적절하다.

③ 그래서(×) → 그러나(○): ⓒ의 앞에는 미디어에 자신의 평가와 판단을 양도하는 사람이 더 빨리 성공할 수 있다는 긍정적인 내용이 제시되어 있고 ⓒ의 뒤에는 미디어에 자신의 평가와 판단을 양도한 것의 부작용이 제시되어 있다. 즉 앞뒤가 상반된 내용으로 연결되어 있다. 따라서 ⓒ을 앞의 내용이 뒤의 내용의 원인이나 근거, 조건 따위가 될 때 쓰는 접속 부사인 '그래서'가 아닌 앞의 내용과 뒤의 내용이 상반될 때 쓰는 접속 부사인 '그러나'로 고쳐 쓴 것은 적절하다.

④ 못할뿐만(×) → 못할∨뿐만(○): 이때 '뿐'은 '다만 어떠하거나 어찌할 따름이라는 뜻을 나타내는 말'을 뜻하며, 조사가 아닌 의존 명사로 앞말과 띄어 써야 한다. 따라서 '못할뿐만'을 '못할 뿐만'으로 수정한 것은 적절하다.

20 정답 ③

해설 ③ ⓒ '고객 지원 센터의 지원 인력 부족'은 Ⅰ-2의 원인에 해당하므로 Ⅲ-1, 2의 상위 항목으로 적절하지 않다. 참고로 ⓒ에는 '고객 불만에 대한 해결 방안'이 들어가는 것이 적절하다.

21 정답 ④

해설 ④ ⓔ이 포함된 문장은 서학의 일부분은 수용했지만, 반대로 어느 일부분은 받아들이지 않았다는 내용이다. 즉 ⓔ에는 '수용'과 대립되는 부정적 의미의 단어가 들어가야 하므로 ⓔ '지향했다'를 '지양했다'로 수정하는 것이 적절하다.
- 지향하다(志向-): 어떤 목표로 뜻이 쏠리어 향하다.
- 지양하다(止揚-): 더 높은 단계로 오르기 위하여 어떠한 것을 하지 않다.

오답분석 ① 천주학의 '학(學)'은 '학문'을 의미하므로, ㉠에는 종교적인 관점에서보다 학문적인 관점에서 받아들여졌다는 내용이 나와야 한다.

② ⓒ 뒤에서 서학은 신봉의 대상이 아니라고 하였으므로, ⓒ에는 서학 수용에 적극적인 이들도 서학을 무조건 따르자고 주장하지 않았다는 내용이 나와야 한다.

③ ⓒ 앞 내용에 따르면, 외부에서 유입된 사유 체계에는 양명학과 고증학 등 다른 학문도 있었다고 한다. 따라서 ⓒ에는 서학이 조선 사회를 바로잡고 발전시키기 위한 유일한 대안은 아니었다는 내용이 나와야 한다.

22 정답 ①

해설 ① ㉠의 기본형 '꼽혀지다'는 '꼽다'의 어간 '꼽-'에 피동 접미사 '-히-'와 피동 표현 '-어지다'가 결합한 이중 피동 구성이다. 하지만 문맥상 리셋 증후군은 인터넷 중독의 한 유형으로 선택된 것이므로 ㉠은 능동 표현인 '꼽고'가 아닌 피동 표현 '꼽히고'로 고쳐야 한다.

오답분석 ② ⓒ은 '리셋 증후군'의 유래로, 글의 맥락상 첫 번째 문장 뒤로 옮기는 것이 적절하다.

③ ⓒ이 포함된 문장은 마음에 들지 않는 사람이 있으면 관계를 쉽게 끊는다는 내용이므로 앞뒤 문맥을 고려하여 '칼로 무를 자르듯'으로 수정하는 것이 적절하다.

④ ⓔ의 앞 문장은 리셋 증후군의 판별이나 진단이 쉽지 않다는 내용이고, ⓔ의 뒷 문장은 리셋 증후군의 예방을 위한 방안에 대한 내용이므로 앞뒤 문장을 인과 관계로 연결하는 '그러므로'로 수정하는 것이 적절하다. 참고로 '이와 같이'는 앞서 말한 내용을 정리하여 재진술하고, 같은 방향의 논의를 전개해 나갈 때에 쓴다.

이것도 알면 합격
고쳐쓰기의 원칙

부가(보완)의 원칙	주제가 충분히 드러나지 않거나 중요한 내용이 서술되지 않은 경우 내용을 추가함
삭제의 원칙	주제에서 벗어나는 내용이나 중복되어 서술된 부분을 삭제함
재구성의 원칙	글의 순서나 제목과 주제, 제재의 연결이 어색한 경우 재배열함

23 정답 ④

해설 ④ 컴퓨터 판매량을 늘리기 위한 인프라가 제대로 구축되어 있지 않다는 내용은 ⓔ 뒤에 이어지는 '컴퓨터 보안 프로그램 개발이 미흡함'의 원인으로 적절하지 않다.

오답분석 ① ② ③ 모두 뒤에 이어지는 내용의 원인으로 적절하다.

24 정답 ②

해설 ② 제시문은 지역 이기주의를 가진 주민들의 태도를 밝히고, 공공의 이익을 외면하는 지역 이기주의를 타파해야 한다고 말하고 있다. 이때 ⓒ은 지역 이기주의를 가진 사람들의 태도를 나타내므로 문단의 통일성을 위해 삭제한다는 ②의 설명은 적절하지 않다.

오답분석 ① ㉠의 앞에는 산업 폐기물 처리장이 필요하다는 것을 지역 주민들이 인정한다는 내용이고 ㉠의 뒤에는 산업 폐기물 처리장이 자기가 사는 지역에 설치되는 것은 반대한다는 내용이므로, ㉠ '그리고'를 역접의 접속어 '그러나'로 바꾸는 것이 자연스럽다.

③ '~에 다름 아니다'는 일본어 번역 투 표현이므로 '지역 이기주의이다', '지역 이기주의나 다름없다' 등으로 고쳐 쓰는 것이 적절하다.

④ 주어부인 '잊지 말아야 할 사실은'과 서술부 '우리 모두에게 돌아온다'가 호응하지 않으므로 서술부를 '~는 것이다'로 고쳐 쓰는 것이 적절하다.

25 정답 ③

해설 ③ ㉢이 포함된 3문단의 중심 내용은 타인의 글이나 아이디어 등을 인용할 때 지켜야 할 윤리이다. 이때 ㉢이 포함된 문장은 문맥상 타인의 저작물을 인용할 때 출처를 반드시 기재해야 한다는 것을 의미한다. 따라서 ㉢을 '전체에서 일부를 줄이거나 뺌'을 의미하는 '생략'으로 교체하는 것은 적절하지 않다.

오답분석 ① ㉠이 포함된 문장은 화법과 작문 윤리를 지키지 않으면 상호 신뢰가 깨질 수 있으므로 이를 준수해야 한다고 주장하고 있다. 이때 문장의 호응을 고려하면 까닭을 나타내는 '-으므로' 뒤에는 주장을 나타내는 서술어 '-해야 한다'를 쓰는 것이 자연스러우므로 ①의 수정 방안은 적절하다.

② ㉡이 포함된 문장은 1문단에서 주장한 화법과 작문 윤리를 준수하기 위한 노력 중 하나를 제시하고 있다. 따라서 앞뒤 내용이 상반됨을 나타내는 '그런데'를 쓰는 것은 문맥상 적절하지 않다. 또한 뒤이은 3문단이 '다음으로'라는 접속어로 시작하므로 2문단의 접속어는 순서를 나타내는 '우선'으로 바꾸는 것이 적절하다.

④ ㉣은 뒤의 단어인 '준수하다'와 의미상 중복되므로 삭제하는 것이 적절하다.

· 준수하다: 전례나 규칙, 명령 등을 그대로 좇아서 지키다.

26 정답 ③

해설 ③ <보기>는 글의 통일성에 대한 설명으로, ㉠ ~ ㉣ 중 통일성을 근거로 판단할 때 적절하지 않은 것은 ㉢이다. 제시문의 중심 내용은 '수학 선생님의 재미있는 수업'인데, ㉢은 수학 선생님의 아들에 관한 내용이므로 중심 내용에 부합하지 않는다.

오답분석 ① 수학 시간이 흥미로운 이유이므로 중심 내용에 부합한다.

② 재미있는 수학 수업의 사례이므로 중심 내용에 부합한다.

④ 재미있는 수학 수업으로 인한 결과이므로 중심 내용에 부합한다.

이것도 알면 합격
문단의 구성 원리

완결성	한 문단 안에서 소주제를 나타내기 위해 필요한 내용이 빠짐 없이 제시되어야 함
통일성	한 문단은 하나의 생각만을 다뤄야 하고, 주제와 관련 없는 문장이 있어서는 안 됨
단계성	처음, 중간, 끝의 단계에 따라 써야 하고 각 단계가 명확히 구분되어야 함
일관성	한 문단의 문장들은 논리적 오류가 없이 자연스럽게 연결되어야 하며, 내용은 순서대로 배열되어야 함

27 정답 ①

해설 ① 제시문은 클래식을 더 쉽고 재미있게 즐기기 위한 방법을 설명하고 있는데, 제목을 '클래식 예절 - 꼭 지켜야 할 것들'로 바꿀 경우 제목과 내용이 부합하지 않게 된다. 따라서 고쳐 쓰기에 대한 설명으로 적절하지 않은 것은 ①이다.

오답분석 ② 'ticket[tikit]'에서 단모음 다음의 어말 무성 파열음 [t]는 받침 'ㅅ'으로 적으므로 '티케트'를 '티켓'으로 고치는 것이 적절하다.

③ 주어부 '가장 좋은 방법은'과 서술부 '미리 들어볼 수 있어야 한다'가 호응되지 않으므로 서술부를 '미리 들어 보는 것이다'로 고치는 것이 적절하다.

④ 연주에 감동한 경우 환호를 보내도 괜찮다는 의미이므로 ㉣ '올바르다'를 '무방하다'로 바꾸는 것이 적절하다.

· 무방하다: 거리낄 것이 없이 괜찮다.

28 정답 ①

해설 ① 제시문은 예술이 과학의 원리나 법칙에 의거하지 않는 특수성을 가지므로 예술의 창조자를 가리키는 '천재'가 영예로운 칭호가 되었다는 내용인데, ㉠은 과학이 초래한 결과에 대해 이야기하고 있으므로 글의 통일성에 위배된다. 따라서 ㉠은 삭제하는 것이 바람직하다.

29 정답 ③

해설 ③ 제시된 개요를 통해 알 수 있는 글쓰기 전략으로 가장 적절한 것은 ③이다.
· Ⅰ. 서론: 재능 기부의 현황을 토대로 재능 기부의 의의와 필요성을 밝히고 있다.
· Ⅱ.~Ⅲ. 본론: 재능 기부의 장애 요인을 밝히고 이를 해결하기 위한 재능 기부 활성화 방안을 제시하고 있다.

오답분석 ① Ⅲ.에서 재능 기부 활성화 방안을 직접적으로 제시하고 있으며 현실을 개탄하는 내용은 개요에 드러나지 않는다.

② 재능 기부의 필요성을 알리고 재능 기부를 활성화하는 것이 목적이므로 논의의 초점은 재능 기부의 장애 요인이 아닌 재능 기부의 활성화 방안에 맞춰져 있다.

④ 재능 기부의 필요성과 활성화 방안이 초점인 것은 맞으나, 재능 기부의 현황과 인식 실태 파악을 토대로 의의와 필요성을 이끌어 내야 하므로 선후 관계가 맞지 않는다.

30 정답 ④

해설 ④ ㉣에는 문맥상 위급한 사태에 대처하는 능력을 뜻하는 단어가 와야 한다. 그런데 ㉣ '예지력'을 '추진력'으로 바꾸어도 여전히 문맥에 맞지 않으므로 ④는 고쳐 쓰기 위한 방안으로 적절하지 않다.
· 예지력(豫知力): 미래의 일을 미리 아는 능력
· 추진력(推進力): 1. 물체를 밀어 앞으로 내보내는 힘 2. 목표를 향하여 밀고 나아가는 힘

오답분석 ① ㉠ '도로 노면'에서 '도로'는 '사람, 차 등이 잘 다닐 수 있도록 만들어 놓은 비교적 넓은 길'을 의미하고, '노면'은 '길바닥'을 의미한다. 따라서 ㉠ '도로 노면'은 '길'이라는 의미가 중복되므로 '노면'으로 수정하는 것이 적절하다.

② ㉡의 두 문장 중 앞 문장은 표지판을 설치하여 운전자가 주의하도록 한다는 내용이고 뒤 문장은 많은 운전자들이 표지판의 법규를 지키지 않아 사고가 줄어들지 않는다는 내용이다. 따라서 앞뒤 내용이 상반되므로 접속 부사 '그러나'를 쓰는 것이 적절하다.

③ 제시문의 중심 화제는 '스쿨존 내 어린이 교통사고 예방'인데, ㉢은 '어린이 교통사고가 일어나는 날씨'를 언급하고 있어 중심 화제에서 벗어나므로 삭제하는 것이 적절하다.

유형 11 문학 제재 글을 읽고 추론하기   문제집 p.125

01	④	02	②	03	①	04	②	05	①
06	③	07	②	08	①	09	②	10	①
11	④	12	④	13	①	14	③	15	④
16	②	17	⑤	18	④

01   정답 ④

해설 ④ 2문단에 따르면 판소리계 소설에는 초월적 세계가 지배적 장치로 나타나는 경우가 극히 드물며, 현실의 경험적 인과 관계에 의한 서사가 전개된다. 또한 판소리계 소설은 초월적 세계의 의지나 그 대리자의 개입 없이 현실적 삶의 인과에 따라 이루어진다. 반면 1문단에 의하면 영웅 소설에서는 초월적 세계인 천상계가 설계한 바에 따라 지상의 혼란이나 세계 질서의 모순이 해소된다. 이를 통해 판소리계 소설에 비해 영웅 소설에서 초월적 세계가 현실의 문제를 해결하는 양상이 두드러짐을 알 수 있으므로, ④의 설명은 적절하지 않다.

오답분석 ① 1문단에 의하면 이원적 세계상이라고 불리는 세계 구조는 영웅 소설에서 나타난다. 따라서 영웅 소설은 이원적 세계상을 잘 보여 주는 문학적 갈래라는 ①의 설명은 적절하다.

② 2문단 2~4번째 줄에 의하면 판소리계 소설에는 초월적 세계가 지배적 장치로 나타나는 경우가 극히 드물며, 현실의 경험적 인과 관계에 의해 서사가 전개된다. 이는 판소리계 소설에서 서사의 인과 관계가 경험적 인과 관계에 바탕을 두고 있음을 의미하므로 ②의 설명은 적절하다.

③ 1문단 3~4번째 줄에 의하면 영웅 소설에서는 천상계의 의지나 그 대리자의 개입에 의해서 지상계의 서사가 결정된다. 또한 1문단 마지막 문장에 의하면 이런 모습의 세계 구조에서는 이원적 세계상이 나타난다. 따라서 천상계의 대리자가 지상계의 서사를 결정하는 작품에서는 이원적 세계상이 발견된다는 ③의 설명은 적절하다.

02   정답 ②

해설 ② 2문단 끝에서 1~3번째 줄에 따라 이광수가 「무정」에서 표준어를 사용한 것은 근대적 가치를 실현하기 위한 의도적인 선택임을 알 수 있다. 또한 3문단 첫 번째 문장에서 이러한 표준어의 사용은 작가의 의도를 드러내는 기능을 한다고 설명한다. 이는 「무정」에서의 표준어 사용이 근대적 가치의 실현과 관련된 작가의 의도임을 의미하므로, ②의 설명은 적절하다.

오답분석 ① 1문단 끝에서 1~4번째 줄에 따라 김동인의 「배따라기」에서 인물들의 대화는 사투리로 이루어지며, 작품의 리얼리티 얼마나 잘 구현했는가를 기준으로 본다면 「배따라기」가 「무정」보다 더 뛰어나다는 것을 알 수 있다. 이는 「배따라기」가 사투리를 사용하여 작품의 리얼리티를 확보하였다는 것을 의미한다. 따라서 「배따라기」가 표준어를 사용하여 작품의 리얼리티를 확보하였다는 ①의 설명은 적절하지 않다.

③ 3문단 2~7번째 줄에 따라 「토지」에서 경상도나 함경도 사투리를 사용하는 대부분의 인물들과 달리, 주인공 '서희'는 사투리를 구사하지 않는다는 것을 알 수 있다. 또한 이는 작품의 리얼리티 형성에 방해가 되지만 주인공인 '서희'의 고고함과 차가움을 드러내는 기능을 한다고 설명한다. 따라서 「토지」가 '서희'의 사투리 사용을 통해 작품의 리얼리티를 구현하였다는 ③의 설명은 적절하지 않다.

④ 1문단 끝에서 1~3번째 줄에 따라 작품의 리얼리티를 얼마나 잘 구현했는가를 기준으로 본다면 「무정」보다 「배따라기」가 더 뛰어나다는 것을 알 수 있으므로, ④의 설명은 적절하지 않다.

03   정답 ①

해설 ① ㉠~㉢에 들어갈 말을 적절하게 나열한 것은 ①이다.

- ㉠ 문제의 현실성: 2문단에 의하면, 「광장」은 남북의 이념이 대립한 상황을 그린 작품이다. 따라서 「광장」은 주인공이 그가 처한 현실에서 고뇌하며, '남(南)이냐 북(北)이냐'라는 민감한 주제를 공론장에 던지고 있으므로 '문제의 현실성'을 확보하였다.
- ㉡ 세계의 현실성: 2문단에 의하면 「광장」은 작품의 시공간으로서 당시 남한과 북한을 소설적 세계로 선택하여 '세계의 현실성'을 확보하였다.
- ㉢ 해결의 현실성: 2문단에 의하면 「광장」은 주인공이 남과 북 모두를 거부하고 자살을 선택하는 결말을 통해 당대의 이원화된 이데올로기를 근저에서 흔듦으로써 '해결의 현실성'을 확보하였다.

이것도 알면 합격

최인훈, '광장'

1. **주제**: 이데올로기의 갈등 속에서 이상적 삶과 바람직한 사회를 추구하고자 하는 인간의 모습

2. **'중립국행'과 '자살'의 의미**

중립국행	• 남한과 북한이 가진 어느 이데올로기도 자신이 진정 바라는 사회의 모습이 아님을 의미함 • 명준의 이상을 실현하고자 한 가장 최선의 선택이 아니라, 절망 속에서 어쩔 수 없이 선택할 수밖에 없었던 소극적, 부정적인 선택이었음을 의미함
자살	어디에도 자신이 원하는 이상 사회가 없음을 의미함

3. **줄거리**
해방 후 평범한 대학생이던 명준은 월북한 아버지 때문에 기관에 끌려가 고초를 겪은 후 풀려나게 된다. 남한의 부패한 자본주의와 방탕한 자유 사회에 환멸을 느낀 뒤에 이상 사회를 찾아 월북하게 된다. 하지만 북한 사회에서도 명준의 이상이 실현되지 않고 인간다운 삶이 말살된 자유롭지 못한 북한 사회에 절망하게 된다. 은혜와의 사랑으로 돌파구를 찾으려고 하지만 은혜가 유학을 떠나면서 이마저도 좌절된다. 6·25 전쟁이 일어나자, 명준은 인민군 장교로 참전하게 되고 낙동강 전선에서 은혜를 만나지만, 그녀는 비극적인 죽음을 맞이하고 명준은 포로가 된다. 포로 수용소에서 석방될 때, 명준은 남한과 북한을 모두 거부하고 중립국행을 선택한다. 중립국으로 향하는 배에서 명준은 바다에 투신하여 자살한다.

04   정답 ②

해설 ② 2문단 1~5번째 줄에서, 영웅소설 주인공에게 '원점'은 중세의 인륜이 원형대로 보존된 세계이고, 고소설(영웅소설 포함)에서 주인공은 적대자에 의해 원점에서 분리되어 고난을 겪는다고 설명한다. 또한 3문단 5~7번째 줄에서 「무정」의 주인공인 이형식에게 '원점'은 박 진사의 집에서 영채와 함께하던 유년의 과거이며, 박 진사의 죽음이 그에게는 고향의 상실을 상징한다고 설명한다. 이를 통해 영웅소설의 주인공과 「무정」의 이형식 모두 그들의 이상적 원점을 상실했음을 추론할 수 있다.

① 「무정」은 '회귀의 크로노토프'를 부정하지만, 고소설은 '회귀의 크로노토프'를 부정하지 않으므로 ①의 추론은 적절하지 않다.
- 「무정」: 3문단에서 근대소설인 「무정」은 '회귀의 크로노토프'를 부정한다는 것을 알 수 있다.
- 고소설: 고소설에서 주인공은 적대자에 의해 원점에서 분리되어 고난을 겪지만, 그들의 목표는 과거 향유했던 이상적 상태로 돌아가는 것이라는 2문단의 내용을 통해 고소설은 '회귀의 크로노토프'가 적용된다는 것을 알 수 있다.

③ 3문단에서 이형식와 박영채의 결합은 상실한 과거의 이상적 원점(유년의 고향)으로 돌아가는 유일한 방법이라고 설명한다. 이를 통해 두 사람의 결합은 새로운 미래가 아닌 다시 도래할 과거로서의 미래라는 종결점에 도달한다는 것을 의미함을 알 수 있으므로 ③의 추론은 적절하지 않다.

④ 2문단 1~4번째 줄 내용에 따르면, 고소설에는 돌아가야 할 곳으로서의 원점이 존재하며, 가정소설에서 이러한 원점은 가장을 중심으로 가족 구성원들이 평화롭게 공존하는 가정을 의미한다. 즉 가정소설에서 가족 구성원들이 평화롭게 공존하는 결말은 상실했던 원점으로의 복귀를 의미하므로, ④의 추론은 적절하지 않다.

이것도 알면 합격

이광수, '무정'의 주제 및 특징

1. 주제: 신교육과 자유연애 사상의 고취 및 계몽
2. 특징
   - 전지적 작가 시점에서 서술됨
   - 우리나라 최초의 근대 장편 소설임
   - 민족의식의 고취라는 계몽성과 자유연애 사상이라는 대중성을 두루 갖춤

05　　　　　　　　　　　　　　　　　　　　　　정답 ①

해설　① 1문단 2~3번째 줄에서 문학 작품과 연계되는 외적 맥락으로 '작가의 맥락', '사회·문화적 맥락', '문학사적 맥락', '상호 텍스트적 맥락'이 있음을 제시한 뒤, 2~3문단에서 '작가의 맥락', '사회·문화적 맥락', '문학사적 맥락'에 대해 설명하고 있다. 4문단에서는 문학 작품과 다른 작품 간의 연관성을 파악하는 '상호 텍스트성'에 대해 설명하고 있으므로 ㉠에 들어갈 말로 가장 적절한 것은 ① '상호 텍스트적 맥락은'임을 추론할 수 있다.

06　　　　　　　　　　　　　　　　　　　　　　정답 ③

해설　③ <보기>에 따르면 근본비교란 한 작품에서 다른 모든 비교들을 성립시키는 토대가 되는 비유이다. 제시된 작품은 화자의 감정이 이입된 '파초'를 제재로 하여 조국에 대한 향수와 그리움을 드러내고 있다. 이때 '수녀', '여인', '치맛자락' 등의 시어를 통해 '파초'를 여성화하였음을 알 수 있으므로 '파초'와 '여인'은 동일한 대상이며 제시된 작품의 근본비교 대상임을 알 수 있다.

① ④ '조국'은 '파초'가 떠나온 곳이자 화자가 상실한 대상일 뿐 근본비교 대상이 아니다.

② '밤'과 '겨울'은 시련과 고난의 상황을 상징할 뿐 근본비교 대상은 아니다. 참고로 작품이 창작된 시대적 배경을 고려했을 때, '밤'과 '겨울'은 일제 강점하의 냉혹한 시대적 상황을 의미한다고 볼 수 있다.

이것도 알면 합격

김동명, '파초'의 주제 및 특징

1. 주제: 잃어버린 조국에 대한 향수와 냉혹한 현실에 대한 극복 의지
2. 특징
   - 의인화한 '파초'에 화자의 감정을 이입하여 화자의 정서를 드러냄
   - 대상에 대한 호칭을 '파초' → '너' → '우리'로 변화시키며 대상과의 심리적·정서적 거리감을 좁힘

07　　　　　　　　　　　　　　　　　　　　　　정답 ②

해설　② 끝에서 3~5번째 줄에 따르면 17세기 이후에 창작된 몽유록은 '방관자형'이며, 몽유자가 꿈속 인물들과 함께 현실을 비판하는 것이 아니라 구경꾼의 위치에 서 있다고 한다. 몽유자가 현실을 비판하는 경향이 강하게 나타나는 것은 16~17세기에 창작된 '참여자형' 몽유록이다.

① 4~8번째 줄에서 몽유록은 몽유자의 역할(꿈에서 만난 인물들의 모임에 직접 참여하는지의 여부)에 따라 '참여자형'과 '방관자형'으로 구분할 수 있다고 설명한다.

③ 몽유자가 모임의 구경꾼 역할을 하는 몽유록은 '방관자형'이다. 제시문 마지막 문장에서 '방관자형' 몽유록이 통속적이고 허구적인 성격으로 변모했다고 설명한 것으로 보아 ③의 설명은 제시문의 내용과 부합한다.

④ 끝에서 5~7번째 줄에서 '참여자형'은 몽유자와 꿈속 인물들이 동질적인 이념을 공유하고 현실의 고통스러운 문제에 대해 의견을 나누며 비판적 목소리를 낸다고 설명한다. 따라서 ④의 설명은 제시문의 내용과 부합한다.

08　　　　　　　　　　　　　　　　　　　　　　정답 ③

해설　③ 제시된 작품의 5~6구에서는 '수레 탄 사람들(왕이나 고귀한 신분의 사람들)'은 자신(꽃)을 알아주지 않고 '벌과 나비(하찮은 사람들)'만 자신에게 기웃거린다고 표현하고 있다. 이는 세상이 화자의 재능을 알아주지 않으며 자기의 주변에는 하찮은 사람들뿐임을 드러내는 것이므로 '벌과 나비'를 '수레 탄 사람들'과 자신을 이어줄 수 있는 대상이라고 설명한 ㉢의 내용은 적절하지 않다.

① '만발한 꽃'은 화자의 완숙한 학문적 경지를 의미한다.

② '수레 탄 사람'은 화자에게 등용의 기회를 줄 왕이나 고귀한 신분의 사람들을 의미한다.

④ '천한 땅'은 '꽃(촉규화)'이 피어난 척박한 땅을 의미하기도 하며, '꽃'과 동일시되는 작가 최치원이 태어난 '신라'를 의미하기도 한다. 이를 통해 이국땅에서 변방의 소국 출신이라는 이유로 인정받지 못하는 처지를 한탄하고 있는 화자의 정서가 드러난다.

09　　　　　　　　　　　　　　　　　　　　　　정답 ②

해설　② 3문단과 4문단 첫 부분을 통해 현재가 아닌 과거에 '신문학'이라는 말이 '신학문'의 별칭이었음을 알 수 있다. 따라서 글에 대한 설명으로 적절하지 않은 것은 ②이다.

[관련 부분] 그것은 지금 우리가 사용하는 의미보다는 훨씬 광의로 사용되었다 ~ 문학이라는 말을 썼는데 그것은 현재 우리가 사용하는 의미의 문학은 아니었다. ~ 그러므로 신문학이란 말은 곧 신학문의 별칭이라 할 수 있었다.

① 1문단에서 '신문학'이라는 말의 유래에 대해 '누구의 창안으로 쓰이기 시작했는지는 알 수 없다'라고 밝히고 있으며, 4문단을 통해 과거의 '문학'은 학문 일반의 의미로 사용되었으므로 '신문학'은 곧 '신학문'의 별칭이었음을 알 수 있다. 또, 현재는 '문학'을 'literature'의 역어로 쓰고 있으므로 현재의 '신문학'은 과거의 '신학문'과 같은 의미가 아니라는 현재적 개념을 서술하고 있다.

③ 4문단 1~5번째 줄을 통해 육당과 춘원 이전 과거에 사용한 '문학'은 '학문 일반'의 의미이며, 그러므로 『황성신문』에 언급된 '신문학'은 '신학문'의 별칭임을 알 수 있다.
[관련 부분] 『황성신문(皇城新聞)』 논설에 ~ 즉 학문 일반의 의미로 문학이란 말이 사용되었다. 그러므로 신문학이란 말은 곧 신학문의 별칭이라 할 수 있었다.

④ 4문단에서 현재 사용하는 '문학'은 'literature'의 역어임을 확인할 수 있다.
[관련 부분] 이것은 지금 우리로서 보면 실로 가소로운 혼동이다. 그러나 문학이란 말을 literature의 역어(譯語)로 생각지 않고 자의(字義)대로 해석하여 사용한 당시에 있어 이 현상은 극히 자연스러운 일이라 아니할 수 없다.

10   정답 ①

해설 ① 제시문의 끝에서 1~8번째 줄을 통해 박목월 시인은 작품에서 가난한 생활 속에서도 가족을 위해 미소 짓는 아버지의 모습을 솔직하게 표현하며, 시인의 격조가 어떠해야 하는지 보여 주었음을 알 수 있다. 따라서 답은 ① '시인의 진심과 격조'이다.

11   정답 ④

해설 ④ 제시된 작품은 전반부와 후반부 모두 장면의 묘사로만 이루어져 있다. 참고로 후반부인 4행의 늙은이가 취해 돌아오는 모습에서 죽은 자에 대한 늙은이의 안타까운 정서를 느낄 수 있으나, 이는 장면 묘사를 통해 간접적으로 정서가 제시될 것일 뿐 직접적으로 정서를 표출했다고 보기 어렵다. 따라서 선경후정의 형식을 취하고 있다는 ④의 설명은 적절하지 않다.

① 3~4행에서 해 질 무렵 제사를 끝내고 돌아오는 늙은이를 아이가 부축하여 집으로 돌아오고 있음을 알 수 있다.

② <보기>를 통해 작가가 임진왜란을 겪었다는 것을 알 수 있다. 따라서 무덤이 들밭머리에 늘어서 있다는 표현은 전란을 겪은 마을 사람들이 갑작스러운 죽음을 맞이했다는 것으로 해석할 수 있다.

③ 제사를 끝내고 돌아오는 할아버지가 취한 까닭은 죽은 이에 대한 안타까움과 속상함 때문일 것으로 추측할 수 있다.

12   정답 ④

해설 ④ 괄호의 앞뒤 내용을 통해 판소리 사설은 여러 계층의 청중들을 상대로 하기 때문에 언어의 층위가 매우 다채로움을 알 수 있다. 따라서 문맥상 괄호 안에 들어갈 말로 적절한 것은 ④ '적층적(積層的)'임을 추론할 수 있다.
· 적층적(積層的): 층층이 쌓임

① 골계적(滑稽的): 익살을 부리는 가운데 어떤 교훈을 주는 것
② 연행적(演行的): 배우가 연기를 하는 것
③ 우화적(寓話的): 인격화한 동식물이나 기타 사물을 주인공으로 하여 그들의 행동 속에 풍자와 교훈의 뜻을 나타내는 이야기의 성격을 띠는 것

13   정답 ②

해설 ② 끝에서 1~4번째 줄을 통해 방각본 소설책은 서울과 안성, 그리고 전주에서 주로 제작되었음을 알 수 있다. 하지만 이는 방각본 소설이 제작된 지역에 대한 정보만을 제공할 뿐, 이를 통해 방각본의 유통 범위를 추론할 수는 없다. 따라서 ②의 추론은 적절하지 않다.
[관련 부분] 그중 서울에서 간행된 것을 경판본, 전주에서 간행된 것을 완판본이라고 부른다. 안성에서 간행된 것도 있으나 그 대부분은 경판을 안성에서 찍어낸 것이다.

① 끝에서 1~4번째 줄을 통해 한 작품 당 여러 판본이 만들어졌음을 추론할 수 있다.
[관련 부분] 그중 서울에서 간행된 것을 경판본, 전주에서 간행된 것을 완판본이라고 부른다. 안성에서 간행된 것도 있으나 그 대부분은 경판을 안성에서 찍어낸 것이다.

③ 2~3번째 줄을 통해 방각본 제작의 목적은 돈을 벌기 위함임을 알 수 있다. 따라서 제작자들이 이익 산출과 직결되는 제작비용에도 민감했을 것임을 추론할 수 있다.
[관련 부분] 주로 민간인이 돈을 벌기 위해 만들었다.

④ 1~3번째 줄을 통해 방각본은 나무판에 새긴 글자를 종이에 찍어 만들었으며, 민간인이 수입을 창출하기 위해 제작하였음을 알 수 있다. 따라서 분량이 긴 작품을 방각본으로 제작하려면 품(노동력과 비용)이 많이 들어 어려웠을 것임을 추론할 수 있다.
[관련 부분] 방각본 소설은 작품을 나무판에 새긴 뒤 그것을 종이로 찍어낸 소설책을 말한다. 주로 민간인이 돈을 벌기 위해 만들었다.

14   정답 ③

해설 ③ (가)는 근대적 연애의 특징을 전통 사회의 남녀 관계와 대조하여 설명하고 있다. (나)에서 형식이 글로 일생을 보내는 자신의 처지에 비추어 시와 노래에 능한 영채를 호평하는 것은 (가)의 '서로의 처지와 상황에 대한 비교'이므로 전통 사회의 남녀 관계에 해당한다. 따라서 형식이 자신의 처지에 비추어 영채의 장점을 호평한 것을 근대적 연애의 특징인 '열정'과 연결시킬 수 있다는 ③의 설명은 적절하지 않다.

① 영채가 형식에게 원하는 것이 형식의 보호라면 이는 (가)의 '상대방에 대한 의존 가능성'으로 설명할 수 있으므로 전통 사회의 남녀 관계에 해당한다.

② 은사가 아내로 허락하였다는 점을 먼저 생각하는 것은 (가)의 '가족 사이의 약속'을 중시하는 것이므로 전통 사회의 남녀 관계에 해당한다.

④ 영채의 외모와 행동을 떠올리며 미소 짓는 장면은 (가)의 근대적 연애에서 '상대방의 모습이 불러일으키는 열정'에 해당한다.

15   정답 ④

해설 ④ 1문단에서 '임꺽정'에 관한 조선시대의 모든 기록은 양반 계급이 서술한 까닭에 임꺽정을 도적으로 기록하고 있음을 설명하고 있다. 또한 2문단에서는 홍명희가 소설에서 임꺽정을 의적으로 그린 이유를 당시 관리의 부패로 인해 도적이 성행하였다는 『명종실록』을 근거로 밝히고 있다. 따라서 <보기>에 이어질 내용으로 적절한 것은 가렴주구에 시달리던 백성들은 임꺽정을 의적으로 상상했을 것이라는 ④이다.

① 제시문은 기록하는 주체의 관점에 따라 임꺽정이 도둑 또는 의적으로 다르게 표현됨을 설명하고 있다. 따라서 임꺽정이 의적인지 도적인지 철저한 문헌 조사가 필요하다는 ①의 내용은 이어질 내용으로 적절하지 않다.

② 2문단에서 홍명희가 임꺽정을 의적으로 그린 이유를 『명종실록』의 내용을 근거로 설명하고 있다. 따라서 홍명희가 임꺽정을 지나치게 미화했다는 ②의 내용이 이어지는 것은 적절하지 않다.

③ 1문단을 통해 임꺽정이 실존 인물이었음을 알 수 있다. 또한 2문단에서는 홍명희가 임꺽정을 의적으로 그린 이유에 관한 내용이 전개되고 있으므로 임꺽정이 실존 인물이었다는 ③의 내용이 이어지는 것은 적절하지 않다.

16 정답 ②

② 〈보기〉는 이광수의 '무정'을 읽은 독자가 작품을 통해 느낀 감동에 대해 서술한 글이므로, 이에 해당하는 작품 감상의 관점으로 가장 옳은 것은 ② '효용론적 관점'이다. '효용론적 관점'은 작품 외적인 세계와 작품을 연결하여 이해하는 외재적 관점 중 하나로, 독자를 중심으로 작품을 감상하는 방법이다.

① 반영론적 관점: 외재적 관점에 해당하며 작품이 현실 세계를 어떻게 반영하고 있는지 분석하는 방법이다.

③ 표현론적 관점: 외재적 관점에 해당하며 작가가 자신의 체험, 사상, 감정 등을 작품에 어떻게 표현하였는지 분석하는 방법이다.

④ 객관론적 관점: 작품 외적인 요소와는 무관하게 문학 작품의 내재적인 요소만을 분석하는 방법이다.

17 정답 ⑤

⑤ 제시문 끝에서 4~8번째 줄을 통해 우리나라 전기소설에서 기이한 사건은 작가의 불우함을 위로하기 위한 창작 동기에서 기인하였으며, 작가의 분신으로서 불우한 처지에 놓인 남주인공이 기이한 사건을 겪으면서 자기의 능력을 인정받고 위로받는다고 하였다. 이를 통해 전기소설 작가는 불우한 처지에 놓인 자기의 삶을 주인공을 통해 위로받고자 하였음을 알 수 있다.

① 제시문 3~4번째 줄과 6~7번째 줄을 통해 중국의 전기는 기이한 사건을 다채로운 문체로 엮은 서사 양식인데, 기이한 사건이 흥미를 끌기 위한 소재로 쓰였음을 알 수 있다. 따라서 전기에서 작가가 현실적 사건을 통해 독자들의 관심을 유도했다는 ①의 설명은 적절하지 않다.

② 제시문 7~8번째 줄을 통해 중국의 전기는 서사 구조가 유기적이지 못했으며 결말도 다양했음을 알 수 있다. 반면 끝에서 3~8번째 줄을 통해 우리나라 전기소설은 서사 구조가 유기적이고 결말도 전형성을 띠는 것을 알 수 있다. 따라서 유기적인 서사 구조 속에서 전형성을 보여 주는 것은 우리나라 전기소설의 특징에만 해당하므로 ②의 설명은 적절하지 않다.

③ 제시문 4~6번째 줄을 통해 작가가 출세를 목적으로 자신의 글 솜씨가 담긴 작품집을 창작한 것은 중국의 전기에 해당하는 내용이므로 전기소설이 작가의 출세를 위한 수단으로 창작되었다는 ③의 설명은 적절하지 않다.

④ 제시문 1~3번째 줄을 통해 우리나라의 전기소설이 중국의 전기의 영향을 받아 성립한 서사 양식임을 알 수 있으므로, 전기가 전기소설의 영향을 받았다는 ④의 설명은 적절하지 않다. 또한 3~4번째 줄을 통해 중국의 전기가 다채로운 문체를 엮은 서사 양식임은 알 수 있으나, 끝에서 1~3번째 줄에 의하면 서사적 독자성을 지향한 것은 우리나라의 전기소설이다. 따라서 전기가 다채로운 문체를 활용하면서도 서사적 독자성을 지향했다는 설명 역시 적절하지 않다.

18 정답 ④

④ 3문단 끝에서 1~4번째 줄에서 민간 가요의 궁중 악곡으로의 전환은 하층에서 상층으로의 편입·흡수 과정을 거쳤다고 하였다. 즉 고려 속요는 민간에서 부르던 하층 노래가 상층 문화에 영향을 준 것으로 생겨난 결과물이므로, 고려 속요가 모두 상층 노래가 하층 문화에 영향을 준 것으로 생겨난 결과물이라는 ④의 설명은 적절하지 않다.

① 1문단 1~3번째 줄을 통해 고려 속요가 고려 시대 궁중에서 형성되어 조선 시대까지 전승되어 불린 노래임을 알 수 있다.

② 2문단 끝에서 1~3번째 줄을 통해 '풍'에 실린 노래는 중국은 물론 고려와 조선의 궁중 잔치에서도 불렸으며, 조선의 궁중에서는 '풍'을 참고하여 연향 악곡을 선정하였음을 알 수 있다. 따라서 '풍'이 조선의 궁중악에 영향을 주기도 하였음을 알 수 있다.

③ 2문단 3~4번째 줄을 통해 '풍'에는 민간의 노래가 실려 있고, 대부분이 사랑 노래였음을 알 수 있다.

⑤ 3문단 5~11번째 줄을 통해 민간의 노래 중 인륜의 차원으로 확장될 가능성이 있는 노래들은 통치 질서를 구현하기에 적합한 노래로 여겨져 궁중악으로 편입되었는데, 이때 남녀 간의 사랑 노래는 화자와 대상을 신하와 임금으로 치환하기 용이하였으므로 궁중악에 편입될 수 있었음을 알 수 있다.

2편 | 논리

유형 12 명제의 전제 및 결론 추론하기 문제집 p.137

01 ①	02 ②	03 ③	04 ③	05 ③
06 ①	07 ①	08 ④	09 ④	10 ①
11 ①	12 ③	13 ④	14 ③	

01 정답 ①

해설 ① 제시된 진술을 기호화하면 다음과 같다.

- 진술 1: (친구 ∨ 선생님) → 커피
  ≡ ~커피 → ~(친구 ∨ 선생님) (대우)
  ≡ ~커피 → (~친구 ∧ ~선생님) (드모르간의 법칙)
- 진술 2: 친구 ∨ 선배
- 진술 3: ~커피

진술 3에 의해 '~커피'가 확정되었으므로 진술 1의 대우에서 '~(친구 ∨ 선생님)'을 도출할 수 있다. 이는 드모르간의 법칙에 따라 '~친구 ∧ ~선생님'과 동치이므로 '~친구'와 '~선생님'을 확정할 수 있다. 또한 '~친구'가 확정되었으므로 진술 2에서 선언지 제거를 통해 '선배'를 도출할 수 있다. 따라서 제시된 진술이 모두 참일 때 반드시 참인 것은 ① '영희는 선배를 만났다(선배)'이다.

② 진술 3과 진술 1의 대우를 결합하여 '~친구'를 도출할 수 있으므로 '영희는 친구를 만났다(친구)'는 거짓이다.

③ 진술 3과 진술 1의 대우를 결합하여 '~선생님'을 도출할 수 있으므로 '영희는 선생님을 만났다(선생님)'는 거짓이다.

④ 제시된 진술을 통해 '선배'는 도출할 수 있다. 그러나 진술 3과 진술 1의 대우를 결합하면 '~선생님'이 도출되므로 '영희는 선배와 선생님을 모두 만났다(선배 ∧ 선생님)'는 거짓이다.

이것도 알면 합격
드모르간의 법칙

설명	연언 명제(P∧Q)의 부정을 선언 명제로, 선언 명제(P∨Q)의 부정을 연언 명제로 표현할 수 있음을 정리한 법칙이다.

기호화	· ~(P∧Q) ≡ ~P∨~Q
	  예 학교에 가면서 오락실에 가는 경우는 없다.
	    ≡ 학교에 가지 않거나 오락실에 가지 않는다.
	· ~(P∨Q) ≡ ~P∧~Q
	  예 학교에 가거나 오락실에 가는 경우는 없다.
	    ≡ 학교에 가지 않고 오락실에 가지 않는다.

02 정답 ②

해설 ② 제시된 진술을 기호화하면 다음과 같다.

- 진술 1: 마라톤 → (식단 조절 ∨ 근력 운동)
- 진술 2: 근력 운동 → 건강
- [결론] 마라톤 → 건강

이때 결론이 '마라톤 → 건강'으로 도출되기 위해서는 진술 1의 후건인 '식단 조절 ∨ 근력 운동'과 결론의 '건강'을 연결할 수 있는 전제가 추가되어야 한다. 이때 진술 2에서 '근력 운동 → 건강'은 확정된 상태이므로, '식단 조절 → 건강'이 전제로 추가되면 이를 진술 1, 2와 결합하여 결론인 '마라톤 → 건강'을 도출할 수 있다. 따라서 결론을 이끌어 내기 위해 추가해야 할 것은 ② '식단을 조절하는 사람은 모두 건강하다(식단 조절 → 건강)'이다.

① '건강한 사람은 모두 식단을 조절한다(건강 → 식단 조절)'가 전제로 추가되면 진술 2와 연결하여 '근력 운동을 하는 사람은 모두 식단을 조절한다(근력 운동 → 식단 조절)'가 성립한다. 이를 진술 1에 대입하면 '마라톤 → (식단 조절 ∨ 근력 운동)'이 도출되므로 주어진 결론과 다른 결론이 도출된다.

③ '식단을 조절하는 사람 중에 근력 운동을 하는 사람은 없다(식단 조절 → ~근력 운동)'가 전제로 추가되면 진술 1과 연결하여 '마라톤 → (~근력 운동 ∨ 근력 운동)'이 성립한다. 이를 진술 2와 결합하면 '마라톤 → (~근력 운동 ∨ 건강)'이 도출되므로, 주어진 결론과 다른 결론이 도출된다.

④ '식단 조절과 근력 운동을 병행하는 사람 중에 건강하지 않은 사람은 없다[(식단 조절 ∧ 근력 운동) → 건강]'가 전제로 추가되어도 결론은 도출할 수 없다.

03 정답 ③

해설 ③ 갑의 진술을 기호화하면 다음과 같다.

- 진술 1: 공무원 → 공직자 → 공인 → 사명감
- 진술 2:   (가)
- [결론] ~공무원 → ~사명감 ≡ 사명감 → 공무원 (대우)

진술 1을 통해 '모든 공무원은 사명감을 가질 의무가 있다(공무원 → 사명감)'는 것을 알 수 있다. 하지만 결론으로 제시한 '~공무원 → ~사명감'은 '공무원 → 사명감'의 전건을 부정하여 후건의 부정을 도출한 전건 부정의 오류를 범한 것이다. 이때 ③ '공인으로서의 사명감을 가질 의무가 있는 사람은 모두 공무원이다(사명감 → 공무원)'가 추가되면, 이것의 대우인 '공무원이 아닌 모든 사람은 공인으로서의 사명감을 가질 의무가 없다(~공무원 → ~사명감)'를 결론으로 도출할 수 있다. 따라서 (가)에 들어갈 말로 적절한 것은 ③이다.

① '몇몇 공인은 공인으로서의 사명감을 가질 의무가 없다(공인 ∧ ~사명감)'가 전제로 추가되더라도 결론은 도출할 수 없으므로 (가)에 들어갈 말로 적절하지 않다.

② 진술 1에 따르면 '모든 공무원은 사명감을 가질 의무가 있다(공무원 → 사명감)'는 것을 알 수 있다. 이때 ② '모든 공무원은 공인으로서의 사명감을 가질 의무가 없다(공무원 → ~사명감)'는 '공무원 → 사명감'과 모순되는 내용으로, 추가되더라도 결론을 도출할 수 없다. 따라서 ②는 (가)에 들어갈 말로 적절하지 않다.

④ 진술 1에 따르면 '모든 공무원은 사명감을 가질 의무가 있다(공무원 → 사명감)'는 것을 알 수 있다. 이때 ④ '공인으로서의 사명감을 가질 의무가 없는 사람은 모두 공무원이 아니다(~사명감 → ~공무원)'는 '공무원 → 사명감'의 대우로, 추가되더라도 결론을 도출할 수 없다. 따라서 ④는 (가)에 들어갈 말로 적절하지 않다.

04 정답 ③

해설 ③ 제시된 진술을 기호화하면 다음과 같다.

- 진술 1: 셋째 주 목요일 ∨ 넷째 주 목요일
- 진술 2:
- 진술 3: 셋째 주 목요일 → 이번 주 내 홍보 포스터 제작 완료
- [결론] 이번 주 내 홍보 포스터 제작 완료

결론이 '이번 주 내 홍보 포스터 제작 완료'로 도출되기 위해서는 진술 3의 전건 '셋째 주 목요일'을 확정할 수 있는 전제가 추가되어야 한다. 이때 '다음 달 넷째 주 목요일에 개최할 수 없습니다(~넷째 주 목요일)'를 전제로 추가하면 진술 1에서 선언지 제거에 의해 '설명회를 다음 달 셋째 주 목요일에 개최해야 합니다(셋째 주 목요일)'가 성립한다. 이를 진술 3에 대입하면 '이번 주 안에 홍보 포스터 제작을 완료해야 합니다(이번 주 내 홍보 포스터 제작 완료)'라는 결론을 도출할 수 있다. 따라서 빈칸에 들어갈 말로 가장 적절한 것은 ③ '다음 달 넷째 주 목요일에 개최할 수 없습니다(~넷째 주 목요일)'이다.

① '다음 달 넷째 주 목요일에 개최해야 합니다(넷째 주 목요일)'를 추가하더라도 결론을 도출할 수 없다.

② '다음 달 넷째 주 목요일에 개최할 수 없습니다(~셋째 주 목요일)'를 추가하면 진술 1에서 선언지 제거에 의해 '다음 달 넷째 주 목요일에 개최해야 합니다(넷째 주 목요일)'를 도출할 수 있으나, 이를 진술 3과 연결할 수 없으므로 결론을 도출할 수 없다.

④ '다음 달 넷째 주 목요일에 개최하면, 이번 주 안에 홍보 포스터 제작을 완료하지 않아도 됩니다(넷째 주 목요일 → ~이번 주 내 홍보 포스터 제작 완료)'를 추가하더라도 결론을 도출할 수 없다.

이것도 알면 합격

선언지 제거 (=선언 삼단 논법)

개념	선언 명제를 통해 결론을 도출하는 방법으로, 어느 하나의 명제를 부정하여 다른 하나를 긍정하는 방식이다. 'A ∨ B'가 참이고 '~A'가 참인 경우, 'B'는 참이다.
논증 방법	[전제 1] P이거나 Q이다. (P ∨ Q) 예 오 주무관이 회의에 참석하거나 박 주무관이 회의에 참석한다. [전제 2] P가 아니다. (~P) 예 오 주무관이 회의에 참석하지 않는다. [결론] 따라서 Q이다. (Q) 예 따라서 박 주무관이 회의에 참석한다.

05 정답 ③

해설 ③ 제시된 진술을 기호화하면 다음과 같다.

- (가) 인공일반지능 ∨ 인공지능 산업 쇠퇴
- (나) 인공일반지능 → (인간 생활 편리 ∧ 직장 잃음)
- (다) 인공지능 산업 쇠퇴 → (직장 잃음 ∧ 세계 경제 침체)

(가)에 의하면 '인공일반지능'과 '인공지능 산업 쇠퇴' 중 하나는 반드시 참이다. '인공일반지능'이 참인 경우 (나)에 의해 '인간 생활 편리'와 '직장 잃음'이 참이 된다. 반면 '인공지능 산업 쇠퇴'가 참인 경우 (다)에 의해 '직장 잃음'과 '세계 경제 침체'가 참이 된다. 이때 두 경우 모두에서 '직장 잃음'이 참이 되므로 (가)~(다)를 전제로 할 때 '직장 잃음'은 항상 참이다. 따라서 빈칸에 들어갈 결론으로 가장 적절한 것은 ③ '많은 사람이 직장을 잃는다(직장 잃음)'이다.

① (다)에 의하면 '세계 경제 침체'는 '인공지능 산업 쇠퇴'가 참일 때만 도출되는 결론으로, '인공일반지능'이 참인 경우에는 도출되지 않는다. 이때 제시된 전제를 통해 '인공지능 산업 쇠퇴'가 참인지는 알 수 없으므로 ①은 빈칸에 들어갈 결론으로 적절하지 않다.

② (나)에 의하면 '인간 생활 편리'는 '인공일반지능'이 참일 때만 도출되는 결론으로, '인공지능 산업 쇠퇴'가 참인 경우에는 도출되지 않는다. 이때 제시된 전제를 통해 '인공일반지능'이 참인지는 알 수 없으므로 ②는 빈칸에 들어갈 결론으로 적절하지 않다.

④ (나)와 (다)에 의하면 '인간 생활 편리'와 '세계 경제 침체'가 동시에 성립하려면 '인공일반지능'과 '인공지능 산업 쇠퇴'가 모두 참이어야 하는데, 제시된 전제를 통해 이 둘이 모두 참임을 도출할 수 없으므로 ④는 빈칸에 들어갈 결론으로 적절하지 않다.

06 정답 ①

해설 ① 제시된 진술을 기호화하면 다음과 같다.

- 진술 1: 갑〈제주도〉 → ~을〈제주도〉
  ≡ 을〈제주도〉 → ~갑〈제주도〉 (대우)
- 진술 2: ~을〈제주도〉 → ~병〈휴가〉
  ≡ 병〈휴가〉 → 을〈제주도〉 (대우)
- 진술 3: 병〈휴가〉

진술 3에 의해 '병〈휴가〉'가 확정이므로 이를 진술 2의 대우 '병〈휴가〉 → 을〈제주도〉'에 대입하면 '을〈제주도〉'가 확정된다. 이를 진술 1의 대우 '을〈제주도〉 → ~갑〈제주도〉'에 대입하면 '~갑〈제주도〉'가 확정된다. 따라서 제시된 진술이 모두 참일 때 반드시 참인 것은 ① '갑이 제주도 출장을 가지 않는다(~갑〈제주도〉)'이다.

② 진술 3에 의해 '병〈휴가〉'가 확정이므로 이를 진술 2의 대우 '병〈휴가〉 → 을〈제주도〉'에 대입하면 '을〈제주도〉'가 확정된다. 따라서 ② '을이 제주도 출장을 가지 않는다(~을〈제주도〉)'는 참이 아니다.

③ 진술 3에 의해 '병〈휴가〉'가 확정된다. 하지만 이를 진술 2의 대우 '병〈휴가〉 → 을〈제주도〉'에 대입하면 '을〈제주도〉'가 확정된다. 이를 진술 1의 대우 '을〈제주도〉 → ~갑〈제주도〉'에 대입하면 '~갑〈제주도〉'가 확정된다. 따라서 ③ '갑이 제주도 출장을 가고 병은 휴가를 낸다(갑〈제주도〉 ∧ 병〈휴가〉)'는 참이 아니다.

④ 진술 3에 의해 '병〈휴가〉'가 확정이므로 이를 진술 2의 대우 '병〈휴가〉 → 을〈제주도〉'에 대입하면 '을〈제주도〉'가 확정된다. 그러나 진술 3에 의해 '병〈휴가〉'가 확정이므로 ④ '을이 제주도 출장을 가고 병은 휴가를 내지 않는다(을〈제주도〉 ∧ ~병〈휴가〉)'는 참이 아니다.

07 정답 ①

해설 ① 제시된 전제를 기호화하면 다음과 같다.

- (가) 고속버스 → 승용차
- (나) 고속버스 ∧ ~KTX

(가)와 (나)를 결합하여 '(고속버스 → 승용차) ∧ ~KTX'를 도출할 수 있고, 이를 통해 '승용차 ∧ ~KTX'를 확정할 수 있다. 따라서 빈칸에 들어갈 말로 가장 적절한 것은 ① '승용차로 갈 수 있는 도시 가운데는 KTX로 갈 수 없는 도시도 있다(승용차 ∧ ~KTX)'이다.

② '승용차로 갈 수 있는 도시는 모두 고속버스로 갈 수 있다(승용차 → 고속버스)'는 (가)의 전건과 후건을 바꾼 역이다. 원래 명제가 참이더라도 그 역은 반드시 참이 아니므로, 제시된 전제를 통해 '승용차 → 고속버스'는 확정되지 않는다. 따라서 ②는 빈칸에 들어갈 말로 적절하지 않다.

2편 논리 **51**

③ (가)와 (나)를 통해 '승용차 ∧ ~KTX'가 확정되므로, '승용차로 갈 수 있는 모든 도시는 KTX로 갈 수 있다(승용차 → KTX)'는 거짓이다. 따라서 ③은 빈칸에 들어갈 말로 적절하지 않다.

④ (가)를 통해 '고속버스 → 승용차'가 확정되므로, '고속버스로 갈 수 있는 어떤 도시는 승용차로 갈 수 없다(고속버스 ∧ ~승용차)'는 거짓이다. 따라서 빈칸에 들어갈 말로 적절하지 않다.

08　　　　　　　　　　　　　　　　　정답 ④

해설 ④ 제시된 전제를 기호화하면 다음과 같다.

- 전제 1: 갑⟨글쓰기⟩ ∨ 을⟨글쓰기⟩
- 전제 2: 을⟨글쓰기⟩ → (병⟨말하기⟩ ∧ 병⟨듣기⟩)
- 전제 3: (병⟨말하기⟩ ∧ 병⟨듣기⟩) → 정⟨읽기⟩
- 전제 4: ~정⟨읽기⟩

전제 4에 의하면 '~정⟨읽기⟩'가 확정이므로 전제 3의 후건을 부정할 수 있다. 그에 따라 '~(병⟨말하기⟩ ∧ 병⟨듣기⟩)'가 성립한다. 마찬가지로 전제 2의 후건을 부정할 수 있으므로 '~을⟨글쓰기⟩'가 성립한다. '~을⟨글쓰기⟩'가 확정되므로 선언지 제거에 의해 '갑⟨글쓰기⟩'가 성립한다. 따라서 갑이 ④ ⟨글쓰기⟩를 신청한다는 것을 알 수 있다.

> **이것도 알면 합격**
>
> '후건 부정'과 '선언지 제거'
>
> **1. 후건 부정**
>
> | 개념 | 가언 명제(조건문)의 후건을 부정하여 전건의 부정을 도출하는 방법이다. |
> |---|---|
> | 논증 방법 | [전제 1] P이면 Q이다. (P → Q)
　　예 사람이면 그것은 포유류이다.
[전제 2] Q가 아니다. (~Q)
　　예 그것은 포유류가 아니다.
[결론] 따라서 P가 아니다. (~P)
　　예 따라서 그것은 사람이 아니다. |
>
> **2. 선언지 제거(선언 삼단 논법)**
>
> | 개념 | 선언 명제를 통해 결론을 도출하는 방법으로, 어느 하나의 명제를 부정하여 다른 하나를 긍정하는 방식이다. |
> |---|---|
> | 논증 방법 | [전제 1] P이거나 Q이다. (P∨Q)
　　예 해가 뜨거나 달이 뜬다.
[전제 2] P가 아니다. (~P)
　　예 해가 뜨지 않았다.
[결론] 따라서 Q이다. (Q)
　　예 따라서 달이 뜰 것이다. |

09　　　　　　　　　　　　　　　　　정답 ④

해설 ④ 제시된 진술들을 기호화하면 다음과 같다.

- 진술 1: 오 → 박 ≡ ~박 → ~오 (대우)
- 진술 2: 박 → 홍 ≡ ~홍 → ~박 (대우)
- 진술 3: ~홍 → ~공 ≡ 공 → 홍 (대우)

'진술 1'의 대우와 '진술 2'의 대우에 의하면 '~홍 → ~박 → ~오'이므로 반드시 참인 것은 ④이다.

오답분석 ① 공 주무관과 박 주무관의 관계성은 확인할 수 없으므로 ①의 진술이 참인지는 알 수 없다. 참고로, 진술 2(박 → 홍)의 역이 참인 경우(홍 → 박), 진술 3에 따라 '공 → 홍 → 박'이 참이 되어 공 주무관과 박 주무관의 관계성을 알 수 있다. 하지만 진술 2의 역이 참인지는 알 수 없다.

② 진술 1~2에 따라, 오 주무관이 회의에 참석할 경우 박 주무관과 홍 주무관도 참석함(오 → 박 → 홍)을 알 수 있다.

③ 박 주무관과 공 주무관의 관계성은 확인할 수 없으므로 ③의 진술이 참인지는 알 수 없다.

10　　　　　　　　　　　　　　　　　정답 ①

해설 ① 제시된 전제를 기호화하면 다음과 같다.

- (가) 노인복지 ∧ ~일자리
- (나) 공직 → 일자리 ≡ ~일자리 → ~공직 (대우)

(가)는 '노인복지 문제에 관심이 있는 사람 중 일부는 일자리 문제에 관심이 있는 사람이 아니다(노인복지 ∧ ~일자리)'이고, (나)의 대우는 '일자리 문제 관심이 없는 사람은 모두 공직에 관심이 없는 사람이다(~일자리 → ~공직)'이다. 이를 통해 '노인복지 문제에 관심이 있는 사람 중 일부는 공직에 관심이 있는 사람이 아니다(노인복지 ∧ ~공직)'가 도출되므로 ①은 빈칸에 들어갈 결론으로 적절하다.

오답분석 ② 제시된 전제를 벤다이어그램으로 표현했을 때, 공직에 관심이 있는 사람이 모두 노인복지 문제에 관심이 있는 경우가 있으므로 ②는 결론으로 적절하지 않다.

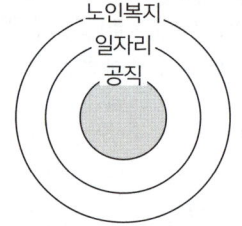

③ 제시된 전제를 벤다이어그램으로 표현했을 때, 공직에 관심이 있는 사람이 노인복지 문제에 관심이 있는 경우가 있으므로 ③은 결론으로 적절하지 않다.

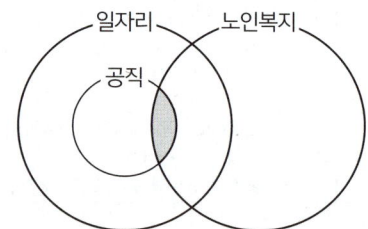

④ 제시된 전제를 벤다이어그램으로 표현했을 때, 일자리 문제에 관심이 있으면서 노인복지 문제에 관심이 없는 사람이 공직에 관심이 있는 경우가 있으므로 ④는 결론으로 적절하지 않다.

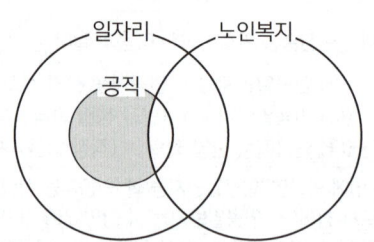

11
정답 ①

해설 ① 제시된 전제와 결론을 기호화하면 다음과 같다.

- 전제 1: 문학 → 자연
- 전제 2: 자연 ∧ 예술
- 결론: 예술 ∧ 문학

이때 결론이 도출되기 위해서는 전제 2의 '자연'을 '문학'으로 바꿀 수 있는 전제가 추가되어야 한다. '자연의 아름다움을 좋아하는 사람은 모두 문학을 좋아하는 사람(자연→문학)'이 추가되면 전제 2의 '자연'을 '문학'으로 변경해도 타당하므로 답은 ①이다.

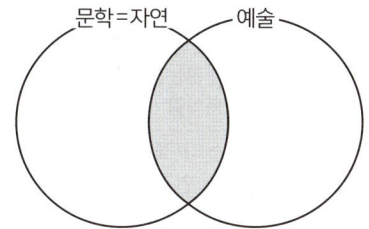

오답분석
② 전제 1에서 이미 문학을 좋아하는 사람은 모두 자연의 아름다움을 좋아한다고 제시하였으므로 ②는 적절하지 않다.

③ 전제 2와 동등한 의미를 가지므로 ③은 적절하지 않다.

④ 아래 벤다이어그램과 같이 예술을 좋아하는 사람 중 문학을 좋아하는 사람이 한 명도 없을 수 있으므로 ④는 적절하지 않다.

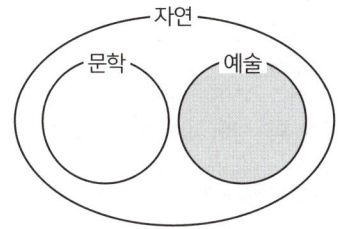

12
정답 ③

해설 ③ 제시된 진술들을 기호화하면 다음과 같다.

- 진술 1: 가은 → (나은 ∧ 다은)
  ≡ ~(나은 ∧ 다은) → ~가은 (대우)
  ≡ ~나은 ∨ ~다은 → ~가은 (드모르간 법칙)
- 진술 2: ~나은 → 라은
- 진술 3: 가은 ∨ 마은 ≡ ~가은 → 마은 (선언지 제거)

이때 진술 1의 대우에 의해 '~다은'이면 '~가은'이 도출되고, 진술 3에 의해 '~가은'이면 '마은'이 도출된다. 즉 진술 1의 대우와 진술 3의 동치를 연결하면 '~다은 → ~가은 → 마은'이 성립하며, 이는 ③ '다은이 프로젝트에 참여하거나 마은이 프로젝트에 참여한다(다은∨마은)'의 동치(~다은 → 마은)와 논리적으로 동일한 의미이다. 따라서 ③의 진술은 반드시 참이다.

오답분석
① 진술 3을 통해 가은이 프로젝트에 참여하지 않을 경우 마은이 프로젝트에 참여한다는 것을 알 수 있으나, 가은이 프로젝트에 참여하지 않을 경우에 나은의 참여 여부는 확정되지 않는다. 따라서 '가은이 프로젝트에 참여하지 않으면 나은이 프로젝트에 참여한다(~가은 → 나은)'는 ①의 진술은 반드시 참인 것이 아니다.

② 제시된 진술을 통해 다은이 참석할 경우에 마은의 참석 여부는 확정되지 않는다. 따라서 '다은이 프로젝트에 참여하면 마은이 프로젝트에 참여한다(다은 → 마은)'는 ②의 진술은 반드시 참인 것이 아니다.

④ 제시된 진술을 통해 라은이 참석할 경우에 마은의 참석 여부는 확정되지 않는다. 따라서 '라은이 프로젝트에 참여하면 마은이 프로젝트에 참여한다(라은 → 마은)'는 ④의 진술은 반드시 참인 것이 아니다.

⑤ '라은이 프로젝트에 참여하거나 마은이 프로젝트에 참여한다(라은∨마은)'는 '라은이 프로젝트에 참여하지 않으면 마은이 프로젝트에 참여한다(~라은 → 마은)'와 동치이다. 이때 진술 2의 대우를 통해 라은이 프로젝트에 참여하지 않을 경우에 나은이 프로젝트에 참여한다는 것(~라은 → 나은)을 알 수 있으나, 라은이 프로젝트에 참여하지 않을 경우에 마은의 참석 여부는 확정되지 않는다. 따라서 ⑤의 진술은 반드시 참인 것이 아니다.

이것도 알면 합격

'조건문의 동치'와 '드모르간의 법칙'

1. 조건문(가언 명제)의 동치

설명	조건문(가언 명제) 'P → Q'가 참일 경우에, 전건(P)이 참이면서 후건(Q)이 거짓인 경우는 성립하지 않는다. 이에 따라 참인 조건문 'P → Q'는 연언문 '~(P∧~Q)'와 선언문 '~P∨Q'는 진리값이 모두 같다. 이와 같이 명제 간의 진리값이 모두 같을 때, 해당 명제들은 논리적으로 동일한 의미를 갖는다. 이와 같은 관계의 명제를 동치라고 하며, 'P → Q ≡ ~(P∧~Q) ≡ ~P∨Q'와 같이 기호화할 수 있다.
기호화	· [조건문] P이면 Q이다. (P → Q) 　예 사람이면 동물이다. · [연언문] P이면서 Q가 아닌 경우는 없다. [~(P∧~Q)] 　예 사람이면서 동물이 아닌 경우는 없다. · [선언문] P가 아니거나 Q이다. (~P∨Q) 　예 사람이 아니거나 동물이다.

2. 드모르간의 법칙

설명	연언 명제(P∧Q)의 부정을 선언 명제로, 선언 명제(P∨Q)의 부정을 연언 명제로 표현할 수 있음을 정리한 법칙이다.
기호화	· ~(P∧Q) ≡ ~P∨~Q 　예 학교에 가면서 오락실에 가는 경우는 없다. 　　≡ 학교에 가지 않거나 오락실에 가지 않는다. · ~(P∨Q) ≡ ~P∧~Q 　예 학교에 가거나 오락실에 가는 경우는 없다. 　　≡ 학교에 가지 않고 오락실에 가지 않는다.

13
정답 ④

해설 ④ 전제가 참일 때 결론이 반드시 참인 논증을 펼친 사람은 '영희', '현주'이므로 답은 ④이다.

- 영희: '후건 부정'에 의해 '~갑 A부처 발령'이 도출되므로 결론이 반드시 참이다.

  - 전제1: 갑 A부처 발령 → 을 B부처 발령
  - 전제2: ~을 B부처 발령
  - 결론: ~갑 A부처 발령

- 현주: '선언지 제거법'에 의해 '을 C부처 발령 ∧ 병 B부처 발령'이 도출되므로 결론이 반드시 참이다.

  - 전제1: ~갑 A부처 발령 ∨ (을 C부처 발령 ∧ 병 B부처 발령)
  - 전제2: ~(~갑 A부처 발령)
  - 결론: 을 C부처 발령 ∧ 병 B부처 발령

오답분석 철수: '후건 긍정'을 한 결론이다. 하지만 '후건'을 긍정한다고 해서 전건이 참임이 보장되지는 않으므로 결론이 반드시 참이라고 할 수 없다.

- 전제1: 갑 A부처 발령 → 을 A부처 발령
- 전제2: 을 A부처 발령
- 결론: *갑 A부처 발령

 이것도 알면 합격!

1. 후건 부정과 후건 긍정의 오류

(1) 후건 부정: 가언 명제의 후건을 부정하여 전건의 부정을 도출하는 방식으로, 타당한 논증이다.
- 전제1: P이면 Q이다. (P → Q)
- 전제2: Q가 아니다. (~Q)
- 결론: P가 아니다. (~P)

(2) 후건 긍정의 오류: 가언 명제의 후건을 긍정하여 긍정을 도출하는 방식으로, 타당하지 않은 논증이다.
- 전제1: P이면 Q이다. (P → Q)
- 전제2: Q이다. (~Q)
- 결론: P이다. (~P)
→ 오류(P 이외의 Q를 만족하는 경우가 있을 수 있음)

2. 선언지 제거법(선언 삼단 논법)
선언 명제의 두 가지 조건 중 하나의 조건을 부정하여 다른 하나의 조건을 긍정하는 방식으로 타당한 논증이다.
- 전제1: P이거나 Q이다. (P ∨ Q)
- 전제2: P가 아니다. (~P)
- 결론: Q이다. (Q)

14
정답 ③

해설 ③ 주어진 조건을 기호화하여 정리하면 다음과 같다.
- ㄱ: ~델타
- ㄴ: 베타 ∨ 델타
- ㄷ: ~감마 → 알파
- ㄹ: 베타 → ~감마

'ㄱ'을 통해 '~델타'임을 알 수 있다. 이때, 'ㄱ'과 'ㄴ'을 결합하면 선언지 제거를 통해 'X'가 '베타'를 침공할 것임을 확정할 수 있다. '베타' 침공이 확정되었으므로, 전건 긍정에 의해 'ㄹ'의 '베타 → ~감마'에서 '~감마'가 확정된다. 이어서 '~감마'가 확정되었으므로, 전건 긍정에 의해 'ㄷ'의 '~감마 → 알파'에서 '알파' 침공이 확정된다. 정리하면 '알파', '베타', '~감마', '~델타'이다. 따라서 'X'가 침공할 행성은 ③ '알파와 베타 행성'이다.

유형 13 논증의 종류 및 오류 판단하기
문제집 p.143

01 ④　02 ④　03 ②　04 ③　05 ①
06 ①

01
정답 ④

해설 ④ 전제를 바탕으로 결론을 논증하고 다시 결론을 바탕으로 전제를 논증하는 오류는 '순환논증의 오류'에 해당하며, ④의 제시된 논증은 아래와 같이 분석할 수 있다.

(1) 그는 덕망이 높다(결론). 그는 인격자이니까(전제).
(2) 그러므로 그가 인격자인 것은(결론) 덕망이 높기 때문이다(전제).

이때 (1)에서는 '그는 인격자'라는 것을 전제로 삼아 '그는 덕망이 높다'라는 결론을 내리고 있고, (2)에서는 '그가 덕망이 높다'라는 것을 전제로 삼아 '그가 인격자'라는 결론을 내리고 있다. 즉, 해당 논증은 (1)의 결론을 (2)의 전제로 사용하고, (1)의 전제를 (2)의 결론으로 사용하는 '순환논증의 오류'를 범하고 있다. 따라서 답은 ④이다.

 ① ①은 전체인 12가 짝수이므로, 이를 구성하는 5와 7이 같은 짝수일 것이라고 추론하고 있다. 이는 부분이 전체와 같은 성질을 가지고 있다고 추론하는 분할의 오류에 해당하므로, 순환논증의 오류에 해당하는 예시로 적절하지 않다.

② ②는 '이 옷은 값이 싸다', '값이 싼 것은 쉽게 떨어진다'라는 명제를 전제로 '그러므로 이 옷은 쉽게 떨어진다'라는 결론을 도출하는 삼단 논법의 예시이다. 이는 올바른 논증이므로, 순환논증의 오류에 해당하는 예시로 적절하지 않다.

③ ③은 '김 선생의 의견도 틀렸다', '민 선생의 의견도 틀렸다'라는 부분적인 사례를 근거로 '그러므로 선생들의 의견은 틀렸다'라는 결론을 내리고 있다. 이는 대표성이 결여된 사례를 근거로 삼아 성급하게 일반화하는 성급한 일반화의 오류에 해당하므로, 순환논증의 오류에 해당하는 예시로 적절하지 않다.

02
정답 ④

해설 ④ '식이요법'과 '알코올 중독' 사이에 인과 관계가 없음에도 불구하고 마치 연관성이 있는 것처럼 혼동하고 있으므로 ④는 '원인 오판의 오류(인과 혼동의 오류)'에 해당한다. 반면, ①, ②, ③은 '미끄러운 비탈길의 오류'에 해당하므로 정답은 ④이다.
- 원인 오판의 오류(인과 혼동의 오류): 어떤 사건의 인과 관계가 없음에도 있는 것으로 혼동하거나, 단순한 선후 관계를 인과 관계로 혼동함으로써 발행하는 오류

① ② ③ 모두 '미끄러운 비탈길의 오류'에 해당한다.
- 미끄러운 비탈길의 오류(미끄러운 경사면의 오류): 미끄럼틀을 한 번 타기 시작하면 멈추지 않고 끝까지 미끄러져 내려가는 것과 같이, A라는 사건이 발생하면 B, C가 연쇄적으로 일어나 바라지 않은 결과가 일어날 것으로 생각하는 오류이다. 하지만 이때 연쇄적으로 일어나는 사건은 실제로 일어날 만한 충분한 이유가 매우 적거나 없다.

이것도 알면 **합격!**

논리적 오류의 유형

성급한 일반화의 오류	불충분한 자료, 또는 대표성이 결여된 사례 등을 근거로 삼아 성급하게 일반화함으로써 발생하는 오류
흑백 논리의 오류	어떤 주장에 대한 선택지가 두 가지밖에 없다고 생각하거나 다른 가능성이 허용됨에도 불구하고 그를 인정하지 않음으로써 발생하는 오류
원인 오판의 오류 (인과 혼동의 오류)	어떤 사건의 인과를 혼동하거나 단순한 선후 관계를 원인과 결과의 관계로 혼동함으로써 발생하는 오류
무지에의 호소	반증된 적이 없으므로 어떤 주장을 받아들여야 한다고 말하거나 증명된 적이 없으므로 어떤 결론이 타당하지 않다고 주장하는 오류
논점 일탈의 오류	논점과 관련이 없는 내용을 이야기하여 논점을 흐리는 오류
분할의 오류	부분이나 원소가 전체 또는 집합과 같은 성질을 가지고 있다고 추론함으로써 발생하는 오류
합성의 오류	부분이나 원소의 성질을 전체의 속성으로 보는 것에서 발생하는 오류
순환 논증의 오류	결론에서 주장한 내용을 다시 근거로 제시하는 오류
인신 공격의 오류	주장하는 이의 인품, 성격, 과거의 정황, 직업 등을 비난하여 그 사람의 주장이 옳지 않다고 비판하는 오류
부적합한 권위에의 호소	논점과 직접적인 상관관계가 없는 권위자의 견해를 근거로 하여 자신의 주장을 받아들이도록 하는 오류
전건 부정의 오류	참인 명제의 전건을 부정하여 후건의 부정을 결론으로 도출하는 오류
후건 긍정의 오류	참인 명제의 후건을 긍정하여 전건의 긍정을 결론으로 도출하는 오류
선언지 긍정의 오류	선언 명제로 제시된 두 명제 중 하나를 긍정하여 다른 하나의 부정을 결론으로 도출하는 오류

03 정답 ②

해설 ② <보기>는 논증의 오류 중 '의도 확대의 오류'에 해당한다. 의도 확대의 오류란, 의도하지 않은 결과에 대해 본래부터 의도가 있었다고 판단하여 발생하는 오류를 말한다. 이와 같은 논리적 오류에 해당하는 것은 ②이다.
- <보기>: 약속을 지키지 않았다는 결과에 대해 나를 사랑하지 않기 때문이라는 의도가 본래부터 있었다고 판단함
- ②: 부탁을 거절했다는 결과에 대해 나를 싫어하기 때문이라는 의도가 본래부터 있었다고 판단함

① 성급한 일반화의 오류: 제한되거나 불충분한 자료, 또는 대표성이 결여된 사례 등을 근거로 삼아 성급하게 일반화함으로써 발생하는 오류
③ 순환 논증의 오류: 결론에서 주장하는 내용을 다시 근거로 제시함으로써 발생하는 오류
④ 원칙 혼동의 오류: 일반적인 원칙을 특수한 경우에도 그대로 적용하여 발생하는 오류

04 정답 ③

해설 ③ 제시문과 ③은 모두 두 사물 간의 유사성에 근거하여 결론을 이끌어 내는 '유비 추론'의 논증 방식을 사용하였다.

- 제시문: 기존의 틀을 벗어나는 것과 운동 선수가 뜀틀을 넘는 것의 유사성에 근거하여 기존의 틀을 벗어나려면 새로운 가치가 필요하다는 결론을 이끌어 냈다.
- ③: 전선을 통한 전기의 흐름과 도관을 통한 물의 흐름의 유사성에 근거하여 큰 지름의 전선이 작은 지름의 전선보다 많은 양의 전기를 전달할 수 있을 것이라고 판단하였다.

① '연역 추론'의 논증 방식을 사용하였다.
- 미국 헌법은 미국 시민의 투표권을 보장한다. (대전제)
- 미국 여성은 미국 시민이다. (소전제)
- 그러므로 미국 헌법은 미국 여성의 투표권을 보장한다. (결론)

② '연역 추론'의 논증 방식을 사용하였다.
- 전자파가 유해하다는 것은 널리 알려진 사실이다. (대전제)
- 전자레인지는 전자파를 방출하는 대표적인 기기이다. (소전제)
- 따라서 나는 전자레인지 사용을 자제하려고 한다. (결론)

④ 동네의 박물관, 소극장, 예술의 전당과 같은 곳에서 크고 작은 문화 행사가 열렸던 경험을 통해 '문화는 우리 생활 구석구석에 스며들어 있다'라는 결론을 내린 것으로 보아 '귀납 추론'의 논증 방식을 사용하였음을 알 수 있다.

05 정답 ①

해설 ① 제시문에는 '대중(여론)에의 호소' 오류(다수가 동의한다는 점을 들어 자신의 주장에 동조하도록 하는 오류)가 나타난다. 이와 같은 종류의 오류가 나타나는 것은 ①이다.
- 제시문: SNS에서 뜨고 있다는 것을 근거로 삼아, 이 식당의 음식이 맛있을 것이라고 말한다.
- ①: 만나는 사람들마다 이야기한다는 것을 근거로 삼아, 이 식당의 음식이 괜찮을 것이라고 말한다.

② 무지에의 호소: 반증된 적이 없으므로 어떤 주장을 받아들여야 한다고 말하거나, 증명된 적이 없으므로 어떤 결론이 거절되어야 한다고 주장하는 오류
③ 부적합한 권위에의 호소: 논점과 직접적인 상관관계가 없는 권위자의 견해를 근거로 하여, 자신의 주장을 받아들이도록 하는 오류
④ 동정(연민)에의 호소: 상대방의 동정심이나 연민에 호소하여 자신의 주장을 받아들이게 하는 오류

06 정답 ①

해설 ① 제시문에는 순환 논증의 오류(결론에서 주장하는 내용을 다시 근거로 제시 하는 오류)가 나타난다. 이와 같은 종류의 오류가 나타나는 것은 ①이다.
- 제시문: 규칙적인 생활을 하고 운동을 열심히 하는 사람이 건강하다는 주장을 다시 근거로 제시함
- ①: '분열은 화합으로 극복할 수 있다'라는 주장을 다시 근거로 제시함

② 무지에의 호소: 반증된 적이 없으므로 어떤 주장을 받아들여야 한다고 말하거나, 증명된 적이 없으므로 어떤 결론이 거절되어야 한다고 주장하는 오류
③ 흑백논리의 오류: 어떤 주장에 대한 선택지가 두 가지밖에 없다고 생각하거나 다른 가능성이 허용됨에도 불구하고 그를 인정하지 않음으로써 발생하는 오류

④ 성급한 일반화의 오류: 제한되거나 불충분한 자료, 또는 대표성이 결여된 사례 등을 근거로 삼아 성급하게 일반화함으로써 발생하는 오류

유형 14 논증의 강화 및 약화 평가하기 문제집 p.147

01 ①	02 ②	03 ④	04 ③	05 ①
06 ②	07 ④	08 ④	09 ②	10 ②
11 ④	12 ②	13 ②		

01 정답 ①

해설 ① 대화에 대해 평가한 내용으로 적절한 것은 'ㄷ'이므로 답은 ① 'ㄷ'이다.

- ㄷ: 제시된 대화에서 갑은 문법 규범에 맞지 않거나 언중에게 널리 쓰인다면 사용에 문제가 없다고 주장한다. 반면 을은 문법 규범에서 어긋난 표현이 자주 쓰인다는 이유로 문법 규범으로 인정되어서는 안 된다고 주장한다. 언중이 비표준어이던 '맨날'을 자주 사용하는 현실에 따라 표준어 '만날'과 함께 '맨날'도 표준어로 인정되었다는 사실은 문법 규범에 어긋난 표현이 자주 쓰인다는 이유로 문법 규범으로 인정된 사례에 해당한다. 이는 을의 주장과 상충하므로 을의 입장을 약화한다. 따라서 ㄷ은 대화에 대한 평가로 적절하다.

오답분석
- ㄱ: '쓰여지다', '잊혀지다'와 같은 이중 피동이 사람들에게 널리 쓰이는 표현이지만 문법 규범에 맞지 않으니까 사용하지 말아야 한다는 주장은 을의 주장과 일치하므로 을의 입장을 강화한다. 그러나 이는 갑의 주장과 상충하므로 갑의 입장을 약화한다. 따라서 ㄱ은 대화에 대한 평가로 적절하지 않다.
- ㄴ: 명령문 "행복해라."가 문법 규범에 맞지 않지만 상대방이 행복하기를 바라는 기원의 의미로 널리 쓰이기 때문에 써도 된다는 주장은 문법 규범에 맞지 않는 표현이 자주 쓰이기 때문에 사용해도 된다는 갑의 주장과 일치하므로 갑의 주장을 강화한다. 따라서 ㄴ은 대화에 대한 평가로 적절하지 않다.

02 정답 ②

해설 ② 제시문에서 필자는 도시 이외의 지역에서 교사 충원율을 높이기 위해서는 도시 이외의 지역에서 근무할 수 있는 충분한 교육 환경과 사회 기반 시설을 확보할 것을 주장하고 있다. A국에서 도시 이외의 지역에 근무하던 사회 초년생들이 연봉을 낮추어서라도 도시로 이직한 주된 이유가 교통 시설의 부족 때문이었다면, 이는 교통 시설과 같은 사회 기반 시설의 부족이 인력 부족의 주요 요인이라는 필자의 주장을 뒷받침하는 사례에 해당한다. 따라서 ②는 제시문의 논지를 강화한다.

오답분석
① A국의 도시 이외 지역과 도시의 교육 환경에 별 차이가 없다는 것은 도시 이외의 지역이 도시에 비해 열악한 교육 환경을 가지고 있지 않음을 의미한다. 이는 도시 이외의 지역에서 근무할 수 있는 충분한 교육 환경을 확보해야 한다는 필자의 주장과 상충한다. 따라서 ①은 제시문의 논지를 강화하는 것이 아닌 약화한다.

③ A국과 유사한 상황이었던 B국에서 교사 연봉을 5% 인상한 후, 도시 이외 지역의 학생 1인당 교사 비율이 크게 증가한 것은 교사의 연봉 인상으로 교사 충원율을 높인 사례에 해당한다. 이는 도시 이외 지역의 교사의 연봉 인상과 같은 정책은 교사 충원율을 높이는 근본적인 해결책이 되기 어렵다는 필자의 주장과는 정반대의 결과가 나타난 것이다. 따라서 ③은 제시문의 논지를 강화하는 것이 아닌 약화한다.

④ A국과 유사한 상황이었던 C국에서 교사 양성 프로그램을 확대한 이후에 도시뿐 아니라 도시 이외의 지역에서 교사의 수가 크게 증가한 것은 교사 양성 프로그램이 교사 충원율을 높인 사례에 해당한다. 이는 교사 양성 프로그램이 도시 이외 지역의 교사 충원율을 높이는 근본적인 해결책이 되기 어렵다는 필자의 주장과는 정반대의 결과가 나타난 것이다. 따라서 ④는 제시문의 논지를 강화하는 것이 아닌 약화한다.

03 정답 ④

해설 ④ 2~3번째 줄과 8~10번째 줄에 따르면 쿤은 패러다임을 한 번도 정립하지 못한 시기는 전정상과학 시기에 해당하며, 이 시기에 해당하는 과학 분야는 과학자 모두가 제각기 연구 활동을 한다고 하였다. 이때 ④에서 패러다임이 정립된 적이 없고, 과학자들의 연구 방향 및 평가 기준이 서로 다른 사회과학 분야가 있다면, 이는 전정상과학 시기에 해당한다. 쿤에 의하면 전정상과학 시기는 과학의 발전 단계상 성숙한 수준에 도달하지 못한 시기이다. 따라서 ④는 (가)를 강화한다.

오답분석
① 제시문 4~5번째 줄에 따르면 패러다임이 교체되는 시기는 과학혁명 시기이다. 또한 끝에서 6~7번째 줄에 의하면 동일한 패러다임에 따라 과학 활동을 하는 시기는 정상과학 시기이다. 이때 ①에서 패러다임이 교체된 적이 있지만 과학자들의 연구 방향 및 평가 기준이 동일한 사회과학 분야가 있다는 것은 해당 분야가 과학혁명 시기를 지나 정상과학 시기에 접어들었음을 의미한다. 쿤에 따르면 이 두 시기에 있는 과학 분야는 모두 성숙한 수준에 도달해 있는 것이다. 따라서 ①은 (가)를 강화하지 않는다.

② 제시문 4~5번째 줄에 따르면 패러다임이 교체되는 시기는 과학혁명 시기이다. 또한 끝에서 4~6번째 줄에 의하면 과학혁명 시기의 과학자는 기존 패러다임 혹은 새 패러다임에 따라 과학 활동을 한다. 이때 ②에서 패러다임이 교체되는 중이고 과학자들의 연구 방향 및 평가 기준이 서로 다른 사회과학 분야가 있다는 것은 해당 분야가 과학혁명 시기에 있음을 의미한다. 쿤에 따르면 과학 혁명 시기는 성숙한 수준에 도달해 있는 것이다. 따라서 ②는 (가)를 강화하지 않는다.

③ 제시문 끝에서 10~11번째 줄에 따르면 어떤 과학 분야라도 패러다임을 정립하면 정상과학 시기에 들어선다고 하였다. 또한 끝에서 8~9번째 줄과 끝에서 4~6번째 줄에 의하면 정상과학 시기는 언제나 과학혁명 시기로 이어지고 과학혁명 시기의 과학자는 기존 패러다임 혹은 새 패러다임에 따라 과학 활동을 한다. 이때 ③에서 패러다임이 정립된 적이 있지만 과학자들의 연구 방향 및 평가 기준이 서로 다른 사회과학 분야가 있다는 것은 정상과학 시기에서 과학혁명 시기로 나아가고 있음을 의미한다. 쿤에 따르면 두 시기에 있는 과학 분야는 모두 성숙한 수준에 도달해 있는 것이다. 따라서 ③은 (가)를 강화하지 않는다.

04
정답 ③

해설 ③ 2문단에 의하면 인공일반지능이 개발된다면 인간이 지닌 특별하고 우월한 본질적 가치가 훼손될 것이다. 또한 이러한 인간의 본질적 가치는 어떠한 경우에도 훼손되어서는 안 되므로, 이를 훼손하는 인공일반지능의 개발은 허용될 수 없다. 따라서 이 글의 논지는 '인간의 본질적 가치를 훼손하는 인공일반지능의 개발은 허용될 수 없다'이다. 이때 현재 상용화되어 있는 대화형 인공지능이 인간의 본질적 가치를 회복하는 데 도움을 주고 있음이 입증된 것은 인공일반지능이 인간의 본질적 가치를 훼손하지 않는다는 근거가 된다. 따라서 ③은 인공일반지능의 개발이 인간의 본질적 가치를 훼손할 것이라는 주장에 반대되는 사례에 해당하므로, 제시문의 논지를 약화하는 것으로 적절하다.

① 인공일반지능의 수준에 미치지 못하는 인공지능 프로그램만으로도 많은 사람이 일자리를 잃고 소외감을 느끼고 있다는 것은 인공지능 프로그램이 인간의 본질적 가치를 훼손하고 있음을 보여 준다. 이는 인공일반지능이 인간의 본질적 가치를 훼손하므로 개발을 허용하면 안 된다는 제시문의 논지를 뒷받침하는 사례에 해당한다. 따라서 ①은 제시문의 논지를 약화하는 것으로 적절하지 않다.

② 인공지능 연구가가 인공지능 기술은 인간의 존재론적 지위에 위협이 될 것이므로 인공지능 개발 연구를 멈춰야 한다고 주장한 것은 인공일반지능이 인간의 본질적 가치를 훼손하므로 개발을 허용하면 안 된다는 글의 논지를 뒷받침하는 사례에 해당한다. 따라서 ②는 제시문의 논지를 약화하는 것으로 적절하지 않다.

④ 인공일반지능의 개발이 인간의 본질적 가치를 훼손할 가능성이 높아 개발을 허용해서는 안 된다고 응답한 유관 학회 전문가들이 압도적으로 많았다는 설문 결과는 글의 논지와 동일한 주장을 하는 전문가들이 많다는 것을 의미하므로 글의 논지를 뒷받침하는 사례에 해당한다. 따라서 ④는 제시문의 논지를 약화하는 것으로 적절하지 않다.

05
정답 ①

해설 ① ⊙은 프로젝트가 성공하는 데 있어 '유행지각', '깊은 사고', '협업'에서 모두 목표를 달성하는 것이 필수적임을 설명한다. 이때 ①은 지금까지 성공한 프로젝트가 모두 '유행지각', '깊은 사고', '협업'의 목표를 모두 달성하였다고 하였다. 이는 ⊙을 뒷받침하는 사례에 해당하므로 ⊙을 강화한다. 따라서 답은 ①이다.

② ②는 실패한 프로젝트 중에 '유행지각', '깊은 사고', '협업' 중 하나 이상에서 목표 달성에 실패한 사례를 제시하고 있다. 이는 프로젝트가 성공적이기 위해서는 반드시 '유행지각', '깊은 사고', '협업'에서 목표를 모두 달성해야 함을 의미하므로 ⊙을 강화하는 사례에 해당한다.

③ ⓒ은 '유행지각', '깊은 사고', '협업'에서 목표를 달성했다고 해서 마케팅 프로젝트가 반드시 성공한 것은 아님을 설명한다. 즉, '유행지각', '깊은 사고', '협업'이 프로젝트 성공을 위한 필요조건임은 맞으나, 충분조건은 아니라는 것이다. 이때 ③은 '유행지각', '깊은 사고', '협업' 중 하나 이상에서 목표를 달성하는 데 실패하였음에도 프로젝트는 성공한 사례를 제시하고 있다. 이는 ⓒ을 강화하는 사례가 아니다.

④ ④는 '유행지각', '깊은 사고', '협업'에서 모두 목표를 달성했으나, 프로젝트에 실패한 사례를 제시하고 있다. 이는 ⓒ을 강화하는 사례에 해당한다.

06
정답 ②

해설 ② ⊙에 의하면 고상식 건축인 소거가 움집인 혈거로부터 진전된 형태가 아니며, 혈거와 소거는 기후에 따라 다른 자연환경에 적응해 발생한 것임이라는 내용을 담고 있다.
- ㄱ: 우기에 비가 넘치는 산간 지역에 고상식 주거 건축물 유적(소거)만 발견되었다는 사례는 혈거와 소거 중 자연환경을 고려해 침해 대비에 유리한 소거를 선택한 것이므로 ⊙을 강화한다.
- ㄷ: 동시대에 고상식 건축물(소거)과 움집형 건축물(혈거)에서 생활한 집단의 유적이 발견되었다는 사례는 소거가 혈거로부터 진전된 형태가 아님을 뒷받침한다. 또한 여름에는 고상식 건축물(소거)에서, 겨울에는 움집형 건축물(혈거)에서 생활한 것은 여름에는 지열을 최소화하고 겨울에는 지열을 직접 받기 위함임을 추론할 수 있다. 이는 소거와 혈거가 기후에 따라 자연환경에 적응해 발생한 결과에 해당하므로 ⊙을 강화한다.

ㄴ: 혈거와 소거가 공존해 있는 주거 양식을 보여 주는 집단의 유적지가 발견된 사례만으로는 ⊙에서 주장하는 자연환경과 주거 양식의 관계를 설명하지 못하므로 ⊙을 강화하지 못한다.

07
정답 ④

해설 ④ '사피어-워프 가설'을 평가한 내용으로 적절한 것만을 <보기>에서 모두 고른 것은 ④ 'ㄱ, ㄴ, ㄷ'이다.
- ㄱ: ⊙에 따르면 현상에 대한 단어의 개수가 많을수록 해당 언어권의 화자들은 그 현상을 심도 있게 경험한다. 이누이트족이 영어권 화자들에 비해 눈[雪]을 가리키는 단어를 더 많이 지니고 있고, 눈을 더 넓고 섬세하게 경험한다는 것은 이러한 ⊙의 견해를 뒷받침한다. 따라서 'ㄱ'의 평가는 적절하다.
- ㄴ: ⊙에 따르면 현상에 대한 단어의 개수가 적을수록 그 현상을 심도 있게 경험하기 어렵다. 즉, 피라하족 사람들이 세 개 이상의 대상을 '많다'고 인식하는 것은 비교적 '수' 관련 단어의 수가 적어 '수'에 대해 심도 있게 경험할 수 없기 때문이다. 이는 ⊙을 뒷받침 하는 내용이므로 'ㄴ'의 평가는 적절하다.
- ㄷ: ⊙에 따르면 색채 어휘가 많은 자연언어 화자들이 색채 어휘가 적은 자연언어 화자들에 비해 색채를 구별하는 능력이 뛰어나야 한다. 그러나 'ㄷ'은 색채 어휘가 적은 자연 언어 화자들의 능력이 더 뛰어나다고 설명한다. 이는 ⊙과 맞서는 내용이므로 'ㄷ'의 평가는 적절하다.

08
정답 ④

해설 ④ 앳킨슨은 스톤헨지를 세운 사람들을 '야만인'으로 묘사하며 과학적 사고를 할 줄 모른다고 주장했다. 그러나 만약 기원전 3,000년경 인류에게 천문학 지식이 있었다는 증거가 발견되면 그들이 과학적 사고를 했다고 추론할 수 있으므로 앳킨슨의 주장은 약화될 것이다. 따라서 지문에 대한 평가로 적절한 것은 ④이다.

① 1문단 끝에서 1~3번째 줄에서 호킨스는 스톤헨지의 모양이 태양과 달의 배열을 나타낸 것이라고 했을 뿐, 스톤헨지가 제사 장소라고 하지는 않았으므로 이것이 호킨스의 주장을 강화하는지는 판단이 불가능하다.

② 1문단 2~4번째 줄에서 호일은 스톤헨지가 일종의 연산장치라고 주장했다. 스톤헨지 건설 당시의 사람들이 숫자를 사용했다면 스톤헨지가 연산장치로 쓰였을 가능성이 높아지므로 호일의 주장은 약화되지 않고 강화된다.

③ 3문단 3~5번째 줄에서 글쓴이는 스톤헨지를 세운 사람들이 수학과 천문학 지식에 대한 문자 기록이 없었다고 주장한다. 그런데 스톤헨지의 유적지에서 수학과 과학에 관련된 신석기시대 기록물이 발견된다면 글쓴이의 주장은 강화되지 않고 약화된다.

09 정답 ②

해설 ② ㉠ 「공직선거법」의 선거 방송 토론회 규정'은 여러 기준에 따라 선거 방송 토론회의 초청 대상을 제한하고 있다. 이때 ⓐ '다수 의견'은 방송 토론회의 효율적 운영을 고려할 때 ㉠은 합리적 제한이라고 보았고, ⓑ '소수 의견'은 ㉠을 소수 정당이나 정치 신인 등에 대한 자의적이고 차별적인 침해라고 보았다. 주요 후보자의 허점을 지적하고 좋은 대안을 제시해 유명해진 정치 신인이 방송 토론회에 초청받지 못한다면, 이는 차별에 해당하므로 ㉠이 합리적 제한이라고 본 ⓐ의 입장은 약화된다. 따라서 ②는 적절하다.

오답분석 ① 2문단 3~5번째 줄에 따르면, ⓐ는 초청 대상 후보자 수가 너무 많으면 제한된 시간 안에 심층적인 토론이 이루어지기 어렵다는 이유로 ㉠을 합리적 제한이라고 본다. 그런데 심층적인 토론이 이루어지지 못한 이유가 시간의 제한이나 후보자의 수와 관련이 없다면, ⓐ의 근거가 반박된다. 따라서 ⓐ의 입장은 약화되므로 ①은 적절하지 않다.

③ 2문단 끝에서 1~3번째 줄에 따르면, ⓑ는 ㉠이 소수 정당이나 정치 신인 등에 대한 자의적이고 차별적인 침해라고 보았다. 그런데 ㉠의 기준이 국민의 합의에 의해 결정되었기 때문에 자의적인 것이 아니라면 ⓑ의 입장은 약화된다. 따라서 ③은 적절하지 않다.

④ 2문단 끝에서 3~5번째 줄에 따르면, ⓑ는 ㉠이 초청 대상 후보자 토론회에 참여한 후보자와 그렇지 못한 후보자를 차별적으로 인식하게 만든다고 지적하였다. 지지율이 낮은 후보자 간의 별도 토론회를 참여했다는 이유만으로 뛰어난 정치 역량을 보여 준 후보자의 지지율이 떨어진다면, ⓑ의 견해를 뒷받침하는 예시가 된다. 따라서 ⓑ의 입장은 강화되므로 ④은 적절하지 않다.

⑤ 2문단 끝에서 5~7번째 줄에 따르면, ⓑ는 ㉠이 가장 효과적인 선거 운동의 기회를 일부 후보자에게서 박탈하며, 유권자에게도 모든 후보자를 동시에 비교하지 못하게 한다고 비판한다. 하지만 유권자들이 뛰어난 역량을 가진 소수 정당 후보자를 주요 후보자들과 동시에 비교할 수 있는 가장 효율적인 방법이 선거 방송 초청 대상 후보자 토론회라면, ⓑ의 근거가 뒷받침된다. 따라서 ⓑ의 입장은 강화되므로 ⑤는 적절하지 않다.

10 정답 ②

해설 ② 갑~병에 대한 평가로 적절한 것은 ② 'ㄱ, ㄷ'이다.
- ㄱ: '갑'은 '우리 엄마'라는 표현이 형제가 아닌 화자와 청자가 공유하는 엄마를 지칭하므로 이상한 표현이라고 설명한다. 즉 '우리'를 화자와 청자 모두 포함하는 개념으로 인식하는 것이다. 따라서 ㄱ은 '갑'의 견해에 대한 평가로 적절하다.
- ㄷ: '병'은 '우리 동네'라는 표현을 사용하는 것은 동네를 공유하는 공동체가 존재하기 때문이라고 설명한다. ㄷ은 '무인도'에서 혼자 살아온 사람이 그 섬을 '우리 마을'이라고 말하면 어색하게 느껴진다고 했는데, '병'의 의견에 따르면 이는 '무인도'를 공유하는 공동체가 존재하지 않기 때문이다. 이렇듯 ㄷ의 설명이 '병'의 입장을 약화한다고 볼 수 없기에 ㄷ은 '병'의 견해에 대한 평가로 적절하다.

오답분석 ㄴ: '을'은 청자가 사는 동네와 화자가 사는 동네가 다른 경우에도 '우리 동네'라는 표현을 쓸 수 있다고 말하면서 '우리 엄마'의 경우에도 마찬가지라고 설명한다. 이는 화자와 청자의 엄마가 동일한 경우뿐만 아니라 다른 경우에도 '우리 엄마'라는 표현을 쓸 수 있다는 의미이다. 즉, '을'은 '우리'라는 표현이 화자만 포함하는 것도 가능하다고 하였을 뿐 청자를 배제해야만 한다는 견해는 아니므로 ㄴ은 '을'의 견해에 대한 평가로 적절하지 않다.

11 정답 ④

해설 ④ A와 B의 주장에 대한 평가로 적절한 것은 ④ 'ㄱ, ㄴ, ㄷ'이다.
- ㄱ: 3문단에 따르면 A는 자기중심적 언어 이전(출생~약 2세까지)의 아이는 '환상적 사고' 단계에 머물러 있으며, 자신과 대상 세계를 구분하지 못하여 의사소통 행위가 불가능하다고 주장한다. 반면 B는 자기중심적 언어 이전(출생 이후 약 2세까지)의 상호작용을 의사소통 행위로 판단하므로 ㄱ의 평가는 적절하다.
- ㄴ: 1문단 끝에서 1~2번째 줄에 따르면 A는 8세경에 학령이 되면서 자기중심적 언어가 소멸한다고 주장한다. 반면 2문단 끝에서 1~4번째 줄에 따르면 B는 자기중심적 언어가 학령이 되면서 소멸하는 게 아니라 내면화되어 내적 언어를 구성한다고 하였다. 따라서 ㄴ의 평가는 적절하다.
- ㄷ: 1문단 끝에서 1~2번째 줄에 따르면 A는 '8세경'에 학령이 되면서 자기중심적 언어가 소멸하고 사회적 언어의 단계로 진입한다고 주장한다. 반면 3문단 끝에서 1~4번째 줄에 따르면 B는 '출생 이후 약 2세까지'의 의사소통 행위가 대화적 상호작용의 일종으로, 사회적 언어를 통해 수행된다고 하였다. 이를 통해 '사회적 언어'의 단계로 진입하는 시기에 대한 A와 B의 견해가 다르다는 것을 알 수 있으므로 ㄷ의 평가는 적절하다.

12 정답 ②

해설 ② B 가설에 따르면 주류 언론에서 상대적 소외감을 더 크게 느끼는 이념적 성향이 소셜미디어를 대안 매체로서 더 주도적으로 활용한다. 따라서 갑국의 주류 언론이 보수적 이념 성향이 강하다면 이는 진보 성향이 주류 언론에서 상대적 소외감을 더 크게 느껴 대안 매체의 활용가치를 더 크게 느낀다는 것이고, 실제로 갑국은 소셜미디어 상에서 진보 성향의 견해들이 두드러지게 나타난다고 했으므로 B 가설을 강화한다.

오답분석 ① A 가설에 따르면 소셜미디어 상에서 진보 성향의 견해들이 두드러지게 나타나는 이유는 진보 이념에서 중시하는 참여 민주주의의 가치가 소셜미디어의 특징과 잘 부합하기 때문이다. 즉, 진보 성향을 가진 사람들이 소셜미디어를 더 자주 이용한다는 것이다. 따라서 을국의 경우 트위터 사용자들이 진보 성향보다 보수 성향이 많았다는 사실은 A 가설을 약화한다.

③ A 가설은 갑국의 소셜미디어 사용자들의 다수가 진보적인 젊은 유권자라고 설명하고 있으나 B 가설은 주류 언론에 대해 소외된 집단이 소셜미디어를 주도적으로 활용할 가능성이 높다고 설명하고 있으므로 갑국의 젊은 사람들 중에 진보 성향의 비율이 높다는 사실은 A 가설은 강화하지만, B 가설과는 무관하다.

④ A 가설은 진보 성향과 소셜미디어의 특징이 잘 부합하기 때문에 진보 성향을 가진 사람들이 소셜미디어를 더 자주 이용한다는 것이고, B 가설은 주류 언론에 대해 상대적 소외감을 느끼는 집단이 소셜미디어를 활용한다는 것이다. 갑국에서 주류 언론보다 소셜미디어의 영향력이 강하다는 사실은 소셜미디어가 상대적 소외감을 느끼는 집단의 매체가 아니라는 것이므로 B 가설은 약화하고, A 가설과는 무관하다.

⑤ A 가설은 시민들의 정치 활동을 지지하고 참여 경향이 강한 진보 성향과 소셜미디어의 특징이 잘 부합하기 때문에 진보 성향을 가진 사람들이 소셜미디어를 더 자주 이용한다는 것이고, B 가설은 주류 언론에 대해 상대적 소외감을 느끼는 집단이 소셜미디어를 활용한다는 것이다. 갑국에서 정치 활동을 많이 하는 사람들이 소셜미디어를 더 많이 사용한다는 사실은 A 가설은 강화하고 B 가설과는 무관하므로 약화하지 않는다.

13 정답 ②

해설 ② ㄷ: 글의 논지는 토론의 자유가 보장되어야만 틀린 의견과 옳은 의견을 대비시킴으로써 잘못된 생각과 관행을 고치고 진리를 드러낼 수 있다는 것이다. 갈릴레오의 저서가 금서가 된 것은 저서를 읽고 토론할 수 있는 자유가 박탈된 것이므로 이에 따라 천문학의 과오를 드러내고 진리를 찾을 기회가 한동안 박탈되었다는 것은 글의 논지를 강화한다.

오답분석 ㄱ: 글의 논지는 토론의 자유가 보장되어야만 잘못된 관행을 고칠 수 있다는 것이다. 따라서 축적된 화재 사고 기록들에 대해 어떠한 토론도 이루어지지 않았음에도 불구하고 화재 사고를 잘 예방하였다는 것은 토론을 하지 않아도 잘못된 관행을 고칠 수 있다는 것이므로 글의 논지를 약화한다.

ㄴ: 글의 논지는 토론을 통해 틀린 의견과 옳은 의견을 대비시킴으로써 진리를 드러낼 수 있다는 것이다. 따라서 사람들의 의견 표출을 억누르지 않는 사회에서 사람들이 가짜 뉴스를 더 많이 믿었다는 것은 토론이 오히려 진리를 찾는 것을 방해했다는 것이므로 글의 논지를 약화한다.

3편 | 문법 / 어휘

유형 15 문법 개념을 활용해 추론하기 문제집 p.157

01 ①	02 ①	03 ②	04 ②	05 ①
06 ⑤	07 ④	08 ④	09 ④	10 ③
11 ③	12 ②	13 ④	14 ④	15 ⑤
16 ③	17 ②	18 ②	19 ②	20 ②
21 ④	22 ①	23 ④	24 ①	25 ④
26 ③				

01
정답 ①

해설 ① 같은 언어 안에도 다양한 방언 형태가 존재한다는 것은 언어의 자의성을 보여주는 사례이다. 제시문에 따르면 언어의 자의성은 언어의 형식인 말소리와 언어의 내용인 의미 간에는 필연적 관계가 없다는 특성이다. 다양한 방언의 형태가 존재한다는 것은 같은 대상이나 개념을 지역이나 사회 계층에 따라 다른 말소리로 표현하는 것을 의미하므로 언어의 자의성을 보여준다. 따라서 ①의 추론은 적절하다.

오답분석 ② 제시문에 따르면 언어의 사회성은 형식과 내용의 관계에 대한 사회적 약속이 한번 정해지면 개인이 쉽게 바꿀 수 없다는 특성이다. 가족과 직장 동료에게 다른 표현을 사용하는 것은 상황과 대화 상대에 따라 언어 사용이 달라지는 현상으로, 언어의 사회성과는 직접적인 관련이 없다. 따라서 ②의 추론은 적절하지 않다.

③ 제시문에 따르면 언어의 역사성은 언어가 시간의 흐름에 따라 사회 구성원이 바뀌면서 끊임없이 변화한다는 특성이다. 유명인이 만든 유행어가 시간이 지나도 표준어로 인정되지 않는 것은 언어의 역사성과 직접적인 관련이 없다. 따라서 ③의 추론은 적절하지 않다.

④ 제시문에 따르면 언어의 추상성은 수많은 구체적 대상이 가진 공통적인 속성을 하나의 언어 형식으로 개념화하여 표현하는 특성이다. 줄임말의 생성은 기존 언어 형식을 간소화하거나 축약하는 현상으로, 대상의 공통적 속성을 개념화하는 언어의 추상성과는 직접적인 관련이 없다. 따라서 ④의 추론은 적절하지 않다.

이것도 알면 합격
언어의 특징

기호성	언어는 음성과 뜻이 결합하여 나타나는 기호 체계임
자의성	언어의 의미(내용)와 말소리(형식) 사이에는 필연적인 관계가 없음
사회성	어떤 말소리에 일정한 뜻이 주어진 후에는 그 언어를 사용하는 사람들 사이에서 사회적 약속으로 굳어진 것이므로 개인이 임의로 바꿀 수 없음
역사성	언어는 시간이 지나면서 새로 만들어지기도 하고(생성), 변하기도 하며(발전), 없어지기도 함(소멸)
분절성	언어는 여러 단위로 나누어지거나 결합할 수 있음. 또한 언어는 외부 세계를 반영할 때, 있는 그대로를 반영하지 않고 연속적으로 이루어져 있는 세계를 불연속적인 것처럼 끊어서 표현함
추상성	'추상(抽象)'이란 서로 다른 개별적이고 구체적인 대상으로부터 공통적인 요소를 뽑아 일반적인 개념으로 파악하는 것임. 대부분의 단어들은 상당한 수준의 추상화 과정을 거쳐 형성된 개념을 전달함
규칙성	언어에는 일정한 규칙인 문법이 있음
창조성	언어는 상황에 따라 새로운 말들을 만들어 표현할 수 있음

02
정답 ①

해설 ① 1문단 1~2번째 줄을 통해 언어의 형식적 요소에는 '음운', '형태', '통사' 세 가지가 있으며, 내용적 요소에는 '의미' 한 가지가 있음을 알 수 있다. 따라서 언어에는 형식적 요소가 내용적 요소보다 다양함을 알 수 있다.

오답분석 ② 2문단 1~3번째 줄에 의하면 언어학은 말소리 탐구, 문법 탐구, 의미 탐구로 나눌 수 있는데, 음운론, 문법론, 의미론은 서로 관련이 있다. 이때 1문단 4~5번째 줄에서 문법론은 형태론과 통사론을 포괄한다고 하였으므로 언어의 형태 탐구와 의미 탐구는 관련이 있음을 알 수 있다.

③ 2문단 4~8번째 줄에서 화자와 청자 각각의 측면에 따른 의사소통 과정(단계)에 대해 설명하고 있다. 화자의 측면에서는 '의미론 → 문법론 → 음운론'의 과정으로 의사소통이 작용하는 반면, 청자의 측면에서는 이와 반대 방향인 '음운론 → 문법론 → 의미론'의 과정으로 작용함을 알 수 있다. 또한 1문단 마지막 문장에서 언어의 형식을 중심으로 탐구하는 것은 음운론과 문법론이며, 언어의 내용을 중심으로 탐구하는 것은 의미론이라고 설명하고 있다. 즉 화자의 측면에서 보았을 때 의사소통의 과정은 '언어의 내용(의미)을 언어의 형식(문법, 음운)으로 전환'하는 것이며, 청자의 측면에서는 '언어의 형식(문법, 음운)을 언어의 내용(의미)으로 전환'하는 과정으로 이해할 수 있을 뿐이다. ③에서 제시한 것처럼 '언어의 형식을 소리로 전환하는 것'에 대한 의사소통 과정은 제시문에서 확인할 수 없으므로, ③의 설명은 적절하지 않다.

④ 2문단 3~6번째 줄에 의하면 발화의 전달 과정에서 화자와 청자 모두 문법론(형태론 및 통사론 포괄)을 거침을 알 수 있다. 따라서 언어를 발신하고 수신하는 과정에서 통사론이 활용되지 않는다는 ④의 설명은 적절하지 않다.

03
정답 ②

해설 ② 1문단에 따르면 이중모음 'ㅢ'는 첫음절 이외의 음절에서 나타나는 경우 두 번째 원칙에 따라 [ㅢ]로 발음하는 것이 원칙이나, 단모음 [ㅣ]로도 발음할 수 있다. 이때 '거의'에서 '의'는 첫음절 이외의 음절에서 'ㅢ'가 나타났으므로, 두 번째 원칙에 따라 [ㅢ]로 발음하는 것이 원칙이나, 단모음 [ㅣ]로도 발음할 수 있다. 따라서 '거의'는 [거의], [거이]의 두 가지 발음이 가능하므로, '거의'가 한 가지로만 발음이 가능하다는 ②의 추론은 적절하지 않다.

오답분석 ① 1문단에 따르면 이중모음 'ㅢ'는 조사로 나타나는 경우 세 번째 원칙에 따라 [ㅢ]로 발음하는 것이 원칙이나, 단모음 [ㅔ]로도 발음할 수 있다. 또한 2문단에 따르면 두 번째와 세 번째 원칙이 충돌하는 경우 세 번째 원칙을 따른다. 이때 '꽃의'에서 'ㅢ'는 첫음절 이외의 음절에서 나타났으므로 두 번째 원칙에 따라 [ㅢ]와 [ㅣ]로 발음할 수도 있고, 조사 '의'에 해당하므로 세 번째 원칙에 따라 [ㅢ]와 [ㅔ]로 발음할 수도 있다. 이는 두 번째 원칙과 세 번째 원칙이 충돌하는 경우이므로, 세 번째 원칙을 적용해야 한다. 따라서 '꽃의'는 [꼬츼], [꼬체]의 두 가지 발음이 가능하므로 ①의 추론은 적절하다.

③ 1문단에 따르면 이중모음 'ㅢ'는 첫음절 이외의 음절에서 나타나는 경우 두 번째 원칙에 따라 [ㅣ]로 발음하는 것이 원칙이나, 단모음 [ㅣ]로도 발음할 수 있다. 또한 2문단에 따르면 앞 음절의 받침이 뒤 음절의 초성으로 오게 되는 경우에는 두 번째 원칙이 적용된다. 이때 '편의점'에서 '의'는 첫음절 이외의 음절에서 '의'가 나타났으며, 앞 음절 '편'의 받침 'ㄴ'이 뒤 음절의 초성으로 나타나므로 두 번째 원칙을 적용해야 한다. 따라서 '편의점'은 [펴늬점], [펴니점]의 두 가지 발음이 가능하므로, ③의 추론은 적절하다.

④ 1문단에 따르면 이중모음 'ㅢ'는 초성이 자음인 경우 첫 번째 원칙에 따라 단모음 [ㅣ]로 발음해야 한다. 이때 '띄고'에서 'ㅢ'는 자음 'ㄸ'를 음절의 초성으로 가지고 있으므로 첫 번째 원칙에 따라 [ㅣ]로 발음해야 한다. 따라서 '띄고'는 [띠고]의 한 가지 발음만 가능하므로, ④의 추론은 적절하다.

> **이것도 알면 합격**
> 이중 모음 'ㅢ'

경우	발음	예
자음을 첫소리로 가지는 음절의 'ㅢ'	원칙: [ㅣ]	· 늴리리[닐리리] · 희망[히망] · 띄어쓰기[띠어쓰기]
단어의 첫음절 이외의 '의'	· 원칙: [ㅢ] · 허용: [ㅣ]	· 주의[주의/주이] · 신의(信義)[시늬/시:니]
조사 '의'	· 원칙: [ㅢ] · 허용: [ㅔ]	· 우리의[우리의/우리에] · 강(江)의[강의/강에]

04 정답 ②

해설 ② ㉠ '꽃잎[꼰닙]'은 음운의 첨가('ㄴ' 첨가)가 일어났음을 알 수 있으나 ㉡ '맏며느리[만며느리]'는 음운의 첨가가 일어나지 않았다. 따라서 ②는 적절하지 않다.

· ㉠ 꽃잎[꼰닙]('ㄴ' 첨가, 음절 끝소리 규칙, 비음화): '꽃잎'은 '꽃'과 '잎'이 결합한 합성어로, 앞 단어의 끝이 자음이고 뒤 단어의 첫 음절이 '이'로 시작하는 실질 형태소이므로 'ㄴ'이 첨가된다. 또한 음절 끝소리 규칙에 의해 받침 'ㅊ'과 'ㅍ'이 각각 [ㄷ]과 [ㅂ]으로 교체되며, 첨가된 'ㄴ'의 영향으로 [ㄷ]이 [ㄴ]으로 바뀌는 비음화가 일어난다.
· ㉡ 맏며느리[만며느리](비음화): 받침 'ㄷ'이 'ㅁ'의 영향을 받아 [ㄴ]으로 교체되는 비음화가 일어난다.

오답분석 ① ㉠~㉣ 모두 음운의 교체 현상이 나타난다.
· ㉠ 꽃잎[꼰닙](음절 끝소리 규칙, 비음화)
· ㉡ 맏며느리[만며느리](비음화)
· ㉢ 닫혔다[다쳗따](음절 끝소리 규칙, 된소리되기)
· ㉣ 넓죽하다[넙쭈카다] (된소리되기)

③ ㉢ '닫혔다[다쳗따]'에는 음운의 축약(자음 축약)이 일어났으므로 적절하다.

· ㉢ 닫혔다[다쳗따](음절 끝소리 규칙, 자음 축약, 구개음화, 된소리되기): 음절 끝소리 규칙에 의해 받침 'ㅆ'이 [ㄷ]으로 교체되고, '닫-'의 받침 'ㄷ'이 'ㅎ'과 만나 [다톋다]로 발음되는 자음 축약이 일어나며, 'ㅌ'이 모음 'ㅕ'와 만나 [ㅊ]으로 교체되는 구개음화가 일어난다. 또한 안울림소리 [ㄷ]과 [ㄷ]이 만나 뒤의 [ㄷ]이 [ㄸ]으로 바뀌는 된소리되기가 일어난다. 참고로 시험에서 '닫혔다[다쳗다]'로 출제되었으나, '져, 쪄, 쳐'는 [저, 쩌, 처]로 발음하므로 '닫혔다'는 [다쳗따]로 발음해야 한다.

④ ㉣ '넓죽하다[넙쭈카다]'에는 음운의 탈락(자음군 단순화)과 음운의 축약(자음 축약)이 일어났으므로 적절하다.

· ㉣ 넓죽하다[넙쭈카다](자음군 단순화, 된소리되기, 자음 축약): 받침 'ㄼ'에서 'ㄹ'이 탈락하는 자음군 단순화가 일어나고 받침의 안울림소리 [ㅂ]과 안울림소리 [ㅈ]이 만나 뒤의 [ㅈ]이 [ㅉ]으로 바뀌는 된소리되기가 일어난다. 또한 '죽'의 받침 'ㄱ'이 뒤 음절의 첫소리 'ㅎ'과 만나 [ㅋ]으로 축약되는 자음 축약이 일어난다.

> **이것도 알면 합격**
> 음운 변동의 유형

교체 (대치)	원래의 음운이 다른 음운으로 바뀜 예 음절의 끝소리 규칙, 자음 동화, 구개음화, 모음 동화, 된소리되기
탈락	원래 있던 음운이 없어짐 예 'ㄹ' 탈락, 'ㅎ' 탈락, 'ㅡ' 탈락, 동음 탈락, 자음군 단순화
축약	두 개의 음운이나 음절이 하나의 음운이나 음절로 합쳐짐 예 자음 축약, 모음 축약
첨가	이미 있는 것에 새로운 음운이 덧붙음 예 'ㄴ' 첨가

05 정답 ①

해설 ① '혼합약'은 어근 '혼합(混合)'과 어근 '약(藥)'으로 이루어진 합성어이며 앞 단어의 끝이 자음 'ㅂ'이고 뒤 단어 첫 음절이 '야'이므로 'ㄴ' 음을 첨가하여 발음한다. 또한 'ㅂ'이 'ㄴ'과 만나 비음 [ㅁ]으로 바뀌어 [혼:함냑]으로 발음해야 하므로 표기대로 발음할 수 없다. 따라서 ㉠에 해당하는 예로 적절하지 않다.

오답분석 ② '휘발유'는 어근 '휘발(揮發)'과 접미사 '-유(油)'로 이루어진 파생어이다. 앞 단어 끝이 자음 'ㄹ'이고 접미사의 첫 음절이 '유'이므로 'ㄴ' 음을 첨가하여 발음한다. 이때 'ㄹ' 받침 뒤에 첨가되는 'ㄴ' 음은 [ㄹ]로 발음하므로 [휘발류]로 발음한다. 따라서 ㉡에 해당하는 예로 적절하다.

③ 두 단어 '열'과 '여덟'을 이어서 한 마디로 발음하는 경우 'ㄴ' 음을 첨가하여 발음한다. 이때 유음화에 의해 받침 'ㄹ' 뒤 'ㄴ'음은 [ㄹ]로 발음하므로 [열려덜]로 발음한다. 따라서 ㉢에 해당하는 예로 적절하다. 참고로 '열여덟'을 한 단어로 볼 경우 연음하여 [여려덜]로 발음할 수 있다.

④ '등용문'은 어근 '등(登)'과 어근 '용문(龍門)'이 결합하여 이루어진 합성어이다. 앞 단어의 끝이 자음 'ㅇ'이고 뒤 단어가 '요'이지만 'ㄴ' 음을 첨가하여 발음하지 않고, [등용문]으로 발음한다. 따라서 ㉣에 해당하는 예로 적절하다.

> **이것도 알면 합격**
> 'ㄴ' 음이 첨가되지 않는 경우
>
> 「표준 발음법」 제29항에 따르면 합성어 및 파생어에서, 앞말이 자음으로 끝나고 뒷말이 '이, 야, 여, 요, 유'로 시작하는 경우에는, 뒷말을 [니, 냐, 녀, 뇨, 뉴]로 발음해야 한다. 다만, 다음과 같은 단어에서는 'ㄴ(ㄹ)' 음을 첨가하여 발음하지 않는다.
>
> 예
> · 6·25[유기오] · 3·1절[사밀쩔] · 8·15[파리로]
> · 송별-연[송:벼련] · 등-용문[등용문] · 절약[저략]
> · 월요일[워료일] · 목요일[모교일] · 금요일[그묘일]

06 정답 ⑤

⑤ · '버들잎[버들입 → 버들닙 → 버들립]'은 '잎'의 받침 'ㅍ'이 음절 말에서 [ㅂ]으로 바뀌는 교체(음절의 끝소리 규칙)가 나타난다. 그리고 [입]에 모음 'ㅣ' 앞에서 'ㄴ'이 덧나는 첨가('ㄴ' 첨가)가 나타나고 [ㄴ]이 유음 'ㄹ'을 만나 유음 [ㄹ]로 발음되는 교체(유음화)가 나타난다. 따라서 교체가 두 번, 첨가가 한 번 일어난다.

· '덧입어[덛이버 → 덛니버 → 던니버]'는 '덧'의 받침 'ㅅ'이 음절 말에서 'ㄷ'으로 바뀌는 교체(음절의 끝소리 규칙)가 나타나고, '입'에 모음 'ㅣ' 앞에서 'ㄴ'이 덧나는 첨가('ㄴ' 첨가)가 나타난다. 또한, [ㄷ]이 비음 [ㄴ]을 만나 비음 [ㄴ]으로 발음되는 교체(비음화)가 나타난다. 따라서 교체가 두 번, 첨가가 한 번 일어난다.

오답분석
① · '재밌는[재믿는 → 재민는]'은 '밌'의 받침 'ㅆ'이 음절 말에서 [ㄷ]으로 바뀌는 교체(음절의 끝소리 규칙)가 나타나고 [ㄷ]이 비음 'ㄴ'을 만나 비음 [ㄴ]으로 발음되는 교체(비음화)가 나타난다. 따라서 교체가 두 번 일어난다.

· '얽매는[억매는 → 엉매는]'은 '얽'의 받침 'ㄺ'에서 'ㄹ'이 사라지는 탈락(자음군 단순화)이 나타나고 [ㄱ]이 비음 'ㅁ'을 만나 비음 [ㅇ]으로 발음되는 교체(비음화)가 나타난다. 따라서 교체가 한 번, 탈락이 한 번 일어난다.

② · '불이익[불니익 → 불리익]'은 '이'에 모음 'ㅣ' 앞에서 'ㄴ'이 덧나는 첨가('ㄴ' 첨가)가 나타나고 [ㄴ]이 유음 'ㄹ'을 만나 유음 [ㄹ]로 발음되는 교체(유음화)가 나타난다. 따라서 교체가 한 번, 첨가가 한 번 일어난다.

· '견인력[겨닌녁]'은 '력'에 'ㄹ'이 [ㄴ]으로 바뀌는 교체('ㄹ'의 비음화)가 나타난다. 따라서 교체가 한 번 일어난다.

③ · '똑같이[똑갇이 → 똑가치]'는 '똑'의 받침 'ㄱ' 뒤의 'ㄱ'이 [ㄲ]으로 바뀌는 교체(경음화)가 나타나고, '같'의 받침 'ㅌ'이 모음 'ㅣ'를 만나 [ㅊ]으로 바뀌는 교체(구개음화)가 나타난다. 따라서 교체가 두 번 일어난다.

· '파묻힌[파무틴 → 파무친]'은 '묻'의 받침 'ㄷ'이 'ㅎ'을 만나 [ㅌ]로 바뀌는 축약(자음 축약)이 나타나고, [ㅌ]이 모음 'ㅣ'를 만나 [ㅊ]로 발음되는 교체(구개음화)가 나타난다. 따라서 교체가 한 번, 축약이 한 번 일어난다.

④ · '읊조려[읊조려 → 읊쪼려 → 읍쪼려]'는 '읊'의 받침 'ㄿ'의 'ㅍ'이 음절 말에서 [ㅂ]으로 바뀌는 교체(음절 끝소리 규칙)가 나타나고, 받침 [ㄿ]의 [ㅂ]에 의해 뒤의 'ㅈ'이 [ㅉ]로 바뀌는 교체(경음화)가 나타나고, 받침 [ㄿ]의 [ㄹ]이 사라지는 탈락(자음군 단순화)이 나타난다. 따라서 교체가 두 번, 탈락이 한 번 일어난다.

· '겉늙어[걷늘거 → 건늘거]'는 '겉'의 받침 'ㅌ'이 음절 말에서 [ㄷ]으로 바뀌는 교체(음절의 끝소리 규칙)가 나타나고 [ㄷ]이 비음 'ㄴ'을 만나 비음 [ㄴ]으로 발음되는 교체(비음화)가 나타난다. 따라서 교체가 두 번 일어난다.

07 정답 ④

해설 ④ ⓓ의 '안겨라'를 분석하면, '안- + -기- + -어라'가 된다. 이때 '안-'은 어간이고, '-기-'는 피동 접미사이기 때문에 된소리되기가 일어나지 않는다. 따라서 '안겨라'의 'ㄴ'과 'ㄱ'이 어미끼리 결합하면서 이어진 소리라는 ④는 [A]에 들어갈 말로 적절하지 않다.

오답분석

① ⓐ의 '푼다'를 분석하면, '풀- + -ㄴ다'가 된다. 종결 어미인 '-ㄴ다'에서 'ㄴ'과 'ㄷ'이 모두 어미에 속해 있는 소리이기 때문에 ①은 [A]에 들어갈 말로 적절하다.

② ⓑ의 '여름도'는 체언인 '여름'에 조사인 '도'가 결합한 것이다. 'ㅁ'과 'ㄷ'이 체언과 조사가 결합하면서 이어진 소리이기 때문에 ②는 [A]에 들어갈 말로 적절하다.

③ ⓒ의 '잠가'를 분석하면, '잠그- + -아'가 된다. 'ㅁ'과 'ㄱ'은 모두 하나의 형태소인 '잠그-' 안에 속해 있는 소리이기 때문에 ③은 [A]에 들어갈 말로 적절하다.

⑤ ⓔ의 '큰지'를 분석하면, '크- + -ㄴ지'가 된다. 어미인 '-ㄴ지'에서 'ㄴ'과 'ㅈ'은 모두 어미에 속해 있다. 이 둘은 어간과 어미가 결합하면서 이어진 소리는 아니기 때문에 ⑤는 [A]에 들어갈 말로 적절하다.

이것도 알면 합격
된소리되기의 개념과 조건

개념	'ㄱ, ㄷ, ㅂ, ㅅ, ㅈ'과 같은 예사소리가 'ㄲ, ㄸ, ㅃ, ㅆ, ㅉ'과 같은 된소리로 바뀌는 음운 변동 현상
된소리되기의 조건	1. 안울림소리와 안울림소리가 만날 때, 뒤의 예사소리가 된소리로 바뀜 예 옷고름[옫꼬름], 옆집[엽찝] 2. 용언 어간의 끝소리가 'ㄴ, ㅁ'일 때, 뒤의 예사소리가 된소리로 바뀜 예 · 껴안다[껴안따], 앉고[안꼬] 　　· 더듬지[더듬찌], 젊지[점찌] 3. 용언 어간의 끝소리가 'ㄹ' 혹은 관형사형 '-ㄹ'일 때, 뒤의 예사소리가 된소리로 바뀜 예 · 핥다[할따], 넓게[널께] 　　· 갈 데가[갈떼가], 할 것을[할꺼슬] 4. 한자어에서 'ㄹ' 받침 뒤에 연결되는 자음 'ㄷ, ㅅ, ㅈ'은 된소리로 바뀜 예 갈등[갈뜽], 일시[일씨], 발전[발쩐]

08 정답 ④

해설 ④ '겉늙다[걷늑따 → 건늑따]'에서는 음절의 끝소리 규칙에 의해 '겉'의 받침 'ㅌ'이 음절 말에서 [ㄷ]으로 바뀐 후, 비음화에 의해 [ㄷ]이 'ㄴ'의 영향을 받아 [ㄴ]으로 바뀐다. 따라서 '겉늙다[건늑따]'는 음절의 끝소리 규칙이 적용된 후 비음화 현상이 적용된 것이다.

오답분석
① '밖만[박만 → 방만]'에서는 음절의 끝소리 규칙에 의해 '밖'의 받침 'ㄲ'이 음절 말에서 [ㄱ]으로 바뀐 후, 비음화에 의해 [ㄱ]이 'ㅁ'의 영향을 받아 [ㅇ]으로 바뀐다. 따라서 '밖만[방만]'은 음절의 끝소리 규칙이 적용된 후 비음화 현상이 적용된 것이다.

② '폭넓다[퐁널따]'에서는 비음화에 의해 'ㄱ'이 'ㄴ'의 영향을 받아 [ㅇ]으로 바뀐다. 즉, '폭'의 'ㄱ'은 원래 [ㄱ]으로 발음되는 것이고, 음운 변동의 결과로 발음이 [ㄱ, ㄷ, ㅂ]으로 바뀌는 것이 아니다.

③ '값만[갑만 → 감만]'에서는 자음군 단순화에 의해 '값'의 받침 'ㅄ'이 음절 말에서 'ㅅ'이 탈락해 [ㅂ]만 남은 후, 비음화에 의해 [ㅂ]이 'ㅁ'의 영향을 받아 [ㅁ]으로 바뀐다. 따라서 '값만[감만]'은 자음군 단순화가 적용된 후 비음화 현상이 적용된 것이다.

⑤ '호박잎[호박닙 → 호방닙]'에서는 'ㄴ' 첨가에 의해 [입]에 'ㄴ'이 추가되고, 비음화에 의해 '박'의 'ㄱ'이 'ㄴ'의 영향을 받아 [ㅇ]으로 바뀐다. 따라서 '호박잎[호방닙]'은 'ㄴ' 첨가가 적용된 후 비음화 현상이 적용된 것이다.

이것도 알면 합격
표준 발음법 제18항, 비음화가 일어나는 환경

- 받침 'ㄱ(ㄲ,ㅋ,ㄳ,ㄺ)'은 'ㄴ,ㅁ' 앞에서 [ㅇ]으로 발음함
- 받침 'ㄷ(ㅅ,ㅆ,ㅈ,ㅊ,ㅌ,ㅎ)'은 'ㄴ,ㅁ' 앞에서 [ㄴ]으로 발음함
- 받침 'ㅂ(ㅍ,ㄼ,ㄿ,ㅄ)'은 'ㄴ,ㅁ' 앞에서 [ㅁ]으로 발음함

09 정답 ④

해설 ④ (가)와 (나)에 들어갈 말은 각각 '파생어'와 '어근'이므로 답은 ④이다.

- (가) 파생어: 1문단에 의하면 직접구성요소를 분석한 결과 둘 중 하나가 접사이면 파생어라고 하였다. (가)가 포함된 문장에서 '쓴웃음'의 '-음'이 접사라고 하였으므로 (가)에 들어갈 말은 '파생어'이다.
- (나) 어근: 2문단에서 '쓴웃음'이 (가)'파생어'가 아니냐고 반문하는 것은 복합어의 구분 기준을 이해하지 못한 것이라고 하였으므로 '쓴웃음'은 '어근 + 어근'의 구성으로 이루어진 합성어임을 추론할 수 있다. 또한 2문단에서 복합어가 파생어인지 합성어인지를 결정하는 기준은 단어를 처음 두 개로 쪼갰을 때 두 구성요소의 성격이라고 하였다. 1문단에 의하면 합성어는 '어근 + 어근'으로 이루어져 있으므로, '쓴 + 웃음'으로 쪼개지는 '쓴웃음'은 '어근 + 어근'으로 이루어진 합성어임을 알 수 있다. 따라서 '웃음'은 파생어이지만 '쓴웃음'과 같이 또 다른 단어 형성에 참여할 때는 어근으로 참여할 것임을 추론할 수 있으므로 (나)에 들어갈 말은 '어근'이다.

이것도 알면 합격
단어의 형성

유형		개념	예
단일어		하나의 어근으로만 이루어진 단어	산, 강, 하늘, 크다
복합어	파생어	어근과 파생 접사가 결합하여 이루어진 단어	날고기, 막노동, 좁히다, 지우개
	합성어	둘 이상의 어근이 결합하여 만들어진 단어 • 통사적 합성어: 어근의 배열이 국어의 일반적인 배열법과 같음 • 비통사적 합성어: 어근의 배열이 국어의 일반적인 배열법과 다름	• 통사적 합성어: 새해, 작은형, 길짐승, 본받다 • 비통사적 합성어: 접칼, 오르내리다, 부슬비, 섞어찌개, 검붉다

10 정답 ③

해설 ③ 제시문에 따르면 종속 합성어는 두 어근 중 어느 하나가 의미의 중심을 이루고, 다른 하나는 그것의 의미를 보충하는 관계이다. 이때 '높푸르다'는 어근 '높다'와 '푸르다'가 대등한 의미로 결합하여 '높고 푸르다'의 뜻하는 대등 합성어이다. 따라서 '높푸르다'가 대등 합성어에서 의미가 변화한 융합 합성어라는 ③의 추론은 적절하지 않다.

오답분석
① '손가락'은 어근 '가락'이 의미의 중심을 이루고, 어근 '손'이 '가락'의 의미를 보충하여 '손끝의 다섯 개로 갈라진 부분'을 뜻하는 종속 합성어이다. 따라서 ①의 추론은 적절하다.

② '논밭'은 어근 '논'과 '밭'이 대등한 의미로 결합하여 '논과 밭을 아울러 이르는 말'을 뜻하는 대등 합성어이다. 따라서 ②의 추론은 적절하다.

④ '쥐꼬리'는 어근 '쥐'가 '꼬리'의 의미를 보충하는 종속 합성어에서 '매우 적은 것을 비유적으로 이르는 말'과 같이 제3의 의미로 변화한 융합 합성어이다. 따라서 ④의 추론은 적절하다.

이것도 알면 합격
합성어의 의미 범주에 따른 분류

대등 합성어	어근이 대등하게 결합하여 본래의 뜻을 유지하는 합성어 예 한두, 오가다, 팔다리, 서넛, 대여섯, 여닫다, 뛰놀다
종속 합성어	한 어근이 다른 어근을 수식하는 합성어 예 손수건, 책가방, 손수레, 물걸레, 가죽신, 쇠못, 손짓, 소고기, 쇠사슬, 장군감, 놀이터
융합 합성어	어근들이 융합하여 새로운 의미를 나타내는 합성어 예 밤낮, 춘추, 피땀, 쑥밭, 빈말, 집안, 강산, 실마리, 바늘방석, 보릿고개, 종이호랑이, 쥐뿔, 연세, 빈말

11 정답 ③

해설 ③ 밑줄 친 부분은 용언이 활용될 때 어간의 형태가 바뀌는 경우를 의미한다. ③ '이르다(至)'는 '러' 불규칙 용언으로, 어간의 끝음절 '르' 뒤에 오는 어미 '-어'가 '-러'로 바뀌어 '이르러', '이르렀다'와 같이 활용한다. 이때 어간 '이르-'의 형태는 바뀌지 않으므로 ③은 밑줄 친 경우에 해당하지 않는다.

오답분석
① ② ④ 모두 어간의 형태가 불규칙하게 활용하는 경우에 해당한다.

① ④ '잇다', '낫다'는 'ㅅ' 불규칙 용언으로, 어간의 끝 받침 'ㅅ'이 모음 앞에서 탈락하여 '이어, 이으니', '나아, 나으니'와 같이 활용한다.

② '묻다(問)'는 'ㄷ' 불규칙 용언으로, 어간의 끝 받침 'ㄷ'이 모음 앞에서 'ㄹ'로 바뀌어 '물어, 물으니'와 같이 활용한다.

이것도 알면 합격
불규칙 활용의 종류
1. 어간이 바뀌는 경우

종류	내용	예
'ㅅ' 불규칙	어간 끝소리 'ㅅ'이 모음 앞에서 탈락	붓- + -어 → 부어
'ㅂ' 불규칙	어간 끝소리 'ㅂ'이 모음 앞에서 '오/우'로 바뀜	여쭙- + -어 → 여쭈워
'ㄷ' 불규칙	어간 끝소리 'ㄷ'이 모음 앞에서 'ㄹ'로 바뀜	듣- + -어 → 들어
'르' 불규칙	어간 끝소리 '르'가 모음 앞에서 'ㄹㄹ'로 바뀜	흐르- + -어 → 흘러
'우' 불규칙	어간 끝소리 'ㅜ'가 모음 어미 앞에서 탈락	푸- + -어 → 퍼

2. 어미가 바뀌는 경우

종류	내용	예
'여' 불규칙	'하-' 뒤에 오는 어미 '-아/-어'가 '-여'로 바뀜	공부하- + -어 → 공부하여
'러' 불규칙	어간이 '르'로 끝나는 일부 용언에서 어미 '-어'가 '-러'로 바뀜	푸르- + -어 → 푸르러
'오' 불규칙	'달-/다-'의 명령형 어미가 '-오'로 바뀜	달- + -아 → 다오

3. 어간과 어미가 모두 바뀌는 경우

종류	내용	예
'ㅎ' 불규칙	'ㅎ'으로 끝나는 어간에 모음으로 시작하는 어미가 오면 'ㅎ'이 없어지고 어미도 바뀜	파랗-+-아 → 파래

12 정답 ②

해설 ② ㉠의 조건은 '어근 + 접미사'로 결합된 경우를 의미하며, ㉡의 조건은 어근과 결합되는 접사가 '지배적 접미사'이어야 함을 의미한다. 따라서 ㉠과 ㉡을 모두 충족하는 것은 '어근 + 지배적 접미사'로 결합한 단어이므로, 답은 ② '높여야'이다.
- 높-(어근) + -이-(지배적 접미사) + -어야(연결 어미): 형용사 '높다'에 사동 접미사 '-이-'가 결합하여 만들어진 파생어 '높이다'는 동사이므로 ㉠과 ㉡을 모두 충족한다.

오답분석 ① 새-(접두사) + 빨갛다(어근): 이때 '새-'는 '매우 짙고 선명하게'의 뜻을 더하는 접두사이므로 ㉠의 조건을 충족시키지 않는다. 또한 형용사 '빨갛다'에 접두사가 '새-'가 결합하여 만들어진 파생어 '새빨갛다'의 품사는 어근의 품사와 일치한다. 따라서 ① '새빨갛다'는 ㉠과 ㉡의 조건을 모두 충족시키지 않는다.

③ 읽-(어근) + -히-(한정적 접미사) + -다(종결 어미): 동사 '읽다'에 결합한 '-히-'는 피동 접미사이므로 ㉠의 조건은 충족한다. 그러나 '읽히다' 또한 동사이므로 어근과 품사가 일치한다. 따라서 ㉡의 조건은 충족하지 않는다.

④ 달리-(어간) + -기(명사형 전성 어미): 이때 '달리기'는 부사 '천천히'의 수식을 받으며 서술성이 있는 용언의 명사형으로 품사는 동사이다. '-기'는 용언의 어간 뒤에 붙어 그 말이 명사 구실을 하게 하는 어미이기에 품사를 변화시키지 않는다. 따라서 ④ '달리기'는 ㉠과 ㉡의 조건을 모두 충족시키지 않는다.

이것도 알면 합격

1. 한정적 접미사와 지배적 접미사

한정적 접사	파생 접사가 어근과 결합하여 새로운 단어를 만들 때 어근의 품사를 바꾸지 않는 접사 예 풋사랑, 드높다, 잠꾸러기, 가위질
지배적 접사	파생 접사가 어근과 결합하여 새로운 단어를 만들 때 어근의 품사를 바꾸는 접사 예 웃음, 정답다, 가난하다

2. 접미사 '-ㅁ/-음/-기'와 명사형 어미 '-ㅁ/-음/-기'의 차이

접미사 '-ㅁ/-음/-기'	용언의 어간 뒤에 붙어서 용언을 명사로 파생시킴. 파생된 명사는 서술성이 없으므로 앞에 부사적 표현이 쓰일 수 없고, 관형어가 올 수 있음 예 앎이 모자라지 않게 공부를 해야 한다. ・나는 그의 순수한 웃음이 좋다. ・나는 육상 종목 중 달리기를 좋아한다.
명사형 어미 '-ㅁ/-음/-기'	용언의 어간 뒤에 붙어서 용언을 명사형이 되게 하는 역할을 함. 동사의 명사형은 서술성이 있어 주어를 서술하며 품사가 변하지 않음. 앞에 부사적 표현이 쓰일 수 있음 예 내가 그를 앎은 우연이 아니었다. ・그가 크게 웃음은 조국이 전쟁에서 이겼다는 소식을 들었기 때문이다. ・그는 너무 빨리 달리기 때문에 아무도 그를 잡을 수 없다.

13 정답 ④

해설 ④ '놀이'와 '단'이 의존 형태소만으로 이루어진 직접 구성 요소이므로 ④가 적절하다.
- 놀이방: '놀이방'은 '놀이'와 '방'으로 나눌 수 있고, 이 둘은 각각 직접 구성 요소이다. '놀이'는 '놀- + -이'로 분석할 수 있는데, 둘 다 의존 형태소이다. 즉 '놀이'라는 직접 구성 요소는 의존 형태소로만 이루어져 있다.
- 단맛: '단맛'은 '단'과 '맛'으로 나눌 수 있고, 이 둘은 각각 직접 구성 요소이다. '단'은 '달- + -ㄴ'으로 분석할 수 있는데, 둘 다 의존 형태소이다. 즉 '단'이라는 직접 구성 요소는 의존 형태소로만 이루어져 있다.

오답분석 ① '용꿈'은 '용'과 '꿈'으로 나눌 수 있다. '용'은 한 개의 자립 형태소로 이루어져 있으나 '꿈'은 '꾸- + -ㅁ'으로 분석할 수 있으므로 두 개의 의존 형태소로 이루어져 있다. 따라서 '꿈'은 한 개의 자립 형태소로 이루어진 어근이 아니므로 ①은 적절하지 않다.

② '봄날'이 합성어이므로 ②는 적절하지 않다.
- 봄날: '봄날'은 '봄'과 '날'로 나눌 수 있고, 둘 다 어근이므로 '봄날'은 합성어이다.
- 망치질: '망치질'은 '망치'와 '-질'로 나눌 수 있고, '망치'는 어근이지만, '-질'은 접사이므로 '망치질'은 파생어이다.

③ '지은이'는 '지은'과 '-이'로 나눌 수 있으며 파생어이다. '지은'은 '짓- + -은'으로 분석할 수 있는데, 둘 다 의존 형태소이다. 접미사 '-이' 또한 의존 형태소이므로 ③은 적절하지 않다.

⑤ '꽃으로 장식한 고무신'이라는 의미를 고려했을 때, '꽃'과 '고무신'으로 나누는 것이 적절하므로 ⑤는 적절하지 않다.

14 정답 ④

해설 ④ ⓓ의 '가셨겠구나'를 분석하면, '가시- + -었- + -겠- + -구나'가 된다. 이때, '-었-'은 과거 시제를 나타내는 선어말 어미, '-겠-'은 추측의 의미를 나타내는 선어말 어미이고, '-구나'는 종결 어미이다. 따라서 선어말 어미 두 개와 종결 어미가 사용되었으므로 ④는 적절하다.

오답분석 ① ⓐ의 '즐거우셨길'을 분석하면, '즐겁- + -(으)시- + -었- + -기 + ㄹ'가 된다. 이때, '-(으)시'는 주체 높임 선어말 어미, '-었-'은 과거 시제를 나타내는 선어말 어미, '-기'는 명사형 전성 어미, 'ㄹ'은 목적격 조사이다. 따라서 선어말 어미 두 개와 전성 어미가 사용되었으므로 ①은 적절하지 않다.

② ⓑ의 '샜을'을 분석하면, '새- + -었- + -을'이 된다. 이때, '-었-'은 과거 시제를 나타내는 선어말 어미, '-을'은 관형사형 전성 어미이다. 선어말 어미 한 개와 전성 어미가 사용되었으므로 ②는 적절하지 않다.

③ ⓒ의 '번거로우시겠지만'을 분석하면, '번거롭- + -(으)시- + -겠- + 지만'이 된다. '-(으)시'는 주체 높임 선어말 어미, '-겠-'은 추측의 의미를 나타내는 선어말 어미, '-지만'은 연결 어미이다. 선어말 어미 두 개와 연결 어미가 사용되었으므로 ③은 적절하지 않다.

⑤ ⓔ의 '다다른'을 분석하면, '다다르- + -ㄴ'이 된다. '-ㄴ'은 관형사형 전성 어미이다. 선어말 어미 없이 전성 어미만 사용되었으므로 ⑤는 적절하지 않다.

이것도 알면 합격
어미의 종류

선어말 어미	어말 어미 앞에 오는 어미 예 -었-, -겠-, -더-, -(으)시-		
어말 어미	단어 끝에 오는 어미	종결 어미	문장 끝에 오는 어미
		연결 어미	어간에 붙어 다음 말을 연결시키는 어미 예 -게, -고, -(으)며, -(으)나
		비종결 어미	전성 어미
			· 용언이 다른 품사의 기능을 수행하게 하는 어미 · 명사형 전성 어미, 관형사형 전성 어미, 부사형 전성어미로 나뉨 예 [명사형] -기, -(으)ㅁ 등 　 [관형사형] -ㄴ, -ㄹ 등 　 [부사형] -게, -도록 등

15　　　　　　　　　　　　　　　　　　　정답 ⑤

해설 ⑤ 〈보기〉에 따르면, 서술어가 형용사로 쓰이는 경우에 '안'이나 '-지 않다'가 단순 부정으로 쓰이고(㉠), 서술어가 동사로 쓰이면서 주어가 무정물인 경우에 '안'이나 '-지 않다'가 단순 부정으로 쓰인다(㉡).
· ㉠: 서술어 '고요하다'는 형용사이므로 '고요하지 않다'는 단순 부정을 나타낸다. 따라서 ㉠의 예에 해당한다.
· ㉡: 서술어 '오다'는 동사이고, 주어 '비'는 무정물이므로 '비가 안 온다'는 단순 부정을 나타낸다. ㉡의 예에 해당한다.

오답분석 ① · ㉠: 서술어인 '발달하다'는 동사이므로 ㉠의 예에 해당하지 않는다.
· ㉡: 서술어인 '도착하다'는 동사이고, 주어인 '옷'은 무정물이므로 ㉡의 예에 해당한다.
② · ㉠: 서술어인 '어렵다'는 형용사이므로 ㉠의 예에 해당한다.
· ㉡: 서술어인 '잊다'는 동사이고, 주어인 '저'는 유정물이므로 ㉡의 예에 해당하지 않는다.
③ · ㉠: 서술어인 '궁금하다'는 형용사이므로 ㉠의 예에 해당한다.
· ㉡: 서술어인 '가져가다'는 동사이고, 주어인 '동생'은 유정물이므로 ㉡의 예에 해당하지 않는다.
④ · ㉠: 서술어인 '놀라다'는 동사이므로 ㉠의 예에 해당하지 않는다.
· ㉡: 서술어인 '통하다'는 동사이고, 주어인 '전기'는 무정물이므로 ㉡의 예에 해당한다.

이것도 알면 합격
부정 표현의 종류

'안' 부정문	어떤 내용의 단순 부정, 또는 주어의 의제에 의한 부정 (의지 부정)	긴 부정문	'-지 아니하다'에 의한 부정문 예 그는 밥을 먹지 않았다.
		짧은 부정문	부사 '안(아니)'에 의한 부정문 예 그는 밥은 안 먹었다.
'못' 부정문	주어의 능력 부족이나 외부 원인에 의한 부정 (능력 부정)	긴 부정문	'-지 못하다'에 의한 부정문 예 그는 밥을 먹지 못했다.
		짧은 부정문	'부사 '못''에 의한 부정문 예 그는 밥을 못 먹었다.

'말다' 부정문	명령문, 청유문에 쓰이는 부정 예 · 학교에 가지 마라 / 말아라. (명령문) 　 · 학교에 가지 말자. (청유문)

16　　　　　　　　　　　　　　　　　　　정답 ③

해설 ③ '언니는 아버지가 너무 건강을 염려하신다고 말했다'는 주어인 아버지를 높이기 위해 '염려한다고'가 아닌 '염려하신다고'로 존경 표현을 한 직접존경 문장이다. 따라서 ③은 ㉠ '간접존경' 사례에 해당하지 않는다.

오답분석 ① 고모는 자식이 다섯이나 있으시다(간접존경): 주어인 자식은 고모와 긴밀한 관련을 가진 대상이므로 '있으시다'로 존경 표현을 한 간접존경 문장이다.
② 할머니는 다리가 아프셔서 병원에 다니신다(간접존경): 주어인 다리는 할머니의 신체 부분이므로 '아프셔서'로 존경 표현을 한 간접존경 문장이다. 참고로, '다니신다'는 문장의 주체인 할머니를 높이기 위한 직접존경 표현이다.
④ 할아버지는 젊었을 때부터 수염이 많으셨다고 들었다(간접존경): 주어인 수염은 할아버지의 신체 부분이므로 '많으셨다고'로 존경 표현을 한 간접존경 문장이다.

이것도 알면 합격
간접 높임

개념	설명
간접 높임	주체를 간접적으로 높이는 방법으로, 높임의 표지가 주체의 신체 부분이나 생활에 필수적인 사물, 개인적인 소유물 등과 같이 주체와 관련된 것일 때 예 · 곧 선생님의 말씀이 있으시겠습니다. 　 · 할머니께서는 손가락이 아프시다. 　 · 사장님, 시간 좀 있으십니까?

17　　　　　　　　　　　　　　　　　　　정답 ④

해설 ④ ㉣ '편찮으셨구나'는 '편찮- + -으시- + -었- + -구나'의 구성으로 주체 높임 선어말 어미 '-으시-'를 사용하여 서술의 주체인 할머니를 높였다. 따라서 객체 높임에 해당하지 않는 것은 ④이다.

오답분석 ① ② ③ 모두 객체 높임 표현이다.
① ㉠ 모시고(객체 높임): 객체 높임 어휘 '모시다'를 사용하여 서술의 대상인 할머니(목적어)를 높였다.
② ㉡ 할머니께(객체 높임): 부사격 조사 '에게'의 높임말인 '께'를 사용하여 서술의 대상 할머니(부사어)를 높였다.
③ ㉢ 드린대(객체 높임): ㉢은 '(할머니께) 드린대'로 부사어가 생략된 것으로 볼 수 있다. 이때 객체 높임 어휘 '드리다'를 사용하여 서술의 대상인 할머니(부사어)를 높였다.

> **이것도 알면 합격**
> **높임법의 종류**
>
> | | | |
> |---|---|---|
> | 주체 높임법 | | 서술의 주체가 화자보다 나이가 많거나 사회적 지위가 높을 때 서술의 주체를 높이는 표현 |
> | | 직접 높임 | 주체를 직접적으로 높이는 방법으로, 높임의 표지가 주어에게 향해 있을 때
예 ・아버지께서 노하셨나 보다.
・할머니께서 집에 계신다. |
> | | 간접 높임 | 주체를 간접적으로 높이는 방법으로, 높임의 표지가 주체의 신체 부분이나 생활에 필수적인 사물, 개인적인 소유물 등과 같이 주체와 관련된 것일 때
예 ・곧 선생님의 말씀이 있으시겠습니다.
・할머니께서는 손가락이 아프시다.
・사장님, 시간 좀 있으십니까? |
> | 객체 높임법 | | 목적어나 부사어가 지시하는 대상, 즉 서술의 객체를 높이는 표현
예 ・나는 아버지를 모시고 집으로 왔다.
・나는 어머님께 용돈을 드렸다. |
> | 상대 높임법 | | 화자가 청자를 높이거나 낮추는 표현. 하십시오체, 하오체, 하게체, 해라체 등의 격식체와 해요체, 해체 등의 비격식체가 있음
예 ・다음에 또 들르겠습니다. (하십시오체)
・다음에 또 들르겠소. (하오체)
・다음에 또 들르겠네. (하게체)
・다음에 또 들르겠다. (해라체)
・다음에 또 들르겠어요. (해요체)
・다음에 또 들를게. (해체) |

18 정답 ②

해설 ② <보기>에서 밑줄 친 설명과 같은 문법 범주인 사동사를 사용한 사동문은 ②이다.
・사장이 사장실을 넓히기 위해 직원 회의실을 좁힌다: 이때 '넓히다'와 '좁히다'는 각각 '넓다/좁다'의 어간 '넓-/좁-'에 사동 접미사 '-히-'가 결합한 사동사이다.

오답분석
① 이때 '우기다'는 주동사이다.
③ 이때 '버리다'는 주동사이다.
④ 이때 '모이다'는 '모으다'의 어간 '모으-'에 피동 접미사 '-이-'가 결합한 피동사이다.

> **이것도 알면 합격**
> **주동문이 사동문으로 바뀌는 경우**
>
> 1. 주동사가 형용사나 자동사이면, 주동문의 주어가 사동문의 목적어가 됨
>   예 ・주동문: 얼음이 녹다.
>   (주어) (서술어)
>   ・사동문: 영희가 얼음을 녹이다.
>   (주어) (목적어) (서술어)
>
> 2. 주동사가 타동사이면, 주동문의 주어가 사동문의 부사어가 되면서 주동문의 목적어는 그대로 목적어로 남음
>   예 ・주동문: 팥쥐가 짐을 지다.
>   (주어) (목적어) (서술어)
>   ・사동문: 콩쥐가 팥쥐에게 짐을 지우다.
>   (주어) (부사어) (목적어) (서술어)

19 정답 ②

해설 ② <보기>의 ㉠ '관형사절'을 안은 문장은 ②이다.
・꽃밭에는 예쁜 꽃이 활짝 피었다: 밑줄 친 '예쁜'은 문장 '(꽃이) 예쁘다'의 어간 '예쁘-'에 관형사형 전성 어미 '-ㄴ'이 붙어 '꽃'을 수식하는 관형사절이므로 ②는 ㉠ '관형사절'을 포함한다.

오답분석 ① ③ ④ 모두 관형사가 쓰인 홑문장이다.
① 그는 갖은 양념으로 맛을 내었다: 이때 '갖은'은 '골고루 다 갖춘. 또는 여러 가지'를 뜻하는 관형사이다.
③ 오랜 가뭄 끝에 비가 내렸다: 이때 '오랜'은 '이미 지난 동안이 긴'을 뜻하는 관형사이다.
④ 사무실 밖에서 여남은 명이 웅성대고 있었다: 이때 '여남은'은 '열이 조금 넘는 수'를 뜻하는 관형사이다.

> **이것도 알면 합격**
> **안은문장의 종류**
>
> | 종류 | 내용 |
> |---|---|
> | 명사절을 안은 문장 | 명사형 전성 어미 '-ㅁ, -음, -기'가 붙어서 만들어진 명사절이 문장에서 주어, 목적어, 부사어 등의 다양한 기능을 함
예 지금은 밖에 나가기에 늦은 시간이다. |
> | 관형사절을 안은 문장 | 관형사형 어미 '-ㄴ, -은, -는, -ㄹ, -을, -던'이 붙어서 만들어진 관형절이 문장 속에서 관형어의 기능을 함
예 그 책은 내가 [읽은/읽는/읽을/읽던] 책이다. |
> | 부사절을 안은 문장 | 부사형 전성 어미 '-이, -게, -도록, -아/-어, -(아/어)서' 또는 부사 파생 접미사 '-이'가 붙어서 만들어진 부사절이 문장 속에서 부사어의 기능을 함
예 너는 예고도 없이 불쑥 찾아오니? |
> | 서술절을 안은 문장 | 특정 절 표시가 따로 없는 서술절이 문장 속에서 서술어의 기능을 함
예 그는 키가 크다. |
> | 인용절을 안은 문장 | 직접 인용 조사 '라고'와 간접 인용 조사 '고'가 붙어서 만들어진 인용절이 문장 속에서 부사어의 기능을 함
예 ・선생님께서 "이제 수업을 시작하자."라고 말씀하셨다. (직접 인용절)
・나는 그 사실을 믿을 수 없다고 생각했다. (간접 인용절) |

20 정답 ②

해설 ② <보기>의 이어진문장 중 종속적으로 이어진 문장인 ㄴ은 앞뒤 문장의 순서를 바꾸면 의미가 달라지므로 적절하지 않다. 참고로 대등하게 이어진 문장은 앞뒤 문장이 독립적이므로 앞뒤 문장의 순서를 바꾸어도 동일한 의미를 나타낸다.

오답분석
① ㄱ은 '대조(-지만)', ㄴ은 '조건(-면)'의 의미 관계로 연결된 것으로 적절하다.
③ ㄷ은 명사형 전성 어미 '-ㅁ', ㄹ은 관형사형 전성 어미 '-던'에 의해 형성된 명사절, 관형사절이므로 적절하다.
④ ㄷ의 안긴문장의 주어는 '아이가'이고 안은문장의 주어는 '언니는'으로 각각의 주어가 다르지만 ㄹ의 안긴문장과 안은문장의 주어는 모두 '영수가'로 동일하므로 적절하다.

이것도 알면 **합격**	
이어진문장의 종류	
유형	내용
대등하게 이어진 문장	앞 절과 뒤 절의 의미가 대등하게 이어진 문장 예 산은 높고, 바다는 넓다.
종속적으로 이어진 문장	앞 절과 뒤 절의 의미가 독립적이지 못하고 원인, 의도, 조건 등 종속적인 관계로 이어진 문장 예 버스가 일찍 도착하면, 집에 빨리 올 수 있다.

21 정답 ④

해설 ④ '수정 후'에 추가된 것은 '전혀'와 '한순간에'이다. '전혀'는 관형어 '딴'을 수식하며, '도무지', '완전히'의 뜻을 나타내는 부사이다. 따라서 조건 ⓒ에 해당한다. '한순간에'는 '해결했다'라는 서술어를 수식하고 있고, 명사 '한순간'에 조사 '에'가 결합한 '체언 + 조사'이다. 따라서 조건 ⓔ에 해당한다.

오답분석
① '수정 후'에 추가된 것은 '방긋이'와 '참'이다. '방긋이'는 관형어 '웃는'을 수식하고 있고, '입을 예쁘게 약간 벌리며 소리 없이 가볍게 한 번 웃는 모양'이라는 뜻의 부사이다. 따라서 조건 ⓒ에 해당한다. '참'은 부사어 '귀엽게'를 수식하고 있고, '사실이나 이치에 조금도 어긋남이 없이 과연'이라는 뜻의 부사이다. 따라서 조건 ⓐ에 해당한다.

② '수정 후'에 추가된 것은 '조금'과 '세로로'이다. '조금'은 관형어 '굵은'을 수식하고 있고, '정도나 분량이 적게'라는 뜻의 부사이다. 따라서 조건 ⓒ에 해당한다. '세로로'는 서술어 '그었다'를 수식하고 있고, 명사 '세로'에 조사 '로'가 결합한 '체언 + 조사'이다. 따라서 조건 ⓔ에 해당한다.

③ '수정 후'에 추가된 것은 '무턱대고'와 '많이'이다. '무턱대고'는 관형어 '싫어하는'을 수식하고 있고, '잘 헤아려 보지도 아니하고 마구'라는 뜻의 부사이다. 따라서 조건 ⓒ에 해당한다. '많이'는 서술어 '있다'를 수식하고 있고, '수효나 분량, 정도 따위가 일정한 기준보다 넘게'라는 뜻의 부사이다. 따라서 주어진 조건에 해당하지 않는다. 참고로 '많다'라는 용언의 활용형을 부사어로 만들면 '많게'이다.

⑤ '수정 후'에 추가된 것은 '원칙대로'와 '깔끔히'이다. '원칙대로'는 서술어 '처리했다'를 수식하고 있고, 명사 '원칙'에 조사 '대로'가 결합한 '체언 + 조사'이다. 따라서 조건 ⓔ에 해당한다. '깔끔히'는 서술어 '처리했다'를 수식하고 있고, '생김새 따위가 매끈하고 깨끗하게'라는 뜻의 부사이다. 따라서 주어진 조건에 해당하지 않는다. 참고로 '깔끔하다'라는 용언의 활용형을 부사어로 만들면 '깔끔하게'이다.

22 정답 ②

해설 ② ⓒ에서 객체인 '동생'을 높임의 대상인 '할머니'로 바꿀 때, ②처럼 문장을 바꾸면 '나는 할머니께 책을 읽히셨다'가 된다. 문장이 어색하게 느껴지는데, 그 이유는 '-시-'는 주체 높임 선어말 어미로서 객체인 '할머니'를 높이는 것이 아니라 주체인 '나'를 높이는 것이기 때문이다. 따라서 ②의 내용은 적절하지 않다.

오답분석
① ⓐ, ⓑ에서 각각 주체인 '형'과 객체인 '형'을 높임의 대상인 '어머니'로 바꿀 때, ①처럼 문장을 바꾸면 각각 '어머니께서 동생을 업으셨다', '동생이 어머니께 업혔다'가 된다. 이는 자연스러운 문장이므로 적절하다. 참고로 '-으시-'는 주체 높임 선어말 어미인데, ⓑ는 문장의 주체가 '동생'이므로 높임의 대상이 아니다. 따라서 '-시-'를 넣지 않는다.

③ ⓓ에서 객체인 '동생'을 높임의 대상인 '할머니'로 바꿀 때, ③처럼 문장을 바꾸면 '나는 할머니께서 책을 읽으시게 하였다'가 된다. 이는 자연스러운 문장이므로 적절하다. 참고로 '읽다'의 주체는 높임의 대상인 '할머니'이기 때문에 '읽게'에 '-으시-'를 넣는 것이 적절하다.

④ ⓐ, ⓑ의 서술어에서 '-었-'을 '-고 있-'으로 바꿀 때, ⓐ는 '형이 동생을 업고 있다'가 되고, ⓑ는 '동생이 형에게 업히고 있다'가 된다. 전자의 문장은 동작의 완료 후 상태 지속의 의미와 동작의 진행 의미를 모두 나타낼 수 있지만, 후자의 문장은 동작의 진행 의미만을 나타내므로 적절하다.

⑤ ⓐ, ⓒ의 서술어에서 '-었-'을 '-고 있-'으로 바꿀 때, ⓐ는 '형이 동생을 업고 있다'가 되고, ⓒ는 '나는 동생에게 책을 읽히고 있다'가 된다. 두 문장 모두 동작의 진행 의미를 나타낼 수 있으므로 적절하다.

23 정답 ④

해설 ④ 제시문에서 설명하고 있는 조건을 모두 충족시키는 문장은 ④이다.
- 조건 1: 여러 개의 용언이 함께 나타날 때, 문장의 마지막 용언에 선어말 어미 '-시-'를 사용함
- 조건 2: 어휘적으로 높임의 용언이 따로 있는 경우, 반드시 그 용언을 사용해야 함
  → 할아버지께서 <u>주무시고</u> <u>가셨다</u>(가- + -시- + -었- + -다)
    주체 높임의   조건2   조건1
     대상   '자다'의 높임말

④는 용언 '주무시다'와 '가다'가 함께 사용되었으며, 마지막 용언 '가다'에 주체 높임 선어말 어미 '-시-'가 사용되어 조건 1을 충족한다. 또한, '주무시다'는 용언 '자다'의 높임말인 특수 어휘이므로 조건 2를 충족하고 있다. 따라서 답은 제시문에서 언급한 조건을 모두 포괄하면서 주체인 '할아버지'를 높이고 있는 ④이다.

오답분석
① 용언 '아프다'의 높임말인 특수 어휘 '편찮다'가 사용되어 조건 2를 충족하였으나, 여러 개의 용언이 아닌 1개의 용언만 나타났으므로 조건 1에는 해당하지 않는다. 참고로 '편찮다'를 '아프다'의 높임말로 인정하지 않는 견해도 존재한다.

② 용언 '돌아보다'와 '부탁하다'가 함께 사용되었으며, 마지막 용언에 주체 높임 선어말 어미 '-시-'를 사용하여 조건 1을 충족하였으나, 용언의 높임말인 특수 어휘를 사용하지 않았으므로 조건 2에는 해당하지 않는다.

③ 용언 '펴다'와 '웃다'가 함께 사용되었으며, 문장의 마지막 용언 '웃다'에 선어말 어미 '-시-'를 사용하여 조건 1을 충족하였으나, 용언의 높임말인 특수 어휘를 사용하지 않았으므로 조건 2에는 해당하지 않는다.

이것도 알면 **합격**
주체 높임을 실현하는 방법
1. 주격 조사 '께서'의 사용 예 아버님께서 신문을 보신다.
2. 선어말 어미 '-(으)시-'를 통한 실현 : 용언의 어간 + -(으)시- + 어말 어미 예 선생님께서 숙제를 내 주<u>시</u>다.
3. 일부 특수 어휘를 통한 실현 : 계시다, 잡수시다 등 예 부모님이 시골에 <u>계시</u>다, 아버지께서 간식을 <u>잡수시</u>다,

24 정답 ③

해설 ③ '밝히다'는 '드러나지 않거나 알려지지 않은 사실, 내용, 생각 따위를 드러내 알리다'의 뜻을 지니는 동사이다. '밝혀졌다'는 동사 어간 '밝히-'에 '-어지-'를 결합한 경우이기 때문에 ⓒ에 해당하는 예로 적절하다.

오답분석
① '입다'는 '옷을 몸에 꿰거나 두르다'의 뜻을 지니는 동사이다. ㉠에서 '입히다'는 '아버지가 아이로 하여금 옷을 입게 하다'라는 의미이므로 피동의 의미가 아니라 사동의 의미를 담고 있다. 따라서 '입히다'에서 '-히-'는 피동 접사가 아니라 사동 접사이므로 ㉠의 예에 해당하지 않는다.

② '건네받았다'의 '건네받다'는 '~에서/에게서 ~을'과 함께 쓰여 '남으로부터 물건을 옮기어 받다'를 뜻하는 한 단어로, 목적어를 요구하는 타동사이다. 즉 '건네받다'는 접사 '-하-'가 '-받-'으로 교체된 것이 아니다. 또한 피동문은 목적어를 요구하지 않으므로 ②는 피동문이 아니다. 따라서 ⓒ의 예에 해당하지 않는다.

④ ⓔ의 능동문은 '많은 사람들이 그 사람을 존경한다'이다. '그 사람은 많은 사람들에게 존경받는다'는 자연적으로 발생하는 사태도 아니고, 피동문에 대응하는 능동문을 상정할 수 있으므로 ⓔ의 예에 해당하지 않는다.

⑤ '이루다'는 '뜻한 대로 되게 하다'라는 뜻을 지니는 동사이고, '소원을 이루다'처럼 쓰이기 때문에 타동사이다. '이루어졌다'는 형용사나 자동사에 '-어지-'가 결합된 것이 아니므로 ⓔ의 예에 해당하지 않는다.

25 정답 ④

해설 ④ 제시문에 따르면 ㉠은 서로 무관한 두 의미가 우연히 같은 형태로 나타난 것을 의미한다. 이때 ④ '나는 어제 산 모자를 쓰고 나갔다'에서 '쓰고'의 기본형 '쓰다'는 문맥상 '모자 따위를 머리에 얹어 덮다'를 의미하고, '형님은 시를 쓰고 누님은 그림을 그렸다'의 '쓰다'는 '머릿속의 생각을 종이 혹은 이와 유사한 대상 따위에 글로 나타내다'를 의미한다. 이는 서로 무관한 두 의미가 우연히 '쓰다'라는 같은 형태로 나타난 사례에 해당한다. 따라서 ㉠에 해당하는 사례로 적절한 것은 ④이다.

오답분석
① 제시문에 따르면 '품사 통용'은 하나의 단어가 둘 이상의 품사로 사용되는 것으로, 서로 관련된 두 의미가 같은 형태로 나타난다. 이때 '그는 여러 문화를 비교적 관점에서 연구했다'에서 '비교적'은 명사인 '관점'을 수식하는 관형사로, 문맥상 '다른 것과 견주어서 판단하는'을 의미한다. 반면 '삼촌은 교통이 비교적 편리한 곳에 산다'에서 '비교적'은 형용사인 '편리한'을 수식하는 부사로, 문맥상 '일정한 수준이나 보통 정도보다 꽤'를 의미한다. 이는 하나의 단어가 둘 이상의 품사로 사용되는 품사 통용의 사례에 해당한다. 따라서 ①은 ㉠의 사례로 적절하지 않다.

② '내가 언니보다 키가 더 크다'에서 '크다'는 문맥상 '사람이나 사물의 외형적 길이, 넓이, 높이, 부피 따위가 보통 정도를 넘다'를 의미하는 반면 '이번 여름에는 비가 많이 와서 마당의 풀이 잘 큰다'에서 '크다'는 문맥상 '동식물이 몸의 길이가 자라다'를 의미한다. 이는 하나의 단어가 둘 이상의 품사로 사용되는 품사 통용의 사례에 해당한다. 따라서 ②는 ㉠의 사례로 적절하지 않다.

③ '오늘이 드디어 기다리던 시험일이다'에서 '오늘'은 조사 '이'와 함께 사용된 명사로, 문맥상 '지금 지나가고 있는 이날'을 의미한다. 반면 '친구는 국립 박물관에 오늘 갈 것이라 한다'에서 '오늘'은 동사 '갈'의 기본형 '가다'를 수식하는 부사로, 문맥상 '지금 지나가고 있는 이날에'를 의미한다. 이는 하나의 단어가 둘 이상의 품사로 사용되는 품사 통용의 사례에 해당한다. 따라서 ③은 ㉠의 사례로 적절하지 않다.

이것도 알면 합격
품사 통용과 동음이의 현상

품사 통용	· 개념: 하나의 단어가 둘 이상의 품사로 표시되는 현상 예 '밝다' 밝다 [I] 「동사」 밤이 지나고 환해지며 새날이 오다. [II] 「형용사」 「1」 불빛 따위가 환하다. 「2」 빛깔의 느낌이 환하고 산뜻하다. 「3」 감각이나 지각의 능력이 뛰어나다.
동음이의 현상	· 개념: 서로 다른 두 단어가 우연히 음성 형식이 동일하게 나타나는 현상 예 '울다' 울다¹ 「동사」 [I] 「1」 기쁨, 슬픔 따위의 감정을 억누르지 못하거나 아픔을 참지 못하여 눈물을 흘리다. 또는 그렇게 눈물을 흘리면서 소리를 내다. 「2」 짐승, 벌레, 바람 따위가 소리를 내다. 「3」 물체가 바람 따위에 흔들리거나 움직여 소리가 나다. 「4」 종이나 천둥, 벨 따위가 소리를 내다. 「5」 병적으로 일정한 높이로 계속되는 소리가 실제로는 들리지 않는데도 들리는 것처럼 느끼다. 「6」 (비유적으로) 상대를 때리거나 공격할 수 없어 분한 마음을 느끼다. [II] 【…을】 (('울음'과 함께 쓰여)) 소리를 내면서 눈물을 흘리다. 울다² 「동사」 발라 놓거나 바느질한 것 따위가 반반하지 못하고 우글쭈글해지다.

26 정답 ③

해설 ③ '배꼽'은 일반적인 의미로 쓰이다가 '바둑'이라는 특수한 영역에서 사용되는 의미로 변화한 경우이므로 ⓒ의 사례로 적절하지 않다.

오답분석
① '코'는 '콧물'과 긴밀한 관계를 지녀 '콧물'의 의미까지 포함하여 의미가 변화되었으므로 ㉠의 사례로 적절하다.

② '수세미'는 '식물'을 지시하다가 시대가 변화하면서 '그릇을 씻는 데 쓰는 물건'으로 지시 대상이 바뀌어 의미가 변화하였으므로 ⓒ의 사례로 적절하다.

④ '손님'은 '천연두'를 꺼리는 심리적인 이유로 '천연두'를 대신하는 단어로 쓰이면서 의미가 변화하였으므로 ⓔ의 사례로 적절하다.

이것도 알면 합격
단어의 의미 변화 원인

유형	내용
언어적 원인	다른 단어와 자주 인접하여 나타남으로써 의미까지 변화한 경우 예 '별로'가 '아니다'와 인접하여 나타남으로써 '별로'는 부정의 의미로 변화함
역사적 원인	단어가 가리키는 대상이 변모하였으나 단어는 그대로 남아 있어 의미가 변화한 경우 예 '바가지'는 과거에 '박'으로 만든 용기를 가리켰음. 현대에 '플라스틱'으로 만든 용기로 지시 대상이 변모하였으나, 단어 '바가지' 자체는 그대로 사용됨

사회적 원인	일반 사회에서 쓰이던 단어가 특수 집단에서 사용되거나, 특수 집단에서 쓰이던 단어가 일반 사회에서 쓰이며 의미가 변화한 경우 예 '공양'은 불교계에서 쓰이던 용어지만, 현재는 일반 사회에서도 사용함
심리적 원인	인식이 변화함으로써 단어의 의미가 변화한 경우 예 '곰'이 둔하고 미련하다는 인식으로 '곰'은 동물뿐 아니라 '미련한 사람'도 지칭하게 됨

유형 16 어휘의 문맥상 의미 파악하기 문제집 p.169

01 ④	02 ①	03 ②	04 ④	05 ③
06 ③	07 ④	08 ②	09 ④	10 ②
11 ④	12 ⑤	13 ③	14 ②	15 ②
16 ②	17 ⑤	18 ①	19 ①	20 ④
21 ②	22 ③	23 ②	24 ①	25 ①

01   정답 ④

 ④ ㉠의 기본형 '일어나다'는 문맥상 '어떤 일이 생기다'를 의미하며, 이와 문맥상 의미가 가장 가까운 것은 ④ '싸움이 일어나는 동안 그는 숨어 있을 수밖에 없었다'의 '일어나다'이다.

 ① 언니는 뽀얗게 일어나는 물보라에 손을 대었다: 이때 '일어나다'는 문맥상 '위로 솟거나 부풀어 오르다'를 의미한다.

② 그는 가까스로 일어나는 불꽃을 바라보고 있었다: 이때 '일어나다'는 문맥상 '약하거나 희미하던 것이 성하여지다'를 의미한다.

③ 아침 일찍 일어나는 습관을 들이는 것이 중요하다: 이때 '일어나다'는 문맥상 '잠에서 깨어나다'를 의미한다.

02   정답 ①

해설 ① ㉠의 기본형 '맞다'는 문맥상 '모습, 분위기, 취향 따위가 다른 것에 잘 어울리다'를 의미하며, ① '영합하는'의 기본형 '영합(迎合)하다'는 '사사로운 이익을 위하여 아첨하며 좇다' 또는 '서로 뜻이 맞다'를 의미한다. 따라서 문맥상 바꿔 쓰기에 적절하지 않은 것은 ①이다. 참고로 ㉠과 유사한 표현으로는 '부신(符信)이 꼭 들어맞듯 사물이나 현상이 서로 꼭 들어맞다'를 의미하는 '부합(符合)하다'가 있다.

· 맞다: 모습, 분위기, 취향 따위가 다른 것에 잘 어울리다.
· 영합(迎合)하다: 1. 사사로운 이익을 위하여 아첨하며 좇다. 2. 서로 뜻이 맞다.

오답분석 ② · 나타내다: 어떤 일의 결과나 징후를 겉으로 드러내다.
· 표상(表象)하다: 추상적이거나 드러나지 아니한 것을 구체적인 형상으로 드러내어 나타내다.

③ · 떠올리다: 기억을 되살려 내거나 잘 구상되지 않던 생각을 나게 하다.
· 상기(想起)하다: 지난 일을 돌이켜 생각하여 내다.

④ · 뚜렷하다: 엉클어지거나 흐리지 않고 아주 분명하다.

· 분명(分明)하다: 모습이나 소리 따위가 흐릿함이 없이 똑똑하고 뚜렷하다.

03   정답 ②

해설 ② ㉡ '조절(調節)한다'의 기본형 '조절하다'는 '균형이 맞게 바로잡다. 또는 적당하게 맞추어 나가다'를 뜻하는 말이나, ②의 기본형 '올리다'는 '값이나 수치, 온도, 성적 따위를 이전보다 많아지게 하거나 높이다'를 뜻하는 말이므로 ㉡과 바꿔 쓰기에 적절하지 않다.

오답분석 ① · 획득(獲得)하다: 얻어 내거나 얻어 가지다.
· 얻다: 거저 주는 것을 받아 가지다.

③ · 구분(區分)하다: 일정한 기준에 따라 전체를 몇 개로 갈라 나누다.
· 나누다: 1. 하나를 둘 이상으로 가르다. 2. 여러 가지가 섞인 것을 구분하여 분류하다.

④ · 서식(棲息)하다: 생물 따위가 일정한 곳에 자리를 잡고 살다.
· 살다: 어느 곳에 거주하거나 거처하다.

04   정답 ④

해설 ④ 문맥상 (가)의 '옮겨 쓰는'은 손으로 글씨를 '베끼어 쓰는' 행위를 의미한다. ㉣의 '필사한'의 기본형 '필사(筆寫)하다'도 '베끼어 쓰다'라는 의미로 사용되었으므로 문맥상 (가)와 의미가 가장 가까운 것은 ㉣의 '필사한'이다.

오답분석 ① ㉠ '표기한'의 기본형 '표기(表記)하다'는 '적어서 나타내다' 또는 '문자 또는 음성 기호로 언어를 표시하다'의 의미로, 글자 체계를 사용해 기록하는 것을 뜻하므로 문맥상 (가)의 '옮겨 쓰다'와는 의미의 차이가 있다.

② ㉡ '번역한'의 기본형 '번역(飜譯)하다'는 '어떤 언어로 된 글을 다른 언어의 글로 옮기다'의 의미로, 언어 간 전환을 뜻하므로 문맥상 (가)의 '옮겨 쓰다'와는 의미의 차이가 있다.

③ ㉢ '기록한'의 기본형 '기록(記錄)하다'는 '주로 후일에 남길 목적으로 어떤 사실을 적다'의 의미로, 특정한 내용을 남기는 행위를 뜻하므로 문맥상 (가)의 '옮겨 쓰다'와는 의미의 차이가 있다.

05   정답 ③

해설 ③ 제시문에서 ㉠ '돌아가는'은 문맥상 상실한 원점을 회복하는 것을 뜻하며, ③의 '돌아가고'는 다시 동심의 상태로 되는 것을 뜻하므로 모두 '원래의 있던 곳으로 다시 가거나 다시 그 상태가 되다'라는 의미의 '돌아가다'를 사용하였다.

오답분석 ① ② 이때 '돌아가다'는 '차례나 몫, 승리, 비난 따위가 개인이나 단체, 기구, 조직 따위의 차지가 되다'의 의미로 사용되었다.

④ 이때 '돌아가다'는 '돈이나 물건 따위의 유통이 원활하다'의 의미로 사용되었다.

06   정답 ③

해설 ③ ㉢ '거듭나게'는 지금까지의 방식이나 태도를 버리고 새롭게 시작한다는 뜻이나, '복귀하게'는 되돌아간다는 의미의 단어이므로 바꿔 쓰기에 적절하지 않다.

· 복귀(復歸)하다: 본디의 자리나 상태로 되돌아가다.

오답분석
① • 견주다: 둘 이상의 사물을 질(質)이나 양(量) 따위에서 어떠한 차이가 있는지 알기 위하여 서로 대어 보다.
• 비교(比較)하다: 둘 이상의 사물을 견주어 서로 간의 유사점, 차이점, 일반 법칙 따위를 고찰하다.
② • 바라다: 생각이나 바람대로 어떤 일이나 상태가 이루어지거나 그렇게 되었으면 하고 생각하다.
• 희망(希望)하다: 어떤 일을 이루거나 하기를 바라다.
④ • 퍼지다: 어떤 물질이나 현상 따위가 넓은 범위에 미치다.
• 분포(分布)되다: 일정한 범위에 흩어져 퍼져 있다.

07   정답 ④

해설 ④ '나는 그 팀이 이번 경기에서 질 줄 알았다'에서 '알다'는 '어떠한 사실에 대하여 그러하다고 믿거나 생각하다'라는 뜻이므로 ㉣의 의미와는 다르다. 참고로 ㉣의 의미로 쓰이는 문장을 예로 들면, '네 일은 네가 알아서 해라'가 있다.

08   정답 ②

해설 ② 선생님 말씀을 잘 들어라: '아이가 말을 참 잘 듣는다'의 '듣다'는 '다른 사람의 말을 받아들여 그렇게 하다'를 뜻하며 이와 같은 의미로 사용된 것은 ②의 '듣다'이다.

오답분석
① 약은 나에게 잘 듣는다: 이때 '듣다'는 '주로 약 따위가 효험을 나타내다'를 뜻한다.
③ 여섯 과목을 들을 계획이다: 이때 '듣다'는 '수업이나 강의 따위에 참여하여 어떤 내용을 배우다'를 뜻한다.
④ 브레이크가 말을 듣지 않아: 이때 '듣다'는 '기계, 장치 따위가 정상적으로 움직이다'를 뜻한다.

09   정답 ④

해설 ④ '발현(發現)하는'의 '발현(發現)하다'는 속에 있거나 숨은 것이 밖으로 나타나다. 또는 나타나게 한다는 뜻이나, '헤아려 보다'의 '헤아리다'는 짐작하여 가늠하거나 미루어 생각한다는 의미의 단어이므로 바꿔 쓰기에 적절하지 않다.
• 발현(發現)하다: 1. 속에 있거나 숨은 것이 밖으로 나타나다. 또는 나타나게 하다. 2. 속에 있는 것이 어떤 모습이나 결과로 나타나다. 또는 그렇게 하다.

오답분석
① 수시(隨時)로: '수시(隨時)'는 '일정하게 정하여 놓은 때 없이 그때그때 상황에 따름'을 뜻하는 말이므로 '아무 때나 늘'과 바꿔 쓸 수 있다.
② 과언(過言)이: '과언(過言)'은 '지나치게 말을 함. 또는 그 말'을 뜻하는 말이므로 '지나친 말이'와 바꿔 쓸 수 있다.
③ 편재(偏在)해: '편재(偏在)'는 '한곳에 치우쳐 있음'을 뜻하는 말이므로 '치우쳐'와 바꿔 쓸 수 있다.

10   정답 ②

해설 ② ㉡ '평탄(平坦)하게'의 기본형 '평탄(平坦)하다'는 문맥상 '바닥이 평평하다'를 뜻하므로 이를 '줄을 맞추어'로 바꿔 쓰는 것은 적절하지 않다. 참고로 '평탄(平坦)하다' 대신 바꿔 쓸 수 있는 표현으로는 '구김살이나 울퉁불퉁한 데가 없이 고르고 반듯하다'를 뜻하는 '반반하다'가 있다.

오답분석
① • 방언(方言)≒사투리: 어느 한 지방에서만 쓰는, 표준어가 아닌 말
③ • 회귀(回歸)하다: 한 바퀴 돌아 제자리로 돌아오거나 돌아가다.
• 돌아가다: 원래의 있던 곳으로 다시 가거나 다시 그 상태가 되다.
④ • 상실(喪失)하다: 어떤 것을 아주 잃거나 사라지게 하다.
• 잃어버리다: 가졌던 물건이 자신도 모르게 없어져 그것을 아주 갖지 아니하게 되다.

11   정답 ④

해설 ④ '부유하다'는 '물 위나 물속, 또는 공기 중에 떠다니다'를 뜻하는 말로, ④ '헤엄치는'과 의미상 유사성이 없다. 이때 ㉣ '부유하는'은 '떠다니는'과 같은 표현으로 바꿔 쓰는 것이 적절하다.
• 부유하다(浮遊/浮游-): 물 위나 물속, 또는 공기 중에 떠다니다.

오답분석
① 맹종하다(盲從-): 옳고 그름을 가리지 않고 남이 시키는 대로 덮어놓고 따르다.
② 탈피하다(脫皮-): 일정한 상태나 처지에서 완전히 벗어나다.
③ 제고하다(提高-): 수준이나 정도 따위를 끌어올리다.

12   정답 ⑤

해설 ⑤ ⓐ의 '통해'는 어떤 과정이나 경험을 거친다는 뜻이고, ⓑ의 '통해'는 어떤 사람이나 물체를 매개로 하거나 중개하게 한다는 뜻이다.
• 철저한 실습을 통해: 이때 '통하다'는 '어떤 과정이나 경험을 거치다'의 의미로 사용되었다.
• 망원경을 통해: 이때 '통하다'는 '어떤 사람이나 물체를 매개로 하거나 중개하게 하다'의 의미로 사용되었다.

오답분석
① • 그런 식은 안 통한다: 이때 '통하다'는 '어떤 행위가 받아들여지다'의 의미로 사용되었다.
• 전깃줄에 전류가 통한다: 이때 '통하다'는 '어떤 곳에 무엇이 지나가다'의 의미로 사용되었다.
② • 서로 통하는 면이 있다: 이때 '통하다'는 '내적으로 관계가 있어 연계되다'의 의미로 사용되었다.
• 청년기를 통해: 이때 '통하다'는 '일정한 공간이나 기간에 걸치다'의 의미로 사용되었다.
③ • 바다로 가는 길과 통해 있다: 이때 '통하다'는 '어떤 곳으로 이어지다'의 의미로 사용되었다.
• 비상구를 통해 안전하게 빠져나갔다: 이때 '통하다'는 '어떤 길이나 공간 따위를 거쳐서 지나가다'의 의미로 사용되었다.
④ • 바람이 잘 통해: 이때 '통하다'는 '막힘이 없이 들고 나다'의 의미로 사용되었다.
• 나에게 통하지 않는다: 이때 '통하다'는 '어떤 행위가 받아들여지다'의 의미로 사용되었다.

13 정답 ③

해설 ③ ㉠ '싼다'의 기본형 '싸다'는 '물건을 안에 넣고 보이지 않게 씌워 가리거나 둘러 말다'라는 의미이다. 이때 ③의 '싼'은 문맥상 '책을 보에 넣고 보이지 않게 씌워 가린'을 뜻하므로 ㉠의 의미와 같다.

오답분석
① 이때 '싸다'는 '어떤 물체의 주위를 가리거나 막다'라는 의미이다.
② ④ 이때 '싸다'는 '어떤 물건을 다른 곳으로 옮기기 좋게 상자나 가방 등에 넣거나 종이나 천, 끈 등을 이용해서 꾸리다'라는 의미이다.

14 정답 ②

해설 ② 제시문에서 ㉠ '나누어'는 문화의 특성과 인간의 성격을 심근성과 천근성으로 분류하였다는 의미로 사용되었다. 따라서 ㉠은 '여러 가지가 섞인 것을 구분하여 분류하다'의 뜻을 가진다. ②의 '나누다' 역시 분류의 의미를 지니므로 문맥적 의미가 가장 가까운 것은 ②이다.

오답분석
① 의견을 나누었으나: 이때 '나누다'는 '말이나 이야기, 인사 등을 주고받다'라는 뜻이다.
③ 한 부모의 피를 나눈: 이때 '나누다'는 '같은 핏줄을 타고나다'라는 뜻이다.
④ 사과를 세 조각으로 나누자: 이때 '나누다'는 '하나를 둘 이상으로 가르다'라는 뜻이다.

15 정답 ②

해설 ② 〈보기〉의 '좋다'는 '신체적 조건이나 건강 상태가 보통 이상의 수준이다'라는 의미로, 이것과 문맥적 의미가 가장 가까운 것은 ② '서울 간 길에 한 번 뵈올 땐 혈색이 좋으셨는데?'의 '좋다'이다.

오답분석
① 그녀의 성격은 더할 수 없이 좋다: 이때 '좋다'는 '성품이나 인격 등이 원만하거나 선하다'를 뜻한다.
③ 다음 주 토요일은 결혼식을 하기에는 매우 좋은 날이다: 이때 '좋다'는 '날짜나 기회 등이 상서롭다'를 뜻한다.
④ 대화를 하는 그의 말투는 기분이 상쾌할 정도로 좋았다: 이때 '좋다'는 '말씨나 태도 등이 상대의 기분을 언짢게 하지 않을 만큼 부드럽다'를 뜻한다.

16 정답 ②

해설 ② 진술을 증거로 들고 있다: ⓐ '들'의 기본형 '들다'는 '설명하거나 증명하기 위하여 사실을 가져다 대다'를 뜻하며 ②의 '들고' 역시 증명하기 위하여 목격자의 진술을 가져다 댄다는 의미로 사용되었으므로 답은 ②이다.

오답분석
① 그 사람에게 친근감이 든다: 이때 '들다'는 '의식이 회복되거나 어떤 생각이나 느낌이 일다'의 의미로 사용되었다.
③ 대가의 경지에 든 학자이다: 이때 '들다'는 '어떤 처지에 놓이다'의 의미로 사용되었다.
④ 하반기에 들자: 이때 '들다'는 '어떠한 시기가 되다'의 의미로 사용되었다.
⑤ 적금을 들기로 했다: 이때 '들다'는 '적금이나 보험 따위의 거래를 시작하다'의 의미로 사용되었다.

17 정답 ⑤

해설 ⑤ 큰 부담을 지고 있다: ⓐ '진다'의 기본형 '지다'는 '책임이나 의무를 맡다'를 뜻하며 ⑤의 '지다'도 조장으로서 큰 부담을 맡고 있다는 의미로 사용되었으므로 답은 ⑤이다.

오답분석
① 옷에 얼룩이 졌다: 이때 '지다'는 '어떤 현상이나 상태가 이루어지다'의 의미로 사용되었다.
② 신세만 지기가 미안하다: 이때 '지다'는 '신세나 은혜를 입다'의 의미로 사용되었다.
③ 원수를 지게 되었다: 이때 '지다'는 '어떤 좋지 아니한 관계가 되다'의 의미로 사용되었다.
④ 배낭을 진 채: 이때 '지다'는 '물건을 짊어서 등에 얹다'의 의미로 사용되었다.

18 정답 ①

해설 ① 기온이 영하로 떨어졌다: ⓐ '떨어진다'의 기본형 '떨어지다'는 '값, 기온, 수준, 형세 따위가 낮아지거나 내려가다'를 뜻하며 ①의 '떨어지다'도 기온이 영하로 내려갔다는 의미로 사용되었으므로 답은 ①이다.

오답분석
② 내게 100원이 떨어진다: 이때 '떨어지다'는 '이익이 남다'의 의미로 사용되었다.
③ 입맛이 떨어지고: 이때 '떨어지다'는 '입맛이 없어지다'의 의미로 사용되었다.
④ 신발이 떨어져서: 이때 '떨어지다'는 '옷이나 신발 따위가 해어져서 못 쓰게 되다'의 의미로 사용되었다.
⑤ 선생님 말씀이 떨어지자마자: 이때 '떨어지다'는 '말이 입 밖으로 나오다'의 의미로 사용되었다.

19 정답 ①

해설 ① 실험 결과가 나왔다: ⓐ '나올'의 기본형 '나오다'는 '처리나 결과로 이루어지거나 생기다'를 뜻하며 ①의 '나오다'도 이와 동일한 의미로 사용되었으므로 답은 ①이다.

오답분석
② 그 사람이 부드럽게 나오니: 이때 '나오다'는 '어떠한 태도를 취하여 겉으로 드러내다'의 의미로 사용되었다.
③ 라디오가 잘 안 나오는: 이때 '나오다'는 '방송을 듣거나 볼 수 있다'의 의미로 사용되었다.
④ 이 책에 나오는 옛날이야기: 이때 '나오다'는 '책, 신문 따위에 글, 그림 따위가 실리다'의 의미로 사용되었다.
⑤ 걸출한 인물들이 많이 나왔다: 이때 '나오다'는 '상품이나 인물 따위가 산출되다'의 의미로 사용되었다.

20 정답 ④

해설 ④ 시험 문제를 짚어 주었는데도: '지도 위에 손가락을 짚어 가며'의 '짚다'는 '여럿 중에 하나를 꼭 집어 가리키다'를 뜻한다. 이와 같은 의미로 사용된 것은 ④이다.

오답분석
① 이마를 짚어 보니: 이때 '짚다'는 '손으로 이마나 머리 등을 가볍게 눌러 대다'를 뜻한다.

② 땅을 짚어야 했다: 이때 '짚다'는 '바닥이나 벽, 지팡이 등에 몸을 의지하다'를 뜻한다.

③ 그들은 속을 짚어 낼 수가 없는: 이때 '짚다'는 '상황을 헤아려 어떠할 것으로 짐작하다'를 뜻한다.

21   정답 ②

해설 ② 첨단 산업에 승부를 걸었다: '장래를 너에게 걸었다'에서 '걸다'는 '앞으로의 일에 대한 희망 등을 품거나 기대하다'를 뜻한다. 이와 문맥적 의미가 가장 가까운 것은 ②의 '걸다'이다.

오답분석 ① ③ ④의 '걸다'는 모두 '목숨, 명예 등을 담보로 삼거나 희생할 각오를 하다'를 뜻한다.

22   정답 ③

해설 ③ 정비소에서 자동차를 고치다: '고장난 시계를 고치다'의 '고치다'는 '고장이 나거나 못 쓰게 된 물건을 손질하여 제대로 되게 하다'를 뜻한다. 이와 같은 의미로 쓰인 것은 ③의 '고치다'이다.

오답분석 ① 부엌을 입식으로 고치다: 이때 '고치다'는 '본디의 것을 손질하여 다른 것이 되게 하다'라는 뜻이다.

② ④ 상호를 순우리말로 고치다, 국민 생활에 불편을 주는 낡은 법을 고치다: 이때 '고치다'는 '이름, 제도 등을 바꾸다'라는 뜻이다.

23   정답 ②

해설 ② ㉠ '갖추면'은 있어야 할 것을 가지거나 차린다는 뜻이고, '구비하면'은 있어야 할 것을 빠짐없이 다 갖춘다는 의미의 단어이므로 바꿔 쓰기에 적절하다.
· 구비(具備)하다: 있어야 할 것을 빠짐없이 다 갖추다.

오답분석 ① 겸비(兼備)하다: 두 가지 이상을 아울러 갖추다.

③ 대비(對備)하다: 앞으로 일어날지도 모르는 어떠한 일에 대응하기 위하여 미리 준비하다.

④ 예비(豫備)하다: 필요할 때 쓰기 위하여 미리 마련하거나 갖추어 놓다.

⑤ 정비(整備)하다: 흐트러진 체계를 정리하여 제대로 갖추다.

24   정답 ①

해설 ① ㉠ '끼치는'의 '끼치다'는 영향, 해, 은혜 따위를 당하거나 입게 한다는 뜻이지만, '맡기는'은 어떤 일에 대한 책임을 지우거나 담당하게 한다는 의미의 단어이므로 바꿔 쓰기에 적절하지 않다.

25   정답 ①

해설 ① 혼란에 빠진 적군은 지휘 계통이 무너졌다: ⓐ의 '빠지다'는 '곤란한 처지에 놓이다'라는 뜻으로 사용되었다. ①에 사용된 '빠지다' 또한 이와 동일한 뜻으로 사용되었으므로 답은 ①이다.

오답분석 ② 그의 말을 듣자 모든 사람들이 기운이 빠졌다: 이때 '빠지다'는 '정신이나 기운이 줄거나 없어지다'의 뜻으로 사용되었다.

③ 그는 무릎 위까지 푹푹 빠지는 눈길을 헤쳐 왔다: 이때 '빠지다'는 '물이나 구덩이 따위 속으로 떨어져 잠기거나 잠겨 들어가다'의 뜻으로 사용되었다.

④ 그의 강연에 자신의 주장이 빠져 모두 아쉬워했다: 이때 '차례를 거르거나 일정하게 들어 있어야 할 곳에 들어 있지 아니하다'의 뜻으로 사용되었다.

⑤ 우리 제품은 타사 제품에 빠지지 않는 우수한 것이다: 이때 '빠지다'는 '남이나 다른 것에 비해 뒤떨어지거나 모자라다'의 뜻으로 사용되었다.

해커스공무원 gosi.Hackers.com

공무원 학원 · 공무원 인강 · 공무원 국어 무료 특강 ·
해커스 매일국어 어플 · 합격예측 온라인 모의고사

한국사능력검정시험 1위* 해커스!

해커스 한국사능력검정시험 교재 시리즈

*주간동아 선정 2022 올해의 교육 브랜드 파워 온·오프라인 한국사능력검정시험 부문 1위

빈출 개념과 **기출 분석**으로
기초부터 문제 해결력까지
꽉 잡는 기본서

해커스 한국사능력검정시험
한권합격 심화 [1·2·3급]

스토리와 **마인드맵**으로 개념잡고!
기출문제로 접수잡고!

해커스 한국사능력검정시험
2주 합격 심화 [1·2·3급] 기본 [4·5·6급]

시대별/회차별 기출문제로
한 번에 합격 달성!

해커스 한국사능력검정시험
시대별/회차별 기출문제집 심화 [1·2·3급]

개념 정리부터 **실전**까지!
한권완성 기출문제집

해커스 한국사능력검정시험
한권완성 기출 500제 기본 [4·5·6급]

빈출 개념과 **기출 선택지**로
빠르게 합격 달성!

해커스 한국사능력검정시험
초단기 5일 합격 심화 [1·2·3급]
기선제압 막판 3일 합격 심화 [1·2·3급]

해커스공무원 단기 합격생이 말하는
공무원 합격의 비밀!

해커스공무원과 함께라면
다음 합격의 주인공은 바로 여러분입니다.

**대학교 재학 중,
7개월 만에 국가직 합격!**

김*석 합격생

영어 단어 암기를 하프모의고사로!

하프모의고사의 도움을 많이 얻었습니다. **모의고사의 5일 치 단어를 일주일에 한 번씩 외웠고**, 영어 단어 **100개씩은 하루에 외우려고** 노력했습니다.

**가산점 없이
6개월 만에 지방직 합격!**

김*영 합격생

국어 고득점 비법은 기출과 오답노트!

이론 강의를 두 달간 들으면서 **이론을 제대로 잡고 바로 기출문제로** 들어갔습니다. 문제를 풀어보고 기출강의를 들으며 **틀렸던 부분을 필기하며 머리에 새겼습니다.**

**직렬 관련학과 전공,
6개월 만에 서울시 합격!**

최*숙 합격생

한국사 공부법은 기출문제 통한 복습!

한국사는 휘발성이 큰 과목이기 때문에 **반복 복습이 중요하다고 생각**했습니다. 선생님의 강의를 듣고 나서 바로 **내용에 해당되는 기출문제를 풀면서 복습**했습니다.

해커스공무원 gosi.Hackers.com

더 많은 합격수기가 궁금하다면? ▶